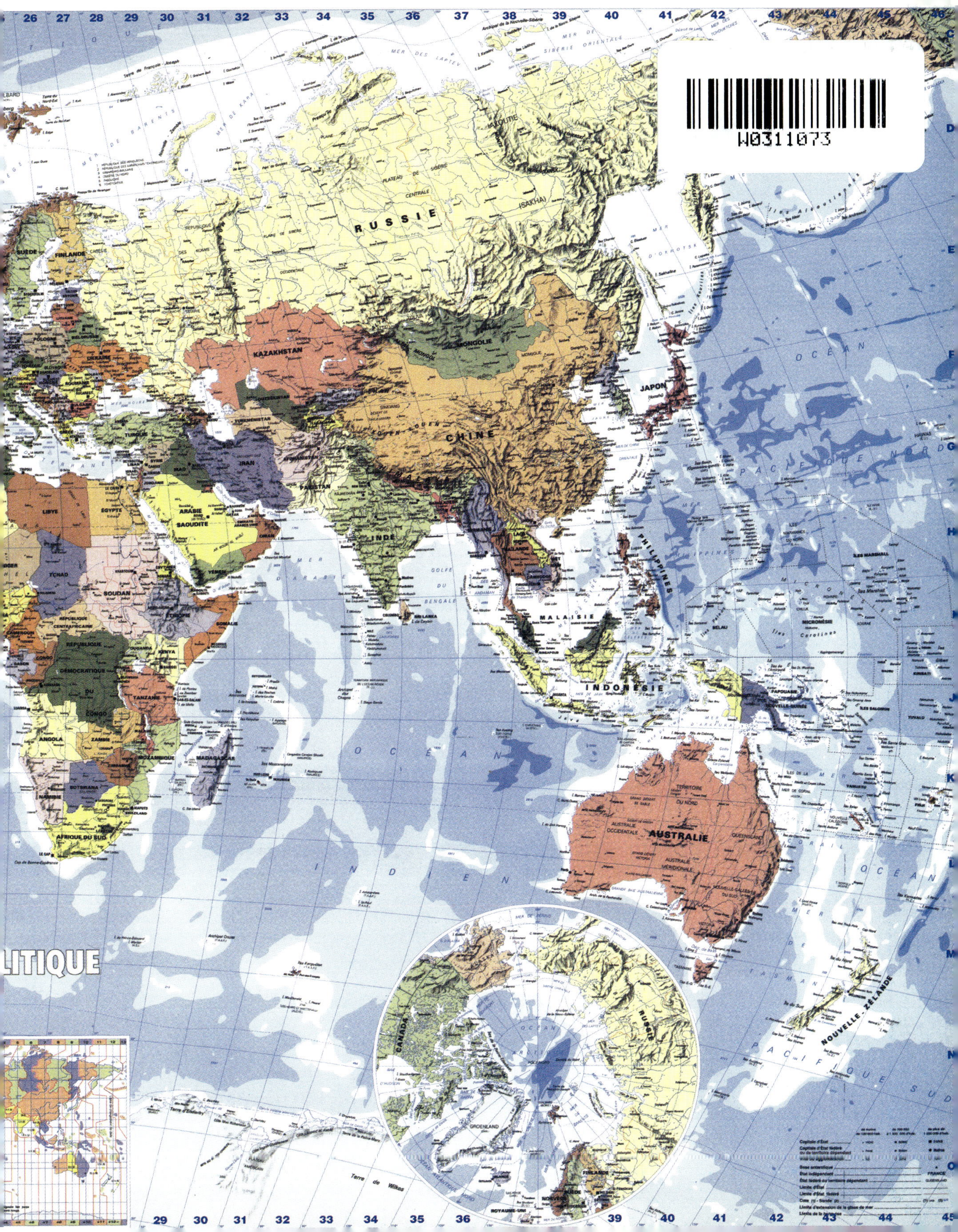
LITIQUE
RUSSIE
SUÈDE
FINLANDE
KAZAKHSTAN
MONGOLIE
CHINE
JAPON
IRAN
PAKISTAN
INDE
ARABIE SAOUDITE
ÉGYPTE
LIBYE
TCHAD
SOUDAN
SOMALIE
TANZANIE
ANGOLA
MADAGASCAR
BOTSWANA
AFRIQUE DU SUD
MALAISIE
INDONÉSIE
PHILIPPINES
AUSTRALIE
NOUVELLE - ZÉLANDE
CANADA
RUSSIE
OCÉAN
INDIEN
PACIFIQUE NORD
OCÉAN
PACIFIQUE SUD

Insel-Lexikon

Insel-Lexikon

Christian Nau

HEEL

IMPRESSUM

HEEL Verlag GmbH
Gut Pottscheidt
53639 Königswinter
Tel.: (0 22 23) 92 30-0
Fax: (0 22 23) 92 30 26
E-Mail: info@heel-verlag.de
Internet: www.heel-verlag.de

Französische Originalausgabe:
© 2002 Éditions Mango Sport
Französischer Originaltitel:
Dictionnaire des Îles

Deutsche Übersetzung:
Walther Wuttke

Lektorat:
Michael Jansen

Satz:
Heel Verlag GmbH

Druck und Verarbeitung:
Industrias Gráficas Mármol, Barcelona

Printed and bound in Spain

ISBN 3-89880-220-5

Inhalt

Vorwort 7

Die Inseln der Welt 13

Von Abaco bis Zypern

Die Meere und Ozeane 267

Von der Adria bis zum Weißen Meer

Die Meerengen 277

Vom Admiralitätsfjord bis zur Meerenge von Yucatan

Meerbusen, Buchten, Packeisfelder und Fjorde 299

Vom Abbot-Packeisfeld bis zur Bucht von Wright

Mythische Kaps 317

Vom Kap Adare bis zum Kap York

Die Pole 343

Fotohinweise 360

Vorwort

Die Entdeckung der Inseln

Inseln wurden aus sieben Gründen von Seefahrern entdeckt, erforscht, missioniert, besetzt, geplündert, getauscht, studiert und besucht:

Hier konnte man sich mit Lebensmitteln eindecken oder Wasserreserven auffrischen, um danach die Reise fortzusetzen.

Die Inseln lieferten wertvolle Rohstoffe wie Gold und Silber oder Gewürze, Tee, Kaffee, Reis und Ananas, Zucker, Bananen, Opium und Tabak, wertvolle Seiden- oder Baumwollstoffe, Pflanzen, Mineralien, Porzellan, Kautschuk und Sklaven.

Die Bevölkerung ließ sich missionieren und den christlichen Kirchen zuführen.

Inseln ließen sich von fremden Mächten in Besitz nehmen, die so ihren Herrschaftsbereich ausdehnten.

Wissenschaftler konnten ihren botanischen und astronomischen sowie meteorologischen, ethnologischen, zoologischen und geologischen Forschungen nachgehen.

Sportliche Zeitgenossen betrachten Inseln mitunter als Bojen, die ihren Kurs kreuzen, und machen hier aus technischen, genießerischen oder medialen Gründen Halt.

Vor allem im 20., aber noch mehr im 21. Jahrhundert spielen Inseln eine wichtige Rolle im Tourismus.

Die Zeitgenossen, die an jenen Reisen teilgenommen haben, nennen sich Entdecker, Missionare, Besatzer, Wissenschaftler, Forscher, Händler, Reisende und dann sportliche Touristen und Tourismusexperten. Früher einmal wurden diese Fahrten von Staaten,

Ministerien, Mäzenen oder privaten wie öffentlichen Sponsoren finanziert. Heute treten Unternehmen als Förderer auf und erhoffen sich für ihren Einsatz die Aufmerksamkeit der Medien.

Die Inselbewohner haben unterschiedliche Namen:

In den kalten Regionen sind es die Wikinger (ehemals), Eskimos (was so viel wie Rohfleischesser bedeutet), Inuit (in der Sprache der Arktis steht dieses Wort einfach für Menschen), Inupiats, Chukchis, Yupi'ks, Samen, Nenets, Lappen, Samojeden, Jakuten...

In den warmen Regionen leben die Mashis, Maoris, Polynesier, Westinder, Arawaks, Tanalas, Kariber, Aymaras (auf den Inseln des Titikaka-Sees), Danis (auf Irian Jaya), Melanesier, Molukken, Kanaken, Aboriginees...

Und in den Inselstaaten leben Japaner, Fidschier, Neuseeländer, Réunionnais, Mauritier, Balinesen, Maoris, Tahitianer, Hawaiianer...

In den wichtigsten auf unserem Planeten gesprochenen Sprachen heißt Insel Ada, Chau, Chiao, Dao, Do, Eiland, Hon, Ile, Ilha, Inis, Inish, Insel, Insula, Isla, Island, Isle, Isola, Isole, Iwa, Jaz, Kas, Kyûn, Motu, Nisos, Nosy, Nusa, Ostrov, Otok, Oy, Pulau, Retto, Saar, Sala, Shima, Skär, Tao, To, Wyspa... Und ein Kap nennt sich: Cabo, Cap, Cape, Kaap, Kap, Kapp... Für Buchten gibt es die Wörter Baai, Bahia, Baia, Baie, Baja, Bucht, Bukhta, Bukt...

Die tropischen Inseln sind zumeist Synonyme für Träume von tiefblauem, smaragdgrünem oder türkisfarbigem Meer, das sich sanft über traumhafte Strände mit weißem feinem Sand ergießt. Die tropischen Wälder fließen über mit verlockenden Früchten, und die einmalige Gastronomie zusammen mit der zum Tanzen animierenden Musik runden das Bild ab. Die Inseln in den Regionen um die Pole stehen im Gegensatz dazu für Abenteuer, Unwetter, Kälte, Schnee und Stürme.

Zwischen 1967 und 2001 hatte ich das Vergnügen zahlreiche Expeditionen mit einem Strandsegler, einem Segelschiff, einem Drei- beziehungsweise Fahrrad mit Segeln in allen Windrichtungen zu unternehmen. Die Berichte dieser Reisen sind bereits 1999 im Verlag Harmattan in drei Büchern („Voiliers des Sables“, „Voiliers des Glaces“ und „Voiliers du Rail“) veröffentlicht worden.

Meinem Beruf als Ingenieur verdanke ich es, dass ich im Laufe der Zeit zahlreiche Inseln mit den verschiedensten Verkehrsmitteln kennen gelernt habe.

Was ist eine Insel?

Dabei handelt es sich um ein Stück Land, das vollkommen von Wasser umgeben ist und nur auf dem Seeweg – meistens mittels eines Segelschiffs – entdeckt werden konnte.

Marco Polo (1254–1324) hat sehr ausschmückend über einige Inseln geschrieben, die er selbst nie gesehen hat und von denen er nur aus zweiter Hand erfahren hatte: Japan, Borneo, Male, Femelle, Skotora, Sachalin, Nowaja Semlja, Madagaskar und Sansibar. Er hat aber auch die Inseln beschrieben, die er während seiner langen Seereise nach China durch die Meerenge von Hormus zwischen 1292 und 1294 persönlich besucht hat. Singapur, Sumatra, wo er sich fünf Monate aufgehalten hat, die Nikobaren, Andamanen, Ceylon und Hormus. In den jeweiligen Einträgen sind seine Eindrücke wiedergegeben. Nach seiner Rückkehr aus dem Fernen Osten wurde Marco Polo am

7. September 1298 nach der Schlacht vor Korcula zwischen Genua und Venedig gefangen genommen und saß drei Jahre im Gefängnis. Er nutzte die Zeit, um seine Erinnerungen seinem Mitgefangenen Rustinian von Pisa zu diktieren.

Details zu jeder Insel

Es war mein Wunsch, in diesem Nachschlagewerk jede Insel so genau wie möglich mit ihrer geografischen Lage, Oberflächengröße, Bevölkerungsdichte, ihre höchsten Erhebung, Hauptstadt, den wichtigsten Häfen, Flughäfen und ihren genauen Ortsnamen zu beschreiben. Mitunter habe ich die eine oder andere Anekdote und die Entdeckungsgeschichte der berühmtesten Inseln eingeflochten, vor allem, wenn sie von einem der berühmten Seefahrer aus Portugal, Spanien, Italien, England, Frankreich, Holland, Norwegen, China oder Arabien zum ersten Mal gesichtet wurde. Diese Nationen waren ständig bemüht, neue Gebiete zu entdecken, um Handel zu treiben und Reisende zu transportieren.

Um dieses Werk zu vollenden, habe ich eine große Zahl von Magazinen, historischen Büchern, Nachschlagewerken, Karten, Atlanten und Seiten im Internet studiert. Dennoch habe ich feststellen müssen, dass sich viele Fakten über Oberfläche, Bevölkerung und wirtschaftliche Daten voneinander unterscheiden. Zum Beispiel variiert die Oberfläche der französischen Insel Clipperton zwischen 1,5 und sieben Quadratkilometern. Das Todesdatum von James Cook (geb. 1728) wird in dem einen Werk mit dem 14. Februar 1778 angegeben, in anderen ist es der 14. Februar 1779. In der Tat ist es schwer, die zeitgenössischen Aufzeichnungen, zumeist in einer altertümlichen und fremden Sprache geschrieben und nicht immer perfekt konserviert, zu deuten.

Auch die Angaben über den jeweils höchsten Punkt variieren um einige Meter, was vermutlich daran liegen kann, dass Angaben in britischen Fuß nicht immer korrekt umgerechnet werden. Zum Beispiel misst der Vulkan Ätna auf Sizilien in einigen Werken 3250, in anderen werden 3350 Meter angegeben. Immerhin ein Unterschied von 100 Metern. Unter den von mir entdeckten 46 Höhenangaben habe ich die folgenden Werte gefunden: 3250 Meter (ein Mal), 3263 Meter (vier Mal), 3265 Meter (zwei Mal), 3270 Meter (ein Mal), 3274 Meter (drei Mal), 3295 Meter (zehn Mal), 3308 Meter (ein Mal), 3321 Meter (zwei Mal), 3323 Meter (sechs Mal), 3337 Meter (ein Mal), 3340 Meter (elf Mal) und schließlich 3345 Meter (drei Mal) sowie 3350 Meter (ein Mal), was 10.990 Fuß entspricht.

Daher sind trotz aller Sorgfalt während meiner Nachforschungen Fehler durchaus nicht auszuschließen, und an dieser Stelle möchte ich mich für mögliche Ungenauigkeiten von vornherein entschuldigen und die Leser bitten, alle Fehler der Redaktion mitzuteilen, damit sie bei einer möglichen neuen Auflage korrigiert werden können.

Die Toponymie

Die Ortsnamenkunde ist Teil der Sprachwissenschaft. Bei der Suche nach den korrekten Namen der in diesem Werk aufgeführten Inseln und Orte habe ich während meiner fünfjährigen Forschung versucht, die plausibelsten Bezeichnungen zu finden. Dennoch sind durchaus Fehler möglich, weil ich keine offiziellen Dokumente der

Ortsnamenskunde gefunden habe. Daher sind alle Informationen ohne Gewähr. Ich habe zudem festgestellt, dass ein großer Teil der Inseln, Kaps, Meerengen oder Fjorden zu Ehren der Expeditionsleiter benannt wurden. Andere Inseln sind in Erinnerung an Mäzene, Könige, Königinnen, Präsidenten, Minister, Schiffen oder unter tragischen Umständen verschollenen Entdecker benannt worden.

Auch die Orthografie kann sich je nach Quellen und ihrer ursprünglichen Sprache deutlich unterscheiden. Und auch die Entdeckungsdaten können um einen oder zwei Tage differieren, was an den unterschiedlich verwendeten Zeiten lag.

Im Allgemeinen habe ich die am häufigsten angegebenen Daten verwendet oder einfach einen Durchschnittswert der unterschiedlichen Angaben genommen.

Und was die Bevölkerungszahl angeht, so habe ich die Daten für das Jahr 2000 gewählt.

Wichtige Daten

So weit es möglich war, habe ich das Datum der Entdeckung und den Namen des Entdeckers der Inseln vermerkt und gleichzeitig seine wichtigsten Lebensdaten angegeben.

Welcher Staat welche Insel besitzen durfte, wurde durch den Erlass des Papstes Alexander IV. Borgia am 4. Mai 1493 in der Bulle „Inter coetera“ festgelegt. Damit wurde die Welt am 100. Längengrad 100 Meilen (eine Meile gleich vier Kilometer) östlich der Kapverdischen Inseln in zwei Teile geteilt: „Alle Gebiete westlich dieses Breitengrades fallen an Spanien; alle östlich gelegenen Gebiete gehen an Portugal.“ Am 7. Juni 1494 schlossen Portugal und Spanien den Vertrag von Tordesillas, in dem die Grenzlinie um 270 Meilen nach Westen verschoben wurde. Doch diese berühmte Aufteilung der Welt hielt nur rund 100 Jahre.

Die großen Seefahrer

Die meisten Inseln wurden von berühmten Seefahrern entdeckt, die am Ende des Buches in einer nicht vollständigen Liste aufgeführt sind. Die Namen von einigen haben die Ehre, auf dem Mond verzeichnet zu sein: Amundsen, Barrow, Bellingshausen, Byrd, Cavendish, Cook, Crozier, Franklin, Gilbert, La Pérouse, Magellan, Marco Polo, McClure, Nansen, Peary, Ross, Pytheas, Scott, Scoresby, Vasco da Gama, Wilkins und Wright. Der norwegische Entdecker Fridtjof Nansen (1861-1930) wurde 1922 sogar mit dem Friedensnobelpreis geehrt.

Und nun los! Nun können wird unseren Planeten in allen Dimensionen durchmessen und seine Inseln, Kaps, Buchten und Meerengen noch einmal entdecken. Gute Reise!

Christian Nau

DIE INSELN DER WELT

Inseln haben eine strategische und wirtschaftliche Bedeutung, je nachdem wo sie sich befinden. In der Tat vergrößert sich ihre Einflusssphäre beträchtlich durch das sie umgebende Meer. Das Hoheitsgebiet wird durch die Zwölfmeilenzone definiert (22 Kilometer). Die Zollgrenze liegt bei 24 Meilen (44 Kilometer), und die Wirtschaftszone dehnt sich bis auf 200 Meilen (370 Kilometer) aus, sodass auch die kleinste Insel einen 430.000 Quadratkilometer großen Wirtschaftsraum repräsentieren kann.

Abaco (26° 28'N und 77° 05'W) für Great Abaco und 26° 53'N und 77° 43'W für Little Abaco – Zwischen Florida und Kuba liegen die beiden Inseln, die zu den Bahamas gehören. Auf einer Oberfläche von 1681 Quadratkilometern leben 7500 Einwohner, was eine Bevölkerungsdichte von vier Menschen je Quadratkilometer ergibt. Der höchste Punkt der Insel liegt bei 41 Metern. (Siehe auch bei Bahamas)

Abaiang – Das Atoll im Nordpazifik gehört zu den Gilbert-Inseln des Staates Kiribati. Einschließlich der Lagune liegt die Oberfläche bei 500 Quadratkilometern. Das wichtigste Dorf ist Tuarabu. Das Atoll verfügt über einen Flugplatz. (Siehe auch bei Gilbert-Inseln)

Aber (48° 14'N und 4° 26'W) – Die französische Halbinsel liegt südlich von Crozon im Finistère und misst 600 mal 200 Meter, was eine Oberfläche von fünf Hektar ergibt. Der höchste Punkt erhebt sich 32 Meter über dem Meer.

Aber (48°N und 4°W) – Zu der französischen Inselgruppe nordwestlich vor Finistère gehören die Inseln Cézon, Tariec, Stagadon, Guénioc, Melon und Yoc'h.

Abrollhos – Der Name der im Atlantik vor der Stadt Caravelas liegenden brasilianischen Inselgruppe bedeutet „Haltet eure Augen offen!".

Acklins (22° 26'N und 73° 58'W) – Zwischen Florida und Kuba gelegen, gehört die Insel zu den Bahamas. Der höchste Punkt liegt 43 Meter über dem Meeresspiegel.

Adelaide (67° 30'S und 68° 30'W) – Königin Adelaide, Gattin des britischen Königs William IV., der zwischen 1830 und 1837 herrschte, war die Namensgeberin der großen Insel vor der Antarktischen Halbinsel. Der höchste Punkt, Mount Gaudry, erhebt sich 2316 Meter über den Meeresspiegel. Der Berg Liotard (2225 Meter) ist zu Ehren von Frank Liotard benannt worden, der 1950 die erste Überwinterung in der französischen Basis Port-Martin leitete. Der Bouvet (2073 Meter) trägt den Namen des französischen Seefahrers Jean-Baptiste Bouvet de Lozier (1705-1786). Die Insel wurde am 16. Februar 1832 vom britischen Seefahrer John Briscoe (1794-1843) mit seinen Schiffen „Tula" und „Lively" entdeckt. Auf der Insel befindet sich die britische Forschungsstation Rothera samt eigenem Flugfeld.

Admiralitätsinsel – Zum Alexander-Archipel gehörend liegt diese Insel südlich der Hauptstadt Alaskas, Juneau. Sie wurde zu Ehren der britischen Admiralität benannt. Die Namen der britischen First Lords der Admiralität sind mit vielen maritimen Entdeckungen verbunden: Thomas Pembroke (1656-1732), First Lord von 1690 bis 1692 (erste Amtszeit) und von 1701 bis 1702 (zweite Amtszeit); Antony Carey, 5. Viscount Falkland (1656-1694), First Lord von 1693 bis 1694; James Berkeley, First Lord von 1717 bis 1737; George Anson (1697-1762), First Lord von 1747 bis 1748 (erste Amtszeit) und 1751 bis 1755 (zweite Amtszeit) und 1758 bis 1762 (dritte Amtszeit); John Montagu of Sandwich (1718-1792), First Lord von 1748 bis 1751 (erste Amtszeit), 1763 (zweite Amtszeit) und von 1771 bis 1782 (dritte Amtszeit); Richard Temple (1711-1779), First Lord von 1756 bis 1757; John Perceval of Egmont (1711-1770), First Lord von 1763 bis 1766; Charles Saunders (1713-1775), First Lord 1766; Edward Hawke (1705-1781), First Lord von 1766 bis 1771; Joseph Banks (1744-1820), First Lord von 1773 bis 1778; Auguste Keppel (1725-1786), First Lord von 1782 bis 1783; George John Spencer (1758-1834), First Lord 1794; John Jervis (1735-1823), First Lord von 1801 bis 1804; Henry Dundas of Melville (1742-1811), First Lord von 1804 bis 1805; Robert Dundas of Melville (1771-1851), First Lord von 1812 bis 1830; James Graham (1792-1861), First Lord von 1830 bis 1834 (erste Amtszeit) und 1852 bis 1855 (zweite Amtszeit); Charles Adam (1780-1853), First Lord von 1835 bis 1841 (erste Amtszeit) und 1846 bis 1847 (zweite Amtszeit);

Edward Ellenborough (1790-1871), First Lord 1846; William Palmer (1859-1942), First Lord von 1900 bis 1905; Winston Churchill (1874-1965), First Lord von 1911 bis 1915; Arthur James Balfour (1848-1930), First Lord von 1915 bis 1916. Außerdem darf John Borrow (1764-1848) nicht vergessen werden, der die ersten britischen Forschungsfahrten zur Nordwestpassage koordiniert hat. (Siehe auch Alexander-Archipel)

Admiralitätsinseln (2° 10'S und 147°O) – Nördlich von Papua-Neuguinea liegen diese zum Bismarck-Archipel, von wo aus sie auch verwaltet werden, gehörenden Inseln. Das Archipel wurde nach dem deutschen Reichskanzler Otto von Bismarck (1815-1898) benannt. Die Oberfläche der Admiralitätsinseln, die zu Melanesien gehören, beträgt 1717 Quadratkilometer. Der höchste Punkt ist mit 719 Metern der Berg Dremsel, der wichtigste Hafen Lorengau. Entdeckt wurde die Inselgruppe von den holländischen Seefahrern Willem de Schouten (1580-1625) und Jacob Le Maire (1585-1616) im Jahr 1616 mit ihrem Schiff „Concorde". (Siehe auch Bismarck-Archipel)

Admiralitätsinseln – Die kleinen unbewohnten australischen Inseln liegen vor Tasmanien, wenige Kilometer nördlich der Howe-Insel.

Äolische Inseln (38° 30'N und 14° 50'O) – Die italienische Mittelmeer-Inselgruppe liegt im Thyrrenischen Meer vor der Küste Siziliens. Sie besteht aus den Inseln Vulcano (22 Quadratkilometer; der Berg Aria erreicht 499 Meter); Lipari (38 Quadratkilometer; der Berg Chirica erreicht 603 Meter); Salina (27 Quadratkilometer; höchster Punkt bei 962 Metern); Stromboli (13 Quadratkilometer; der berühmte Vulkan erreicht 962 Meter), Ponare (sechs Quadratkilometer; der Pic del Corvo erreicht 420 Meter, Filicudi (zehn Quadratkilometer; der Berg Tampone del Bruciato erreicht 773 Meter) und Aliculi (sechs Quadratkilometer; der höchste Punkt erreicht 675 Meter). Die Oberfläche aller Inseln beträgt 675 Quadratkilometer, die sich 23.000 Einwohner teilen, was eine Bevölkerungsdichte von 34 Menschen je Quadratkilometern entspricht. Die Inselgruppe ist für die starken Winde bekannt, was ihren Namen erklärt.

Afognak (58° 15'N und 152° 30'W) – Die zu Alaska gehörende Insel liegt im Nordosten der bekannteren Insel Kodiak und ist von der Halbinsel Alaska durch die Shelikov-Meerenge getrennt.

Agalega (10° 24'S und 56° 37'O) – Im Nordosten Madagaskars liegt die zu Mauritius gehörende Insel. Auf 71 Quadratkilometern leben 510 Einwohner, was eine Bevölkerungsdichte von sieben Menschen je Quadratkilometer ergibt. (Siehe auch bei Mauritius)

Aganton (48° 48'N und 3° 35'W) – Nördlich der Île Grande vor der Finistère-Küste liegt diese kleine französische Granitinsel.

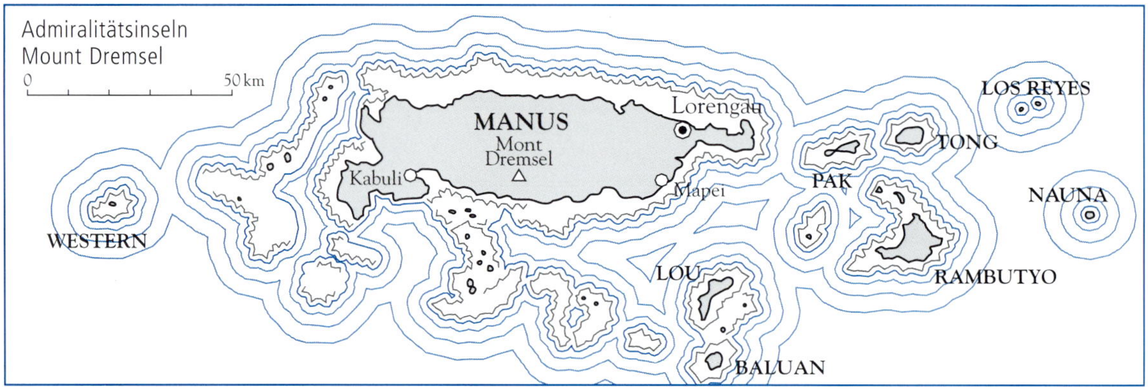

Agios Efstratios – Der höchste Punkt der griechischen Ägäis-Insel liegt 303 Meter über dem Meeresspiegel.

Agot (48° 38'N und 2° 09'W) – Ein Kilometer vor der bretonischen Küste liegt diese unbewohnte französische Insel. Sie misst 500 mal 200 Meter, was eine Oberfläche von sechs Hektar ergibt. Der höchste Punkt erhebt sich 36 Meter über den Meeresspiegel.

Ahe (14° 30'S und 146° 30'W) – Der Amerikaner Charles Wilkes (1798-1877) entdeckte 1839 das heute zu Französisch-Polynesien gehörende Atoll, das 500 Kilometer nordöstlich von Tahiti liegt. Die 170 Quadratkilometer messende Oberfläche wird von 380 Menschen bewohnt, was eine Bevölkerungsdichte von 2,2 Einwohner je Quadratkilometer ergibt. Der Flughafen befindet sich auf einer kleinen Insel, sodass eine 35-minütige Überfahrt zum Hauptdorf notwendig ist. (Siehe auch bei Tuamotu)

Aïon – Die russische Insel im Norden der Tchaoun-Bucht ist Teil der Nordostpassage.

Air Force (67° 55N und 74° 10'W) – Zwischen Baffin und der Prince-Charles-Insel liegt diese unbewohnte Insel.

Aitutaki (18° 52'S und 159° 47'W) – Als Teil der Cook-Inseln ist Aitutaki von rund 20 noch kleineren Inseln umgeben. Die Oberfläche misst zehn Quadratkilometer. Der höchste Punkt, der Mount Maungapu, erhebt sich 124 Meter über dem Meer. In der Hauptstadt Arutanga findet man einen Flugplatz. (Siehe auch bei Cook-Inseln)

Aix (46° 00' 30"N und 1° 10' 24"W) – Sieben Kilometer vor der Mündung der Charente in den Atlantik liegt diese französische Insel, die eine Oberfläche von 130 Hektar aufweist. Die meisten der 210 ständig hier lebenden Einwohner halten sich im Hauptort Aix auf. Der höchste Punkt erhebt sich zwölf Meter über den Meeresspiegel. Ein

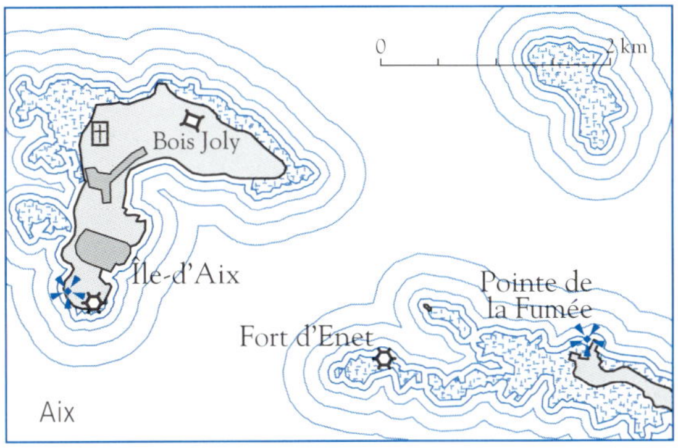

Kai befindet sich im Süden der Insel in Pointe Sainte-Catherine oder im Osten vor den Befestigungen. Der wichtigste Leuchtturm, 24 Meter hoch, hat je nach Signalfarbe eine Reichweite von 20 bis 24 Seemeilen. Alle fünf Sekunden strahlt er ein weißes und rotes Signal aus. Fähren verbinden die Insel mit La Rochelle (50 Minuten), Boyard-Ville (30 Minuten) und Fouras (20 Minuten). Im Laufe ihrer Geschichte wurde die Insel immer wieder verwüstet. Die Befestigung des Hafens wurde nach Plänen von Vauban errichtet. Jeden Sommer findet eine Pilgerfahrt statt, um mehr als 1000 Priestern zu gedenken, die während der Französischen Revolution hier eingekerkert waren. Napoleon hielt sich hier auf, bevor er sich am 13. Juli 1815 den Briten ergab und sein Exil auf Sankt Helena antrat, wohin er auf den britischen Schiffen „Bellophoron" (bis Plymouth) und „Northumberland" (bis Sankt Helena) gebracht wurde. Am 5. Mai 1821 starb er dort. In dieser Zeit lief auch „La Méduse" in Richtung Senegal von hier aus. Am 2. Juli 1816 erlitt das Schiff vor der senegalesischen Küste Schiffbruch. 49 Passagiere konnten sich auf ein 20 mal sieben Meter messendes Floß retten, wo sie zwölf Tage lang ausharren mussten. Das Ereignis inspirierte Théodore Géricault (1791-1824) drei Jahre später zu seinem berühmten, 7,16 mal 4,91 Meter messenden Gemälde, das heute im Pariser Louvre ausgestellt ist.

Ägina (37° 46'N und 23° 26'O) – 534 Meter erreicht der höchste Punkt dieser griechischen Insel, die südlich von Athen liegt.

Akimiski **(35°N und 81° 20'W)** – In der Mitte der kanadischen James Bay liegt diese unbewohnte Insel.

Akpatok **(60° 25'N und 68°W)** – Die unbewohnte kanadische Insel liegt zwischen der Ungava-Bucht und der Hudson-Meerenge.

Åland **(60° 15'N und 20°O)** – Die finnische Inselgruppe liegt am Eingang des Bottnischen Meerbusens und umfasst einschließlich des Kihti-Archipels mehr als 6000 Inseln. Im wichtigsten Hafen Mariehamn kann man die mittelalterlichen Kirchen und Zeugnisse der Wikinger-Herrschaft besichtigen. 1854 zerstörte ein frankobritisches Expeditionscorps die russische Festung auf der wichtigsten Insel der Ålands. Die Truppen hatten sich in Calais auf britischen Kriegsschiffen in Anwesenheit von Kaiser Napoleon III. (1808-1873) eingeschifft, der sich zusammen mit Kaiserin Eugénie (1826-1920) nach England begab. Im darauf folgenden Jahr traf Königin Victoria (1819-1901) zusammen mit Prinz Albert (1810-1861) und den beiden Kindern, dem Prinzen von Wales und zukünftigen König Edward VII. (1841-1910) und Prinzessin Victoria (1840-1901), zu einem Höflichkeitsbesuch in Boulogne-sur-Mer ein. Von dort fuhren sie mit dem Zug weiter nach Paris, wo sie sich 40 Jahre nach Waterloo vor dem Grab Napoleons verbeugten. Dies war der Beginn der Entente cordiale. Seit 1999 profitieren die Fähren, die die Åland-Inseln anfahren, vom zollfreien Verkauf an Bord.

Alcatraz **(37° 49'N und 122° 26'W)** – 1775 entdeckte der Leutnant Juan Manuel de Ayala die sechs Hektar große Insel, die er Isla de los Alcatraz (Insel der Pelikane) taufte. 1934 entstand hier ein Zuchthaus für besonders gefährliche Verbrecher wie Al Capone, Pretty Boy Floyd, Machine Gun Kelly und andere. Am 21. März 1963 wurde die Haftanstalt geschlossen. 1972 wurde die Insel zu einem Naturreservat erklärt.

Aldabra **(9° 25'S und 46° 20'O)** – Sowohl Mauritius als auch die Seychellen erheben Anspruch auf diese unbewohnten Inseln, die im Nordosten von Madagaskar und 1000 Kilometer von Mahé entfernt im Indischen Ozean liegen. Das 160 Quadratkilometer umfassende zoologische Reservat gehört seit 1982 zum von der Unesco geschützten Weltnaturerbe. Hier leben mehr als 200.000 Riesenschildkröten. Eine von diesen Inseln stammende Schildkröte wurde 1786 vom französischen Seefahrer Nicolas Marion Dufresne (1729-1772) der Insel Mauritius geschenkt. Sie starb nach 150 Jahren 1918.

Aleuten **(52°N und 176°W)** – Rund 150 Inseln verlängern die Halbinsel Alaska in die Beringsee. Die Gruppe der westlichen Inseln wurde 1745 vom russischen Seefahrer Nowotsikow entdeckt und besteht aus Near, Attu, Agattu, Semichi, Buldir, Kiska mit einer 1220 Meter messenden Erhebung, Rat, Klein-Sitkin, Amchitka und Semispochnoi. Die Andreanof-Gruppe wurde 1760 vom russischen Seefahrer Tokstysch entdeckt und umfasst die Inseln Delarof, Tanaga, Kanaga, Adak, Groß-Sitkin, Atka, Amlia, Seguam und Klein-Tanagra. Die Gruppe der Fox-Inseln wurde 1759 von dem russischen Seefahrer Paikow entdeckt. Diese Gruppe besteht aus Yunaska, Amchitka, Umnak, Bogoslof, Unalaska, Krenitzin, Unimak, Dear und Shumagin. Auf einer dieser Inseln befindet sich der Hafen Dutch Harbour. Auf 17.700 Quadratkilometern leben 18.000 Menschen, sodass für jeden Bewohner ein Quadratkilometer bereitsteht. Die östlichen Inseln wurden 1741 von dem dänischen Entdecker Vitus Bering (1680-1741) und dem russischen Seefahrer Alexei Tschelikow (1703-1748) erforscht. Der Tiefseegraben unter der Inselgruppe ist zwischen 7822 und 7855 Meter tief.

Alexander-Archipel **(56° 30'N und 134°W)** – Zar Alexander (1777-1825), der zwischen 1801 und 1825 über Russland herrschte, ist der Namensgeber dieser unbewohnten Inselgruppe zwischen dem Golf von Alaska und der Meerenge von Dixon. Der Archipel besteht aus zahlreichen

Inseln. Zu den größten zählen Prince of Wales Island, Baranov, Chichagov, Admiralitätsinsel und Kupreano. Nach einer anderen Geschichte war der Kaufmann Alexander Baranow (1747-1819), der 1799 die Stadt Sitka gegründet hatte, der Namensgeber.

Alexander I. – Von der Antarktischen Halbinsel ist die Insel durch die George-V.-Passage getrennt. Ihre höchste Erhebung, der Mount Stephenson, erreicht eine Höhe von 2987 Metern. Im Februar 1821 wurde die Insel vom russischen Seefahrer Fabian von Bellingshausen (1778-1852) entdeckt, der am 28. Januar 1820 als Erster die Antarktis gesichtet hatte. Zu Ehren von Zar Alexander I. (1777-1825), der von 1801 bis 1825 über Russland herrschte, bekam die Insel ihren Namen.

Alexander-Selkirk-Insel (33° 45'S und 80° 46'W) – 700 Kilometer vor der chilenischen Küste liegt die zur Gruppe der Juan-Fernandez-Inseln gehörende Insel, die eine Oberfläche von 86 Quadratkilometern aufweist. Der höchste Punkt, der Berg Los Innocentes, erhebt sich 1650 Meter über den Meeresspiegel. 1754 wurde die Insel vom spanischen Seefahrer Juan Fernandez entdeckt. Sie liegt in der Nähe der seit 1966 Robinson Crusoe heißenden Insel, die an das Schicksal des schottischen Seemann Alexander Selkirk (1676-1723) erinnert, der hier zwischen 1704 und 1709 allein lebte. Sein Schicksal wurde von Daniel Defoe in dem 1719 erschienenen Roman „Robinson Crusoe" verewigt. Selkirk wurde schließlich von dem britischen Kapitän Wood Rogers (1679-1732) und dem Arzt Thomas Dover (1660-1742) erlöst. (Siehe auch bei Juan-Fernandez-Inseln und Robinson Crusoe)

Alexandra – Die zum russischen Archipel Franz-Joseph-Land gehörende Insel liegt zwischen der Barentssee und dem Nordpolarmeer. Auf der 1050 Quadratkilometer großen Insel befindet sich ein Dorf und ein Flugfeld. (Siehe auch bei Franz-Joseph-Land)

Allouarn – Namensgeber dieser australischen Insel ist der französische Seefahrers Louis de Saint-Allouarn (1738-1772). Sie liegt in der Nähe des Kap Leeuwin an der südwestlichen Küste bei Perth. Der Franzose hatte die Insel am 16. März 1772 mit seiner „Gros Ventre" nach seiner Entdeckung der Kerguelen-Inseln zusammen mit dem französischen Seefahrer Yves de Kerguelen (1734-1797) erstmals gesichtet.

Alofi – Zwei Kilometer von Futuna entfernt liegt diese unbewohnte französische Insel, die zum französischen Überseegebiet Wallis et Futuna im Südpazifik gehört. Der höchste Punkt ist der Mont Bougainville mit einer Höhe von 417 Metern. Er wurde nach dem französischen Entdecker Louis Antoine de Bougainville (1729-1811) benannt. (Siehe auch bei Wallis et Futuna)

Alonissos (39° 08'N und 23° 50'O) – Zu den Sporaden gehörend liegt Alonissos in der Ägäis. Der höchste Punkt erreicht 456 Meter. (Siehe auch bei Sporaden)

Amager (55° 37'N und 12° 37'O) – 200.000 Menschen teilen sich die 70 Quadratkilometer der vor Kopenhagen liegenden dänischen Insel. Die Bevölkerungsdichte beträgt 2587 Menschen pro Quadratkilometer. Hier befindet sich auch der internationale Flughafen von Kopenhagen, Kastrup. Seit dem 1. Juli ist Amager mit dem schwedischen Festland durch die Öresundbrücke für Autos und Eisenbahn verbunden.

Amami (28° 15'N und 129° 20'O) – Diese zum japanischen Nansei-Archipel gehörenden Inselgruppe liegt im Süden der Insel Kyushu zwischen dem Pazifik und der Chinesischen See. (Siehe auch Nansei-Archipel und Japan)

Amantavi – In der Mitte des Tittikaka-Sees, dem höchstgelegenen schiffbaren See (3812 Meter) der Welt, liegt diese peruanische Insel. Sie wird von 1800 Uru-Indianern bewohnt, die Balsa-Kanus benutzen, um ans Festland zu kommen.

Ambon (3° 43'S und 128° 12'O) – Zu den Molukken gehörend liegt die indonesische Insel südlich der Insel Ceram. Ihre Oberfläche beträgt 820 Quadratkilometer, die sich 100.000 Einwohner teilen, was eine Bevölkerungsdichte von 122 Menschen je Quadratkilometer ergibt. Der Inselflughafen liegt in der Hauptstadt Ambon. Der wichtigste Hafen ist Amahai. Die Insel wurde 1512 von dem Portugiesen Antonio de Abreu entdeckt, der hier gleichzeitig eine Handelsstation gründete. 1605 wurde sie von den Holländern in Besitz genommen und diente vielen Seefahrern als Versorgungsstation. (Siehe auch Molukken)

Ambrym (16° 15'S und 168° 10'O) – Zwei aktive Vulkane – Benbow und Marum, mit 1270 Metern zugleich höchster Punkt – befinden sich auf der Insel, die zum Inselstaat Vanuatu gehört. 7500 Bewohner teilen sich die Oberfläche von 663 Quadratkilometern, was eine Bevölkerungsdichte von elf Menschen je Quadratkilometer ergibt. Die Hauptstadt ist Port-Vato. (Siehe auch bei Vanuatu)

Amédée – 19 Kilometer von Nouméa entfernt liegt diese zum französischen Überseebesitz Neukaledonien gehörende Insel. Auf ihr befindet sich der Leuchtturm Amédée. (Siehe auch bei Neukaledonien)

Amindivi (11° 23'N und 72° 23'O) – Die Inselgruppe liegt im nördlichen Indischen Ozean und im Norden der Lakkediven. Sie sind Teil der Lakshadweep-Inseln, die wiederum zu Indien gehören. Die 32 Quadratkilometer messende Oberfläche teilen sich 53.000 Einwohner, sodass eine Bevölkerungsdichte von 1656 Menschen je Quadratkilometer erreicht wird. (Siehe auch bei Lakshadweep-Inseln)

Amiranten (6°S und 53°O) – 1502 wurden die zu den Seychellen gehörenden Inseln vom portugiesischen Admiral Vasco da Gama (1469-1524) entdeckt, der an der Spitze einer beeindruckenden Flotte von 20 Schiffen segelte.

Amorgos (36° 50'N und 25° 59'O) – Die griechische Insel gehört zur Gruppe der Kykladen in der Ägäis. Der höchste Punkt ragt 761 Meter über den Meeresspiegel. Hier kann man ein herausragendes Kloster besichtigen. Der französische Regisseur Luc Besson (geb. 1959) drehte hier den Film „Le Grand Bleu" mit den Schauspielern Jean Reno und Jean-Marc Barre, in dem er die Geschichte des Tauchers Jacques Mayol erzählte, der ohne Hilfsmittel 100 Meter tief tauchen konnte und sich 2002 selbst tötete. (Siehe auch bei Kykladen)

Amrum – Vor der Westküste Schleswig-Holsteins liegt die zu den Nordfriesischen Inseln zählende Insel, die eine Oberfläche von 20 Quadratkilometer aufweist. Die wichtigsten Badeorte sind Wittdün, Süd- und Norddorf.

Amsterdam (37° 52'S und 77° 30'O) 90 Kilometer nördlich der Insel Saint-Paul liegt die zu Frankreich gehörende subantarktische Insel, die eine Oberfläche von 55 Quadratkilometern besitzt. Der portugiesische Seefahrer Juan Sebastian Elcano (1476-1526) entdeckte die Insel auf der Rückkehr der ersten Weltumsegelung, die von Fernando de Magellan (1480-1521) angeführt wurde. Am 16. Juni 1633 wurde sie vom holländischen Kapitän Anthony Van Diemen ein zweites Mal entdeckt und nach dem Namen seines Schiffes „Nieuw Amsterdam" benannt. Später wurde Van Diemen Gouverneur auf Java. Im Namen Frankreichs wurde die Insel am 1. Juli 1843 vom Kapitän des Dreimasters „L'Olympe" Martin Dupeyrat in Besitz genommen. 50 Jahre später, am 28. Oktober 1892, wurde der Anspruch vom Kommandanten der „La Bourdonnais" erneuert. Endgültig wurde die Insel am 25. Januar 1893 vom Kapitän der „L'Eure" für Frankreich in Besitz genommen. Heute befindet sich dort die permanente französische Forschungsstation „Martin de Viviès". Sie wurde nach dem französischen Meteorologen Martin de Viviès (gest. 1972) benannt, der die erste Wetterstation auf der Insel zwischen 1949 und 1950 geleitet hatte.

Amsterdam **(79° 45'N und 11°O)** – Die norwegische Insel liegt im Svalbard-Archipel nordöstlich von Spitzbergen. Im 17. und 18. Jahrhundert diente die Insel als Walfangstation. Das Dorf Smeerenburg wurde 1619 gebaut, um 200 Walfänger, die vor Grönland arbeiteten, aufnehmen zu können. Die Überreste stehen heute unter Denkmalschutz. (Siehe auch Svalbard-Archipel)

Amund Ringnes – Ihren Namen verdankt die im hohen Norden Kanadas gelegene Insel dem Expeditionssponsor Amund Ringnes, der zusammen mit seinem Bruder Ellef und Axel Heiberg in Oslo eine Brauerei betrieb. Die Insel gehört zu dem am 1. April 1999 geschaffenen autonomen Gebiet Nunavut und ist Teil der Sverdrup-Inseln, die nach dem norwegischen Seefahrer und Forscher Otto Sverdrup (1854-1930) benannt wurden. Sverdrup entdeckte die Inseln am 16. April 1900 an Bord der legendären „Fram", die nach der Antarktisexpedition (1892-1896) mit dem norwegischen Seefahrer Fridtjof Nansen (1861-1930) berühmt geworden war. Der höchste Punkt der Insel erhebt sich 320 Meter über den Meeresspiegel. (Siehe auch bei Sverdrup-Inseln)

Anaa **(17° 25S und 145° 30'W)** – Das Atoll liegt 530 Kilometer östlich von Tahiti in Französisch-Polynesien. Die Oberfläche misst 180 Quadratkilometer, die sich 420 Menschen teilen, sodass zwei Einwohner auf einen Quadratkilometer kommen. Das Atoll besitzt einen Flugplatz. Die Insel leidet regelmäßig unter gewaltigen Zyklonen, was ihren Bewohnern den Ruf eines ganz besonderen Mutes eintrug. Das Atoll wurde am 9. April 1769 vom englischen Seefahrer James Cook (1728-1779) entdeckt. Am Samstag, 14. August 1773 kehrte er auf das Atoll, das zu den Tuamotu-Inseln gehört, zurück. (Siehe auch Tuamotu-Inseln)

Anafi **(36° 21'N und 25° 50'O)** – Der höchste Punkt dieser griechischen Kykladen-Insel erhebt sich 582 Meter über den Meeresspiegel. (Siehe auch bei Kykladen)

Anambas **(3°N und 106°O)** – Im 17. Jahrhundert waren diese in der südlichen Chinesischen See gelegenen Inseln ein regelmäßiger Halt der Seefahrer.

Anatom **(20° 10'S und 169° 45'O)** – Die Insel gehört zum Inselstaat Vanuatu im Pazifik. Die Oberfläche von 145 Quadratkilometern teilen sich 600 Einwohner, was eine Bevölkerungsdichte von vier Menschen je Quadratkilometer ergibt. Der höchste Punkt der Insel liegt bei 852 Metern. (Siehe auch bei Vanuatu)

Andamanen **(12°N und 92° 45'O)** – Wie die Nikobaren werden diese Inseln im Indischen Ozean von Indien verwaltet. Die Oberfläche von 8249 Quadratkilometern wird von 300.000 Menschen bewohnt, sodass 46 Einwohner auf einen Quadratkilometer kommen. Der höchste Punkt, der Pik Seddle auf der Nordinsel, erreicht 738 Me-

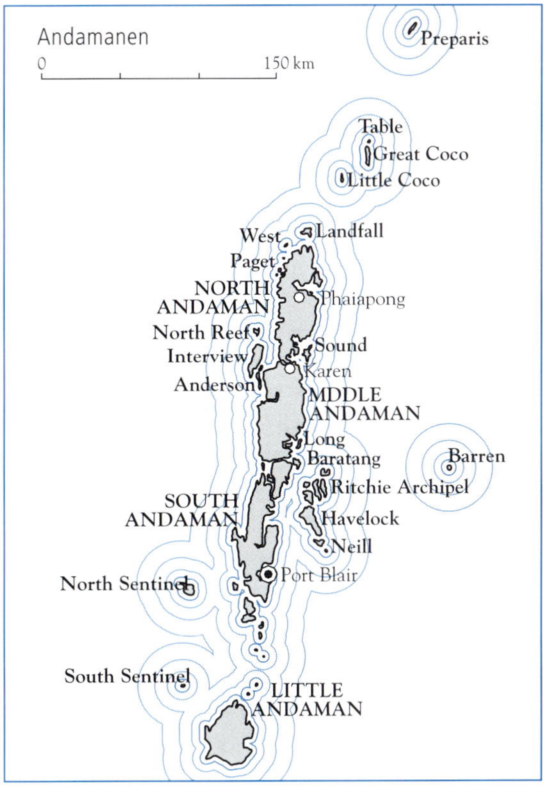

ter. Die Hauptstadt Port-Blair besitzt einen Hafen. Die Inseln wurden von Hyacinthe de Bougainville (1781-1846), Kommandant der Schiffe „Thétis" und „L'Espérance", entdeckt und zwischen dem 3. und 8. März 1825 besucht. Marco Polo (1254-1324) erreichte die Inseln bereits 1293 mit einer Flotte von 14 Viermastern. Über seinen Aufenthalt schrieb er in seinem berühmten Reisebericht: „Angaman (Andaman) ist eine sehr große Insel. Die Menschen haben keinen König, verehren ihre Götzen und leben wie die wilden Tiere. Sie sind sehr grausam, weil sie alles essen, was sie bekommen können, solange es sich nicht um ihre eigenen Leute handelt. Sie leben von Reis, Fleisch und Milch. Sie haben andere Früchte als wir."

Andreanof (52°N und 176°W) – Diese Inseln gehören zu den Aleuten, die sich von Alaska aus bis nach Sibirien erstrecken. (Siehe auch bei Aleuten)

Andros (24° 26N und 77° 57'N) – Nördlich von Kuba liegt diese zu den Bahamas gehörende Insel, die eine Oberfläche von 9000 Quadratkilometer besitzt und auf der 9000 Menschen leben, sodass jedem Bewohner ein Quadratkilometer zur Verfügung steht. Der höchste Punkt ragt gerade 36 Meter über den Meeresspiegel. Der Hafen liegt in Kemps Bay. Die Mannschaft von „Challenger 9" (im All zwischen dem 30. Oktober und 9. November) beschrieb Andros so: „Die Strahlen der Sonne färben die Korallenstrände im Süden der Insel Andros silbern."

Andros (37° 50'N und 24° 57'O) – 15.000 Menschen leben auf der griechischen Kykladen-Insel, die eine Oberfläche von 380 Quadratkilometern erreicht. Die Bevölkerungsdichte beträgt 39 Einwohner je Quadratkilometer. Der höchste Punkt liegt bei 994 Metern. (Siehe auch bei Kykladen)

Angamoș (23°S und 70° 25'W) – Der höchste Punkt der chilenischen Insel vor der patagonischen Küste beträgt 1097 Meter.

Angatu (16°S und 140° 16'W) – Der wichtigste Hafen des zu Französisch-Polynesien gehörenden Atolls ist Fangatau. Entdeckt wurde das Atoll 1819 vom russischen Seefahrer Fabian von Bellingshausen (1778-1852) mit seinen Polschiffen „Wostok" und „Mirny". (Siehe auch bei Tuamotu-Inseln)

Anguilla (18° 15'N und 63° 05'W) – Nordwestlich der französisch-niederländischen Insel Saint-Martin liegt diese Insel der kleinen Antillen. Die britische Kolonie hat eine Oberfläche von 90 Quadratkilometern, die sich 9000 Menschen teilen. Die Bevölkerungsdichte liegt bei 100 Einwohnern je Quadratkilometer. Die Hauptstadt ist La Vallée. Der höchste Punkt erreicht 55 Meter. Die Insel, die über einen Flughafen verfügt, gilt als Steuerparadies, weil man hier keine fiskalischen Abgaben kennt. Am 14. November 1493 wurde die Insel von Kolumbus (1451-1506) bei seiner zweiten Entdeckungsfahrt entdeckt. Er gab ihr den Namen Anguilla wegen der großen Ähnlichkeit mit dem gleichnamigen Fisch. (Siehe auch bei Kleine Antillen)

Anholt – Im Kattegat zwischen Dänemark und Schweden liegt diese dänische Insel, die die Form eines Dreiecks hat. Die Insel besitzt einen Flugplatz. Am 14. Mai 2002 wurden hier 50 Seehunde angetrieben, die von einer Bakterie vergiftet worden waren.

Anjouan (12° 15'S und 44° 25'O) – Nach der Unabhängigkeit wurde die zu den Komoren gehörende Insel in Ndzouani umbenannt. Die Oberfläche beträgt 424 Quadratkilometer. Der höchste Punkt erreicht 1595 Meter. Die Hauptstadt ist Mutsamudu. Der wichtigste Hafen liegt in Bandeli. Die Insel besitzt einen Flugplatz. (Siehe auch bei Komoren)

Annobon (1° 24'N und 5° 36'O) – Die im Golf von Guinea liegende Insel wird von Äquatorial-Guinea verwaltet. Die Oberfläche beträgt 17 Quadratkilometer.

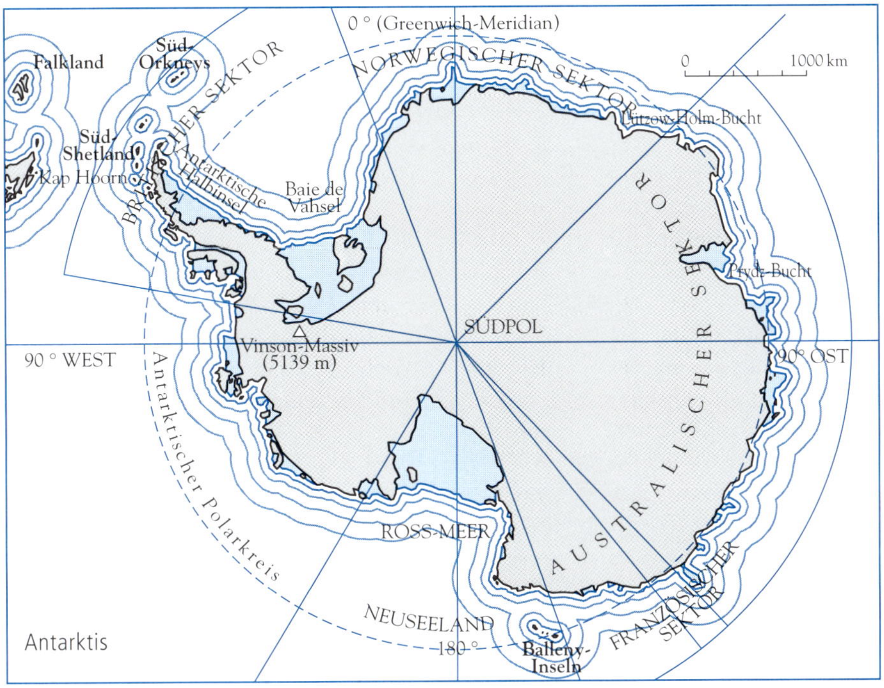

Antarktis

Antarktis – Dieser Kontinent könnte auf Grund seiner von Ozeanen und Meeren umgebenen Lage auch als größte Insel der Welt betrachtet werden. Auf der Oberfläche von 13 Millionen Quadratkilometern befinden sich rund 20 permanente Forschungsstationen. Noch mal so viele stehen auf den benachbarten antarktischen Inseln. Der höchste Punkt, Mount Vinson, erreicht 5140 Meter. Der Inselkontinent ist fast vollkommen von einer im Durchschnitt 2800 Meter dicken Eisschicht bedeckt. Eine fünf Mann starke Truppe französischer Soldaten unter Leitung von Thierry Bolo erreichte 1999 zu Fuß den Pol, nachdem dies 1999 bereits einer vier Mann starken Truppe beim Nordpol gelungen war. Der Erstbesteiger des Mount Everest, Sir Edmund Hillary, gelang zwischen dem 24. November 1957 und dem 2. März 1958 eine Fahrt mit Kettenfahrzeugen von der Scott-Basis zum Südpol und zurück. (Die Details der Entdeckung und der Erforschung der Antarktis werden im Kapitel „Die Pole“ ausführlich behandelt.)

Anthony – Die vor der Küste von British Columbia gelegene kanadische Insel gehört zum Weltkulturerbe der Unesco. Auf der Insel findet man zahlreiche Totempfähle der Haida-Kultur.

Anticosti (49° 30’N und 63°W) – In der Mitte des Sankt-Lorenz-Stroms liegt die 7943 Quadratkilometer große kanadische Insel, auf der gerade 300 Menschen leben. Die Bevölkerungsdichte liegt bei 0,04 Einwohnern je Quadratkilometer. Der höchste Punkt ragt 312 Meter über den Meeresspiegel. Renard im Osten und Port Menier im Westen sind die beiden Häfen der Insel, die im August 1534 vom französischen Seefahrer Jacques Cartier (1491-1557) entdeckt wurde. Er gab ihr den Namen der damals dort lebenden Indianer. Die Holländer setzten sich 1614 hier fest, doch Ludwig XIV. übertrug sie 1680 an Louis Jollet (1645-1700). Das einzige Dorf Port Menier trägt den Namen des Schokoladenproduzenten Henri Menier, der die Insel 1895 für 125.000 Dollar kaufte, um eine private Jagd einzurichten. Zu diesem Zweck importierte er 200 Rehe, die sich auf heute 120.000 Exemplare vermehrt haben. Die Insel besitzt einen Flugplatz.

Antigua und Barbuda (17° 03’N und 61° 48’W) – Seit dem 1. November 1981 sind die beiden einen Staat bildenden Inseln Mitglied des Commonwealth of Nations. Zusammen haben sie eine Oberfläche von 442 Quadratkilometern, von denen 280 auf Antigua entfallen. 90.000 Menschen leben auf den beiden Inseln, was eine Bevöl-

kerungsdichte von 592 Einwohnern je Quadratkilometer ergibt. Der internationale Flughafen von Bird liegt acht Kilometer von der Hauptstadt Saint John's, die zugleich einen Hafen besitzt, entfernt. An der Westküste liegt der zweite Hafen der Insel, Fire Islands Harbour. Je nach Quelle erhebt sich der höchste Punkt der Inseln, Boggy Peak, 402 bis 432 Meter über den Meeresspiegel. Die Inseln sind wegen ihrer geringen fiskalischen Belastung Steuerparadiese. Im September 1995 richtete der Hurrican Louis schwere Schäden an. Antigua zählt 365 Strände, sodass man jeden Tag des Jahres an einem anderen Strand verbringen kann. Antigua und Barbuda wurden am 12. November 1493 von Kolumbus (1451-1506) bei seiner zweiten Entdeckungsfahrt an Bord der „Maria Galante" entdeckt. Antigua wurde nach der Kirche Santa Maria de Antigua in Sevilla benannt. Die Stadt Santa Maria auf Antigua wurde von Martin Fernandez de Enciso, einem der Leutnants von Alfonso de Ojeda, gegründet. Er wurde 1511 als Gouverneur von Vasco de Balboa (1475-1517) abgelöst, der am 26. September als erster Weißer den Pazifik sah und vollständig bekleidet in ihn hereinschritt. 1632 begann die Kolonisierung durch die Briten. Die Polygamie ist in der Verfassung bestätigt, und man kann hier wie in Las Vegas an jedem Tag des Jahres heiraten. (Siehe auch bei Antillen, Kleine Antillen und Inseln unter dem Wind)

Antikythira – Die griechische Insel liegt im Mittelmeer zwischen Kreta und Kyteria.

Antillen, Große (85°N bis 23°W und 66°N bis 17°W) – Die Inselgruppe besteht aus Kuba, Jamaika, Haiti, Dominikanische Republik und Puerto Rico. Sie wurden nach der fiktiven Insel Antilla benannt, die auf mehreren Karten des 15. Jahrhunderts auftaucht.

Antillen, Kleine (12°N bis 70°W und 10°N bis 60°W) – Wie die Großen Antillen wurde auch die heute international gemischte Gruppe kleiner Inseln nach der fiktiven Insel Antilla benannt, die im 15. Jahrhundert auf mehreren Karten auftauchte.

Antillen, Niederländische (12° 15'N und 69°W) – Zu dieser Gruppe gehören die Inseln unter dem Wind Curacao und Bonaire sowie die Inseln über dem Wind Sint Maarten (zusammen mit Frankreich), Saba und Saint Eustache.

Antimilos (37°N und 24°O) – Im Westen der Insel Milos liegt die griechische Insel, die zur Gruppe der Kykladen gehört. Der höchste Punkt erreicht 694 Meter. (Siehe auch bei Kykladen)

Antiparos – Der höchste Punkt der zu den Kykladen gehörenden Insel erreicht 299 Meter. Sehenswert ist die Grotte im Südteil dieser Insel. (Siehe auch bei Kykladen)

Antipoden (49° 41'S und 178° 43'O) – Die unbewohnten, zu Neuseeland gehörenden, subantarktischen Inseln liegen 800 Kilometer südöstlich der Stewart-Insel. Die Oberfläche beträgt zehn Quadratkilometer, der höchste Punkt, Mount Calloway, erreicht 366 Meter. Die Gruppe wurde am 3. März 1800 vom britischen Seefahrer Henri Waterhouse (1770-1812) entdeckt. Der Kommandant der „Reliance" wählte den Namen, weil er dachte, sie seien die Antipoden von London. Tatsächlich sind sie die Antipoden von Barfleur, im Nordosten der Halbinsel Cotentin.

Antilla – Auf mehreren Karten aus der Zeit vor 1492 und den Reisen von Kolumbus taucht diese fiktive Insel in der Mitte des Atlantiks auf, die nie existiert hat.

Anvers (64° 30'S und 63° 30'W) – Vor der Antarktischen Halbinsel liegt diese große Insel, deren höchste Erhebung, der Mont Français, 2820 Meter erreicht. Er wurde am 19. Januar 1904 vom französischen Seefahrer Jean Charcot (1867-1936) nach seinem Schiff „Le Français" benannt, das in der benachbarten Bucht von Port-Lockroy – heute der wichtigste Hafen der Insel – vor Anker lag. Die Insel war am 21. Februar 1832 vom britischen Kapitän John Biscoe (1794-1843) entdeckt worden. 1898 gab der belgische Seefahrer Adrien de Gerlache der Insel ihren Namen, der an den Hafen Antwerpen erinnern soll, von wo aus er mit der „Belgica" am 17. August 1897 zu seiner Forschungsreise ausgelaufen war. Er wurde von den beiden zukünftigen Polforschern Roald Amundsen (1872-1928) aus Norwegen und dem Amerikaner Frederick Cook (1865-1940) begleitet. Mit an Bord waren außerdem der polnische Geologe Henryk Arctowski (1871-1958), der Meteorologe Dobrowski und der belgische Physiker Danco sowie der rumänische Botaniker Racovitza. 1898 geriet ihr Schiff ins Packeis, sodass sie die erste Überwinterung in der Antarktis überstehen mussten. Anfang November 1899 kehrten sie mit Ausnahme des Mediziners Danco, der während der Überwinterung gestorben war, nach Antwerpen zurück. Die amerikanische Forschungsstation Palmer auf der Insel trägt den Namen des amerikanischen Seefahrers Nathaniel Palmer (1799-1877).

Aodak (83° 40'N und 30° 40'W) – Die kleine, nördlich von Grönland gelegene Insel kommt auf einen Durchmesser von gerade 40 Metern. Dies ist das dem Nordpol am nächsten gelegene Stück Festland. Der Pol ist von hier 703 Kilometer entfernt.

Aoga (32° 28'N und 139° 46'O) – Die japanische Insel gehört zum Izu-Archipel und liegt im Süden der Insel Honshu. Der Hafen befindet sich in Aogashima. (Siehe auch bei Izu-Archipel und Japan)

Apatki (15° 20'S und 146° 20'W) – Von der 770 Quadratkilometer messenden Oberfläche ragen gerade 40 Quadratkilometer über das Wasser heraus. Das Atoll gehört zu den Tuamotu-Inseln, die wiederum Teil von Französisch-Polynesien sind. 400 Menschen leben hier, was eine Bevölkerungsdichte von 40 Einwohnern je Quadratkilometer ergibt. Perlenfarmen sind eine wichtige Einnahmequelle der Bewohner, die zudem über einen Flugplatz verfügen. Das Atoll wurde 1722 vom holländischen Seefahrer Jacob Roggeveen (1659-1729) entdeckt. (Siehe auch bei Tuamotu-Inseln)

Aposteln-Inseln (45° 58'S und 50° 30'O) – Weil sie aus zwölf kleinen Inseln besteht, bekam diese französische Inselgruppe im Indischen Ozean, die zum Crozet-Archipel gehört, ihren Namen. Die Oberfläche beträgt vier Quadratkilometer, der höchste Punkt erreicht 289 Meter.

Aran (53° 07'N und 9° 43'W) – Drei Hauptinseln bilden diesen irischen Archipel: Inishmore, Inishmaan und Inisheer. Die Oberfläche beträgt insgesamt 46 Quadratkilometer, die sich 2500 Einwohner teilen, was einer Bevölkerungsdichte von 54 Menschen je Quadratkilometer entspricht. Der höchste Punkt erreicht 279 Meter. Um sich vor Landerosion zu schützen, haben die Bewohner ein beeindruckendes Netz von Mauern erreichtet, die eine Länge von mehr als 1000 Ki-

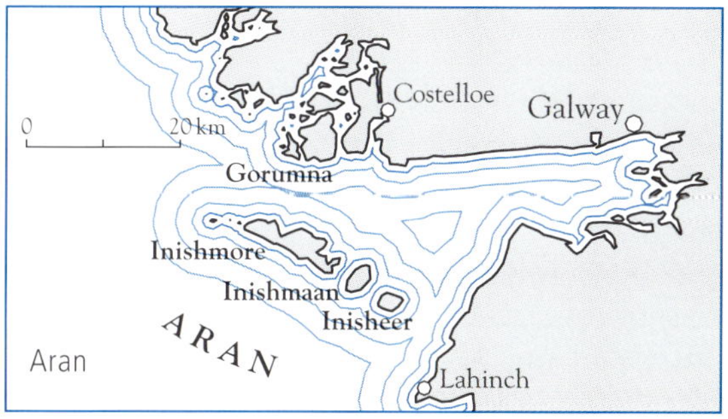

Aran

lometern erreichen. Diese Inseln waren die Kulisse für den Film „Der Mann von Aran“, der 1934 von dem amerikanischen Regisseur Robert Flaherty (1884-1951) gedreht wurde. Der schottische Autor John Millington Synge (1871-1951) fragte einmal einen alten Fischer von Aran, ob er Angst vor dem Meer habe. Seine Antwort: „Ein Mann, der keine Angst vor dem Meer hat, wird bald ertrinken, weil er an einem Tag auslaufen wird, an dem er besser nicht gefahren wäre. Aber wir, wir haben Angst vor dem Meer, und deshalb ertrinken wir nur hin und wieder.“

Ararat, Berg **(39° 42’N und 48° 18’O)** – Der Berg, umbenannt zu Agri Dagi, liegt zwar im Inneren der Türkei und erreicht eine Höhe von 5165 Metern, hätte jedoch, glaubt man der Bibel, vor 4000 bis 5000 Jahren eine Insel sein können, auf der Noahs Arche nach der Sintflut aufsetzte.

Araitka **(15° 30’S und 145° 30’W)** – 480 Kilometer nordöstlich von Tahiti gelegen, gehört das Atoll zur Gruppe der Tuamotu-Inseln, die ein Teil von Französisch-Polynesien sind. Von seiner 170 Quadratkilometer messenden Fläche ragen lediglich zehn Quadratkilometer über das Wasser, die sich wiederum 40 Einwohner teilen. Die Bevölkerungsdichte liegt bei zehn Menschen je Quadratkilometer. Das Atoll, auf dem sich ein Flugplatz befindet, wurde 1817 vom russischen Seefahrer Otto von Kotzebue (1787-1846) entdeckt. (Siehe auch bei Tuamaotu-Inseln)

Arguin **(44° 35’N und 1° 15’W)** – Je nach Gezeitenstand erreichen diese französischen Inseln vor der Küste von Arcachon eine Größe von 200 bis 400 Hektar. In dem seit 1972 bestehenden Naturschutzgebiet nisten bis zu 5000 Möwenpaare.

Arguin **(19° bis 20°N und 16° bis 17°W)** – Diese wenige Kilometer vor der Küste Mauretaniens zwischen Nouadhibou und dem Kap Timiris gelegene Sandbank besteht aus den Inseln Tidra, Kîji, Chedded. Goûchna und Serenni. Ihre Oberfläche beträgt insgesamt 750 Quadratkilometer. Der portugiesische Seefahrer Nuno Tristao entdeckte die Inseln 1443. Seit 1976 ist die Inselgruppe ein Naturpark, in dem während der Wintermonate die Zugvögel des Nordatlantik überwintern. Das Vogelschutzgebiet mit mehr als 400 Arten gehört zu den von der Unesco geschützten Gebieten. Das von dem französischen Kapitän Duroy de Chaumareix kommandierte Schiff „Méduse“, das in Aix mit 380 Menschen an Bord in Richtung Senegal ausgelaufen war, erlitt hier am 2. Juli 1816 Schiffbruch. Auf einem 20 mal sieben Meter messenden Floß konnten sich 150 Menschen retten, die nach 13 Tagen ohne Wasser und Nahrung gerettet wurden. Der französische Maler Théodore Géricault (1791-1824) schuf drei Jahre später das gigantische 7,16 mal 4,91 Meter messende Gemälde „Das Floß der Medusa“, das heute im Pariser Louvre hängt.

Arktischer Archipel **(80°N bis 125°W und 60°N bis 66°W)** – Im Norden von Kanada liegen diese Inseln, die zum überwiegenden Teil zum neu geschaffenen Nunavut-Reservat gehören. Im Norden des Archipels liegt das arktische Packeis, das höchstens von einigen Eisbergen unterbrochen wird. Einige Abenteuer sind von hier aus zum Nordpol aufgebrochen. (Siehe auch das Kapitel „Die Pole“)

Ar-Men, Fels **(48° 03’N und 4° 59’W)** – Der kleine französische Felsen im Westen der Insel Sein dient als Fundament für den gleichnamigen, 1880 eingeweihten, 24 Meter hohen Leuchtturm. Sein Signal hat eine Reichweite von 24 Seemeilen.

Ar-Mobic **(48° 52’N und 2° 59’W)** – Die unbewohnte französische Insel liegt östlich der Insel Bréhat an der Côte d’Armor.

Art **(19° 43’S und 163° 38’S)** – Im Nordosten von Neukaledonien gelegen, gehört die von 800 Menschen bewohnte Insel zur Gruppe der Belep-Inseln. Die höchste Erhebung erreicht 283 Meter.

Die Hauptstadt, die über einen Flugplatz verfügt, ist Wala.

Aru (6°S und 134° 30'O) – Der zu Indonesien gehörende Archipel liegt in der Bandasee im Westen der Insel Irian Jaya.

Aruba (12° 30'N und 69° 58'W) – Am 1. Januar 1986 bekam die zu den Kleinen Antillen gehörende Insel den Status eines autonomen Territoriums. Zehn Jahre später erlangte Aruba die Unabhängigkeit von den Niederlanden, bleibt aber mit Curacao und Bonaire verbunden. 72.000 Menschen leben auf einer Oberfläche von 193 Quadratkilometern, sodass eine Bevölkerungsdichte von 373 Bewohnern je Quadratkilometer herrscht. Der „Berg" Jamanota ist mit 188 Metern der höchste Punkt der Insel. Die Hauptstadt ist Oranjestad, der Hafen befindet sich in Bushiribana. Hier liegen auch der Flughafen und die Raffinerien, die das in der Bucht von Maracaibo, Venezuela, geförderte Rohöl verarbeiten. Das Steuerparadies ist bei Offshore-Firmen besonders beliebt, zudem gibt es hier eine Freihandelszone. Die Insel wurde 1499 vom spanischen Seefahrer Alfonzo de Ojeda (1468-1516) entdeckt. (Siehe auch Antillen, Kleine)

Artulla (15° 20'S und 146° 40'W) – Das Atoll gehört zur Tuamotu-Gruppe in Französisch-Polynesien und liegt 390 Kilometer nordöstlich von Tahiti. Im Osten befindet sich das Rangiroa-Atoll. Das fast kreisrunde Atoll hat eine Oberfläche von 570 Quadratkilometern, die von 520 Menschen bewohnt werden, was einen Bewohner pro Quadratkilometer ergibt. Die alte Landepiste erreichte gerade 775 Meter, sodass am 17. Januar 2002 eine neue Piste eingeweiht wurde, die nun 1330 Meter misst und es Flugzeugen vom Typ ATR 42 und ATR 72 gestattet, hier zu landen. Die Einweihung wurde vom Präsidenten Französisch-Polynesiens, Gaston Flosse, und dem Bürgermeister von Arutua, Didie Makiroto vorgenommen. Nachdem der Flugplatz auf einer kleinen Insel liegt, muss man nach der Landung noch eine 40-minütige Überfahrt in Kauf nehmen. Das Atoll wurde 1722 vom holländischen Seefahrer Jacob Roggeveen (1659-1729) entdeckt. Der russische Seefahrer Otto von Kotzebue (1787-1846) entdeckte das Atoll 1817 ein zweites Mal und gab ihm den Namen seines Schiffes „Rurik". (Siehe auch bei Tuamoto-Inseln)

Arz (47° 35'N und 2° 48'W) – Im Golf von Morbihan gelegen misst diese Insel 3,6 mal 1,5 Kilometer, was eine Oberfläche von 300 Hektar ergibt, die von 300 Menschen vor allem im Hauptdorf Gréavo bewohnt werden. Der höchste Punkt der Insel erreicht 13 Meter. Hier befindet sich auch eine romanische Kirche. Der Hafen Béloré liegt im Nordosten der Insel. Die Satdt Vannes auf dem Festland erreicht man mit einer Fähre in 15 Minuten. Auf dem Strand von Keroland befindet sich eine nautische Ausbildungsbasis.

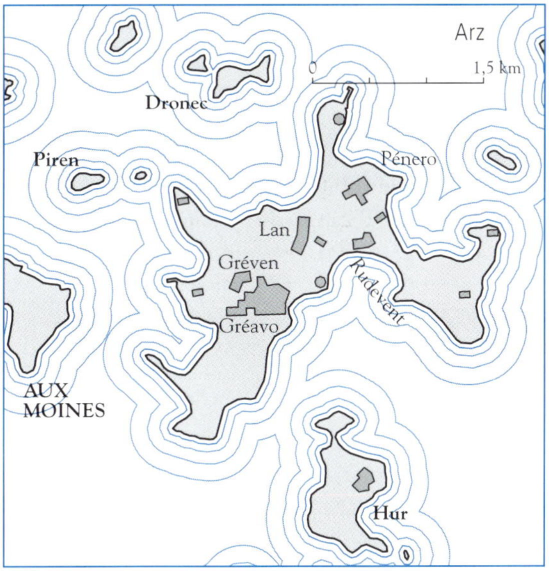

Ascension (7° 56'S und 14° 22'W) Mitten im südlichen Atlantik liegt die 88 Quadratkilometer große Insel, die von 1200 Menschen bewohnt wird. Die Bevölkerungsdichte liegt bei 14 Bewohnern je Quadratkilometer. Großbritannien annektierte die Insel, die vom weiter südlich gelegenen

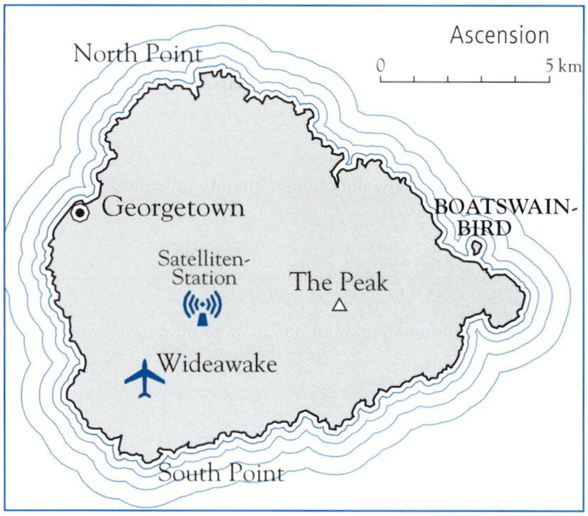

Sankt Helena verwaltet wird, 1922. The Peak, der höchste Punkt der Insel, erreicht 859 Meter. Die wichtigste Stadt ist Georgetown. Der Flughafen dient als Zwischenlandeplatz für die Flugzeuge der Royal Air Force, die die Verbindung mit den Falklandinseln aufrechterhalten, was 1982 während des Krieges um diese Inseln zu viel Betrieb auf dem Rollfeld führte. Die Insel wurde am Himmelfahrtstag 1501 vom Seefahrer Juan de Nova entdeckt. Ihren Namen bekam sie 1503 vom portugiesischen Seefahrer Alfonso de Albuquerque (1453-1515). Während der frühen Weltumsegelungen war die Insel noch unbewohnt. Die Seefahrer pflegten hier Station zu machen und in einem Behälter eine Flasche zu deponieren, in der sie das Datum ihres Aufenthaltes vermerkten. 1701 erlitt hier William Dampier (1651-1715) Schiffbruch.

Ashmore und Cartier (12° 14'S und 123° 05'O) – In der Timorsee liegen diese unbewohnten kleinen Inseln, die von Australien verwaltet werden. Ihre Oberfläche beträgt fünf Quadratkilometer. Seit 1983 stehen die Inseln wegen ihrer reichhaltigen Fauna und Flora unter Naturschutz. Cartier wurde vermutlich nach dem französischen Seefahrer Jacques Cartier (1491-1557) benannt.

Astrolabe – Im Norden der Antarktischen Halbinsel gelegen, wurde die Insel nach dem Schiff „Astrolabe" benannt, mit dem der französische Seefahrer Jules Sébastien Dumont d'Urville (1790-1842) seine erste Fahrt durch den Pazifik (25. April 1826 bis 26. März 1829) unternahm. Bei seiner zweiten Weltumrundung vom 7. September 1837 bis 6. November 1840 mit der „Astrolabe" und der „La Zèle" entdeckte er Adélie-Land.

Astrolabe, Riff (19° 48'S und 165° 37'O) – Das 50 Kilometer vor der Insel Ouvea liegende Riff wurde zu Ehren der Schiffe „Astrolabe" und „La Boussole" von Jean-François de La Pérouse (1741-1788) benannt. Paul Fleuriot de Langle war Kapitän auf der Weltumsegelung, die am 1. August 1785 in Best begonnen hatte und am 11. Dezember 1787 tragisch endete. Fleuriot de Langle und zehn Seeleute wurden auf der zu den Salomonen gehörenden Insel Tutuila getötet. 1788 kam der Rest der Mannschaft in der Nähe der Insel Vanikoro ums Leben.

Astronomical Society (69° 50'N und 91° 30'W) – Der unbewohnte kanadische Archipel liegt in der Bootha-Bucht und gehört zum autonomen Gebiet Nunavut, das am 1. April 1999 errichtet wurde.

Astypalea – Diese griechische Insel gehört zur Gruppe der Dodekanen. Der höchste Punkt ist bei 482 Metern erreicht. Auf der Insel befindet sich eine venezianische Befestigung aus dem 18. Jahrhundert. Der Hauptort ist Astypalea. (Siehe auch Dodekanen)

Ata (22° 35'S und 176° 10'W) – Am 19. Januar 1643 wurde die Vulkaninsel vom holländischen Seefahrer Abel Tasman (1603-1659) entdeckt. Die südlichste der Tongatapu-Inseln liegt 200 Kilometer vom 10.633 Meter tiefen Tiefseegraben von Vituaz.

Atka (52° 15N und 174° 30'W) – Die im Nordpazifik gelegene Insel gehört zu den Aleuten. (Siehe auch bei Aleuten)

Atlantis – Diese mystische Insel wird von vielen Experten im Mittelmeer, in der Nähe von Santorin (auch Thera genannt), angesiedelt. Nach der vom griechischen Philosophen Plato (428-348 v. Chr.) verbreiteten Legende wurden durch eine gewaltige Explosion um 1600 v. Chr. 50 Millionen Kubikmeter Asche und Lava in die Atmosphäre geschleudert. Ein Teil der Insel Santorin verschwand in dem Krater und in dem folgenden Seebeben wurden die östlichen Küsten des Mittelmeeres verwüstet. Diese Katastrophe war der Grund für den Niedergang der minoischen Kultur auf Kreta und könnte zugleich auch eine Erklärung für die Plagen sein, die nach der Bibel Ägypten heimsuchten. Der französische Romanautor Jules Verne (1828-1905) spricht in seinem Buch „20.000 Meilen unter dem Meer", das 1870 veröffentlicht wurde, ebenfalls von Atlantis, platziert es aber nördlich der Azoren. Danach entdeckte Kapitän Nemo mit seinem Unterseeboot „Nautilus" den Inselkontinent an der Position 33° 22'N und 16° 17'W. Was für eine Präzision.

Atley (73°S und 74°W) – Östlich der Insel Spatz liegt diese Insel vor der Antarktischen Halbinsel.

Attu (53°N und 172° 30'O) – Die östlichste, zu Alaska gehörende, Aleuteninsel ist nur 100 Kilometer von Russland entfernt. Sie gehört zur Near-Gruppe. (Siehe auch bei Near-Inseln und Aleuten)

Auckland (51° 30'N und 166°O) – Diese subantarktischen, unbewohnten Inseln gehören zu Neuseeland und liegen rund 400 Kilometer südlich der Stewart-Insel. Ihre Oberfläche misst insgesamt 612 Quadratkilometer. Die höchsten Punkte sind jeweils Govern Peak (664 Meter) auf Auckland im Norden des Archipels und Mount Dick (668 Meter) auf Adams im Süden der Gruppe. Die Inseln wurden am 18. August 1806 vom britischen Seefahrer Bristow entdeckt, der die „Ocean" kommandierte. Bei einer zweiten Fahrt im Oktober 1806 an Bord der „Sarah" gab er den Inseln ihre Namen. Adams wurde nach dem britischen Seefahrer John Adams (1760-1829) benannt, während die Insel Ederby den Namen der britischen Förderer Charles und Samuel Ederby bekam, die zwischen 1820 und 1839 einige Antarktisexpeditionen organisiert oder die Patenschaft übernommen hatten.

Auguste (64° 03'N und 61° 35'W) – Am Eingang zur Gerlach-Meerenge vor der Antarktischen Halbinsel liegt diese kleine Insel, die ihren Namen vermutlich dem belgischen Seefahrer Adrien de Gerlach (1866-1934) verdankt. Gerlach war hier am 23. Januar 1898 um 21.30 Uhr gelandet. Über die Namenspaten gibt es verschiedene Theorien. Es könnte sich um eine diskrete Ehrung des belgischen Prinzen August von Sachsen-Coburg-Gotha (1845-1907) handeln. Möglicherweise ist aber sein Vater, August von Sachsen-Coburg-Gotha (1818-1881), gemeint, der 1843 Clémentine (1817-1907), Tochter des französischen Königs Louis-Philippe (1773-1850), geheiratet hatte. Der Name könnte aber auch eine Ehrung für seinen schwedischen Maat August Wienke sein, der einen Tag vor dem Landgang von einer Welle vom Schiff geschleudert wurde.

Aurigny (49° 43'N und 2° 12'W) – 2200 Menschen leben auf der acht Quadratkilometer großen britischen Kanalinsel vor der normannischen Küste. Das ergibt eine Bevölkerungsdichte von 275 Einwohnern je Quadratkilometer. Der höchste Punkt erreicht 101 Meter. Der größte Ort

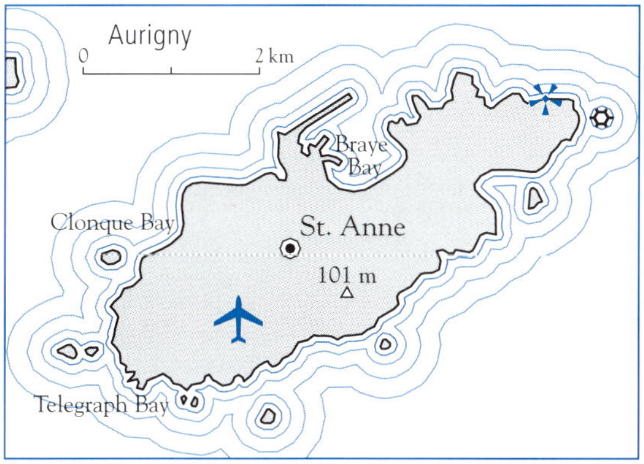

Sainte-Anne ist zugleich Hafen. Zudem befindet sich hier der Flughafen. Zahlreiche Befestigungen dominieren die kleine Insel: Fort Houemt Herbe, Fort Quenard, Fort Corblets, Château-à-l'Etoc, Fort Albert, Fort Grosnez, Fort Doyle, Fort Tourgis, Fort Clonque Rock, Essex Castle... Eine fünf Kilometer lange Eisenbahn verbindet die Steinbrüche mit dem Hafen von Braye, um so den 1500 Meter langen Deich, der 1847 und 1864 zum Schutz der Bucht von Braye errichtet wurde, zu sichern. Auf den Gleisen verkehrt auch ein Touristenzug, der von Königin Elisabeth bei einem Besuch der Insel genutzt wurde. (Siehe auch bei Kanalinseln)

Aurora – Die Insel gehört zum Pazifikstaat Vanuatu und misst 270 Quadratkilometer, die sich 2500 Einwohner teilen, so dass die Bevölkerungsdichte bei neun Menschen pro Quadratkilometer liegt. Der höchste Punkt erreicht 811 Meter. Die Insel verdankt ihren Namen der Tatsache, dass sie bei Sonnenaufgang des 22. Mai 1768 vom französischen Seefahrer Jean-Louis de Bougainville (1729-1811) entdeckt wurde.

Aurora Island – Diese subantarktische Insel existiert nicht mehr, nachdem sie vor einem oder zwei Jahrhunderten von vulkanischen Eruptionen ausgelöscht wurde. Dennoch taucht sie auf einigen Karten des 18. und 19. Jahrhunderts auf. Ihre Position war 53°S und 50°W.

Australien (12° bis 38°S und 115° bis 135°O) – Der kleinste Kontinent, beziehungsweise die größte Insel der Welt, umfasst sechs Bundesstaaten: West-Australien (Hauptstadt Perth), Tasmanien (Hauptstadt Hobart, 1804 gegründet), Zentral-Australien (Hauptstadt Adelaide, gegründet 1836), Queensland (Hauptstadt Brisbane), Neusüdwales (Hauptstadt Sydney), Victoria (Hauptstadt Melbourne, gegründet 1872). Hinzu kommen zwei Territorien: Nord-Territorium (Hauptstadt Darwin, gegründet 1872) und Canberra (die 1927 gegründete Bundeshauptstadt). Auf der Oberfläche von 7,7 Millionen Quadratkilometern verteilen sich 18,9 Millionen Bewohner, was eine Bevölkerungsdichte von zwei Menschen je Quadratkilometer ergibt. Der internationale Flughafen Kingsford Smith liegt zehn Kilometer südlich von Sydney, und der internationale Flughafen Tullamarine 21 Kilometer vor Melbourne. Der höchste Berg des Kontinents, Mount Kosciusko, erreicht 2331 Meter. Auf dem Inselkontinent befinden sich zahlreiche Yachthäfen, die sich auf die östlichen, südöstlichen und nordöstlichen Küstenabschnitte verteilen, und von denen die folgenden die wichtigsten sind: Port Campbell (38° 37' S-143° O), Port Macquarie (31° 26' S-152° 55' O), Port Kembla (34° 29' S-150° 54' O), Port Lincoln (34° 44 S-135° 52' O), Port Phillip Bay (38° 07'S-144° 48' O), Port Pirie (33° 11' S-138° 01' O) und South Port (27° 58' s-153° 25' O). Die Unabhängigkeit Australiens wurde am 1. Januar 1901 verkündet, die erste Parlamentssitzung fand Anfang Mai im historischen Viertel von Melbourne statt. Später wurde der Regierungssitz in die neu geschaffene Hauptstadt Canberra verlegt. Anlässlich der Feierlichkeiten zur hundertjährigen Unabhängigkeit im Mai 2001 erklärte der damalige Premierminister John Howard, dass die australische Demokratie deshalb ein Erfolg sei, weil sie sich auf einer soliden parlamentarischen Basis, einer unbestechlichen Justiz und einer unabhängigen und mitunter kritischen Presse gründete. Der Nationalfeiertag am 26. Juni erinnert an den Tag im Jahr 1788, als die erste britische Flotte Sydney erreichte. Zu dieser Zeit war der Kontinent von Aboriginees bewohnt, die von den Briten Australoiden genannt wurden und so zum Namensgeber des neuen Kontinents wurden. Zunächst trug die riesige Insel den Namen Neuholland, nachdem sie von holländischen Seefahrern zum ersten Mal betreten worden war. Der französische Seefahrer Jean Binot de Gonneville hatte die Küsten bereits 1505 entdeckt. Ihm folgte 100 Jahre später der holländische Seefahrer Willem Janzoon, der vor Kap York mit seinem Schiff „Duryfken“ vor Anker ging. 1606 folgte der Spanier Louis de Torres, 1611 erreichten der Holländer Hendrik Brouwer (1580-1643) und 1616 sein

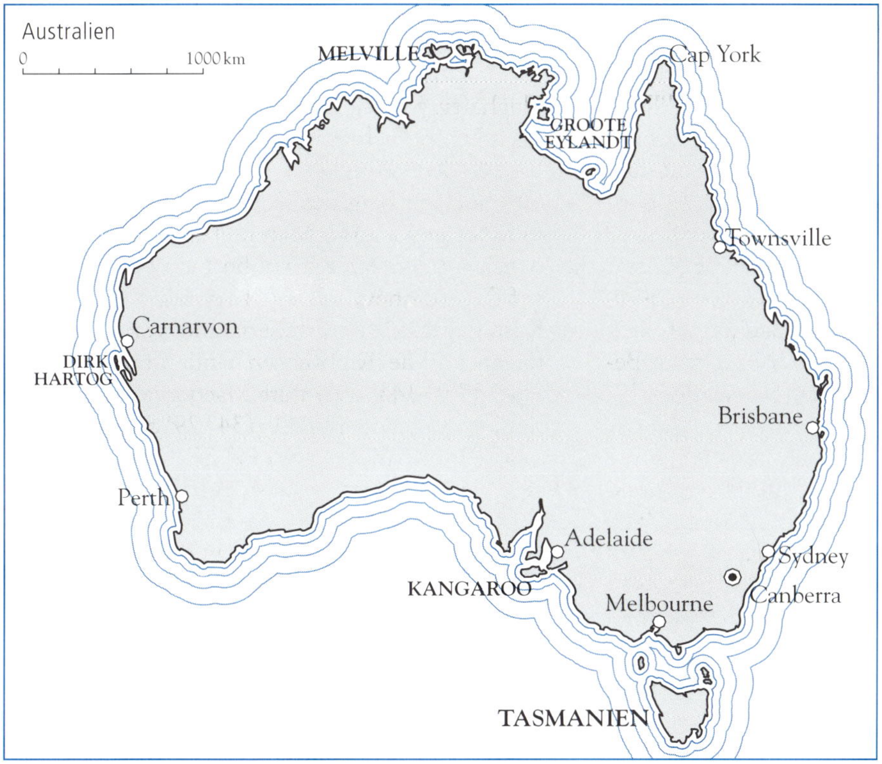

Landsmann Dirk Hartorg die Küsten. 1619 erreichte Frederic Van Houtman die Region zwischen 27°S und 33°S. 1627 entdecken Frans Thyssen und Peter Nuyst die südwestliche Küste. Ihnen folgte 1642 und 1644 der holländische Seefahrer Abel Tasman (1603-1659). Weitere Entdeckungsfahrten unternahmen 1688 und 1689 der britische Seefahrer William Dampier (1652-1715), 1768 der Franzose Louis-Antoine de Bougainville (1729-1811), 1770 der Brite James Cook (1728-1779), 1772 der Franzose Luis de Saint-Allouarn (1738-1772), 1788 der Franzose Jean-François de La Pérouse (1741-1788), 1788 der britische Commodore Arthur Phillip (1738-1814), 1791 der Franzose Antoine d'Entrecasteaux (1737-1793), 1795 bis 1803 der Brite Matthew Flinders (1774-1814), der den Kontinent umfuhr und so bestätigte, dass es sich tatsächlich um eine Insel handelte und ihr 1803 den Namen Australien gab. Ihm folgte schließlich noch der französische Seefahrer Nicolas Baudin (1750-1803). Der Erforschung von See aus schloss sich bald die Entdeckung des Kontinents zu Land an: 1813 wagte sich der Entdecker William Lawson (1774-1850) ins Landesinnere. Ihm folgten 1817 bis 1818 der Vermesser John Oxley (1785-1828), 1823 bis 1827 der Botaniker Allan Cunningham (1791-1839), 1828 bis 1830 der Kapitän Charles Sturt (1795-1869), 1831 bis 1836 der Vermesser Thomas Livingstone Mitchell (1792-1855), 1840 bis 1841 der Forscher Edward John Eyre (1815-1901), 1840 bis 1841 der deutsche Entdecker Ludwig Leichhardt (1813-1848), 1845 bis 1846 der Kapitän Charles Sturt (1795-1869), 1847 bis 1848 der Forscher Edmund Beasley Kennedy (1818-1848), 1856 bis 1858 Auguste Charles Gregor (1819-1905), 1860 bis 1861 Robert Burke (1821-1861), 1860 bis 1861 der Entdecker John Wills (1834-1861), 1860 bis 1862 John McDouall Stuart (1815-1866), 1869 bis 1870 John Forrest (1847-1918), 1871 John Forrest (147-1918), 1871 Alexander Forrest (1849-1901), 1873 Peter Warbuton (1813-1889), 1873 William Gosse (1842-1881), 1874 John Forrest (1847-1918), 1873 bis 1876 Ernest Giles (1835-1897), 1879 Alexander Forrest (1849-1901), 1900 der Radfahrer Donald Mackay, der für die Durchquerung 240 Tage benötigte. Die Stadt Brisbane wurde zu Ehren des schottischen Generals Thomas Brisbane (1773-1860) benannt, der hier zwischen 1821 und 1825 als Gouverneur des Bundesstaats Neusüdwales amtierte. Die Stadt Darwin erhielt den Namen des britischen Naturforschers Charles Darwin (1809-1882), der die Welt an Bord der „Beagle" umrundete. Melbourne verdankt seinen Namen dem britischen Premierminister William Melbourne (1779-1848), der dieses Amt zwischen 1835 und 1841 innehatte. Die transkontinentale Eisenbahn, „Indian Pacific", durchquert vor allem die Nullarbor-Ebene. An ihrer Strecke befinden sich einige Ortschaften, die nach australischen Premierministern benannt wurden: Edmund Barton (1849-1920), Christian Watson (1867-1941), George Reid (1845-1918), Alfred Deakin (1856-1919), Andrew Fisher (1862-1928), William Hughes (1862-1952), Joseph Cook (1860-1947), Joseph Lyons (1879-1939), John Curtin (1885-1945) und Joseph Chifley (1885-1951). Sie alle hatten zur Entwicklung der Eisenbahn beigetragen.

Austral-Inseln (23°S und 150°W) – Der zu Französisch-Polynesien gehörende Archipel erstreckt sich über 600 bis 1300 Kilometer südlich von Tahiti und besteht aus sieben Hauptinseln: Maria, Marotiri, Ra(vavae, Rapa, Rimatura, Rurutu und Tubuai. 7500 Einwohner teilen sich die 174 Quadratkilometer messende Oberfläche, so dass eine Bevölkerungsdichte von 43 Bewohner je Quadratkilometer entsteht. Der Archipel wurde 1769 vom britischen Seefahrer James Cook (1728-1779) entdeckt. 1902 wurden die Inseln von Frankreich annektiert. Sie erhielten ihren Namen, weil es sich um die südlichsten Inseln von Französisch-Polynesien handelt. Zwischen August und Oktober treffen sich hier die Wale. (Siehe auch Französisch-Polynesien)

Aute (43°N und 3°O) – Die kleine französische Insel befindet sich im Departement Aude und liegt in der Mitte der Seen von Bages und Sigean, vier Kilometer südöstlich von Peyriac-de-Mer. Sie hat eine Oberfläche von 38 Hektar. Ihr höchster Punkt überragt die Insel um 57 Meter.

Aval (48° 18'N und 3° 31'W) – Die französische Granitinsel liegt 400 Meter östlich von Île Grande im Nordwesten von Finistère. Ihre Oberfläche beträgt elf Hektar. Sie befindet sich im Besitz des Conservatoire du Litoral. Angeblich liegt hier der legendäre König Arthur seit dem sechsten Jahrhundert begraben.

Avlan – Die Insel liegt nahe bei der Antarktischen Halbinsel. Hier überwinterten die französischen Seefahrer Jérôme und Sally Poncet mit ihrer „Damien II" während ihrer Antarktisexpedition zwischen 1977 und 1979. Ihre Erlebnisse beschrieben sie in einem Buch, das im französischen Verlag Arthaud erschienen ist. Das Paar lebt mit seinen drei Kindern auf der südöstlich der Falklands liegenden Insel Beaver. Seit 1982 kehren sie jedes Jahr mit ihrem Segelboot in die Antarktis zurück, um dort das Leben der Seehunde, Pinguine und Vögel im Auftrag des British Antarctic Survey zu erforschen.

Axel Heiberg (80° 30'N und 92°W) – Die Insel, eine der nördlichsten Kanadas, gehört zum autonomen Territorium Nunavut, das am 1. April 1999 geformt wurde. Sie ist Teil des nach dem norwegischen Seefahrer Otto Sverdrup (1854-1930) benannten Archipels, der die Inselgruppe im April 1900 mit der „Fram" entdeckte. Das Schiff wurde später durch die Fahrten in die Arktis (1893 bis 1896) mit den norwegischen Entdecker Fridtjof Nansen (1861-1930) berühmt. Am 15. April 1900 wurde die Insel zu Ehren eines der Sponsoren von Otto Sverdrup, der zusammen mit den Brüdern Amund und Ellef Ringnes, die in Oslo eine Brauerei besaßen, benannt. Die Expedition dauerte vom 27. Juni 1898 bis zum 18. September 1902. In dieser Zeit musste die Mannschaft vier Mal an Bord der „Fram" überwintern. Die Insel hat eine Oberfläche von 35.000 Quadratkilometern. Der höchste Punkt Outlook Peak erreicht 2134 Meter. Ein Gletscher in der Antarktis trägt den gleichen Namen. Er wurde zwischen dem 17. und 20. November 1911 vom norwegischen Seefahrer Roald Amundsen (1872-1928) während seiner Südpolexpedition bezwungen.

DIE INSELN DES ATLANTIKS

Neufundland: Vor gut 1000 Jahren wurde die Insel von Wikingern entdeckt. Sie ließen sich für einige Jahre in Anse Meadows nieder. Die fischreichen Gewässer haben über die Jahrhunderte Fischer aus der ganzen Welt angezogen.

Lofoten: Von diesen norwegischen Inseln aus kann man im Juni die Mitternachtssonne beobachten.

Hebriden: Die Hebriden liegen vor der schottischen Westküste. Ihr Gegenstück im Pazifik, die Neuen Hebriden, heißen seit ihrer Unabhängigkeit am 30. Juli 1980 Vanuatu.

Shetland: Die nördlichsten Inseln Großbritanniens sind vor allem für ihre Wolle und Ponys berühmt. Der nördlichste Punkt der Inselgruppe liegt bei 60° 50'N.

Jersey: Die Kanalinsel vor der Küste der Normandie gilt bei vielen wohlhabenden Zeitgenossen als Steuerparadies.

Miquelon: Dieses Kreuz befindet sich auf einem Hügel gegenüber der Stadt Miquelon.

Saint-Pierre: Die Hauptstadt der französischen Inselgruppe Saint-Pierre-et-Miquelon liegt gegenüber der Küste Neufundlands. Von dem Hügel, der die Stadt überragt, kann man am Horizont die Ile aux Marin sehen.

Guadeloupe: Von den Felsen der Pointe des Châteaux (16° 15'N und 61° 10'W) hat man einen guten Blick auf die zehn Kilometer nordöstlich gelegene Insel Désirade.

Kuba: Die größte Antilleninsel ist für ihren Zucker und die legendären Zigarren berühmt. Die Insel öffnet sich zunehmend dem internationalen Tourismus.

Martinique: Beim Ausbruch des Vulkans Pelée am 8. Mai 1902 wurde die Stadt Saint-Pierre zerstört. Nur zwei der 30.000 Einwohner überlebten die Katastrophe.

Kapverden: Vor der Küste Senegals liegen die Kapverdischen Inseln. Zehn Hauptinseln bilden den Archipel. In der Nähe der senegalesischen Hauptstadt Dakar befindet sich das gleichnamige Kap (14° 43'N und 17° 33'W), das den westlichsten Punkt Afrikas markiert.

Gorée: Zwei Kilometer östlich von Dakar liegt die 16 Hektar messende Insel, die eines der wichtigsten Zentren im Sklavenhandel war. Aus diesem Grund gehört sie zum von der Unesco geschützten Weltkulturerbe.

Kapverden: Wegen der bergigen Topografie sind die Bewohner der Insel gezwungen, ihre Felder auf Terrassen anzulegen. Die bergigsten Inseln sind Sao Antonio, Sao Vicente, Sao Nicolau, Sao Tiago und Fogo, wo die höchste Erhebung 2829 Meter erreicht.

Golf von Morbihan: Die Inseln Arz und die Ile aux Moines sind die bedeutendsten in dieser Bucht, deren bretonischer Name „Kleines Meer“ bedeutet. Bei jedem Gezeitenwechsel kann die Geschwindigkeit des Wassers in Port Navalo bis vier Knoten erreichen.

Ouessant: Die fiktive Linie zwischen der Insel Ouessant und dem Kap Lizar in Großbritannien ist die Start- oder Ziellinie der Atlantiküberquerungen.

Batz: Der Legende nach zwang der englische Eremit Saint Pol Aurelien einen Drachen, sich ins Meer zu stürzen. Danach gründete er hier ein Kloster, wo er seine letzten Lebensjahre verbrachte.

Belle-île: Die von einem Sturm aufgepeitschte See ist immer wieder ein faszinierender Anblick.

Houat: Der schottische Mönch St. Gildas de Ruys lebte einige Jahre lang auf dieser Insel. Er gründete später ein Kloster auf dem Festland, kehrte aber wieder auf die Insel zurück, wo er im Jahr 570 starb.

Brehat: Zahlreiche britische und französische Autoren hielten sich auf dieser Insel auf, um sich inspirieren zu lassen. Die Physiker Pierre und Marie Curie hatten hier einen zweiten Wohnsitz.

Madeira: Kolumbus hielt sich einige Jahre zusammen mit seiner Frau Felipa auf der Insel Porto Santo auf. 1474 kam hier sein Sohn Diego zur Welt.

Titicaca: Den höchsten schiffbaren See der Welt (3810 Meter) teilen sich Peru und Bolivien. Die Indianer der Region verstehen es, schwimmende Inseln zu bauen, auf denen sie leben. Die beiden „richtigen“ Inseln, Mond und Sonne, werden von den Indianern als mythische Orte verehrt.

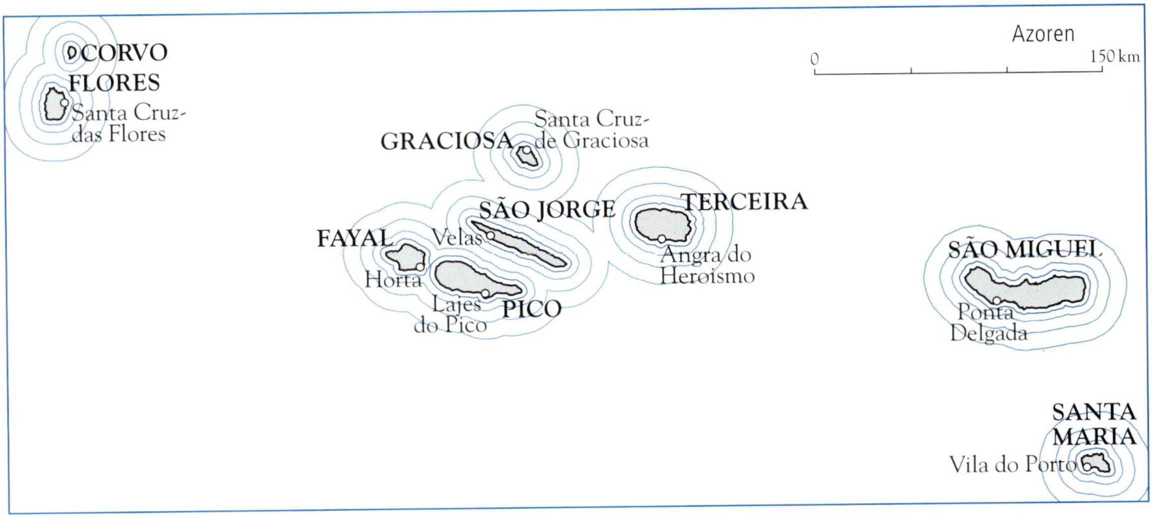

Am 14. Dezember 1911 erreichte er schließlich mit seinen vier Gefährten den Südpol. Die „Fram" lag unterdessen im Packeis vor dem Ross-Eisfeld.

Azoren (38° 30'N und 28°W) – Neun Hauptinseln bilden die Gruppe der Azoren, die 1500 Kilometer vor der portugiesischen Küste liegt. Corvo, Faial, Flores, Graciosa, Pico, Santa Maria, São Jorge, São Miguel und Terceria gehören zu Portugal. Auf 2250 Quadratkilometern leben 260.000 Einwohner, was eine Bevölkerungsdichte von 116 Menschen je Quadratkilometer ergibt. Die Hauptstadt Ponta Delgada befindet sich auf der Insel Sao Miguel. Die Inselgruppe besitzt einen internationalen Flughafen. Die Azoren wurden 1432 vom portugiesischen Seefahrer Gonsolvo Cabral entdeckt, der von Heinrich dem Seefahrer (1394-1460) den Auftrag bekommen hatte, neue Gebiet zu entdecken. 1448 wurden sie vom portugiesischen Seefahrer Gonzalo Vello aufs Neue entdeckt. Bis zu den Entdeckungsfahrten von Kolumbus (1451-1506) waren sie die westlichsten bekannten Gebiete und wurden Ponant genannt.

Babuyan (19° 15'N und 121° 57'O) – Die Inselgruppe liegt im Norden der Philippinen zwischen der Chinesischen See und der Philippinensee.

Baelanec (48° 50'N und 3° 16'W) – Die französische Insel liegt vor der Côte d'Armor in der Nähe der Stadt Bugueles. Auf der sechs Hektar großen Insel, die bei Ebbe zu Fuß erreicht werden kann, befinden sich einige Häuser.

Baffin (68°N und 70°W) – Die arktische Insel gehört zum kanadischen Territorium Nunavut, das am 1. April 1999 geschaffen wurde und dessen Oberfläche zwei Millionen Quadratkilometer beträgt, die von 29.000 Menschen bewohnt werden, was eine Bevölkerungsdichte von 0,02 Einwohnern je Quadratkilometer ergibt. Die Oberfläche der Insel beträgt 510.000 Quadratkilometer. Der höchste Punkt Penny Ice Cap erreicht 2591 Meter. Die Hauptstadt Iqualuit, die zurzeit von 4000 Menschen bewohnt wird, hieß bis 1984 Frobisher Bay. Die anderen wichtigen Ortschaften sind Pond Inlet (1200 Einwohner), Pangnirtung, Clyde River und Kimmirut (früher Lake Harbour), gleichzeitig der wichtigste Hafen der Insel. Die Insel wurde am 9. Oktober 1000 von Leif Erikson (geb. 970), Sohn von Erik dem Roten (940-1007), entdeckt und von ihren Entdeckern Helluland (Land der flachen Steine) getauft. An Bord des Wikingerschiffs befanden sich 35 Männer. Die Insel erhielt ihren Namen zu Ehren des britischen Seefahrers William Baffin (1584-1622), der in

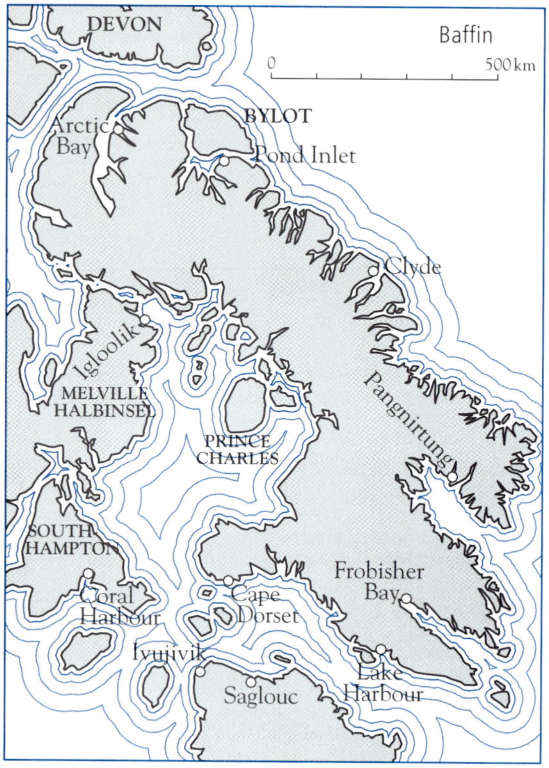

diesen Regionen 1615 und 1616 zusammen mit dem 1616 verstorbenen Robert Bylot nach der Nordwestpassage suchte. Die Patenschaft für die Entdeckungsfahrt hatten Jones, James Lancaster und Smith übernommen. Der französische Abenteurer François Varigas (geb. 1958) hat die Insel von Süden nach Norden durchquert. Er verließ Frobisher Bay am 28. April 1982 mit einem Schlittengespann in Richtung Arctic Bay über Igloolik. Er wandte sich zunächst entlang der berühmten „Dew Line" (Distant Early Warning Line) in Richtung Westen. In Höhe des 90. Breitengrades hatten die Amerikaner während des Kalten Krieges zwischen 1952 und 1957 zahlreiche Basen eingerichtet, um dort mittels starker Radaranlagen die Aktivitäten des Ostblocks beobachten zu können. Die Errichtung der Radarkette kostete insgesamt 600 Millionen Dollar. Jede Basis hatte eine Besatzung von zwölf Mann. Varigas erreichte Dawson schließlich am 11. April 1983 nach einer Reise von 8000 Kilometern entlang der Stationen der „Dew-Line" und den Ortschaften Hall Beach, Pally Bay, Gjoa Haven, Jenny Line, Cambridge Bay, Coppermine, Fort Franklin, Fort Norman, Fort Good Hope, Red River, Fort McPherson und Eagle Plain. Was für eine Leistung! Die 1970 geschaffenen Arktischen Spiele werden alle zwei Jahre in einem der arktischen Länder veranstaltet. 2002 wurden die Spiele zwischen dem 17. und 23. Mai gleichzeitig in Iqaluit, der Hauptstadt von Nunavut, und der grönländischen Stadt Nuuk ausgetragen. Wetterstationen wurden in Arctic Bay (73°N und 85° 15'W), Pond Inlet (72° 42'N und 77° 59'W), Clyde 70° 27'N und 68° 33'W) und in Frobisher (63° 45'N und 68° 22'W) eingerichtet. Im Norden von Baffin sowie im Süden der Insel Boughton entstand der Nationalpark Auyuittuq.

Bagaud (43°N und 6° 22'O) – Die französische Mittelmeerinsel liegt vor der Insel Port Cros, 13 Kilometer südlich des Badeortes Le Lavandou. Die Oberfläche beträgt 57 Hektar, der höchste Punkt erreicht 59 Meter. Die Insel und das sie umgebende Gewässer bilden seit dem 14. Dezember 1963 einen Naturschutzpark.

Bahamas (23°N bis 77°W und 21°N bis 74°W) – Die im Osten Floridas und nördlich von Kuba liegende Inselgruppe besteht aus 700 Inseln und Tausenden Korallenriffen. Ungefähr 30 Insel sind bewohnt, darunter: Abako, Andros, Berry Islands, Bimini, Cat Island, Eleuthera, Exuma, Grand Bahama, Harbour, Inagua, Long Island, New Providence, Treasure Cay und San Salvador. Die Oberfläche beträgt insgesamt 13.900 Quadratkilometer für 290.000 Einwohner, was eine Bevölkerungsdichte von 21 Menschen zur Folge hat. In dem Steuerparadies haben sich in den vergangenen Jahren mehr als 700 Banken und zahlreiche so genannte Off-Shore-Gesellschaften angesiedelt. Die Hauptstadt Nassau, in der mehr als die Hälfte der Bevölkerung wohnt, liegt auf New Providence. Dort befindet sich auch der internationale Flughafen, der 16 Kilometer vor den Toren der Stadt

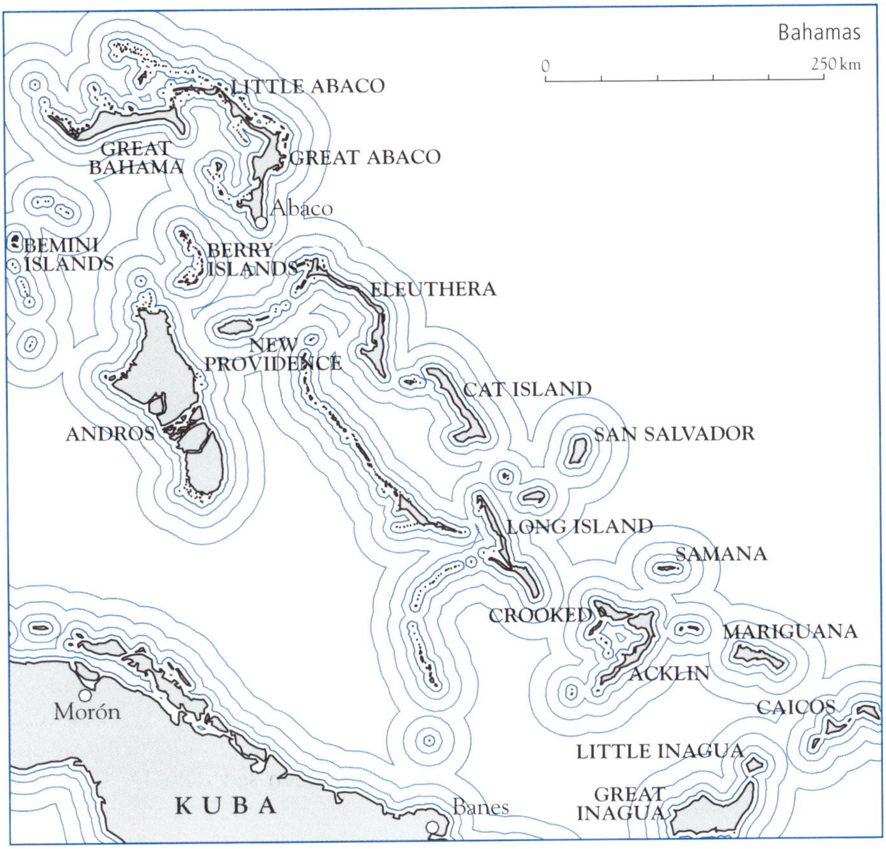

angelegt wurde. Seit dem 10. Juli 1973 sind die Bahamas als unabhängiger Staat Mitglied des Commonwealth of Nations. Die Staatsdevise lautet: „Erhalten, Glauben und gemeinsam voranschreiten." Der wichtigste Hafen, Governor's Harbour, befindet sich auf der Insel Eleuthera. Die Insel San Salvador wurde am Freitag, 12. Oktober 1492 gegen zwei Uhr morgens von Kolumbus (1441-1506) bei seiner ersten Entdeckungsfahrt mit der „Santa Maria" zum ersten Mal gesichtet. Danach entdeckte er noch Cat Island, Exuma und Long Island, bevor er in Richtung Haiti und Kuba weitersegelte. Der britische Seefahrer Woodes Rogers (1679-1732), der zwischen dem 2. August 1708 und dem 1. Oktober 1711 die Welt umsegelt hatte, amtierte von 1718 bis 1721 sowie von 1729 bis 1732 als Gouverneur der Inseln. Die Besatzung des Space Shuttle Challenger 4 lieferte während ihrer Mission vom 3. bis 11. Februar 1984 folgende Beschreibung der Bahamas: „Die Klarheit der Gewässer um die Bahamas ermöglicht es, die Geheimnisse bis eine Tiefe von mehreren hundert Metern zu erforschen. Das tiefe Blau korrespondiert mit den tiefen Gewässern des Golfes von Exuma und der Meerenge von Crooked Island."

Bahia (16° 20'N und 86° 30'W) – Die zu den Antillen zählende Inselgruppe liegt rund zehn Kilometer vor der Nordküste von Honduras.

Bahrain (26°N und 50° 30'O) – Die Insel im Persischen Golf ist mit dem saudiarabischen Festland durch eine 1986 eingeweihte Brücke verbunden. Auf der Oberfläche von 622 Quadratkilometern leben 700.000 Einwohner, was eine Bevölkerungsdichte von 1125 Menschen je Quadratkilometer ergibt. Seit dem 14. August 1971 ist Bahrain selbstständig. Der internationale Flughafen Muharraq befindet sich sechs Kilometer vor der Hauptstadt Manama. Der einzige Hafen der Insel befindet sich Al Muharraq. Nationalfeiertag ist der 16. Dezember.

Baie des Morlaix – Die in der Bucht von Morlaix, im Norden von Finstère, gelegenen kleinen französischen Inseln bilden einen Naturpark. Die wichtigsten Inseln sind Île aux Dames (maximal 15 Meter über den Meer), Île de Sable, Île Blanche, Île Noire, Île Richard (maximal 23 Meter über dem Meer), Île Verte, Île Lou(t, Île Verzoul (maximal 18 Meter über dem Meer), Fort du Taureau, Île Stérec.

Bailey – Die in der Nähe der Insel Deception in der Anarktis gelegene Insel ist regelmäßiger Treffpunkt von Tausenden Pinguinen, die sich dort fortpflanzen.

Bailleron (47° 34'N und 2° 44'W) – Die private französische Insel im Golf von Morbihan hat eine Oberfläche von sechs Hektar. Ihr höchster Punkt erreicht zwölf Meter.

Baker (0° 12'N und 176° 30'W) – Die unbewohnte amerikanische Insel liegt im Südpazifik direkt auf dem Äquator. Auf der Insel befindet sich eine Landebahn, die während des Zweiten Weltkriegs benutzt wurde. Vermutlich wurde sie nach dem britischen Seefahrer Samuel Baker (1821-1893) benannt. Möglicherweise diente aber auch die afroamerikanische Sängerin und Tänzerin Joséphine Baker (1906-1975) als Namensgeberin.

Balanec (48° 25'N und 4° 59'W) – Die im Westen von Finistère gelegene unbewohnte französische Insel liegt zwei Kilometer im Nordwesten der Insel Molène. Sie misst 14 Hektar und ist Teil eines Naturschutzgebiets.

Balearen (39° 30'N und 3°O) – Südöstlich vor dem spanischen Festland gelegen, umfasst die autonome spanische Inselgruppe die Hauptinseln Ibiza, Formentera, Mallorca und Menorca. Hinzu kommen noch einige kleinere Inseln wie Aire, Aucanada, Botafoch, Cabrera, Dragonera, El Rey und Pinto. Die Oberfläche beträgt 5020 Quadratkilometer, die sich 800.000 Einwohner teilen. Die Bevölkerungsdichte liegt bei 160 Menschen je Quadratkilometer.

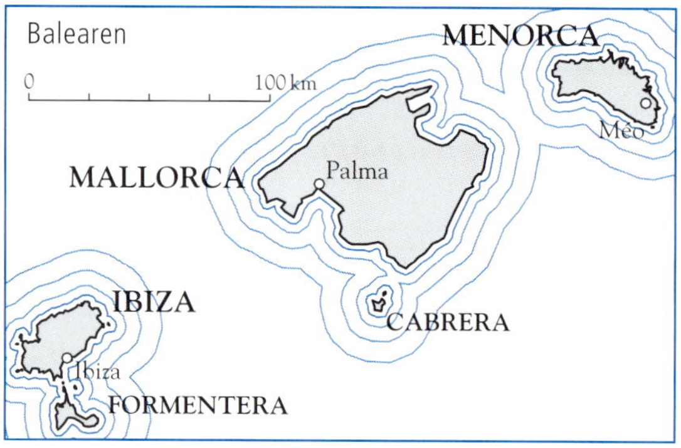

Bali (8° 25'S und 115° 10'O) – Die kleinste indonesische Provinz hat eine Oberfläche von 5650 Quadratkilometern, die von 2,5 Millionen Menschen bewohnt werden. Der höchste Punkt der Insel, der Vulkan Gunung Agung, erreicht 3140 Meter. Sein Ausbruch am 17. März 1963 tötete 1500 Menschen und machte 85.000 Einwohner obdachlos. Die Insel war 1597 vom holländischen Seefahrer Olivier Van Noort (1568-1611) entdeckt worden. 1906 wurden 3600 Eingeborene umgebracht. Der internationale Flughafen Denpassar Bali liegt 13 Kilometer südwestlich der Hauptstadt Dempasar. Auf der Insel befinden sich 18.000 Tempel.

Balleny (66° 35'S und 162° 50'O) – Die zu Neuseeland gehörende subantarktische Inselgruppe, die in der Nähe des südlichen Polarkreises liegt, umfasst sieben Hauptinseln: Boradaile, Buckle, Monolith, Row, Sabrina, Sturge und Young. Die wichtigsten Erhebungen befinden sich auf den Inseln Sturge (Brown Peak, 1524 Meter), Young (1340 Meter) und Buckle (1238 Meter). Der Vulkan Freeman erreicht eine Höhe von 3600 Metern. Der Archipel wurde nach dem britischen Seefahrer John Balleny benannt, der ihn am Samstag, 9. Februar 1839 entdeckte. Am 13. Januar 1840 sichtete ihn der amerikanische Seefahrer Charles Wilkes (1798-1877) bei einer Forschungsfahrt in die Antarktis ein zweites Mal.

Baltrum – Die kleinste der ostfriesischen Inseln hat eine Oberfläche von neun Quadratkilometern. Sie liegt zwischen Norderney und Langeoog.

Bananec (47° 42'N und 4°W) – Eine der elf Inseln, die den Archipel von Glénan bilden, der vor der französischen Küste, im südlichen Finistère liegt. Sie hat eine Oberfläche von zwei Hektar, auf der sich ein nautisches Zentrum befindet. (Siehe auch bei Glénan)

Banks (10°N und 142°W) – Die südlich von Neuguinea in der Torres-Straße gelegene Insel ist nach dem britischen Naturforscher Joseph Banks (1744-1820) benannt, der den britischen Entdecker James Cook (1728-1779) bei seiner ersten Weltumsegelung (1768 bis 1772) an Bord der „Endeavor" begleitete. 1778 wurde er zum Präsidenten der Royal Society gewählt und behielt diesen Titel die folgenden 42 Jahre. Die Insel war 1606 vom spanischen Seefahrer Luis de Torres entdeckt worden.

Banks (71° 57'N und 125° 17'W) – Diese im Norden Kanadas gelegene Insel gehört zum Nordwest-Territorium und den Parry-Inseln, die nach dem britischen Seefahrer William Edward Parry (1790-1855) benannt sind. Parry erforschte vor allem die Nordwestpassage und erreichte 1827 als Erster 82° 45'N im Norden Spitzbergens. Die Insel hat eine Oberfläche von 10.630 Quadratkilometern. Der höchste Punkt erreicht 762 Meter. Sie wurde zwischen 1914 und 1917 vom kanadischen Forscher Vilhjalmur Stefansson (1879-1962) ausführlich erforscht. Benannt ist die Insel nach dem britischen Naturforscher Sir Joseph Banks (1744-1820), der James Cook (1728-1779) auf dessen erster Weltumsegelung (1768 bis 1779) an Bord der „Endeavour" begleitete. Er wurde später First Lord der britischen Admiralität und 1778 Präsident der Royal Society. Den Posten behielt er die nächsten 42 Jahre bis zu seinem Tod. Das Dorf Sachs Harbour (71° 57'N und 125° 17'W), in dem sich auch eine Wetterstation befindet, zählt 150 Einwohner. Auf der Insel befinden sich zwei Nationalparks: im Norden Aulavik und im Süden das Vogelschutzgebiet der Insel Banks. (Siehe auch bei Parry-Inseln)

Banks (13° 50'S und 167° 30'O) – Wie die beiden vorab beschriebenen Inseln, trägt auch diese Pazifikinsel den Namen des britischen Naturforschers Joseph Banks (1744-1820). Sie gehört heute zum Inselstaat Vanuatu. Die Küstenlinie wurde zwischen 1913 und 1917 vom kanadischen Seefahrer Vilhjalmur Stefansson (1879-1962) kartografiert. (Siehe auch bei Vanuatu)

Bannec (48° 26'N und 5°W) – Vier Kilometer von der Insel Molène entfernt, liegt diese unbewohnte französische Insel im westlichen Finistère. Sie gehört zu einem Vogelschutzgebiet und hat eine Größe von elf Hektar.

Baranov (67°N und 135°W) – Diese zum Alexander-Archipel gehörende Insel trägt den Namen des ersten russischen Gouverneurs von Alaska, Alexander Baranov (1747-1819). Er gründete 1906 die Stadt Sitka, die bis 1906 die Hauptstadt Alaskas blieb. Ursprünglich trug die Stadt den Namen Neu Archangelsk. Die Amerikaner kauften Alaska 1867 für 7,2 Millionen Dollar von den Russen. 1959 wurde das Gebiet der 49. Staat der USA. Die Hauptstadt der Insel ist Sitka. (Siehe auch Alexander-Archipel)

Barbados (13° 10'N und 59° 32'W) – Seit dem 30. November 1966 gehört die zu den Kleinen Antillen gehörende Insel als unabhängiger Staat dem Commonwealth of Nations an. Auf einer

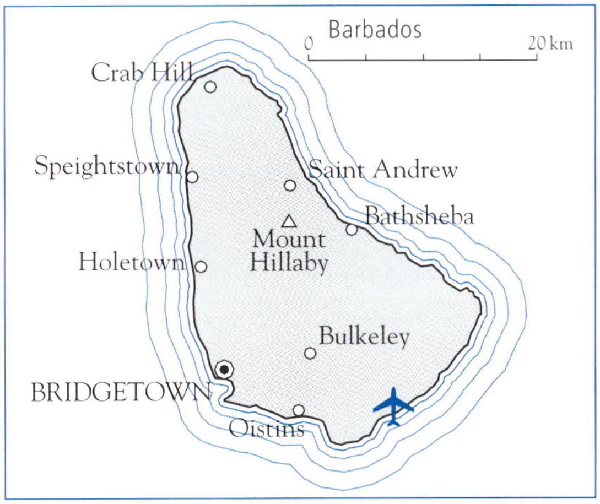

Oberfläche von 430 Quadratkilometern leben 270.000 Einwohner. Die Bevölkerungsdichte liegt bei 625 Mengen je Quadratkilometer. Die höchste Erhebung Mount Hillaby erreicht 336 Meter. Der Arzt Alain Bombard (geb. 1924) erreichte die Insel 1952 an Bord seines Kanus „L'Hérétique" ohne Lebensmittel oder Wasser, nachdem er nach seinem Start in Las Palmas auf den Kanarischen Inseln 65 Tage auf See in seinem leckgeschlagenen Boot verbracht hatte. Die britische Ruderin Diana Hoff (geb. 1945) schaffte ihre Atlantiküberquerung im Jahr 2000 nach 113 Tagen. Barbados gilt als Steuerparadies, was die Gründung von vielen so genannten Off-Shore-Gesellschaften zur Folge hatte. Der internationale Flughafen Grantley Adams liegt 14 Kilometer von der Hauptstadt Bridgetown entfernt. Die Staatsdevise lautet „Stolz und Arbeit". Der Nationalfeiertag wird am 30. November gefeiert. (Siehe auch Antillen, Kleine)

Bäreninsel – Die russische Insel liegt in der Sibirischen See.

Bardsey (52° 45'N und 4° 45'W) – Die auch Yns Enli genannte Insel liegt vor der walisischen Nordküste. Die Oberfläche von einem Quadratkilometer teilen sich zwei Geistliche, was eine Bevölkerungsdichte von zwei Menschen je Quadratkilometer ergibt. Auf dem ehemaligen Wallfahrtsort befinden sich die Ruinen eines Klosters aus dem 13. Jahrhundert. Der Schutzfonds dieser Insel würde den kleinen Bauernhof gerne gegen eine Pacht von 25.000 bis 30.000 Pfund für 20 Jahre verpachten.

Barentsoya (78°N und 20°O) – Die Insel gehört zum Svalbard-Archipel und wurde nach dem holländischen Seefahrer Willem Barents (1550-1597) benannt, der Spitzbergen am 17. Juni 1596 entdeckte. (Siehe auch Svalbard-Archipel)

Barrow (20° 48'S und 115° 43'O) – Die auch Vana-Vana genannte Insel liegt vor der nordwestlichen Küste Australiens. Sie erhielt ihren Namen im März 1826 vom britischen Seefahrer Frederik William Beechey (1796-1856), der damit den britischen Seefahrer und Schriftsteller John Barrow (1784-1848) ehrte. Barrow hatte eine Geschichte der Entdeckung der Arktis veröffentlicht und die britische Royal Geographical Society gegründet. Er war auch von 1804 bis 1845 Sekretär der Admiralität. Auf der Insel befinden sich heute Erdölraffinerien.

Barthelasse – Die zwischen Avignon und Villeneuve-lès-Avignon in der Rhône gelegene Flussinsel ist eine der größten ihrer Art in Frankreich. Sie misst acht Kilometer in der Länge und drei in der Breite, was eine Größe von rund 15 Quadratkilometern ergibt. Vom 1293 auf dem rechten Flussufer errichteten Turm Philippe-le-Bel aus hat man einen hervorragenden Blick auf diese Insel. Am Anfang des 20. Jahrhunderts war sie für ihre Ausflugslokale berühmt. In ihnen wurde mehr getanzt als auf den berühmten vier von 22 verbliebenen Brückenbögen in Avignon, die der Legende nach vom heiligen Bénezet errichtet wurden.

Bassa da Indian (21° 25'S und 39° 42O) – Das seit dem 22. August 1897 zu Frankreich gehörende Atoll liegt in der Mitte der Straße von Mosambik zwischen Afrika und Madagaskar und wird von La Réunion aus verwaltet.

Bathurst (76°N und 100° 30'W) – Diese Insel liegt im hohen Norden Kanadas und gehört zu dem am 1. April 1999 geschaffenen autonomen Territorium Nunavut und ist Teil der Parry-Inseln, die nach ihrem Entdecker, dem britischen Seefahrer William Edward Parry (1790-1855), benannt wurden. Er hatte sie bei seiner Suche nach der Nordwestpassage 1819 entdeckt. Er erreichte als Erster am 26. Juli 1827 in einem mit Kufen ausgerüsteten Kanu 82° 45'N nördlich von Spitzbergen, was zur damaligen Zeit einen Rekord darstellte. Die Oberfläche der Insel beträgt 19.000 Quadratkilometer. Der höchste Punkt ist nach 457 Metern erreicht. Benannt wurde sie nach dem britischen Staatsmann Henry Bathurst. (Siehe auch bei Parry)

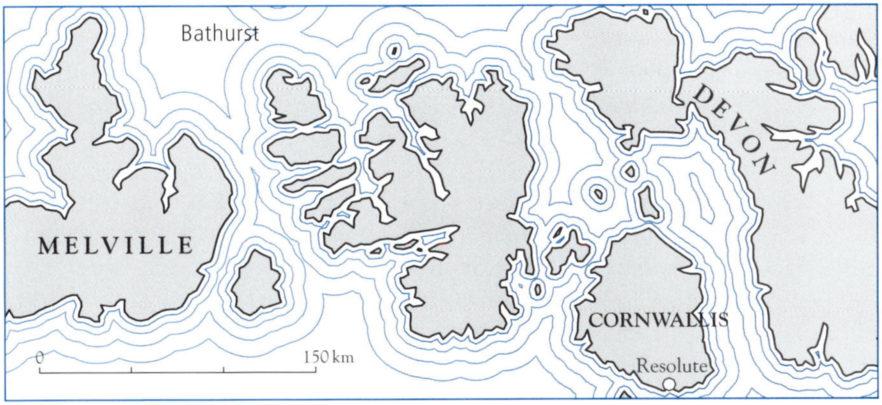

Bathurst (11° 37'S und 130° 23O) – Diese australische Insel liegt im Norden des Kontinents im Westen der Insel Melville. Ihre Oberfläche beträgt 2500 Quadratkilometer.

Batz (48° 44'N und 4°W) – Auf der 305 Hektar großen französischen Insel im Norden von Roscoff im Finistère leben 750 Einwohner. Der höchste Punkt der Insel ist nach 75 Metern erreicht. Der wichtigste Leuchtturm mit einer Höhe von 69 Metern hat eine Reichweite von 23 Seemeilen und strahlt alle 25 Sekunden vier Signale aus. Der Hafen von Kernoc'h wird durch zwei 425 Meter beziehungsweise 525 Meter lange Molen geschützt. Über eine Fähre (Fahrzeit 15 Minuten) ist die Insel mit Roscoff verbunden. Der heilige Pol, so die Legende, hatte einem Drachen befohlen, sich vom Felsen Toul Ar Sarpent im Westen der Insel ins Wasser zu werfen, und danach hier ein Kloster gegründet.

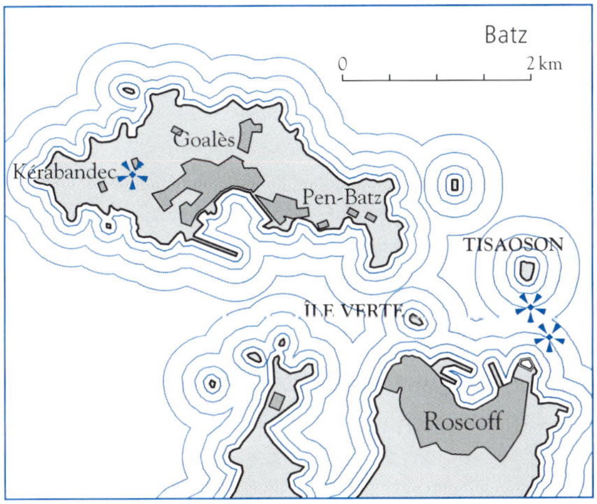

Beata (17° 35'N und 71° 31'W) – Die südlich von Santo Domingo gelegene Antillen-Insel wurde von Kolumbus (1451-1506) im September 1494 bei seiner zweiten Entdeckungsfahrt entdeckt. Er traf hier am 20. August 1498 ein.

Beauchesne (52° 54'S und 59° 11'W) – Die auch Beauchêne genannte Insel liegt südlich der Falklandinseln und ist ein Naturschutzgebiet. Sie wurde am 19. Januar 1701 vom französischen Seefahrer Jacques Gouin de Beauchesne (1651-1730) bei der Rückkehr aus dem Pazifik entdeckt. Er hatte mit der „Phélipeaux" La Rochelle am 17. Dezember 1698 zusammen mit drei anderen Schiffen (darunter die „Le Maurepas" und die „Saint-Louis", verlassen. Am 6. August 1701 kehrte er nach Frankreich zurück. Er war der erste französische Seefahrer, dem es gelang, die Magellan-Straße zu durchqueren und erreichte am 7. Juni 1700 die Galapagosinseln, wo er bis zum 6. Juli blieb.

Beaufort (77°S und 167°O) – Die unbewohnte Antarktisinsel liegt in der Ross-See, 15 Kilometer von der Ross-Insel entfernt. Von hier aus hat man einen hervorragenden Blick auf den südlichsten Vulkan der Welt, Erebus. Einige Monate im Jahr ist sie eisfrei und gibt dann den Weg zu den Forschungsstationen Scott und McMurdoch frei. Sie wurde zu Ehren des britischen Admirals Francis Beaufort (1774-1857) benannt, der die berühmte Einteilung der Windstärken von eins bis sieben erfunden hat. Die Stärken null bis zwölf sind allgemein bekannt. Die Stärken 13 bis 17 haben einen wesentlich geringeren Bekanntheitsgrad, weil sie sich auf Zyklone beziehen, die in fünf Stärken eingeteilt sind und erst 1949 in Paris vom internationalen meteorologischen Komitee anerkannt wurden. Klasse 1: Winde von 120 bis 153 km/h; Klasse 2: Winde von 154 bis 177 km/h; Klasse 3: 178 bis 205 km/h; Klasse 4: 206 bis 249 km/h; Klasse 5: 250 km/h und mehr. Die Energie eines Zyklons entspricht zehn Hiroschima-Bomben in der Sekunde.

Beaufort (22° 11'N und 114° 15'O) – Die kleine unbewohnte Insel liegt südlich von Hongkong und wurde nach dem britischen Admiral Francis Beaufort (1774-1857) benannt, der 1806 die berühmte Einteilung der Windstärken erfand. Zwischen 1829 und 1855 amtierte er als Hydrograf der britischen Marine.

Beaumont (82° 48'N und 52°W) – Nördlich von Grönland am Rande des Norpolarmeers gelegen, wurde diese Insel nach dem britischen Polarforscher L. A. Beaumont, der eine Forschungsgruppe mit der „Discovery" an der nördlichen Küste Grönlands anführte, benannt. Die Gruppe überwinterte in Fort Conger. Sie gehörte zu einer Expedition, die zwischen 1875 und 1876 vom schottischen Seefahrer George Nares (1831-1915) geleitet wurde.

Beautemps-Beaupré (20° 32'S und 166° 29'O) – Die unbewohnte Koralleninsel liegt im Osten Neukaledoniens, 40 Kilometer nordöstlich von Ouvea. Die Insel trägt den Namen des französischen Geografen Charles Beautemps-Beaupré (1766-1854), der an der vom französischen Seefahrer Antoine d'Entrecasteaux (1737-1793) geleiteten Expedition teilnahm. Er entdeckte die Insel 1793 mit seinen beiden Schiffen „La Recherche" und „L'Espérance". Die Expedition war ausgesendet worden, um Jean-François de La Pérouse (1741-1788) zu suchen, der mit seinen beiden Schiffen „L'Astrolabe" und „La Boussole" seit 1788 verschollen war.

Bec (48° 34'N und 4° 39'W) – Im Nordosten Finistères liegt die unbewohnte französische Insel 400 Meter vor der Küste. Ihre Oberfläche beträgt 0,3 Hektar, der höchste Punkt erreicht neun Meter.

Beechey (74° 43' 28"N und 91° 39' 15"W) – Aus der kleinen Insel im kanadischen autonomen Territorium Nunavut (errichtet am 1. April 1999) wurde vor kurzer Zeit eine Halbinsel. Sie hat eine Oberfläche von sechs Quadratkilometern und ist im Südosten mit der Insel Devon durch eine zwei Kilometer lange Landenge verbunden. Diese Insel besteht aus Milliarden Kieseln, die durch den Frost zusammengehalten werden. Das Packeis verschwindet in der Regel erst im August. Die Insel trägt den Namen des amerikanischen Seefahrers Frederik William Beechey (1796-1856), der 1826 die von William Edward Parry (1790-1855) und John Franklin (1786-1847) geleitete Expedition zur Erforschung der Nordwestpassage an Bord der „Blossom" mit Lebensmitteln versorgte. Zwischen dem 19. Mai 1825 und dem 12. Oktober 1828 gelang ihm zudem eine Weltumsegelung. Später unternahm er zahlreiche Fahrten im Norden Kanadas, während derer er die Insel, die heute seinen Namen trägt, entdeckte. John Franklin überwinterte zwischen 1845 und 1846 auf der Insel mit seinen Schiffen „Erebus" und „Terror". Hier beerdigte er drei seiner Matrosen, bevor er zusammen mit seiner Mannschaft einige Monate später in der Nähe der King-William-Insel verschwand. Die „Breadalbane" des britischen Seefahrers William Fawkner sank 1853 bei der Suche nach Franklin in der Nähe der Insel. 1854 wurden vier von fünf Schiffen einer von der britischen Admiralität ausgesandten Expedition verlassen, um nicht überwintern zu müssen. Die „Resolute" des britischen Seefahrers Henry Kellet übernahm die Besatzung der „Investigator", die unter dem Kommando von Robert John McClure (1807-1873) stand. Die „Intrepid" des britischen Seefahrers Francis Leopold McClintock (1819-1907), die „Assistance" des Kapitäns Edward Belcher (1799-1877) und die „Pioneer" von Sherard Osborne wurden verlassen. Ihre Mannschaften erreichten Beechey nach einem mehrere hundert Kilometer langen Fußmarsch im September 1854, von wo aus sie an Bord des fünften Schiffs, der „North Star" nach Großbritannien gebracht wurden. Einige der Überlebenden erreichten Großbritannien auch an Bord der Schiffe „Isabelle" und „Phoenix", die unter dem Kommando von Edward Inglefield (1820-1894) standen. Der Polarforscher Francis Leopold McClintock (1819-1907) überwinterte 1858 bis 1859 mit seinem Schiff „Fox" ebenfalls auf der Insel. Die Gattin des verschollenen Franklin, Lady Jane Franklin (1792-1875), ließ auf der Insel ein Denkmal zu Ehren ihres Gattens errichten. Die drei Mannschaftsmitglieder des norwegischen Seefahrers Otto Sverdrup (1854-1920) Baumann, Fosheim und Raanes erreichten die Insel 1902 zu Fuß. Die „Fram" überwinterte unterdessen im Goose Fjord (76° 38'N und 88° 30'W). Der Polarforscher Roald Amundsen (1872-1928) ging mit der „Erebus" am 22. und 23. August bei seiner Durchquerung der Nordwestpassage (1903-1906) hier vor Anker. 1984 entdeckte man auf der Insel einen Holzsarg, in dem die gut erhaltenen sterblichen Überreste von Franklins Offizier John Torrington lagen, der hier 1846 verstorben war.

Beg Pell (47° 22'N und 2° 57'W) – Im Süden der Insel Houat liegt diese kleine, unbewohnte französische Insel. Ihre Oberfläche beträgt zwei Hektar. Der höchste Punkt erreicht 13 Meter.

Begitschew (74° 20'N und 112° 30'O) – Diese russische Inselgruppe liegt 20 Kilometer vor dem nördlichen Sibirien in der Laptew-See. Der Haupthafen ist Bossoj-Begitschew.

Belau (7° 30'N und 134° 30'O) – Seit dem 1. Oktober 1994 bildet diese Inselgruppe (auch Palaos genannt) einen unabhängigen Staat. Die wichtigsten Inseln sind Babelthuap, Urukthapel, Sonsorol und Tobi. Ihre Oberfläche beträgt 487 Quadratkilometer, auf der 21.000 Einwohner leben, was eine Bevölkerungsdichte von 43 Menschen je Quadratkilometer ergibt. Die Hauptstadt ist Koror.

Belcher (77° 26'N und 93° 40'W) – Einen Kilometer vor der Küste der Insel Cornwall, im hohen Norden Kanadas, liegt diese Insel, die nach dem britischen Seefahrer Edward Belcher (1799-1877) benannt worden ist. Er organisierte zwischen 1852 und 1854 eine Expedition mit fünf Schiffen, um Sir John Franklin (1786-1847) zu suchen.

Belcher (56° 20'N und 79° 30'W) – Im Süden der Hudson Bay liegt diese Inselgruppe, die sich über rund 100 Kilometer erstreckt. Sie trägt den Namen des britischen Seefahrers Edward Belcher (1799-1877), der diese Gewässer im Auftrag der britischen Admiralität zwischen 1852 und 1854 mit seinem Schiff „Assistance" befuhr, um nach Sir John Franklin (1786-1847) zu suchen. Zuvor war ihm bereits 1840 mit der „Sulfur" eine Weltumsegelung gelungen. Der höchste Punkt des Archipels erreicht keine 100 Meter. Das Hauptdorf ist Sankiluaq, wo sich auch eine Landebahn befindet, die die Verbindung nach Kuujjuarapik auf Nunavik sichert. Man trifft hier auf Belugawale, Gänse und Bären.

Belep (19° 45'S und 163° 40'O) – Die 50 Kilometer nordöstlich der Insel Grande Terre in Neukaledonien gelegene Inselgruppe umfasst die Inseln Pott (zwölf Quadratkilometer), Art (55 Quadratkilometer) Gaouinth, Niemane (zwei Quadratkilometer) und die kleinen Daos-Inseln (0,5 Quadratkilometer). Insgesamt beträgt die Oberfläche 70 Quadratkilometer, die sich 800 Bewohnter teilen, was eine Bevölkerungsdichte von elf Menschen je Quadratkilometer ergibt. Der höchste Punkt erreicht 283 Meter. Der wichtigste Ort ist Wala auf der Insel Art. Der Archipel wurde 1774 vom britischen Seefahrer James Cook (1728-1779) und später, am 29. Juni 1792 vom französischen Seefahrer Antoine d'Entrecasteaux entdeckt. (Siehe auch bei Neukaledonien)

Belle-Île – Dreizehn Kilometer vor der französischen Küste, im Süden von Quiberon, liegt diese Insel, die umgeben ist von den Inseln Îles des Poulains, Île en-Oulm, Îles des Baguenères, Îles Damois, Bangor und Îles aux Goélands. Sie wird auch Belle-Île-en-Mer genannt. Auf der 85 Quadratkilometer messenden Oberfläche leben 4900 Einwohner. Die beiden wichtigsten Orte sind Le Palais, wo sich auch der Haupthafen befindet, und Sauzon. Der Leuchtturm von Pointe-des-Poulains im Norden misst 34 Meter, hat eine Reichweite von 23 Seemeilen und sendet sein Signal alle fünf Sekunden. Der 1835 eingeweihte Leuchtturm von Goulphar misst 87 Meter, hat eine Reichweite von 26 Seemeilen und sendet sein Signal alle zehn Sekunden. Der Leuchtturm von Pointe-de-Kerdonis im Süden misst 35 Meter, hat eine Reichweite von 18 Seemeilen und sendet sein rotes Signal alle 15 Sekunden. Neben Palais verfügt die Insel über drei weitere Häfen: Maria im Süden, Borderun im Norden und Kérel im Osten. Die Insel ist mit Fähren von Lorient (anderthalb Stunden), Quiberon (30 und 45 Minuten), La Trinité (eine Stunde), Port Navalo (eine Stunde) und La Turballe (zweieinhalb Stunden) erreichbar. Allerdings besitzt die Insel auch einen Flugplatz. Der höchste Punkt erreicht 71 Meter. Das Schiff „Prince de Conty" ging hier mit einer Ladung Porzellan und Gold im Dezember 1746 unter. 1647 war die Insel von Holländern besetzt. Ihnen folgten 1761 bis 1763 britische Truppen. In der von Vauban angelegten Festung waren die Revolutionäre Armand Barbès (1809-1870), Louis-Auguste Blanqui (1805-1881) und Karl Marx (1818-1883) inhaftiert. Hier befindet sich heute ein Museum. Belle-Île gehörte lange Zeit den Geistlichen von Quimperlé, die sie im 16. Jahrhundert an den Marschall Retz abgaben. Der Superintendent der Finanzen, Nicola Fouquet, kauft sie 1658. Sein Erbe, der Marschall von Belle-Île, trat sie 1718 an den Herzog von Orléans ab. Admiral Philibert Willaumez (1763-1845) wurde auf der Insel am 7. August 1763 geboren. Die Schauspielerin Sarah Bernhardt (1844-1923) verbrachte zwischen 1893 und 1922 ihre Ferien häufig in Pointe-des-Poulains.

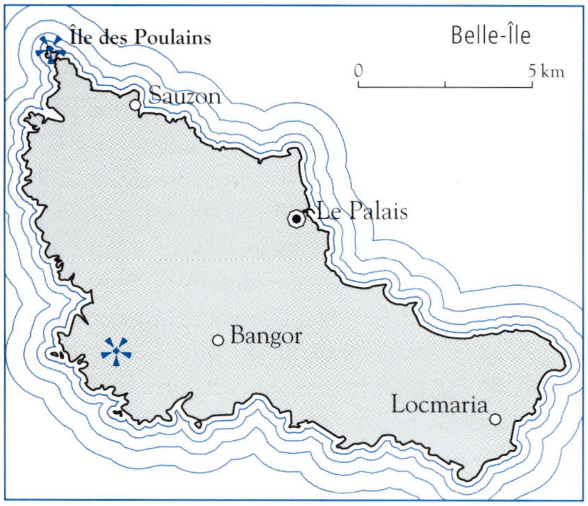

Belle-Isle (51° 55'N und 55° 20'W) – Die kanadische Insel liegt in der Mitte der Meerenge von Belle-Isle zwischen Neufundland und der Insel Terre-Neuve.

Bellingshausen (63° bis 64°S und 26° bis 27°W) – Der britische Seefahrer James Cook (1728-1779) entdeckte diese subantarktische Insel, die zur Gruppe der Süd-Sandwich-Inseln gehört, am Dienstag, 31. Januar 1775. Sie trägt den Namen des russischen Entdeckers Fabian von Bellingshausen (1778-1852), der den Norden der Inselgruppe am 22. Dezember 1819 mit seinen Schiffen „Wostok" und „Mirny" während seiner Weltumsegelung (1819-1821) entdeckte. Die beiden Schiffe standen unter dem Kommando der Kapitäne Zavodovski und Michael Lazarev. (Siehe auch Süd-Sandwich-Inseln)

Bellingshausen (15° 49'S und 154° 32'W) – Das unbewohnte Atoll wird auch Motu One genannt und liegt in Französisch-Polynesien im Osten der Inseln unter dem Wind. Das heutige Naturschutzgebiet wurde im April 1825 vom russischen Seefahrer Otto von Kotzebue (1787-1846) während seiner Weltumsegelung (1824-1826) entdeckt. Er gab ihm den Namen seines Freundes Fabian von Bellingshausen (1778-

1852), dem zwischen 1819 und 1821 mit den Schiffen „Wostok“ und „Mirny“ eine Weltumsegelung gelungen war. (Siehe auch Französisch-Polynesien)

Bellone **(21° 30'S und 159°O)** – Die im Westen Neukaledoniens gelegenen Riffe liegen kaum sichtbar unter der Wasseroberfläche und stellen daher eine Gefahr für die Schifffahrt dar.

Bendor **(43° 07'N und 5° 45'O)** – Südlich des südfranzösischen Badeortes Bandol liegt diese französische Insel, die eine Oberfläche von sieben Hektar erreicht. Zehn Menschen leben auf Bendor. Hier befindet sich das Tauchzentrum Paul Ricard, ein Meer- und Weinmuseum und der Privathafen Bendor im Norden der Insel. Die Überfahrt nach Bandol dauert sieben Minuten. Die Schriftstellerin Sidonie Colette (1873-1954) verbrachte hier einige Jahre.

Béniguet **(48° 51'N und 3°W)** – 400 Meter westlich der Insel Bréhat liegt diese französische Privatinsel, die eine Oberfläche von 21 Hektar aufweist. Der höchste Punkt erreicht 27 Meter.

Béniguet **(48° 21'N und 4° 51'W)** – Die unbewohnte französische Insel liegt 4,5 Kilometer westlich von Conquet vor Finistère. Sie umfasst 59 Hektar und ist Teil eines Naturschutzgebietes.

Bennett **(76° 21'N und 149O)** – Die kleine Insel gehört zum De-Long-Archipel im Nordosten des sibirischen Nordmeeres. Am 29. Juli 1881 erhielt sie von George de Long (1844-1881) ihren Namen, mit der James Gordon Bennett (1841-1918), Chef der New Yorker Zeitung „New York Herald“ und Geldgeber der Expedition, geehrt werden sollte. Die Zeitung war von Bennetts Vater 1835 gegründet worden. Die Überlebenden der untergegangenen „Jeannette“, die vom amerikanischen Seefahrer George de Lang (1844-1881) kommandiert worden war, hielten sich hier zwischen dem 26. Juli und 6. August 1881 einige Tage lang auf, bevor sie in drei Booten in Richtung Lena-Delta in See stachen. Lediglich die neun Mann starke, von George Wallace-Melville (1841-1912) geleitete Gruppe überlebte. Von den 31 Männern konnten sich noch weitere zwei retten.

Berder **(47° 35'N und 2° 53'W)** – Im Golf von Morbihan liegt die französische Insel, die eine Oberfläche von 37 Hektar erreicht. Sie ist von Lamor-Baden aus über einen Deich erreichbar.

Bering **(55°N und 165° 15'O)** – Die Insel ist Teil der Kommandeursinseln und liegt in der südlichen Beringsee nahe der Halbinsel von Kamtschatka. Sie trägt den Namen des norwegischen Entdeckers Vitus Bering (1680-1741), der hier am 19. November 1741 an Skorbut starb. (Siehe auch Kommandeursinseln)

Berkner **(80°S und 50°W)** – Die unbewohnte Antarktisinsel liegt zwischen den Filchner- und dem Ronne-Packeisfeldern. Der höchste Punkt erreicht 976 Meter. Sie war der Ausgangspunkt von zwei Antarktisdurchquerungen. (Siehe auch das Kapitel über die Pole)

Bermudas **(32° 20'N und 64° 45'W)** – Im Norden der Sargasso-See liegt die 150 Inseln umfassende Inselgruppe. Allerdings sind lediglich 20 Inseln bewohnt. Die Oberfläche beträgt 53 Quadratkilometer, die sich 63.000 Einwohner teilen, was eine Bevölkerungsdichte 1189 Menschen je Quadratkilometer ergibt. In der Hauptstadt Hamilton befinden sich der Flugplatz und der Hafen Castle Harbour. Bermuda ist seit dem 8. Juni 1968 eine autonome britische Kolonie. In einer Volksabstimmung hatten die Einwohner am 17. August 1995 die Unabhängigkeit abgelehnt. Die britische Bermuda Kompanie ist auf der Insel Somers gegründet worden. Bis mindestens 2016 erfreut sich Bermuda einer weitgehenden Steuerfreiheit, was den Einwohnern einen der höchsten Lebensstandards der Welt ermöglicht. Das jährliche Pro-Kopf-Einkommen liegt bei 30.000 Dollar. 1995 wurden die britischen und amerikanischen Mari-

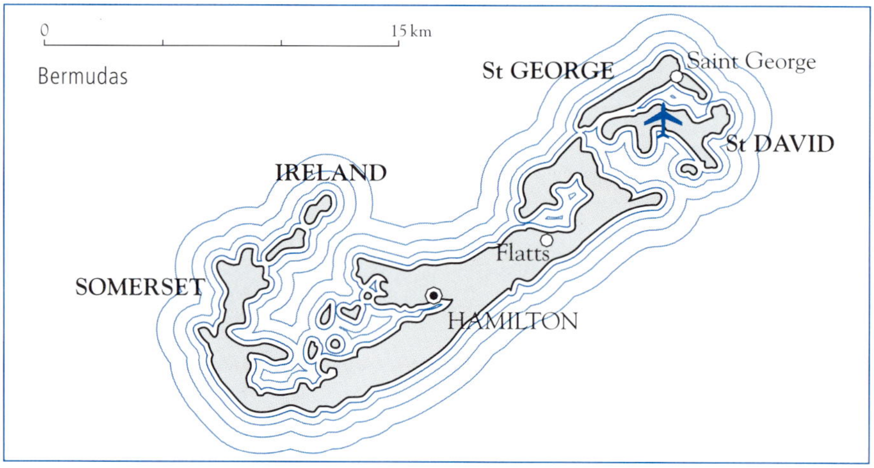

nebasen geschlossen. Die Inselgruppe trägt den Namen des portugiesischen Seefahrers Juan de Bermudez, der sie 1503 entdeckte. Die Insel Somers wurde nach dem britischen Seefahrer George Somers benannt, der 1609 vor ihrer Küste Schiffbruch erlitt und sie für die Krone in Besitz nahm. In der Region des berüchtigten „Bermuda-Dreiecks" verschwanden in der Vergangenheit immer wieder Flugzeuge und Schiffe, was nach einer neuen Theorie an plötzlichen Methanausbrüchen liegen soll. Dieses Phänomen könnte das plötzliche Verschwinden von fünf amerikanischen Bombern und einem Hubschrauber am 5. Dezember 1945 erklären.

Bernier (24° 52'S und 113° 08'O) – Vor der Ostküste Australiens liegt Bernier in der Nähe der Insel Dirk Hartorg. Sie trägt den Namen des französischen Astronomen Pierre Bernier, der sich an Bord der von Nicolas Baudin (1754-1803) kommandierten „Géographe" befand, die hier zwischen dem 26. Juni und 11. Juli vor Anker lag.

Besnard (48° 41'N und 1° 57'W) – Fünf Kilometer nordöstlich von Saint-Malo liegt die 19 Hektar große französische Halbinsel. Ihr höchster Punkt erreicht 44 Meter.

Biak (1°S und 136°O) – Diese Inseln trugen ursprünglich den Namen des holländischen Entdeckers Willem de Schouten (1580-1625), der am 31. Januar 1616 Kap Hoorn entdeckte. Er wurde dabei vom holländischen Seefahrer Jacob Le Maire (1585-1616) begleitet. Die Inselgruppe liegt nördlich von Irian Jaya.

Bijagos (11° 25'N und 16° 20'W) – Der Archipel liegt vor der Küste von Guinea-Bissau. Er besteht aus 16 Inseln, von denen Uno, Orango, Meio, Roxa, Formosa und Orangozinho die bedeutendsten sind.

Bikini (11° 85'N und 165° 23'O) – Die im Nordpazifik liegende Gruppe gehört zu den Marshall-inseln. Die Bevölkerung zählt 600 Einwohner. Die Hauptinsel wurde am 9. Oktober 1825 vom russischen Seefahrer Otto von Kotzebue (1787-1846) während seiner zweiten Weltumsegelung an Bord der „Predpriartie" entdeckt. Zwischen 1946 und 1958 wurden die Inseln von den Amerikanern als Atomtestgebiet genutzt. Die erste Atombombe wurde hier am 1. Juli 1946 gezündet. Die erste Wasserstoffbombe folgte am 31. Oktober 1952. Erst 30 Jahre später durften die evakuierten Einwohner ihre Heimat 1975 wieder betreten. Am 1. Juli 1946 befanden sich 70 Schiffe um den Explosionsort. Fünf Schiffe, die sich in einem 800 Meter messenden Radius befanden, sanken sofort. Einige Tage später, am 26. Juli 1946 zündeten die Amerikaner eine weitere Bombe mit einer Sprengkraft von 55 Kilotonnen, die eine 30 Meter hohe Flutwelle auslöste und die meisten der restlichen Schiffe versenkte. Seit den sechziger Jahren tragen zweiteilige Badeanzüge den Namen dieser Inseln. In der Sprache der einheimischen Bevölkerung bedeutet Bikini „weißer Sand". (Siehe auch Marshall-inseln)

Bimini (25° 44'N und 79° 15'W) – Die Inseln liegen 100 Kilometer östlich von Miami. Der amerikanische Autor Ernest Hemingway (1899-1961) setzte ihnen mit dem Roman „Der alte Mann und das Meer" ein literarisches Denkmal.

Bindy, Grande Île du (48° 19'N und 4° 20'W) – Vor Brest und zwei Kilometer vor dem Dorf Lagonna-Doulas liegt die ein Hektar messende französische Insel. Der höchste Punkt erreicht 26 Meter. Bei Ebbe lässt sich die Insel zu Fuß erreichen. Andere Inseln tragen den gleichen Namen. Sie liegen im Süden der Bucht von Doualas.

Bioko (3° 30'N und 8° 40'O) – Die im Golf von Guinea gelegene Insel wird von Äquatorial-Guinea verwaltet. 110.000 Menschen teilen sich die Oberfläche von 2034 Quadratkilometern, was eine Bevölkerungsdichte von 54 Einwohnern je Quadratkilometer ergibt. Der Pic Bioko ist mit 3008 Metern der höchste Punkt der Insel. Die Hauptstadt ist Malabo, der wichtigste Hafen liegt in Riaba. Hier befindet sich auch der Flughafen. Die Insel trägt auch den Namen des portugiesischen Seefahrers Fernando Poo, der sie 1465 entdeckte.

Bird – Der britische Seefahrer Edward John Bird, stellvertrender Kommandeur von Sir James Clark Ross (1800-1862) auf der „Erebus", ist der Namensgeber dieser zu den Seychellen gehörenden Insel im Indischen Ozean. Die Insel ist das Zentrum für den Nestbau von Millionen Möwen. (Siehe auch bei Seychellen)

Biscoe (66°S und 66°W) – Vor der Antarktischen Halbinsel liegt dieser Archipel, der den Namen des britischen Seefahrers John Biscoe (1794-1843) trägt. Biscoe entdeckte am 16. Februar 1832 die benachbarte Insel Adelaide und am 21. Februar 1832 die Antwerpen-Insel mit seinen Schiffen „Tula" und „Livley". Seine Expedition war von den beiden britischen Förderern Charles und Samuel Enderby finanziert worden. Ihnen zu Ehren benannte Biscoe einen Abschnitt der Antarktis Enderby-Territorium.

Bishop's Rock (49° 42' 18"N und 6° 26' 42"W) – Im Westen der britischen Scilly-Inseln liegt dieser Felsen, auf dem sich ein Leuchtturm mit einer Reichweite von 29 Seemeilen befindet.

Bismarck (Archipel) (5°S und 150°O) – Nordöstlich von Papua-Neuguinea liegt dieser Archipel im Pazifik. Er umfasst die Inseln New Britain, New Ireland und Bougainville. Die 1844 von den Deutschen annektierte Gruppe trägt den Namen des ersten Reichskanzlers Otto von Bismarck, der zwischen 1871 und 1890 amtierte.

Bissagos (11° 5'N und 15° 35'W) – Diese Inseln liegen vor Guinea-Bissau. Sie werden von 20.000 Menschen bewohnt, die sich auf rund 50 Inseln verteilen. Der wichtigste Hafen ist Bijagos.

Bizeux (48° 38'N und 2° 01'W) – Südlich von Saint-Malo in der Mündung der Rance liegt die 0,1 Hektar messende französische Insel. Der höchste Punkt erreicht 18 Meter.

Bjornoya (74° 30'N und 19°O) – Die norwegische Insel liegt auf halbem Weg zwischen Spitzbergen und Norwegen und wird vom Svalbard-Archipel aus verwaltet. Sie hat eine Oberfläche von 180 Quadratkilometern. Ihr höchster Punkt erreicht 536 Meter. Die Insel wurde am 9. Juni 1595 vom holländischen Seefahrer Willem Barents (1550-1597) entdeckt, der bei der Entdeckung Spitzbergens später 77°N erreichte und später auf Novaja-Semlja sein Winterquartier aufschlug. Bei seinem Landgang traf Willem Barents auf Bären und gab der Insel daher den Namen Báreninsel. Auf der Insel befinden sich noch die aus dem Jahr 1823 stammenden Überreste eines Kohlebergwerks. Zurzeit befindet sich hier eine Wetterstation. (Siehe auch bei Svalbard)

Black (78° 10'S und 167'O) – Im Ross-Packeisfeld liegt die Insel neben der Insel White. Von hier aus hat man einen ungehinderten Blick auf den Vulkan Erebus.

Blanche (48° 41'N und 3° 57'W) – Westlich von Carantec, im Norden von Finistère, liegt diese französische Insel, die auf eine Oberfläche von einem halben Hektar kommt. Der höchste Punkt erreicht sieben Meter.

Blanche (48° 41'N und 3° 52'W) – Im Norden der Insel Noire liegt diese französische Insel in der Bucht von Morlaix. Sie hat eine Oberfläche von einem Hektar.

Blossom – In der Bucht von Kotzebue liegt diese Insel vor der Küste von Alaska. Sie wurde nach dem Schiff „Blossom" benannt, mit dem sie der britische Seefahrer William Bleechey (1796-1856) im Jahre 1826 während seiner Weltumsegelung (19. Mai 1825 bis 12. Oktober 1828) entdeckte.

Boa Vista (16° 05'N und 22° 50'W) – Die Insel gehört zur Gruppe der Kapverdischen Inseln. (Siehe auch Kapverdische Inseln)

Boed (47° 36'N und 2° 45'W) – Im Golf von Morbihan liegt diese französische Insel, die eine Oberfläche von 61 Hektar aufweist. Ihr höchster Punkt liegt bei 15 Metern.

Boedic (47° 36'N und 2° 46'W) – Die kleine französische Insel liegt im Golf von Morbihan und hat eine Oberfläche von 13 Hektar.

Bohol (9° 50'N und 124° 10'O) – Die zu den Philippinen gehörende Insel hat eine Oberfläche von 4100 Quadratkilometern. Ihre Hauptstadt ist Tagilaran, und der wichtigste Hafen befindet sich in Loay. Auf der östlich gelegenen Nachbarinsel Mactan wurde der portugiesische Weltumsegler Fernando de Magellan (1480-1521) umgebracht. Die Reise wurde unter dem Kommando seines Stellvertreters Sebastian El Cano (1476-1526) mit 17 Überlebenden fortgesetzt. Zu Beginn der Reise waren 265 Männer an Bord gegangen. (Siehe auch bei Philippinen)

Bois (48° 49'N und 3° 04'W) – Östlich des Dorfes Kermouster vor der Côte d'Armor liegt diese französische Insel, die eine Oberfläche von 15 Hektar aufweist. Der höchste Punkt ist bei 39 Metern erreicht. Die Insel trägt den Namen wegen ihres dichten Waldes.

Bolschewik (78° 40'N und 102° 30'O) – Die russische Insel gehört zum Archipel von Sewernaja Semlja im Norden der sibirischen Arktis. Sie bekam ihren Namen zur Ehrung der kommunistischen Partei, die in der Oktoberrevolution 1917 die Macht an sich gerissen hatte.

Bonaire (12° 10'N und 68° 15'W) – In der Karibik liegt diese zu den Niederländischen Antillen zählende Insel. Auf einer Oberfläche von 250 Quadratkilometern leben 12.000 Einwohner, was eine Bevölkerungsdichte von 48 Menschen ergibt. Die höchste Erhebung ist mit 240 Metern der Berg Brandaris. Die Hauptstadt Kralendijk besitzt einen Flughafen. (Siehe auch Antillen, Niederländische)

Bonaventure – Die kleine kanadische Insel liegt im Sankt-Lorenz-Strom, fünf Kilometer vor der zu Quebec gehörenden Halbinsel Gaspesie. Ihre Oberfläche beträgt vier Quadratkilometer. Der berühmte Percé-Felsen, der 86 Meter aus dem Meer ragt, liegt lediglich einen Kilometer nördlich dieser Insel. Er erhielt seinen Namen von dem französischen Seefahrer Samuel Champlain (1567-1635). Vor dieser Insel ging der französische Seefahrer Jacques Cartier (1494-1554) im Jahre 1534 vor Anker, nachdem er das Gebiet für seinen König François I. (1494-1547) in Besitz genommen hatte. Hier findet man die weltweit bedeutendste Kolonie der Bass-Tölpel.

Bonin (27°N und 142° 10'O) – Im Nordpazifik liegen diese japanischen Inseln, die auch Ogasawara-Gunto genannt werden. Die Gruppe besteht aus vier Hauptinseln. Der Meeresgraben im Norden der Inseln erreicht eine Tiefe von 10.595 Metern. (Siehe auch bei Japan)

Bono (48° 53'N und 3° 28'W) – Die unbewohnte französische Insel gehört zur Gruppe der Sept Îles und liegt vor der Côte d'Armor. Sie hat eine Oberfläche von 17 Hektar. Ihr höchster Punkt ist nach 53 Metern erreicht. Der Zutritt ist wegen der Vogelschutzstation verboten. (Siehe auch bei Sept Îles)

Booth – Der französische Forscher Jean Charcot (1867-1936) überwinterte auf der Insel, die östlich der Antarktis liegt, mit seinem Schiff „Français" im Jahre 1904. Die Insel trägt den Namen des Whisky- und Ginproduzenten Felix Booth, der zahlreiche Polarexpeditionen unterstützte.

Bora Bora (16° 30'S und 151° 44'W) – 260 Kilometer nordwestlich von Tahiti liegt die „Perle des Pazifiks" beziehungsweise „Perle Polynesiens". Bora Bora gehört zu Französisch-Polynesien und ist Teil der Gesellschaftsinseln. Ihr Name bedeutet die Erstgeborene. Wenn man in die aufgehende Sonne blickt, dann ist New York 11.500, Los Angeles 6400, Santiago de Chile 7800, Rio de Janiero 11.000, Buenos Aires 10.2000, London und Paris 18.000 und Berlin 19.000 Kilometer entfernt. Wenn man hingegen in die untergehende Sonne blickt, dann sind Tokio 7500, Sydney 5500 und Auckland 3700 Kilometer entfernt. Bora Bora ist berühmt für seine einmalige Lagune, in deren klarem Wasser man direkt neben Riesen-Mantas schwimmen, bunte Fische und harmlose Haie beobachten kann. Die Oberfläche der Insel beträgt 38 Quadratkilometer, die sich 5800 Insulaner teilen, was eine Bevölkerungsdichte von 170 Menschen je Quadratkilometer ergibt. Die Insel lässt sich leicht mit einem Fahrrad umrunden (32 Kilometer). Der Flughafen befindet sich auf der kleinen Insel Motu Mute. Hier kann man eine Skulptur der einheimischen Künstlerin Irondi Hua bewundern, die von der Unesco als Repräsentantin von Französisch-Polynesien ausgesucht wurde. Air Tahiti ermöglicht einen kostenlosen (20-minütigen) Transfer vom Flughafen in den Hauptort Vaitape. Der höchste Punkt der Insel, der Berg Otemanu, erreicht 727 Meter. Bora Bora und die meisten der Inseln unter dem Wind litten im April 1998 unter dem Zyklon Alan. Die Insel wurde 1721 vom holländischen Seefahrer Jacob Roggeveen (1659-1729) entdeckt. Der britische Entdecker James Cook (1728-1779) erblickte sie am Sonntag, den 16. Juli 1769 ein zweites Mal und hielt sich hier einige Zeit auf. Bora Bora wurde 1888 von den Franzosen übernommen. Zwischen Februar 1942 und Juni 1946 wurde sie von der amerikanischen Luftwaffe als Basis genutzt. 5000 Soldaten waren stationiert. Die erste Landebahn in Französisch-Polynesien wurde hier am 5. April 1943 in Betrieb genommen. Die zehnten Weltmeisterschaften der Pirogenfahrer fanden rund um Bora Bora vom 9. bis 15. März 2002 statt. Die Pirogen dürfen dabei die Länge von acht Metern und eine Breite von 45 Zentimetern nicht überschreiten. In das Gästebuch des Restaurants „Bloody Marys" haben sich bereits sehr berühmte Zeitgenossen eingetragen. Darunter: Jean Yann, Prinz Rainier von Monaco, Paul-Emile Victor, Roman Polanski, Julio Iglesias, Harrison Ford, Jane Fonda, Charlton Heston, Raquel Welch, David Copperfield, Stéphane Grapelli, Gérard Jugnot, Pamela Anderson, Steve Martin, Gérard Depardieu. Der Seefahrer Alain Gerbault (1893-1941), der zwischen dem 25. April 1923 und dem 31. Juli 1929 mit seinem Segelboot „Firecrest" die Welt umrundete, lebte anschließend von 1934 bis 1940 auf Bora Bora. Er

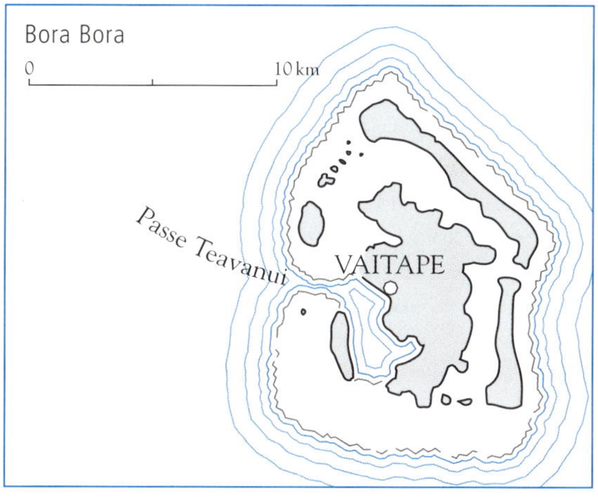

starb in Dili auf Timor an Malaria. Seine Asche wurde 1947 nach Bora Bora gebracht, wo ein Denkmal im Hafen Vaitape seit 1951 an ihn erinnert. Der Entdecker Paul-Emili Victor (1907-1995) hat hier seinen Ruhestand in der Nähe des Flughafens verbracht. Hier lebte er mit seiner zweiten Frau Colette und ihrem Sohn Laurent Teiva bis zu seinem Tod am 7. März 1995 im Alter von 87 Jahren. Die Marine versenkte seinen Körper im Meer. Einer seiner letzten Sätze lautete: „Ein Entdecker stirbt nicht, er verschwindet..." (Siehe auch bei Französisch-Polynesien, Gesellschaftsinseln und Inseln unter dem Wind)

Borden (78°N und 110°W) – Im Norden Kanadas gelegen, gehört die Insel zur Gruppe der Parry-Inseln, die nach dem britischen Seefahrer und Forscher William Edward Parry (1890-1855) benannt wurden. Parry erforschte vor allem die Nordwestpassage und erreichte als Erster die nördliche Breite 82° 45'N im Norden Spitzbergens. Die Insel wurde am 19. Juni 1915 vom kanadischen Forscher Vilhjalmur Stefansson (1879-1962) entdeckt. Er benannte sie nach Robert Borden (1854-1937), der zwischen 1911 und 1920 als kanadischer Premierminister amtierte.

Borkum – Die westlichste der Ostfriesischen Inseln liegt vor dem Mündung der Ems in der Nordsee. Die Insel hat eine Oberfläche von 35 Quadratkilometern. An der Westküste der Insel befindet sich das Seebad Borkum. Dem Golfstrom verdankt die Insel ein Klima, das sich durch Pollenarmut und Jodreichtum auszeichnet. Seit mehr als 150 Jahren ist Borkum als Nordseeheilbad anerkannt.

Borneo (4° bis 7°N und 109° bis 119O) – Die Staaten Brunei, Malaysia und Indonesien teilen sich diese Insel. Mit einer Oberfläche von 750.000 Quadratkilometern ist Borneo die drittgrößte Insel der Welt. Der höchste Punkt, der Mount Kinabalu, erreicht 4101 Meter. Der indonesische Teil der Insel, Kalimantan (der indonesische Name für Borneo) kommt auf eine Oberfläche von 540.000 Quadratkilometern, die von neun Millionen Menschen bewohnt werden. Die Bevölkerungsdichte liegt bei 17 Menschen je Quadratkilometer. In diesem Teil der Insel herrscht seit 1997 Bürgerkrieg. Der malaysische Teil misst 105.000, das Sultanat Brunei lediglich 5765 Quadratkilometer. Der Haupthafen Seria befindet sich bei 4° 39'N und 114° 23'O. Der König von Brunei ist dank der Ölvorkommen des Landes der reichste Monarch der Welt. Sein Vermögen wird auch 40 Milliarden Dollar geschätzt. Der große venezianische Reisende Marco Polo kannte die Insel aus Erzählungen in den Häfen. In seiner während der Haft zwischen 1298 und 1301 in Pisa von Rustinian aufgezeichneten Erinnerungen „Wunder der Welt" beschreibt er die Insel: „Wenn man von Ciamba (Vietnam) 1500 Meilen weit reist, kommt man zu einer großen Insel, die Java genannt wird (so lauteten seine Karten) und von der die Seefahrer erzählen, dass es die größte Insel der Welt sei, weil sie einen Umfang von gut 3000 Meilen hat. Diese Insel hat viele Reichtümer. Dort gibt es schwarzen Pfeffer, Muskatnüsse, Gewürznelken und noch viele andere Gewürze."

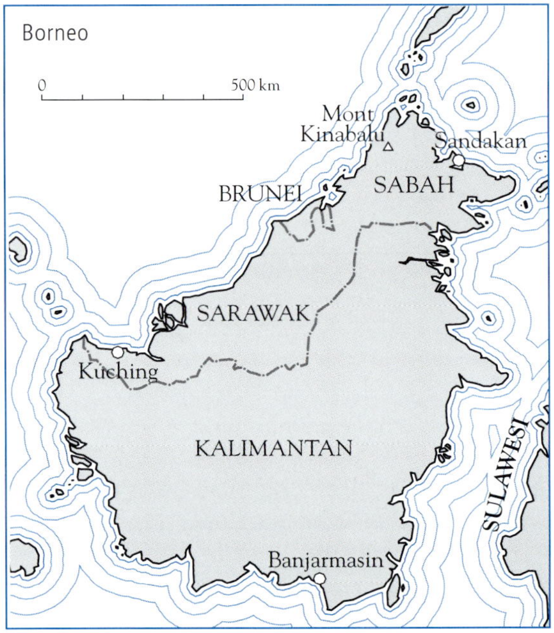

Am 29. Juli 1521 erreichten die Schiffe Magellans Brunei, jedoch ohne den auf Mactan getöteten Kommandanten.

Bornholm (55° 10'N und 15°O) – Seit 1660 gehört die Ostseeinsel zu Dänemark. 50.000 Menschen leben auf einer Oberfläche von 590 Quadratkilometern, was eine Bevölkerungsdichte von 85 Einwohnern je Quadratkilometer ergibt.

Boucanier (16° 17'S und 123° 20'O) – Der im Nordwesten Australiens gelegene Archipel besteht aus Hunderten von kleinen Inseln, auf denen Kunstperlen gewonnen werden.

Bougainville (6°S und 155°O) – Im Jahre 1768 wurde die heute zu Papua-Neuguinea gehörende Insel vom französischen Seefahrer Louis Antoine de Bougainville (1729-1811) entdeckt. 110.000 Menschen leben auf 10.600 Quadratkilometern, was einer Bevölkerungsdichte von zehn Bewohnern je Quadratkilometer entspricht. Der Berg Balbi ist mit seinen 2685 bis 2743 Metern (je nach Quelle) Höhe der höchste Punkt der Insel. Die Hauptstadt ist Arawa, der wichtigste Hafen befindet sich in Sohano. Der japanische Admiral Yamamoto (1884-1943), Chef der japanischen Marine während des Zweiten Weltkriegs, fiel auf der Insel am 18. April 1943. Am 30. August 2001 wurde ein Vertrag über die Teilautonomie der Insel unterzeichnet und so ein zehnjähriger Guerillakrieg, der 20.000 Tote gefordert hatte, beendet. (Siehe auch bei Papua-Neuguinea)

Bounty (47° 43'S und 179°O) – Die neun unbewohnten Inseln im Südpazifik sind gut 800 Kilometer von der Stewart-Insel entfernt und gehören zu Neuseeland. Insgesamt beträgt die Oberfläche 13 Quadratkilometer. Die Inseln wurden 1788 vom britischen Seefahrer William Bligh (1754-1817), der die „Bounty" kommandierte, entdeckt. Daher auch der Name. Bligh und seine Mannschaft hatten Spithead am 23. Dezember 1787 verlassen und zwischen dem 26. Oktober 1788 und dem 4. April 1789 auf Tahiti Affenbrotbäume gesammelt, die für die Antillen bestimmt waren. Am 28. April 1789 kam es auf der Höhe von Tonga unter der Führung des Leutnants Christian Fletcher (1764-1793) zur Meuterei. Bligh wurde in einer neun Meter langen Schaluppe zusammen mit 18 Getreuen ausgesetzt. Er erreichte schließlich am 14. Juni Timor, nachdem er eine Strecke von 7800 Kilometern in 47 Tagen zurückgelegt hatte. Neun der 25 Meuterer setzten sich auf die Insel Pitcairn ab, während 16 auf Tahiti blieben. Die von Edward Edwards kommandierte „Pandora" verließ am 15. August 1790 England, um nach den Meuterern zu suchen. Am 9. April 1791 stellte Edwards 14 der überlebenden Männer auf Tahiti. Sie wurden in Eisen gelegt und in einer 5,4 mal 3,6 Meter messenden Zelle festgesetzt. Die „Pandora" verließ Tahiti am 19. Mai 1791. Edwards suchte die restlichen Meuterer auf anderen Inseln und passierte dabei vor allem Samoa am 21. Juni 1791 und die von ihm entdeckte Insel Vanikoro am 13. August 1791. Die „Pandora" zerschellte am 28. August 1791 an einem Riff in der Torres-Straße, wobei 31 Mann der Besatzung und vier der Meuterer ertranken. Die meisten der 88 Mann starken Besatzung und die zehn Meuterer schafften es in vier Schaluppen nach 1200 Kilometern auf die Insel Timor. Am 19. Juni 1792 wurde schließlich Spithead in Großbritannien erreicht. Der Prozess begann am 12. September 1792. Drei der Meuterer wurden zum Tode verurteilt. In den Spielfilmen „Die Meuterei auf der Bounty", die 1935 und 1962 von Lewis Milestone beziehungsweise Frank Lloyd gedreht wurden, spielen Marlon Brando und Clark Gable die Rolle des Christian Fletcher, während Trevor Howard und Charles Laughton Kapitän Bligh verkörpern.

Bouvet (54° 26'S und 3° 24'O) – Seit dem 23. Januar 1928 gehört die unbewohnte Insel in der Subarktis zu Norwegen. Sie misst 60 Quadratkilometer, und ihre höchste Erhebung erreicht 935 Meter. Der französische Seefahrer Jean-Baptiste Bouvet de Lozier (1706-1786) entdeckte die Insel am 1. Januar 1739. Die unter seinem Kommando stehenden Schiffe „L'Aigle" und „La Marie" hatten

Lorient am 19. Juli 1738 verlassen. Er gab dem von ihm entdeckten Stück Land, von dem er annahm, dass es sich um einen Teil der Arktis handelte, den Namen Cap Circonsion. Der amerikanische Walfänger Benjamin Morell entdeckte die Inselnatur von Bouvets Entdeckung und gab der Insel den aktuellen Namen. Am 15. Dezember 1738 beschrieb Jean Baptiste de Bouvet de Lozier die von ihm bei 48°S erlebten Eisberge: „Es gibt hier so großes und hohes Eis, das wir mitunter acht Seemeilen machen müssen, um die gesichteten zu erreichen. Mitunter haben sie alle möglichen Inselformen, ähneln Festungen oder Gebäude."

Boyard (46° 01'N und 1° 12'W) – Seit 1858 befindet sich das berühmte Fort zwischen der Insel Aix und der Île d'Oléron. Seit 1990 wird hier eine berühmte Fernsehserie gedreht.

Brabant (64° 10'S und 62° 20'W) – Die große Insel am Rand der Antarktischen Halbinsel wurde vom belgischen Seefahrer Adrien de Gerlache (1866-1934) nach der belgischen Provinz benannt, in der sich die Hauptstadt Brüssel befindet. Zwischen dem 30. Januar 1898 und dem 6. Februar 1898 hielt er sich auf der Insel auf. Der Mount Parry erreicht als höchster Punkt 1920 Meter.

Brannec (47° 33'N und 2° 50'W) – Diese private französische Insel liegt im Golf von Morbihan und hat eine Oberfläche von vier Hektar.

Bransfield (63° 30'S und 56°W) – Östlich der Insel Urville vor der Antarktischen Halbinsel befindet sich diese kleine Insel, die den Namen des britischen Seefahrers Edward Bransfield (1795-1852) trägt, der als Erster diese Insel am 30. Januar 1820 erblickte.

Brasil – Diese legendäre Insel, die auf mehreren Karten vor den Reisen von Kolumbus verzeichnet ist, hat niemals existiert. Sie wurde von Kartografen in der Mitte des Atlantiks auf Höhe der Antillen platziert.

Bréhat (48° 51'N und 3° 00'W) – 500 Menschen leben ständig auf der drei Quadratkilometer messenden französischen Insel, die im Norden von Pointe-de-l'Arcouest vor der Côte d'Armor liegt. Der höchste Inselpunkt erreicht eine Höhe von 26 Metern. Die beiden Teile der Insel sind durch einen von Vauban entworfenen Deich verbunden. Der Leuchtturm Rosedo misst 29 Meter, hat eine Reichweite von 20 Seemeilen und sendet sein weißes Signal alle fünf Sekunden. Der Hafen von Port-Clos befindet sich im südlichen Teil der Insel. Mit Fähren ist die Insel mit Pointe-de-l'Arcouest (zehn Minuten) verbunden, Weitere Verbindungen führen nach Paimpol, Binic, Erquy und Le Trieux. Der französische Seefahrer Alfred Guézénec (1822-1866), der unter dem Pseudonym Alfred de Bréhat gegen Ende seines kurzen Lebens Reiseromane veröffentlichte, wurde auf der Insel am 25. September 1825 geboren. Der britische Schriftsteller Joseph Conrad (1857-1924) und die französischen Autoren Edmond de Goncourt (1822-1896), Ernest Renan (1828-1892), Anatole France (1844-1924) sowie Erik Orsenna (geb. 1948) hielten sich auf der Insel auf, um sich hier inspirieren zu lassen. Auch die Physiker Marie Curie, (1867-1934), Pierre Joliot-Curie (1859-1906) und Jean Perrin (1870-1942) verbrachten hier längere Aufenthalte.

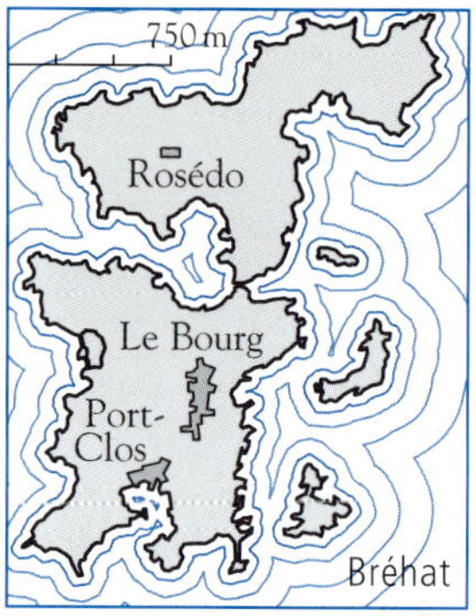

Brilimec – Das Vogelschutzgebiet gehört zu den elf Inseln des Archipels von Glénan im Süden Finistères. Die Insel hat eine Oberfläche von zwei Hektar. (Siehe auch Glénan-Archipel)

Brion (47° 47'N und 61° 26'W) – Jacques Cartier (1791-1857) gab dieser im Sankt-Lorenz-Strom gelegenen Insel ihren Namen während seiner zweiten Reise nach Amerika, um damit den französischen Admiral Philippe de Chabot Seigenuer de Brion (1480-1543) zu ehren. Ihre Oberfläche beträgt vier Quadratkilometer.

Bristol (59°S und 26° 30'W) – Diese subantarktische Insel gehört zur Gruppe der Süd-Sandwich-Inseln. Sie wurde 1830 vom britischen Forscher John Briscoe (1794-1843) zu Ehren der britischen Hafenstadt Bristol benannt. Sie war am 31. Mai 1775 vom britischen Seefahrer James Cook (1728-1779) entdeckt worden. (Siehe auch Süd-Sandwich-Inseln)

Britische Inseln (50° und 61° N und 1° 80'O und 10° 50'W) – Diese Inselgruppe umfasst Großbritannien (England, Schottland und Wales), Irland, Shetland-Inseln, Orkney-Inseln, Hebriden, Isle of Man, Anglesy, Scilly-Inseln, Wight und die Kanalinseln vor der französischen Küste. Die Oberfläche beträgt insgesamt 313.000 Quadratkilometer.

Brock (78°N und 114°W) – Am 19. Juni 1915 wurde die Insel vom kanadischen Forscher Vilhjalmur Stefansson (1879-1962) entdeckt. Er nannte die Insel zu Ehren des 1953 verstorbenen kanadischen Geografen Reginald Brock. Die Insel gehört zur Gruppe der Parry-Inseln im hohen Norden Kanadas. William Edward Parry (1790-1855), nach dem die Inselgruppe benannt ist, erforschte die Nordwestpassage und erreichte 1827 als Erster 82° 45'N nördlich von Spitzbergen.

Broughton (67° 35'N und 63° 50'W) – Die auch Qikiqtarjuaq genannte Insel liegt im seit dem 1. April 1999 autonomen Gebiet Nunavut. Sie liegt im Osten der Insel Baffin und praktisch am Eingang des Nationalparks Auyuittuk („Land des ewigen Eises"). Das erste Versorgungsschiff des Jahres erreicht die Insel meistens erst Ende August. Die Insel besitzt eine Landebahn. An den Küsten erlebt man häufig Seehunde, Wale und Eisbären.

Brown (78° 10'S und 166°O) – Die südlich der Ross-Insel gelegene Insel ist ständig von Packeis überzogen.

Brownsea (50° 42'N und 2°W) – Im Westen der Isle of Wight liegt diese 1,5 Quadratkilometer messende Insel in der Bucht von Poole.

Brunec (47° 43'N und 3° 59'W) – Das französische Vogelschutzgebiet gehört zu den elf Inseln der Glénan-Gruppe im südlichen Finistère. Sie hat eine Oberfläche von zwei Hektar. (Siehe auch bei Glénan-Archipel)

Brunei (4° 30'N und 114° 40'O) – Der auf der Insel Borneo liegende Staat ist seit dem 1. Januar 1984 unabhängig. Auf einer Oberfläche von 5770 Quadratkilometern leben 300.000 Menschen, was eine Bevölkerungsdichte von 52 Bewohnern je Quadratkilometer ergibt. Der höchste Punkt des Landes erreicht 396 Meter. (Siehe auch bei Borneo)

Bruny (43° 23'S und 147° 17'O) – Östlich von Tasmanien liegt die zu Australien gehörende Insel. Von Tasmanien ist die Insel durch den Entrecasteaux-Kanal getrennt, der nach dem französischen Seefahrer Antoine de Bruni d'Entrecasteaux benannt ist. Die Briten schrieben auf ihren Karten Bruni mit einem „y".

Bull – 700 Kilometer südlich von Neuseeland und im Nordosten der Insel Campbell befindet sich diese kleine Insel, die den Namen des norwegischen Walfängers Henry Bull (1844-1930) trägt, der als erster Mensch am 24. Januar 1895 am antarktischen Kontinent mit seinem Schiff „Antarktic" anlegte.

Burdwoods Island (60° W und 54°S) – Die subantarktische Insel stieg vor einem oder zwei Jahrhunderten nach vulkanischen Aktivitäten aus dem Meer. Ihr Name taucht in mehreren Karten des 18. und 19. Jahrhunderts auf.

Burke (73° 15'S und 104° 35'W) – In der

Amundsen-See liegt diese unbewohnte Insel in der Nähe der Antarktis. Sie wurde nach dem Forscher Robert Burke (1820-1861) benannt, der Australien zwischen 1860 und 1861 als Erster von Süden (Melbourne) nach Norden (Golf von Carpenter) durchquerte. Auf dem Rückweg kam er ums Leben.

Buru (3° 24'S und 126° 40'O) – Diese indonesische Insel gehört zu den Molukken. Zwischen 1966 und 1979 wurden hier 12.000 politische Gefangene des Suhartu-Regimes gefangen gehalten. (Siehe auch bei Molukken)

Buton (5°S und 122° 30'O) – In der Bandsee liegt diese vor allem für ihre Gewürze berühmte indonesische Insel.

Button (60° 35'N und 64° 45'W) – Der britische Seefahrer Thomas Button (1575-1634), der die Hudson Bay mit seinen beiden Schiffen erforschte, ist der Namensgeber dieser kanadischen Insel, die zum autonomen Territorium Nunavut gehört, das am 1. April 1999 geschaffen wurde. Button übergab später die „Charles" an Henry Hudson (1550-1611). Er überwinterte in der Nähe des Dorfes York Factory an der Mündung des Flusses Nelson.

Byam Martin – Die auch Nganati genannte Insel liegt vor der Nordwestküste Australiens. Sie wurde im März 1826 von dem britischen Seefahrer Frederik William Beechey (1796-1856) nach dem Mitglied der britischen Admiralität Thomas Byam Martin benannt.

Byam Martin (75° 15'N und 104° 00'W) – Die Insel liegt im autonomen Territorium Nunavut, das am 1. April 1999 geschaffen wurde. Die Insel gehört zu den Parry-Inseln, die nach dem britischen Seefahrer und Forscher William Edward Parry (1790-1855) benannt worden sind. Er erforschte die Nordwestpassage und erreichte als Erster die Position 82° 45'N nördlich von Spitzbergen. Diese Insel wurde vom britischen Seefahrer Frederik William Beechey (1796-1856) zu Ehren des britischen Vizeadmirals Thomas Byam Martin (1773-1854) benannt. (Siehe auch bei Parry-Inseln)

Bylot (73° 13'N und 78° 34'W) – Die zum autonomen Territorium Nunavut (errichtet am 1. April 1999) gehörende Insel liegt in der Arktis östlich der Baffin-Insel, von der sie durch die Meerenge Eclispe getrennt ist. Der höchste Punkt ist mit 2133 Metern der Berg Thule. Sie trägt den Namen des britischen Seefahrers Robert Bylot (gest. 1616), der die Region zwischen 1615 und 1616 zusammen mit William Baffin (1584-1622) während der Suche nach der Nordwestpassage erforschte. Diese Insel ist vollkommen mit Eis überzogen.

Byron (47° 50'S und 75° 30'W) – Vor dem chilenischen Teil von Patagonien liegt diese nach dem britischen Seefahrer John Byron (1723-1786), der 1761 vor der chilenischen Küste Schiffbruch erlitt, benannte Insel. Sie ist Teil des Guayeco-Archipels. Bryon nahm 1764 während seiner Weltumsegelung (3. Juli 1764 bis 9. Mai 1766) mit den beiden Schiffen „Dolphin" und „Tamar" die Falkland-Inseln in Besitz. (Siehe auch bei Guayeco)

Byron (1° 20'S und 176°O) – Die zu den Gilbert-Inseln im Südpazifik gehörende Insel trägt den Namen des britischen Seefahrers John Byron (1723-1786). Wie die Gilbert-Inseln gehört auch Byron zum Inselstaat Kiribati. (Siehe auch bei Gilbert)

Caenotaphe (58° 37'N und 139° 50'W) – In der Bucht von Lituya vor Alaska liegt die am 2. Juli 1786 von französischen Seefahrer Jean-François de La Pérouse (1741-1788) entdeckte Insel. Der Franzose ankerte mit seinen beiden Schiffen „L'Astrolabe" und „Boussole" vor der Insel, die er „Port aux Français" nannte. Zwei Beiboote wurden durch die Flut am 13. Juli 1786 zum Kentern gebracht, wobei zehn Seeleute der „L'Astrolabe" ertranken. Eine französische Forschungsstation auf den Kerguelen trägt den gleichen Namen.

Calamian (12°N und 120°O) – Die im Osten des Südchinesischen Meeres gelegenen Inseln gehören zu den Philippinen.

Callot (48° 41' N und 3° 56'W) – Einen Kilometer nördlich von Carantec liegt diese französische Insel im Finistère. Zehn Einwohner teilen sich die 28 Hektar messende Oberfläche. Bei Ebbe ist sie über eine durch das Watt angelegte Straße zu erreichen. Am 15. August ist die Kapelle Notre-Dame das Ziel einer Wallfahrt.

Calseraigne (43° 11'N und 5° 23'O) – Südlich von Marseille befindet sich diese unbewohnte französische Insel, die zur Riou-Gruppe gehört und eine Oberfläche von 16 Hektar erreicht.

Campbell (52° 33'S und 168° 59'O) – Die subantarktische Insel gehört zu Neuseeland. Die zehn Bewohner von Perseverance Harbour teilen sich die Oberfläche von 106 Quadratkilometern, was eine Bevölkerungsdichte von 0,1 Menschen je Quadratkilometer ergibt. Nach 565 Metern ist auf dem Berg Honey der höchste Punkt der Insel erreicht. Die Insel wurde 1810 vom britischen Seefahrer Frederik Hasselborough mit seinem Schiff „Perseverance" entdeckt. Daher der Name des Hafens. Die Insel trägt zudem den Namen eines der Offiziere des britischen Polarforschers Robert Falcon Scott (1868-1912) und von Robert Campbell, der als Mitglied der kanadischen Hudson Bay Company um 1840 die nordwestliche Region Kanadas erforscht hat. Auf der Insel befindet sich ein sechs Meter hoher Baum, der 1902 vom neuseeländischen Gouverneur gepflanzt wurde und heute der isolierteste Vertreter seiner Art ist. Hier befindet sich zudem auch eine automatisierte Wetterstation.

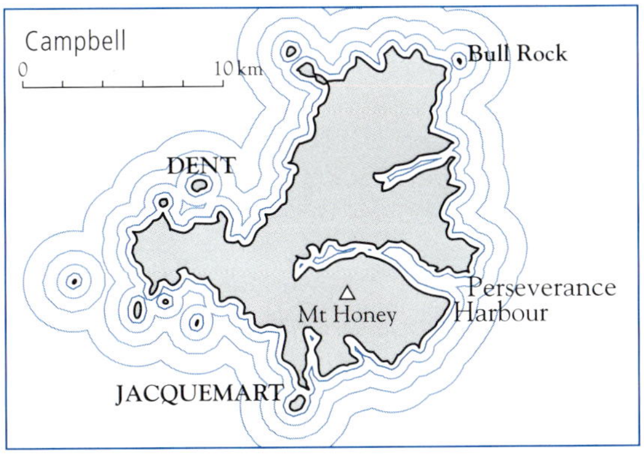

Canard (22° 16'S und 166° 27'O) – Die kleine Insel liegt in Neukaledonien, 1200 Meter vor der Bucht von Vata. (Siehe auch Neukaledonien)

Cancale (48° 40'N und 1° 49'W) – Die unbewohnte französische Felseninsel misst 75 mal 50 Meter. Der höchste Punkt erreicht 36 Meter.

Candlemas (57° 03'S und 26° 40'W) – Am Freitag, den 3. Februar 1775 wurde die subantarktische, zu den Süd-Sandwich-Inseln zählende Insel, vom britischen Seefahrer James Cook (1728-1779) entdeckt. (Siehe auch bei Süd-Sandwich-Inseln)

Canton (48° 25'S und 148° 12'O) – Im Nordwesten von Finistère liegt diese unbewohnte französische Insel 500 Meter vor der Île Grande. Sie hat eine Oberfläche von 19 Hektar und kann bei Ebbe zu Fuß erreicht werden.

Cap-Breton (46°N und 60° 30'W) – Am Eingang des Sankt-Lorenz-Stroms liegt diese zur kanadischen Provinz Nova Scotia gehörende Insel, die mit dem Festland über einen 1955 eingeweihten Deich verbunden ist. Eine Schleuse in der Nähe des Hafens von Hastings ermöglicht Schiffen die Durchfahrt. Der Hauptort ist Sydney. Die Insel wurde zum ersten Mal am 24. Juni 1497 von dem genuesischen Seefahrer Giovanni Cabot (1450-1498) gesichtet. Sie wurde zu Ehren der bretonischen Fischer benannt, die hier seit dem 16. Jahrhundert ihrem Handwerk nachgehen.

Cape-Barren (40° 25'S und 148° 12'O) – In der

Bass-Strait liegt diese australische Insel zwischen dem Kontinent und der Insel Tasmanien, die zum Furneaux-Archipel gehört. Sie hat eine Oberfläche 500 Quadratkilometern, und ihr höchster Punkt ist nach 687 Metern erreicht. (Siehe auch bei Furneaux-Archipel)

Capri (40° 33'N und 14° 13'O) – 9000 Menschen leben auf der zwölf Quadratkilometer messenden italienischen Insel im Golf von Neapel. Das ergibt eine Bevölkerungsdichte von 750 Einwohnern je Quadratkilometer. Der wichtigste Hafen befindet sich im Nordosten der Insel. Der höchste Punkt ist nach 590 Metern erreicht. Von der Insel aus hat man einen hervorragenden Blick auf den Vulkan Vesuf, dessen Ausbrüche in den Jahren 1906, 1929 und 1944 einen 600 Meter großen und 300 Meter tiefen Krater haben entstehen lassen. Beim berühmten Ausbruch am 24. August 79 kamen zehn Prozent der Bevölkerung von Pompeji ums Leben. Das Ereignis wurde vom römischen Naturforscher Plinius dem Älteren (23-79) beschrieben. Capri ist vor allem für seinen Tourismus bekannt.

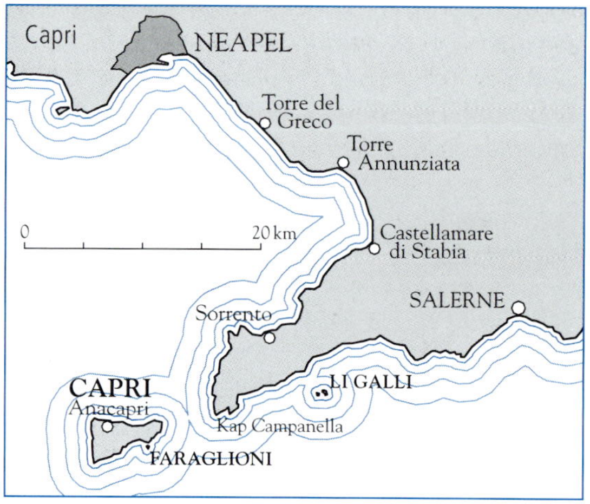

Capricorne (23° 28'S und 152°O) – Diese australischen Inseln befinden sich in unmittelbarer Nähe des Wendekreises des Steinbocks (Capricorn). Diesem Umstand verdanken sie ihren Namen.

Carajos und Cargados (16° 38'S und 59° 38O) – Die Inseln liegen 600 Kilometer vor Mauritius. (Siehe auch bei Mauritius)

Carey (76° 43'N und 73°W) – Die zu Dänemark gehörende Inselgruppe liegt nördlich der Baffin-Bay zwischen Grönland und der Insel Ellesmere. Sie wurde nach dem fünften Graf von Falkland Anthony Carey (1656-1694) benannt, der zwischen 1681 und 1689 als Schatzmeister der Marine fungierte und zwischen 1693 und 1694 als First Lord der britischen Marine amtierte. Er war auch Namensgeber für die Falklandinseln im Südatlantik. Am 27. Juli 1875 entdeckte der schottische Polarforscher George Nares bei seiner Fahrt in Richtung Smith-Meerenge mit seinen beiden Schiffen „Alert" und „Discovery" die Inseln und errichtete auf der Hauptinsel Carey eine Steinpyramide mit der Botschaft seiner Entdeckung als Hinweis für folgende Reisende. Einige Wochen später entdeckte der britische Seefahrer Allen Young, der Portsmouth am 23. Februar 1875 in Richtung Nordwestpassage verlassen hatte, die Botschaft. Er kehrte am 18. Oktober 1875 nach Portsmouth zurück.

Carb (48° 40'N und 4° 13'W) – Ein Hektar misst diese französische Insel, die sich 400 Meter nördlich von Porsguen an der Côte d'Armor befindet. Sie kann bei Ebbe zu Fuß erreicht werden. Der höchste Punkt erreicht 18 Meter.

Carney (74°S und 122° W) – 5200 Quadratkilometer misst diese Insel in der Amundsen See vor der Antarktis.

Caroline (9° 58'S und 150° 13'W) – Die Insel gehört zum Pazifikstaat Kiribati. Sie wurde am 21. Februar 1595 von den spanischen Seefahrern Alvaro de Mendana (1542-1595) und Pedro Fernandez Quiros (1565-1615) entdeckt. Die Insel begrüßte als Erste das Jahr 2000.

Carolinen (8° N und 147°O) – Über 2500 Kilometer erstrecken sich die Inseln dieses Archipels im Pazifik, die zum Pazifikstaat Mikronesien gehören. Mikronesien wurde am 10. Mai 1979 unabhängig. 107.000 Einwohner teilen sich die Oberfläche von 702 Quadratkilometern, was eine Bevölkerungsdichte von 152 Menschen je Quadratkilometer zur Folge hat. Die Inseln wurden 1527 vom portugiesischen Seefahrer Diego de Rocha entdeckt. Sie bekamen ihren Namen später vom spanischen Seefahrer Lezcano, der damit den spanischen König Karl II. (1661-1700) ehren wollte. Das Staatsmotto lautet „Frieden, Einheit, Freiheit". Die Hauptstadt ist Palikir.

Cat, Island of the (24° 27'N und 75° 32'W) – Der höchste Punkt der zu den Bahamas gehörenden Insel erreicht 67 Meter und ist damit zugleich der höchste Punkt der gesamten Inselgruppe. 2400 Menschen teilen sich die 388 Quadratkilometer messende Oberfläche Insel. Die Bevölkerungsdichte liegt bei sechs Einwohnern je Quadratkilometer.

Cato (23° 15'S und 155° 32'O) – Östlich von Queensland liegt die australische Insel.

Cavallo (41° 22'N und 9° 15'O) – Zwischen Korsika und Sardinien liegt diese französische Insel, die eine Oberfläche von einem Quadratkilometer aufweist. Der höchste Punkt ist nach 31 Metern erreicht.

Cayenne (4° 56'N und 52° 20'W) – Das Zentrum von Cayenne, Hauptstadt von Französisch-Guayana, befindet sich auf dieser Insel, die von rund 50.000 Menschen bewohnt wird. Die Stadt wurde am 29. November 1643 von Poncet de Brétigny gegründet. 1656 ließen sich die Holländer hier nieder und holten Juden aus Brasilien. 1664 eroberten die Franzosen die Region nach der holländischen Kapitulation zurück. 1667 wurde Cayenne zerstört. Am 6. Mai 1676 sichern sich die Holländer Cayenne ein weiteres Mal, nur um einige Monate später 1677 vom französischen Vizeadmiral Jean d'Estrées (1624-1707) endgültig vertrieben zu werden. Er nahm die Kolonie für seinen König Ludwig XIV. (1638-1715) in Besitz. Die Abschaffung der Sklaverei – zum ersten Mal am 4. Februar 1794 verkündet, am 27. April 1848 jedoch definitiv eingeführt – wird in Guyana am 10. Juni gefeiert. Am 11. August 1888 wurde Cayenne von einem furchtbaren Brand heimgesucht. Die Elektrizität wurde 1920 eingeführt.

Cayo Largo (22°N und 81°W) – Die 35 Quadratkilometer messende kubanische Insel ist eine Freihandelszone und für ihre Kilometerlangen Strände berühmt.

Cayman (19° 30'N und 81° 20'W) – Südlich von Kuba in der Karibik liegen diese drei Inseln, die zwar britische Kolonie sind, aber über eine unabhängige Regierung verfügen. Die Oberfläche beträgt insgesamt 360 Quadratkilometer, die sich 37.000 Einwohner teilen, was eine Bevölkerungsdichte von 142 Menschen je Quadratkilometer ergibt. Die Inseln tragen den kreolischen Namen für Krokodile, die hier besonders zahlreich sind. Der wichtigste Hafen ist Georgetown. Entdeckt wurden die Inseln am Mittwoch, 10. Mai 1503 von Kolumbus (1451-1506). Das Steuerparadies ist zugleich auch für seine fantastischen Tauchreviere bekannt und zieht jedes Jahr viele Hochseeangler zu Wettbewerben an. Im Oktober findet wie in der ganzen Karibik ein Karneval statt, den man hier als „Woche der Piraten" feiert. Das ist der einzige Platz der Welt, wo man sich Manta-Rochen mit zwei Meter Spannweite nähern kann.

Cebu (10° 20'N und 123° 40'O) – 1,8 Millionen Menschen leben auf der zu den Philippinen gehörenden Insel, die eine Oberfläche von 4420 Quadratkilometern hat. Die Bevölkerungsdichte liegt bei 407 Bewohnern je Quadratkilometer. Der höchste Punkt erreicht 1037 Meter. Die Hauptstadt ist Cebu, der wichtigste Hafen Tabogon (10° 57N und 124° 02'O). Sie wurde vom portugiesischen Seefahrer Fernao de Magellan (1480-1521) im März 1521 entdeckt. Bei dieser Gelegenheit tauschten die Eingeborenen 15 Pfund Eisen gegen 15 Pfund Gold. Später töteten sie 29 spanische

Seeleute. Auf der östlich von Cebu gelegenen Insel Mactan wurde Magellan am 27. April 1521 ermordet. Die erste Weltumsegelung wurde daraufhin von seinem Stellvertreter Sebastian El Cano (1476-1526) fortgesetzt. Bei der Rückkehr lebten nur noch 18 Mann der ursprünglich 165 Mann starken Besatzung.

Cedros (28° 12'N und 115° 15'W) – Die Insel liegt im Nordpazifik vor der mexikanischen Halbinsel Baja California.

Central (3° 35'N und 36° 10'O) – Im Lake Turkana liegt diese kleine kenianische Insel, die Teil eines Naturparks ist, der als Weltnaturerbe von der Unesco geschützt wird.

Centuri (42° 57'N und 9° 20'O) – Ein Hektar misst die dreieckige französische Insel, die 100 Meter vor dem korsischen Cap Bianco liegt.

Ceram (3°S und 129°O) – Im Norden der Bandasee liegt diese indonesische Insel, deren höchster Punkt bei 1019 Metern erreicht ist. Sie wurde 1634 vom holländischen Seefahrer Abel Tasman (1603-1659) entdeckt. Südwestlich der Insel liegt die Insel Ambon, die Ausgangspunkt zahlreicher Expeditionen war.

Cerbicale (41° 33'N und 9° 22'O) – Sechs Inseln bilden den kleinen Archipel, der eine Oberfläche von 37 Hektar erreicht. Die größte Insel, Piana, liegt 1,5 Kilometer vor dem südlichen Korsika in der Nähe von Porto Vecchio. Sie hat eine Oberfläche von 14 Hektar. Ihr höchster Punkt erreicht 35 Meter.

Cerf (48° 23'N und 3° 29'W) – Die westlichste Insel der französischen Inselgruppe Sept Îles vor der Côte d'Armor hat eine Oberfläche von einem Hektar. Der Zutritt zu dem Vogelschutzgebiet ist verboten.

Cézembre (48° 40'N und 2° 04'W) – Im Kanal zwischen Großbritannien und Frankreich und vier Kilometer nördlich von Dinard liegt die 14 Hektar große französische Insel, deren höchster Punkt bei 38 Metern erreicht ist. Hier befinden sich Befestigungen. Eine Fähre verbindet die Insel mit Saint-Malo (20 Minuten).

Cézon (48° 36'N und 4° 35'W) – Drei Hektar misst diese kleine französische Insel, die im Nordwesten von Finistère in der Mitte der Mündung des Flusses Aber Vrach liegt.

Chagos (6°S und 72°O) – Zu dieser britischen Inselgruppe im Indischen Ozean gehören die Inseln Salomon, Eagle, Egmont und Diego Garcia, wo sich eine wichtige amerikanische Militärbasis befindet. 1000 Menschen leben auf einer Oberfläche von 200 Quadratkilometern, was eine Bevölkerungsdichte von fünf Bewohnern je Quadratkilometer ergibt. Einige dieser Insel finden sich auf einer aus dem Jahr 1538 stammenden Seekarte wieder.

Channel (55°W und 137° 36'O) – Vor Los Angeles liegt diese Inselgruppe, zu der die Inseln Santa Cruz, Santa Rosa, Santa Barbara, Santa Catalina, San Nicolas und San Clementa gehören.

Chantar (55°W und 137° 36'O) – Diese russischen Inseln liegen im Ochotskischen Meer, nordwestlich der Insel Sachalin. Der wichtigste Hafen befindet sich in Santarskije.

Charcot (69° 40'S und 75°W) – Die vor der Antarktischen Halbinsel gelegene Insel trägt den Namen des französischen Forschers Jean Charcot (1867-1936), der sie am 11. Januar 1910 an Bord der „Pourqoi-pas?" wiederentdeckte. Sie war bereits 1821 vom russischen Seefahrer Benjamin von Bellingshausen (1778-1852) entdeckt worden. Der Russe war der erste Mensch, der am 27. Januar 1827 den antarktischen Kontinent erblickte. Eine französische Forschungsstation, die zwischen 1957 und 1958 auf einem 3000 Meter hohen Plateau in der Nähe des magnetischen Pols lag, trägt den Namen der Insel. Sie wurde zunächst von Jacques Dubois und später von René Garcia geleitet.

Charlotte – Im Westen der Antarktischen Halbinsel liegt diese Insel, die sich durch eine besonders prächtige Landschaft auszeichnet.

Charlton (52°N und 79° 30'W) – Auf dieser Insel, die im Südosten der James-Bucht in Kanada liegt, überwinterte von 1631 bis 1632 der britische Seefahrer und Polarforscher Thomas James (1593-1635) mit seinem Schiff „Henriette-Marie".

Châtellier (48° 41'N und 1° 50'W) – Die kleine unbewohnte französische Insel liegt einen Kilometer von Cancale in der Bucht des Mont Saint-Michel. Die Oberfläche beträgt zwölf Hektar. Der höchste Punkt erreicht 29 Meter. In der Nähe befindet sich der 36 Meter hohe Felsen von Cancale.

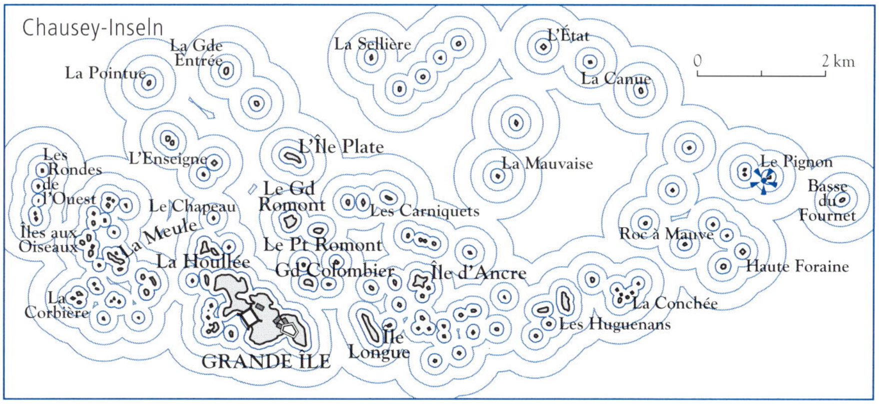

Chatham (44°S und 176° 30'W) – 860 Kilometer östlich von Christchurch liegen die seit 1835 zu Neuseeland gehörenden Inseln. Auf einer Oberfläche von 900 Quadratkilometern leben 700 Menschen, was eine Bevölkerungsdichte von weniger als einem Bewohner je Quadratkilometer ergibt. Der höchste Punkt liegt bei 287 Metern auf der Hauptinsel Chatham. In der Hauptstadt Waitangi befindet sich auch der Flughafen der Inselgruppe. 15 Kilometer von Chatham entfernt liegt die Insel Pitt. Die Inselgruppe wurde vor 1000 Jahren von den Maoris besiedelt und 1891 vom britischen Seefahrer William Boughton (1762-1821) entdeckt, der sie für seinen König George III. in Besitz nahm. Sein Schiff „Chatham" fungierte als Namensgeber für den Archipel. Im Mai 1838 wurde die gesamte Besatzung des französischen Walfängers „Jean Bart" von den Maoris getötet und verspeist. (Siehe auch bei Neuseeland)

Chatham (50° 40'S und 74° 20'W) – Vor Patagonien liegt die chilenische Insel, die den Namen von William Pitt, Graf von Chatham (1798-1778) trägt. Pitt amtierte zwischen 1756 und 1761 und 1766 bis 1768 als britischer Premierminister. Der höchste Punkt der Insel liegt bei 1128 Metern.

Chausey (48° 52' 09"N und 1° 48' 59"W) – Im Norden der Bucht des Mont Saint-Michel liegt diese 50 kleine Inseln zählende Gruppe, die bei Ebbe auf eine Oberfläche von 80 Hektar für zehn Einwohner kommt. Bei Flut verringert sich die Zahl der Inseln auf vier und die Oberfläche auf 50 Hektar. Die Hauptinsel Grande Île ist mit dem Festland mittels Fähren verbunden. Die Überfahrten nach Saint-Malo dauern anderthalb, nach Grandville eine Stunde. Die Inseln mit einer Oberfläche zwischen einem und zwei Hektar heißen La Meule, La Houillée, La Genêtaie, Plate-Île, Grand-Romont, Petit-Romont, Le Grand Colombier, Longue-Île, Aneret und Les Huguenans, die alle Vogelschutzgebiete sind. Die Gezeitenunterschiede von 14 Metern gehören zu den stärksten der Welt.

Cheju (33° 20'N und 126° 30'O) – Südlich vor Südkorea liegt diese Insel.

Chep Lap Kok (22°N und 113°O) – Ursprünglich hatte diese Insel, die Teil von Hongkong ist, eine Oberfläche von drei Quadratkilometern. Nachdem jedoch 367 Kubikkilometer aufgeschüttet wurden, erreicht die Insel heute eine Oberfläche von 12,5 Quadratkilometern. Auf ihr entstanden der neue internationale Flughafen von Hongkong und die Stadt Tung Chung. Chep Lap Kok ist heue mit der Insel Lantau verbunden. Auf das Festland führt eine Brücke für den Auto- und Eisenbahnverkehr. (Siehe auch bei Lantau)

Chelikov (55° 50'N und 155° 35'W) – Vor der Küste Alaskas und südlich der Insel Kodiak liegt diese amerikanische Insel, die den Namen des russischen Seefahrers Alexe (Chelikov der Chirikov, 1703-1748) trägt. Chelikov entdeckte die Insel 1741 während seiner Fahrt durch den Nordpazifik, zu der er zur gleichen Zeit wie sein Landsmann Vitus Bering (1681-1741) von Petropavlovsk aus aufgebrochen war. Einige Wochen später trennten sich die beiden. In Chirikov befindet sich der Hafen der Insel.

Chesterfield (19° 30'S und 158°) – Nordwestlich von Neukaledonien liegt diese zehn Koralleninseln umfassende Gruppe. Sie wurden 1793 von der Mannschaft des Schiffs „Chesterfield" entdeckt und 1877 von Frankreich in Besitz genommen.

Cheung Chau (22° 12'N und 114° 01'O) – Die Insel ist Teil von Hongkong, das seit dem 1. Juli 1977 wieder zu China gehört. 50. Menschen leben auf einer Oberfläche von 2,4 Quadratkilometern, was eine Bevölkerungsdichte von 20.833 Einwohnern ergibt. Lediglich Feuerwehrfahrzeuge sind auf der Insel erlaubt. (Siehe auch bei Hongkong)

Chevalier (47° 51'N und 4° 11'W) – Vor dem südlichen Finistère liegt diese französische Insel. Ein Kilometer östlich befindet sich der Ort Pon-l'Abbé. Sie hat eine Oberfläche von einem Quadratkilometer. Der höchste Punkt überragt die Insel um neun Meter.

Chevaux (47° 21'N und 2° 58'W) – Sechs Kilometer westlich der Insel Hoedic liegt diese französische Insel. Sie hat eine Oberfläche von 1,3 Quadratkilometern. Der höchste Punkt erreicht 21 Meter.

Chevret (48° 35'N und 2°W) – Die französische Insel, südlich von Saint-Malo gelegen, hat eine Oberfläche von einem Hektar. Der höchste Punkt erreicht 22 Meter.

Chevrets (48° 42'N und 1° 57'W) – Im Norden der Insel Besnard, in der Nähe von Saint-Malo, liegen diese beiden französischen Inseln. Die höchsten Punkte sind nach 21 beziehungsweise 42 Metern erreicht.

Chiachkotan (48° 49'N und 154° 06'O) – 1945 wurde die Kurilen-Insel, die südlich der Halbinsel Kamtschatka liegt, von der Sowjetunion annektiert. (Siehe auch bei Kurilen)

Chichi (27° 06'N und 142° 12'O) – Im Nordpazifik liegt diese japanische Insel, die zu den Bonin-Inseln (auch Ogasawara-Gunto genannt) gehört. (Siehe auch Bonin-Inseln und Japan)

Chillon (46° 25'N und 6° 56'O) – Ein Kilometer südlich von Montreux liegt diese Insel im Genfer See. Auf ihr befindet sich eine Festung aus dem 13. Jahrhundert. Mit dem Festland ist die Insel durch eine überdachte Brücke verbunden. Der französische Schriftsteller Jean-Jacques Rousseau (1712-1778) setzte der Insel in einem seiner Romane ein literarisches Denkmal. Der britische Poet George Byron (1766-1824) ließ hier die Handlung seines Hauptwerkes „Don Juan" spielen.

Chiloé (42° 30'S und 73° 55'W) – Die südlich der Stadt Puerto Montt gelegene Insel gehört zu den chilenischen patagonischen Inseln. Der höchste Punkt ist nach 820 Metern erreicht. Die Insel wurde häufig von Kap-Hoorn-Fahrern besucht. (Siehe auch Patagonien, chilenisch)

Chincha (13° 42'S und 76° 15'W) – 20 Kilometer vor der peruanischen Stadt Pisco liegt diese Inselgruppe im Pazifik. Die Hauptinseln sind Ballestras, Blanca, Chincha, Farallones, Goleta, Ovillo, San Gallan und Tres Marias. Diese Inseln sind die Heimat von Seehunden, Pinguinen und Kormoranen. Seit 1870 wird hier Guano abgebaut. Seitdem die Inseln jedoch zum Naturschutzgebiet erklärt worden sind, kann man hier nicht mehr anlegen.

Chios (38° 22N und 26° 08'O) – Zehn Kilometer von der türkischen Küste entfernt liegt diese griechische Insel in der Ägäis. Die Oberfläche misst 900 Quadratkilometer, die sich 120.000 Einwohner teilen, was eine Bevölkerungsdichte von 134 Menschen je Quadratkilometer ergibt. Der höchste Punkt liegt bei 1297 Metern. An der Westküste befindet sich der Hafen von Volissós. Auf der Insel wurde der griechische Dichter Homer, der die Illias und die Odyssee verfasste, geboren. Im Kloster Néa Moni werden die Knochen von 20.000 Einwohnern aufbewahrt, die 1822 einem Massaker der Türken zum Opfer fielen. Das Kloster aus dem 11. Jahrhundert gehört zum von der Unesco geschützten Weltkulturerbe.

Choiseul (7° 05'S und 157°O) – Die Pazifikinseln gehört zu den Salomonen im südlichen Pazifik. Der Berg Maitabi ist mit 980 Metern ihr höchster Punkt. Die Insel besitzt zwar einen Flughafen, aber nur wenige Straßen. Sie wurde unter anderem auch vom französischen Seefahrer Louis-Antoine de Bougainville (1729-1811) besucht, der sie nach dem Herzog Etienne-François de Choiseul (1719-1785), Außenminister des französischen Königreichs, benannte. (Siehe auch bei Salomonen)

Christensen (64°S und 57°W) – Der norwegische Seefahrer Carl Anton Larsen (1860-1924) entdeckte die nordwestlich der James-Ross-Insel gelegene Insel im Jahr 1893. Er benannte sie nach den Sponsoren seiner Expedition mit dem Schiff „Jason".

Christmas (10° 30'S und 105° 40'O) – 350 Kilometer südlich von Java liegt diese australische Insel im Indischen Ozean. Auf ihrer Oberfläche von 135 Quadratkilometern leben 3000 Menschen (1500 Chinesen, 1000 Australier und 500 Malaien). Die Bevölkerungsdichte beträgt 22 Einwohner je Quadratkilometer. Der Mount Murray ist mit 357 Meter der höchste Punkt der Insel, die 1888 von Großbritannien in Besitz genommen wurde und seitdem von Australien verwaltet wird. Am 1. Oktober 1958 wurde sie australisches Territorium. Der britische Seefahrer Minors entdeckte sie am 25. Dezember 1644. Wegen ihres Namens verbringen hier viele Australier ihren Weihnachtsurlaub.

Christmas (2°N und 157° 30'W) – Die heute Kirimati genannte Insel liegt nahe beim Äquator und gehört zum Pazifikstaat Kiribati, der als unabhängige Republik seit 1979 dem Commonwealth of Nations angehört. Auf 432 Quadratkilometern leben 2600 Einwohner, was eine Bevölkerungsdichte von sechs Menschen je Quadratkilometer ergibt. Die beiden wichtigsten Dörfer sind Paris und London. An der Westküste befindet sich der Haupthafen Bridges Port. Am 25. Dezember 1777 wurde die Insel vom britischen Seefahrer James Cook (1728-1778) entdeckt. Ein Jahr zuvor hatte Cook die Kerguelen-Inseln erreicht, wo er am 25. Dezember 1776 in der Vogelbucht vor Anker ging, die er Christmas Harbour taufte. Vom 15. Mai 1957 an diente die Insel sechs Jahre lang als amerikanisches und britisches Atomtestgebiet.

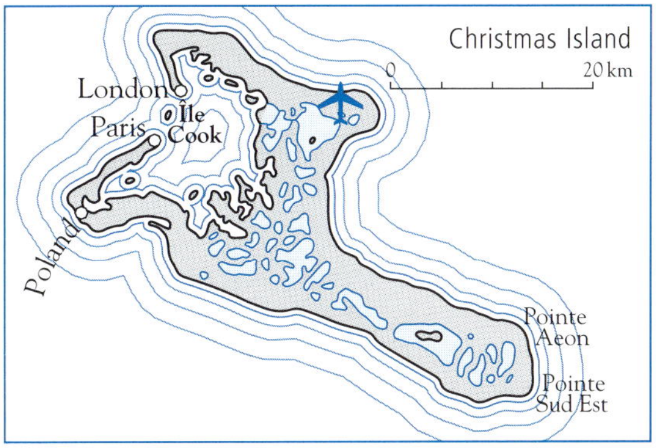

Nachdem die Bevölkerung evakuiert war, wurden hier vor allem Wasserstoffbomben getestet. 20 Jahre später, als die Radioaktivität hier geringer als in New York war, durften die Einwohner wieder zurückkehren.

Chronos (45°S und 75°W) – Der Archipel gehört zu den chilenischen Patagonien-Inseln. (Siehe auch Patagonien, chilenisch)

Chuuk (7° 30'N und 151° 50'O) – Im Nordpazifik liegt dieser zum Staatenbund Mikronesien gehörende Archipel. Die Hauptstadt Weno liegt auf der gleichnamigen Insel. Der Archipel besteht aus zehn, von einem Atoll umschlossenen Inseln, auf denen 54.000 Menschen leben.

Cigogne (47° 43'N und 4° 43'W) – Die vor Finstère gelegene französische Insel gehört zum Archipel von Glénan. Sie hat eine Oberfläche von vier Hektar. Auf der Insel befindet sich eine Befestigungsanlage aus dem 17. Jahrhundert mit einem später errichteten Turm und riesigen Zisternen, mit denen das Regenwasser aufgefangen wurde. Die alten Wachsäle dienen als Schlafräume des nautischen Zentrums der Glénans-Inseln. (Siehe auch bei Glénan)

Cité (41°N und 2° 21'O) – 20 Hektar misst die im Zentrum von Paris gelegene Seine-Insel. Zehn Brücken, darunter als älteste die zwischen 1578 und 1606 gebaute Pont-Neuf, verbinden die Insel mit den Ufern. Vier führen auf das rechte, fünf auf das linke Ufer und eine zur Île Saint-Louis. Auf der Insel befindet sich unter anderem die Kathedrale Notre-Dame (erbaut von 1163 bis 1270), die Sainte-Chapelle (erbaut 1246 bis 1248), der Justizpalast (erbaut vom 14. bis 19. Jahrhundert) und die Conciergerie sowie der im 14. Jahrhundert erbaute Tour de l'Horloge.

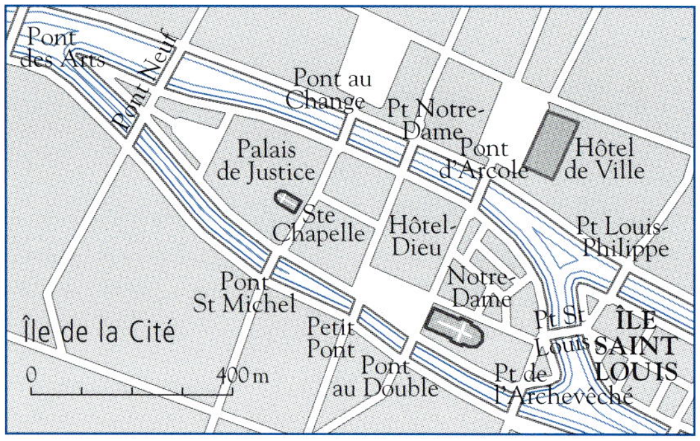

Clarence (61° 09'S und 54° 06'W) – Die subantarktische Insel gehört zur Gruppe des Süd-Shetland-Inseln. Sie wurde 1819 von den britischen Seefahrern William Smith (1764-1840) und Edward Bransfield (1795-1852) entdeckt, die sie aber erst ein Jahr später am 4. Februar betraten und im Namen von König George IV. (1762-1830) in Besitz nahmen. Der höchste Punkt ist nach 1383 Metern erreicht.

Clarion (18° 22'N und 114° 44'W) – Die Insel liegt vor der mexikanischen Pazifikküste.

Clavering (74°N und 20°W) – Die unbewohnte Insel liegt östlich von Grönland, südlich des Iniut-Dorfes Daneborg. 1823 wurde sie vom britischen Seefahrer Clavering, dessen Namen sie trägt, erstmals gesichtet.

Clipperton (10° 17N und 109° 12'W) – Seit 1931 gehört die 1300 Kilometer vor Mexiko im Pazifik gelegene unbewohnte Insel zu Frankreich. Die Oberfläche beträgt fünf Quadratkilometer, wovon allerdings drei auf die Lagune entfallen. Sie wird von Französisch-Polynesien verwaltet. Dank der 200-Meilen-Zone erreicht sie eine Meeresoberfläche von 452.220 Quadratkilometern. Die Insel wurde 1705 von dem Piraten Clipperton entdeckt, der ihr bei seiner Fahrt von Mexiko nach Macao seinen Namen gab. Am 3. April 1711 wurde die Insel vom französischen Seefahrer Dubocage de Bléville von Bord der „La Découverte" aus ein weiteres Mal gesichtet. Er gab ihr den Namen Île de Passion. Bléville hatte Brest am 23. März 1708 verlassen. Seine Reise führte ihn über Madeira, um Kap Hoorn nach Peru, Clipperton, China, Guam, Formosa, Amoy (Aufenthalt von acht Monaten), Kalifornien, Peru, Chile, Kap

Hoorn zurück nach Le Havre, wo er am 23. August 1716 wieder einlief.

Coats (62° 30'N und 83°W) – In der nördlichen Hudson Bay liegt diese kanadische Insel. Sie trägt den Namen von Andrew Coats, der Anfang des 20. Jahrhunderts britische Polarexpeditionen unterstützte.

Cochin (9° 56'N und 76° 15'O) – Auf der gegenüber der indischen Stadt Cochin gelegenen Insel errichteten portugiesische Seefahrer 1503 eine Festung.

Cochons (46° 10'S und 50° 09'O) – Die französische Insel trug zunächst die Namen Hog Island, danach Dauphine. Sie liegt im Indischen Ozean und gehört zum Crozet-Archipel. Ihre Oberfläche misst 66 Quadratkilometer. Der Berg Richard-Foy ist mit 770 Metern der höchste Punkt der Insel. Sie trägt den Namen der Schweine, die hier als Nahrung für französische Seefahrer und Walfänger ausgesetzt worden waren. Doch nachdem sich die Schweine von den Pinguinen ernährten, wurden sie bald unverdaulich. (Siehe auch Crozet)

Cockburn – Nordwestlich der australischen Küste liegt die auch Ahuni genannte Insel. Der britische Seefahrer Frederik William Beechey (1796-1856) gab ihr den Namen des Mitglieds der britischen Admiralität Cockburn.

Cockburn (63° 55S und 58° 22'W) – 1843 wurde die östlich der Antarktis gelegene kleine Insel vom britischen Seefahrer James Clark Ross (1800-1862) mit seinen Schiffen „Erebus" und „Terror" entdeckt. Ross gab ihr den Namen des Mitglieds der britischen Admiralität Cockburn.

Coco (5° 32'N und 87° 04'W) – Westlich von Kolumbien liegt diese Pazifikinsel, die von Costa Rica verwaltet wird. Den Namen verdankt sie dem großen Kokosnuss-Vorkommen. Die Insel gehört zum von der Unesco geschützten Weltnaturerbe.

Cocos (12° 05'N und 96° 52'W) – 700 Menschen teilen sich die 14 Quadratkilometer messende Oberfläche der zu Australien gehörenden Insel, sodass die Bevölkerungsdichte 50 Einwohner je Quadratkilometer beträgt. Der Flughafen dient als Zwischenlandestopp für Flüge zwischen der Christmas-Insel und Perth. Die Inseln wurden 1609 vom britischen Seefahrer William Keeling entdeckt. Der britische Naturforscher Charles Darwin (1809-1882) besuchte sie 1836 nach seinem Aufenthalt auf den Galapagos-Inseln. Hier findet man besonders viele Kokosnüsse, was den Namen erklärt. (Siehe auch bei Australien)

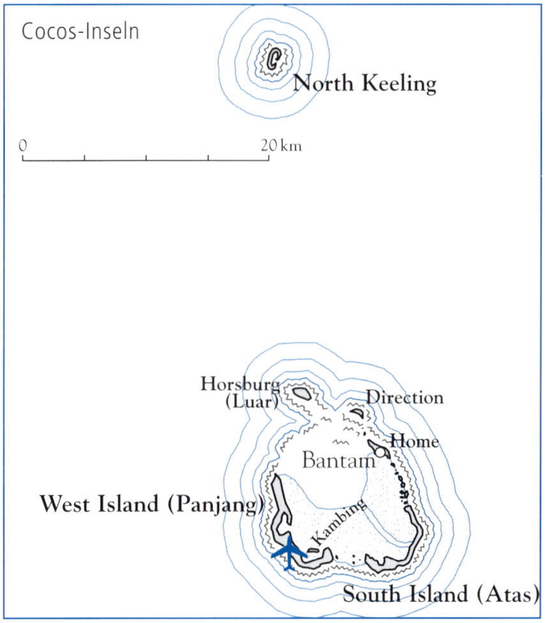

Coetivy (7° 08'S und 56° 16'O) – Die Insel im Indischen Ozean gehört zu den Seychellen.

Coiba (7° 27'N und 81° 45'W) – 20 Kilometer südlich von Panama liegt diese Pazifikinsel.

Colombière (48° 42'N und 2° 03'W) – Die kleinen französischen Inseln liegen einen Kilometer westlich der Ebihen-Inseln. Sie sind Vogelschutzgebiete.

Con Lon (8° 39N und 106° 36'O) – 110 Kilometer vor der Südostküste Vietnams liegt diese Insel in der Chinesischen See. Sie gehört zum Con-Lon-Archipel, der aus einem Dutzend Inseln besteht und eine Oberfläche von 50 Quadratkilometer verfügt, auf der 6000 Menschen leben. Die Bevölkerungsdichte beträgt 120 Bewohner je Quadratkilometer. Die Hauptstadt ist Con Dao. Während des Vietnamkrieges wurden hier Kriegsverbrecher, die des Mordes und der Folter beschuldigt waren, in den berüchtigten Tigerkäfigen gefangen gehalten.

Conchée (48° 41'N und 2° 03'O) – Die auf der gleichnamigen Insel liegende Befestigungsanlage befindet sich heute in Privatbesitz. Sie wurde nach den Plänen von Vauban angelegt.

Congloué (43° 10'N und 5° 23'O) – Südlich von Marseille liegen die beiden unbewohnten französischen Mittelmeerinseln. Grand und Petit Congloué kommen auf eine Oberfläche von zwei Hektar.

Cook (20°S und 158°W) – 14 Inseln bilden den Archipel, der westlich von Französisch-Polynesien im Pazifik liegt: Aitutaki, Atiu, Mangaja, Manihiky, Manuae, Mauke, Mitiaro, Nassau, Palmerston, Pukapuka, Rakahanga, Rarotonga, Suwarrow und Penrhyn. Die Oberfläche beträgt insgesamt 237 Quadratkilometer. 17.000 Menschen leben auf den Inseln, was eine Bevölkerungsdichte von 72 Bewohnern je Quadratkilometer ergibt. Die 1901 von Großbritannien in Besitz genommenen Inseln sind heute ein autonomer Staat innerhalb Neuseelands und Mitglied im Commonwealth of Nations. Die Hauptstadt ist Avarua auf Rarotonga. Hier befindet sich auch der Flughafen. Die Inseln sind berühmt für ihre schwarzen Perlen. Der Archipel trägt den Namen des britischen Seefahrers James Cook (1728-1779), der einige der Inseln 1773 bei seiner zweiten Weltumsegelung entdeckte.

Cook (68° 40'S und 152° 30'O) – Die zu den Süd-Sandwich-Inseln gehörenden Inseln wurden am Dienstag, 31. Januar 1775 vom britischen Seefahrer James Cook (1728-1779) entdeckt. Eine weitere Insel gleichen Namens befindet sich vor dem chilenischen Teil Patagoniens (54° 55'S und 70° 25'W). (Siehe auch Süd-Sandwich-Inseln)

Cool Douce – Diese vor der Antarktis gelegene Insel wurde auf eine weniger offizielle, dafür aber sehr humoristische Weise von ihrem Entdecker Jacques Ottonello (geb. 1963) so benannt. (Siehe auch Isla Cool Douce)

Cornwall (77° 15'N und 95°W) – Zwischen Bathurst und dem Nordwesten der Insel Devon liegt diese Insel im autonomen Territorium Nunavut im Norden Kanadas. Die britischen Seefahrer Alexander Stewart und William Penny entdeckten sie 1851 während ihrer Reise mit den Schiffen „Sophie" und „Lady Franklin". Sie suchten Sir John Franklin (1786-1847). Der britische Kronprinz Charles (geb. 1948) trägt auch den Titel eines Herzogs von Cornwall.

Cornwallis – Die Insel im Norden Kanadas liegt im autonomen Gebiet Nunavut, das am 1. April 1999 errichtet wurde. Dort befinden sich auch die Parry-Inseln, die nach dem britischen Seefahrer William Edward Parry (1790-1855) benannt wurden, der sie bei der Erforschung der Nordwestpassage entdeckte. Parry erreichte 1827 nördlich von Spitzbergen als Erster mit seinen Schiffen „Hekla" und „Griper" 82° 45'N. Das 1947 gegründete Inuit-Dorf Resolute Bay zählt heute 200 Einwohner. Hier befinden sich auch ein Flughafen und eine Wetterstation (74° 43'S und 94° 59'W) sowie ein Hafen. Resolute Bay ist der Ausgangspunkt vieler Polarexpeditionen. Im Allgemeinen werden die Forscher in der Nähe der Ward-Hunt-Insel abgesetzt oder von dort abgeholt. Dem japanischen Polarforscher Hyochi Kohno (gest. 2001) gelang die Durchquerung des Packeises von der Insel Ward Hunt bis zum Nordpol im Jahr 1997. Bei einem zweiten Versuch in umgekehrter Richtung kam er ums Leben und wurde in dem Dorf beige-

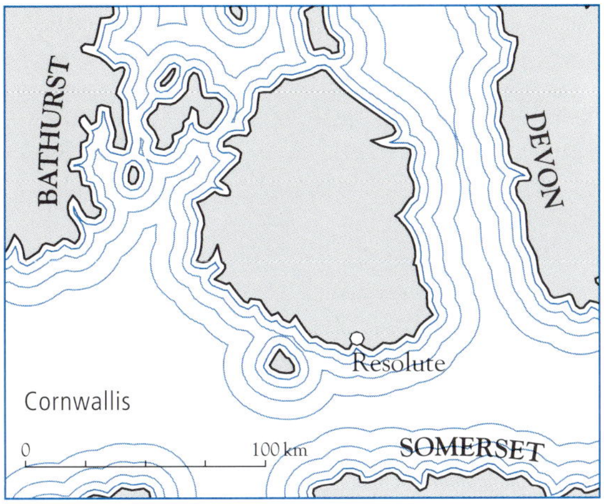

setzt. Das Dorf trägt den Namen der fünf Kilometer entfernten Bucht, die der britische Seefahrer Henry Kellett zu Ehren seines Schiffes „Resolute" so nannte. Er war in dieser Bucht 1852 vor Anker gegangen, als er Sir John Franklin (1786-1847) suchte, der bei der Erforschung der Nordwestpassage ums Leben kam. Kellets Flotte von fünf Schiffen, die von Edward Belcher (1799-1877) kommandiert wurden, befanden sich auf der Rückkehr von einer Weltumsegelung (1836-1842). Die Insel könnte auch den Namen des britischen Admirals William Cornwallis (1744-1819) tragen oder aber zu Ehren des britischen Generals Charles Cornwallis (1738-1805) benannt worden sein. Cornwallis kämpfte mit seinen 40 Schiffen in der Chesapeake-Bay zwischen dem 5. September und 19. Oktober 1781 im amerikanischen Unabhängigkeitskrieg gegen die von George Washington (1732-1799) kommandierten Einheiten, die von den französischen Truppen unterstützt wurden. Die Franzosen standen unter dem Kommando von Marie Joseph de La Fayette (1757-1834) und Jean-Baptiste Rochambeau (1725-1807). Der französische Admiral François (1722-1788) kommandierte die Marineeinheiten. Mit der Kapitulation von Cornwallis endete der amerikanische Unabhängigkeitskrieg. Allerdings könnte auch der Gouverneur von Nova Scotia, Edward Cornwallis, der 1749 die Stadt Halifax gründete, als Namensgeber in Frage kommen. Der französische Abenteurer Pierre Magnan (geb. 1942) legte vom 1. April 1976 an eine Strecke von 500 Kilometern zwischen Resolute Bay und dem Magnetpol auf einem Eissegler zurück. (Siehe auch bei Parry)

Coronation (60° 40'S und 45° 10'W bis 46° 10'W) – Südwestlich von Südgeorgien liegt die britische Insel, die eine Oberfläche von 600 Quadratkilometern aufweist. Der höchste Punkt liegt bei 1245 Metern. Die Insel wurde im Februar 1819 von dem Seefahrer James Wedell (1787-1834) entdeckt. Der amerikanische Seefahrer Nathaniel Parker (1799-1877) entdeckte sie an Bord der „James Monroe" am 7. Dezember 1821 ein zweites Mal und gab ihr den Namen anlässlich der Krönung von George III. (Siehe auch Oracle du Sud)

Corvo (39° 42'N und 31° 06'W) – Die Insel im Nordatlantik gehört zur portugiesischen Inselgruppe der Azoren. Der Berg Caldeiro bildet mit 718 Metern den höchsten Punkt der Insel. Das Hauptdorf ist Corvo. (Siehe auch bei Azoren)

Costans (48° 53'N und 3° 28'W) – Vor Trégastel liegt die unbewohnte französische Insel, die zum Archipel der Sept Îles gehört. Das Vogelschutzgebiet darf nicht betreten werden. (Siehe auch bei Sept Îles)

Coudres (47° 24'N und 70° 23'W) – Im Sankt-Lorenz-Strom liegt die kanadische Insel, die eine Oberfläche von 20 Quadratkilometern aufweist. 3000 Menschen leben hier. Eine 23 Kilometer lange Straße führt um die Insel herum. Eine Fähre verbindet Coudres mit dem Dorf Saint-Joseph-de-la-Rive am Nordufer des Flusses. Der französische Seefahrer Jacques Cartier (1491-1557) betrat die Insel am 6. oder 7. September 1535 und benannte sie nach den vielen hier wachsenden Haselnusssträuchern.

Coulman (73° 27'S und 169° 40'O) – 400 Kilometer nördlich der Ross-Insel liegt diese antarktische Insel in der Ross-See.

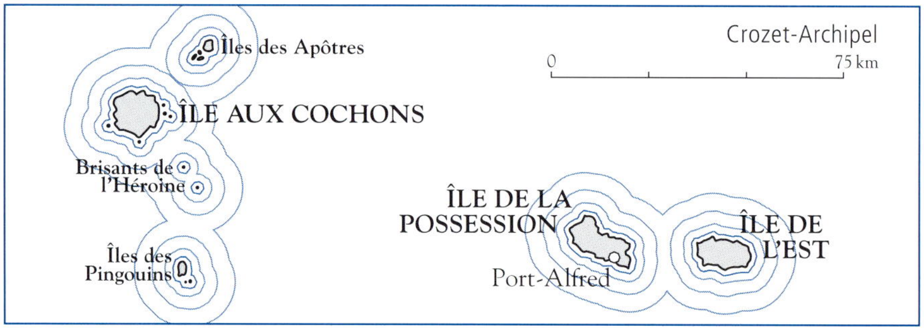

Cozumel (20° 25'N und 86° 55'W) – Vor der Halbinsel Yucatan (18 Kilometer entfernt) liegt diese Insel. Im Norden befinden sich die Inseln Cancun und Islas Mujeres. 1519 betrat der spanische Eroberer Hernan Cortes, mit einer Flotte von elf Schiffen aus Kuba kommend, die Insel und setzte von hier aus zu seiner Eroberung Mexikos an. Zuvor zerstörte er alle hier stehenden Götterstatuen.

Creizic (47° 34'N und 2° 52'W) – im Golf von Morbihan liegt diese französische Insel 600 Meter westlich der Île aux Moines. Sie hat eine Oberfläche von zwei Hektar. Der höchste Punkt erreicht 18 Meter.

Cressant (77°N und 97° 05'W) – In der Nähe der Pioneer-Insel liegt diese Insel im hohen Norden Kanadas. Am 23. August 1988 näherte sich der französische Windsurfer Stéphane Peyron bis auf 150 Kilometer dem magnetischen Pol.

Cromic (48° 26'N und 5° 01'W) – Im Westen von Finistère liegt die zum Archipel von Molène gehörende französische Insel. Sie ist heute ein Vogelschutzgebiet.

Crooked (22° 45'N und 74° 13'W) – Im Norden von Kuba liegt die zu den Bahamas zählende Insel, deren höchster Punkt 47 Meter erreicht. Die Insel wurde im Oktober 1492 von Kolumbus (1451-1506) während seiner ersten Entdeckungsfahrt entdeckt. Er gab ihr den Namen Isabella.

Crozet (46° bis 46° 30'S und 50° 30' bis 52° 30'O) – Im Indischen Ozean befindet sich dieser zu Frankreich gehörende subantarktische Archipel. Seine Oberfläche beträgt ungefähr 500 Quadratkilometer. Der Pic Marion ist mit 1089 Metern der höchste Punkt der Insel. Der Archipel besteht aus den drei Hauptinseln Île aux Cochons, Île de la Possession und Île de L'Est. Die Inseln liegen in den „Roaring Forties", die bereits vielen Schiffen zum Verhängnis geworden sind. Darunter auch die 1805 gesunkene „La Catherine", die von Henry Fanning kommandiert wurde; die „Prince de Galles" 1823; „L'Aventure", kommandiert von Lesquin (1803-1830) 1825 – die Mannschaft musste 18 Monate lang auf Crozet ausharren, bevor sie von der „Wolverene" gerettet wurde; die „Alabatros", die innerhalb einer Stunde sank. Die 13 Schiffbrüchigen konnten sich auf die Île aux Cochons retten. Sie schickten einen Notspruch mit einem Albatros, der rund anderthalb Monate später im australischen Perth gefangen wurde. Die Rettungsmaßnahmen wurden sofort eingeleitet, doch die Schiffbrüchigen wurden nie gerettet. Sie waren in Richtung Île de L'Est aufgebrochen, wo sie aber nie eintrafen. Der Archipel wurde am Montag, 13. Januar 1772 vom französischen Seefahrer Marc-Joseph Marion Dufresne (1724-1772) entdeckt, der die „Castries" kommandierte. Er gab ihr den Namen seines Stellvertreters Julien-Marie Crozet, Kommandant der „Mascarin". Der britische Seefahrer James Clark Ross (1800-1862) ging am 1. Mai 1840 mit seinen beiden Schiffen „Erebus" und „Terror" vor Anker. Seit 1963 befindet sich die Forschungsstation Alfred-Faure auf der Île de la Possession. Die Station trägt den Namen ihres ersten Leiters Alfred Faure (1925-1968).

Crusoe – Diese künstliche Insel existiert nicht mehr, wird aber im Genfer See wieder aufgebaut.

Cubagua (10° 48'N und 64° 10'W) – Der Seefahrer Alfonso de Ojeda entdeckte diese im Norden der Halbinsel Paria vor Venezuela und im Süden der Isla Margherita gelegene Insel im Jahr 1499.

Curacao (12° 11'N und 69°W) – Zwischen den Inseln Aruba und Bonaire liegt die zu den Niederländischen Antillen zählende Insel, die eine Oberfläche von 500 Quadratkilometern aufweist. 150.000 Menschen leben hier, was eine Bevölkerungsdichte von 300 Bewohnern je Quadratkilometer ergibt. Der höchste Punkt ist der Christoffelberg, der je nach Quelle zwischen 372 und 375 Metern erreicht. Die Hauptstadt, in der sich zugleich der Inselhafen befindet, ist Willemstad im Südosten der Insel. Hier liegt auch der internationale Flughafen, das Fort Amsterdam und zahlreiche Raffinerien, die venezolanisches Erdöl verarbeiten. Die Insel wurde 1499 von Kolumbus (1451-1506) während seiner dritten Entdeckungsfahrt entdeckt. (Siehe auch Antillen, Niederländische)

Curtis (30° 30'S und 178° 43'W) – Im Südpazifik in der Nähe der Insel Macauley befindet sich diese zu Neuseeland gehörende Insel. Sie wurde 1786 vom französischen Seefahrer Jean-François de La Pérouse (1741-1788) entdeckt. (Siehe auch bei Neuseeland)

Cuverville – Im Westen der Antarktis liegt diese zum Palmer-Archipel gehörende Insel, auf der sich eine große Pinguin-Kolonie befindet. (Siehe auch bei Palmer)

Dahlah (13° 45'N und 40° 30'O) – Vor der Küste Eritreas liegt dieser Archipel im Roten Meer 50 Kilometer von der Insel Massaoua entfernt. Die Oberfläche beträgt 500 Quadratkilometer. Die Umgebung der Inseln ist ein Naturschutzgebiet.

Daito (25° 57'N bis 131° 18'O und von 24° 28'N bis 131° 11'O) – Südlich der Insel Kyushu liegen diese japanischen Inseln zwischen dem Nordpazifik und dem Nansei-Archipel. (Siehe auch bei Japan)

Dames (48° 41'N und 3° 53'W) – In der Bucht von Morlaix, im Norden von Finistère, liegen diese französischen Inseln, die eine Oberfläche von 0,5 Hektar aufweisen. Der höchste Punkt erreicht 19 Meter. In dem Vogelschutzgebiet findet man vor allem Möwen.

Dampier (20° 35'S und 116° 35'O) – Der australische Archipel liegt vor dem Hafen von Dampier. Er trägt den Namen des britischen Seefahrers William Dampier (1652-1715), der die Inselgruppe 1699 erforschte.

Danish (65°N und 85°W) – Diese im kanadischen Norden gelegene Insel wurde vom dänischen Forscher und Völkerkundler Knud Rasmussen (1879-1933) zu Ehren seiner dänischen Mannschaft so genannt. Von Kopenhagen aus führte ihn seine Forschungsreise mit seinem Schiff „Sokongen“, das vom Kapitän York (dessen echter Name Peter Pedersen lautete) kommandiert wurde, auf die Insel, die er als Überwinterungsplatz für seine Expeditionen in die Arktis wählte. Zwischen dem 18. September 1921 und dem 11. März 1923 erforschte er vor allem die Insel Southampton, die Halbinsel Melville und die westliche Küste der Hudson-Bay bis Churchill. Im Norden der Insel traf er auf Eskimos und deren Schamanen. Danach unternahm er mit zwei Grönländern (ein Mann und eine Frau) eine mehr als 3500 Kilometer lange Fahrt mit Hundeschlitten, die ihn entlang der nördlichsten kanadischen Küsten über den magnetischen Pol, King William Island und Kap Lyon bis nach Kotzebue in Alaska in die Nähe der Beringstraße führte, die er am 31. August 1924 erreichte. Sie setzten ihre Reise bis nach Nome fort, wo sie am 1. Oktober 1924 eintrafen, und überquerten sogar im Boot die Beringstraße. Rasmussen wählte fast die gleiche Route wie 20 Jahre vor ihm Roald Amundsen (1872-1928) zusammen mit sechs Mannschaftsmitgliedern in ihrem Schiff „Gjoa“.

Danskopje – Am 23. Juni 1896 brachte die „Virgo" den schwedischen Ballonfahrer Salomon Andrée (1854-1897) mit seinem Ballon und seinen beiden norwegischen Mannschaftsmitgliedern Erkholm und Nils Strindberg auf diese nordwestlich von Spitzbergen gelegene Insel. Am 14. August 1896 ging die vom norwegischen Seefahrer Otto Sverdrup (1854-1930) kommandierte „Fram" nach ihrer Durchquerung der Arktis hier vor Anker. Sverdrup riet Andrée davon ab, mit einem Ballon in Richtung Nordpol zu fahren und segelte danach weiter nach Norwegen, wo er am 20. August 1896 in den Hafen von Skarsvag einlief. Im örtlichen Postamt händigte man ihm Nachrichten von Nansen aus, den er zusammen mit Frederik Johansen (1867-1923) im Packeis zurückgelassen hatte. Andrée gab seinen Versuch, den Nordpol im Ballon zu erreichen, auf, versuchte es aber im darauf folgenden Jahr mit seinem 5000 Kubikmeter Wasserstoff fassenden Ballon „Adler" auf ein Neues. Am 30. Mai 1897 kehrte er mit seinen Begleitern auf die Insel zurück. Der Ballon wurde in den folgenden Wochen vorbereitet. Am 11. Juli um 13.50 Uhr startete er mit den beiden Norwegern Nils Strindberg und Knut Frankel. Ihre sterblichen Überreste wurden erst 32 Jahre später am 6. August 1930 auf der Insel White nordöstlich von Spitzbergen gefunden. Ihr ebenfalls entdecktes Logbuch berichtet über die Fahrt, die genau 65 Stunden und 40 Minuten dauerte, bevor sie auf dem Packeis am 14. Juli um 7.30 Uhr (82° 55'N und 29° 32'O) landen mussten. Nach zwei Monaten erreichten sie die Insel, wo sie Ende Oktober 1897 starben.

Darwin (0° 10N und 92°W) – 180 Kilometer nördlich vom Äquator liegt die zu den Galapagos-Inseln zählende Insel, die den Namen des britischen Naturforschers Charles Darwin trägt (1809-1882), der die Welt zwischen dem 27. Oktober 1831 und dem 2. Oktober 1836 an Bord der „Beagle" umrundete. Die „Beagle" wurde vom britischen Seefahrer Robert Fitzroy (1805-1865) kommandiert. Zwischen dem 16. September und dem 20. Oktober 1835 erforschte Darwin die Galapagos-Inseln. Eine weitere Insel vor dem chilenischen Teil von Patagonien (54° 55'S und 70° 30'W) trägt ebenfalls den Namen Darwin. Von dieser Insel aus hat man einen guten Blick auf den Fjord Darwin und den Berg Darwin, der 2430 Meter erreicht. (Siehe auch bei Galapagos)

Dasseneiland (33° 26'S und 18° 04'O) – Die auch Pinguininsel genannte kleine Insel liegt 30 Kilometer nordwestlich des Kaps der Guten Hoffnung vor Südafrika. Ihre Oberfläche beträgt sieben Quadratkilometer. Der höchste Punkt erreicht 24 Meter. Auf dieser Insel halten sich mitunter bis zu fünf Millionen Vögel, darunter eine Million Pinguine, auf.

Dauan – In der Torres-Straße liegt diese Insel vor Neuguinea. Sie wurde 1606 vom spanischen Seefahrer Luis de Torres (1570-1615) entdeckt und später vom britischen Seefahrer William Dampier (1652-1715) ein weiteres Mal bei seiner zweiten Weltumsegelung gesichtet.

Dealy (74° 57'N und 108° 45'W) – Südlich der Melville-Insel liegt diese kleine Insel, die zum autonomen Territorium Nunavut gehört. Hier überwinterten zwischen 1852 und 1853 die vom britischen Seefahrer Francis Leopold McClintock (1819-1907) kommandierte Mannschaft der „Intreprid" und die Besatzung der vom britischen Seefahrer Henry Kellett kommandierten „Resolute". Die beiden Expeditionen suchten in einem Umkreis von mehr als 500 Kilometern nach dem bei der Suche nach der Nordwestpassage verschollenen Sir John Franklin (1786-1847). Bei dieser Gelegenheit traf der stellvertretende Kommandeur der „Resolute", Leutnant Pim, am 6. April 1853 den britischen Seefahrer Robert John McClure (1807-1873), der mit seinem Schiff „Investigator" in der Mercy Bay im Norden der Insel Banks überwinterte. McClure verließ sein Schiff, um mit seiner Mannschaft an Bord der „Resolute" nach Großbritannien zurückzukehren. Nachdem sie auch die „Resolute" und schließlich die „Intrepid" aufgeben mussten, erreichten die Mannschaften schließlich die beiden Schiffe „Assistance“ und „Pioneer“ ihres Landsmanns Edward Belcher (1799-1877), mit denen sie schließlich nach Großbritannien zurückkehren konnten.

Deception (62° 55S’ 60° 40’W) – Die Antarktisinsel gehört zur Gruppe der Süd-Shetland-Inseln. Sie hat die Form eines Hufeisens. Man erreicht sie durch die Neptunpforte und kann in einem Naturhafen, der Walfängerbucht, vor Anker gehen. Ihr höchster Punkt erreicht 580 Meter. Sie ist vom amerikanischen Seefahrer Nathaniel Palmer (1799-1877) Anfang November 1820 entdeckt und erforscht worden. Ihm folgte der französische Kommandant Jean Charcot (1867-1936) mit der „Pourquoi-pas?“ einem 40 Meter messenden Dreimaster mit Dampfantrieb, der hier 1908 das Weihnachtsfest feierte, bevor er mit seiner Mannschaft 1909 auf der Insel Peterman überwinterte. Am 19. Dezember 1928 startete von hier aus der australische Pilot George Hubert Wilkins (1888-1958) mit einem Wasserflugzeug in Richtung Antarktis. In zehn Stunden legte er 2000 Kilometer zurück. Zwischen 1967 und 1970 kam es hier nicht weit entfernt von den chilenischen, argentinischen und britischen Forschungsstationen zu Vulkanausbrüchen. Der Name der Insel spiegelt die Enttäuschung ihrer Entdecker angesichts ihrer rauen Küste wider. (Siehe auch Süd-Shetland)

De Long – Diese Inselgruppe liegt im Sibirischen Meer im Nordosten des Archipels Neu-Sibirien. Sie umfasst die Inseln Jeannette, Henriette und Bennett. Die Inseln tragen die Namen des amerikanischen Seefahrers George de Long (144-1881), der zwischen 1879 und 1881 mit seinem Schiff „Jeannette“ versuchte, die Nordostpassage zu bezwingen. Sein Schiff ging jedoch am 13. Juni 1881 nahe der Insel Henriette im Packeis unter. Zusammen mit zwei Dritteln seiner Mannschaft verschwand er bei dem Versuch, Sibirien zu erreichen.

Delos (37° 26’N und 25° 16’O) – Nach den griechischen Sagen zeugten hier Zeus und Leto

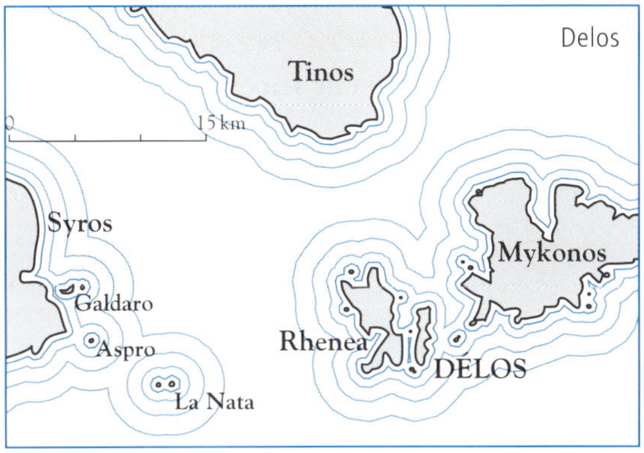

Apollon und seine Zwillingsschwester Artemis. Die Insel gehört zu den Kykladen. An der Ostküste der Insel liegt der Hafen Dhilos. Der höchste Punkt der Insel erreicht 112 Meter, von wo aus man einen begeisternden Blick auf die Insel Mykonos hat. Die Legende will wissen, dass es einstmals verboten war, auf Delos geboren zu werden oder zu sterben. Die Insel war ein Zentrum der griechischen Antike. Leider findet man aus dieser Epoche nur noch einen imposanten Sockel, der zum von der Unesco geschützten Weltkulturerbe gehört.

Désirade (16° 19’N und 61° 03’ W) – 1700 Menschen leben auf der 25 Quadratkilometer messenden französischen Karibikinsel, die zum Übersee-Departement Guadeloupe gehört. Die Bevölkerungsdichte liegt bei 68 Einwohnern je Quadratkilometer. Der höchste Punkt der Insel ist mit 273 Metern Grand-Montagne. Der Hauptort ist Beauséjour. Die Insel wurde am Sonntag, 3. November 1493 von Kolumbus (1451-1606) bei seiner zweiten Entdeckungsfahrt mit der „Maria Galante“ entdeckt. Sie trägt den Namen, weil sich die 1500 Mann seiner Besatzung der 17 Schiffe nach 40 Tagen auf See in der Tat nach einem Stück Land sehnten. Die Flotte hatte Cádiz am 25. September 1493 verlassen. Zwölf Kilometer südlich befinden sich die Îles de la Petite Terre (Terre-de-Haut und Terre-de-Bas). (Siehe auch bei Guadeloupe)

Desolation (53°S und 74° 10'W) – Der höchste Punkt dieser chilenischen Insel vor der Küste Patagoniens erreicht 1097 Meter. Yves Kerguelen (1734-1797) gab ihr den Namen, nachdem er sie am 12. Februar 1772 entdeckt hatte.

Desaventuras – Der zu Chile gehörende Pazifikarchipel liegt nördlich der Fernandez-Inseln 600 Kilometer vor der chilenischen Küste. Er besteht aus den Inseln San Ambrosio und San Felix und kommt auf eine Oberfläche von drei Quadratkilometern. Der spanische Seefahrer Juan Fernandez (1530-1599) entdeckte die Inselgruppe im Jahre 1574.

Devon (75°N und 87°W) – Im hohen Norden Kanadas liegt die unbewohnte Insel, die zum am 1. April 1999 geschaffenen autonomen Gebiet Nunavut gehört. Sie ist Teil der Parry-Inseln. Der britische Seefahrer und Forscher William Edward Parry (1790-1855) erforschte die Nordwestpassage und erreichte als erster Mensch 1827 82° 45'N im Norden vor Spitzbergen. Devon misst 43.180 Quadratkilometer. Der höchste Punkt erreicht 1887 Meter. Ihre Oberfläche erinnert an den Mars, und deshalb testete die Nasa hier ihre Fahrzeuge, die auf dem Roten Planeten eingesetzt werden sollten. Joseph-René Bellot (1826-1853), Fähnrich auf einem französischen Schiff, kam hier im Alter von 27 Jahren bei einem Überfall der britischen „Phoenix", die vom britischen Seefahrer Edward Inglefield (1820-1894) kommandiert wurde, in einer Gletscherspalte ums Leben. Der britische Seefahrer Sir John Franklin (1786-1847) überwinterte zwischen 1745 und 1746 auf der nur zwei Kilometer entfernten Insel Beechey. Die im Nordwesten der Insel gelegene Grinnel-Halbinsel trägt den Namen von Henry Grinnel (1799-1874), der Franklins Entdeckungsfahrten mit der vom britischen Seefahrer Elisha Kent Kane (1820-1857) kommandierten „Advance" 1850-1851 und 1853-1855 förderte. Die Insel bekam ihren Namen vom britischen Forscher und Seefahrer William Edward Parry (1790-1855), der 1819 die Insel mit seinem Schiff „Hecla" erreichte und sie nach der Grafschaft Devon im Südwesten Großbritanniens benannte. Aus dieser Region stammte sein Stellvertreter Matthew Liddon, der die „Griper" kommandierte.

Diamant (14° 27'N und 61° 03W) – Vier Kilometer vom Dorf gleichen Namens entfernt liegt dieser Felsen vor der Insel Martinique. Er erreicht eine Höhe von 176 Metern. Bei ihrer Besetzung im Jahr 1800 hinterließen die Briten eine Höhle. (Siehe auch bei Martinique)

Dickson (73°N und 81°O) – Die in der Kara-See gelegene russische Insel liegt in der Mündung des Jenessei. Die gleichnamige Stadt liegt im Osten auf dem Festland. Insel und Stadt tragen den Namen des schwedischen Polarforschers Oscar Dickson.

Diego de Almagro (51° 30'S und 75° 15'W) – Vor der Küste Patagoniens liegt die chilenische Insel, die den Namen des spanischen Eroberer Diego de Almagro (1475-1538) trägt, der zusammen mit Francisco Pizarro (1478-1541) im Mai 1532 an der Unterwerfung Perus beteiligt war. Diego de Almagro wurde 1538 in Cuzco hingerichtet.

Diego Ramirez (56° 30'S und 68° 52'W) – In der Drake-Straße liegen die chilenischen Inseln 120 Kilometer südwestlich von Kap Hoorn. Im September 1578 wurden sie vom britischen Seefahrer John Drake (1540-1596) bei seiner Weltumsegelung (1577 bis 1580) entdeckt.

Digue (4° 20'S und 55° 51'O) – 2000 Menschen leben auf der zehn Quadratkilometer messenden Seychellen-Insel. Die Bevölkerungsdichte beträgt zehn Einwohner je Quadratkilometer. Sie erhielt 1786 den Namen des Schiffes „La Digue", die zur Flotte des französischen Seefahrers Nicolas Marion Dufresne (1729-1772) gehörte. Die Insel Parslin ist 30 Minuten entfernt. Parslin kann auch von der Hauptstadt Mehé mit einem 15-minütigen Flug oder einer einstündigen Überfahrt erreicht werden. (Siehe auch bei Seychellen)

Diomede (65° 47'N und 169°W) – Die beiden vier Kilometer voneinander entfernten Inseln liegen in der Beringstraße an beiden Seiten der internationalen Datumsgrenze. Ihre Oberfläche beträgt 30 Quadratkilometer. Die größere bewohnte Insel gehört zu Russland. Ihr höchster Punkt erreicht 513 Meter. Die kleinere Insel gehört zu Alaska. Ihr höchster Punkt liegt bei 390 Metern. Im Dorf Ignaluk leben 200 Menschen. Sie ist über eine Hubschrauberverbindung mit der auf dem Festland gelegenen Stadt Wales verbunden. Die beiden Inseln wurde 1648 vom russischen Seefahrer Semjon Dejnev (1608-1672) während seiner Entdeckung der Beringstraße zum ersten Mal gesichtet. Am Sonntag, 15. August 1728 wurden sie vom dänischen Seefahrer Vitus Bering (1681-1741) von Bord der „Gabriel" zum zweiten Mal entdeckt. 50 Jahre später erreichte der britische Seefahrer James Cook (1728-1779) bei seiner dritten Weltumsegelung mit seinen Schiffen „Resolution" und „Adventure" die Inseln. Um zwei Mal hintereinander Geburtstag feiern zu können, reicht es, vier Kilometer Packeis hinter sich zu bringen.

Dirk Hartog (25° 48'O und 113°O) – Vor der Westküste Australiens liegt diese Insel der Geografen-Bucht. Sie trägt den Namen des holländischen Seefahrers Dirk Hartog, der sie am Dienstag, 25. Oktober 1616 entdeckte. Er war der erste Europäer, der hier an Land ging. Er gab dem späteren Kontinent Australien den Namen Neuholland.

Disappointment – Die Inselgruppe ist der nördlichst gelegene Archipel von Französisch-Polynesien und besteht aus den beiden Inseln Napuka und Tepoto. Sie wurden am 7. Juni 1766 vom britischen Seefahrer John Byron (1723-1786) entdeckt. (Siehe auch bei Tuamotu)

Disco (70°N und 54°W) – Die westlich vor Grönland gelegene Insel ist für ihre Gletscher berühmt, von denen sich im Sommer große Eisberge lösen. Der wichtigste Ort ist Qeqertarsuaq. Nach der Legende wurde die Insel 985 von Erik dem Roten (940-1007) entdeckt. Der Seefahrer und Forscher Sir John Franklin (1786-1847) ging hier am 4. Juli mit seinen beiden Schiffen „Erebus", kommandiert von James Fitzgerald und „Terror" unter dem Kommando von Francis Crozier (1796-1848) auf seiner Fahrt in die Nordwestpassage, bei der er und seine 38 Mann starke Mannschaft ums Leben kamen, vor Anker.

Diu – Südlich der indischen Halbinsel Kathiawar liegt die ehemalige portugiesische Besitzung (seit 1535). Die Insel gehörte zu den portugiesischen Kolonien Goa, Daman und Diu. Den ersten Handelsstützpunkt eröffneten die Portugiesen bereits 1513. Der Hafen der Stadt Diu wird noch heute von der 1540 errichteten Festung beherrscht.

Djerba (33° 48'N und 10° 54'O) – Vor der tunesischen Küste liegt diese Mittelmeerinsel, die eine Oberfläche von 640 Quadratkilometer erreicht, die sich 100.000 Menschen teilen. Die Bevölkerungsdichte liegt bei 156 Bewohnern je Quadratkilometer. Sie ist über eine Straße mit dem

Festland verbunden. Im Norden befindet sich der Hafen Houmet Essouq. Djerba ist die Insel der Lotofagen, die von Homer besungen wurden. Heute lebt die Insel überwiegend vom Tourismus.

Dodekanen **(37° 30' bis 35° 30'N und 25° 70'W bis 27° 50'O)** – Die zwölf in der Ägäis gelegenen griechischen Inseln sind Astypala, Kos, Kalymnos, Karpathos, Leros, Patmos, Lipsi, Nisyros, Amorgos, Tilos, Kasos und Levitha. Ihre Oberfläche beträgt insgesamt 2700 Quadratkilometer.

Dolleman **(71°S und 61°W)** – Zwischen der Antarktis und der Wedellsee liegt diese Insel, von der aus man einen beeindruckenden Blick auf den Mount Jackson (4190 Meter) hat.

Dominica **(15° 30'N und 61° 20'W)** – Seit dem 3. November 1978 ist die Antilleninsel als unabhängiger Staat Mitglied im Commonwealth of Nations. 90.000 Menschen leben auf der 750 Quadratkilometer messenden Insel, was eine Bevölkerungsdichte von 120 Menschen je Quadratkilometer ergibt. Der Berg Morne-Diablotin ist mit 1447 Metern der höchste Punkt der Insel. In der Hauptstadt Roseau befinden sich auch der Hafen und der Flugplatz der Insel. In dem Steuerparadies haben sich viele Offshore-Gesellschaften niedergelassen. Der Tourismus ist noch nicht sehr entwickelt, weil die wenigen Strände nur schlecht zu erreichen sind. Am Sonntag (daher der Name), den 3. November wurde die Insel von Kolumbus (1451-1506) bei seiner zweiten Atlantiküberquerung an Bord der „Maria Galante" entdeckt. Am 29. August 1979 verursachte der Hurrikan David schwere Schäden auf der Insel. 40 Kilometer von Roseau entfernt, in der Nähe von Salybia, leben die letzten Karibikindianer in ihrer Reservation. Die Staatsdevise lautet: „Nach Gott kommt die Erde". (Siehe auch bei Antillen, Kleine)

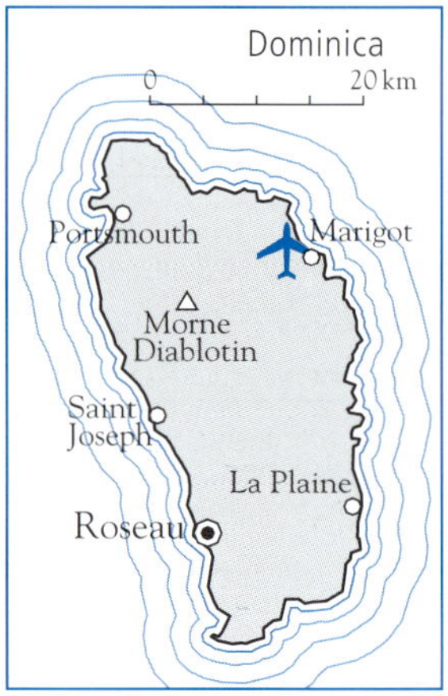

Dominikanische Republik **(18° 20' bis 20°N und von 69° 70' bis 75°W)** – Zusammen mit Haiti teilt sich die Dominikanische Republik die größte Insel der Großen Antillen. Die Oberfläche beträgt 48.400 Quadratkilometer, die sich 7,8 Millionen Menschen teilen. Der höchste Punkt, der Berg Duarte, erreicht 3175 Meter. Seit dem 12. Februar 1844 ist die Dominikanische Republik unabhängig. An der Südküste liegt der Hafen San Pedro de Macoris. Im Osten befindet sich der Strand Punta Cana. Kolumbus (1451-1506) entdeckte die Insel bei seiner ersten Entdeckungsfahrt 1492 mit der „Santa Maria" und nannte sie Hispaniola. Die Staatsdevise lautet „Gott, Heimat, Freiheit". Die

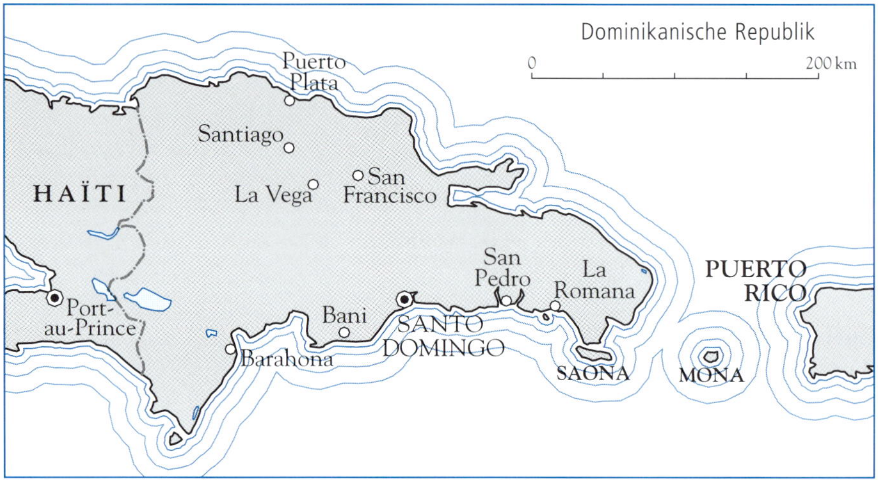

Hauptstadt Santo Domingo, wo sich auch der internationale Flughafen befindet, wurde 1496 von Bartolomé Kolumbus (1461-1514), Bruder des großen Entdeckers, gegründet.

Dougherty's Island (60°S und 120°W) – Die subantarktische Insel existiert nicht mehr, nachdem sie vor einigen Jahrhunderten von vulkanischen Eruptionen zerstört wurde. Ihr Name befindet sich aber noch auf einigen Karten des 18. und 19. Jahrhunderts.

Drenec (47° 43'N und 4°W) – Sieben Hektar misst die französische Insel, die zum Archipel von Glénan vor der Küste von Finistère gehört. Der höchste Punkt ist nach zwölf Metern erreicht. Auf der Insel befindet sich eines der nautischen Zentren von Glénan.

Dronec (47° 36'N und 2° 48'W) – Die im Golf von Morbihan gelegene französische Insel kommt auf eine Oberfläche von fünf Hektar.

Drygalski (66°S und 92° 50'O) – In der Davis-See liegt die Insel vor der Antarktis. Von hier aus blickt man auf die russische Forschungsstation Mirny. Die Insel trägt den Namen des deutschen Seefahrers Eric Drygalski (1865-1949), der in der Nähe der Insel zwischen 1901 und 1903 an Bord der „Gauss" überwinterte.

Ducie (24° 40'S und 124° 50'W) – Die unbewohnte britische Insel liegt im Osten von Französisch-Polynesien. Sie gehört zu Pitcairn und wird von Neuseeland verwaltet. Die Oberfläche beträgt fünf Quadratkilometer. Die Insel wurde am Mittwoch, 25. Januar 1606 vom portugiesischen Seefahrer Pedro Fernandez Quiros (1565-1615) entdeckt. (Siehe auch bei Pitcairn)

Duff (10°S und 167°W) – Im Südpazifik liegt diese Inselgruppe, die zu den Santa-Cruz-Inseln gehört, die Teil der Salomonen sind. Die Inseln tragen den Namen des Schiffs „Duff" des britischen Seefahrers James Wilson (1760-1814), der sie 1797 entdeckte. Das Schiff hatte Portsmouth am 24. September 1796 verlassen. Nachdem er mehrere Monate später den höchsten Punkt der Insel Mangareva Mount Duff getauft hatte, setzte er auf Tahiti am 5. März 1797 20 protestantische Missionare der London Missionary Society ab. Am 5. Juni 1797 brachte er den britischen Missionar William Prescoe Cook (1775-1834), der 1818 die Stadt Papete gründete, auf die Marquesa-Insel Tuhuata. Die „Duff" brachte zudem noch weitere Missionare auf die Insel Tonga.

Dumet (47° 25'N und 2° 37'W) – Die unbewohnte französische Insel misst acht Hektar und liegt fünf Kilometer nordöstlich von Pirac-sur-Mer. Auf Dumet befindet sich eine alte, nach den Plänen von Vauban entstandene Befestigung. Heute leben hier vor allem Kormorane und Möwen.

Dumont d'Urville (55° 20'S und 69° 30'W) – 120 Kilometer nordwestlich von Kap Hoorn liegt die chilenische Insel, die den Namen des französischen Seefahrers Jules Sébastien Dumont d'Urville trägt (1790-1842). Der Franzose entdeckte die Insel am Dienstag, 26. Februar 1828, als er die Nachricht erhielt, dass die Schiffe von La Pérouse vor der Insel Vanikoro untergegangen waren. Zwölf Jahre später, am 20. Januar 1840, entdeckte er bei seiner zweiten Weltumsegelung vom 7. September 1737 bis 6. November 1740 das Adelaide-Land in der Antarktis.

Dumont d'Urville (66° 39' 47"S und 140° 01' 20"O) – Diese französische Forschungsstation wurde 1956 auf den Petrel-Inseln in der Nähe der Antarktis auf dem Adelaide-Land eingerichtet. Sie gehören zum Archipel Pointe-Géologie, der die Petrelinseln, die Löweninseln, Claude-Bernard, Jean-Rostand und Alexis Carrel unmfasst. Bereits zwischen dem 20. Januar und dem 23. Januar 1953 arbeitete hier eine provisorisch eingerichtete Forschungsstation. Eine Mannschaft von sieben Männern überwinterte auf den Petrelinseln zwischen dem 23. Januar 1952 bis zum 2. Februar

1953. Die Ausrüstung der Forschungsstation war an Bord der „Commandant Charcot (Kommandant Max Douguet) in die Region gebracht worden. Frankreich erneuerte seinen Anspruch auf das Gebiet am 3. Februar 1950. Der höchste Punkt erreicht 47 Meter auf der Insel Claude-Bernard. Die Landebahn wurde teilweise durch die von einem Gletscherabbruch verursachte Flutwelle zerstört. Die Basis gehört zur TAAF (Terres Australes et Antarctiques Françaises). Der französische Polarforscher Paul-Emile Victor (1907-1995) führte hier zehn Sommerkampagnen durch. Die Station trägt den Namen des französischen Forschers und Seefahrers Jules Sébastien Dumont d'Urville, der das Adelaide-Land in der Antarktis am 20. November 1840 mit seinen beiden Schiffen „Astrolabe" und „Zélée" entdeckte. Dumont d'Urville starb in der Nähe von Melun bei einem Eisenbahnunglück.

Dundee (63° 30'S und 56°W) – Im Jahre 1893 wurde die vor der Antarktischen Halbinsel gelegene Insel vom britischen Seefahrer Thomas Robertson entdeckt. Er gab ihr den Namen seines Arbeitgebers. Von hier aus gelang dem amerikanischen Piloten Lincoln Ellsworth (1880-1951) mit seiner „Polar Star" der erste Flug in die Antarktis. Nach mehreren gescheiterten Versuchen von Neuseeland aus startete er am 23. November 1935 um fünf Uhr GMT. Nach mehreren Zwischenlandungen musste er schließlich wegen akuten Benzinmangels am 5. Dezember 1935 um fünf Uhr GMT 100 Kilometer von einer amerikanischen Forschungsstation landen. Einige Tage später wurde er von seinem Schiff „Wyatt Earp" an Bord genommen. Während seines Fluges nannte er das überflogene Gebiet Ellsworth Land zu Ehren seines Vaters James W. Ellsworth.

Eannec (48° 53'N und 3° 12'W) – Im Westen von Finistère liegt diese unbewohnte französische Insel zwei Kilometer nordöstlich von Pointe-du-Château. Sie hat eine Oberfläche von 59 Hektar.

Ebihens (48° 37'N und 2° 02'W) – Die private französische Insel hat die Form eines Halbmondes und liegt vor der Côte d'Armor. Sie hat eine Oberfläche von 20 Hektar. Bei Ebbe kann sie durch das Watt erreicht werden.

Edge (77° 45'N und 22° 30'O) – In der Barentssee liegt die unbewohnte Insel, die zur Svalbard-Inselgruppe gehört. Auf der Insel befindet sich eine automatische Wetterstation. Der Archipel der tausend Inseln befindet sich im Süden dieser von Eis bedeckten Insel. Am 6. September 1987 wurden zwei deutsche Abenteurer von einem Bär angegriffen und verletzt. (Siehe auch bei Svalbard)

Edmund Walker – 1853 wurde die zum Findlay-Archipel gehörende Insel vom britischen Seefahrer Sherard Osborn (1822-1875) entdeckt. Die Insel liegt im hohen Norden Kanadas und wurde nach Edmund Walker (1805-1868) benannt, der zwischen 1854 und 1861 als Gouverneur Kanadas amtierte.

Efaté (17° 40'S und 168° 25'O) – Die Oberfläche dieser zu Vanuatu gehörenden Pazifikinsel beträgt 1076 Quadratkilometer, die sich 32.000 Einwohner teilen. Die Bevölkerungsdichte beträgt 30 Menschen je Quadratkilometer. Der Berg McDonald ist mit 647 Metern der höchste Punkt der Insel. Die Hauptstadt von Vanuatu, Port-Vila mit ihrem internationalen Flughafen, befindet sich auf dieser Insel. (Siehe auch bei Vanuatu)

Eglington – Die Insel im hohen Norden Kanadas gehört zu den Parry-Inseln, die zu Ehren des britischen Seefahrers und Forschers William Edward Parry (1790-1855) benannt wurden. Parry erreichte 1828 als erster Mensch 82° 45'N nördlich von Spitzbergen. (Siehe auch bei Parry)

Eiao (8°S und 140° 80'W) – Zu den Marquesas gehört diese Insel, die 120 Kilometer nordwestlich von Nuku Hiva liegt. Der höchste Punkt liegt bei 576 Metern. Auf der Insel von Seefahrern zurückgelassene Ziegen nehmen einen großen Teil der

Insel in Anspruch. Der einzige Bewohner ist ein Hirte. (Siehe auch bei Marquesas)

Eisinseln – Diese Inseln wurden vom Schriftsteller Joseph Fletcher, der die Berichte russischer und amerikanischer Stationen, die auf den Eisflächen der Arktis arbeiten mussten, bearbeitete, so genannt. Sie werden auch „Targets" (T1, T2, T3...) genannt.

Elba (42° 46'N und 10° 17'O) – Zwischen dem italienischen Festland und der französischen Mittelmeerinsel Korsika liegt die zu Italien gehörende Insel, die vom Festland durch die Straße von Piombino getrennt ist. Die Oberfläche beträgt 250 Quadratkilometer. Der höchste Punkt ist mit 1019 Metern der Berg Capanne. An der Nordküste liegt der Hafen Porto Ferraio. Napoleon I. (1769-1821) regierte zwischen dem 3. Mai 1814 und dem 26. Februar 1815 über die Insel. Nach seiner Niederlage bei Waterloo wurde er auf der Insel Aix inhaftiert und von dort nach Sankt Helena gebracht, wo er am 5. Mai 1821 starb. General Pierre Cambronne (1770-1842) gab folgende Begründung, warum er Napoleon in das Exil auf Elba folgte: „Man hat mich stets ausgewählt, um in den Kampf zu gehen und nun muss man mich wählen, um meinem Souverän zu folgen. Eine Ablehnung wäre für mich die tödlichste aller Verletzungen." Napoleon bereitete dem General einen besonders herzlichen Empfang auf Elba. Am 26. Februar 1815 verließ Napoleon die Insel mit 700 Soldaten, die von Cambronne befehligt wurden. Der machte ihm mit Kaltblütigkeit und Zuverlässigkeit den Weg frei und vermied dabei alle Hinterhalte. Am 18. Juni 1815 quittierte der schwer verletzte General seine Gefangennahme mit dem berühmten Wort „merde" (Scheiße). Der Name Cambronne wurde 1837 auf dem nördlichen Teil des Arc de Triomphe eingraviert.

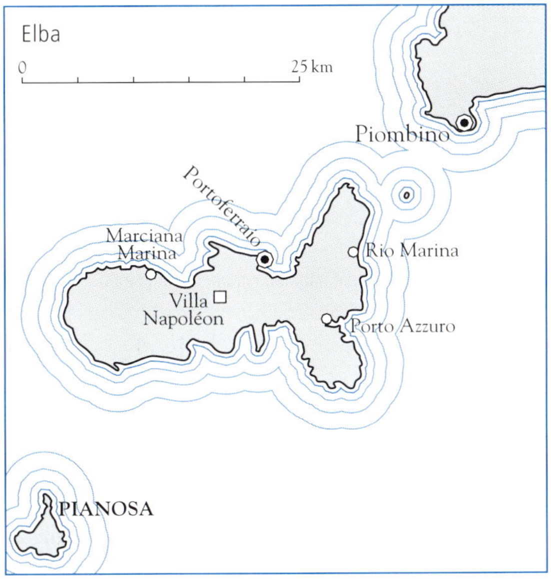

Eldey (63° 43'N und 22° 58'W) – Gerade einen Hektar misst die kleine Insel vor der Südwestküste Islands, die heute ein Vogelschutzgebiet ist, auf der jedes Jahr mehr als 40.000 Zugvögel Rast machen.

Elephant (61° 13'S und 55° 21'W) – Auf der Insel, deren höchster Punkt 1065 Meter erreicht, befindet sich heute die nur im Sommer besetzte brasilianische Forschungsstation Engenheiro-Wiltgen. Der britische Polarforscher Ernest Shackleton (1874-1922) hatte am 8. August 1914, drei Tage nach der britischen Kriegserklärung gegen Deutschland, Plymouth verlassen. Am 5. Dezember 1914 war er von Süd-Georgien mit der „Endurance" in Richtung Antarktis aufgebrochen und wurde am 18. Januar 1915 in der Weddell-See vom Packeis eingeschlossen. Am 27. Oktober 1915 waren er und seine Mannschaft gezwungen, das Schiff zu verlassen, das drei Tage später sank. Im „Camp Ocean" hielt sich die Besatzung bis zum 12. April 1916 auf. An diesem Tag befahl Shackleton, mit den drei Rettungsbooten der „Endurance", „Stancomb Will", „Dudley Docker" und „James Caird" in Richtung Elephant-Insel in See zu stechen. Am 18. Mai erreichte er mit 27 Mann die Insel. 22 von ihnen blieben zwischen dem 24. April bis zum 30. August 1916 auf der Insel. Unterdessen war Shackleton mit fünf

Seeleuten an Bord der „James Caird" in Richtung Südgeorgien aufgebrochen, um von dort Hilfe zu holen. Zusammen mit den zwei Stärksten, Frank Worsey und Tom Crean, gelang ihm am 19. Mai 1916 die Überquerung der Berge dieser Insel, und sie erreichten einen Tag später gegen 17 Uhr die Walfangstation von Stromness, von wo aus sie mit dem Walfänger „Southern Sky" die Schiffbrüchigen der Elephant-Insel retteten. Doch weil sie vom Packeis abgehalten wurden, mussten drei weitere Rettungsaktionen organisiert werden: eine von den Falklandinseln aus mit der „Instituto Pasca N°1" und zwei von Punta Arenas aus mit der „Yelcho". Zu der von Shackleton kommandierten Rettungsmannschaft gehörten Worsley, Kapitän der „Endurance", Tom Crean, McNeish, Mc Carthy und Vincent. Die von Frank Wright (er hatte mit Shackleton am 9. Januar 1909 mit Scott, Wilson und Shackeleton 88° 23'S, 179 Kilometer vom Südpol entfernt erreicht) kommandierte Gruppe auf der Elephant-Insel bestand aus Hudson, Frank Hurley (Kameramann der Expedition), James Wordie, Dr. Mc Illroy, Marston, Cheetham (Antarktis-Veteran), Greenstreet, Lees, Clark, Kerr, Rickinson, Dr. Macklin, Black Barrow (der Jüngste) und sechs Matrosen. Sie verließen die Insel am 30. August 1916 an Bord der chilenischen „Yelcho". Kein Besatzungsmitglied war ums Leben gekommen. Sie erreichten Punta Arenas am 3. September 1916 und kehrten in die Zivilisation zurück.

Elephanta (18° 57'N und 72° 55'O) – In der Bucht von Mumbay (dem ehemaligen Bombay) liegt diese Insel, in deren Grotten sich Skulpturen aus dem 7. Jahrhundert befinden, die von der Unesco auf die Liste des Weltkulturerbes gesetzt wurden.

Eleuthera (25° 10'N und 76° 14'W) – Die zu den Bahamas gehörende Insel liegt im Norden von Kuba. Ihre Oberfläche beträgt 518 Quadratkilometer, die sich 11.000 Einwohner teilen, was eine Bevölkerungsdichte von 21 Menschen je Quadratkilometer ergibt. Der höchste Punkt überragt den Meeresspiegel um 58 Meter. Die Insel ist für ihre ausgezeichneten Strände bekannt. An der Westküste befindet sich der Hafen Governors Harbour. Die Insel besitzt auch einen Flughafen.

Ellef-Ringnes – Im autonomen Territorium Nunavut (entstanden am 1. April 1999) liegt diese Insel im hohen Norden Kanadas. Sie gehört zu den Sverdrup-Inseln. Der Archipel trägt den Namen des norwegischen Seefahrers Otto Sverdrup (1854-1930), der in dieser Region eine Expedition (1898-1902) mit dem berühmten Schiff „Fram" leitete. Die „Fram" wurde durch ihre Fahrt in die Arktis (1893-1896) mit dem norwegischen Forscher Fridtjof Nansen (1861-1930) berühmt. Die extrem flache Insel ist zehn Monate des Jahres mit Schnee bedeckt. Die Temperaturen können bis auf minus 52 Grad fallen. Auf der Insel befindet sich die Wetterstation Isachsen (78° 47'N und 103° 32'W), die sich im Jahr 2000 in unmittelbarer Nähe des magnetischen Pols befand. Der magnetische Pol wandert mit einer jährlichen Geschwindigkeit von 40 Kilometern. Die Station und die gleichnamige Halbinsel tragen den Namen des norwegischen Kartografen Gunnar Isachsen, der Otto Sverdrup bei seiner Expedition zwischen 1898 und 1902 begleitete. 1902 benannte Sverdrup die Insel, um sich so bei Ellef Ringnes, einem der Sponsoren der Forschungsfahrt, zu bedanken, der um 1870 in Oslo zusammen mit seinem Bruder Amund und Axel Heiberg eine große Brauerei gegründet hatte.

Ellesmere (81°N und 80°W) – In dem am 1. April 1999 geschaffenen autonomen Gebiet Nunavut liegt die nördlichste Insel Kanadas. Sie hat eine Oberfläche von 196.300 Quadratkilometern. Der höchste Punkt liegt bei 2926 Metern. Im Norden befindet sich mit dem Naturpark Lake Hazen das nördlichste Schutzgebiet der Erde. Hier leben unter anderem die letzten weißen Wölfe und Eisbären. Im einzigen Dorf der Insel wohnen 150 Menschen, die über einen wöchentlichen Flug versorgt werden. Der nördlichste Punkt Kanadas ist Cape Aldrich (das ehemalige Cape Columbia,

83° 06'N und 69° 40'W). Die Insel wurde 1852 vom britischen Seefahrer und Polarforscher Edward Inglefield (1820-1894) während seiner Forschungsfahrten in die Meerengen Smith und Jones mit seinem Schiff „Isabel" nach Francis Levenson-Gover Baron Ellesmere (1800-1857) benannt, der damals als Präsident der Royal Society amtierte. Der norwegische Seefahrer Otto Sverdrup (1854-1930) verbrachte hier von 1898 bis 1902 zusammen mit 15 Mann seiner Besatzung vier Winter an Bord der „Fram". Die Insel wurde zwischen 1848 und 1951 von dem Franzosen Jean Malaurie (geb. 1922) durchquert. Drei Wetterstationen befinden sich auf der Insel: Alert, die nördlichste Station der Erde in der Nähe von Cape Sheridan (82° 30'N und 62° 20'W), Eureka (89°N und 85° 56'W) und Craig Harbour (76° 12'N und 81° 02'W). Am 30. Oktober 1991 stürzte in der Nähe von Alert ein amerikanisches Militärflugzeug ab. Von den 18 Besatzungsmitgliedern überlebten 23, die 32 Stunden später gerettet wurden. Die Station trägt den Namen des Schiffes „Alert" des schottischen Polarforschers George Nares (1831-1915). Grinnel-Land im Nordosten der Insel wurde nach Henry Grinnel (1799-1874 benannt, der die Expeditionen des britischen Seefahrers Sir John Franklin (1786-1847) und dessen Kollegen Elisha Kent Kane (1820-1857), der Franklin suchte, finanzierte.

England (55° 80' N bis 1° 30' W und 50° N bis 5° 70° W) – Dieser Teil Großbritanniens hat ohne Schottland und Wales eine Oberfläche von 133.000 Quadratkilometern. (Siehe auch bei Großbritannien)

Embiez (43° 4'N und 5° 47'O) – Vor dem französischen Badeort Sanary-sur-Mer liegt dieser Mittelmeerarchipel. Er besteht aus den Inseln Île de la Tour-Fendu, Le Petit-Rouveau, Le Grand-Rouveau und Le Grand-Gaou. Auf der Île de la Tour-Fendu befindet sich Port des Jeunes. Papst Gregor IX. (1329-1378) hielt sich auf seiner Reise von Avignon nach Rom vom 4. bis 6. Oktober 1376 während eines Sturms auf. In Rom errichtete er 1377 wieder das Papsttum.

Emerald Island – Die im hohen Norden Kanadas gelegene Insel gehört zu den Parry-Inseln, die nach dem britischen Seefahrer und Forscher William Edward Parry (1790-1855) benannt wurde, der die Nordwestpassage erforschte und als Erster nördlich von Spitzbergen die Position 82° 45'N erreichte. (Siehe auch bei Spitzbergen)

Enderby (21°S und 116° 30'O) – Im Nordwesten Australien liegt die zur Dampier-Inselgruppe gehörende Insel, die nach den britischen Förderern Charles und Samuel Enderby benannt wurden, die zwischen 1820 und 1839 zahlreiche Antarktisexpeditionen unterstützten. Darunter auch jene von John Biscoe (1794-1843), der einen Sektor der Antarktis aus Dankbarkeit nach seinen Förderern benannte.

Enwito (11° 30'N und 162° 15'O) – Das zu den Marshall-Inseln gehörende Südsee-Atoll liegt 300

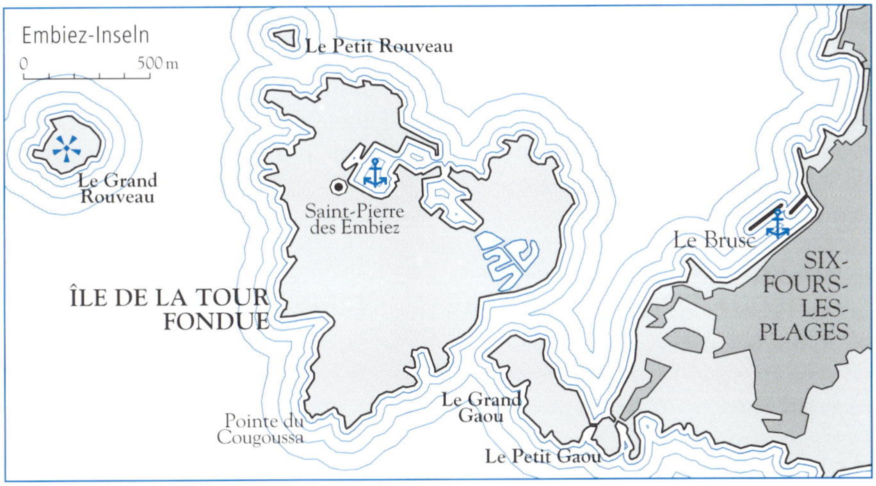

Kilometer von der Insel Bikini entfernt. Die Oberfläche beträgt 1350, darunter 28 Quadratkilometer von aufgetauchten Inseln. Nach 1946 wurden Enwiwetok und Bikini als Atomtestgelände genutzt. Die erste Wasserstoffbombe wurde am 12. Mai 1951 gezündet. (Siehe auch bei Marshall-Inseln)

Entrecasteaux (9° bis 10°S und 150° bis 152°O) – Im westlichen Südpazifik liegen diese Inseln vor der Küste von Papua-Neuguinea. Sie tragen den Namen des französischen Seefahrers Antoine d'Entrecasteaux (1737-1793), der sie im Juni 1793 entdeckte, als er mit seinen beiden Schiffen „La Recherche" und „L'Espérance" nach dem französischen Seefahrer Jean-François de La Pérouse suchte. Einige Wochen später, am Samstag, 20. Juli 1793, kam er vor Java ums Leben.

Er (48° 52'N und 3° 11'W) – Die private französische Insel liegt zwei Kilometer nordöstlich der Pointe-du-Châteaux vor der Côte-d'Armor. Sie hat eine Oberfläche von sechs Hektar.

Er Lannic (47° 33'N und 2° 55'W) – Südlich der Insel Gavrinis liegt diese französische Insel im Golf von Morbihan. Das Vogelschutzgebiet, in dem sich Menhire befinden, hat eine Oberfläche von 0,7 Hektar.

Erromango (18° 45'S und 169° 05O) – Die Pazifikinsel gehört zu Vanuatu und hat eine Oberfläche von 975 Quadratkilomtern, die sich 1300 Menschen teilen, was eine Bevölkerungsdichte von 1,3 Bewohnern je Quadratkilometer ergibt. Ihr höchster Punkt erhebt sich 886 Meter über den Meeresspiegel.

Esmeralda (48° 57'S und 75° 25'W) – Vor Patagonien liegt die chilenische Insel, deren höchster Punkt nach 950 Metern erreicht ist.

Espiritu Santo (15° 50'S und 166° 50'O) – Im Norden von Neukaledonien liegt die Pazifikinsel, die zu Vanuatu gehört. 3700 Quadratkilometer teilen sich 22.000 Einwohner, was eine Bevölkerungsdichte von sechs Menschen je Quadratkilometer ergibt. Mit 189 Metern ist der höchste Punkt der Berg Tabwemasana. Die Hauptstadt ist Luganville. Der Hafen Port Santo liegt an der Südküste der Insel, die am Montag, den 1. Mai 1606 vom portugiesischen Seefahrer Pedro Fernadez de Quiros (1565-1615) entdeckt wurde. Er gründete hier Neu-Jerusalem. 1768 wurde sie vom französischen Seefahrer Louis-Antoine de Bougainville (1729-1811) ein weiteres Mal gesichtet. (Siehe auch bei Vanuatu)

Est (54° 47'S und 64° 15'W) – Im südlichen Indischen Ozean liegt diese französische Insel im Crozet-Archipel. Sie hat eine Oberfläche von 115 Quadratkilometern. Marc-Joseph Marion-Dufresne (1724-1772), der den Archipel 1772 entdeckte, gab der Insel ihren Namen. Der Pic Marion-Dufresne ist mit 1089 Metern der höchste Punkt der Insel. (Siehe auch bei Crozet)

Estados – Die unbewohnte argentinische Insel liegt südlich von Feuerland. Ihr höchster Punkt erreicht 1120 Meter. Der am 9. Dezember 1859 eingeweihte Leuchtturm in der Elgor-Bucht hatte eine Höhe von 32 Metern und wurde 1884 wieder abgestellt.

Etorofu (44° 54'N und 147° 30'W) – Die russische Insel gehört zu den Kurilen und liegt im Süden der Halbinsel Kamtschatka zwischen der Ochotskischen und dem Chinesischen Meer. Sie wurde 1945 von der Sowjetunion nach dem Zweiten Weltkrieg annektiert.

Euböa (38° 34'N und 23° 50'O) – Nordöstlich vor Athen liegt die 3900 Quadratkilometer messende Insel. 200.000 Einwohner teilen sich die Oberfläche, was eine Bevölkerungsdichte von 50 Menschen je Quadratkilometer ergibt. Der höchste Punkt erreicht eine Höhe von 1743 Meter. Hauptort ist Chalkis. Euböa ist mit dem Festland durch eine Brücke verbunden.

Europa (22° 20'S und 40° 22'O) – In der Mitte der Straße von Mosambik liegt diese Insel zwischen dem afrikanischen Festland und Madagaskar. Seit dem 25. Februar 1897 gehört sie zu Frankreich. Auf der 28 Quadratkilometer messenden Insel befindet sich eine Wetterstation.

Exuma (24° 15'N und 76°W) – Nördlich der kubanischen Küste liegt diese zu den Bahamas zählende Insel. 5000 Einwohner teilen sich die 290 Quadratkilometer messende Oberfläche. Der höchste Punkt der Insel erreicht 21 Meter. Die Inselkette, darunter Little und Big Exuma, erstreckt sich über eine Länge von 220 Kilometer im Südosten der Hauptstadt Nassau. Auf den Inseln, die im Norden des Wendekreises des Krebses liegen, lassen sich begeisternd schöne Sonnenuntergänge beobachten. (Siehe auch bei Bahamas)

Faaite (16° 40'S und 145° 30'W) – Das Atoll gehört zu den Tuamotu-Inseln, die Teil von Französisch-Polynesien sind, und liegt 460 Kilometer östlich von Tahiti. Auf dem Atoll befindet sich ein Flughafen. 1820 entdeckte der russische Seefahrer Fabian von Bellingshausen (1778-1852) das Atoll. (Siehe auch bei Tuamotu)

Faddeiev (75° 30'N und 144°O) – Im Arktischen Meer liegt diese russische Insel. Sie ist die Hauptinsel des Neusibirischen Archipels. Die Inselgruppe war 1777 bereits Jägern bekannt. 1808 bis 1811 vermaßen die russischen Geografen und Forscher Matvey Hedenströn (1780-1843) und Pchenitsine die Insel. (Siehe auch bei Neusibirien)

Färöer (62°N und 7°W) – Zwischen Norwegen und Island liegt diese Inselgruppe im Nordatlantik. Die Oberfläche beträgt 1400 Quadratkilometer für 48.000 Menschen, was eine Bevölkerungsdichte von 34 Einwohnern je Quadratkilometer ergibt. Der höchste Punkt ist nach 882 Metern erreicht. In der Hauptstadt Torshavn befindet sich der Hafen und der Flugplatz der Inselgruppe. Um 700 wurden diese Inseln von den Wikingern erobert. 1380 wurden sie Norwegen und Dänemark

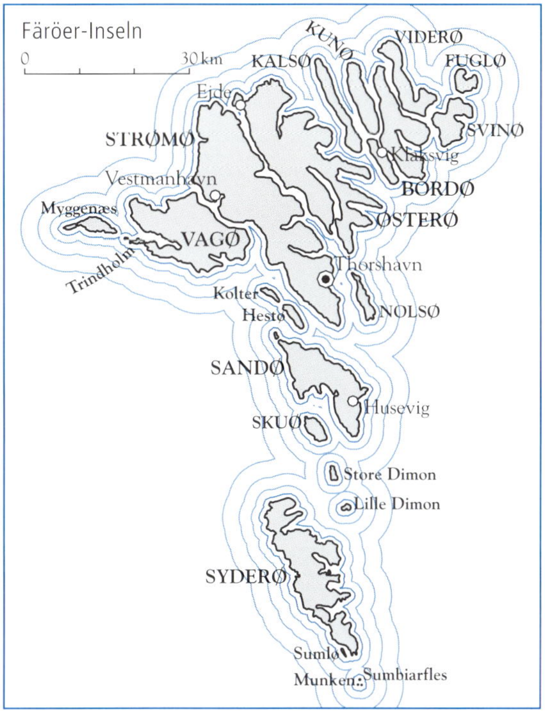

zugeschlagen. Seit 1948 gehören sie als autonomes Gebiet zu Dänemark.

Faial (38° 34'N und 28° 42'W) – Die Insel gehört zur portugiesischen Inselgruppe Azoren im Atlantik. Sie hat eine Oberfläche von 172 Quadratkilometern, die sich 20.000 Menschen teilen. Die Bevölkerungsdichte beträgt 116 Einwohner je Quadratkilometer. Mit 1021 Metern ist der Pic Gorda der höchste Punkt der Insel. Der Hafen Horta befindet sich im Osten der Insel.

Fakahina (16°S und 140° 10'W) – 1000 Kilometer östlich von Tahiti liegt dieses zu den Tuamotu-Inseln gehörende Atoll. Die Oberfläche beträgt 30 Quadratkilometer, auf denen 100 Menschen leben, was eine Bevölkerungsdichte von 3,3 Einwohnern je Quadratkilometer ergibt. Auf dem Atoll befindet sich ein Flughafen. Das Atoll wurde 1824 vom russischen Seefahrer Otto von Kotzebue (1787-1846) entdeckt. (Siehe auch bei Tuamotu)

Fakarava (16° 10'S und 145° 40'W) – Mit einer Oberfläche von 1120 Quadratkilometern, die sich 470 Menschen teilen, gehört das zu den Tuamotu-Inseln gehörende Atoll zu den größten in Französisch-Polynesien. Die Bevölkerungsdichte liegt bei 15 Einwohnern je Quadratkilometer. Fünf Kilometer vom Hauptdorf Rotoava entfernt befindet sich der Inselflughafen. Das Atoll wurde 1820 vom russischen Seefahrer Fabian von Bellingshausen (1778-1852) entdeckt. (Siehe auch bei Tuamotu)

Falkland (51°N bis 52° 30'N und 57° 30'W bis 61° 30'W) – Im Südatlantik liegt diese britische Inselgruppe, die eine Oberfläche von 12.173 Quadratkilometer erreicht, auf der 4000 Menschen (2300 Zivilisten, 1700 Soldaten) leben. Die Bevölkerungsdichte beträgt drei Bewohner je Quadratkilometer. Die Hauptstadt Stanley trägt den Namen von Edward Stanley (1799-1869), der 1852, 1858 und von 1866 bis 1868 als britischer Premierminister amtierte. Der Hafen Port Stanley befindet sich an der Ostküste. Die örtliche Währung ist das Falkland-Pfund, das dem britischen Pfund entspricht. Zwar gelten auf der Insel beide Währungen, doch gilt die örtliche Währung in Großbritannien nicht als Zahlungsmittel. Das gilt auch für Jersey. Die Inselgruppe wurde am 14. August 1592 vom britischen Seefahrer John Davis (1550-1605) entdeckt, der das Kommando auf der „Desire“ hatte. Der britische Seefahrer Richard Hawkins (1562-1622), Kommandant der „Dainty“, betrat als erster Europäer 1594 die Insel Jason. Zahlreiche Seefahrer nutzten die Inseln als Zwischenstopp. Darunter waren der Holländer Sebald de Wert, Kommandant der „Het Ghecoove“ 1600, der Brite John Strong, Kommandant der „Welfare“ am 1. November 1689, der Franzose Jacques Gouin de Beauchesne (1652-1730) mit seinen Schiffen „Phélypeaux“, „Maurepas“ und „Saint-Louis“ 1701, der Brite Woodes Rogers (1679-1732), Kommandant der „Assomption“, der den Inseln 1708 den Namen Falkland Land gab. Er ehrte damit Anthony Carey, 5. Viscount of Falkland (1656-1694), Schatzmeister der britischen Marine von 1681 bis 1689 und First Lord der Admiralität von 1693 bis 1694. Unter anderem besuchte auch der französische Seefahrer Louis-Antoine de Bougainville (1729-1811) die Inseln am 31. Januar 1764 und gab ihnen den Namen Îles Malouines (Malouines heißen die Bewohner der bretonischen Stadt Saint-Malo) und

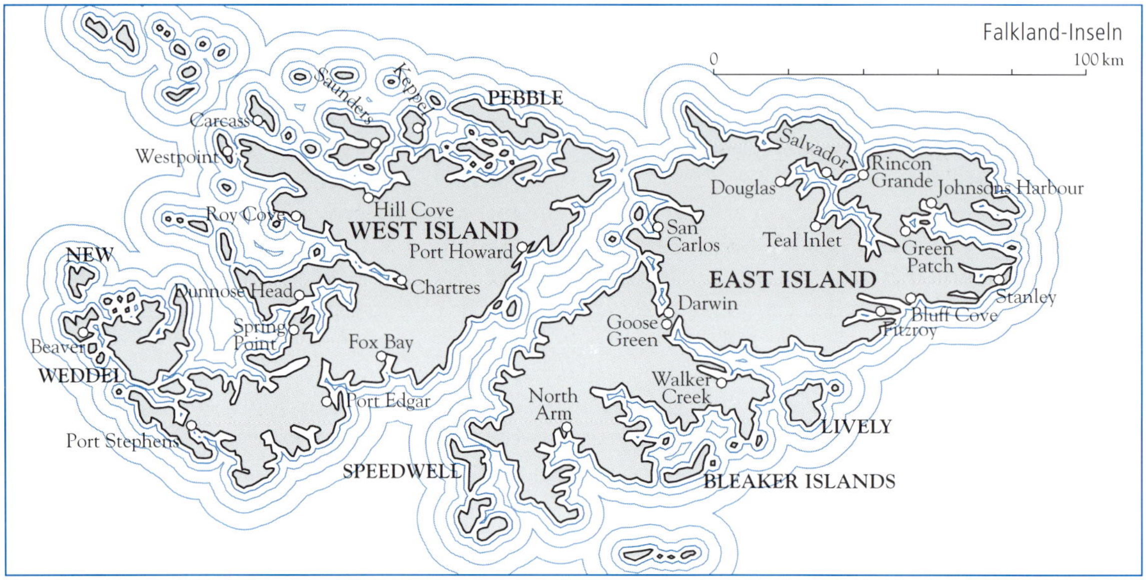

nahm sie im Namen des französischen Königs in Besitz. Bougainville war von einem Reeder in Saint-Malo angestellt worden, der hier eine Kolonie gründen wollte. Drei Tage später stieß er mit Kurs auf Frankreich wieder in See. Der britische Seefahrer John Byron (1723-1786) nahm die Inseln am 12. Januar 1765 während seiner Weltumsegelung (3. Juli 1764 bis 9. Mai 1766) wiederum für die britische Krone in Besitz und gab ihnen den ursprünglichen Namen Falkland-Inseln. Zwei Jahre später kehrte Bougainville während seiner Weltumsegelung (15. November 1766 bis 16. März 1769) auf die Inseln zurück, um die von ihm gegründete Kolonie am 16. März 1769 zu schließen. Am 1. April 1767 überließ er sie den Spaniern, die die Inseln in Besitz nahmen und ihre Fahne hissten. Die Briten holten sich die Inseln 1832 wieder zurück. Bei dem Krieg um die Falkland-Inseln zwischen Argentinien und Großbritannien (1. April bis 19. Juni 1982) ging es auch um die Bodenschätze der Inseln. Vor allem Uran und Erdöl werden hier vermutet. Unter dem Kommando von Admiral John Fieldhouse wurden die Inseln wieder zurückerobert. Stanley Shackleton (1911-1994), Sohn des berühmten Polforschers Ernest Shackleton (1874-1922), verteidigte während des Krieges die Sache der Falklands. Seit dem Krieg lauern 26.000 Minen in der Erde der Inselgruppe. Die Devise der Inselbewohner lautet eindeutig, dass man eine britische Kolonie bleiben will. Ein schottisches Schloss, in dem sich die Könige Schottlands aufhielten, heißt ebenfalls Falkland.

Fangatau (15° 50'S und 140° 52'W) – Mit gerade 20 Quadratkilometern ist Fangatau eines der kleinsten Atolle der Tuamotu-Inseln in Französisch-Polynesien. Die Insel liegt 940 Kilometer östlich von Tahiti. 150 Menschen teilen sich die Oberfläche von 20 Quadratkilometern, was eine Bevölkerungsdichte von 7,5 Menschen ergibt. Auf der Insel befindet sich ein Flugplatz. Das Hauptdorf ist Teana. Fangatau wurde vom russischen Seefahrer Fabian von Bellingshausen (1778-1852), der ihm damals den Namen Araktchev zu Ehren des russischen Generals Alexis Araktchev (1769-1834) gab. (Siehe auch bei Tuamotu)

Fangataufa (22°S und 139°W) – Das zu den Tuamotu-Inseln in Französisch-Polynesien zählende Atoll wurde 1826 vom britischen Seefahrer Frederick William Beechey (1769-1856) von Bord der „Blossom" aus erstmals gesichtet. Wie auf dem Atoll Mururoa führten die Franzosen auch auf Fangataufa zwischen dem 2. Juli 1966 und dem 27. Januar 1996 zahlreiche Atomtests durch. Der erste atomare Sprengkopf wurde hier am 24. August 1966 gezündet. Zwischen 1975 und 1996 wurden die Tests in unterirdischen Sprengkammern durchgeführt.

Farasan (16°N und 42°O) – Die Inselgruppe im Roten Meer liegt 40 Kilometer westlich der saudiarabischen Stadt Jizan. Die Oberfläche beträgt 800 Quadratkilometer.

Farewell – Nördlich des Abbot-Packeisfeldes und im Osten der Insel Thurston liegt diese Antarktisinsel.

Farquhar (10° 10'S und 51° 10'O) – Die im Indischen Ozean gelegene Inselgruppe im Norden Madagaskars gehört zu den Seychellen. Sie tragen den Namen des ersten britischen Gouverneurs, Sir Robert Farquhar. (Siehe auch bei Seychellen)

Fatu Hiva (10° 30'S und 138° 30'W) – 1430 Kilometer nördlich von Tahiti liegt diese zu den Marquesas gehörende Insel. Ihre Oberfläche beträgt 77 Quadratkilometer für 650 Menschen, was eine Bevölkerungsdichte von acht Einwohnern je Quadratkilometer ergibt. Mit 960 Metern ist der Berg Touaouoho der höchste Punkt der Insel. Die Insel wurde am Freitag, 21. Juli 1595 vom spanischen Seefahrer Alvaro de Mendana (1541-1595) entdeckt, der sie dem Tag entsprechend Santa Magdalena taufte. Ihm folgte vom 6. bis 11. April 1774 der britische Seefahrer James Cook (1728-1779) und am 12. Juni 1791 während seiner Weltumsegelung (1790-1792) der französische Seefahrer Etienne Marchand (1755-1793). Der norwegische Seefahrer Thor Heyerdahl (1914-2000) verbrachte hier im Alter von 23 Jahren 18 Monate, bevor er sich an seine denkwürdigen Expeditionen mit seinen Flößen wagte: die Überquerung des Pazifiks auf „Kon Tiki“ (1947) sowie die Überquerung des Atlantiks auf „Ra I“ sowie „Ra II“ (1970) und die Überquerung des Indischen Ozeans auf „Tigris“.

Fatu Huku (9° 30'S und 139°W) – Die Insel gehört zu den Marquesas und liegt 1500 Kilometer nordöstlich von Tahiti im Pazifik. Sie wurde am Donnerstag, den 7. April 1774 vom britischen Seefahrer James Cook (1728-1779) entdeckt, der ihr zu Ehren des britischen Seefahrers und späteren Admirals Samuel Hood (1735-1816) dessen Namen gab. (Siehe auch bei Marquesas)

Fayal – Der höchste Punkt dieser zu den Azoren zählenden Insel, der Berg Gorda, erreicht 1043 Meter. Das Hauptdorf ist Horta. (Siehe auch bei Azoren)

Faylakla (29° 25'N und 48° 22'O) – Im Norden des Persischen Golfs liegen diese zu Kuwait gehörenden Inseln. Am 20. Februar 1991, acht Tage vor dem Ende des ersten Golfkriegs, wurden sie von alliierten Bombern im Rahmen der Operation Desert Storm schwer bombardiert.

Fehmarn – Die 185 Quadratkilometer große Insel in der Ostsee gehört zu Schleswig-Holstein. Der Hauptort ist Burg. Die Insel ist durch die Fehmarnsund-Brücke mit dem Festland verbunden.

Fernandina (0° 25'S und 91° 30'W) – Der höchste Punkt dieser Galapagos-Insel erreicht 1494 Meter. Auf der direkt unter dem Äquator liegenden Insel gedeiht eine prähistorische Fauna. (Siehe auch bei Galapagos)

Fernando de Noronha (3° 50'S und 32° 25'W) – 350 Kilometer nordöstlich der brasilianischen Stadt Recife liegt diese britische Insel im Südatlantik. Sie hat eine Oberfläche von 26 Quadratkilometern, die sich 2600 Einwohner teilen, was eine Bevölkerungsdichte von 100 Menschen je Quadratkilometer ergibt. Bis vor einigen Jahren befand sich auf der Insel im 1738 errichteten Fort Remedios ein Militärgefängnis. Mit seinen 321 Metern ist der Berg Pico der höchste Punkt der Insel. Das Hauptdorf ist Villa de los Remedios. Die Insel trägt den Namen von Fernando de Noronha, der die von Amerigo Vespucci (1454-1512) geleitete Expedition unterstützte. Vespucci entdeckte die Insel am 10. August 1503. Der französische Flugpionier Jean Mermoz (1901-1936) weihte 1936 den kleinen Flughafen der Insel ein, die Zwischenstation auf dem Flug von Toulouse über Dakar nach Santiago de Chile war. 1988 wurde hier ein Meeresschutzgebiet eingerichtet, und seit dem Jahr 2000 gehört die Insel zum von der Unesco geschützten Weltnaturerbe.

Feuerland (54°S Und 69°W) – An der Südspitze Südamerikas liegt die Insel, die sich Chile und Argentinien teilen. Sie hat eine Oberfläche von 72.000 Quadratkilometern. Ihr höchster Punkt der Berg Yogan, erreicht 2469 Meter. Ihre wichtigste Stadt ist Ushuaia, ist die am südlichsten gelegene Stadt der Welt. Als der portugiesische Seefahrer Fernao de Magellan (1480-1521) die Meerenge, die heute seinen Namen trägt, durchfuhr, erblickte er viele von den Eingeborenen entfachte Feuer, was zur Namensgebung führte.

Fidschi (18°S und 175°O) – Rund 300 Inseln, von denen 80 bewohnt sind, gehören zu dieser Inselgruppe. Die Oberfläche beträgt insgesamt 18.275 Quadratkilometer, die von 810.000 Menschen bewohnt werden, was eine Bevölkerungsdichte von 44 Einwohnern je Quadratkilometer ergibt. Der Mount Victoria auf der Insel Viti Levu ist mit seinen 1323 Metern der höchste Punkt der Inseln. Auf Vanua Levu erreicht der Berg Nasoroleva 1032 Meter. Die Hauptstadt ist Suva, wo sich der internationale Flughafen befindet. Seit dem 10. Oktober 1970 ist Fidschi eine unabhängige

Republik. Die Inseln wurden vom holländischen Seefahrer Abel Tasman (1603-1659) im Februar 1643 entdeckt. 130 Jahre später erreichte der britische Seefahrer James Cook (1728-1779) am Samstag, 2. Juli 1774 eine der Inseln. Der berühmte britische Kapitän William Bligh (1754-1817), Kommandant der „Bounty“, durchquerte die Inselgruppe 1789. Die Inseln wurden am 10. Oktober 1874 von Großbritannien in Besitz genommen. Mitunter kommt es bei einigen Stämmen noch zu einer Art Kannibalismus, bei dem Teile eines Verstorbenen verzehrt werden. Fidschi ist das Medienzentrum der pazifischen Gemeinschaft. Sein Staatsmotto lautet „Fürchte Gott und ehre die Königin“.

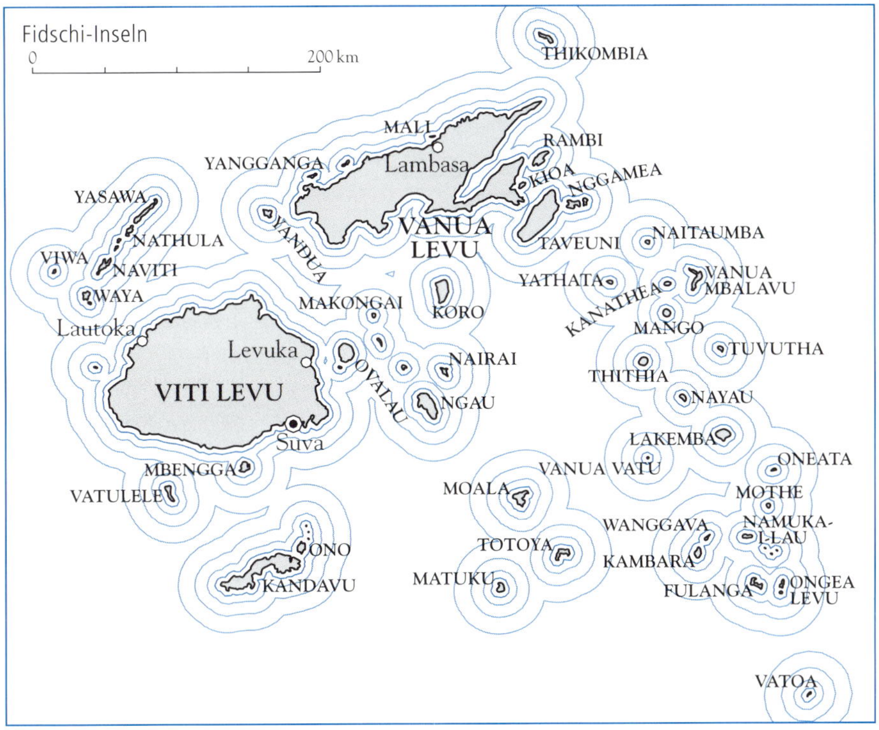

Fille **(48° 44’N und 1° 48’W)** – Die kleine französische Insel liegt vier Kilometer nordöstlich der Pointe-du-Grouin in der Nähe von Cancale.

Findlay – Im hohen Norden Kanadas liegt diese Inselgruppe zwischen den Inseln Ellef-Ringnes, Melville, Mackenzie King und Bathurst. Die Gruppe besteht aus den Inseln Lougheed, Edmund Walker, Grosvenor und Patterson. Der Archipel wurde 1853 vom britischen Seefahrer Sherard Osborn (1822-1875) entdeckt.

Finocchiarola **(43°N und 9° 28’O)** – 400 Meter vor der korsischen Küste liegt diese unbewohnte französische Insel. Sie hat eine Oberfläche von zwei Hektar. Der höchste Punkt des Vogelschutzgebiets erreicht 23 Meter.

Fitzroy **(16° 55’N und 145° 47’O)** – Diese australische Insel liegt in der Korallensee zehn Kilometer vor der Stadt Cairns. Sie trägt den Namen des britischen Seefahrers Robert Fitzroy (1805-1865), Kommandant der „Beagle“, der zwischen 1831 und 1836 mit dem britischen Naturforscher Charles Darwin (1809-1882) eine Weltumsegelung unternahm. Der britische Seefahrer James Cook (1728-1779) sichtete die Insel am Samstag, 9. Juni 1770. Eine andere Insel vor dem chilenischen Teil von Patagonien (45° 45’S und 73° 50’W) trägt ebenfalls den Namen Fitzroy.

Fletcher **(72° 40’S und 94° 10’W)** – Vor dem Hellsworth-Territorium liegen diese Antarktisinseln zwischen dem Amundsen- und dem Bellingshausen-Meer. Die Inseln tragen möglicherweise den Namen des amerikanischen Oberst Joseph Fletcher, der die Berichte der russischen und amerikanischen Mannschaften bearbeitete, die aus strategischen Gründen auf Eisbergen lebten, die oft Jahrzehnte lang in der Arktis treiben und deren Kurs unvorhersehbar ist. Sie werden Targets genannt (T1, T2, T3...). Er war auch der Erste, der mit einem Flugzeug (Dakota C47) am 6. März 1952 auf dem Packeis am Nordpol landete und eine treibende amerikanische Basis einrichtete. Diese Inseln können aber auch nach dem Seefahrer Christian Fletcher (gest. 1793) benannt sein, der die Meuterei auf der Bounty am 28. April 1789 gegen Kapitän Bligh (1754-1817) anführte und später am 12. Januar 1790 vor der Insel Pitcairn vor Anker ging. Und schließlich kommt als Namensgeber auch Admiral Fletcher in Frage, der die amerikanische Pazifikflotte im Zweiten Weltkrieg kommandierte.

Flinders **(33° 70'S und 134° 50'O)** – 40 Kilometer vor der australischen Halbinsel Eyre liegt diese Insel, die zu den Investigator Islands gehören. Die Inseln tragen den Namen des britischen Seefahrers Matthew Flinders (1774-1814), der zusammen mit seinem Kollegen George Bass (1771-1812) zwischen 1795 und 1800 um Tasmanien segelte.

Flinders **(40°S und 148°O)** – Zwischen Australien und Tasmanien liegt diese britische Insel. Ihr höchster Punkt ist nach 316 Metern erreicht. Auf der Insel befindet sich an der Ostküste ein Flughafen und ein Hafen in Emita. Die Insel trägt den Namen des britischen Seefahrers Matthew Flinders (1774-1814), der zusammen mit seinem Kollegen George Bass (1771-1812) zwischen 1795 und 1800 um Tasmanien segelte. Von 1801 bis 1803 gelang ihm zudem die Umsegelung Australiens, bei der er vom schottischen Naturforscher Robert Brown (1773-1858) begleitet wurde, der 1827 die so genannte Brown-Bewegung bei im Zickzack fliegenden Fliegen entdeckte.

Flint – 600 Kilometer von Bora Bora entfernt liegt diese Pazifikinsel, die zu den Line Islands gehört, die Teil des Inselstaates Kiribati sind.

Flores **(39° 26'N und 31° 13'W)** – 2400 Meter erreicht der höchste Punkt dieser indonesischen Insel, die zwischen Timor und Sumbawa liegt.

Flores **(34° 38'S und 58° 28'W)** – Die im Nordatlantik liegende Insel gehört zu den portugiesischen Azoren. Ihr höchster Punkt erreicht 913 Meter. Das Hauptdorf ist Santa Cruz das Flores, wo sich auch ein hübscher Hafen befindet. Flores wurde 1432 vom portugiesischen Seefahrer Gonsalvo Cabral entdeckt, der von Heinrich dem Seefahrer (1394-1460) mit der Entdeckung neuer Gebiete beauftragt war. Seit 1964 befindet sich auf der Insel eine französische Militärbasis. (Siehe auch bei Azoren)

Föhr – Das zu den Nordfriesischen Inseln zählende Föhr liegt südlich von Sylt vor der Küste Schleswig-Holsteins. Die Oberfläche der Insel beträgt 82 Quadratkilometer. Der Hauptort ist Wyk.

Folegrandos **(37° 40'N und 24° 90'O)** – Die griechische Kykladen-Insel liegt westlich der Inseln Ios und Sikinos. Der höchste Punkt erreicht 415 Meter. (Siehe auch bei Kykladen)

Formentera **(38° 42'N und 1° 28'O)** – 115 Quadratkilometer misst die zu den Balearen gehörende spanische Mittelmeerinsel, auf der 40.000 Menschen leben. Die Bevölkerungsdichte beträgt 348 Bewohner je Quadratkilometer. Mit 192 Metern ist der Berg Rotja der höchste Punkt der Insel.

Formosa **(23° 30'N und 121°O)** – Vor der Küste der Volksrepublik China liegt die Insel, die den größten Teil Taiwans bildet. Ihre Oberfläche misst 36.000 Quadratkilometer, die sich 23 Millionen Menschen teilen, was eine Bevölkerungsdichte von 636 Bewohnern je Quadratkilometer ergibt. Der seit dem 8. Dezember 1949 unabhängige Staat wird noch immer von der Volksrepublik beansprucht. Die Insel verdankt ihren Namen den portugiesischen Seefahrern Zeimoto, Da Mota Peixoto und Pinto, die Formosa zwischen 1542 und 1547 besuchten. Die Staatsdevise lautet „Be-

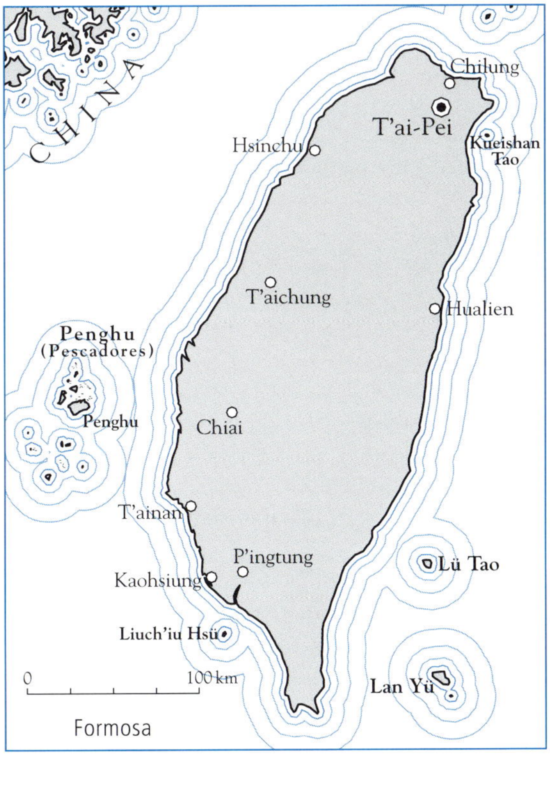

stimmtheit in der Würde und Dynamik in der Unabhängigkeit". (Siehe auch bei Taiwan)

Fortune (49°S und 69°O) – Westlich der Kerguelen-Inseln liegt diese Inselgruppe im Indischen Ozean. Die Inseln verdanken ihren Namen dem französischen Seefahrer Yves de Kerguelen (1734-1797), der sie am 12. Februar 1772 mit seinem Schiff „La Fortune" entdeckte. Am 13. Februar 1772 nahm er die Kerguelen-Inseln offiziell in Besitz und benannte die Bucht Gros Ventre nach seinem zweiten Schiff.

Fox (54°N und 168°O) – Die Insel gehört zu den Aleuten, die sich von Alaska bis nach Sibirien erstrecken. Sie wurde 1759 vom russischen Seefahrer Novotsikov entdeckt.

France (78° 15'N) – Nordöstlich vor Grönland liegt diese Insel, die am 16. Juli 1905 vom französischen Seefahrer und Forscher Philippe Graf von Orléans (1869-1926), Nachkomme des Bürgerkönigs Louis Philippe (1773-1850), zu Ehren seiner Heimat benannt wurde. Der Adelige war an Bord der „Belgica", die vom belgischen Seefahrer Adrien de Gerlache (1866-1934) kommandiert wurde. Die „Belgica" schaffte die erste geplante Überwinterung in der Antarktis von 1898 bis 1899. Für die Arktis-Expedition hatte sie am 3. Juni 1905 den norwegischen Hafen Tromsö in Richtung Spitzbergen verlassen. Am 8. Juli 1905 erreichte der Graf von Orléans 80° 20'N und 5° 40'O nördlich von Spitzbergen. Von hier aus begann die Suche nach einer Lücke im Packeis. Am 28. Juli erreichte die „Belgica" mit 78° 20'N vor der Nordostküste Grönlands einen neuen Rekord. Sie blieb hier bis zum 5. August, um dann einen südlichen Kurs einzuschlagen. Dabei sichtete die Mannschaft das Kap Bismarck und die Inseln Store Koldeway, Shannon und Sabine vor Grönlands Ostküste. Am Dienstag, 12. September 1905 lief die „Belgica" wieder in den Hafen von Ostende ein. Den Namen France trug bereits die Insel Mauritius und die im Zentrum Frankreichs gelegene Region um Paris.

Franklin (76° 10'S und 168° 30'O) – 120 Kilometer nördlich der Ross-Insel liegt diese Insel in der Antarktis. Sie wurde am 27. Januar 1841 vom britischen Seefahrer James Clark Ross (1777-1856) entdeckt, der ihr den Namen des britischen Seefahrers Sir James Franklin (1786-1847) gab, der damals als Gouverneur von Tasmanien amtierte und am 11. Mai 1847 bei seiner Suche nach der Nordwestpassage ums Leben kam. Er hatte mit seinen Schiffen „Erebus" und „Terror" Großbritannien am 26. Mai 1845 verlassen, um niemals zurückzukehren. Zahlreiche Expeditionen wurden organisiert, um die Teilnehmer der Expedition zu finden.

Franz-Joseph-Land (81°N und 55°O) – Zwischen dem Arktischen Meer und der Barentssee liegt dieser russische Archipel. Die wichtigsten Inseln sind Alexandra, George, Wilczek und Graham Bell. Der höchste Punkt befindet sich mit 606 Metern auf der Insel Semlja. Die Inselgruppe wurde 1874 von den österreichischen Seefahrern Karl Weyprecht (1838-1881) und Julius von Payer (1842-1905) entdeckt, die hier an Bord der „Tegetthoff" überwinterten. Auf der Insel befinden sich einige Wetterstationen.

Französisch-Polynesien (7° bis 28°S und 131° bis 155°W) – Das französische Überseegebiet besteht aus fünf Inselgruppen: Gesellschaftsinseln, Marquesas, Tuamotu-Inseln, Gambier-Inseln und den Austral-Inseln. Sie haben insgesamt eine Oberfläche von 4000 Quadratkilometern und nehmen eine Wasseroberfläche von vier Millionen Quadratkilometern ein. Die Hauptstadt ist Papeete auf Tahiti, das 1818 vom Missionar William Pascoe Cook (geb. 1775) gegründet wurde. Der Name Polynesien wurde 1756 von Charles de Brosse, Präsident des Parlaments von Dijon, geschaffen. Seit dem 19. März 1946 ist Französisch-Polynesien ein Territoire d'Outre Mer (TOM). Am 6. September 1984 erhielt das Gebiet eine interne Autonomie.

Fraser (25° 15'N und 153° 10'O) – Die Insel vor dem australischen Queensland gehört zur Gruppe der Bahia-Inseln. Die 120 Kilometer lange und 15 Kilometer breite Düne erreicht an ihrer höchsten Stelle 240 Meter. Sie ist vom Festland durch die Meerenge Grand Sandy getrennt. Die größte Sandinsel der Welt wird von der Unesco als Teil des Weltnaturerbes geschützt. Die Insel wurde früher von den dort lebenden Eingeborenen K'Gari (Paradies) genannt. Möglicherweise trägt sie heute den Namen des australischen Ministerpräsidenten Malcolm Fraser (geb. 1930) oder ist nach James Fraser benannt, der sich 1836 nach dem Untergang seines Schiffes auf die Insel rettete. Er wartete hier zwei Monate, bevor er gerettet wurde. (Siehe auch bei Bahia)

Frederic-Jackson – Die russische Insel gehört zu Franz-Joseph-Land im arktischen Meer. Sie trägt den Namen des britischen Polarforschers Ferderic Jackson (1860-1938), der 1896 eine Forschungsstation leitete, die vom Direktor der britischen Zeitung „London Evening News", Alfred Harmsworth (1865-1922), finanziert wurde. Die beiden norwegischen Polarforscher Fridtjof Nansen (1861-1930) und Frederik Johansen (1867-1923) überwinterten hier vom 6. August 1895 bis zum 16. Mai 1896, nachdem sie die „Fram" am 14. März an 84° 04'N mit ihren Schlitten in Richtung Nordpol verlassen hatten. Nachdem sie am 7. April bei 86° 14'N umkehren mussten, wendeten sie sich Franz-Joseph-Land zu. Bevor die von Otto Sverdrup (1854-1930) kommandierte „Fram" ablegte, musste Nansen Lebensversicherungen für die acht (von zwölf) verheirateten Männer abschließen, die insgesamt 22 Kinder in der Heimat zurückließen.

Fréhel (48° 42'N und 2° 19'W) – Vor Cap Fréhel liegen diese kleinen französischen Inseln, die heute Vogelschutzgebiete sind.

French (38° 21'S und 145° 21'O) – Die australische Insel liegt in einer fast geschlossenen Bucht südwestlich von Melbourne.

Freundschaftsinseln – Östlich von Fidschi liegen diese Inseln, die später Tonga-Inseln genannt wurden. Die Inseln bekamen ihren ursprünglichen Namen 1773 vom britischen Entdecker James Cook (1728-1779), nachdem er von den Bewohnern besonders freundlich empfangen worden war. Das polynesische Wort Tayo bedeutet Freund. Gegen Ende des 18. Jahrhunderts empfingen die meisten der polynesischen Inseln europäische Seefahrer: Samuel Wallis (1728-1795), John Byron (1723-1786), James Cook (1728-1779), Louis Antoine de Bougainville (1729-1811), William Bligh (1754-1817), Edward Edwards. (Siehe auch bei Tonga)

Freycinet – Die chilenische Insel, 20 Kilometer nördlich von Kap Hoorn gelegen, trägt den Namen des französischen Seefahrers Claude de Freycinet (1779-1842), dem zwischen dem 17. September 1817 bis 13. Dezember 1820 mit der „La Coquille“ eine Weltumsegelung gelang. Sein zweites Schiff, die „L'Uranie“, erlitt vor den Falkland-Inseln Schiffbruch, wobei aber alle Seeleute gerettet werden konnten.

Friesische Inseln (53° 35N und 6° 40'O) – Vor den Niederlanden, Deutschland und Dänemark liegen diese Inseln. Zu ihnen gehören Fanö, Römö, Sylt, Föhr, Helgoland, Langeoog, Norderney, Juist, Borkum, Schiermonnikoog, Ameland, Terschelling, Vlieland und Texel. Sie sind mit dem Festland durch Fähren und Flugverbindungen verbunden.

Frioul (43° 16'N und 5° 18'W) – Vor Marseille liegen diese französischen Inseln. Zu ihnen gehört Château d'If und die Inseln Ratonneau und Pomègue, die seit 1822 durch einen Deich miteinander verbunden sind. Auf ihnen befinden sich nach Plänen von Vauban angelegte Befestigungsanlagen.

Fuerteventura (28° 20'N und 14°W) – 100 Kilometer vor der marokkanischen Küste liegt die zu den Kanarischen Inseln zählende Insel. Fuerteventura hat eine Oberfläche von 2020 Quadratkilometern, die sich 52.000 Einwohner teilen, was eine Bevölkerungsdichte von 26 Menschen je Quadratkilometer ergibt. Mit 807 Metern ist der Berg Jandia die höchste Stelle der zu Spanien gehörenden Insel. In der Hauptstadt Puerto de Rosario befindet sich ein hübscher Hafen und der internationale Flughafen der Insel. Mit Fähren ist sie mit Lanzarote (anderthalb bis zwei Stunden) und Gran Canaria (eine bis acht Stunden) verbunden. Nördlich von Fuerteventura befindet sich die kleine Insel Los Lobos. (Siehe auch bei Kanarische Inseln)

Fünen (55° 20'N und 10° 25'O) – 500.000 Menschen leben auf der dänischen Insel, die eine Oberfläche von 3490 Quadratkilometer besitzt. Die Bevölkerungsdichte liegt bei 143 Einwohnern je Quadratkilometer. Die Hauptstadt der auf dänisch Fyn genannten Insel ist Odense.

Funafuti (8°S und 179°W) – Im Südpazifik liegt das 400 Quadratkilometer messende Atoll, das zu Tuvalu gehört und das über einen Flughafen verfügt. Der Hauptort trägt den Namen des Atolls.

Furneaux (40° 10'S und 148° 05'O) – Zwischen Australien und Tasmanien liegt dieses Archipel, das den Namen des britischen Seefahrers Tobias Furneaux (1735-1781) trägt. Furneaux war Kommandant der „Adventure“ und Stellvertreter von James Cook (1728-1779), der die Inseln bei seiner zweiten Weltumsegelung (13. Juli 1772 bis 30. Juli 1775) 1773 entdeckte. Tobias Furneaux war bereits als Stellvertreter des britischen Seefahrers Samuel Wallis (1728-1795) eine Weltumsegelung an Bord der „Dolphin“ gelungen.

Futuna und Alofi (14° 15'S und 178° 09'W) – Die im Südpazifik 240 nordwestlich von Wallis gelegenen Inseln gehören seit dem 29. Juli 1961 zum französischen Überseegebiet Wallis und Futuna. Sie sind durch eine lediglich zwei Kilometer breite Meerenge voneinander getrennt. Ihre Oberfläche von 110 Quadratkilometern teilen

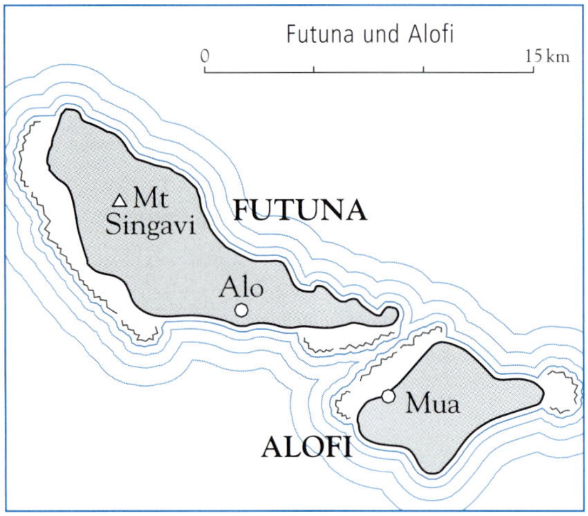

sich 7000 Menschen, die auf der Insel Futuna leben, was eine Bevölkerungsdichte von 64 Menschen je Quadratkilometer ergibt. Der Berg Puke erreicht als höchster Punkt auf Futuna 524 Meter. Auf Alofi kommt der Berg Bougainville auf 417 Meter. In der Hauptstadt Sigave befindet sich ein Flughafen. Die von einem König regierten Inseln wurden 1616 von den holländischen Seefahrern Jacob Le Maire (1585-1616) und Willem de Schouten (1559-1625) entdeckt. Nach ihrer Entdeckung von Kap Hoorn am 31. Januar 1616 nannte Schouten die Inseln nach seinem Schiff „Hoorn“. (Siehe auch bei Wallis und Futuna)

Gabinière (42° 59'N und 6° 23'O) – Die kleine unbewohnte französische Mittelmeerinsel im Süden der Insel Port-Cros hat eine Oberfläche von sechs Hektar. Ihr höchster Punkt ist nach 62 Metern erreicht. Die Insel gehört seit dem 14. Dezember 1963 zu einem Nationalpark.

Gabriel (61° 45'N und 65° 30'W) – Im Süden der Frobisher-Bucht der Baffin-Insel liegt diese Insel, die zum autonomen Gebiet Nunavut (geschaffen am 1. April 1999) gehört. Sie trägt den Namen der „Gabriel“, eines der beiden Schiffe des britischen Seefahrers Martin Frobisher (1535-1594), der die Bucht zwischen 1576 und 1578 erforschte.

Galapagos (0° 30'S und 90° 30'W) – Die am Äquator gelegenen Pazifikinseln werden auch Colon-Archipel genannt. Sie gehören seit 1832 zu Ecuador. Die wichtigsten Inseln sind Isabela (mit 4588 Quadratkilometern die größte). Hier befindet sich auch der 1280 Meter hohe Vulkan Darwin mit seinen 2000 Kratern. Santa Cruz misst 982 Quadratkilometer und ist über den Hafen Puerto Aroyo erreichbar. Auf der Insel befindet sich die internationale Forschungsstation Charles Darwin, die 1959 gegründet wurde. Baltra ist 27 Quadratkilometer groß und besitzt einen Flughafen. Auf San Cristobal (558 Quadratkilometer) befindet sich das Verwaltungszentrum Puerto Baguerizo Moreno. Fernandina (642 Quadratkilometer) ist für ihre Vulkane berühmt. Auf Santiago oder San Salvador (558 Quadratkilometer) leben zahlreiche Seetiere. Die weiteren Inseln: Marchena (130 Quadratkilometer) und Floreana oder Santa Maria (173 Quadratkilometer), wo sich die berühmte Brieftonne befindet, Pinta (59 Quadratkilometer), Genovesa (14 Quadratkilometer), Santa Fé (24 Quadratkilometer) mit ihren Klippen, Pinzon, Tortuga und Pabida mit seinem Salzsee, die Inseln Wolf, Bartolomé (1,2 Quadratkilometer), Plaza Sur, Lobos, die kleinen Inseln Saphné, Seymour (1,5 Quadratkilometer), Espanola (60 Quadratkilometer) und Darwin mit seinen Klippen. Die Oberfläche des Archipels beträgt 7880 Quadratkilometer, die sich 7000 Menschen teilen, die in acht Dörfern auf vier Inseln leben, was eine Bevölkerungsdichte von 1,1 Bewohnern je Quadratkilometer ergibt. Der höchste Punkt liegt bei 1689 Metern. Die Inseln wurden am 10. März 1535 vom portugiesischen Seefahrer Thomas de Berlanga entdeckt, der zugleich auch Bischof von Panama war. Danach wurden sie von mehreren Seefahrern gesichtet. Darunter der französische Seefahrer Jacques Gouin de Beauchesne (1652-1730), der sich hier zwischen dem 7. Juni und 6. Juli 1700 mit seinen Schiffen „Maurepas“ und „Phélypeaux“ aufhielt. Galapagos bedeutet auf Spanisch Riesenschildkröten. Die Insel Darwin trägt den Namen des britischen Naturforschers Charles Darwin (1809-

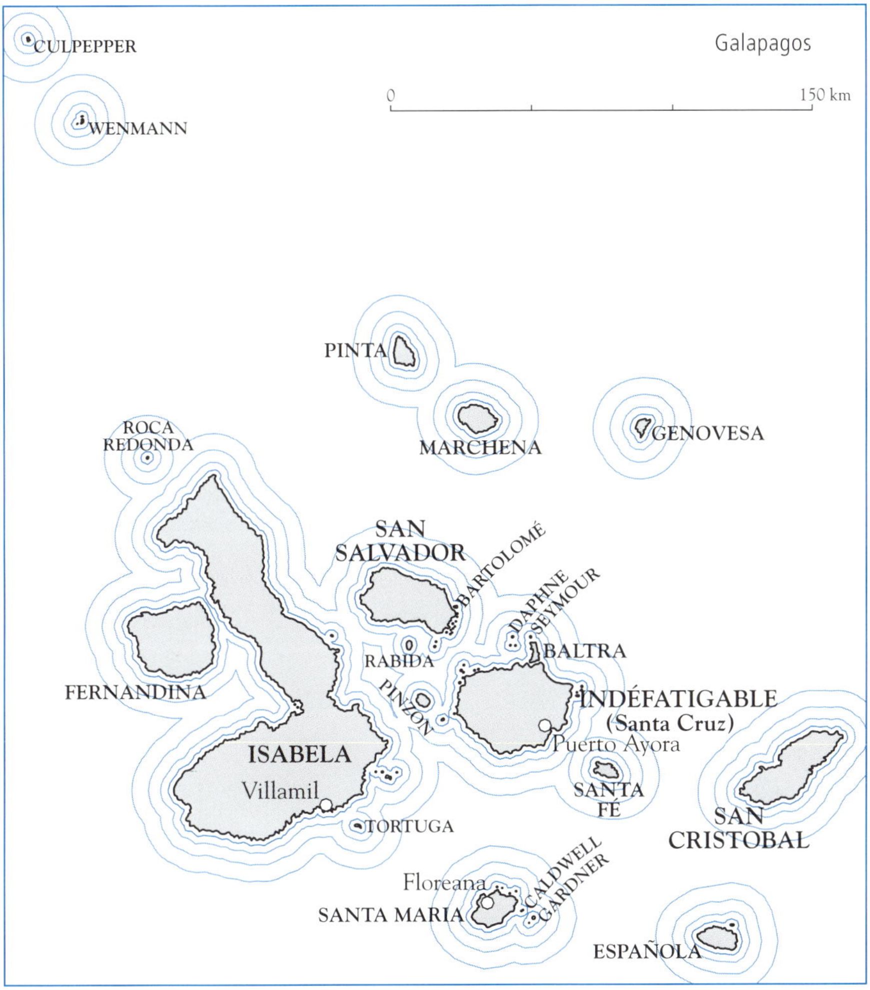

1882), der die Inseln im September 1835 während seiner Weltumsegelung (1831 bis 1836) an Bord der von Robert Fitzroy (1805-1865) kommandierten „Beagle" erreichte. Während seines fünfwöchigen Aufenthaltes studierte er die Tierwelt der Insel und entdeckte außerdem einige neue Arten. Seine hier gewonnenen Erkenntnisse flossen in sein Hauptwerk „Vom Entstehen der Arten" ein. Am 16. Januar 2001 erlitt der Tanker „Jessica" als Folge eines Navigationsfehlers des Kapitäns Tanquilo Arevola 800 Meter vor dem Hafen von San Cristobal Schiffbruch. Der Kapitän und die zwölf Matrosen wurden gerettet, aber 600 Tonnen Diesel und 300 Tonnen Benzin breiteten sich auf 3000 Quadratkilometern in der Nähe der Inseln Santa Cruz, Santa Maria (Floreana) und Isabela aus. Der 1958 geschaffene Nationalpark gehört seit 1978 zum von der Unesco geschützten Weltnaturerbe. 80.000 Touristen besuchen jedes Jahr die Inseln mit ihrer prähistorischen Flora und Fauna. Vor den Küsten werden unter anderem Haie gefangen, die vor allem in Asien wegen ihrer Flossen begehrt sind.

Gama (41° 30'S und 62°W) – Nördlich der argentinischen Stadt Bahia San Blas liegt diese Atlantikinsel. Die Insel trägt den Namen des portugiesischen Seefahrers Vasco da Gama (1469-1524), dem 1497 die erste Fahrt nach Indien um das Kap der Guten Hoffnung gelang.

Gambier (21° 20'S und 136° 30'W) – Die Inselgruppe ist einer von fünf Archipelen Französisch-Polynesiens. Die vier Hauptinseln Mangareva, Taravai, Akamaru und Aukena sind bewohnt. Hinzu kommen noch 15 kleinere unbewohnte Inseln, die alle rund 1650 Kilometer von Tahiti entfernt sind. Ihre Oberfläche beträgt insgesamt 30 Quadratkilometer, die sich 1200 Menschen teilen, was eine Bevölkerungsdichte von 40 Bewohnern je Quadratkilometer ergibt. Die

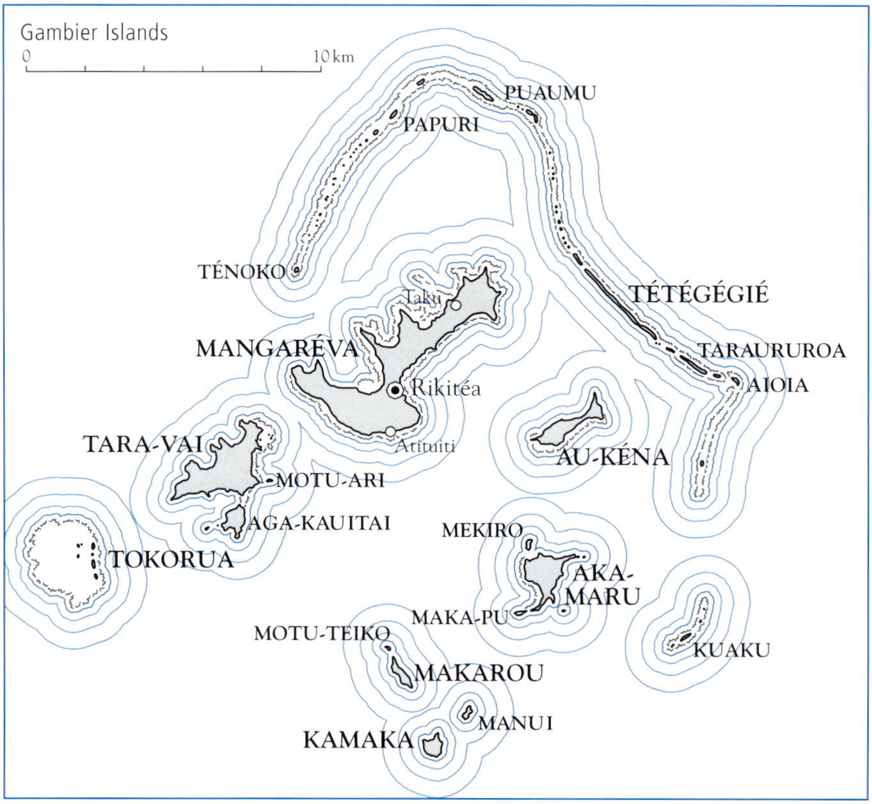

Hauptstadt Rikitea befindet sich auf der Insel Mangareva. Die Fahrt zur Hauptinsel mit einem Schiff des Bürgermeisteramtes dauert ungefähr 45 Minuten. Der Flughafen liegt auf einer der kleinen Inseln des Archipels. Der höchste Punkt der Inseln, der Berg Duff, trägt den Namen des Schiffs des britischen Seefahrers James Wilson (1760-1814) und erreicht eine Höhe von 412 Metern. Die 1881 von Frankreich in Besitz genommenen Inseln wurden 1797 vom britischen Seefahrer James Wilson entdeckt. Wilson gab den Inseln den Namen des britischen Admirals James Gambier (1756-1833). Die Inseln wurden danach vom britischen Seefahrer Frederik William Beechey (1796-1856) gesichtet. Gaston Flosse, Präsident von Französisch-Polynesien, wurde in Rikitea am 24. Juni 1931 geboren. Die Insel Mangareva war 1947 ursprünglich das Ziel der Expedition von Thor Heyerdahl (1914-2000) mit seinem Floß „Kon Tiki“. Schließlich erreichte er Raroia. Die erste Perlenzucht Polynesiens wurde 1975 von Robert Wan auf Mangareva eröffnet. Seitdem haben auf den Tuamotu-Inseln zahlreiche Farmen ihren Betrieb aufgenommen, darunter auf Ahe, Apataki, Aratika, Arutua, Fakarava, Makarava, Manihi, Süd-Marutea, Nengo-Nengo, Takapoto und Takaroa. Weitere Farmen befinden sich auf Tahiti, Raiatea, Tahaa, Maupiti und Huahine. In diesen Betrieben entstehen die berühmten grauschwarzen Tahiti-Perlen. 1984 eröffneten Robert Wan und sein Sohn Guy das Perlenmuseum in Papeete. Im Oktober 1998 wurde es in das Centre Viama verlegt.

Gangesdelta-Inseln (22°N und 91°O) – Die Inseln im Delta des gewaltigen indischen Stroms liegen im Golf von Bengalen, südlich der Stadt Dacca in Bangladesch. Am 12. und 13. November 1970 verursachte ein gewaltiger Zyklon mehr als 300.000 Tote – eine der größten Katastrophen der Menschheit. Ein weiterer Zyklon forderte am 30. April 1991 fast 150.000 Menschenleben.

Gargalo (42° 22'N und 8° 32'O) – 100 Meter vor der Küste Korsikas liegt diese unbewohnte französische Insel. Sie hat eine Oberfläche von 23 Hektar. Auf der Insel befinden sich mehrere Ruinen.

Garnotia – Im Norden von Neuguinea, in der Bismarck-See, liegt diese kleine Insel, die den Namen des französischen Arztes Prosper Garnot (1794-1838) trägt, der zwischen 1822 und 1825 eine Forschungsreise an Bord der von seinem Landsmann Louis Duperrey (1786-1865) kommandierten „La Coquille" um die Welt machte.

Garo (47° 51'N und 4° 11'W) – Südlich von Finistère liegt diese französische Insel im Norden von Loctudy. Die 16 Hektar große Insel ist mit dem Festland durch eine Brücke verbunden.

Gavdos (34° 48'S und 24° 05'O) – Die griechische Mittelmeerinsel liegt 40 Kilometer südlich von Kreta und ist damit die südlichste europäische Insel. Sie liegt auf einer Breite mit der tunesischen Insel Djerba. Der Legende nach traf Odysseus, nachdem sein Schiff versunken war, auf dieser Insel die Nymphe Kalypso, Tochter des Titanen Atlas.

Gavrinis (47° 34'N und 2° 55'W) – Im Golf von Morbihan liegt diese französische Privatinsel. Sie hat eine Oberfläche von fünf Hektar. Auf der Insel befinden sich einige Hünengräber und ein hervorragend erhaltener Grabhügel. Die Insel ist über eine Fähre mit Larmor-Baden (zehn Minuten) verbunden.

Georges – Die russische Insel gehört zum Franz-Joseph-Land, das zwischen 1930 und 1932 vom Seefahrer und Forscher Georges Ochakov (1901-1963) erforscht wurde. Die Oberfläche misst 2740 Quadratkilometer. (Siehe auch bei Franz-Joseph-Land)

Germania – Nordöstlich von Grönland und im Norden der Insel Koldewey liegt diese Insel, die den Namen des Schiffs „Germania" des deutschen Seefahrers Karl Koldewey (1837-1908) trägt. Koldewey erforschte die Region zwischen 1869 und 1870.

Gesellschaftsinseln (21°S und 167°O) – Der zu Neukaledonien gehörende Archipel hat die drei Hauptinseln Lifou, Maré und Ouvéa, auf denen sich Flugplätze befinden. Die Inseln wurden 1792 vom französischen Seefahrer Antoine d'Entrecasteaux (1737-1793) mit seinem Schiffen „La Recherche" und „L'Espérance" und dem britischen Seefahrer Raven mit der „Britannia" entdeckt. 1827 wurden sie aufs Neue vom französischen Seefahrer Jules Sébastien Dumont d'Urville (1790-1842) gesichtet. (Siehe auch bei Neukaledonien)

Gilbert (5°S und 170°W) – Die im Nordpazifik gelegenen Inseln gehören seit 1979 zum Inselstaat Kiribati. Der Archipel trägt den Namen des britischen Seefahrers Thomas Gilbert (gest. 1796), der sie zusammen mit William Marschall im Juni 1788 entdeckte.

Giraglia (43° 02'N und 9° 24'O) – 1,5 Kilometer vor der Küste Korsikas liegt diese französische Insel, die eine Oberfläche von fünf Hektar aufweist. Der höchste Punkt ist nach 64 Metern erreicht.

Gironde (45° 01' bis 14°N und von 0° 36' bis 44'W) – Beim Zusammenfluss der Garonne und der Dordogne erstrecken sich diese Inseln über 75 Kilometer. Die wichtigsten sind Philippe, Nouvelle und Brochard. Hinzu kommt noch eine sehr lange Insel, die aber tatsächlich aus den Inseln Verte, Île du Nord und Île Cazeau besteht. Im Frühjahr 2002 wurde im Pariser Park André Citroen eine riesige, 200 Quadratmeter messende Luftaufnahme der Inseln aufgestellt.

Glazic (47° 25'N und 3° 01'W) – Drei Kilometer nordwestlich vor der französischen Insel Houat liegt diese 1,5 Hektar messende Insel. Auf ihr befindet sich ein Vogelschutzgebiet. Der höchste Punkt erreicht 16 Meter.

Glénan (47° 43" 47'N und 3° 56" 48'W) – Elf Inseln bilden diesen französischen Archipel im Süden von Finistère: Saint-Nicolas, Bananec,

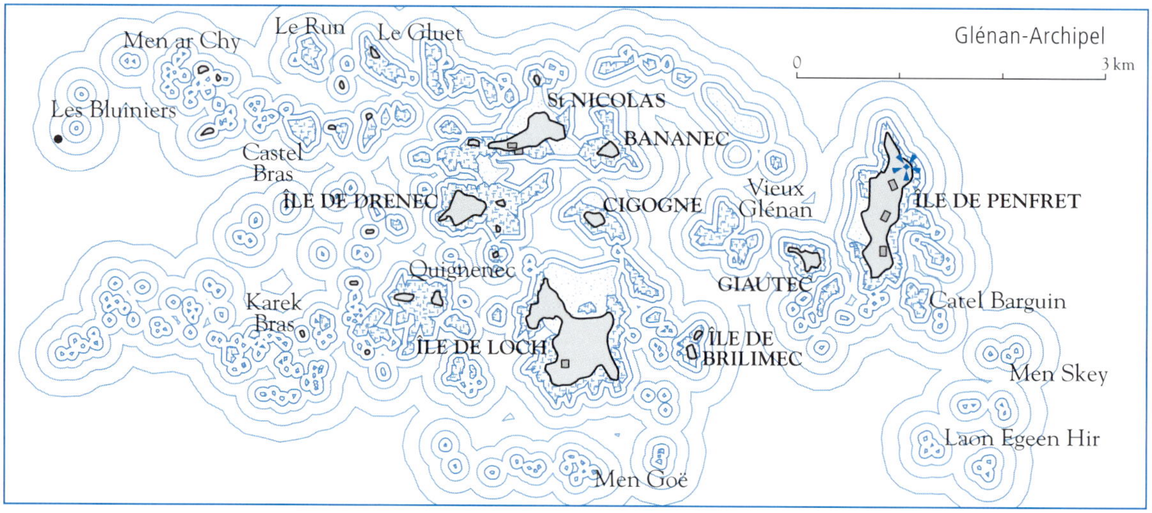

Brunec, Drenec, Cigogen, Loc'h, Vieux Glénan, Penfret, Brilimec, Guitautec und Guirinec. Insgesamt erreichen sie eine Oberfläche von 143 Hektar, auf die sich weniger als zehn Menschen verteilen. Man kann die Inseln Penfret und Saint-Nicolas mit einem Schnellboot von Concarneaux aus erreichen. Die Stützpunkte des nautischen Zentrums von Glénan befinden sich auf Bananec, Cigogne, Drenec und Penfret. Das berühmte Zentrum wurde 1947 von Philippe und Hélène Viannay gegründet.

Glorieuses (11° 30'S und 47° 20'O) – Die drei Inseln Île du Lys, Île des Roches und Grande Glorieuse liegen in der Straße von Mosambik 230 Kilometer nordwestlich von Madagaskar. Sie gehören seit dem 23. August 1892 zu Frankreich und werden von der Insel La Réunion aus verwaltet. Sie messen insgesamt fünf Quadratkilometer. Hier befindet sich eine Wetterstation. Riesenschildkröten kommen regelmäßig auf die Inseln, um sich zu paaren.

Godec (47° 33'N und 2° 48'W) – Im Golf von Morbihan liegt diese neun Hektar große französische Insel. Auf der flachen Insel erhebt sich der höchste Punkt gerade vier Meter über den Meeresspiegel.

Gloucester – Der unbewohnte Archipel im Südpazifik liegt 750 Kilometer südöstlich von Tahiti und gehört zu den Tuamotu-Inseln, die Teil von Französisch-Polynesien sind. Die drei Hauptinseln sind Anuanuraro, Anuanurunga und Nukutepipi. Die Inselgruppe trägt den Namen von William Henry Graf von Gloucester (gest. 1805), dem jüngeren Bruder von König Georg III. (1738-1820). Die Inseln wurden vom britischen Seefahrer James Cook (1728-1779) entdeckt.

Goélands – Acht Kilometer südwestlich von Nouméa liegt diese Insel in der Lagune von Neukaledonien.

Gökceda (40° 10'N und 25° 40'O) – Der höchste Punkt dieser türkischen Ägäis-Insel erreicht 672 Meter.

Gomera (28° 06'N und 17° 08'W) – 400 Kilometer vor der marokkanischen Küste liegt diese Kanareninsel. Auf einer Oberfläche von 380 Quadratkilometern leben 35.000 Einwohner, was eine Bevölkerungsdichte von 92 Menschen je Quadratkilometer ergibt. Mit 1482 Metern ist der Pic Garajona der höchste Punkt der spanischen Insel. Die Hauptstadt ist San Sebastian de la Gomera. Mittels Fähren ist die Insel mit Teneriffa (75 Minuten), El Hierro (drei Stunden) und La Palma (vier Stunden) verbunden. (Siehe auch bei Kanaren)

Gondwana – Vor ungefähr 100 Millionen Jahren war dies vermutlich die größte Insel der Erde, weil sie, so die Forschung, Europa, Afrika, die Arabische Halbinsel, Amerika, Madagaskar, Australien und die Antarktis umfasste. Später trennten sich die Landmassen und formten die heutigen Kontinente.

Gonneville – Die brasilianische Insel liegt in der Mündung des Flusses Sao Francisco do Sul. Sie trägt den Namen des französischen Seefahrers Jean Binot de Gonneville, der zwischen dem 5. Januar und 3. Juli 1504 hier ankerte. An Ostern 1504 errichtete er ein zehn Meter hohes Kreuz. Er hatte am 24. Juni 1503 Honfleur mit der „L'Espoir" in Richtung Brasilien verlassen. Die Insel ist für ihre Papageien berühmt.

Gordon (55°S und 69° 40'W) – Vor dem chilenischen Teil Patagoniens liegt diese Insel 150 Kilometer nördlich von Kap Hoorn. Die Insel trägt den Namen von Vater (1795-1872) und Sohn (1841-1918) James Gorden Bennett, Verleger des „New York Herald", die zahlreiche Polarexpeditionen unterstützten.

Gorée (14° 40'N und 17° 24'W) – Zwei Kilometer östlich von Dakar (Senegal) liegt diese Insel, die 1619 von den Holländern besetzt wurde. Admiral Jean d'Estres (1624-1707) eroberte sie 1677 zurück. Gorée wird regelmäßig vom Wüstenwind Harmatan heimgesucht. Auf dieser Insel wurden die Sklaven vor ihrer Verschiffung nach Amerika gefangen gehalten. Sie gehört zum von der Unesco geschützten Weltkulturerbe.

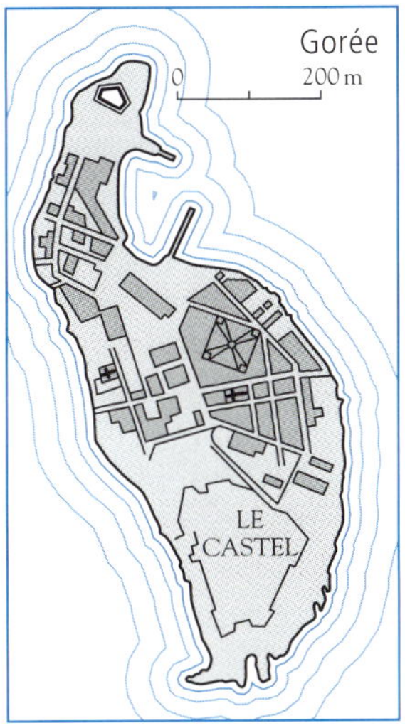

Gorgona (3°N und 79° 20'W) – Die unbewohnte kolumbianische Insel liegt 40 Kilometer nordwestlich vor der südamerikanischen Küste. Auf ihr befindet sich ein Leuchtturm. Der spanische Eroberer Hernando Pizarro (1508-1578) hielt sich 1531 sieben Monate auf dieser Insel auf, nachdem sein Schiff untergegangen war. Die „Ruiz" brachte ihn schließlich wieder ans Festland.

Gotland (57° 30'N und 18° 33'O) – Seit 1644 gehört die 150 Kilometer südlich von Stockholm gelegene Ostseeinsel zum schwedischen Königreich. Ihre Oberfläche beträgt 3150 Quadratkilometer, die sich 70.000 Menschen teilen, was eine Bevölkerungsdichte von 22 Bewohnern je Quadratkilometer ergibt. Die ursprünglich von Goten und Wikingern bewohnte Insel wurde 1361 und 1437 von den Dänen erobert. Auf der Insel befinden sich 90 mittelalterliche Kirchen. Die Hauptstadt Visby mit ihren Gassen, mittelalterlichen Häusern und gewaltigen Befestigungsanlagen gehört seit 1995 zum von der Unesco geschützten Weltkulturerbe.

Gough (40° 24'S und 10°W) – Im Süden des südlichen Atlantiks liegt diese 65 Quadratkilometer messende Insel, die von dem zu Großbritannien gehörenden Tristan da Cunha aus verwaltet wird. Ihr höchster Punkt erreicht 910 Meter. Gough wurde 1505 vom portugiesischen Seefahrer Diego Alvarez entdeckt und am 3. März 1732 vom britischen Seefahrer Charles Gough von der „Charles Richmond" aus ein zweites Mal gesichtet. Er gab ihr seinen Namen. Seit Januar 1948 unterhält Südafrika auf der Insel eine Wetterstation.

Govihan (47° 33'N und 2° 50'W) – Neun Hektar misst diese französische Insel, die im Golf von Morbihan liegt.

Gozo (36° 03'N und 14° 15'O) – Neben Malta liegt diese Mittelmeerinsel, die eine Oberfläche von 67 Quadratkilometern aufweist. Die im dritten Jahrhundert vor Christus entstandenen Tempel von Ggantija sind Teil des von der Unesco geschützten Weltkulturerbe.

Graciosa (39° 04'N und 28°W) – Die im Nordatlantik liegende portugiesische Insel gehört zu den Azoren. Ihr höchster Punkt erreicht 402 Meter. Im Hauptort Santa Cruz da Graciosa befindet sich auch der Hafen der Insel.

Grafenwerth – Im Rhein vor der Stadt Bad Honnef liegt diese Insel. Auf ihr befindet sich das städtische Freibad und ein Tennisclub.

Graham (53° 40'N und 132° 30'W) – Vor der kanadischen Westküste liegt diese Insel, die zu den Größten im Archipel Queen Charlotte gehört. Vom Festland ist sie durch die Straße von Heucate getrennt. Der wichtigste Hafen ist Masset. An der Ostküste befindet sich der Hafen Port Sandspit. (Siehe auch bei Queen Charlotte)

Graham – Die Insel im hohen Norden Kanadas gehört zu dem am 1. April 1999 errichteten autonomen Territorium Nunavut und ist Teil der Sverdrup-Inseln, die den Namen des norwegischen Seefahrers und Forschers Otto Sverdrup (1854-1930) tragen. Sverdrup war Kommandant der „Fram", mit der er zusammen mit seinem Landsmann Fridtjof Nansen (1861-1930) zwischen 1893 und 1896 die Arktis durchquerte. Der höchste Punkt der Insel ist nach 174 Metern erreicht. Die Insel trägt den Namen des britischen Seefahrers und Marineministers James Graham (1792-1861). Ein Teil der Antarktis trägt ebenfalls seinen Namen.

Graham Bell (81°N und 64°O) – 1700 Quadratkilometer misst die nördlichste Insel von Franz-Joseph-Land, auf der sich eine Militärbasis befindet. Sie hat eine Oberfläche von 1700 Quadratkilometern. Sie wurde 1874 von den österreichischen Seefahrern Karl Weyprecht (1838-1881) und Julius von Payer (1842-1905) entdeckt, die auf ihrem Schiff „Tegetthoff" überwinterten. Sie trägt den Namen des amerikanischen Physikers Graham Bell (1847-1922), dem 1876 die Erfindung des Telefons gelang. (Siehe auch bei Franz-Joseph-Land)

Gran Canaria (28° 00'N und 15° 36'W) – 250 Kilometer vor der Küste Marokkos liegt die zu den Kanarischen Inseln zählende Insel, die zu Spanien gehört. Die Oberfläche beträgt 1530 Quadratkilometer, die sich 700.000 Einwohner teilen, was eine Bevölkerungsdichte 457 Menschen je Quadratkilometer zur Folge hat. Der höchste Punkt ist der Pic Nieves, der 1949 Meter erreicht. Der internationale Flughafen der Insel liegt 20 Kilometer von der Hauptstadt Las Palmas entfernt. Der wichtigste Hafen ist ebenfalls in Las Palmas. Fährverbindungen führen nach Teneriffa (zwei bis drei Stunden), Fuerteventura (acht Stunden) und Cádiz (zwei Tage). (Siehe auch bei Kanarische Inseln)

Grand Bahama (26° 38'N und 78° 25'W) – Im Norden von Kuba liegt die zu den Bahamas zählende Insel, die eine Oberfläche von 1370 Quadratkilometer hat, die sich 35.000 Menschen teilen. Ihre Bevölkerungsdichte beträgt 25 Einwohner je Quadratkilometer. Ihr höchster Punkt erreicht zwölf Meter.

Grand-Bé (48° 39'N und 2° 02'W) – Die kleine französische Insel liegt 200 Meter nordwestlich der Befestigungsanlagen von Saint-Malo und kann bei Ebbe zu Fuß erreicht werden. Sie hat eine Oberfläche von 1,5 Hektar, und ihr höchster Punkt erreicht 28 Meter. Auf ihr befindet sich das Grab des in Saint-Malo geborenen französischen Schriftstellers François René de Chateaubriand (1768-1848).

Grande (48° 48'N und 3° 35'W) – Im Nordwesten von Finistère liegt diese zwei Quadratkilometer große französische Insel, auf der 800 Menschen leben. Der höchste Punkt erreicht 35 Meter. Auf der Insel befindet sich eine Vogelbeobachtungsstation, von der aus man vor allem die Vögel des Archipels Sept Îles beobachten kann. Zur Insel führt die nur bei Ebbe befahrbare Route Départmentale 21.

Grande (23° 09'S und 44° 14'W) – Westlich vor Rio de Janeiro liegt diese brasilianische Insel, die eine Oberfläche von 210 Quadratkilometern aufweist. Ihr höchster Punkt erreicht 990 Meter. Im Süden der Insel befindet sich der Hafen Praia de Ara(atiba. Nicht weit von hier wurde eine andere kleine Insel am 10. November 1555 von Nicolas de Villegagnon (1510-1571) entdeckt. Sie trägt noch immer den Namen ihres Entdeckers, der den Hafen von Le Havre am 12. Juli 1555 mit drei Schiffen und einer Besatzung von 600 Mann verlassen hatte.

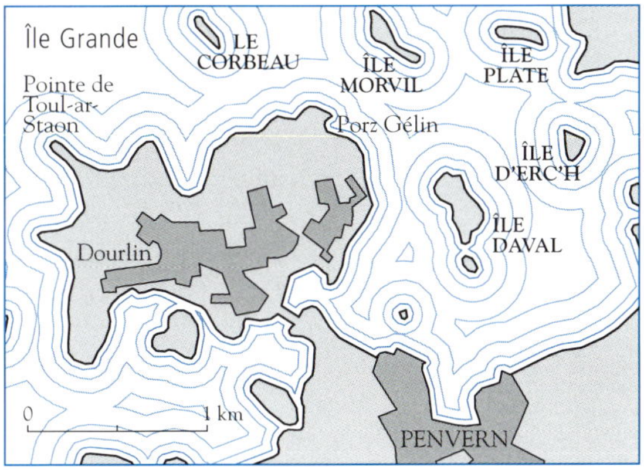

Grande Île (48° 52'N und 1° 50'W) – 60 Hektar misst die größte Insel im französischen Chaussey-Archipel. Auf der Insel befindet sich ein alter Steinbruch, in dem rosa Granit gebrochen wurde, das Schloss Renault und Monumente der Megalithkultur.

Grand-Gaou (43° 05'N und 5° 47'O) – Die französische Mittelmeerinsel gehört zu den Îles des Embiez. Sie hat eine Oberfläche von sechs Hektar, und ihr höchster Punkt liegt bei 17 Metern.

Grand-Ribaud (43° 01'N und 6° 08'O) – Im Süden der Halbinsel von Giens liegt die französische Mittelmeerinsel, die eine Oberfläche von 18 Hektar aufweist.

Grand Vezid (47° 34'N und 2° 55'W) – Im Golf von Morbihan, westlich der Île Longue, liegt die französische Insel, die eine Oberfläche von drei Hektar hat.

Great Barrier Reef (8° bis 22°S und 143° bis 155°O) – Das 2000 Kilometer lange Riff erstreckt sich vor der australischen Ostküste und umfasst zahlreiche Koralleninseln. Darunter befinden sich Great Keppel, Hamilton, Hayman, Heron, Hook, Lindeman, South Molle, Green Island und das am weitesten südlich gelegene Lezard Island. Das Riff gehört zum von der Unesco geschützten Weltnaturerbe.

Great Inagua (21° 05'N und 73° 18'W) – 100 Kilometer nördlich von Haiti liegt die zu den Bahamas zählende Insel, die eine Oberfläche von 2000 Quadratkilometern aufweist. Der höchste Punkt ist nach 45 Metern erreicht. Die Hauptstadt ist Matthew Town. Im Inneren der Insel befindet sich der See Windsor. (Siehe auch bei Bahamas)

Greenwich (62° 30'S und 59° 40'W) – Nordöstlich der Insel Livingstone gelegen, gehört die subantarktische Insel zur Gruppe der Süd-Shetland-Inseln. Auf ihr befinden sich die chilenischen Forschungsstationen Soberania und Captain Arturo Prat. Die Insel trägt den Namen des Londoner Stadtteils Greenwich, von dem aus alle Längengrade seit 1914 gemessen werden. (Siehe auch bei Süd-Shetland-Inseln)

Grenada (12° 07'N und 61° 40'W) – Seit dem 7. Februar 1974 gehört die zu den Kleinen Antillen zählende Insel als unabhängiger Staat zum Commonwealth of Nations. Die Inseln Caille, Round Island, Large, Saint-George's, Carriacou, Petite-Martinique, Petit Saint-Vincent, Union,

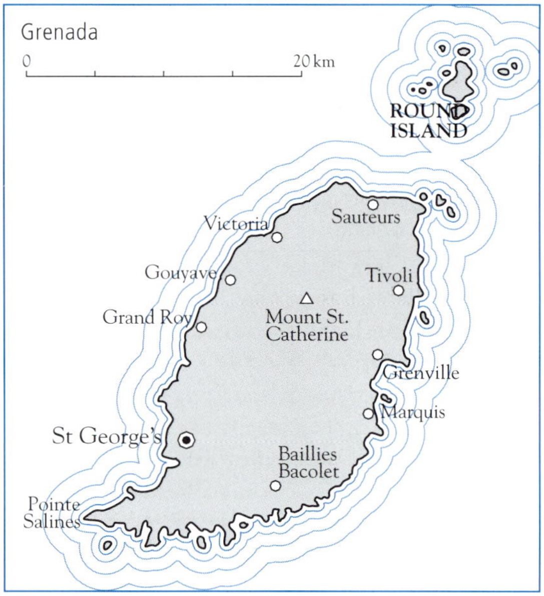

Maybeau und Canouan, die zwischen Grenada und Saint-Vincent liegen, werden von Grenada verwaltet. Im Süden der Insel Large befindet sich ein Felsen, der den Namen Bonaparte trägt. Die Oberfläche von 344 Quadratkilometern teilen sich 110.000 Menschen, was eine Bevölkerungsdichte von 344 Bewohnern je Quadratkilometer ergibt. Mit 840 Metern ist der Mount Sainte Catherine der höchste Punkt der Insel. In der Hauptstadt Saint George's befindet sich das gleichnamige Fort und im Osten der Insel der Hafen Grand Roy. (Siehe auch bei Antillen, Kleine)

Grenadinen (12° 40'N und 61° 15'W) – Der in den Kleinen Antillen gelegene Archipel umfasst alle Inseln, die zwischen Grenada und Saint-Vincent liegen. Auf ihnen befinden sich tropischen Wälder und fantastische Strände.

Greniquet (49° 42'N und 1° 57'W) – Ein Kilometer vor der Halbinsel Cotentin liegt die kleine unbewohnte französische Insel, die eine Oberfläche von einem Hektar hat.

Grimsey (66° 33'N und 18°W) – Die Insel liegt 40 Kilometer vor der Küste Islands und wird in der Mitte durch den Polarkreis zerschnitten. 120 Menschen leben auf der fünf Quadratkilometer großen Insel, was eine Bevölkerungsdichte von 24 Bewohnern je Quadratkilometer ergibt. Der Hafen und Flugplatz von Grimsey ermöglicht die Verbindung zwischen dem einzigen Dorf Sandvik und der isländischen Stadt Akureyri. Hier kann man Möwen und arktische Tümmler sowie Pinguine beobachten. Anfang der 1880er Jahre finanzierte der amerikanische Schachweltmeister Daniel Willard Fiske die Bibliothek der Insel.

Grönland (60° bis 84°N und 20° bis 70°W) – Das auch Kalaallit genannte Grönland ist neben Australien die größte Insel der Welt. Auf der Oberfläche von 2.180.000 Quadratkilometer leben allerdings nur 55.000 Menschen, was eine Bevölkerungsdichte von 0,03 Bewohnern je Quadratkilometer ergibt. Der größte Teil Grönlands (1,7 Millionen Quadratkilometer) ist von 2,6 Millionen Kubikmetern Inlandeis bedeckt. Die Insel besitzt mit dem Kap Morris Jesup (83° 38' 59"N und 33° 22' 56" W) das nördlichste Kap der Welt, das nach dem Amerikaner Morris Jesup (1830-1908) benannt wurde, der als Präsident des Peary-Clubs amtierte. Die kleine Insel Adoak, die einen Durchmesser von gerade 40 Metern aufweist, liegt noch weiter nördlich (83° 40' N und 30° 40'W). Der höchste Punkt Grönlands ist mit 3700 Metern der 1935 zum ersten Mal bestiegene Berg Gunnbjorn. Der Berg trägt den Namen des Winkingers Gunnbjorn, der die Insel im Jahre 877 entdeckte. Der Berg gehört zu den Watkins-Bergen, die den Namen des Forschers Gino Watkins (1907-1932) tragen, der in dieser Region zwischen 1930 und 1931 Expeditionen organisierte. Ein benachbarter Berg, der 3608 Meter erreicht, bekam am 12. Juni offiziell den Namen Paul-Emile Victor zu Ehren dieses französischen Pioniers der Polarforschung (1907-1995). Der Namensgebung hatten neben der Familie auch die Grönländer zugestimmt, was durchaus außergewöhnlich ist, weil man hier wie auch anderswo in der Welt eher dazu neigt, die europäischen Na-

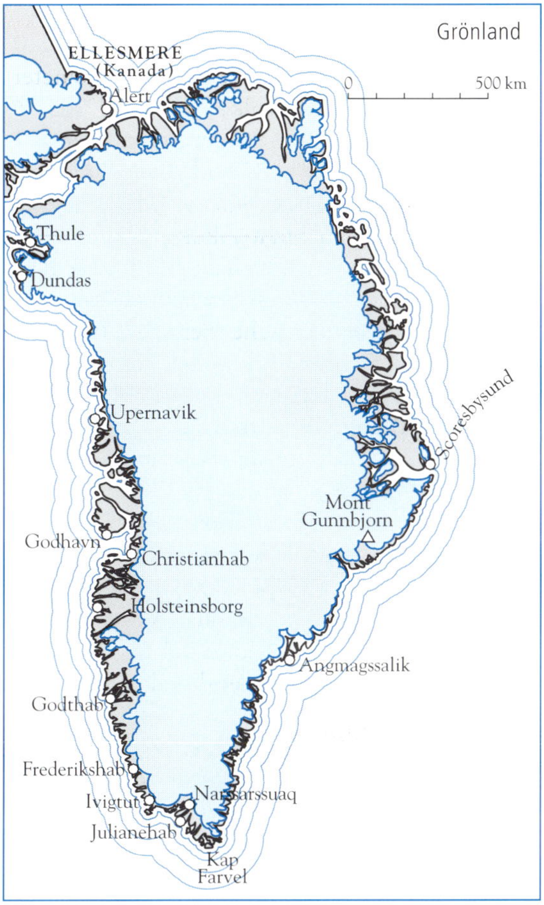

men gegen Bezeichnungen in der eigenen Sprache auszutauschen. Die Position des Berges wurde bis auf zehn Zentimeter genau von französischen Bergsteigern der Organisation „Ascendances" anlässlich der Besteigung der fünf wichtigsten Berge Grönlands im Rahmen einer Expedition berechnet: Der P. E. V. liegt demnach bei 68° 48' 40" 152'"N und 29° 33' 24" 423'"W. Seine Höhe beträgt 3608,20 Meter. Die Hauptstadt Nuuk (früher Godthab) wurde zwischen 1720 und 1736 durch den dänischen Missionar Ägidius gegründet. Im Dorf Siorapulak lebt die nördlichste Eingeborenenbevölkerung der Welt. Der internationale Flughafen von Sondre-Stromfjord liegt in der Nähe des Inlandseises am Ende des Fjords. Der Hafen Angmagssalik liegt an der Ostküste. Die große Insel wurde 877 durch Zufall von dem Wikinger Gunnbjorn entdeckt. Ihm folgte 983 sein berühmter Landsmann Erik Thorvaldsson (940-1007), genannt Erik der Rote, der hier 986 im Dorf Brattahlid seine Kolonie errichtete, nachdem er mit einer Flotte von 25 Schiffen und rund 500 Menschen zurückkehrte. Er nannte das Land Grönland (grünes Land), weil hier zu jener Epoche andere klimatische Verhältnisse herrschten und tatsächlich Gras wuchs. Der Sohn von Erik dem Roten, Leif Erikson, ging hier im Jahre 999 vor Anker. Im Juni 1576 wurde Grönland ein weiteres Mal vom britischen Seefahrer Martin Frobisher (1535-1594) entdeckt und 1585 von seinem Landsmann John Davis (1550-1605) ein weiteres Mal gesichtet. Von 1721 an taufte der Missionar Hans Edge die Bevölkerung der Insel. Wesentlich später unternahmen Männer wie Robert Edwin Peary, Fridtjof Nansen, Paul-Emile Victor Expeditionen durch das Inlandeis in Richtung Nordpol. Mit dem Vertrag von Kiel fiel die Insel im Jahre 1814 an Dänemark. Am 1. Mai 1979 wurde sie autonomes Gebiet, trennte sich am 1. Februar 1985 von der Europäischen Union und wurde am 21. März 1986 unabhängig. In Thule (76° 33'N und 68° 49'W) befindet sich eine Militärbasis der USA sowie eine Wetterstation. Weitere Wetterstationen: Elba (73°N), Daneborg (74°N), Danmarkhavn (77°N) und Nord (80°N). Am 21. Januar 1968 stürzte eine amerikanische B52 mit vier Wasserstoffbomben an Bord vor Thule ab und verseuchte die Gewässer. Drei Bomben konnten geortet und geborgen werden, während sich eine noch immer in den Gewässern vor der Militärbasis befindet. Die wichtigsten Durchquerungen Grönlands: zwischen 1851 und 1852 vom britischen Forscher William Kennedy; 1883 von der schwedischen Expedition unter der Leitung des Schweden Adolph Erik Nordenskjold (1832-1901); vom 18. Juni bis 19. September 1888 von der Ost- bis zur Westküste vom norwegischen Forscher Fridtjof Nansen (1861-1930) mit fünf Kollegen; 1892 bis 1909 vom amerikanischen Forscher Robert Edwin Peary (1856-1920); 1912 vom dänischen Forscher Knud Rasmussen (1879-

1933); 1913 vom dänischen Forscher J. P. Koch und dem Deutschen Alfred Wegener; 1921 vom dänischen Forscher Lauge Koch; 1931 von den Forschern Hoijgaard, Gronan und Scott; 1931 vom Forscher Gino Watkins (1907-1932); 1934 vom Forscher Martin Lindsay (1905-1981) und seiner Mannschaft; von 1936 bis und von 1948 bis 1953 sowie von 1957 bis 1961 vom französischen Forscher Paul-Emile Victor (1907-1995); 1986 vom norwegischen Forscher Borge Ousland und zwei Freunden in 37 Tagen; vom 21. April bis 16. Juni 1988 von den Forschern Jean-Louis Etienne, Victor Boyarsky, Keizo Funatzu, Geoff Sommers und Will Steger von Süd nach Norden vor ihrer Durchquerung der Antarktis; im Juli 1993 von den Bergsteigern Reinhold Messner, Odd Eliason und Stein Aasheim, die 2200 Kilometer ohne Hilfe zurücklegten; vom 19. März bis 12. Juli 1996 durch die norwegischen Forscher Runde Glednes und Torry Larsen von Kap Farewell bis zum Kap Morris Jesup (ihnen gelang die erste Durchquerung Grönlands in der gesamten Länge. Dabei legten sie 2584 Kilometer in 87 Tagen ohne Unterstützung zurück.); im Jahr 2000 durch die dänische Expedition Sirius, die aus sechs Abenteuern und dem dänischen Kronprinz Frederik (geb. 1968) bestand. Innerhalb von drei Monaten legten sie mit ihren Hundeschlitten 2500 Kilometer zwischen den Dörfern Qaanaq und Daneborg zurück, das sie am 31. Mai 2000 erreichten; vom 22. Juni bis 1. September 2001 vom dänischen Polarforscher John Andersen (geb. 1943), der entlang der nördlichen Küste bis Qaanaq zusammen mit dem Filmemacher Frederik Jacobi in einem Kanu paddelte und dabei am 14. Juli 2001 Kap Morris Jesup passierte. Innerhalb von 40 Jahren hat Andersen praktisch ganz Grönland mit dem Kajak umrundet. Ihm fehlen nur noch 200 Kilometer. Das Gebiet Hall wurde nach dem amerikanischen Seefahrer Charles Francis Hall (1821-1871) benannt, der als Erster 1871 das Meeresbecken erreichte, das ebenfalls seinen Namen trägt. Er starb tragisch am Ende eines harten Tages durch eine von seinem Stellvertreter vergiftete Tasse Kaffee. König-Christian-IX.-Land trägt den Namen des dänischen Königs Christian IX. (1818-1906). König-Christian-X.-Land trägt den Namen des dänischen Königs Christian X. (1870-1947). Die König-Frederik-VI.-Küste trägt den Namen des dänischen König Frederik VI. (1768-1839) und das König-Frederik-VIII.-Land den Namen des dänischen Königs Frederik VIII. (1843-1912) Das König-Fredrik-IX.-Land ist nach dem dänischen König Frederik IX. (1843-1912) benannt. Hayes-Land trägt den Namen des amerikanischen Forschers Issac Hayes (1832-1881), der den britischen Seefahrer Elisha Kent Kane (1820-1857) bei seiner Suchexpedition nach John Franklin (1786-1847) in der Arktis zwischen 1853 und 1855 begleitete. Hayes organisierte später zwischen 1860 und 1861 sowie 1869 eigene Grönland-Expeditionen. Hudson-Land trägt den Namen des britischen Forschers Henry Hudson (1550-1611), der Expeditionen in den hohen Norden verwirklichte. Inglefield-Land wurde nach dem britischen Forscher Edward Inglefield (1820-1894) benannt, der dieses Gebiet 1852 mit seinem Schiff „Isabel" entdeckte. Zwischen 1948 und 1951 wurde die Region vom französischen Geomorphologen Jean Malaurie (geb. 1922) durchquert. Liverpool-Land im Norden der Meerenge von Scoresby wurde nach der britischen Hafenstadt benannt. 1777 gingen hier fast 50 britische, dänische und holländische Schiffe im Eis verloren, wobei 400 Männer ums Leben kamen. Melville-Land trägt den Namen des amerikanischen Seefahrers George Wallace Melville (1814-1912), Kommandant eines der Rettungsboote der „Jeannette", dem es gelang, am 26. September 1881 mit neun Überlebenden der 32 Mann starken Expedition, die von George de Long (1844-1881) geleitetet wurde, ein russisches Dorf an der Lena zu erreichen, nachdem ihr Schiff im Packeis zerstört worden war. Milius-Erichsen-Land trägt den Namen des dänischen Polarforschers Milius Erichsen (1872-1907), der hier den Tod fand. Königin-Louise-Land wurde nach Königin Louise (1817-1898), Gattin von König Christian IX. (1818-1906), und Königin Louise (1851-1926), Gattin des König Frederik VIII, (143-1912), be-

Die Inseln des Mittelmeers

Malta: Auf der Insel wurde der Johanniter-Orden gegründet. Im Zweiten Weltkrieg wurde die Insel von der deutschen Luftwaffe schwer bombardiert.

Korcula: Die kroatische Insel liegt wie die Inseln Brac, Cres, Dugiotok, Hvar, Krk, Mljet, Pag, Rab und Vis in der Adria vor der dalmatinischen Küste. Sie sind vor allem bei deutschen Touristen sehr beliebt.

Zypern: Die Ruinen von Paphos und einige Mosaiken gehören zum von der Unesco geschützten Weltkulturerbe.

Korfu: Die Insel im Ionischen Meer wurde im 7. Jahrhundert vor Christus von Korinth aus besiedelt. In dieser Epoche entstand auch der Tempel der Artemis.

Kreta: Der große Seefahrer der Antike Nearkos kam im 4. Jahrhundert vor Christus auf der Insel zur Welt. Er wurde später Admiral der Flotte von Alexander dem Großen und befuhr vor allem das Arabische Meer.

Djerba: Die bei Touristen aus aller Welt beliebte Insel ist durch eine Brücke mit dem Festland verbunden.

Ibiza: Die Balearen-Insel gehört zu Spanien. Vor allem bei jugendlichen Urlaubern ist die Insel ein beliebtes Reiseziel.

Mallorca: Die größte Balearen-Insel ist vermutlich die meistbesuchte Mittelmeerinsel. Charterflugzeuge aus ganz Europa bringen das ganze Jahr über Touristen auf die Insel, die dennoch einige stille Punkte zu bieten hat.

Capri: Vom höchsten Punkt der Insel bietet sich ein hervorragender Blick auf Neapel und den Vesuv, der bei einem Ausbruch am 24. August 79 die Stadt Pompeji zerstörte.

Elba: Napoleon regierte zwischen dem 4. Mai 1814 bis 26. Februar 1815 über diese Insel, bevor er sich wieder in die Weltgeschichte einmischte und schließlich auf die Atlantikinsel Sankt Helena verbannt wurde.

Korsika: Auf der französischen Insel kam Napoleon am 15. August 1769 in Ajaccio zur Welt.

Korsika: Das berühmte „Festival du Vent“ findet jedes Jahr Ende Oktober oder Anfang November in Calvi statt.

Santorin: Christian Nau und seine Gattin beobachten einen Sonnenuntergang auf der griechischen Insel. Sie feierten die Fertigstellung dieses Buches und ihren 30. Hochzeitstag auf dieser Insel.

If: In dem berühmten Gefängnis verbrachte Edmond Dantes, Hauptfigur im Roman „Der Graf von Montecristo“ von Alexandre Dumas, einige Jahre, bevor er den Schatz auf der Insel Montecristo hob und Rache an seinen Verrätern nehmen konnte.

nannt. Peary-Land trägt den Namen des amerikanischen Polarforschers Robert Edwin Peary (1856-1920), der den Nordpol am 6. April 1909 erreichte. Rasmussen-Land wurde zu Ehren des dänischen Polarforschers Knud Rasmussen (1879-1933) benannt, der zwischen 1912 und 1933 sieben Grönland-Expeditionen organisierte, um Sitten und Leben der Eskimos und grönländischen Inuit zu studieren. Scoresby-Land trägt den Namen der Polarforscher William Scoresby senior (1760-1829) und dessen Sohn William Scoresby junior (1789-1857), die Expeditionen an den Küsten Grönlands organisierten.

Großbritannien (50° bis 58° 36'N und 1° 54'O bis 7° 36'W) – Die 230.000 Quadratkilometer große Insel umfasst England, Schottland und Wales. (Siehe auch bei Vereinigtes Königreich)

Groix (47° 38'N und 3° 26'W) – Sechs Kilometer vor der französischen Küste im Südwesten von Lorient liegt diese Insel, die eine Oberfläche von 15 Quadratkilometern aufweist, die sich 2600 Menschen teilen. Der höchste Punkt erreicht 46 Meter. Das Hauptdorf ist Groix. Die Insel war zwischen 1880 und 1950 berühmt für die Thunfischfischerei. Die Häfen der Insel befinden sich in Port-Tudy, Locmaria, Lay und Saint-Nicolas. Der Leuchtturm von Pen-Men im Nordwesten ist 59 Meter hoch, hat eine Reichweite von 29 Seemeilen und sendet vier weiße Signale alle 25 Sekunden. Der Leuchtturm von Pointe-des-Chats im Südwesten ist 16 Meter hoch, hat eine Reichweite von 19 Seemeilen und sendet alle fünf Sekunden ein rotes Signal. Das Fort Surville liegt gegenüber des Strandes von Grands Sables. Die Anlage trägt den Namen des französischen Seefahrers Jean-François de Surville (1717-1770). Am 28. Juni 1795 fand vor der Insel eine Seeschlacht zwischen britischen Schiffen und der von Kapitän Durand de Linois (1761-1848) kommandierten „Le Formidable" statt. Das erste Festival von Inselfilmen fand hier zwischen dem 30. August und dem 2. September 2001 statt. Dabei ging Groix eine Partnerschaft mit der größten Marshall-Insel Nuku Hiva ein. 50 Tänzer und Musikanten kamen aus diesem Anlass nach Groix, um die Partnerschaft gebührend zu feiern. Ein Sprichwort behauptet: „Wer Groix sieht, sieht die Freude."

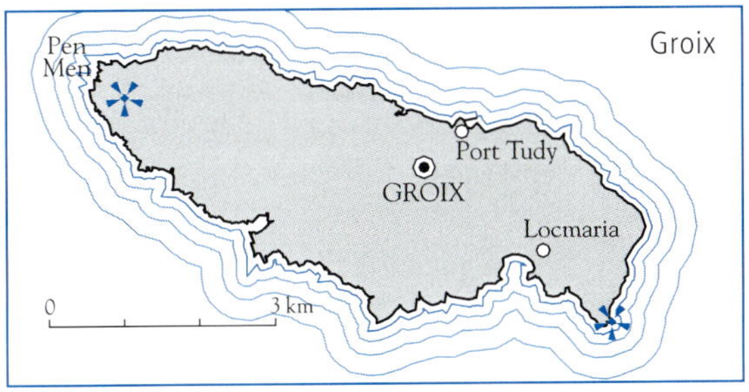

Guadalcanal (9° 32'S und 160° 12'O) – Östlich von Neuguinea liegt diese Pazifikinsel, die zu den Salomonen gehört. Mit 2447 Metern ist der Berg Makatakomburu der höchste Punkt der Insel. Die

Insel wurde 1568 vom portugiesischen Seefahrer Alvaro de Mendana (1541-1595) entdeckt. Die Hauptstadt Honiara, in der sich auch ein Hafen befindet, erlebte 1943 während des Zweiten Weltkriegs schwere Kämpfe zwischen denen von Admiral William Nimitz (1885-1966) kommandierten amerikanischen Truppen und den japanischen Einheiten, die unter dem Kommando von Admiral Isoruku Yamamoto (1884-1943) standen.

Guadalupe (29°N und 118° 16'W) – Die mexikanische Insel liegt 300 Kilometer westlich der Halbinsel Baja California.

Guadeloupe – Seit dem 19. März 1946 ist die französische Karibikinsel ein Überseedepartement. Sie gehört zu den Kleinen Antillen und hat eine Oberfläche von 1780 Quadratkilometern, die sich 422.496 Menschen teilen, was eine Bevölkerungsdichte von 248 Bewohnern je Quadratkilometer ergibt. Die Verwaltungshauptstadt befindet sich in Basse Terre, während Pointe à Pitre das Geschäftszentrum der Insel ist. Sieben Kilometer von Pointe à Pitre entfernt befindet sich der internationale Flughafen Guadeloupe-Pôle-Caraibes. Mit 1467 Metern ist der Berg La Soufrière der höchste Punkt der Insel. 1956 und am 8. Juli 1976 ist der Vulkan die letzten Male ausgebrochen. Ende August 1979 richtete der Hurikan David große Schäden auf der Insel an. Zahlreiche Menschen kamen ums Leben. Zehn Jahre später verwüstete der Hurrikan Hugo am 16. und 17. September 1989 Guadeloupe. Die Insel wurde am Montag, 4. November 1493 von Kolumbus (1451-1506) bei seiner zweiten Entdeckungsfahrt mit der „Maria Galante" entdeckt. Sein Stellvertreter Alfonso de Hojeda erforschte die Küste vor der Rückkehr nach Spanien. Kolumbus kehrte zwischen dem 10 und 20. April 1496 ein zweites Mal zurück. Am 10. Februar 1763 wurde die Insel unter Ludwig XV. (1710-1774) durch den Vertrag von Paris, der den Siebenjährigen Krieg beendete, im Austausch gegen Kanada, das nun britisch wurde, Frankreich zugeschlagen. Die Sklaverei wurde auf Guadeloupe am 27. Mai 1848 abgeschafft. Rezept für das lokale Getränk „Tipunch": vier cl Rum, ein wenig Zuckerrohrsirup und Zitrone, mixen und probieren und in Maßen genießen. (Siehe auch Antillen, Kleine)

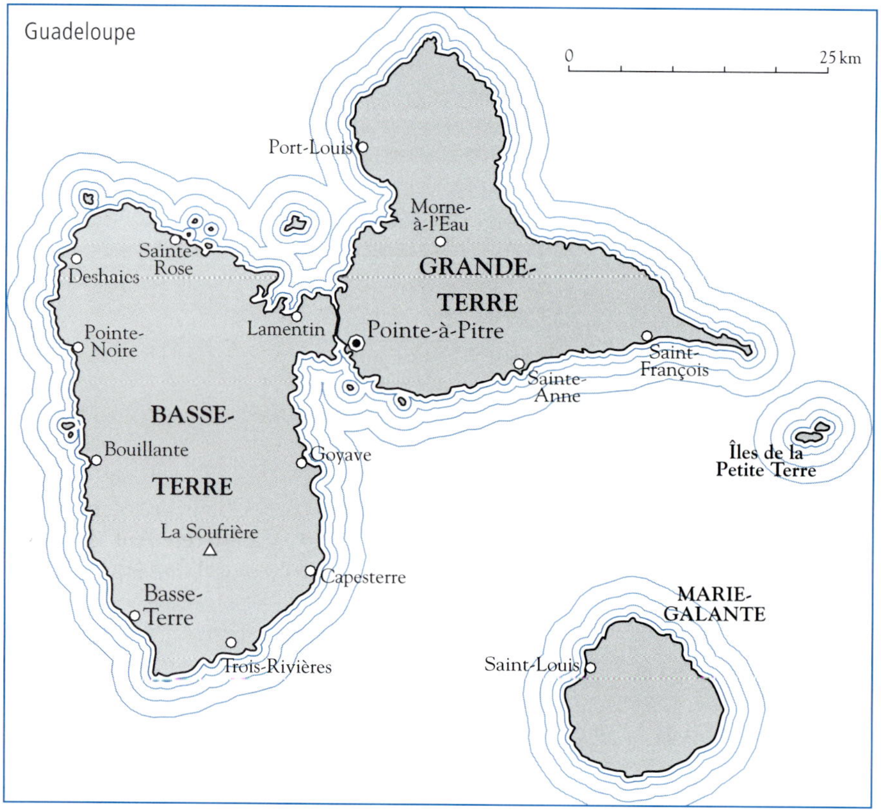

Guam (13° 28'N und 144° 47'O) – Die zu den Marianen gehörende Insel ist der westlichste Punkt der USA. Man nennt Guam auch den „Platz, wo für Amerika der Tag beginnt". Auf einer Oberfläche von 550 Quadratkilometern leben 110.000 Einwohner, was eine Bevölkerungsdichte von 200 Menschen je Quadratkilometer ergibt. Der Hafen Apra Harbour liegt im Westen der Insel. Die Insel wurde am Mittwoch, 6. März 1521 vom portugiesischen Seefahrer Fernao de Magellan (1480-1521) entdeckt. Er nannte sie Insel der Spitzbuben oder Diebe. Guam, am 10. Oktober 1898 von Spanien Guam an die USA abgetreten, erlebte während des Zweiten Weltkriegs schwere Kämpfe zwischen den von Admiral William Nimitz (1885-1996) kommandierten amerikanischen Truppen und den von Admiral Isoroku Yamamoto befehligten japanischen Einheiten. Zwischen dem 10. Oktober 1941 und dem 21. Juli 1944 war die Insel von japanischen Truppen besetzt. 1997 erlebte die Insel den Zyklon Paka, der mit Geschwindigkeiten von bis 230 km/h über ihr tobte. Die zwölf Meter hohen Wellen zerstörten 230 Schiffe. Im Süden der Insel befindet sich der Marianengraben. Am 23. Januar 1960 erreichte das Bathyskop „Trieste" des Schweizer Tiefseeforschers Jacques Picard (geb. 1922) und von Don Walsh um 13.06 Uhr nach 4:43 Stunden die Tiefe von 10.916 Metern. Mit 11.033 Metern befindet sich die größte Meerestiefe im nahe gelegenen Challengergraben, der in Erinnerung an das Forschungsschiffs „Challenger", das die Welt zwischen 1872 und 1876 umrundete, so genannt wurde. (Siehe auch bei Marianen)

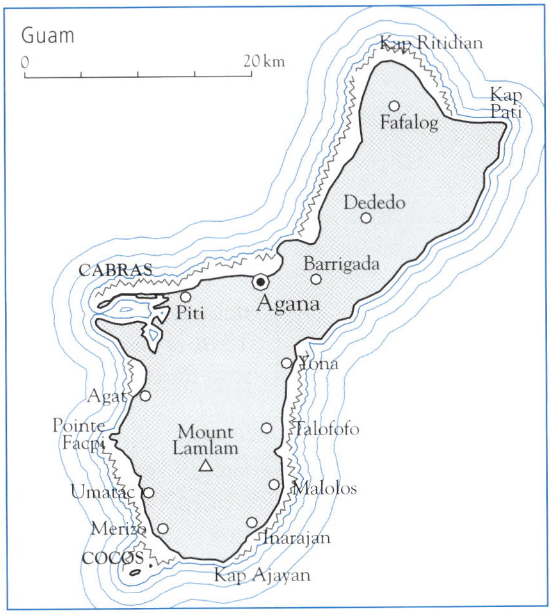

Guanaja (16° 30'N und 85° 55'W) – Nördlich von Honduras liegt diese zu den Antillen gehörende Insel, an deren Ostküste der gleichnamige Hafen liegt. Die Insel wurde am Samstag, 20. Juli 1502 von Kolumbus (1451-1506) entdeckt. Der Zyklon Mitch verwüstete die Insel zwischen dem 30. Oktober und 1. November 1998.

Guénéron – 700 Meter vor der Halbinsel von Crozon im Finistère liegt diese unbewohnte französische Insel, die eine Oberfläche von zwei Hektar aufweist. Bei Ebbe braucht man nur die letzten 150 Meter vom Strand von Palue aus zu schwimmen.

Guenioc (47° 36'N und 4° 38'W) – Im Nordwesten von Finistère liegt diese unbewohnte französische Insel, die eine Oberfläche von sechs Hektar aufweist.

Guernsey (49° 27'N und 2° 35'W) – Vor der Küste der Normandie liegt diese zu den britischen Kanalinseln gehörende Insel, die eine Oberfläche von 65 Quadratkilometern aufweist, die sich 60.000 Einwohner teilen. Die Bevölkerungsdichte liegt bei 923 Menschen je Quadratkilometer. Der höchste Punkt erreicht 82 Meter. Auf der Insel befindet sich ein Flugplatz, und der Hafen befindet sich im Hauptort Saint Peter Port. Hier steht auch das Haus, in dem der französische Schriftsteller Victor Hugo (1802-1885) zwischen 1856 und 1870 sein Exil verbrachte und seine Romane „Les Misérables" und „Les Travailleurs de la Mer" schrieb. Die Insel ist wegen der Abwesenheit von Mehrwert- oder lokalen Steuern ein Steuerpara-

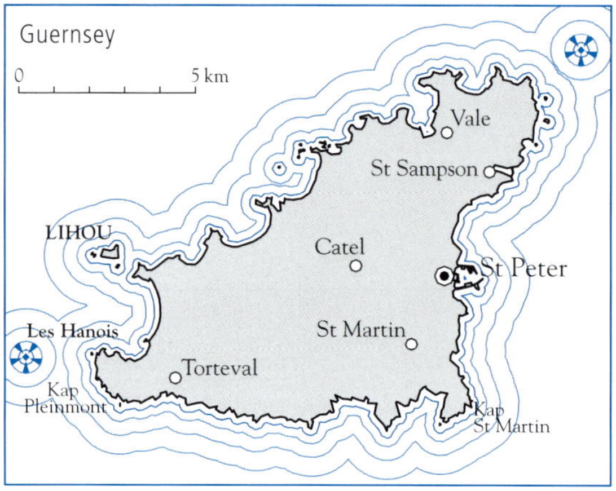

dies, in dem lediglich eine pauschale Abgabe von 20 Prozent auf Einkommen verlangt wird. Die örtliche Währung ist das Jersey-Pfund, das mit dem britischen Pfund gleichsteht. Das lokale Geld gilt allerdings nicht in Großbritannien. Das gilt auch für die Falkland-Inseln. (Siehe auch bei Kanalinseln)

Guiautec (47° 42'N und 3° 58'W) – Die Insel gehört zu dem zwölf Inseln umfassenden französischen Archipel von Glénan vor dem südlichen Finistère. Sie hat eine Oberfläche von zwei Hektar. In dem Vogelschutzgebiet leben Kormorane und verschiedene Möwenarten. (Siehe auch bei Glénan)

Guirinec (47° 43'N und 3° 58'W) – Sieben Hektar misst die zum französischen Glénan-Archipel zählende Insel, die eine Oberfläche von sieben Hektar erreicht. In dem Vogelschutzgebiet leben Kormorane und verschiedene Möwenarten.

Guric (47° 24'N und 2° 59'W) – 100 Meter westlich der Insel Hoaut liegt diese unbewohnte französische Insel, die eine Oberfläche von drei Hektar erreicht.

Gwin Zégal (48° 42'N und 2° 53'W) – Die unbewohnten kleinen französischen Inseln liegen vor der Côte d'Armor und sind herausragende Vogelschutzgebiete.

Ha'apai (19° 47'S und 174° 27'W) – Die Pazifikinseln gehören zum Königreich Tonga.

Habomai (43° 30'N und 146° 10'O) – Zwischen der Ochotskischen See und der Halbinsel Kamtschatka liegen diese russischen Inseln vor der japanischen Ostküste. Sie wurden von den Russen nach dem Zweiten Weltkrieg annektiert und werden noch immer von Japan beansprucht. (Siehe auch bei Kurilen)

Hachijo (33° 05'N und 139° 48'O) – Die japanische Insel gehört zum Izu-Archipel, der südlich von Honshu liegt. (Siehe auch bei Izu)

Haha (26° 37'N und 142° 10'O) – Südlich von Japan liegt diese zu den Bonin-Inseln gehörende Insel, die auch Ogasawara-Gunto genannt wird. Ihr Hafen befindet sich in Hahjimaretto. (Siehe auch bei Bonin)

Hainan (19°N und 109° 30'O) – 22 Kilometer vor der chinesischen Küste, im Südwesten des Golfs von Tonkin, liegt diese chinesische Insel, die auf eine Oberfläche von 34.000 Quadratkilometer kommt, die sich 6,5 Millionen Menschen teilen, was eine Bevölkerungsdichte von 181 Bewohnern je Quadratkilometer ergibt. Mit 1879 Metern ist der Berg Wuzhistan die höchste Erhebung der Insel. In der Hauptstadt Haikou befindet sich der Hafen der Insel. Der internationale Flughafen liegt in der Nähe der Hauptstadt. Die Insel wurde 1453 vom chinesischen Seefahrer Theng He (1371-1435) entdeckt. Ihm folgte 1515 der spanische Seefahrer Tomé Pires und vom 22. Januar bis 17. Februar 1825 der französische Seefahrer Hyacinthe de Bougainville (1781-1846).

Haiti (19°N und 71°W) – Auf der zu den Großen Antillen zählenden Insel befinden sich die Dominikanische Republik und Haiti, das seit dem 1. Januar 1804 unabhängig ist. Die Oberfläche von 27.750 Quadratkilometern teilen sich 7,5 Millionen Menschen, was eine Bevölkerungsdichte von 270 Bewohnern je Quadratkilometer ergibt. Der

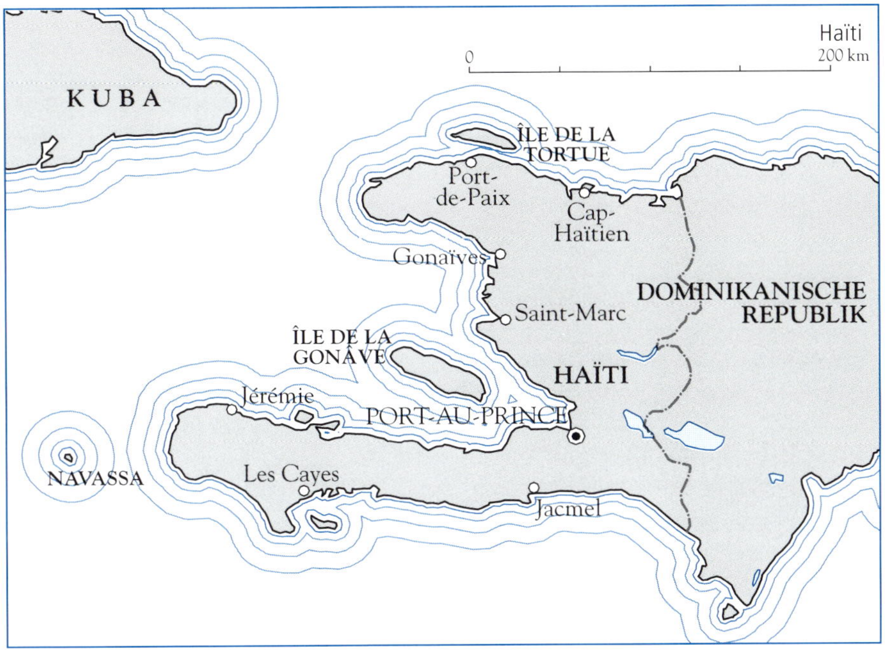

Mont La Salle ist mit 2680 Metern die höchste Erhebung auf der Insel. Der internationale Flughafen Mais Gate befindet sich zwölf Kilometer nordöstlich der Hauptstadt Port-au-Prince. Im Norden der Insel liegt der Hafen Port de Paix. Die Insel wurde von Kolumbus (1451-1506) bei seiner ersten Entdeckungsfahrt am Mittwoch, 5. Dezember 1492 entdeckt. Er ging zwei Tage später an Land und nannte die Insel Hispaniola. 1501 eroberte Nicolas de Ovando die Insel an der Spitze einer 32 Schiffe zählenden Flotte und wurde ihr Gouverneur. 1686 kam der britische Schatzsucher William Phips (geb. 1651) mit seinem Schiff „James and Mary“ auf die Insel, um einen Schatz in der Nähe von Port-de-la-Plata zu suchen. Er war erfolgreich und entdeckte Schmuck, Perlen, Gold und 32 Tonnen Silber. Die Insel durchlitt zwischen 1991 und 1995 einen schweren Bürgerkrieg. Der Nationalpark rund um die Zitadelle, das Schloss Sans-Souci und Ramiers gehören zu dem von der Unesco geschützten Weltkulturerbe.

Half Moon – Die Insel liegt im Westen der Antarktis. Von hier aus lassen sich Pinguine und Wedellrobben beobachten.

Hall (60° 40’N und 173° 05’W) – Zu Franz-Joseph-Land gehört diese russische Insel, die den Namen des amerikanischen Polarforschers Charles Francis Hall (1821-1871) trägt, der als Erster das Meeresbecken zwischen Grönland und der Insel Ellesmere erreichte, das heute seinen Namen trägt. Er wurde von Eskimos an der Westküste Grönlands umgebracht. Im Süden der Insel befindet sich Kap Tegetthoff. (Siehe auch bei Franz-Joseph-Land und Tegetthoff)

Halligen – Vor der schleswig-holsteinischen Nordseeküste liegen die kleinen unbedeichten Marschinseln. Um sich bei schweren Stürmen vor den Fluten zu schützen, befinden sich die Höfe auf so genannten Warften.

Hamilton (74° 11’N und 99° 10’W) – In der Mellville-Meerenge im Norden der Prince-of-Wales-Inseln liegt diese kleine Insel in dem autonomen Gebiet Nunavut. Sie trägt den Namen von Vesey Hamilton (1819-1907), der zwischen 1852 und 1854 an der von Francis Leopold McClintock (1819-1907) geleiteten Expedition an Bord der „Intrepid“ teilnahm.

Hao (18° 15’S und 140° 54’W) – Das Atoll gehört zu den Tuamotu-Inseln in Französisch-Polynesien. Seine Oberfläche beträgt insgesamt 600 Quadratkilometer, von denen 30 Quadratkilometer aus dem Meer herausragen. 1500 Menschen leben dort, was eine Bevölkerungsdichte von 50 Bewohnern je Quadratkilometer ergibt. Vom Flughafen benötigt man 15 Minuten im Auto zum Hauptort Otepa. Das Atoll wurde am Freitag, 10. Februar 1606 vom portugiesischen Seefahrer Pedro Fernandez de Quiros (1565-1615) entdeckt. Ihm folgte am Donnerstag, 6. April 1769 der britische Seefahrer James Cook (1728-1779), der das Atoll Bow nannte. Hao diente dank seiner 3,3 Kilometer langen Landebahn als logistische Basis für die französischen Nukleartests auf Muroroa und Fangataufa. Seit dem Ende der französischen Tests befindet sich auf der Insel ein Regiment der Fremdenlegion.

Harbour (48° 39'N und 2° 04'W) – 1,4 Kilometer nördlich von Dinard liegt die kleine französische Privatinsel, die eine Oberfläche von zwei Hektar besitzt. Ihr höchster Punkt ist bei 21 Metern erreicht. Auf der Insel befindet sich eine Befestigungsanlage.

Harpes (46° 28'N und 6° 21'O) – Die Insel im Genfer See liegt 100 Meter vor der Stadt Rolle. Sie misst 100 mal 150 Meter. Auf ihr befindet sich eine Befestigungsanlage.

Harteau – Die französische Insel im Rance-Becken südlich von Saint-Malo hat eine Oberfläche von 0,5 Hektar. Ihr höchster Punkt ist nach zwölf Metern erreicht.

Hawaii (19° 30'N und 155° 30'W) – Die Inselgruppe im Nordpazifik in der Nähe des Wendekreises des Krebses besteht aus acht Hauptinseln: Hawaii, Maui, Lanai, Molokai, Oahu, Kauai, Niihau und der unbewohnten Insel Kahoolawe. Die Oberfläche von 16.600 Quadratkilometern teilen sich 990.000 Einwohner, was eine Bevölkerungsdichte von 16 Menschen je Quadratkilometer ergibt. 1898 annektierten die USA die Inseln, die am 21. August 1959 als 50. Staat Teil der Vereinigten Staaten wurden. Die Inselgruppe wurde am Sonntag, 18. Januar 1778 (Oahu und Kauai) und Montag, 19. Januar 1778 (Niihau) vom britischen Seefahrer James Cook (1728-1779) entdeckt, der sie zunächst Sandwich-Inseln nannte, um damit den britischen Marineminister John Montague of Sandwich (1718-1792) zu ehren. Sandwich war zwischen 1748 und 1751, von 1763 bis 1771 und 1782 zudem auch First Lord der britischen Admiralität. Anfang 1995 fuhren sechs Piroggen von den Marquesas-Inseln nach Hawaii, wobei ausschließlich die traditionelle Navigation benutzt wurde. Viele japanische Paare kommen nach Hawaii, um sich hier in Honolulu in der Nähe des weltberühmten Strandes von Waikiki trauen zu lassen. Das Angebot „Heiraten auf Hawaii" besteht aus den Flugtickets, Anzug für den Bräutigam, Brautkleid, der offiziellen Zeremonie in einem Tempel, die wie in Las Vegas nur wenige Minuten in Anspruch nimmt, Hochzeitsurkunde und Vollpension. Gegen Ende des vergangenen Jahrhunderts ist Hawaii allerdings eine starke Konkurrenz von Bora Bora in Französisch-Polynesien erwachsen. Der amerikanische Astronaut James Irwin (1930-1991) beschrieb die Inseln bei seinem Flug durchs All in der Raumkapsel Apollo 15 (16. Juli bis 7. August 1971): „Nachdem wir den Pazifik überquert hatten, erhielten wir die Erlaubnis, unsere Annäherung an dem Mond zu beginnen. Wir starteten den Antrieb und kamen uns vor wie in einem riesigen Aufzug, der uns nach oben katapultierte. Ich sah aus der Luke, und dort lagen wunderbar im Zentrum die Hawaii-Inseln. Wir rasten weiter und erreichten dabei eine Geschwindigkeit von 40.000 km/h."

Hawaii – Die größte Insel der Gruppe hat eine Oberfläche von 10.460 Quadratkilometern, die sich 95.500 Menschen teilen, was eine Bevölkerungsdichte von neun Bewohnern je Quadratkilometer ergibt. Mit 4205 Metern ist der Mount Kea (19° 48'N und 155° 30'W) der höchste Punkt der Insel. Unter den zehn Teleskopen auf dem Gipfel ragen die beiden Anlagen Keck 1 und Keck 2 mit ihren jeweils zehn Meter messenden Objektiven heraus. Ende 2000 wurden sie zusammengekoppelt, was eine Stärke ergab, die der eines 85-Meter-Objektives entspricht. So sind interferometrische Messungen möglich. Die beiden Teleskope

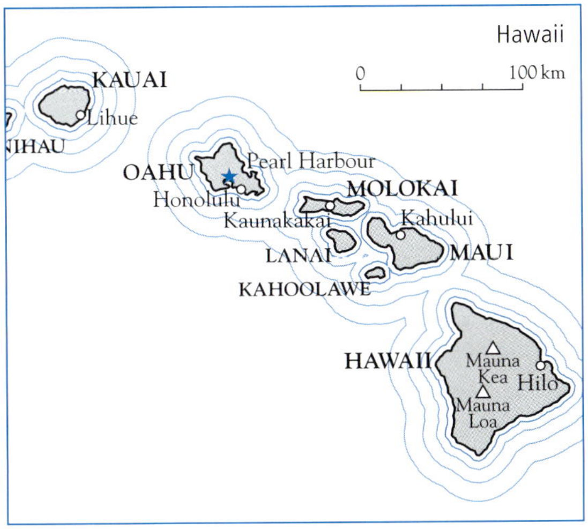

werden von dem 77 Straßenkilometer (30 Kilometer Luftlinie) entfernten Dorf Waimea aus gesteuert. Die Informationen werden per Glasfaser übermittelt. Das Teleskop Gemini Nord mit 8,20 Metern wurde Ende 2000 mit einem identischen Teleskop auf dem 2650 Meter hohen Cerro Paranal im 10.600 Kilometer entfernten Chile verbunden. Der Vulkan Mauna Loa (19° 30'N und 155° 36'W) erreicht eine Höhe von 4170 Metern. 1950 und 1984 kam es hier zu Eruptionen. Ein anderer Vulkan, der Kilaulea, ist 1790, 1897, 1955, 1959, 1988 und 2002 ausgebrochen, wobei ein Lavasee mit einem Durchmesser von 150 Meter entstand. Die Wasserfälle von Akaka messen 128 Meter. Auf dieser Insel befindet sich in Ka Lae der südlichste Punkt der USA. Die Hauptstadt ist Hilo, wo sich auch der Flughafen befindet. Der Hafen von Opihikao liegt an der Ostküste der Insel, die am Sonntag, 18. Januar 1778 vom britischen Seefahrer James Cook (1728-1779) bei seiner dritten Weltumsegelung entdeckt wurde. Nach seiner Fahrt zur Beringstraße und den arktischen Packeisfeldern kehrte Cook am Donnerstag, 26. November 1778 zurück und wurde am Sonntag, 14. Februar 1779 in der Nähe des heutigen Dorfs Honaunau erstochen. Cook fand seine letzte Ruhestätte in Westminster Abbey. Der Vulkan-Nationalpark der Insel gehört zum von der Unesco geschützten Weltnaturerbe.

Heard and McDonald (52° 05'S und 73° 30'O) – Der unbewohnte australische Archipel, der aus den Inseln Heard und McDonald besteht, liegt im Indischen Ozean 500 Kilometer südöstlich der Kerguelen. Seine Oberfläche beträgt 412 Quadratkilometer. Die Inseln gehören zu dem von der Unesco geschützten Weltkultur- und Weltnaturerbe.

Heard (52° 05'S und 73° 30'O) – Seit 1947 wird diese südöstlich der Kerguelen gelegene Insel von Australien verwaltet. Ihre Oberfläche erreicht 390 Quadratkilometer. Mit 2745 Metern ist der bis heute unbestiegene Berg Mawson der höchste Punkt der Insel. Der Berg hieß früher „Big Ben", bekam dann aber den Namen des britischen Forschers Douglas Mawson (1882-1958). Die Insel trägt den Namen des britischen Seefahrers John J. Heard, der sie am 25. November 1853 entdeckte.

Hearst (69° 25'S und 62° 10'W) – Die Insel im Wedell-Meer liegt östlich der Antarktis fest im Packeis.

Hébiens (48° 37'N und 2° 12' 36"W) – Ein Kilometer nördlich von Saint-Jacut-de-la-Mer liegt diese französische Insel vor der Côte d'Armor. Sie kommt auf eine Oberfläche von 18 Hektar. Ihr höchster Punkt erreicht 34 Meter. Auf der Insel befindet sich ein von Vauban entworfener Turm.

Hebriden (57°N und 6° 30'W) – Die 500 Inseln, von denen viele unbewohnt sind, liegen vor der nordwestlichen schottischen Küste. Insgesamt leben auf den Inseln 80.000 Menschen. Der wichtigste Hafen liegt in Castlebay (56° 57'N und 7° 28'W). Die Inseln wurden 840 von den Wikingern erobert.

Helgoland – Einschließlich des Badestrands Düne misst Helgoland 1,9 Quadratkilometer. Die Insel umfasst das aus Buntsandsein gebildete Oberland, das flache sandige Unterland und die 1,5 Kilometer entfernte Düne, die bis 1720 mit der Insel verbunden war. Die bereits von Friesen besiedelte Insel kam 1402 an das Herzogtum Schleswig, danach beherrschten die Dänen von 1714 an Helgoland, das sie 1814 an Großbritannien abtreten mussten. Im Helgoland-Sansibar-Vertrag tauschte das Deutsche Kaiserreich die Insel gegen Sansibar ein. Nach dem Zweiten Weltkrieg wurde die Bevölkerung evakuiert, und Helgoland diente den Briten als Zielgebiet für Bombenabwürfe. Am 1. März 1952 wurde das vollkommen zerstörte Helgoland an die Bundesrepublik Deutschland zurückgegeben.

Hellas (36° 08'N und 128° 19'W) – Nur wenige Kilometer vor der türkischen Küste liegt diese griechische Insel. Vom Hafen Megisti verkehren regelmäßige Fähren zur Insel Rhodos.

Henderson (24° 20'S und 128° 20'W) – Die im Südpazifik gelegene Insel gehört zu den Pitcairn-Inseln und wird von Neuseeland verwaltet. Ihre Oberfläche beträgt drei Quadratkilometer. 1820 erreichte die Mannschaft des Walfängers „Essex", der von einem Riesenwal zerschmettert worden war, Henderson. Das Schicksal der Männer inspirierte den amerikanischen Schriftsteller Herman Melville (1819-1891) zu seinem Roman „Moby Dick". Die Insel gehört heute zum von der Unesco geschützten Weltnaturerbe.

Henriette (77°N und 156° 40'O) – Die kleine Insel in der Sibirischen See liegt nordöstlich des Archipel Neusibirien. Am 13. Juni 1881 erlitt das Schiff „Jeannette" des amerikanischen Seefahrers George de Long (1844-1881) bei seinem Versuch, die Nordostpassage von Osten nach Westen zu durchfahren, in der Nähe der Insel Schiffbruch. Die Besatzung rettete sich auf die Insel Bennett, um von hier aus Sibirien zu erreichen. Einige Jahre später fand man Überreste des Dreimasters vor der Küste Grönlands, was den norwegischen Polarforscher Fridtjof Nasen (1861-1930) veranlasste, seine Expedition mit der „Fram" in Angriff zu nehmen. Von dieser Insel startete am 16. März 1979 eine siebenköpfige Expedition unter der Leitung von Dimitry Shparo (geb. 1942), um die Arktis auf Skiern zu durchqueren. Sie erreichte nach 1500 Kilometern den Nordpol am 1. Juni 1979.

Herald (72°N und 176°W) – Östlich der Wrangel-Insel liegt diese verlassene russische Insel. Sie wurde 1849 vom britischen Seefahrer Henry Kellett (1806-1871) entdeckt. Kellett gab seiner Entdeckung den Namen der Zeitung „Herald", die von James Gordon Bennett (1795-1872) herausgegeben wurde. Die Insel wurde am 4. September 1879 ein weiteres Mal vom amerikanischen Seefahrer George de Long (1844-1881) gesichtet. Zwei Tage später geriet er mit seinem Schiff „Jeannette" ins Packeis, aus dem es kein Entrinnen gab. Am 13. Juni 1881 versank sie in der Nähe der Insel Henriette. (Siehe oben)

Herbert (77° 25'N und 70° 40'W) – 25 Kilometer nordwestlich von Grönland liegt diese unbewohnte Insel, die eine Oberfläche von 125 Quadratkilometer aufweist. Die Insel wurde nach Wally Herbert (geb. 1934) benannt, der zusammen mit Ken Hedges (geb. 1934), Allan Gill (geb. 1930), Roy Koerner (geb. 1934) und 40 Schlittenhunden hier am 5. April nach einer Arktisduchquerung eintraf. Die Expedition hatte Barrow in Alaska am 21. Februar 1968 verlassen. Am 29. Mai 1969 trafen sie nach 4700 Kilometern auf Spitzbergen ein.

Herm – Die kleine Insel gehört zu den Kanalinseln vor der Küste der Normandie. Sie wird von der Familie Wood verwaltet. Die Oberfläche beträgt 1,3 Quadratkilometer, die sich 100 Menschen teilen, was eine Bevölkerungsdichte von 77 Bewohnern je Quadratkilometer ergibt. Auf der Insel befinden sich einige Kneipen und das Hotel Maison Blanche. (Siehe auch bei Kanalinseln)

Herpin (48° 43'N und 1° 49'W) – Nordwestlich der Pointe du Grouin liegt die unbewohnte französische Insel, die eine Oberfläche von 0,3 Hektar aufweist. Ihr höchster Punkt überragt den Meeresspiegel um 28 Meter.

Herschel (69° 35'N und 139° 05'W) – Im Norden Kanadas liegt diese Insel in der Beaufort-See. Der norwegische Polarforscher Roald Amundsen (1872-1928) verbrachte hier mit seinem Schiff „Gjoa" die dritte Überwinterung während seiner erfolgreichen Durchfahrt durch die Nordwestpassage zwischen 1903 und 1906. Die Insel trägt den Namen des britischen Astronomen William Herschel (1738-1822), der 1781 den Planeten Uranus entdeckte.

Hiddensee – Im 12. Jahrhundert wurde die deutsche Ostseeinsel zum ersten Mal erwähnt. 1281 Menschen leben auf dem 17 Kilometer langen und zwischen 125 Meter und drei Kilometer breiten Hiddensee. Die knapp 19 Quadratkilometer große Insel ist der Insel Rügen vorgelagert und kann nur mit Fähren von Stralsund und Schaprode aus erreicht werden. Seit 1990 ist sie Teil des Nationalparks Vorpommersche Boddenlanndschaft.

Hierro (27° 45'N und 18°W) – Auf der westlichsten Kanareninsel legten viele Seefahrer einen Zwischenstopp ein, um vor der Überquerung des Atlantiks ihren Proviant aufzufrischen. Die Insel hat eine Oberfläche von 320 Quadratkilometern, die sich 11.000 Menschen teilen, was eine Bevölkerungsdichte von 34 Bewohnern je Quadratkilometer ergibt. Der höchste Punkt der Insel ist der Berg Malapso mit 1500 Metern. Die Hauptstadt ist Valverde, in deren Nähe sich auch der Flughafen befindet. 1634 wurde diese Insel von Ludwig XIII. als Ort des Nullmeridians ausgesucht, um die Welt in Folge des berühmten Vertrags von Tordesillas vom 7. Juni 1494 und der päpstlichen Bulle „Inter coetera" vom Oktober 1533 in zwei Hälften zu teilen. Die Insel diente aber auch den Seefahrern des 18. Jahrhunderts, um die möglichen Fehler in der geografischen Länge auszugleichen. Der französische Seefahrer Louis-Antoine de Bougainville (1729-1811) etwa errechnete mit seinen beiden Schiffen „La Boudeuse" und „L'Astrolabe" bei einer Kursbestimmung am 19. Dezember eine Abweichung von 4° 07' seit seiner letzten Berechnung am Kap Finisterre im Nordwesten Spaniens. Das entspricht immerhin 72 Seemeilen.

Hikueru (17° 36'S und 142° 37'W) – Das Atoll gehört zu den Tuamotu-Inseln, die wiederum Teil von Französisch-Polynesien sind. Auf der Insel wurde lange Zeit Perlmutt kultiviert. (Siehe auch bei Tuamotu-Inseln)

Hitra (63° 33'N und 8° 45'O) – Westlich vor Trondheim liegt diese norwegische Insel.

Hiva Ova (9° 45'S und 139°W) – 1400 Kilometer nordöstlich von Tahiti liegt diese zu den Marquesas gehörende Insel, die eine Oberfläche von 400 Quadratkilometer aufweist, die sich 1800 Menschen teilen. Mit 1276 Metern ist der Berg Temetiu der höchste Punkt der Insel. Die Insel verfügt über einen Flugplatz und einen Hafen in Hanari im Süden. Die Insel wurde am Sonntag, 23. Juli 1595 vom spanischen Seefahrer Alvaro de Mendana (1541-1595) entdeckt. Mendana gab ihr den Namen Dominica. Am 7. April 1774 wurde Hiva Ova vom britischen Seefahrer James Cook (1728-1779) erneut gesichtet. Der französische Maler Paul Gauguin (1848-1903) liegt hier ebenso begraben wie der belgische Sänger Jacques Brel (1929-1978). In der Nähe des Dorfes Puamau befinden sich hervorragend gebaute Tikis. Am 28. Januar 1998 traf hier von Papeete kommend das in Saint-Nazaire gebaute Kreuzfahrtschiff „Paul Gauguin" ein. Eine berühmte polynesische Muschel trägt ebenfalls zu Ehren des französischen Malers den Namen „Conus Gauguini". Die wissenschaftliche Beschreibung wurde 1974 von Georges Richard und Bernard Salvat verfasst. (Siehe auch bei Marquesas)

Hoedic (47° 20' 42"N und 2° 52' 24"W) – Östlich der Belle-Île liegt diese französische Insel, die von den Inseln Madavoar, Grand-Cardinaux und Petits-Cardinaux umgeben ist. Ihre Oberfläche beträgt zwei Quadratkilometer, die sich 130 Menschen teilen. Der höchste Punkt ist nach 22 Me-

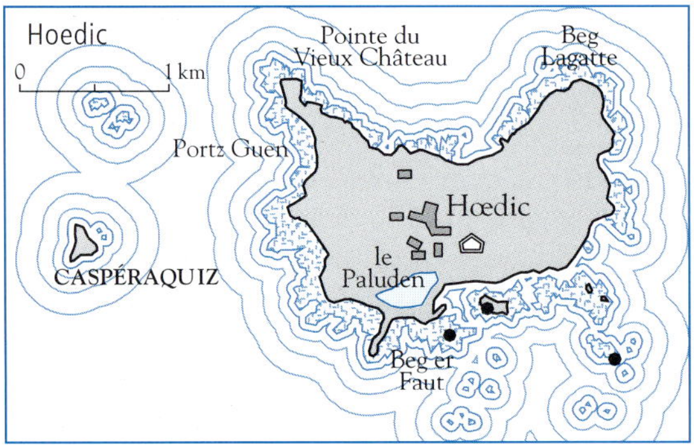

tern erreicht. Auf der Insel befinden sich die Überreste einer alten, von Vauban geplanten, Befestigungsanlage. In der Kirche Notre-Dame befindet sich ein hervorragend gearbeitetes Modell eines Dreimasters. Die Insel verfügt über Fährverbindungen nach Croisic (105 Minuten) und nach Turballe (anderthalb Stunden). Am 8. August 2002 erlitt die „Atlante", nachdem sie wahrscheinlich auf ein Riff aufgefahren war, hier Schiffbruch. Die 226 Passagiere wurden auf die Insel Houat und danach nach Quiberon und Turballe evakuiert.

Hokkaido (44°N und 143°O) – 84.000 Quadratkilometer misst die zu den vier japanischen Hauptinseln zählende Insel. In ihrer Hauptstadt Sapporo fanden 1972 die Olympischen Winterspiele statt. Der höchste Punkt erreicht 2290 Meter. (Siehe auch bei Japan)

Hongkong (22° 15' bis 22° 30'N und 113° 90' bis 114° 30'O) – Das Gebiet gehörte seit dem 26. Januar 1841, als der britische Kapitän Charles Elliott die britische Fahne auf der chinesischen Insel Hongkong hisste, zum britischen Königreich. Diese Epoche endete am 1. Juli 1997, als Hongkong an China zurückgegeben wurde. Die wichtigsten der insgesamt 235 Inseln sind Hongkong, Lantau, Lamma, Cheung Chau, Ping Chau, Tap Mun Chau, Peng Chau, Beaufort, Sunshine (berühmt für seine Sonnenaufgänge) und Chek Lap Kok, wo sich der neue internationale Flughafen befindet. Von den Inseln sind viele unbewohnt und nur sieben mit Fähren erreichbar. Auf dem Festland befinden sich die so genannten New Territories, die von China am 9. Juni 1898 für 99 Jahre gepachtet wurden. Hongkongs Oberfläche beträgt 1080 Quadratkilometer, die sich sechs Millionen Menschen teilen, was eine Bevölkerungsdichte von 6000 Bewohnern je Quadratkilometer ergibt. Doch in einigen Gebieten wie Yaumati auf Kowloon erreicht die Dichte 270.000 Menschen je Quadratkilometer – der höchste Wert der Welt.

Hongkong (Insel) (22° 15'N und 114° 11'O) – Die Insel gehört zum Territorium von Hongkong und hat eine Oberfläche von 78 Quadratkilometern, die sich eine Million Menschen teilen. Davon leben 700.000 auf Dschunken im Hafen von Aberdeen. Das ergibt eine Bevölkerungsdichte von 12.820 Bewohnern je Quadratkilometer. Mit 554 Metern ist der Victoria Peak, der den Namen der britischen Königin Victoria (1819-1901) trägt, der höchste Punkt der Insel. Der britische Kapitän Charles Elliott hisste hier am 26. Januar 1841 die britische Fahne.

Honshu (36°N und 138°O) – Die Oberfläche der größten japanischen Insel beträgt 231.000 Quadratkilometer. Die Hauptstadt ist Tokio, wo 1964 die Olympischen Sommerspiele stattfanden. Auf der Insel befinden sich mehrere Flughäfen wie Narita (65 Kilometer östlich von Tokio), Komaki (18 Kilometer nördlich von Nagoya) und New Kansai (40 Kilometer südwestlich von Osaka). Der Fudschijama ist mit 3776 Metern die höchste Erhebung auf Honshu. Zum letzten Mal brach der Vulkan 1707 aus. Der Berg wird jedes Jahr von 2,5 Millionen Touristen besucht. Tokio und die Region von Jokohama wurden am 1. September 1923 von einem Erdbeben der Stärke 8 zerstört. Mehr als 100.000 Menschen kamen ums Leben. Am Ende des Zweiten Weltkriegs warf das Flugzeug „Enola Gay" am 6. August 1945 um 8.15 Uhr eine fünf Tonnen wiegende Atombombe über Hiroschima ab. Die Explosion in einer Höhe von 550 Metern brachte 70.000 Menschen den Tod.

Die Fußballweltmeisterschaft fand 2002 in Japan und Korea statt. Das Finale zwischen Brasilien und Deutschland fand am 30. Juni in Jokohama statt und sah Brasilien als Sieger. Die Stadt Kioto gehört zum von der Unesco geschützten Weltkulturerbe. (Siehe auch bei Japan)

Hopen **(76° 40'N und 25°O)** – Die Insel gehört zum Svalbard-Archipel. Ihr höchster Punkt ist mit 933 Metern der Berg Iversenfjellet. 1942 erlitt das sowjetische Schiff „Dekabrist" vor der Insel Schiffbruch. Von den 80 Menschen an Bord überlebten nur drei. (Siehe auch bei Svalbard)

Hormus **(27° 04'N und 56° 28'O)** – Die iranische Insel liegt nördlich der gleichnamigen Meeresenge und hat eine Oberfläche von 50 Quadratkilometern. Der kretische Seefahrer Nearkuos, Admiral der Flotte von Alexander dem Großen, entdeckte die Insel im Jahr 325 vor Christus bei seiner Fahrt, die ihn bis an die Mündung des Indus führen sollte. Der Seefahrer Alfonso de Albuquerque (1453-1515) besetzte die strategisch wichtige Insel 1507. Zwei Jahrhunderte zuvor hatte Marco Polo (1254-1324) die Insel 1293 mit einer Flotte von 14 Viermastern besucht. Seine Beschreibung aus seinem Buch „Die Wunder der Welt": „Und wenn man die Stadt Calatu (Kala) verlässt und 300 Seemeilen zwischen dem Nordwesten und dem Hafen hinter sich lässt, dann findet man die Stadt Lormos (Hormus), die eine große und edle Stadt ist, und die am Meer liegt. Sie haben einen Melik, den man auch König nennen könnte, der vom Soudan de Kerman abhängt. Es herrscht hier große Hitze, und deshalb haben sie in ihren Häusern Luftkanäle eingebaut, aus denen Wind kommt. Sie ziehen sich in ihre Häuser zurück, um sich zu erfrischen, weil sie sonst die Hitze des Landes nicht ertragen könnten. Die Menschen dieses Landes leben von Datteln und gesalzenen Fischen, von denen sie viele haben, doch die Herren essen schönere Sachen." Der britische Seefahrer William Baffin (1584-1622) starb auf der Insel am 20. Januar 1622.

Hoorn **(66°S und 67° 15'W)** – Gegenüber der Drake-Passage zwischen dem Atlantik und Pazifik liegt diese chilenische Insel, die zugleich der südlichste Punkt Südamerikas ist. Ihre Oberfläche beträgt sechs Quadratkilometer. Ihr höchster Punkt liegt bei 424 Metern. Am Sonntag, 31. Januar 1616 gab der holländische Seefahrer Willen de Schouten (1559-1625) der Insel den Namen seines Schiffes „Hoorn", das im November 1615 in der Nähe von Puerto Deseado abgebrannt war, nachdem ihm die Umfahrung des Kaps gelungen war. Er wurde von seinem Landsmann Jacob Le Maire (1585-1617) begleitet, der die „Concorde" kommandierte. Sie hatten den holländischen Hafen Hoorn am 16. Mai 1615 verlassen. In seinem Bericht heißt es: „Diese Landzunge im Süden der Magellan-Straße endete in einem spitzen Winkel und wir nannten sie Kap Hoorn." Die beiden Holländer eröffneten einen wesentlich schnelleren Weg als den durch die Magellan-Straße. Dabei fuhren viele Seefahrer nach dem Motto der „Cutty Sark", die 1869 vom Stapel lief und heute in Greenwich besichtigt werden kann: „Wo ein Wille ist, da ist auch ein Weg." Das mythische Kap wurde am Mittwoch, 25. Januar 1769 vom britischen Seefahrer James Cook (1728-1779) umfahren.

Horn **(10° 37'S und 142° 17'O)** – Diese Insel liegt in der Torres-Straße, 30 Kilometer nordwestlich von Kap York, dem nördlichsten Punkt Australiens. Auf der Insel befindet sich ein Flugplatz. Die Insel trägt den Namen des Schiffe „Horn" oder „Hoorn" des holländischen Seefahrers Willem de Schouten (1559-1625), der am Sonntag, 31. Januar 1616 zusammen mit Jacob Le Maire an Bord der „Concorde" den südlichsten Punkt Südamerikas entdeckte.

Horn – Die Inselgruppe im südlichen Pazifik liegt 240 Kilometer südwestlich von Wallis. Zu ihnen gehören die beiden Inseln Futuna und Alofi, die beide zum französischen Territorium von Wallis und Futuna gehören. Die Inseln tragen den Namen des Schiffs „Hoorn" des holländischen Seefahrers Willem de Schouten (1559-1625). (Siehe auch bei Wallis und Futuna)

Hoste (55° 15'S und 69°W) – In der Nähe von Feuerland liegt diese unbewohnte chilenische Insel, deren höchster Punkt bei 569 Metern erreicht ist.

Hotelinseln – Diese Inseln haben zumeist eine Oberfläche von wenigen Hektar, auf denen lediglich ein Hotel Platz findet. Sie lassen sich per Schiff oder Hubschrauber erreichen. Sie sind vor allem auf den Malediven, Bahamas und auf einigen Atollen in Polynesien verbreitet. Die Hotelinsel Loloata liegt zum Beispiel 20 Minuten von Flughafen Port Moresby auf Neuguinea entfernt. Hier kann wie im Roten Meer oder dem Great Barrier Reef vor der Ostküste Australiens getaucht werden.

Houat (47° 24'N und 2° 58'W) – 400 Menschen leben auf der 300 Hektar großen französischen Insel, die nordöstlich von Belle-Île liegt. Die Insel ist mittels Fähren von Port Saint-Gildas aus mit Port-Navalo und Quiberon verbunden. Auf der Insel befindet sich eine archäologische Fundstätte. Im 6. Jahrhundert gründete der schottische Mönch Gildas de Rhuys auf Houat ein Kloster. Die Briten hielten die Insel 1695, 1746 und 1795 besetzt.

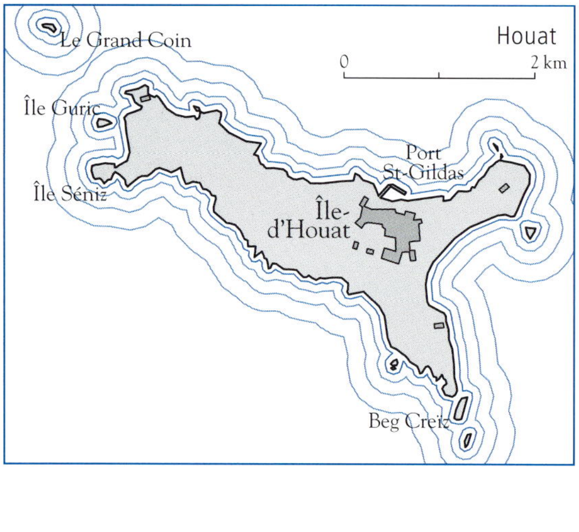

Howe (48° 50'S und 69° 26'O) – Bei den Kerguelen liegt diese Insel, deren höchster Punkt 245 Meter erreicht. Die Insel wurde 1788 vom britischen Seefahrer Ball entdeckt, der sie am 13. März 1789 für die britische Krone in Besitz nahm. Sie trägt den Namen des britischen Seefahrers Richard Howe (1726-1799), der 1783 als First Lord der Admiralität amtierte.

Howland (48'N und 176° 38'W) – Die unbewohnte amerikanische Insel liegt im Nordpazifik in der Nähe der ebenfalls zu den USA zählenden Insel Baker.

Huahine (16° 45'S und 151° 4'W) – Auch „wilde Inseln" genannt liegen die beiden Inseln (Huahine Nui und Huahine Iti) 180 Kilometer nordwestlich von Tahiti. Sie gehören zu den Gesellschaftsinseln, die wiederum Teil von Französisch-Polynesien sind. Die beiden Inseln sind durch einen schmalen Kanal getrennt, der der Legende nach vom Gott Honoava geschaffen wurde. Der Name der Insel stammt aus dem Polynesischen, wobei „Hua" Geschlecht, Embryo oder Ei bedeutet, während „Hine" für Frau steht. Die beiden Inseln sind inzwischen durch eine Brücke miteinander verbunden. Auf der Oberfläche von 73 Quadratkilometern leben 5600 Menschen, was eine Bevölkerungsdichte von 78 Bewohnern je Quadratkilometer ergibt. Mit 669 Metern ist der Berg Turi der höchste Punkt der Inseln. Auf den Inseln gibt es einen Flughafen. Die beiden Zwillingsinseln wurden Montag, 17. Juli 1769, vom britischen Seefahrer James Cook (1728-1779) zusammen mit den Naturforschern Joseph Banks (1743-1820) und Daniel Solander (1736-1782) gesichtet. 1897 wurden sie von Frankreich in Besitz genommen. Seit dem 12. November 1992 findet hier jedes Jahr ein Pirogen-Rennen statt. Die „Hawaiki Nui Va'a" ist in drei Etappen aufgeteilt. Die erste Etappe verläuft über 44,5 Kilometer zwischen dem Dorf Fare im Nordwesten der Insel Huahine und Uturoa auf Raiatea. Die zweite Etappe führt über 26 Kilometer von Uturoa nach Patio auf Tahaa. Das letzte Teilstück schließlich führt von Patio über 58 Kilometer nach Matira auf Bora Bora. Die sechs Ruderer müssen während der gesamten Fahrt zusammenbleiben. Ein Auswechseln ist nicht gestattet. Jedes Jahr nehmen mehr als 80 Pirogen an dem Marathon teil. Die Seegurken, die in der Lagune besichtigt werden können, sind Beweis für die Reinheit des Wassers. Monoi-Öl wird durch das Einweichen von Blüten und einer Mischung mit Kokosöl gewonnen. Die Tupa, die aus Krabbensaft gewonnen wird, dient als Konservierungsmittel für dieses Öl, das vor allem zur Befeuchtung der Haut, bei Mückenstichen, als Massageöl und als Sonnenschutz empfohlen wird. Nach einer Insellegende schwängerte Hiro, der Gott der Diebe, gleichzeitig eine junge Frau der Insel und ihre Schwester. Schließlich tötete er beide, weil er fürchtete, von ihrer Macht überwältigt zu werden. Zwei Hügel stellen die beiden Frauen samt gewölbtem Bauch dar. Auch der Gott Hiro hat seine Hügel einschließlich einer deutlich in den Himmel weisenden Bergspitze. (Siehe auch Inseln unter dem Wind, Gesellschaftsinseln, Französisch-Polynesien)

Hunter (22° 24'S und 172° 03'O) – Südöstlich von Neukaledonien liegt diese Insel im Südpazifik und wird von diesem französischen Überseedepartement verwaltet. Die Insel trägt den Namen des britischen Kommodore John Hunter (1737-1821), der am 26. Januar 1788 mit der von Arthur Philip (1738-1814) kommandierten Flotte in Sydney an Land ging. Der französische Seefahrer Jean-François de La Pérouse (1741-1788) traf einige Tage später ein, gab seine letzten Erkenntnisse an Hunter weiter, bevor er Botany Bay am 10. März 1788 wieder verließ. Einige Wochen später verschwand er zusammen mit seinen beiden Schiffen „L'Astrolabe" und „La Boussole" und allen Besatzungsmitgliedern in der Nähe der Insel Vanikoro. (Siehe auch bei Neukaledonien)

Hunter (40° 32'S und 144° 45'O) – Diese australische Inselgruppe liegt in der Bass-Strait nordwestlich von Tasmanien. Die Inseln tragen den Namen des britischen Kommodore John Hunter (1737-1821), der am 26. Januar 1788 in Sydney an Land ging.

Huon – Die im Südpazifik, 260 Kilometer nordwestlich von Neukaledonien gelegene Insel gehört zum französischen Überseedepartement Neukaledonien. Ihre Oberfläche beträgt 13 Hektar. Sie trägt den Namen des französischen Seefahrers Jean-Michel Huon de Kermadec (1748-1793), der die „L'Espérance" bei der Suche nach de La Pérouse kommandierte und dabei die Insel im Juli 1792 entdeckte. Huon de Kermadec wurde nicht weit entfernt auf der Insel Poudioué östlich von Neukaledonien begraben. Am 5. September 1774 ging der britische Seefahrer James Cook (1728-1779) mit der „Resolution" in der Nähe der Insel Poudioué vor Anker, um eine Mondfinsternis zu beobachten.

Huric (47° 33'N und 2° 47'W) – Die im Golf von Morbihan gelegene französische Insel hat eine Oberfläche von sieben Hektar.

Hvar (43° 09'N und 16° 45'O) – Die kroatische Insel liegt in der Adria. Ihr höchster Punkt misst 600 Meter. Der Hafen trägt den Namen der Insel.

Hydra – Die griechische Insel ist vom Festland durch die gleichnamige Meerenge getrennt. Ihr höchster Punkt erreicht 590 Meter. Der wichtigste Hafen ist Hydra.

Hyères (43° 01'N und 6° 25'O) – Südöstlich vor der Stadt Hyères liegen diese französischen Mittelmeerinseln. Zur Gruppe gehört Poquerolles, Port Cros, Bagaud und Levant. 1531 erhob Franz I. diese Inseln zu einer Markgrafschaft unter dem Namen Îles d'Or. Bei der Belagerung von Toulon wurden diese Inseln 1793 von den Briten verwüstet.

Ibiza (39°N und 1° 25'O) – Die Oberfläche dieser zu den Balearen gehörenden spanischen Mittelmeerinsel beträgt 572 Quadratkilometer, die sich 70.000 Menschen teilen. Die Bevölke-

rungsdichte liegt bei 122 Bewohnern je Quadratkilometer. Elf Kilometer von der Hauptstadt Ibiza-Stadt entfernt befindet sich der internationale Flughafen der Insel. Der Hafen liegt in der Hauptstadt. Der Berg Furnas erreicht als höchster Punkt Ibizas 475 Meter. (Siehe auch bei Balearen)

Ibur (47° 35'N und 2° 47'W) – Die französische Insel im Golf von Morbihan misst 1200 mal 600 Meter. Ihr höchster Punkt liegt bei 17 Metern.

If (43° 17'N und 5° 20'O) – Das berühmte Schloss vor Marseille, das Franz I. 1529 errichten ließ, gehört zum Frioul-Archipel und hat eine Oberfläche von drei Hektar. Eine Fähre verbindet das Schloss mit dem alten Hafen von Marseille. Edmond Dantès, der Held aus dem Roman „Der Graf von Montecristo", 1846 von Alexandre Dumas (1802-1870) veröffentlicht, verbrachte hier als Gefangener 14 Jahre. Er traf als 19-Jähriger am 24. Februar 1815 an Bord der „Pharaon" in der Hafenstadt ein. Die Geschichte des sagenhaften Schatzes auf der Insel Montecristo erfuhr er vom Abbé Faria, der ebenfalls auf Château d'If eingesperrt war. Edmond Dantès gelang die Flucht und die Bergung des Schatzes, sodass er zu seinem Rachefeldzug aufbrechen konnte.

Igloolik (69° 21'N und 81° 37'W) – Im autonomen Gebiet Nunavut, das am 1. April 1999 errichtet wurde, liegt diese Insel, auf der zwischen dem 20. September 1822 und dem 9. August 1823 die Expedition des britischen Seefahrers William Edward Parry (1790-1855) mit den beiden Schiffen „Fury" und „Hecla" überwinterte. Später entdeckte Parry die Meerenge, die die Halbinsel Melville von der Insel Baffin trennt und gab ihr den Namen seiner beiden Schiffe. Die „Fury" erlitt 1824 östlich von Somerset Schiffbruch.

Îlette (48° 22'N und 4° 47'W) – Einen Kilometer vor der Pointe de Kermovan liegt diese kleine französische Insel, die eine Oberfläche von einem Hektar aufweist.

Illiec (48° 51'N und 3° 17'W) – Die französische Privatinsel liegt vor der Côte d'Armor. Auf ihr befindet sich ein Hafen.

Ilur (47° 35'N und 2° 47'W) – Im Gold von Morbihan, südlich der Insel Arz liegt diese französische Insel, die eine Oberfläche von 26 Hektar aufweist. Jedes Jahr findet hier eine Wallfahrt zur Kapelle Notre-Dame-de-Lourdes statt. Sie wird auch Hur genannt.

Illuric (47° 34'N und 2° 47'W) – Die auch Huric genannte französische Privatinsel liegt im Golf von Morbihan und hat eine Oberfläche von acht Hektar.

Inaccessible (37° 17'S und 12° 40'W) – Im südlichen Südatlantik liegt diese unbewohnte Insel, die zu Tristan da Cunha gehört. Ihre Oberfläche umfasst zehn Quadratkilometer, der höchste Punkt misst 561 Meter. Die Insel wurde 1506 vom portugiesischen Seefahrer Tristan da Cunha entdeckt. (Siehe auch bei Tristan da Cunha)

Inaccessible (77° 31'S und 168°O) – Fünf Kilometer südwestlich der Insel Ross liegt die kleine Antarktisinsel in der McMurdo-Meerenge. Der britische Seefahrer und Forscher Robert Falcon

Scott (1868-1912) hat den westlichen Gebirgszug der Insel am 12. Mai 1911 bestiegen.

Indonesien (10°N bis 13°S und 95° bis 135°O) – Die größte Inselgruppe der Welt besteht aus 13.000 Inseln, wovon Sumatra, Java, Bali, Sumbawa, Sumba, Flores, Westtimor, Celebes, Molukken, Irian Jaya (Teil von Neuguinea und seit 1. Mai 1963 indonesisch) und Kalimantan (Teil von Borneo) seit 1949 die Vereinigten Staaten von Indonesien bilden. Auf den Inseln werden 150 Sprachen gesprochen. Die Oberfläche beträgt insgesamt 1.900.000 Quadratkilometer, die sich 210 Millionen Menschen teilen, sodass eine Bevölkerungsdichte von 110 Bewohnern je Quadratkilometer entsteht. Mit 5039 Metern ist der Berg Jaya auf Papua-Neuguinea der höchste Punkt. Die Hauptstadt ist Jakarta. Seit dem 17. August 1945 ist Indonesien unabhängig. Zwischen 1405 und 1435 wurde der Archipel vom chinesischen Seefahrer Cheng-Ho an der Spitze einer beeindruckenden Flotte von 62 Schiffen und 7000 Männern anlässlich seiner Fahrten über das Chinesische Meer mehrmals besucht. Der Nationalpark von Komodo wird als Weltnaturerbe von der Unesco geschützt.

Ionische Inseln (38° 30'N und 20° 30'O) – Wie ihr Namen andeutet, liegen diese griechischen Inseln im Ionischen Meer. Die Oberfläche beträgt insgesamt 2300 Quadratkilometer, die sich 300.000 Einwohner teilen. Die Bevölkerungsdichte liegt bei 130 Menschen je Quadratkilometer. Seit 1863 gehören sie zu Griechenland.

Ios (36° 42'N und 25° 25'O) – Die Ägäis-Insel gehört zur Gruppe der Kykladen. Ihr höchster Punkt erreicht 713 Meter. Der griechische Dichter Homer, Autor der „Illias“ und „Odyssee“, starb auf Ios. Die Insel steht auf der Unesco-Liste des Weltkultur- und -naturerbes. (Siehe auch bei Kykladen)

Iraklion (35° 20'N und 25° 09'O) – Die griechische Ägäis-Insel gehört zu den Kykladen. (Siehe auch bei Kykladen)

Irian Jaya (0° bis 9° 50'S und 130° bis 141° 20'O) – Am 4. Juni 2000 erklärte der Staat, der die westliche Hälfte Neuguineas einnimmt, seine einseitige Unabhängigkeit von Indonesien. Die Oberfläche beträgt 338.000 Quadratkilometer, die sich 2,5 Millionen Menschen teilen, was eine Bevölkerungsdichte von 7,4 Bewohnern je Quadratkilometer ergibt. Der Berg Jaya ist mit 5039 Metern der höchste Punkt der Insel. In der Hauptstadt Jayapura im Nordosten der Insel befindet sich ein Flugplatz und ein Hafen. Der Hafen Wer liegt im Südosten. (Siehe auch Neuguinea)

Irland (51° 32'N bis 55° 25'N und von 5° 29'W bis 10° 29'W) – Westlich von Großbritannien liegt die 84.000 Quadratkilometer messende Insel, auf der 5,3 Millionen Menschen leben. Die Bevölkerungsdichte erreicht 63 Bewohner je Quadratkilometer. Mit 1041 Metern ist der Mount Carrantoohill der höchste Punkt der Insel. Die Wikinger besetzten die Insel 795 und gründeten 841 die Stadt Dublin. Der internationale Flugha-

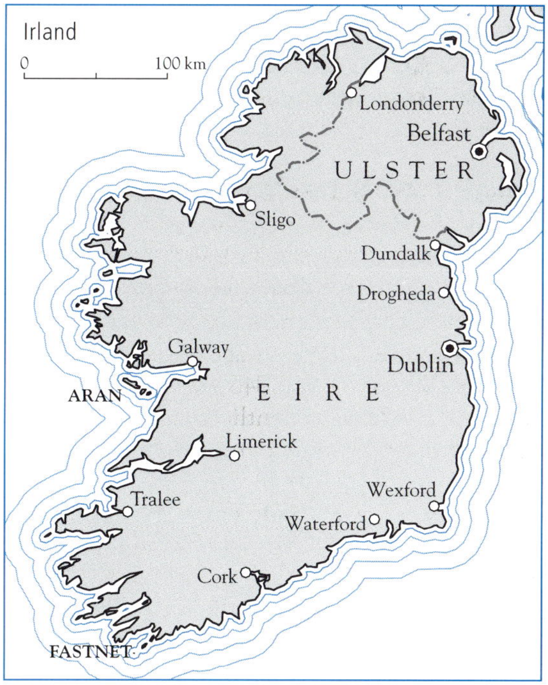

fen Aldergrove befindet sich 21 Kilometer nordwestlich von Belfast. Der internationale Flughafen Dublin liegt neun Kilometer vor den Toren der Stadt, und der internationale Flughafen von Cork liegt acht Kilometer südlich der Stadt. Die Insel ist in die seit dem 29. Dezember 1937 unabhängige und 70.000 Quadratkilometer umfassende Republik Irland (3,7 Millionen Einwohner, Hauptstadt Dublin) und das zu Großbritannien gehörende Nordirland (14.000 Quadratkilometer, 1,6 Millionen Einwohner, Hauptstadt Belfast) geteilt. Im Norden Irlands befindet sich die so genannte Straße der Riesen. Diese natürlich Mole besteht aus Basaltsäulen, die vor 55 Millionen Jahren entstanden und heute wie eine Pflasterstraße wirkt. Sie steht auf der Unesco-Liste des Weltnaturerbes. Nach einer irischen Legende sprang der irische Riese Finn McCool über das Meer, um gegen die Schotten zu kämpfen. Am 7. Mai 1915 versank das Passagierschiff „Lusitania", von einem deutschen Torpedo getroffen, vor der irischen Küste. 1200 Menschen verloren ihr Leben.

Irus (47° 36'N und 2° 50'W) – Die französische Privatinsel im Norden der Îles aux Moines hat eine Oberfläche von neun Hektar. Ihr höchster Punkt erreicht 17 Meter.

Isabela (0° 30'S und 91° 06'W) – Die zu den Galapagos gehörende Insel wird auch Colon genannt und gehört zu Kolumbien. Sie besitzt eine prähistorische Fauna. Ihr höchster Punkt erreicht 1707 Meter. (Siehe auch bei Galapagos)

Isabella (22° 45'N und 74° 10'W) – Kolumbus (1451-1506) entdeckte die zu den Bahamas gehörende Insel am Freitag, 19. Oktober 1492 bei seiner ersten Entdeckungsfahrt. Sie trägt den Namen der Königin von Kastilien, Isabella I. (1451-1504). Die Insel heißt nun Crooked.

Ischia (40° 43'N und 13° 54'O) – Im Westen der Bucht von Neapel liegt die italienische Mittelmeerinsel. Ihre Oberfläche von 47 Quadratkilometern teilen sich 60.000 Menschen, was eine Bevölkerungsdichte von 1277 Bewohnern je Quadratkilometer ergibt. Der Hafen Terme befindet sich im Süden der Insel. Vom Gipfel des Vulkans Epomeo (688 Meter) hat man einen hervorragenden Blick auf den gegenüberliegenden Vesuv (1277 Meter), der am 24. August 79 ausbrach und dabei zehn Prozent der 20.000 in Pompeji lebenden Menschen tötete.

Isla Cool Douce – Die Insel liegt in der Bransfield-Meerenge. Die Insel wurde 1998 entdeckt und verdankt ihren Namen einem Wortspiel der Mannschaft der „Penduick III", die gesteuert von Patric Tabarly (geb. 1944), 1998 an der Expedition Oceanarctis teilnahm. In der Nähe der King-George-Inseln entdeckte der heute als Polizist in Chamonix arbeitende Jacques Ottonello (geb. 1963) die bis dahin auf keiner Karte verzeichnete Insel. Im Logbuch hielt er seine Entdeckung fest: „Am 25. Januar 1998 entdecken wir an 63° 05'S und 59° 10'W eine Insel, die wir (wegen der Nähe zu Chile) Isla Cool (weil wir uns in internationalen Gewässern befinden) Douce (schließlich sind wir Franzosen) nennen. Unsere Insel misst fast 250.000 Quadratmeter (500 mal 500 Meter) und ihre Höhe beträgt ungefähr 70 Meter." Unter der Besatzung befand sich auch France Pinczon du Sel (geb. 1969), der seitdem die Polarexpeditionen des Schiffs „Vagabond" organisiert. Das Schiff gehört Eric Brossier, der in Saint-Quay-Portrieux seine Basis hat. An diesen Expeditionen können Wissenschaftler und Abenteurer teilnehmen.

Island (63° bis 67°N und 14° bis 24W) – Seit dem 17. Juni 1944 ist die im Nordatlantik gelegene Insel eine unabhängige Republik. Ihre Staatsdevise lautet: „Die Nation ist auf dem Gesetz aufgebaut". Die Oberfläche von 103.000 Quadratkilometer teilen sich 300.000 Menschen, was eine Bevölkerungsdichte von drei Bewohnern je Quadratkilometer ergibt. Mit 2119 Metern ist der Vulkan Vatnajökull der höchste Punkt der Insel. 1963 wurde er erstmals bestiegen. Die Vulkankette Laki erstreckt sich über 27 Kilometer. 1783

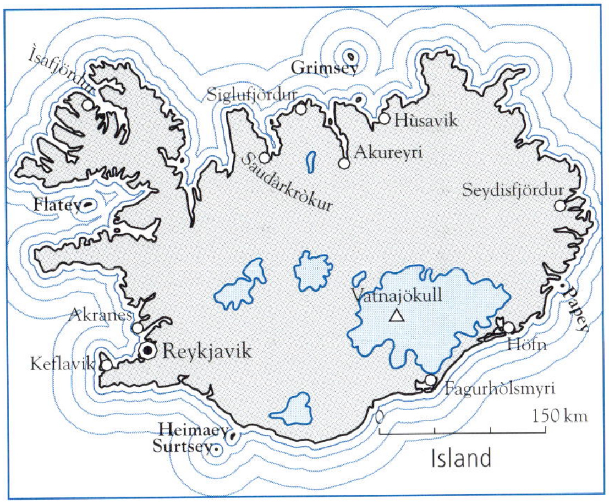

kam es zu einem gewaltigen Ausbruch, bei dem Hunderte neue Krater entstanden und 15 Kubikkilometer Gestein und Lava ausgestoßen wurde, wobei Tausende von Tieren ums Leben kamen, was wiederum eine Hungersnot zur Folge hatte, bei der fast 10.000 Isländer starben. Die Insel wurde 825 von irischen Mönchen entdeckt und von 861 an vom berühmten Wikinger Naddodr besiedelt. Der Wikinger Gardar umsegelte Island 864.

Islet (48° 37'N und 2° 09'W) – Ein Kilometer westlich von Saint-Briac-sur-Mer liegt die 0,4 Hektar große französische Insel, deren höchster Punkt 14 Meter erreicht.

Ithaka (38° 24'N und 20° 42'O) – Die griechische Insel im Ionischen Meer war der Sage nach die Heimat des Odysseus. Ihr höchster Punkt erreicht 806 Meter.

Iwo Jima (24° 47'N und 141° 20'O) – Die japanische Insel im Nordpazifik gehört zum Archipel Volcano, der auch Kazan genannt wird. Ihre Oberfläche erreicht 18 Quadratkilometer, der höchste Punkt 18 Meter. Zwischen dem 19. Februar und 16. März 1945 kämpften amerikanische Truppen unter dem Kommando von Admiral Chester William Nimitz (1885-1966) gegen japanische Verbände. Das fast die ganze Insel einnehmende Flugfeld wurde von den Amerikanern genutzt, um Japan zu bombardieren.

Izu (30° bis 15°N und von 139° bis 140°O) – Südlich der Insel Honshu liegt dieser japanische Archipel. Einige der zehn Inseln sind heute Nationalparks. (Siehe auch bei Japan)

Ivesti Tsik – Diese russischen Inseln liegen in der Kara-See im Norden des arktischen Sibiriens.

Jamaika (17° 80' bis 18° 70'S und 76° 20' bis 78° 40'W) – Die südlich von Kuba liegende Insel gehört zu den Großen Antillen und ist seit dem 6. August 1962 ein unabhängiges Mitglied des Commonwealth of Nations. 2,6 Millionen Menschen teilen sich die 10.990 Quadratkilometer messende Oberfläche, was eine Bevölkerungsdichte von 236 Bewohnern je Quadratkilometer ergibt. Mit 2257 Metern ist der Mount Blue der höchste Punkt der Insel. Der Hafen Port Antonio liegt im Norden der Insel. Der internationale Flughafen Norman Manley befindet sich 17 Kilometer von der 1693 gegründeten Hauptstadt Kingston entfernt. Die Insel wurde am Dienstag, 13. Mai 1494 von Kolumbus bei seiner zweiten Entdeckungsfahrt mit der „Maria Galante" entdeckt. Kolumbus musste sich mit der Besatzung seiner drei Schiffe nach einem Schiffbruch auf einem Riff vom 25. Juni 1503 bis zum 28. Juni 1504 hier aufhalten. Die Männer litten Hunger und an tropischen Krankheiten. Die Eingeborenen weigerten sich, ihnen Nahrungsmittel zu liefern. Bis zu jenem Tag, an dem Kolumbus ihnen das Verschwinden des Mondes androhte, sollten sie ihnen nichts zu essen geben. Tatsächlich wusste der Entdecker, dass es am Donnerstag, 29. Februar 1504 zu einer totalen Mondfinsternis kommen sollte. Beeindruckt von seiner Machtfülle, fügten sich die Eingeborenen und lieferten Nahrungsmittel. Ein Beiboot mit sechs Eingeborenen, die von Diego Mendez und Bartolomeo Feschi kommandiert wurden, wurde am 7. Juli 1503 nach Santo Domingo geschickt, um dort neue Schiffe zu organisieren. Doch angesichts des

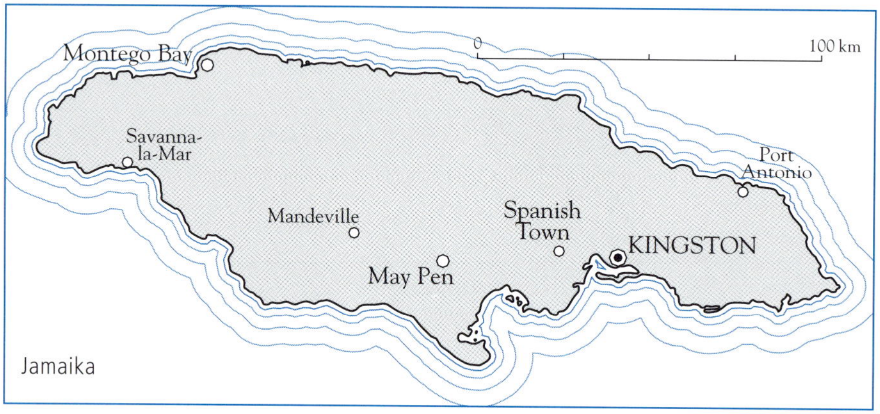

wenig hilfsbereiten Gouverneurs der Insel, Nicolas de Ovando (1460-1518), kaufte Diego Mendez eine Karavelle, die am 28. Juni 1504 in Jamaika zusammen mit einem zweiten, doch noch von Ovando bereitgestellten Schiff eintraf. Die Schiffbrüchigen erreichten schließlich am 13. August 1504 Santo Domingo. Von seinem Jamaika-Aufenthalt geschwächt, kehrte Kolumbus am 7. November 1504 nach Spanien zurück. 1777 gelang dem französischen Marineingenieur Bonne eine sehr gute Karte der Insel. (Siehe auch Antillen, Große)

James Ross (64° 10'S und 58°W) – In der Wedell-See liegt diese Insel, deren höchster Punkt den Meeresspiegel um 2000 Meter überragt. Sie trägt den Namen des britischen Seefahrers James Clark Ross (1800-1862), der sie 1843 entdeckte.

Jan Mayen (71°N und von 8 bis 9°W) – Nordwestlich von Island liegt diese Insel, deren höchster Punkt, der Vulkan Haakon VII. (2277 Meter) den Namen des norwegischen Königs Haakon VII. (1872-1957) trägt. Der Vulkan liegt unter einem Gletscher. Sein letzter Ausbruch ereignete sich im September 1970. Seit dem 27. Februar 1930 gehört die Insel zu Norwegen. Sie wurde 1607 vom britischen Forscher Henry Hudson (1656-1611) entdeckt. Sie trägt den Namen des holländischen Seefahrers Jan Mayen, der sie 1611 besuchte. Ein französischer Seefahrer hielt sich hier 1902 mit seinem Schiff „Rose Marine" auf. Auf der Insel befinden sich eine Wetter- und eine Funkstation, die von 25 Männern betreut werden.

Japan (23 bis 46°N und 12 bis 146°O) – 999 Inseln bilden den japanischen Archipel. Darunter befinden sich die vier Hauptinseln Hokkaido, Honshu, Shikoku und Kyushu. Auf der Oberfläche von 375.000 Quadratkilometern leben 126 Millionen Menschen, was eine Bevölkerungsdichte von 336 Bewohnern je Quadratkilometer ergibt. Der zuletzt 1707 ausgebrochene Vulkan Fudschijama ist mit 3776 Metern der höchste Punkt der Inseln. Der internationale Flughafen Narita befindet sich 65 Kilometer östlich der Hauptstadt Tokio. Die Staatsdevise lautet „Frieden und Fortschritt". Der venezianische Reisende Marco Polo (1254-1324) kannte diese Inseln bereits aus Erzählungen und beschrieb die Inseln während seines Gefängnisaufenthaltes (1298-1301) in Pisa: „Cinpingu (Japan) ist eine Insel in der großen See, die ungefähr 1500 Meilen vom Festland entfernt ist. Es ist eine großartige Insel. Die Einwohner sind weiß und von guten Manieren. Sie sind Götzendiener und regieren sich selbst." Dieses Kapitel inspirierte Kolumbus (1451-1506), der stets versuchte, diese Inseln vom Westen aus zu erreichen. Doch erst 1543 erreichte der portugiesische Seefahrer Fernando Pinto (1509-1583) Japan. Um 1550 traf er hier auf den spanischen Jesuiten Francis Xavier (1506-1552). Die Stadt Hiroschima wurde am Montag, 6. August 1945 wie auch Nagasaki drei Tage später durch eine amerikanische Atombombe vollkommen zerstört. Das Zentrum von Hiroschima wie auch die Kaiserstadt Kioto mit ihren Tempeln gehören zum von der Unesco geschützten Weltkulturerbe. Die Vulkanologen Katia Krafft (1942-

1991) und ihr Mann Maurice (1946-1991) kamen am Montag, 3. Juni 1991 beim Ausbruch des Vulkans Unzen in der Nähe von Nagasaki ums Leben. Der 1360 Meter messende Vulkan hatte bereits 1792 bei einem Ausbruch mehr als 10.000 Opfer gefordert. Der im Süden gelegene Japanische Meeresgraben, auch Ramapo-Graben genannt, erreicht eine Tiefe von 10.595 Metern.

Jarnon – Die unbewohnte französische Insel liegt südlich von Marseille und hat eine Oberfläche von fünf Hektar.

Jarre (43° 12'N und 5° 22'O) – Südlich von Marseille liegt diese unbewohnte französische Mittelmeerinsel. Sie gehört zum Riou-Archipel und hat eine Oberfläche von 23 Hektar. Ihr höchster Punkt erreicht 58 Meter. (Siehe auch bei Riou)

Jarvis (0° 23'S und 160° 02'W) – Die unbewohnte amerikanische Pazifikinsel liegt 300 Kilometer südwestlich der Insel Kiritimati, die ursprünglich Weihnachtsinsel hieß, weil sie vom britischen Seefahrer James Cook (1728-1779) am 25. Dezember 1777 entdeckt wurde. Jarvis hat eine Oberfläche von acht Quadratkilometern. Jarvis wurde vom britischen Seefahrer und Naturforscher Robert Brown (1773-1858) entdeckt.

Jason (51° 05'S und 61°W) – Nordwestlich der Falkland-Inseln liegt diese Inselgruppe. Der britische Seefahrer Richard Hawkins (1562-1622) entdeckte die Inseln 1594 mit seinem Schiff „Dainty". Der holländische Seefahrer Sebald de Weert sichtete sie ein zweites Mal und nannte sie Sebaldinen. Die Inseln tragen heute den Namen des Schiffs „Jason", mit dem der britische Seefahrer John McBride (1740-1800) die Inseln umsegelte.

Java (6 bis 9°S und 105 bis 114°O) – Die zu Indonesien zählende Insel hat eine Oberfläche von 130.000 Quadratkilometern, die sich 110 Millionen Menschen teilen, was eine Bevölkerungsdichte von 846 Einwohnern je Quadratkilometer ergibt. Der höchste Punkt der Insel erhebt

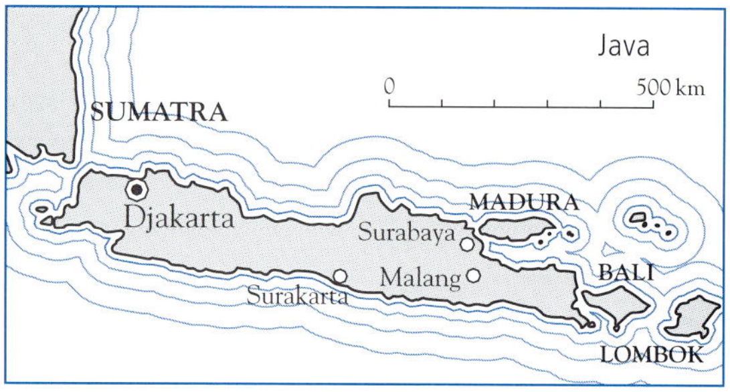

sich 3676 Meter über den Meeresspiegel. Auf der Insel befinden sich 14 Vulkane, die 3000 Meter übertreffen, darunter den Vulkan Ontag, der vor 120 Millionen Jahren gewaltige Ausbrüche produzierte. Der Hafen Ujunggenteng liegt im Nordosten der Insel. Die Hauptstadt Jakarta hieß unter holländischer Kolonialherrschaft Batavia (siehe auch die erstaunliche Geschichte des Schiffs „Batavia" bei der Insel Wallabi). Die Stadt wurde 1619 als Handelsstützpunkt vom holländischen Seefahrer Jan Coen gegründet. Der Holländer Anthony van Diemen (1593-1645) war zwischen 1636 und 1645 Gouverneur der Stadt. Er gestattete seinem Neffen Abel Tasman (1603-1659), eine Expedition zu organisieren, die Batavia am 14. August 1642 verließ. Tasman entdeckte während seiner Reise die Insel Tasmanien am 24. November 1642, Neuseeland am 12. Dezember 1642, Tonga und Fidschi im Februar 1643, bevor er am 15. Mai 1643 wieder in Batavia eintraf. Der Flughafen Soekarno-Hatta befindet sich 20 Kilometer westlich der Hauptstadt, die vom Vulkan Bromo überragt wird. Die Insel wurde um 1414 vom chinesischen Seefahrer Zheng He (1371-1425) besucht. Der französische Seefahrer Antoine d'Entrecasteaux (1737-1793) kam in der Nähe dieser Insel ums Leben. Er wurde während der Suche nach dem verschollenen La Pérouse (1741-1788) das Opfer der Ruhr. Die Insel erlebte zwischen 1997 und 1998 vor allem in Jakarta gewalttätige Pogrome gegen die chinesische Minderheit. Die Tempel von Prambabab, Borobudur, die Nationalparks Ujung Kulou und Komodo sind Teil des von der Unesco geschützten Weltkultur und -naturerbe. Der Meeresgraben von Java im Süden der Insel erreicht eine Tiefe von 7125 bis 7450 Metern und ist so der tiefste Graben des Indischen Ozeans.

Jeannette (76° 43'N und 158° 10'O) – Die kleine russische Insel liegt nordöstlich des Archipels von Neusibirien. Die Insel verdankt ihren Namen dem amerikanischen Seefahrer George de Long (1844-1881), der sie nach seinem Schiff „Jeannette" benannte, mit dem er die Nordostpassage von Osten nach Westen durchfahren wollte. Am 13. Juni 1881 wurde sein Schiff jedoch vom Packeis zerdrückt. (Siehe auch bei Henriette, Long und Bennett)

Jersey (49° 15'N und 2° 10'W) – Die zu den britischen Kanalinseln gehörende Insel liegt vor

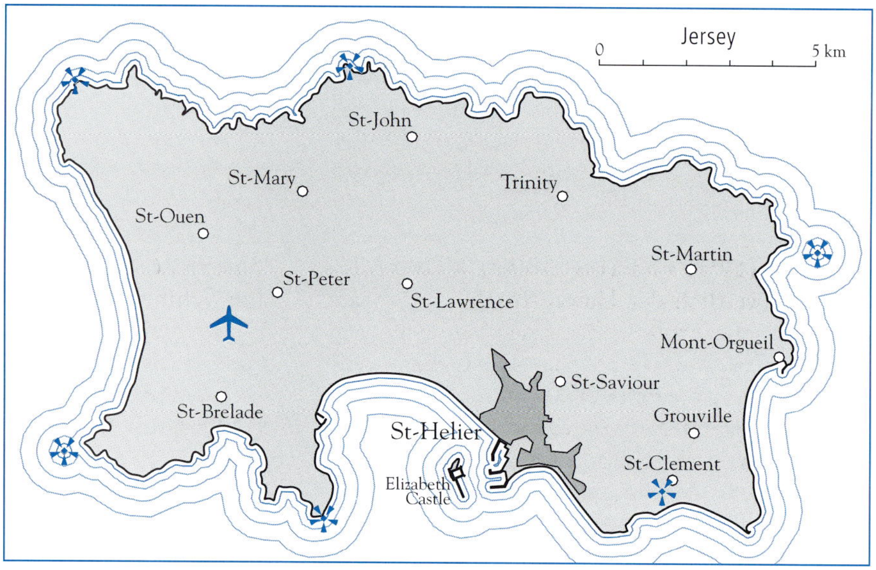

der Küste der Normandie. Sie hat eine Oberfläche von 117 Quadratkilometern, die sich 85.000 Menschen teilen, was eine Bevölkerungsdichte von 726 Bewohnern je Quadratkilometer ergibt. Ihr höchster Punkt erreicht 104 Meter. Der Hauptort ist St. Helier. Der gleichnamige Hafen befindet sich im Südosten der Insel. Die Insel verfügt über einen Flughafen. Jersey gilt wegen fehlender Mehrwertsteuer als Steuerparadies. Die örtliche Währung ist das Jersey-Pfund, das dem britischen Pfund entspricht, mit dem auch hier bezahlt werden kann. Allerdings gilt das Jersey-Pfund nicht in Großbritannien. Das Gleiche trifft auch für die Währung der Falkland-Inseln zu. (Siehe auch bei Kanalinseln)

Jervis – In der Torres-Straße zwischen Australien und Neuguinea liegt diese Insel, die den Namen des britischen Seefahrers John Jervis (1735-1823) trägt, der von 1801 bis 1804 als First Lord der Admiralität amtierte.

Jethou – Die kleine Insel gehört zu den britischen Kanalinseln vor der Küste der Normandie. Ihre Oberfläche beträgt 0,2 Hektar.

John Murray (65°N und 151° 39'W) – Im Norden Grönlands liegt diese arktische Insel, die den Namen des kanadischen Naturforschers John Murray (1841-1914) trägt, der zwischen 1872 und 1876 mit dem Forschungsschiff „Challenger" um die Welt fuhr. Das Schiff stand unter dem Kommando des britischen Seefahrers George Nares (1831-1915).

Johnston (17°N und 168° 30'W) – 1200 Kilometer südwestlich der Hawaii-Inseln liegt dieses amerikanische Atoll. Es hat eine Oberfläche von zwei Quadratkilometern (plus 376 Quadratkilometer Lagune), die sich 900 Menschen teilen. Das Atoll trägt den Namen seines Entdeckers, des britischen Seefahrers Johnston, der es 1807 zum ersten Mal sichtete, und des amerikanischen Generals Joseph Johnston (1807-1891). Auf Johnston führten die Amerikaner nukleare Tests durch.

Joinville (63° 15'S und 55° 45'W) – In der Nähe der Insel Dumont-d'Urville liegt Joinville vor der Antarktischen Halbinsel. Ihr höchster Punkt erreicht 1112 Meter. Sie wurde 1838 vom französischen Seefahrer Jules Sébastian Dumont d'Urville (1790-1842) entdeckt, der sie nach François d'Orléans, Prince de Joinville (1817-1900) benannte. Ein berühmtes Batallion trägt ebenfalls seinen Namen.

Jolo (5° 58'N und 126° 06'O) – Auf der zu den Philippinen gehörenden Insel des Sulu-Archipels wurden im April 2000 21 Europäer als Geiseln genommen.

Juan de Nova (17° 03'S und 42° 45'O) – Zwischen Afrika und Madagaskar in der Straße von Mosambik liegt diese Insel, die vom französischen Überseedepartement La Réunion aus verwaltet wird. Sie hat eine Oberfläche von fünf Quadratkilometern und trägt den Namen des Seefahrers Juan de Nova, der 1501 die Inseln Ascension und St. Helena entdeckte. Am 8. Dezember 1929 mussten der Mechaniker Jean-Michel Bourgeois, der Kapitän Marcel Goulette und der Pilot René Marchesseau auf der Insel mit ihrer Farman F-AJJB bei der Rückkehr von der ersten Flugverbindung Paris-La Réunion notlanden. Bis sie am 26. Oktober 1929 La Réunion erreicht hatten, waren insgesamt 25 Zwischenlandungen notwendig. Jean-Michel Bourgeois musste 54 Tage auf der Insel verbringen, bis die für die Reparatur des Flugzeugs notwendigen Teile von seinen Kollegen beschafft worden waren. Bei ihrem Weiterflug nach Gao mussten sie am 22. April 1930 erneut 300 Kilometer nördlich von ihrem Ziel notlanden. Die drei Schiffbrüchigen überlebten fünf Tage in der Wüste, bis sie gerettet wurden. Auf der Insel wurde in der Vergangenheit vor allem Guano abgebaut. Heute befindet sich hier eine Wetterstation und eine Landebahn.

Juan Fernandez (33°S und 80°W) – 700 Kilometer vor der chilenischen Küste liegt diese Inselgruppe, zu der die Inseln Mas a Tierra gehört, die

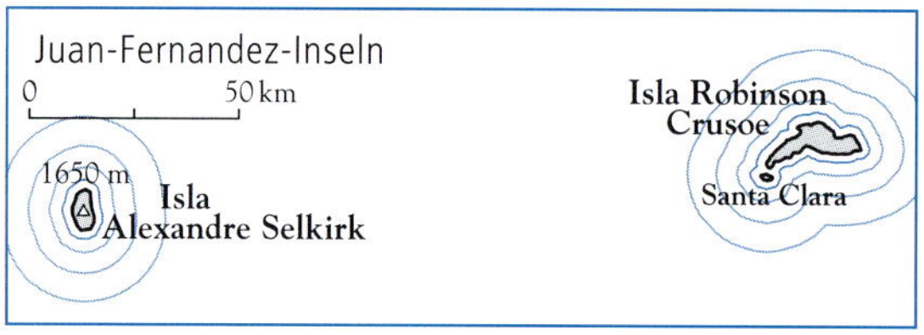

1966 den Namen Robinson Crusoe bekam. In seinem 1719 veröffentlichten Buch „Robinson Crusoe" beschreibt Daniel Defoe das Schicksal von Alexander Selkirk (1676-1721), der sich zwischen Oktober 1704 und Februar 1709 vier Jahre und vier Monate allein auf dieser Insel aufhielt. Am 2. Februar 1709 wurde er von dem Physiker Thomas Dover (1660-1742) an Bord der „St. George" geholt. Das Schiff stand unter dem Kommando des britischen Seefahrers Woodes Rogers (1679-1732) und wurde von William Dampier (1652-1715) bei seiner dritten Weltumsegelung gesteuert. Die Inselgruppe trägt den Namen des spanischen Seefahrers Juan Fernandez (1530-1599), der sie am 22. November 1574 entdeckte. In den Gewässern um diese Inseln findet man die größten Langusten der Welt.

Juist – 16,8 Quadratkilometer misst das zu den Ostfriesischen Inseln zählende Juist.

Jument – Die französische Insel liegt im Golf von Morbihan und hat eine Oberfläche von neun Hektar.

Juventud (21° 40'N und 82° 50'W) – Im Süden von Kuba liegt diese Insel, die auch Isla de Pins genannt wurde. Sie hat eine Oberfläche von 2200 Quadratkilometern für ihre 70.000 Einwohner, was eine Bevölkerungsdichte von 32 Menschen je Quadratkilometer ergibt. Seit 1925 gehört die Insel zu Kuba. Mit 1974 Metern ist der Berg Turquino der höchste Punkt der Insel, deren Hauptstadt Nueva Gerona ist. Hier befindet sich auch der Flughafen der Insel. Die Insel wurde am Freitag, 20. Juni 1494 von Kolumbus (1451-1506) bei seiner zweiten Entdeckungsfahrt entdeckt. Er blieb hier bis Mittwoch, 25. Juni 1494.

Kahoolawe (20° 22'N und 156° 37'W) – Die Insel gehört zu den acht Hawaii-Hauptinseln. Die Oberfläche beträgt 121 Quadratkilometer. Mit 450 Metern ist der Berg Lua Makika der höchste Punkt der Insel. Die Insel ist unbewohnt und eine militärische Zone.

Kai (5° 35'S und 132° 45'O) – Diese indonesischen Inseln liegen in der Bandasee in der Nähe des gleichnamigen Meeresgraben, der eine Tiefe von 7440 Metern erreicht.

Kalahuta – Die bolivianische Insel liegt auf einer Höhe von 3653 Metern im Herzen des Salar d'-Uyuni und hat eine Oberfläche von 10.000 Quadratkilometern. Wie die Pecado-Inseln ist die Insel von riesigen Kakteen bedeckt.

Kalymnos (37°N und 27°O) – Die griechische Insel liegt in der Ägäis und gehört zu den Dodekanen. Der höchste Punkt ist nach 678 Metern erreicht.

Kanalinseln (49° 20'N und 2° 20'W) – Die zu Großbritannien gehörende Inselgruppe liegt vor der Küste der Normandie. Die Oberfläche von insgesamt 195 Quadratkilometern teilen sich 149.000 Einwohner, was eine Bevölkerungsdichte von 764 Menschen je Quadratkilometer ergibt. Die Hauptinseln sind Jersey, Guernsey und schließlich noch Aurigny, Sark, Herm, Jethou und Lihou. Der höchste Punkt erreicht 114 Meter und befindet sich auf Sark. Die Inseln, die über Flughäfen verfügen, wurden gegen Ende des Hundertjährigen Krieges (1337-1453) britisch.

Kanarische Inseln (28°N und 15° 30'W) – Seit 1479 gehört die Inselgruppe vor der marokkanischen Küste zu Spanien. Sieben Hauptinseln bilden die Gruppe: Lanzarote, Fuerteventura, Gran Canaria, Teneriffa, Gomera, La Palma und Hierro. Die Oberfläche beträgt insgesamt 7300 Quadratkilometer, die sich 1.500.000 Menschen teilen, was eine Bevölkerungsdichte von 205 Einwohnern je Quadratkilometer zur Folge hat. Die In-

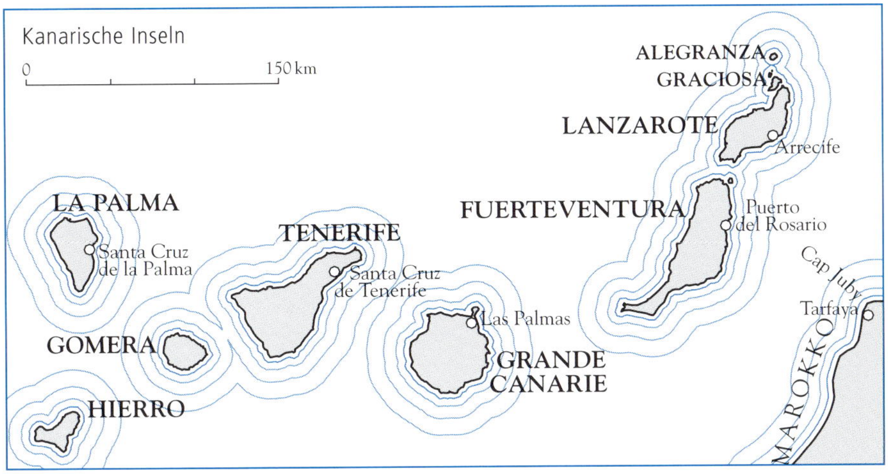

seln wurden 1345 von genuesischen Seefahrern entdeckt und zwischen 1402 und 1406 von den französischen Seefahrern Jean de Béthencourt (1360-1425) und Gadifer de la Salle besiedelt. Die Mannschaft des Space Shuttle Challenger lieferte im Herbst 1985 folgende Beschreibung der Kanarischen Inseln: „Das Licht der Sonne zeichnet die Kanarischen Inseln, deren Küsten von ihrer üblichen Nebeldecke nachgezogen werden." Vom 25. April 1634 an verlief der Nullmeridian durch die Insel Hierro, bis man sich auf den Greenwich-Meridian einigte.

Känguru **(35° 50'S und 137° 06'O)** – Südwestlich vor der Stadt Adelaide liegt diese australische Insel. Ihr höchster Punkt, der Mount Mc Donnell, erreicht 230 Meter. Das Kap Willoughby, das dem Kontinent gegenüberliegt, trägt den Namen des britischen Seefahrers Hugh Willoughby (1500-1554), der bei dem Versuch, die Nordwestpassage zu durchqueren, ums Leben kam. Der im Westen gelegene Nationalpark Flinders wurde nach dem britischen Seefahrer Matthew Flinders (1774-1814) benannt, der die Insel 1802 mit der „Investigator" umsegelte.

Kapverdische Inseln **(16°N und 24°W)** – Die im Atlantik 600 Kilometer vor der Küste Senegals liegende Inselgruppe besteht aus den Hauptinseln Sal (mit internationalem Flughafen), Sao Vincente mit der Stadt Mindalo, Boa Vista, Santo Antao, Sao Nicaulo, Maio, Sao Tiago, wo sich die Hauptstadt Praia befindet und die zugleich auch der wichtigste Hafen der Gruppe (14° 55'N und 23° 31'W) ist, Fogo mit seinem Vulkan, Brava und schließlich Santa Luzia. Seit dem 5. Juli 1975 haben die Kapverdischen Inseln den Status einer unabhängigen Republik. Die Staatsdevise lautet „Einheit, Arbeit, Fortschritt". Die Oberfläche beträgt 4030 Quadratkilometer, die von 420.000 Menschen bewohnt werden, was eine Bevölkerungsdichte von 104 Einwohnern je Quadratkilometer ergibt. Der höchste Punkt ist mit 2829 Metern der Berg Sao Tiago. Die Inselgruppe wurde 1456 vom portugiesischen Seefahrer Cadamosto entdeckt. Ihm

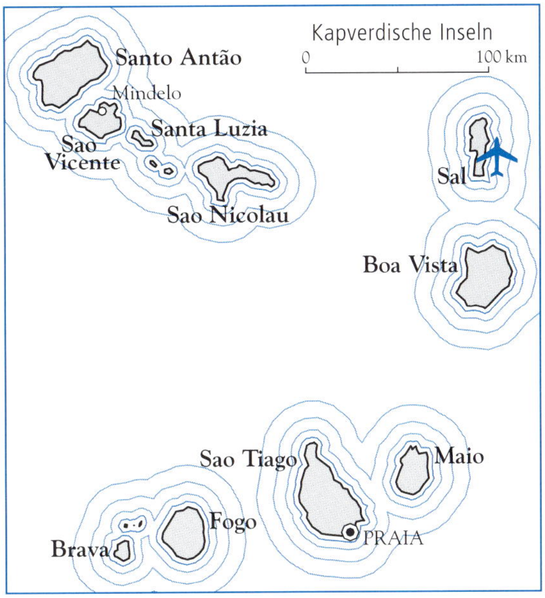

folgte sein Landsmann Diogo Gomes im Jahr 1460. Ein Jahr später „entdeckte“ der Portugiese Diogo Alphonso die Gruppe ein drittes Mal. Nach dem Vertrag von Tordesillas, der am 7. Juni 1494 von Isabella von Kastilien (1451-1504), dem spanischen König Ferdinand von Aragon (1452-1516) und dem portugiesischen König Jao II. (1455-1495) unterzeichnet wurde und der die Welt neu aufteilte, fielen die Kapverdischen Inseln an Portugal.

Karaguinski **(58° 50’N und 164°O)** – Die russische Insel liegt in der Beringsee im Osten der Halbinsel Kamtschatka.

Karibische Inseln – Im Südosten der Karibik reihen sich diese Inseln aneinander. Zahlreiche Kreuzfahrtschiffe machen hier regelmäßig Halt.

Karimkotan – Die russische Insel gehört zu den Kurilen im Süden der Halbinsel Kamtschatka und dem nördlichen Japan. Die Insel wurde 1945 nach dem Ende des Zweiten Weltkriegs von der Sowjetunion annektiert.

Karkar **(4° 40’S und 146°O)** – Bevor sie ihren aktuellen Namen erhielt, trug diese zu Neuguinea gehörende Insel den Namen des britischen Seefahrers William Dampier (1652-1715).

Karpathos **(35° 40’N und 27° 10’O)** – Die in der Ägäis gelegene griechische Insel gehört zu den Dodekanen. Ihr höchster Punkt erreicht 1215 Meter. Auf der Insel befindet sich ein Flughafen.

Kasso **(35° 22’N und 26° 56’O)** – Der höchste Punkt dieser griechischen Insel, die in der Ägäis liegt und zu den Dodekanen zählt, erreicht 600 Meter. Auf der Insel befindet sich ein Flughafen. (Siehe auch bei Dodekanen)

Kauai **(22°N und 159° 30’W)** – Die Oberfläche der zu den acht Hauptinseln Hawaiis zählenden Insel beträgt 1620 Quadratkilometer, die sich 35.000 Menschen teilen, was eine Bevölkerungsdichte von 22 Bewohnern je Quadratkilometer ergibt. Mit 1576 Metern ist der Mount Waialeale der höchste Punkt der Insel, auf der es mehr als zwölf Meter pro Jahr regnet – die höchste Menge der Welt. Die Insel verfügt über einen Flughafen. Kauai wurde am 18. Januar 1778 vom britischen Seefahrer James Cook (1728-1779) bei seiner dritten Weltumsegelung mit den Schiffen „Resolution“ und „Discovery“ entdeckt. (Siehe auch bei Hawaii)

Kauehi **(15° 20’S und 145° 10’W)** – 500 Kilometer nordöstlich von Tahiti liegt dieses Atoll, das zu den Tuamotu-Inseln gehört, die Teil von Französisch-Polynesien sind. Es wurde 1835 vom britischen Seefahrer Robert Fitzroy (1805-1865) entdeckt. (Siehe auch bei Tuamotu)

Kaukura **(15° 40’S und 146° 40’W)** – Die Oberfläche dieses zu den Tuamotu-Inseln in Französisch-Polynesien zählenden Atolls beträgt 550 Quadratkilometer, von denen 20 aus dem Meer ragen, die sich 400 Menschen teilen. Die Bevölkerungsdichte liegt bei 40 Bewohnern je Quadratkilometer. Das Atoll verfügt über einen Flughafen. Es wurde am 28. Mai 1722 vom holländischen Seefahrer Jacob Roggeveen (1659-1729) entdeckt. (Siehe auch bei Tuamotu)

Kayak **(59° 52°N und 144° 30’W)** – Im Golf von Alaska liegt diese amerikanische Insel. Das Kap St. Elias im Süden der Insel trägt den gleichen Namen wie der Mount St. Elias, der 5490 Meter erreicht und 40 Kilometer von Icy Bay an der Grenze zwischen Kanada und Alaska entfernt liegt. Die Stelle wurde vom britischen Seefahrer James Cook (1728-1779) bei seiner letzten Entdeckungsfahrt gesichtet.

Kea **(37° 34’N und 24° 22’O)** – Südöstlich vor Athen liegt diese griechische Insel, deren höchster Punkt 561 Meter erreicht.

Keeling – Die auch Kokos genannte Inselgruppe liegt im Indischen Ozean und gehört zu Australien.

Kefalonia **(38° 15'N und 20° 35'O)** – Im Ionischen Meer liegt diese griechische Insel, die eine Oberfläche von 940 Quadratkilometer hat, die sich 60.000 Menschen teilen. Die Bevölkerungsdichte liegt bei 64 Bewohnern je Quadratkilometer. Mit 1620 Metern ist der Berg Anos der höchste Punkt der Insel. Die Hauptstadt ist Argostolion. Auf der Insel, die 1963 durch ein Erdbeben verwüstet wurde, befindet sich ein Flughafen.

Keller – Die französische Insel liegt 300 Meter nördlich der Insel Ouessant und hat eine Oberfläche von 20 Hektar. Der höchste Punkt erreicht 30 Meter.

Kelvin **(49° 52'N und 88° 42'W)** – Im Norden der Insel Shakespeare liegt diese kanadische Insel im See Nipigon (Ontario). Sie trägt den Namen des britischen Physikers William Thomson Lord Kelvin (1824-1907), der 1848 eine absolute Temperaturskala entwickelte, die seinen Namen trägt. Der absolute Nullpunkt liegt danach bei minus 273,15 Grad Celsius. 0 Grad Celsius entsprechen 273,15 Kelvin.

Keppel – Die Insel im Nordpazifik gehört zu Tonga. Sie trägt den Namen des britischen Seefahrers August Keppel (1725-1786), der von 1782 bis 1783 als First Lord der Admiralität amtierte. Am 4. Juni 1970 wurde sie anlässlich Tongas Unabhängigkeit in Tafari umbenannt.

Kerguelen **(48° 27'S bis 50°S und von 68° 27'O bis 70° 35'O)** – Der zu Frankreich gehörende subantarktische Archipel hat eine Oberfläche von 7000 Quadratkilometern. Mit 1960 Metern ist der Berg Ross die höchste Erhebung. Er trägt den Namen des britischen Seefahrers und Forschers Sir James Clark Ross (1800-1861). Der Berg Martonne, der 881 Meter erreicht, wurde nach Emmanuel de Martonne (1873-1955) benannt, dem Gründer des französischen Geografischen Instituts (IGN). Der Berg Mermoz (910 Meter) trägt den Namen des französischen Flugpioniers Jean Mermoz (1901-1936). Der Archipel wurde am Sonntag, 12. Februar 1772 vom französischen Seefahrer Yves de Kerguelen (1734-1797) mit seinen beiden Schiffen „La Fortune“ und „Le Gros Ventre“, die von Louis de Saint-Allouarn kommandiert wurden, entdeckt. Am 13. Februar 1772 nahm Frankreich die Insel in Besitz, was sich am 2. Januar 1893 durch den Kapitän der „Eure“ wiederholte. Yves de Kerguelen nannte sie zunächst Désolation-Inseln. Der britische Seefahrer James Cook (1728-1779) gab ihnen am 25. Dezember 1776 den Namen ihres Entdeckers, als er mit der „Discovery“ und „Resolution“ in die Birds-Bay einfuhr. Er nannte diese Bucht Christmas Harbour. Zahlreiche Schiffe gingen danach hier vor Anker, darunter auch vom 6. bis 31. Januar 1874 die „Challenger“ des britischen Seefahrers George Nares (1831-1915) und vom 1. bis 31. Januar die „Gauss“ des deutschen Seefahrers Eric Drygalski (1865-1949). Der britische Seemann John Nunn (geb. 1803) hielt sich hier als Schiffbrüchiger von August 1825 bis März 1829 auf. Nach dem Untergang der Schaluppen „Franès“ und „Favorite“ schipperte er erst einige Monate mit drei Kameraden in einem kleinen Boot durch die Inseln, bevor sie sich in eine Hütte retteten, die sie „Hope Cottage“ tauften. Schließlich wur-

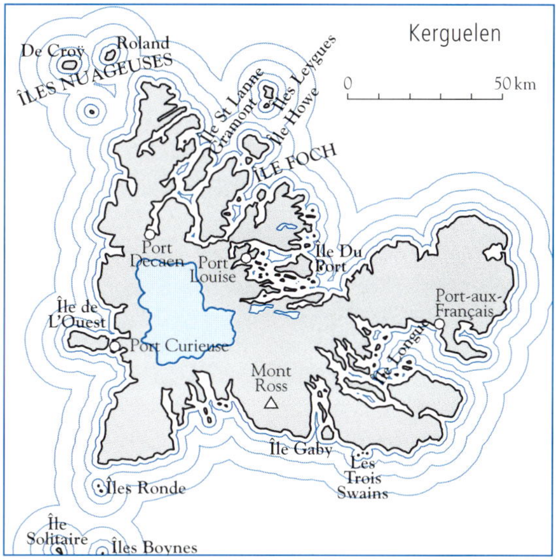

den sie im Februar 1827 von der Mannschaft des Walfängers „Livley", der dem Reeder Samuel Ederby gehörte, gerettet und lebten noch weitere zwei Jahre als Walfänger in dieser Region. Im Januar 2001 durfte als einziges Schiff die „Cap Georges" in den Gewässern Fischfang treiben. Das von Kapitän Etienne du Verger kommandierte Schiff ist auf La Réunion stationiert und fischt während zwei Monaten vor allem Rochen und Grenadierfisch. Die Forschungsstation in Port-aux-Français wurde 1951 im Golf von Morbihan auf den Kerguelen eingerichtet. Die Versorgung der Stationen im Indischen Ozean (Kerguelen, Crozet und Amsterdam) sowie der Austausch der Besatzungen wird durch das 120 Meter lange Schiff „Marion Dufresne" sichergestellt, das dem französischen Polarfoschungsinstitut gehört. Touristen können an Bord des Schiffes, das auf La Réunion stationiert ist, mitreisen.

Kerkenah (34° 44'N und 11° 12'O) – Östlich von Sfax liegen diese tunesischen Mittelmeerinseln. Die beiden Hauptinseln sind Chergui und Gahrbi, die durch einen 700 Meter breiten Meeresarm voneinander getrennt sind. Sie haben eine Oberfläche von 380 Quadratkilometern und dienten Hannibal und Marius als Rückzugsgebiet. Im 19. Jahrhundert waren sie das Exil von Prostituierten.

Kerkira (39° 36'N und 19° 56'O) – Die auch Korfu genannte griechische Insel liegt im Ionischen Meer und hat eine Oberfläche von 640 Quadratkilometern. Auf der Insel leben 130.000 Menschen. Die Bevölkerungsdichte beträgt 203 Bewohner je Quadratkilometer. Mit 906 Metern ist der Berg Pandokrator der höchste Punkt der Insel. Die Hauptstadt Korfu wurde im 7. Jahrhundert vor Christus von Korinth aus kolonialisiert. Die Insel verfügt über einen Flughafen. Auf der Insel befinden sich die antiken Überreste eines Artemis-Tempels.

Kermadec (29° 16'S und 177° 55'W) – Im Südpazifik liegen diese Inseln östlich von Australien und nordöstlich von Neuseeland, zu dem sie seit 1887 gehören. Die beiden Hauptinseln sind Raoul und Macauley, deren Oberfläche 34 Quadratkilometer beträgt. Die Gruppe trägt den Namen des französischen Seefahrers Jean-Michel Huon de Kermadec (1748-1793), der die „L'Espéance" bei der Suche nach La Pèrouse kommandierte. Er starb am Montag, 6. Mai 1793 bei einem Landgang auf Neukaledonien. Der Kermadec-Graben im Osten der Inseln erreicht eine Tiefe von 10.045 Metern. (Siehe auch bei Neuseeland)

Keys (25° 16'N und 80° 19'W) – Die Koralleninseln liegen zwischen dem Atlantik und dem Golf von Mexiko bis nach Key West, der südlichsten Stadt der USA. Hier befindet sich das Haus des amerikanischen Schriftstellers Ernest Hemingway (1899-1961), der 1954 den Literaturnobelpreis erhielt. Die durch Brücken verbundenen Inseln verlängern Florida um 192 Kilometer.

Kiji (61° 30'N und 35° 45'O) – Diese russische Insel liegt im Onega-See. Auf ihr befindet sich eine orthodoxe Holzkirche, die im 17. Jahrhundert neu aufgebaut wurde und die heute zum von der Unesco geschützten Weltkulturerbe gehört.

Kimolos (36° 48'N und 24° 34'O) – Der höchste Punkt dieser griechischen Ägäis-Insel erreicht 398 Meter.

King (39° 50'S und 144°O) – In der Mitte der Bass Strait liegt diese australische Insel zwischen New South Wales und der Insel Tasmanien.

King Christian (77° 50'N und 102°W) – Die Insel im hohen Norden Kanadas liegt südwestlich der Insel Ellef Ringnes. Die Insel wurde vom norwegischen Forscher und Seefahrer Otto Sverdrup (1854-1930) nach dem dänischen König Christian IX. (1818-1906) benannt.

King George – Zu dem französischen Archipel im Südpazifik gehören die beiden Tuamotu-Inseln Takapoto und Takaroa. Der britische Seefahrer

John Byron (1723-1786) gab ihm den Namen von König Georg III. (1738-1820).

King George (62° 05' bis 62° 20'S und 57° 20' bis 58° 50'W) – Die subantarktische Insel gehört zu den Süd-Shetland-Inseln. Sie hat eine Oberfläche von 1200 Quadratkilometern. Sie wurde am 19. Februar 1819 vom britischen Seefahrer William Smith (1764-1840) entdeckt, der ihr den Namen von des britischen Königs Georg III. (1738-1820) gab. Smith ging am 16. Oktober 1819 an Land, um die Insel in Besitz zu nehmen. Am 30. Januar 1820 erblickte er zusammen mit dem Kommandanten Edward Bransfield (1795-1852) die Antarktische Halbinsel drei Tage nachdem der russische Seefahrer Fabian von Bellingshausen (1778-1852) sie gesichtet hatte. Auf dieser Insel befinden sich mehrere Forschungsstationen: Teniente Rodolfo Marsh (Chile), Chang Cheng (China), Teniente Jubany (Argentinien), Artigas (Uruguay), Commandant Ferraz (Brasilien), Henry Arctowski (Polen), die den Namen des polnischen Geologen und Meteorologen Henryk Arctowsky (1871-1958) trägt, der vom 10. März 1898 bis zum 14. März 1899 in der Antarktis überwinterte, Bellingshausen (Russland) sowie King Sejong (Korea). 1980 bauten die Chilenen auf der Insel ein Flugfeld, das dreimal pro Woche von Chile aus angeflogen wird. Am meisten wird die polnische Station besucht, die 1977 eingeweiht wurde, weil sie sich am Eingang zur Admiralitätsbucht befindet.

King William (69°N und 97°W) – Die Insel liegt im hohen Norden Kanadas im autonomen Territorium Nunavut, das am 1. April 1999 errichtet wurde. Im Süden der Insel befinden sich Dorf, Hafen und die Wetterstation Gjoa Haven. Die Insel wurde 1831 vom britischen Seefahrer und Forscher John Ross (1777-1856) entdeckt. Sie trägt den Namen des britischen Königs William IV. (1765-1856). Das Dorf Gjoa Haven im Süden der Insel trägt den Namen der 21 Meter langen „Gjoa" des norwegischen Seefahrers und Forschers Roald Amundsen (1872-1928), der hier zwischen dem 12. Dezember 1903 und dem 13. August 1905 drei Jahre während seiner Durchfahrt durch die Nordwestpassage verbrachte, die ihm zwischen 1903 und 1906 gelang. Er errichtete einen kleinen Hügel zu Ehren seines Sponsors Georg von Neumayer und entdeckte während seines Aufenthaltes die Überreste der Schiffe „Erebus" und „Terror" von Sir John Franklin (1786-1847). Der britische Seefahrer war am Freitag, 11. Juni 1847 an Bord der „Erebus" in der Nähe dieser Insel gestorben. Anhand eines Briefes vom 24. Mai 1847, der 1859 am Point Victory unter einem Steinhaufen gefunden wurde, lässt sich rekonstruieren, was geschehen war. Man weiß nun, dass die beiden Schiffe von Sir John Franklin in der Nähe der Insel Beechey überwinterten. Sie befuhren anschließend den Wellington-Kanal bis 77°N. Danach umfuhren sie die Insel Cornwallis und gerieten dann ins Packeis. Eine Gruppe von acht Mann (sechs Seeleute und die beiden Offiziere Graham Gore und Charles des Voeux) hinterließen am 24. Mai 1847 eine Botschaft, in der es hieß, alles verlaufe gut („all well"), unter einem Steinkegel, den John Ross (1777-1856) 1831 errichtet hatte. Franklin sollte einige Tage später sterben. Seine beiden Schiffe wurden ein Jahr später am 22. April 1848 aufgegeben. Die Botschaft wurde von den britischen Seefahrern Francis Crozier (1796-1848) und James Fitzjames (gest. 1848) entdeckt und vervollständigt. Darin heißt es, dass neun Offiziere und 15 Männer bereits gestorben waren und die restlichen 150 Mann sich in Richtung Fish River aufgemacht hatten. Auf diesem Marsch müssen sie dann gestorben sein. Der Fish River trägt heute den Namen von George Black (1796-1878), der ihn entdeckte und zwischen 1734 und 1735 erforschte. Das Dokument war von John Franklin und seinen vier Offizieren unterzeichnet. „Wer immer dieses Papier findet, wird gebeten, die Zeit und Ort anzugeben, wo er es gefunden hat und so schnell wie möglich die britische Admiralität in London zu informieren." Der britische Seefahrer und Polarforscher Francis Leopold McClintock (1819-1907) fand 1857 am Point Victory im Nordwesten der Insel zwei Skelette, zwei Gewehre und ein Rettungsboot der Franklin-Expedition.

King Karl (59° 53'N und 18° 43'O) – Die unbewohnte Insel gehört zum norwegischen Svalbard-Archipel. Sie trägt den Namen der langen Dynastie der schwedischen und norwegischen Könige, die Karl hießen. Auf der Insel befindet sich ein Schutzgebiet für Eisbären. (Siehe auch bei Svalbard)

Kiribati (5°S und 170°W) – Seit dem 12. Juli 1979 gehört der Archipel als unabhängiger Staat zum Commonwealth of Nations. Die Staatsdevise lautet „Wohlergehen, Frieden und Reichtum". Die Oberfläche von 850 Quadratkilometern teilen sich 82.000 Einwohner, was eine Bevölkerungsdichte von 96 Menschen je Quadratkilometer ergibt. Die Hauptstadt ist Tarawa. Eine der Inseln, Kiritimati, wurde am Weihnachtstag 1777 vom britischen Seefahrer James Cook (1728-1779) entdeckt.

Kiritimati (1° 52'N und 157° 20'W) – Die Insel, die früher den Namen Weihnachtsinsel trug, gehört zum Pazifikstaat Kiribati, der seit 1979 Mitglied des Commonwealth of Nations ist. Sie hat eine Oberfläche von 432 Quadratkilometern für 2600 Einwohner, was eine Bevölkerungsdichte von sechs Menschen ergibt. Die beiden wichtigsten Dörfer sind Paris und London. Die Insel wurde am 25. Dezember 1777 vom britischen Seefahrer James Cook (1728-1779) entdeckt. Vom 15. Mai 1957 an diente die Insel als britisches und amerikanisches Atomtestgelände. Vor allem Wasserstoffbomben wurden hier getestet.

Kita (25°N und 141°O) – Die japanische Insel gehört zum Volcano- oder Kazanretto-Archipel im Nordpazifik. (Siehe auch bei Japan und Volcano-Archipel)

Kithnos (37° 25'N und 24° 28'O) – In der Ägäis liegt diese griechische Kykladen-Insel. Mitunter taucht sie auch als Kytmos in der Literatur auf. Der höchste Punkt erreicht 326 Meter. Angeblich genoss der römische Kaiser Augustus (63 bis 14 vor Christus) den Käse der Insel. (Siehe auch bei Kykladen)

Koch (69° 38'N und 78° 15'W) – Die unbewohnte Insel liegt im autonomen Gebiet Nunavut in der Nähe der Insel Baffin und nördlich der Insel Rowley. Sie trägt den Namen des dänischen Seefahrers und Forschers J. P. Koch, der das Schiff „Danmark" kommandierte und vor allem die dänischen Forscher Mylius Erichsen (1872-1907) und Knud Rasmussen (1879-1933) bei ihren Forschungsfahrten um Grönland begleitete. Im Mai 1807 erreichte er Kap Bridgeman (83° 10'N) und überwinterte von 1912 auf 1913 in Grönland. Seinem Neffen Lauge Koch gelang zwischen dem 18. März 1921 von Thule über Kap Morris Jesup (13. Mai 1921) nach Kap Bridgeman (22. Juni 1921) die Durchquerung Grönlands, bevor er im September 1921 über das Inlandeis wieder Thule erreichte.

Kodiak (57° 30'N und 153° 30'W) – Die Oberfläche der zu Alaska gehörenden Insel beträgt 3588 Quadratkilometer. Sie ist vom Festland durch die Meerenge von Chelkov getrennt. Sie wurde 1763 vom russischen Seefahrer Stephan Guitow entdeckt und am 3. Juni 1818 ein weiteres Mal vom französischen Seefahrer Camille de Rocquefeuil gesichtet. Die Hauptstadt Kodiak wurde 1784 als erste russische Siedlung in Alaska gegründet. Hier befindet sich ein Flughafen. Alaska wurde 1867 von den USA für die vergleichsweise bescheidene Summe von 7,2 Millionen Dollar erworben. Am 3. Januar 1959 wurde es der 49. Staat der USA.

Koh Lanta (7° 30'N und 99°O) – Die thailändische Insel liegt 80 Kilometer südöstlich von Phuket in der Andamanen-See. Die Oberfläche beträgt 50 Quadratkilometer. Die Hauptstadt der Insel ist Koh Lanta. (Siehe auch bei Pulau Tiga und Nuku-Hiva)

Kolbeinsey – Rund 100 Kilometer nördlich von Island liegt diese kleine Insel mit einer Oberfläche von zwei Hektar. Dank der Insel verfügt Island über eine deutlich vergrößerte Fischereizone.

Kolgujew (69° 05'N und 49° 15'O) – Die russische Insel liegt zwischen der Barentssee und dem Petchora-Meer. Von Sibirien ist sie durch die Meerenge von Tschechkaja getrennt. Dank des noch spürbaren Golfstroms befinden sich auf der Insel einige Fischerdörfer.

Kommandeursinseln (55°N und 167°O) – Zwischen dem Nordpazifik und der Beringsee liegen diese russischen Inseln und setzen den Bogen der Aleuten fort. Die Hauptinseln sind Mednyi und Bering, auf der der dänische Seefahrer Vitus Bering (1680-1741) am 19. Dezember 1741 mit mehreren seiner Mannschaftsmitglieder an Skorbut starb. 800 Menschen leben auf den Inseln.

Komodo (8° 36'S und 119° 30'O) – Zwischen den beiden Inseln Sumbawa und Flores liegt dieser zur Sunda-Gruppe gehörende Archipel. Die Oberfläche erreicht 520 Quadratkilometer. Auf der Insel befindet sich ein Nationalpark, der vor allem wegen seiner Warane, den so genannten Drachen von Komodo, bekannt ist. Der Park gehört zum von der Unesco geschützten Weltnaturerbe.

Komoren, Grande Comore (11° 35S und 43° 20'W) – 1148 Quadratkilometer beträgt die Oberfläche der zu den Komoren zählenden Insel. Der Vulkan Kartala ist mit 2361 Metern der höchste Punkt der Insel. Im Durchschnitt bricht er alle zehn Jahre aus. Sein Krater zählt zu den größten der Welt. In der Hauptstadt Moroni befindet sich der internationale Flughafen. An der Westküste liegt der wichtigste Hafen in der Stadt Salimani. Nach der Unabhängigkeit der Komoren am 6. Juli 1975 wurde die Insel in Ngazidja umbenannt. Die beiden französischen Seefahrer Jean und Jacques Parmentier (beide starben im Dezember 1529 bei Sumatra) gingen hier am 10. August 1529 an Land. (Siehe auch Komoren)

Komoren (12° 10S und 44° 10'O) – In der Straße von Mosambik liegt die Inselgruppe, die eine Oberfläche von 1862 Quadratkilometer und eine Bevölkerung von 600.000 Menschen aufweist. Die Bevölkerungsdichte liegt bei 322 Einwohnern je Quadratkilometer. 1886 regierte Mayotte unter französischer Leitung über die Komoren. Zwischen 1912 und 1946 war der Archipel mit Madagaskar verbunden. In der Volksabstimmung von 1974 votierten die Bewohner von Grande Comore (1148 Quadratkilometer), Anjouan (424 Quadratkilometer) und Mohéli (290 Quadratkilometer) für die Unabhängigkeit, während die Bewohner der vierten Insel, Mayotte

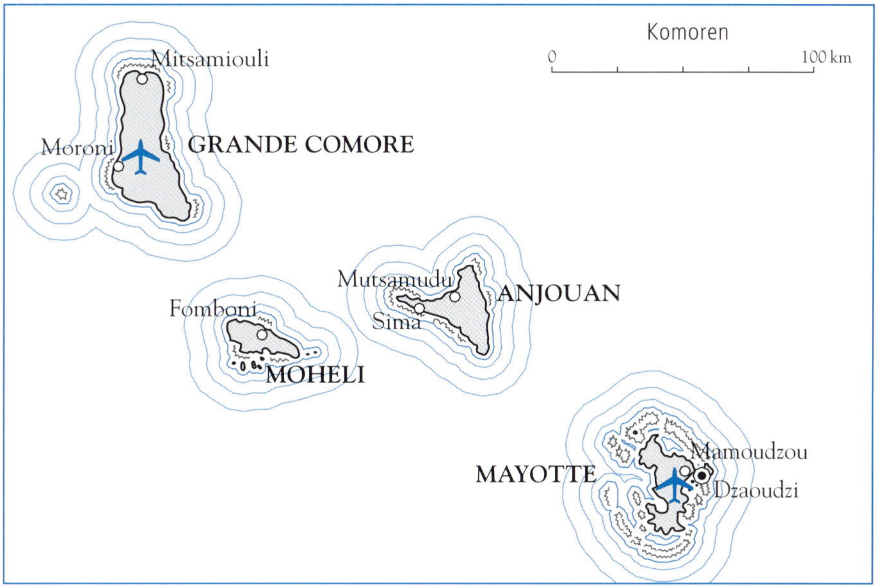

(374 Quadratkilometer), für die Beibehaltung der französischen Verwaltung stimmten. Die Komoren wurden am 6. Juli 1975 unabhängig. Seit 1997 herrscht hier ein Bürgerkrieg. Der Gebirgszug Kartala ist mit 2361 Metern der höchste Punkt der Inselgruppe. Der internationale Flughafen Hahaya liegt 23 Kilometer nördlich der Hauptstadt Moroni auf Grande Comore. Die Inselgruppe wurde 1500 vom portugiesischen Seefahrer Diogo Dias entdeckt. Die Staatsdevise lautet „Einheit, Gerechtigkeit, Fortschritt".

Komsomolz (80° 30'N und 95°O) – Die russische Insel ist zugleich der nördlichste Punkt von Sewernaja Semlja. Ihr höchster Punkt erreicht 781 Meter. Zahlreiche Skiexpeditionen zum Nordpol oder Kanada starten am Arktischen Kap (81° 16'N und 95° 40'O) im Norden der Insel. Die Insel trägt den Namen der ehemaligen sowjetischen Jugendorganisation. Am 7. April 1989 versank ein gleichnamiges russisches U-Boot in der Barentssee 175 Kilometer südwestlich der Insel Mejdoucharski, wobei 39 Besatzungsmitglieder ums Leben kamen. (Siehe auch Sewernaja Semlja)

Koralleninseln (20°S und 158°O) – Die unbewohnten Inseln liegen vor der australischen Ostküste und haben eine Oberfläche von fünf Quadratkilometern. Vom 4. bis 8. Mai 1942 fand hier die berühmte Schlacht in der Korallensee zwischen den von Admiral Isoroku Yamamotu (1884-1943) befehligten japanischen Marineeinheiten und den amerikanischen, von Admiral Fletcher kommandierten amerikanischen Einheiten statt.

Korcula (42° 57'N und 16° 50'O) – Die kroatische Adria-Insel hat eine Oberfläche von 279 Quadratkilometern, die sich 22.000 Menschen teilen, was eine Bevölkerungsdichte von 79 Bewohnern je Quadratkilometer ergibt. Die Insel verdankt ihren Namen („Schwarze Insel") dem fruchtbaren Mutterboden. Marco Polo (1254-1324) wurde in einem Haus neben der Kathedrale geboren. Drei Jahre nach seiner Rückkehr aus

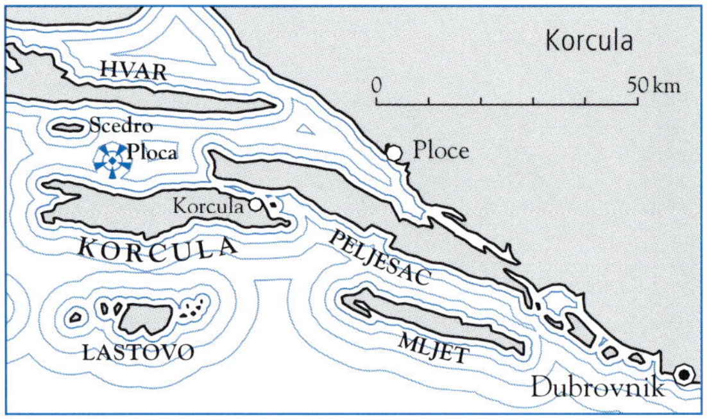

China nahm er am 7. September 1298 an einer Seeschlacht vor Korcula zwischen Venedig und Genua an Bord einer venezianischen Galeere teil. Der genuesische Admiral Lamba Doria schlug Venedig vernichtend und zerstörte dabei 84 Galeeren, wobei mehr als 7000 Männer fielen. Marco Polo wurde danach am 16. Oktober 1298 in einem genuesischen Gefängnis festgesetzt und nutzte die Zeit, seine Erinnerungen Rustinian von Pisa zu diktieren.

Korfu – Siehe bei Kerkira.

Korsika (41° 22' bis 43° 1'N und 8° 32' bis 9° 28'O) – 260.000 Menschen leben auf der französischen Mittelmeerinsel, die eine Oberfläche von 8700 Quadratkilometer aufweist. Die Bevölkerungsdichte liegt bei 30 Bewohnern je Quadratkilometer. Der Berg Cinto ist mit seinen 2710 Metern der höchste Punkt der Insel. Die drei wichtigsten Städte sind Ajaccio, Bastia und Calvi. In den beiden letztgenannten Städten befinden sich zwei der vier wichtigsten Häfen der Insel. Die beiden anderen sind in Centuri und Bonifacio. Flughäfen befinden sich in Campo dell'Oro, sieben Kilometer südlich von Ajaccio, Poretta, 17 Kilometer von Bastia entfernt, und Calvi-Sainte-Catherine, 20 Kilometer nordöstlich von Calvi. Der genuesische Seefahrer Christoph Kolumbus (1451-1506) soll angeblich in der Zitadelle von Calvi geboren worden sein. Sicher ist hingegen, dass Napoleon I. (1769-1821) als zweiter Sohn von Charles Bonaparte und Laetitia Ramolini am 15. August 1769 das Licht der Welt erblickte. Die

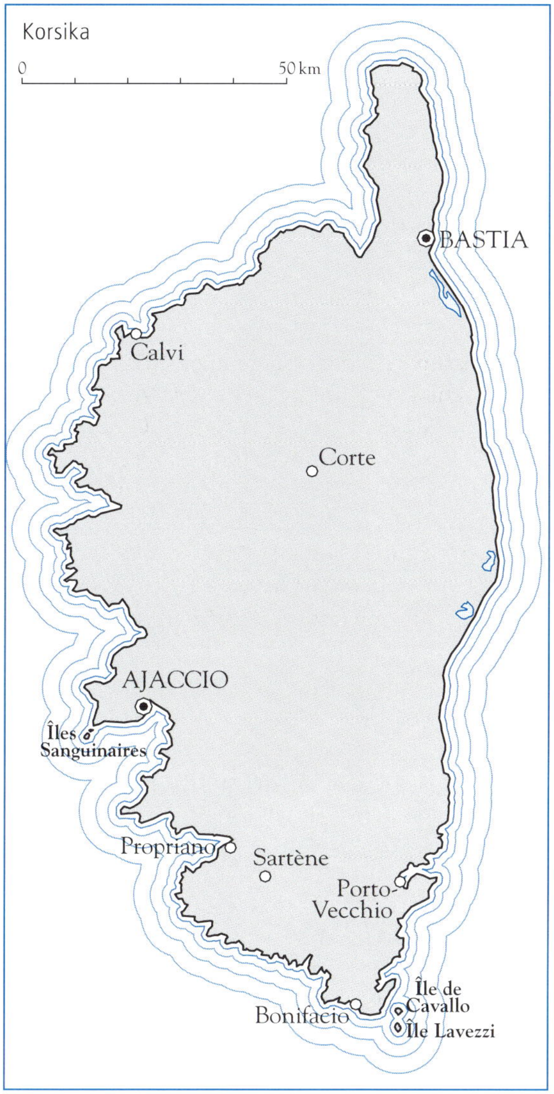

nautische Basis von Glénans befindet sich im Maison de la Mer in Bonifacio. Die Bucht von Girolata und der Golf von Porto stehen auf der Unesco-Liste des Weltnaturerbes.

Kos (36° 50'N und 27° 10'O) – Die griechische Insel gehört zu den Dodekanen und hat eine Oberfläche von 290 Quadratkilometern, die sich 40.000 Menschen teilen. Die Bevölkerungsdichte liegt bei 138 Einwohnern je Quadratkilometer. Der höchste Punkt der Insel ist nach 846 Metern erreicht. Die Hauptstadt ist Kos. Der Begründer der modernen Medizin, Hippokrates (460-357), wurde hier geboren. Der Tempel von Asklepeion ist dem Gott der Medizin, Äskulap, geweiht. (Siehe auch bei Dodekanen)

Kosrae (5° 20'N und 163°O) – Der westlichste Staat Mikronesiens hat eine Oberfläche von 100 Quadratkilometern, die sich 7500 Menschen teilen, was eine Bevölkerungsdichte von 75 Bewohnern je Quadratkilometer ergibt. Die Hauptstadt ist Totol, wo sich auch der Flughafen befindet. Mit 634 Metern ist der Berg Finol der höchste Punkt der Insel. Der Staat besteht aus zehn Inseln.

Kotelny (75° 45'N und 138° 44'O) – Die unbewohnte russische Insel im Nordpolarmeer ist die größte und nördlichste des Sibirischen Archipels. Das Kap Anisy im Nordwesten der Insel war der Ausgangspunkt der letzten Expedition der beiden belgischen Forscher Alain Hubert und Dixie Dansercoer. Sie verließen das Kap am 25. Februar 2002, mussten aber wieder umkehren. (Siehe auch Neusibirien)

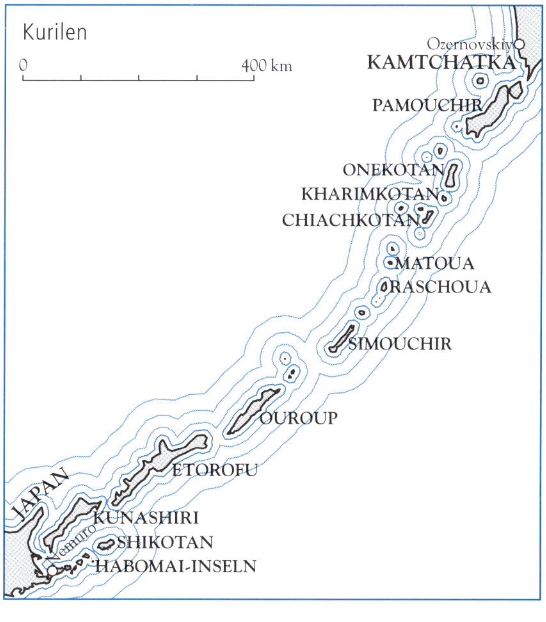

Kurilen (42° bis 52°N und 145° 157°O) – Nördlich von Japan und südlich der Halbinsel Kamtschatka liegt diese russische Inselgruppe. Sie besteht aus den Inseln Pamutschir, Onekotan, Kharimkotan, Chaichkotan, Matoua, Raschoua, Simouchir, Ouroup, Etorofu, Kunashiri, Shikotan und Habomai. Sie wurden von der Sowjetunion nach dem Zweiten Weltkrieg annektiert. Der im Südosten der Inseln gelegene Meeresgraben der Kurilen, auch Vitiaz genannt, erreicht eine Tiefe von 9783 bis 10.542 Metern.

Krakatau (6° 07'S und 105° 24'O) – Die Vulkaninsel liegt in der Mitte der Sundastraße zwischen Java und Sumatra. Ihr höchster Punkt erreicht 813 Meter. Zwischen dem 26. und 28. August 1883 brach der Vulkan der Insel in einer der bisher größten Explosionen aus und brachte durch die dadurch ausgelöste Flutwelle fast 37.000 Menschen den Tod. 20 Kubikkilometer Materie schleuderte der Vulkan in die Atmosphäre und sorgte in der nördlichen Hemisphäre für eine Abkühlung von 0,6 Grad.

Kreta (35° 29'N und 24° 42'O) – 8660 Quadratkilometer misst die griechische Mittelmeerinsel, auf der 550.000 Menschen leben. Die Bevölkerungsdichte beträgt 63 Einwohner je Quadratkilometer. Mit 2456 Metern ist der Berg Ida der höchste Punkt der Insel. Auf der Insel befindet sich ein internationaler Flughafen. Der Hafen Kanolie liegt an der Nordwestküste Kretas. Um 2000 vor Christus beherrschten die Minoer die Insel. Hier wurde im 4. Jahrhundert vor Christus Nearkos geboren, der als General und Seefahrer Alexander den Großen begleiten sollte. Im Jahre 59 besuchte der Apostel Paulus Kreta.

Krk (45° 05'N und 14° 35'O) – Der höchste Punkt der kroatischen Adria-Insel ist nach 569 Metern erreicht. Auf der Insel befindet sich ein Flughafen.

Krueger (81° 34'N und 91° 40'W) – Nordwestlich von Ellesmere liegt diese Insel im Arktischen Meer. Sie trägt den Namen des deutschen Geologen Krueger, der 1930 bei einer Expedition zusammen mit seinem dänischen Begleiter und einem Inuit verschwand. Sie hatten das Dorf Etah im Nordwesten Grönlands in Richtung Insel Ellesmere verlassen. Danach hat man sie nie wieder gesehen.

Krusenstern (10° 30'N und 170°O) – Das im Nordpazifik gelegene Atoll gehört zu den Marshall-Inseln. Es trägt den Namen des russischen Seefahrers Adam von Krusenstern (1770-1846), dem zwischen 1803 und 1806 mit seinen Schiffen

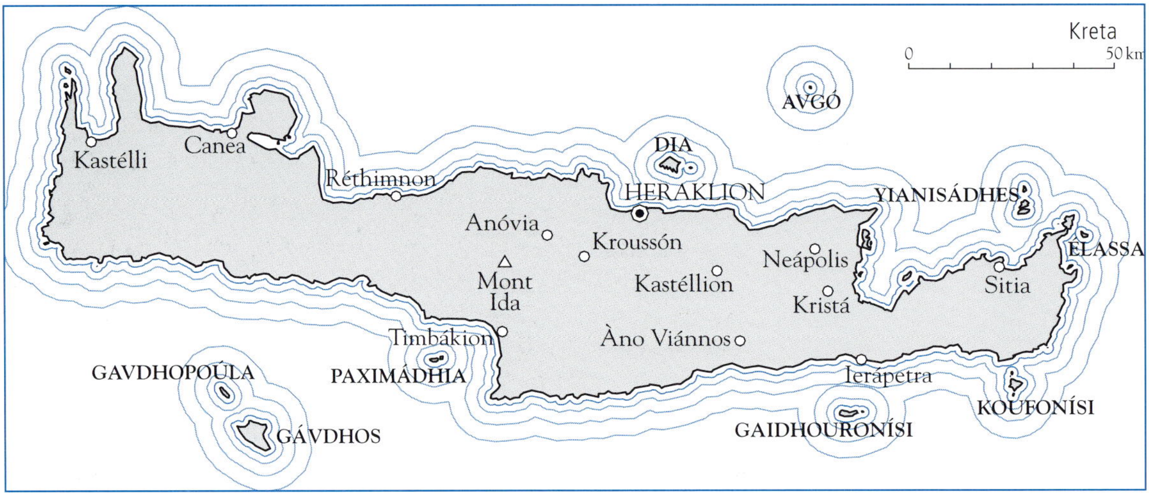

„Newa" und „Nedejda" eine Weltumsegelung gelang. Das Atoll heißt heute Ailuk. (Siehe auch bei Marshall-Inseln)

Kruzof (57° 10'N und 135° 40'W) – Die zum Alexander-Archipel gehörende Insel liegt vor Alaska. Der höchste Punkt erreicht 878 Meter. Der dänische Polarforscher Vitus Bering (1681-1741) ging hier am 15. Juli 1741 vor Anker. (Siehe auch bei Alexander)

Kuba (19° 09' bis 21° 80'N und 74° 20' bis 84° 98'W) – Die größte Insel der Großen Antillen erstreckt sich über 1200 Kilometer in der Karibik. Die Oberfläche der nur 170 Kilometer von der amerikanischen Küste entfernten Insel beträgt 110.860 Quadratkilometer, die sich 11,2 Millionen Menschen teilen, was eine Bevölkerungsdichte von 101 Einwohnern je Quadratkilometer ergibt. Die 1500 Inseln, die zu Kuba gehören, erreichen eine Oberfläche von 3720 Quadratkilometern. Mit 2560 Metern ist die Sierra Maestra der höchste Punkt der Insel. Die Hauptstadt Havanna wurde am 16. November 1519 gegründet. Der internationale Flughafen Jose Marti liegt 23 Kilometer von Havanna entfernt. Im Südosten der Insel befindet sich der Hafen Puerto Manati. Kolumbus (1451-1506) entdeckte die Insel in der Bahia Bariay in der Provinz Oriente am 28. Oktober 1492 bei seiner ersten Entdeckungsfahrt mit der „Santa Maria". Er glaubte, Cipangu, wie man damals Japan nannte, entdeckt zu haben. Am 13. Juni 1494 bei seiner zweiten Fahrt entdeckte Kolumbus die Insel Juventud, die heute zu Kuba gehört. Dem spanischen Seefahrer Sebastian de Ocampo gelang 1508 die Umsegelung Kubas und damit der Beweis, dass es sich tatsächlich um eine Insel handelte. 1868 endete die Sklaverei auf Kuba. Während des Unabhängigkeitskrieges zwischen 1868 und 1898 wurden zahlreiche Internierungslager auf der Insel errichtet. Zwischen 1964 und 1990 wurden politische Gefangene in Lagern festgehalten. Kuba wurde am 20. Mai 1902 unabhängig, als der amerikanische Gouverneur Leonard Wood die Amtsgeschäfte an den ersten kubanischen Präsidenten Tomas Estrada Palma übergab. Um 1940 ließ sich der amerikanische Schriftsteller Ernest Hemingway (1899-1961) auf Kuba in einer 14 Kilometer von Havanna entfernten Finca nieder. Zwei Jahre lang kreuzte er mit seinem Schiff „El Pilar" in den Gewässern um Kuba und versorgte die amerikanische Marine mit Nachrichten über deutsche U-Boote. Auf Kuba redigierte er später seinen Welterfolg „Der alte Mann und das Meer". Am 1. Mai 1961 versuchten die Amerikaner mit ihrer Invasion in der Schweinebucht Fidel Castro zu stürzen. Seit mehr als 40 Jahren beherrscht der sozialistische Diktator den Inselstaat, der am 24. Februar 1976 zur Volksrepublik Kuba wurde. Papst Johannes Paul II. besuchte

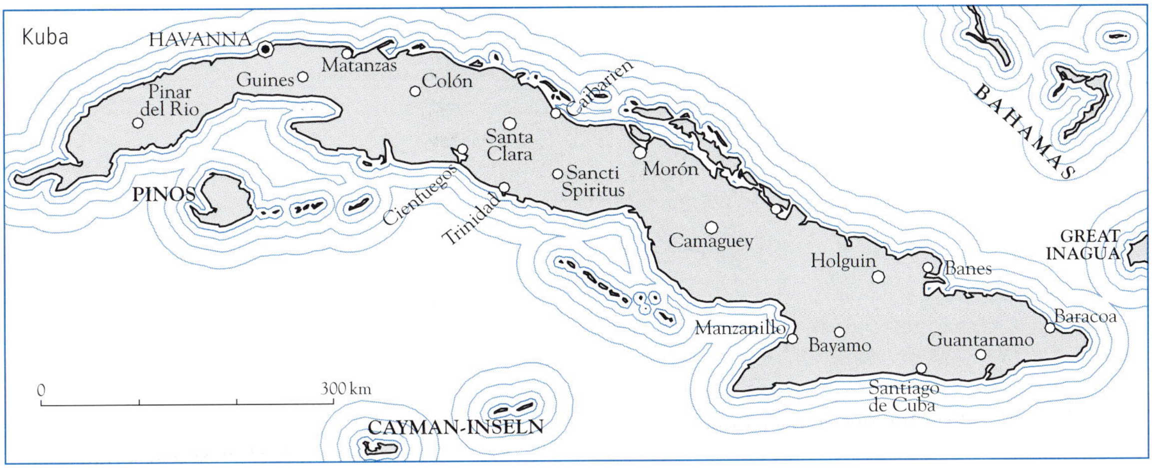

Kuba vom 21. bis 25 Januar 1998. Am 4. November 2001 verwüstete der Hurrikan Michelle große Teile der Insel. Fünf Menschen kamen dabei ums Leben. Die Altstadt von Havanna, die Befestigungsanlagen und die Zuckerfabriken von Trinidad, die aus dem 18. und 19. Jahrhundert stammen, gehören zum von der Unesco geschützten Weltkulturerbe. (Siehe auch Antillen, Große)

Künstliche Inseln – Die von Menschen gebauten Inseln dienen vor allem der Erdölförderung oder der Stromgewinnung aus Windkraft. Zudem befinden sich zahlreiche Leuchttürme auf solchen Inseln.

Kunashiri (44° 10'N und 146°O) – Die russische Insel gehört zu den Kurilen, die sich zwischen der Halbinsel Kamtschatka im Norden und Japan im Süden erstrecken und die nach dem Zweiten Weltkrieg 1945 von der Sowjetunion annektiert wurden. (Siehe auch bei Kurilen)

Kure (28° 25'N und 178° 25'W) – Die isolierte Insel liegt im Nordpazifik nahe der amerikanischen Insel Midway, nordöstlich von Hawaii.

Kuria-Muria (17° 30'N und 56°O) – Im Süden des Sultanats Oman liegen diese Inseln, die bereits von Marco Polo (1254-1354) in seinem Buch „Die Wunder der Welt" beschreiben wurden. Marco Polo kannte diese Inseln aus Erzählungen in den Häfen. „Wenn man das Königreich Kermacoran (Oman) verlässt und ungefähr 500 Meilen über das Meer in Richtung Süden reist, kommt man zu den beiden Inseln. Die Menschen dort sind alle Christen und leben nach den Geboten des Alten Testaments. Alle Männer leben auf der Male genannten Insel. Und wenn der Monat März kommt, gehen sie jedes Jahr für drei Monate auf die andere Insel. Während dieser drei Monate vergnügen sie sich mit den Frauen. Nach diesen drei Monaten kehren sie auf ihre Insel zurück, arbeiten, säen und treiben Handel. Sie haben keinen Herrscher, aber einen Priester, der dem Erzbischof einer anderen Insel unterstellt ist, die Scotra heißt."

Kuriat (35° 80'N und 11° 10'O) – 18 Kilometer östlich von Monastir liegt diese tunesische Inselgruppe. Sie besteht aus den Archipelen Galite, Fratelli und den beiden Hundeinseln. Die Insel der Tauben, Insel der Quarantäne und Tonnara liegen direkt vor Monastir.

Kvit (81°N und 32°O) – Die auch Kvitoya genannte Insel liegt nordöstlich von Spitzbergen. Sie hat eine Oberfläche von 700 Quadratkilometern. Sie diente drei Mitgliedern der gescheiterten Ballonexpedition zum Nordpol unter dem schwedischen Polarforscher Salomon Andrée (1854-1897) als Aufenthaltsort. Andrée und die beiden Norweger Nils Strindberg (gest. 1897) sowie Knut Frankel (gest. 1897) harrten hier nach dem Absturz des Ballons am 14. Juli 1897 (82° 55'N und 29° 32'O) zwei Monate aus. Sie erreichten die Insel am 5. Oktober 1897 und starben hier Ende Oktober 1897. Ihre Körper und ihre Aufzeichnungen wurden erst am 6. August 1930 von zwei norwegischen Matrosen entdeckt. Der Bericht über ihr dramatisches und tristes Ende beherrschte damals die Weltpresse.

Kwajalein (9°N und 167° 30'O) – Das Atoll im Nordpazifik gehört zu den Marshall-Inseln und ähnelt einer 110 Kilometer lange und 25 Kilometer breiten Banane. Mit einer Oberfläche von 2310 Quadratkilometern ist es das größte Atoll der Welt. Die Korallenbarriere hat eine Länge von 280 Kilometern. Die dahinter liegenden Inseln haben eine Oberfläche von 30 Quadratkilometern. (Siehe auch bei Marshall-Inseln)

Kykladen (37° 30'N und 25°O) – Rund 40 Inseln zählen zu dem griechischen Archipel in der Ägäis. 20 von ihnen sind bewohnt, darunter Andros, Delos, Milos, Mykonos, Naxos, Paros, Santorion, Tinos und Syros. Die Oberfläche misst 2572 Quadratkilometer, die sich 93.000 Einwohner teilen, was einer Bevölkerungsdichte von 36 Menschen je Quadratkilometer entspricht. Die Insel Delos ist der Geburtsort des Gottes Apoll und wird als Weltkulturerbe von der Unesco geschützt.

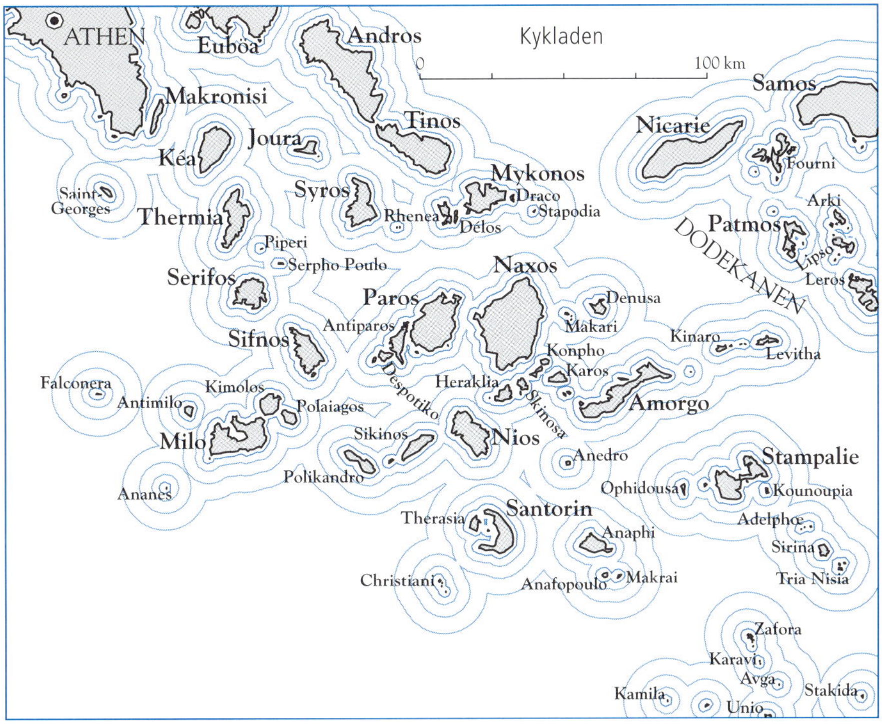

Kytheria (36° 20'N und 22° 58'O) – Die griechische Ägäis-Insel wird von rund 5000 Menschen bewohnt. Der höchste Punkt erreicht 507 Meter. Nach den griechischen Sagen erblickte hier Aphrodite (Venus) das Licht der Welt. 1537 führte der türkische Pirat Barbarossa (gest. 1546) die Bevölkerung in die Sklaverei.

Kyushu (33°N und 131°O) – Die südlichste der japanischen Hauptinseln hat eine Oberfläche von 42.000 Quadratkilometern, die sich 14 Millionen Menschen teilen, was eine Bevölkerungsdichte von 333 Bewohnern je Quadratkilometer ergibt. Die wichtigsten Städte sind Kitakyushu, Fukuoka und Nagasaki, wo am Donnerstag, 9. August die zweite Atombombe der Welt explodierte. Mehr als 100.000 Menschen kamen dabei ums Leben. Sechs Tage später kapitulierte Japan. Auf der Insel befinden sich mehrere Flughäfen. (Siehe auch bei Japan)

Lady Parry (70° 10'N und 90° 45'W) – Die Insel im hohen Norden Kanadas wurde vom britischen Seefahrer und Polarforscher William Edward Parry (1790-1855) zu Ehren seiner Frau benannt.

Lakkediven (8° bis 12° 50'N und 71° 80' bis 73° 80'O) – Südöstlich des Indischen Subkontinents im Indischen Ozean liegt die Inselgruppe, die zu den Lakshadweep-Inseln gehören. Sie werden von Indien verwaltet. Ihre Oberfläche beträgt 32 Quadratkilometer, auf denen 53.000 Menschen leben. Die Bevölkerungsdichte beträgt 1656 Bewohner je Quadratkilometer. Die Inseln wurden 1505 vom portugiesischen Seefahrer Francisco de Almedia (1450-1510) entdeckt.

Langeoog – Das zu den Ostfriesischen Inseln zählende Langeoog ist rund 14 Kilometer lang und anderthalb Kilometer breit. Die als Seebad anerkannte Insel hat eine Oberfläche von 19 Quadratkilometern.

Lamma (22° 12'N und 114° 07'O) – Die Insel gehört zu Hongkong und hat eine 13 Quadratkilometer große Oberfläche, die sich 10.000 Menschen teilen, was eine Bevölkerungsdichte von 769 Bewohnern je Quadratkilometer ergibt. Mit 353 Metern ist der Mount Stenhouse der höchste Punkt der Insel. Hongkong fiel am 1. Juli 1997 an China zurück.

Lampedusa (35° 31'N und 12° 35'O) – Die italienische Mittelmeerinsel liegt zwischen Malta und Tunesien und gehört zu den Pelagischen Inseln. Vor allem ihr Strand Isola dei Conigli ist berühmt.

Lamu (2° 16'S und 40° 54'O) – Vor der kenianischen Stadt Lamu liegt diese Insel, auf der auch heute noch die suahelische Kultur gepflegt wird.

Lanai (20° 50'N und 156° 55'W) – Die Insel gehört zu den acht Hauptinseln von Hawaii. Sie hat eine Oberfläche von 360 Quadratkilometern, die sich 2500 Menschen teilen. Die Bevölkerungsdichte liegt bei sieben Bewohnern je Quadratkilometer. Der Hauptort ist Lanai City, wo sich auch der Inselflughafen befindet.

Landes (48°N und 1°W) – 300 Meter östlich der Pointe du Grouin liegt diese unbewohnte französische Insel, die eine Oberfläche von vier Hektar besitzt. Der höchste Punkt des Vogelschutzgebiets ist nach 38 Metern erreicht.

Lantau (22° 17'N und 113° 59'O) – Die Insel gehört zu Hongkong, das seit 1. Juli 1997 wieder zu China gehört. Die Oberfläche von 142 Quadratkilometern teilen sich 40.000 Menschen, was eine Bevölkerungsdichte von 281 Bewohnern je Quadratkilometer ergibt. Mit 993 Metern ist der Lantau Peak der höchste Punkt der Insel. Die Nachbarinsel Chek Lap Kok ist mit Lantau verbunden. Ihre ursprüngliche Oberfläche von drei Quadratkilometer wurde auf 12,5 vergrößert, um dort den neuen Flughafen von Hongkong und die neue Stadt Tung Chung bauen zu können. Die Insel ist mit dem Festland über eine neue Eisenbahn- und Autobrücke verbunden. (Siehe auch bei Hongkong)

Lanzarote (29°N und 13° 40'W) – Vor der marokkanischen Küste liegt diese zu Spanien gehörende Kanareninsel. Ihre Oberfläche von 980 Quadratkilometern teilen sich 43.000 Menschen. Die Bevölkerungsdichte liegt bei 44 Bewohnern je Quadratkilometer. Mit 608 Metern ist der Berg

Atalaya de Femes der höchste Punkt der Vulkaninsel. In der Hauptstadt Arrecife befindet sich der Flughafen der Insel. Durch Fähren ist Lanzarote mit Fuerteventura (anderthalb bis drei Stunden) verbunden. Die Insel wurde im 13. Jahrhundert vom genuesischen Seefahrer Lanzarotto Malocello entdeckt, was ihren Namen erklärt. Die größte Attraktion ist der Nationalpark der Vulkane. Um 1730 erlebte die Insel eine sechsjährige Phase von Vulkanausbrüchen, bei denen sich Lava über eine Fläche von 200 Quadratkilometern ergoss und auf 32 Quadratkilometern die beeindruckenden „Montanas del Fuego" schuf. Auf der Insel gibt es weder Flüsse noch Quellen. Im Norden liegen die unbewohnten Inseln Graziosa, Montana, Clara und Alegranza. (Siehe auch bei Kanarische Inseln)

Large (49° 30'N und 1° 09'W) – Auf der Insel, die zu den Saint-Marcouf-Inseln im Ärmelkanal zwischen Frankreich und Großbritannien gehört, befindet sich eine nach den Plänen von Vauban errichtete Befestigungsanlage.

Larsen (68° 30'S und 62° 30'W) – Die Insel gehört zu den Süd-Orkney-Inseln. Sie trägt den Namen des norwegischen Seefahrers Carl Anton Larsen (1860-1924), der die Region mit seinen Schiffen „Jason" und „Antarktik" erforschte. (Siehe auch bei Süd-Orkney-Inseln)

Lastovo (42° 45'N und 16° 53'O) – Der höchste Punkt dieser kroatischen Adria-Insel, deren Hauptort den gleichen Namen trägt, ist nach 417 Metern erreicht.

Latady (70° 45'S und 74° 35'W) – Zwischen der Bellingshausen-See und der Wilkins-Meerenge liegt diese antarktische Insel.

Lau (18° 20'S und 178° 30'W) – Die Inseln im Südpazifik gehören zu Fidschi. (Siehe auch bei Fidschi)

Laurie (60° 45'S und 44° 35'W) – Die Insel gehört zu den Süd-Orkney-Inseln. Der schottische Seefahrer William Bruce (1867-1912) überwinterte hier von 1902 bis 1904. Auf der Insel befindet sich die argentinische Forschungsstation Orcadas. (Siehe auch bei Süd-Orkney-Inseln)

Lavezzi (41° 20'N und 9° 15'O) – Die französische Mittelmeerinsel liegt vier Kilometer südöstlich von Korsika. Sie hat eine Oberfläche von einem Quadratkilometer. Der höchste Punkt erhebt sich 50 Meter über den Meeresspiegel. Am 15. Februar 1855 erlitt das französische Schiff „La Sémillante" auf dem Weg zum Krimkrieg vor der Insel Schiffbruch, wobei alle 773 Seeleute und Soldaten ums Leben kamen. Sie sind auf dem Friedhof der Insel beigesetzt.

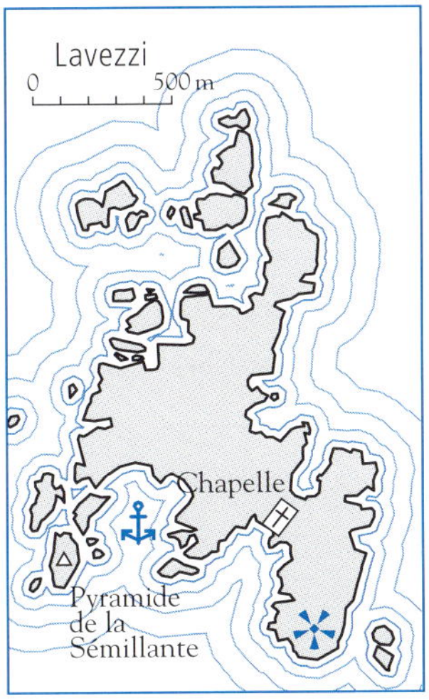

Lavoisier (66° 10'S und 66° 40'W) – Die Insel liegt vor der Antarktis im Archipel Biscoe. Sie trägt den Namen des französischen Chemiker Antoine de Lavoisier (1743-1794). (Siehe auch bei Biscoe)

Lavongai – Im Norden von Papua-Neuguinea liegt diese Insel, die zum Bismarck-Archipel gehört, der den Namen des deutschen Reichskanzlers Otto von Bismarck (1815-1898) trägt. Sie wird von Papua-Neuguinea verwaltet. Die Oberfläche beträgt 1190 Quadratkilometer. (Siehe auch bei Bismarck-Archipel)

Lavrec (48° 50'N und 2° 59'W) – Die französische Privatinsel liegt 400 Meter östlich vor der Insel Bréhat vor der Côte d'Armor. Sie hat eine Oberfläche von acht Hektar.

Laysan (25° 50'N und 171° 50'W) – Die unbewohnte Insel gehört zu den Hawaii-Inseln.

Lefkas (38° 39'N und 20° 27'O) – Die Oberfläche der griechischen Insel beträgt 320 Quadratkilometer, die sich 40.000 Menschen teilen, sodass die Bevölkerungsdichte bei 125 Bewohnern je Quadratkilometer liegt. Mit 1158 Metern ist der

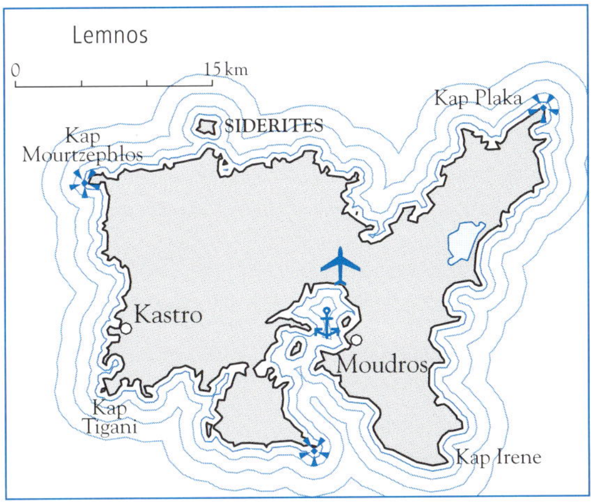

Berg Elati die höchste Stelle der Insel im Ionischen Meer. Die Hauptstadt heißt wie die Insel Lefkas.

Lemnos (39° 54'N und 25° 21'O) – Die im Norden der Ägäis gelegene griechische Insel hat ihren höchsten Punkt bei 430 Metern. In der Nähe des Hauptortes Myrina befindet sich der Flughafen. Eine Marinebasis ist in Moudros beheimatet.

Lérins (43°N und 7°O) – Auf den französischen Mittelmeerinseln befinden sich nach den Plänen von Vauban gebaute Befestigungsanlagen. Die Gruppe besteht aus den beiden Inseln Sainte-Marguerite und Saint-Honorat.

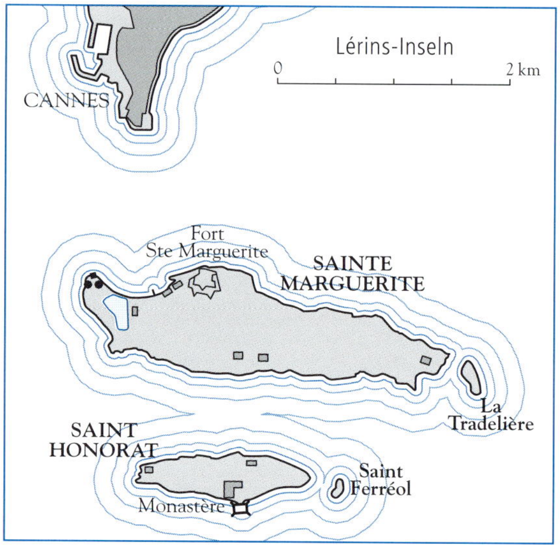

Lern (47° 35'N und 2° 45'W) – Die französische Insel im Golf von Morbihan hat eine Oberfläche von drei Hektar.

Leros (37° 08'n und 26° 52'O) – Der höchste Punkt der griechischen Insel, die in der Ägäis liegt und zu den Dodekanen gehört, ist nach 327 Metern erreicht. (Siehe auch bei Dodekanen)

Lesbos (39° 10'N und 26° 20'O) – Vor der türkischen Küste liegt die griechische Insel, die eine Oberfläche von 1700 Quadratkilometern aufweist, die sich 16.000 Menschen teilen, was eine Bevölkerungsdichte von 94 Bewohnern je Quadratkilometer ergibt. Mit 668 Metern ist der Berg Olymp die höchste Erhebung. Im Hauptort Mytilini befindet sich ein Flughafen. In der Antike wurden hier junge Mädchen der Aphrodite, Göttin der Schönheit und der Liebe, geweiht. Ihre Dichterin schuf hier neun Gedichtbände. Der Begriff „Lesbierin" leitet sich von dieser Insel ab.

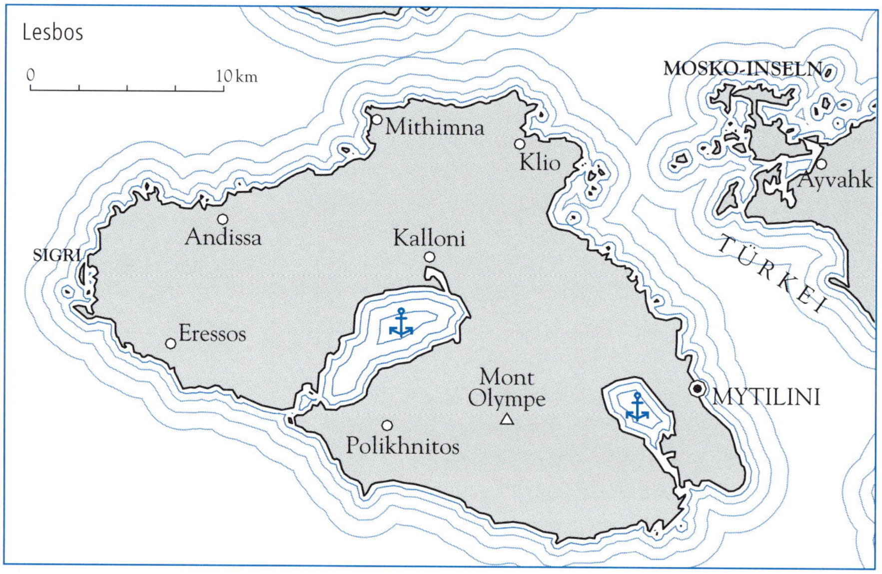

Leskov (56° 40'S und 28° 10'W) – Die Insel gehört zu den am nördlichsten gelegenen Süd-Sandwich-Inseln. Die Insel wurde am 23. Dezember

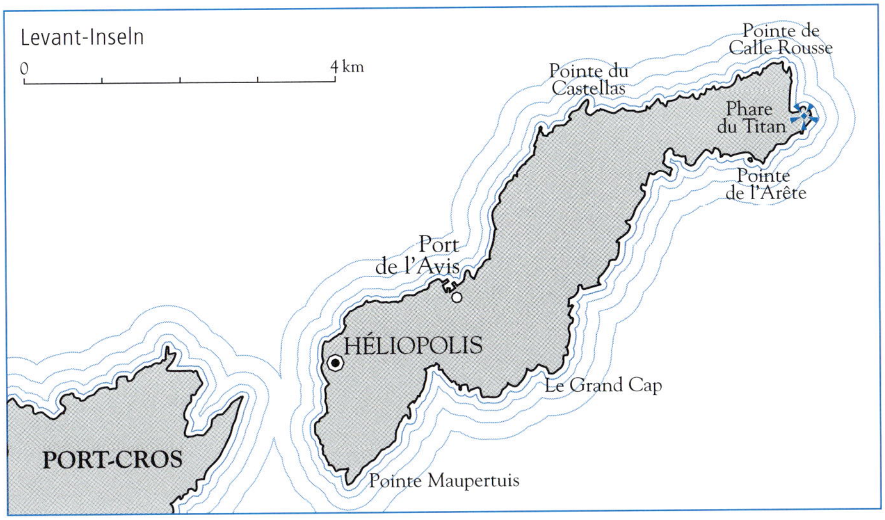

1819 vom russischen Seefahrer Fabian von Bellingshausen (1178-1852), Kommandeur der Schiffe „Wostok“ und „Mirny“, entdeckt. (Siehe auch bei Süd-Sandwich)

Levant (43° 02'N und 6° 28'O) – Die französische Mittelmeerinsel liegt 13 Kilometer südöstlich des Badeortes Le Lavandou. Sie hat eine Oberfläche von zehn Quadratkilometern. Der höchste Punkt ist nach 140 Metern erreicht. Der wichtigste Hafen Tavis liegt im Nordosten der Insel. Durch Fähren ist die Insel mit der Insel Port Cros (15 Minuten), Port-Saint-Pierre-de-la-Mer (anderthalb Stunden), Le Lavandou (35 Minuten), Cavalaire-sur-Mer (45 Minuten) und Saint-Tropez (zwei Stunden) verbunden. Die Insel, die sich zum großen Teil im Besitz der Marine befindet, ist ein Zentrum für Nudisten.

Levitha (37°N und 26° 28'O) – Die griechische Ägäis-Insel gehört zu den Dodekanen. (Siehe auch bei Dodekanen)

Lewis und Harris (58° 20'N und 6° 35'W) – Die zu den Hebriden gehörende Insel liegt vor der schottischen Westküste und ist die größte sowie nördlichste der Inselgruppe. Auf der 2000 Quadratkilometer messenden Oberfläche leben 24.000 Menschen, was eine Bevökerungsdichte von zwölf Bewohnern je Quadratkilometer ergibt. Der höchste Punkt erreicht 800 Meter. Auf der Insel befindet sich ein Flughafen. Alexander Mckenzie (1764-1820), der Erforscher der kanadischen Nordens, ist auf dieser Insel geboren worden. Sein Name findet sich in dem von ihm 1789 entdeckten Fluss, kanadischen Städten, eines Distrikts und einiger Berge sowie verschiedener Buchten in Grönland, Kanada und der Antarktis wieder. (Siehe auch bei Hebriden)

Leyte (10° 50'N und 124° 50'O) – Die Hauptstadt der zu den Philippinen zählenden Insel ist

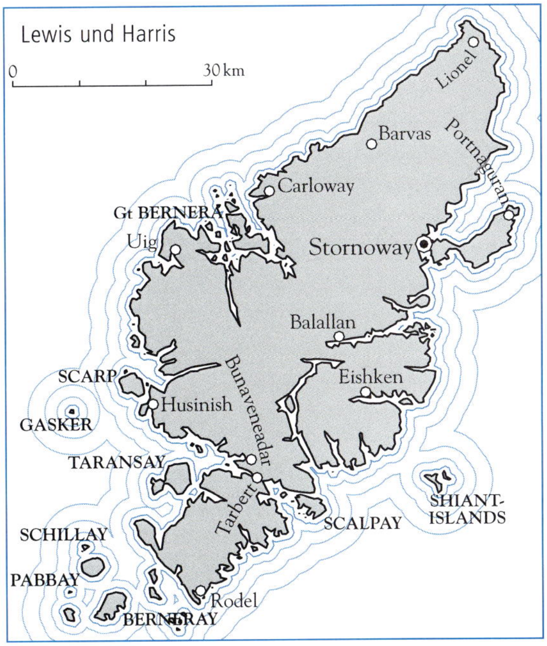

Tacloban, die vom Seefahrer Villalobos so genannt worden ist. Die Insel wurde gegen Ende des Zweiten Weltkriegs von amerikanischen Truppen unter dem Kommando von Admiral Chester William Nimitz (1885-1966) von den Japanern zurückerobert. Die Eroberung der Philippinen war im Januar 1945 abgeschlossen. (Siehe auch bei Philippinen)

L'Hermite – Die chilenische Insel liegt 13 Kilometer nordwestlich der Insel Hoorn und gehört zum Nationalpark von Kap Hoorn. Die Insel trägt den Namen des holländischen Seefahrers Jacob L'Hermite, der eine Flotte von elf Schiffen zwischen 1623 und 1626 um Kap Hoorn führte. Er verlor sein Leben in der Sundastraße zwischen Java und Sumatra. Ein einziges Schiff erreichte wieder den Hafen der Insel Texel.

Liakow (73° 30'N und 141°O) – Die russischen Inseln liegen zwischen der Laptew-See und dem Sibirischen Meer. Sie tragen den Namen des russischen Forschers Iwan Liakow, der sie 1770 entdeckte. Sie gehören zum Archipel von Neusibirien. (Siehe auch bei Neusibirien)

Liberty (40° 41'N und 74° 03W) – In der Mitte des Hudson River vor New York liegt diese Insel, die man mit der Fähre vom Battery Park aus erreicht. Sie ist wegen der Freiheitsstatue, die sich über den Überresten einer alten Befestigungsanlage erhebt, berühmt. Die Schöpfung des französischen Bildhauers Frédéric-Auguste Bartholdy (1834-1904) und des französischen Ingenieurs Gustave Eiffel (1832-1923) wurde am 28. Oktober 1886 vom amerikanischen Präsidenten Stephan Grover Cleveland (1837-1908) in Gegenwart des Künstlers und des Erbauers des am 17. November 1869 eingeweihten Sueskanals, Ferdinand de Lesseps (1805-1894), eingeweiht. Die Statue, die 225 Tonnen wiegt und einschließlich Sockel eine Höhe von 93 Metern erreicht, trägt in ihrer rechten Hand die Flamme der Freiheit und ihrer linken die amerikanische Unabhängigkeitserklärung von 1776. Eine Replika der Statue, die Frankreich von den Amerikanern geschenkt wurde, steht an einer Seine-Brücke in Paris.

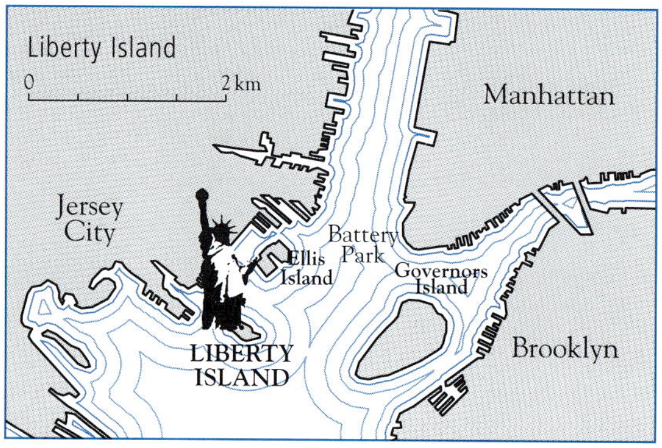

Liège (64° 10'S und 62° 20'W) – Die Insel in der Antarktis verdankt ihren Namen dem belgischen Seefahrer Adrien de Gerlache (1866-1934), der sie 1898 zu Ehren der belgischen Stadt, in deren Nähe er geboren worden war, so benannte.

Lifou (20° 53'S und 167° 13'O) – 10.000 Menschen leben auf der 1115 Quadratkilometer großen Insel, die zu den Gesellschaftsinseln zählt, die wiederum ein Teil von Neukaledonien sind. Ihre Bevölkerungsdichte liegt bei neun Bewohnern je Quadratkilometer. Der Hauptort ist Wé, wo sich auch ein Flughafen befindet. Der höchste Punkt ist bei 104 Metern erreicht. (Siehe auch bei Neukaledonien)

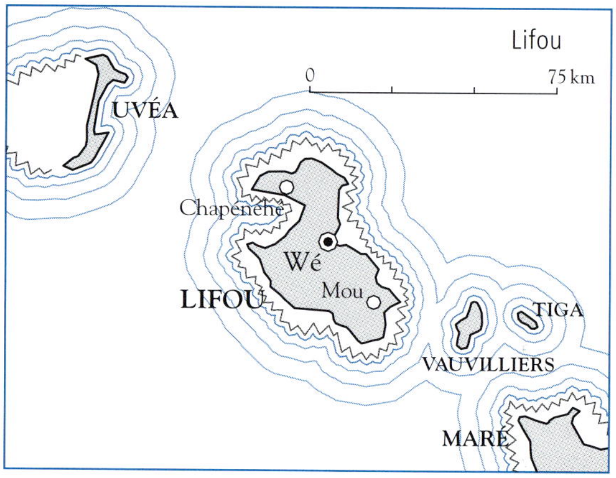

Line (0° 05'N und 157°W) – Die in der Nähe des Äquators und der internationalen Datumsgrenze gelegenen Pazifikinseln gehören zum Staat Kiribati. Die wichtigsten Inseln sind (von Norden nach Süden) Teraina, Tabueran, Kiritimati (die ehemalige Weihnachtsinsel), Malden, Starbuck, Caroline, Vostok und Flint.

Lihir (3° 05'S und 152° 35'O) – Die zum Bismarck-Archipel gehörenden Inseln wurden vom britischen Seefahrer William Dampier (1652-1715) bei seiner zweiten Weltumsegelung (1699-1701) entdeckt.

Lihou – Die kleine britische Insel, die eine Oberfläche von 0,2 Quadratkilometer hat, gehört zu den britischen Kanalinseln vor der normannischen Küste. (Siehe auch bei Kanalinseln)

Lindisfarne (Holy Island) (53° 18'N und 4° 38'W) – In der Nordsee, 15 Kilometer südwestlich der englischen Stadt Berwick, liegt diese Insel, die eine Oberfläche von zehn Quadratkilometern besitzt. Die 655 geweihte Kirche wurde am 8. Juni 193 von Wikingern angegriffen und zerstört. Der Bischof von Lindisfarne, Cuthbert (635-687), wurde der Patron der Seefahrer. Seiner wird jedes Jahr am 20. März gedacht.

Linosa (35° 51'N und 12° 52'O) – Die italienische Insel liegt zwischen Malta und Tunesien im Mittelmeer. Auf Linosa befinden sich drei erloschene Vulkane, die eine Höhe von bis zu 200 Metern erreichen.

Lipari (38° 29'N und 14° 56'O) – Im Tyrrhenischen Meer liegt die italienische Insel, die zu den Äolischen Inseln gehört. Ihre Oberfläche beträgt 114 Quadratkilometer, auf denen 20.000 Menschen leben, was eine Bevölkerungsdichte von 175 Bewohnern je Quadratkilometer ergibt. Mit 603 Metern ist der Berg Chirica der höchste Punkt auf der Insel, die über einen Flughafen verfügt. Das benachbarte Stromboli ist für seinen 924 Meter hohen aktiven Vulkan berühmt.

Lipsi (37° 20'N und 26° 45'O) – Zu den Dodekanen gehört diese griechische Insel, deren höchster Punkt 277 Meter erreicht. (Siehe auch bei Dodekanen)

Lisianski (26° 02' N und 174°W) – Südöstlich der amerikanischen Insel Midway liegt diese unbewohnte Pazifikinsel, die zu den Hawaii-Inseln gehört. (Siehe auch bei Hawaii)

Litri (48° 22'N und 4° 53'W) – Die französische unbewohnte Insel liegt 30 Meter östlich der Insel Quemenes vor Conquet. Sie hat eine Oberfläche von 1,5 Hektar. Sie gehört zu den Inseln des Molène-Archipels. (Siehe auch bei Molène)

Little Inagua (21° 30'N und 73°W) – 140 Kilometer nördlich von Haiti liegt die zu den Bahamas gehörende Insel, die eine Oberfläche von 70 Quadratkilometern aufweist. Der höchste Punkt erreicht 18 Meter. (Siehe auch bei Bahamas)

Littleton (78° 21'N und 72° 45'W) – Einen Kilometer vor Inglefield-Land im Nordwesten Grönlands liegt diese kleine Insel, die wie Ascension im Südpazifik den Seefahrern als „Briefkasten" und „Vorratskammer" diente. Von 1853 an wurde die Insel oft von arktischen Expeditionen als Ausgangsbasis genutzt. Der amerikanische Vermesser und Astronom August Sonntag (1832-1860) starb im Dezember 1860 im Alter von 28 Jahren bei einem Sturz in eine Gletscherspalte bei Port Foulke, das der Insel gegenüberliegt. Er gehörte zur von seinem Landsmann Isaac Hayes (1832-1881) geleiteten Expedition, die hier mit ihrem Schiff „United States" überwinterte.

Livingstone (62° 30'S und 60°W bis 60° 40'W) – Die subantarktische Insel gehört zur Gruppe der Süd-Shettland-Inseln. Der höchste Punkt der Insel, Mount Palmer (1788 Meter), trägt den Namen des amerikanischen Polarforschers Nathaniel Palmer (1799-1877). Die Insel wurde nach dem schottischen Forscher David Livingstone (1813-1873), der 1851 den afrikanischen Sambesi-Fluss entdeckte, benannt. Hier befindet sich eine bedeutende Kolonie von See-Elefanten. Aufgefundene Fossilien beweisen, dass die Antarktis früher mit anderen Kontinenten verbunden war.

Loaven (48° 52'N und 3° 12'O) – Die französische Insel liegt in der Mündung des Jaudy vor der Côte d'Armor. Sie hat eine Oberfläche von sieben Hektar und ist jedes Jahr das Ziel einer Pilgerfahrt.

Lofoten (68° 15'N und 13° 50'O) – Die norwegische Inselgruppe liegt zwischen den Vesteralen-Inseln und dem Polarkreis vor der norwegischen Küste. Die vier Hauptinseln sind Flakstadoy, Moskenesoy, Ostvagoy und Vestvagoy. Insgesamt erstrecken sich vor der Küste des Königreichs 10.000 Inseln, die eine Oberfläche von 1430 Quadratkilometern einnehmen, die sich 30.000 Einwohner teilen. Die Bevölkerungsdichte liegt bei 21 Menschen je Quadratkilometer. Die Hauptstadt ist Svolvaer, wo sich auch der Flughafen befindet. Die Berge erreichen mehr als 1000 Meter (1034 Meter auf der Insel Moskensoy).

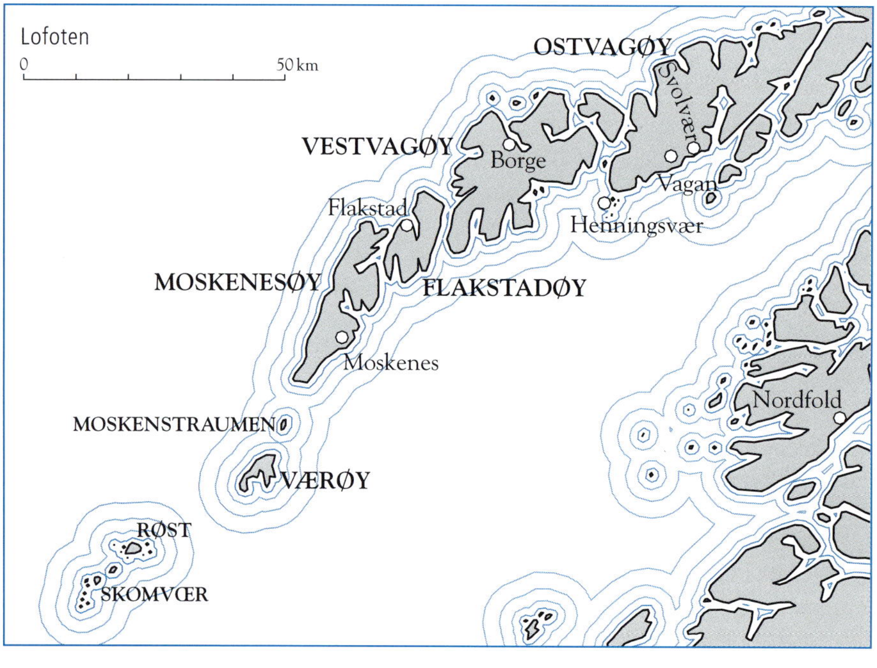

Logodec (48° 50'N und 2° 60'W) – Die private französische Insel liegt 300 Meter vor der Insel Bréhat an der Côte d'Armor. Sie hat eine Oberfläche von sieben Hektar.

Logoden (47° 36'N und 2° 49'W) – Die beiden französischen Inseln liegen im Golf von Morbihan und messen 300 mal 100 beziehungsweise 50 mal 50 Meter.

Lolland (54° 46'N und 11° 30'O) – In der Ostsee liegt die dänische Insel, die eine Oberfläche von 1150 Quadratkilometer erreicht, die sich 90.000 Menschen teilen, was eine Bevölkerungsdichte von 78 Einwohnern je Quadratkilometer ergibt. Die beiden Hauptorte sind Maribo und Nakskov.

Lombok (8° 45'S und 116° 30'O) – Die indonesische Insel liegt östlich von Bali und westlich von Sumatra. Ihr höchster Punkt erreicht 3726 Meter. Der Hauptort ist Mataram.

Long (5° 20'S und 147° 05'O) – In der Bismarck-See zwischen Papua-Neuguinea und der Insel New Britany liegt diese trotz ihres Namens praktisch runde Insel, die einen Durchmesser von 20 Kilometer hat. In der Mitte liegt ein See mit einem Durchmesser von zehn Kilometern, der See der Weisheit genannt wird. In seiner Mitte liegt die kleine Insel Mot Mot. Mit 1280 Metern ist der Berg Réaumuk der höchste Punkt. Die Insel wurde vom britischen Seefahrer William Dampier (1652-

1715) bei seiner zweiten Weltumsegelung (1699-1701) entdeckt. Sie trägt den Namen des amerikanischen Seefahrers George de Long (1844-1881), der mit seinem Schiff „Jeannette" die Durchquerung der Nordostpassage versuchte. Er verließ am 8. Juli 1879 San Francisco, um zu versuchen, sich dem Pol durch die Beringstraße zu nähern. Sein Schiff wurde am 13. Juni 1881 durch das Packeis zerstört. Er versuchte, die Mündung der Lena zu erreichen und kam dabei zusammen mit zwei Dritteln seiner Mannschaft ums Leben. Drei Jahre später wurden Überreste der „Jeannette" in einem Stück Packeis vor Grönland entdeckt. Sie hatten mehr als 5000 Kilometer bei einer Durchschnittsgeschwindigkeit von fünf km/h zurückgelegt. Das brachte den norwegischen Polarforscher Fridtjof Nansen (1861-1930) auf die Idee, die Nordwestpassage von der Wrangel-Insel aus zu durchqueren und sich danach mit der vom norwegischen Seefahrer Otto Sverdrup (1854-1930) kommandierten „Fram" ins Packeis zu wagen. Die Reise dauerte vom 12. Juli 1893 bis zum 26. August 1896. Der französische Polarforscher Jean-Louis Etienne (geb. 1946) folgte den Spuren seiner Vorgänger mit seiner Kapsel „Polar Observer". Er wurde am 7. Juli 2002 im Norden von Spitzbergen vom russischen Eisbrecher „Jamal" aus dem Wasser geholt.

Long Island (40° 50'N und 73°W) – Im Osten New Yorks liegt die 190 Kilometer lange Insel, auf der sich der John-F.-Kennedy-Flughafen befindet. Er trägt den Namen des amerikanischen Präsidenten John F. Kennedy, der am 22. November 1963 im texanischen Dallas erschossen wurde. Im Süden von Long Island liegt Fire Island, das für seinen Nationalpark entlang der Küste berühmt ist.

Long Island (23° 15'N und 75° 07'W) – Nördlich von Kuba liegt die zu den Bahamas zählende Insel, die eine Oberfläche von 448 Quadratkilometern aufweist, die sich 3500 Menschen teilen, was eine Bevölkerungsdichte von acht Bewohnern je Quadratkilometer ergibt. Der höchste Punkt erreicht 54 Meter. Die Insel wurde im Oktober 1492 von Kolumbus (1451-1506) bei seiner ersten Entdeckungsfahrt entdeckt und von ihm Fernandina genannt. (Siehe auch bei Bahamas)

Longue (47° 34'N und 2° 54'W) – Die im Golf von Morbihan gelegene Insel hat eine Oberfläche von 13 Hektar.

Longue (48° 18'N und 4° 30'W) – Die Halbinsel liegt südlich der französischen Stadt Brest. Auf ihr befindet sich eine U-Boot-Basis der französischen Marine.

Lord Howe (31° 32'S und 159° 10'O) – In der Tasmanischen See liegt diese australische Insel, die einer Oberfläche von 17 Quadratkilometern aufweist, die sich 400 Menschen teilen. Die Bevölkerungsdichte beträgt 24 Bewohner je Quadratkilometer. Mit 875 Metern ist der Mount Gower der höchste Punkt der Insel, die 1786 vom französischen Seefahrer François de La Pérouse (1741-1788) entdeckt wurde. Der britische Seefahrer Ball nahm sie am 13. März 1789 in Besitz und gab ihr den Namen von Lord Howe (1726-1799), der 1783 als First Lord der Admiralität amtierte. Die Insel ist Heimat der südlichsten Korallenriffe der Welt und steht auf der Liste des von der Unesco geschützten Weltnaturerbes.

Los (9° 30'N und 13° 48'W) – Die drei Inseln liegen vor der Hauptstadt Guineas, Conakry.

Losinj (44° 36'N und 14° 24'O) – Die kroatische Adria-Insel verfügt über einen Flughafen.

Lougheed – Die Insel im hohen Norden Kanadas gehört zum Nunavut-Territorium (errichtet am 1. April 1999). Sie trägt den Namen von Alexander Lougheed, der in den Kabinetten der kanadischen Premierminister Robert Borden (1860-1927) und Arthur Meighen (1874-1960) als Minister diente.

Losquet (48° 48'N und 3° 36'W) – In der Nähe der Île Grande liegt diese französische Insel vor Trébeurden. Sie hat eine Oberfläche von 18 Hektar.

Louet (48° 40'N und 32° 53'W) – Die Inselgruppe liegt im Südosten von Papua-Neuguinea im Süden der Entrecasteaux-Inseln, die den Namen des französischen Seefahrers Antoine d'Entrecasteaux (1737-1793) tragen, der sie bei seiner Suche nach La Pérouse besuchte. Entdeckt wurden die Inseln 1606 vom spanischen Seefahrer Luis de Torres (gest. 1615).

Low (63° 15'S und 62° 10'W) – Die subantarktische Insel gehört zu den Süd-Shetland-Inseln. Sie verdankt ihren Namen ihrer flachen Silhouette.

Luna (16°S und 69°W) – Die bolivianische Insel liegt in der Mitte des Titikaka-Sees, dem höchsten schiffbaren See der Welt (3812 Meter). Seine Oberfläche beträgt 8786 Quadratkilometer. Auf der Insel befinden sich Überreste der Inka- und Tiahuanaco-Kulturen. Die Insel ist wesentlich kleiner als die im Westen gelegene Sonneninsel.

Luzon (14° 59'N und 120° 39'O) – Die größte Insel der Philippinen kommt auf eine Oberfläche von 108.190 Quadratkilometer, die sich 22 Millionen Menschen teilen, was eine Bevölkerungsdichte von 203 Einwohnern je Quadratkilometer ergibt. Die Hauptstadt Manila, wo sich der internationale Flughafen befindet, wurde 1571 gegründet. Mit 298 Metern ist der Berg Pulog der höchste Punkt der Insel. Die Eruption des Vulkans Pinatubo am 14. Juni 1991 schleuderte 18 Millionen Kubikmeter Materie in die Atmosphäre und zerstörte jegliches Leben in einem Umkreis von 15 Kilometern. 900 Menschen kamen bei dem Ausbruch ums Leben, eine Million Menschen wurden obdachlos. (Siehe auch bei Philippinen)

Macao (22° 10'N und 113° 33'O) – Das im Süden Chinas gelegene Territorium befindet sich auf einer Halbinsel, die eine Oberfläche von sechs Quadratkilometern einnimmt. Dazu gehören die Inseln Ta(pa (drei Quadratkilometer) und Coloane (sieben Quadratkilometer). Insgesamt nimmt Macao eine Oberfläche von 16 Quadratkilometer ein, auf der 500.000 Menschen leben, was eine Bevölkerungsdichte von 31.250 Bewohnern je Quadratkilometer ergibt. 14.000 Bewohner leben ständig auf Schiffen. Der höchste Punkt Macaos ist nach 176 Metern auf der Insel Coloane erreicht. Portugal nahm das Gebiet 1557 in Besitz. Am 21. Dezember 1999 ging es an China zurück und wurde für 50 Jahre eine besondere Wirtschaftszone der Volksrepublik. Die beiden Inseln Coloane und Taia sind durch eine 1,2 Kilometer lange Straße miteinander verbunden. Taipa wiederum ist mit Macao, wo sich unter anderem eine Statue von Vasco da Gama (1469-1524) befindet, durch eine 2,1 Kilometer lange Straße verbunden.

Macauley – Die Insel im Südpazifik gehört zu Neuseeland. Sie wurde 1786 durch den französischen Seefahrer Jean-François de La Pérouse (1741-1788) entdeckt und trägt den Namen des britischen Schriftstellers Thomas Macauley (1800-1859), der die 1848 veröffentlichte „Geschichte Englands“ schuf. (Siehe auch bei Neuseeland)

McClintock (80° 13'S und 157° 26'O) – Die russische Insel gehört zu Franz-Joseph-Land und trägt den Namen des britischen Arktisforschers Sir Francis McClintock (1819-1907). (Siehe auch bei Franz-Joseph Land)

McDonald (52° 05'S und 73° 30'O) – Australien verwaltet die unbewohnte subantarktische Insel, die im Südwesten der Kerguelen-Inseln liegt. Sie hat eine Oberfläche von 22 Quadratkilometern und erreicht ihren höchsten Punkt bei 189 Metern. Sie trägt den Namen des britischen Seefahrers William McDonald, Kommandant der „Samarang“, der sie am Dienstag, 3. Januar 1854 entdeckte. Zum ersten Mal betreten wurde sie aber erst am Dienstag, 27. Januar 1970.

Macey's Island (90°W und 60°S) – Diese subantarktische Insel existiert nicht mehr, weil sie vor einigen Jahrhunderten durch vulkanische

Eruptionen zerstört wurde. Sie befindet sich aber noch auf einigen Karten des 17. oder 18. Jahrhunderts. Vielleicht war sie aber auch lediglich ein großer Eisberg.

Mackenzie King – Diese unbewohnte Insel gehört zu den Parry-Inseln, die nach dem britischen Seefahrer und Forscher William Edward Parry (1790-1855) benannt wurden, der die Nordwestpassage erforschte und 1827 als erster Mensch 82° 45'N nördlich von Spitzbergen erreichte. Die Insel im kanadischen Norden gehört zum autonomen Gebiet Nunavut, das am 1. April errichtet wurde. Ihr höchster Punkt erreicht 137 Meter. Die Insel trägt den Namen von William Mackenzie King (1874-1950), der zwischen 1921 und 1930 sowie von 1935 bis 1948 als kanadischer Premierminister amtierte. Er war der Enkel von Alexander Mackenzie (1764-1820), der 1789 Kanada und das Nordpolarmeer erforschte. (Siehe auch bei Parry)

Macquarie (54° 30'S und 158° 57'O) – Im Südpazifik liegt diese zu Australien gehörende subantarktische Insel, die eine Oberfläche von 150 Quadratkilometern besitzt. Der höchste Punkt ragt 433 Meter über den Meeresspiegel. Auf ihr befindet sich eine permanente australische Forschungsstation (54° 30'S und 158° 56'O). 1911 richtete der australische Forscher Mawson hier eine Funkstation ein. Die Insel wurde am Dienstag, 10. April 1810 vom australischen Seefahrer Frederick Hasselborough, Kommandant der „Perserverance", entdeckt. Sie trägt den Namen von Lachlan Macquarie (1761-1824), der zwischen 1808 und 1822 als Gouverneur in New South Wales amtierte und auch „Vater Australiens" genannt wird. Die Insel steht auf der Liste des von der Unesco geschützten Weltnaturerbes.

Mactan (10° 18'N und 123° 58'O) – Zwischen den Inseln Cebu und Bohol liegt diese zu den Philippinen gehörende Insel, auf der der portugiesische Seefahrer Fernao de Magellan am 27. April 1521 getötet wurde. Die Weltumsegelung wurde danach von seinem Stellvertreter Sebastian El Cano (1476-1526) mit 17 Überlebenden fortgesetzt. Zu Beginn der Fahrt waren 165 Mann an Bord gegangen. (Siehe auch bei Philippinen)

Madagaskar (12° bis 25°S und 43° bis 50°W) – Die Insel vor der afrikanischen Ostküste hat eine Oberfläche von 587.000 Quadratkilometern, die sich 13 Millionen Menschen teilen, was eine Bevölkerungsdichte von 22 Bewohnern je Quadratkilometer ergibt. Die große Insel war bereits den Arabern bekannt und wurde am Montag, 10. August 1500 vom portugiesischen Seefahrer Diogo Dias (gest. 1486) entdeckt. Er gab der Insel

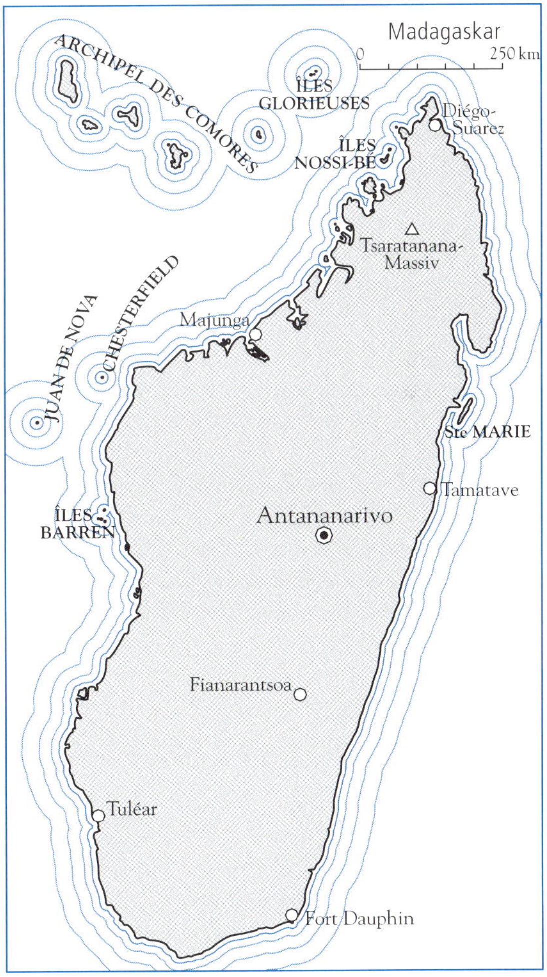

den Namen Sao Laurenco. 1643 gründeten die Franzosen Fort-Dauphin und nahmen die Insel 1896 in Besitz. 1946 wurde die Insel ein Überseegebiet, erhielt 1956 die Autonomie, um am 26. Mai 1960 als Republik Madagaskar in die Unabhängigkeit entlassen zu werden. Die Staatsdevise lautet „Heimat, Freiheit, Gerechtigkeit". Der höchste Punkt der Insel befindet sich mit 2876 Metern im Tsaratanana-Massiv. In der Hauptstadt Antananarivo befinden sich mehrere Flughäfen, darunter auch der 18 Kilometer entfernte internationale Flughafen Ivato. Die vier wichtigsten Städte sind Antananarivo, Mahajanga, Antsiranana und Fianarantsoa. Marco Polo (1254-1324) kannte diese Insel bereits aus Erzählungen und beschrieb sie in seinem Buch „Die Wunder der Welt", das während seiner Haftzeit von seinem Mitgefangenen Rustinian von Pisa zwischen 1298 und 1301 geschrieben wurde: „Madeigascar (Madagaskar) ist eine Insel im Süden, gut 1000 Meilen von Scotra (Insel Skotora) entfernt. Die Menschen dort sind alle Muslime und beten Mohammed an. Man muss wissen, dass sie sehr schön und die größte der Welt ist, weil sie ungefähr 4000 Meilen umfasst. Die Menschen leben vom Handel und Handwerk." Die französischen Seefahrer Jean und Jacques Permentier (beide gest. 1529 in der Nähe von Sumatra) betraten die Insel 1529. Der britische Missionar William Ellis (1794-1529), der bereits Französisch-Polynesien evangelisiert hatte, missionierte danach auf Hawaii und Madagaskar. Das Naturschutzgebiet von Tsingy de Bemahara in der Nähe von Majunga steht auf der Liste des von der Unesco geschützten Weltnaturerbes. Die bekanntesten Inseln in der Nähe sind Nosy Boraha und Nosy Bé.

Madame (45° 57'N und 1° 06'W) – Die französische Insel, die in der Nähe der Insel Aix liegt, hat eine Oberfläche von 0,7 Quadratkilometern, die sich zwölf Menschen teilen. Der höchste Punkt ist nach 18 Metern erreicht. Eine einen Kilometer lange Straße verbindet die Insel mit dem Festland. Jedes Jahr findet zum Gedenken an mehr als 200 Priester, die 1794 während der Fran-

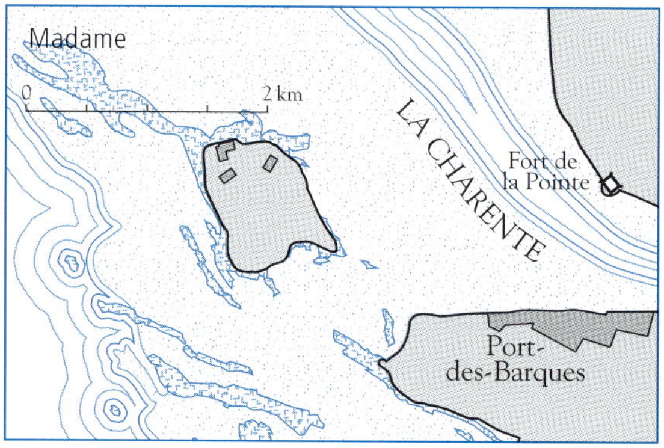

zösischen Revolution ermordet wurden, hier eine Wallfahrt statt.

Madeleine (47° 20'N und 61° 50'W) – Die in der Sankt-Lorenz-Bucht gelegene Inselgruppe besteht aus zwölf Inseln, von denen sechs durch Dünen miteinander verbunden sind. Die Oberfläche beträgt 223 Quadratkilometer für 15.000 Bewohner, was eine Bevölkerungsdichte von 67 Menschen je Quadratkilometer ergibt. Der Hauptort ist Cap-aux-Meules. Der Flughafen befindet sich auf der Insel Le Havre-aux-Maisons. Die Inseln wurden 1520 vom portugiesischen Seefahrer José Alvarez Faguendez entdeckt und am 26. Juni 1534 vom französischen Seefahrer Jacques Cartier (1491-1557) ein weiteres Mal gesichtet. Die Inseln tragen seit 1663 den Namen der Gattin des ersten Verwalters der Inseln, Madeleine Fontaine.

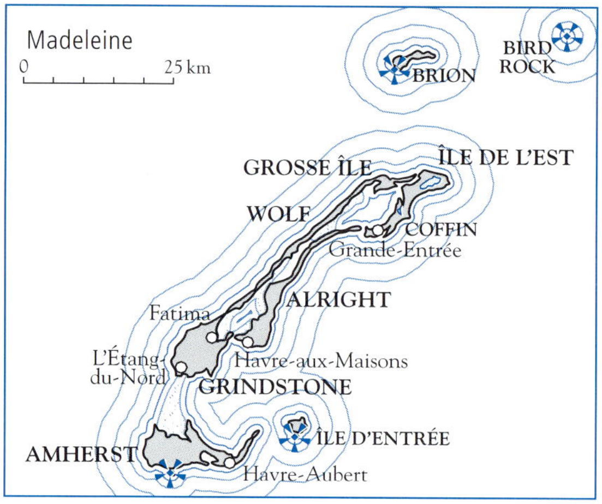

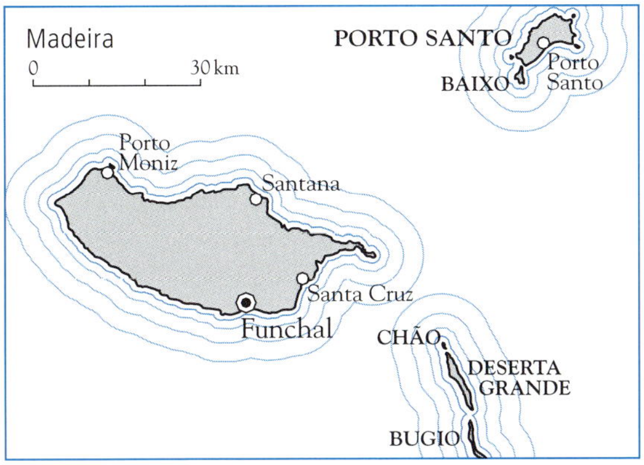

Madeira (32° 40'N und 16° 47'W) – Der nördlich der Kanarischen Inseln gelegene portugiesische Archipel liegt 500 Kilometer vor der afrikanischen Westküste und besteht aus sieben Hauptinseln. Die Oberfläche von 815 Quadratkilometern teilen sich 300.000 Einwohner, was eine Bevölkerungsdichte von 368 Menschen je Quadratkilometer ergibt. Die Hauptstadt Funchal auf der Insel Madeira wurde 1421 vom portugiesischen Seefahrer Goncalves Zarco gegründet, der zugleich erster Gouverneur von Madeira wurde. Hier befindet sich auch der Flughafen der Insel. Mit 1861 Metern ist der Berg Ruivo der höchste Punkt der Inseln. Die Inselgruppe wurde 1419 vom portugiesischen Seefahrer Goncalves Zarco und 1420 von seinem Landsmann Bartolomé Perestrello (gest. 1457) ein zweites Mal gesichtet. Kolumbus (1451-1506) verbrachte einige Jahre auf der Insel Porto Santo, die 1420 vom Vater seiner Frau Filipa Perestrello (gest. 1485) erobert worden war und 1446 dem portugiesischen König Alfons V. (1432-1481) geschenkt wurde. Auf der Insel kam auch ihr gemeinsamer Sohn Diego Columbus (1474-1526) zur Welt.

Mafia (7° 50'S und 39° 50'O) – 20 Kilometer vor der Ostküste Tansanias liegt diese Insel, die eine Oberfläche von 520 Quadratkilometern aufweist.

Mahé (4° 40'S und 55° 28'O) – Die Insel im Indischen Ozean ist die Hauptinsel der Republik Seychellen, die seit dem 28. Juni 1976 Mitglied im Commonwealth of Nations ist. Die Staatsdevise lautet: „Der Erfolg krönt die Arbeit". Sie hat eine Oberfläche von 144 Quadratkilometern. Der höchste Punkt Morne Seychellois erreicht eine Höhe von 906 Metern. Die Hauptstadt Victoria trägt den Namen der britischen Königin Victoria (1819-1901). Die Insel wurde 1501 vom portugiesischen Seefahrer Vasco da Gama (1469-1524) entdeckt. 1744 erhielt sie den Namen des französischen Seefahrers Mahé de La Bourdonnais (1699-1753), der vom 4. Juni 1735 an als Gouverneur der Inseln France und Bourbon amtierte. (Siehe auch bei Seychellen)

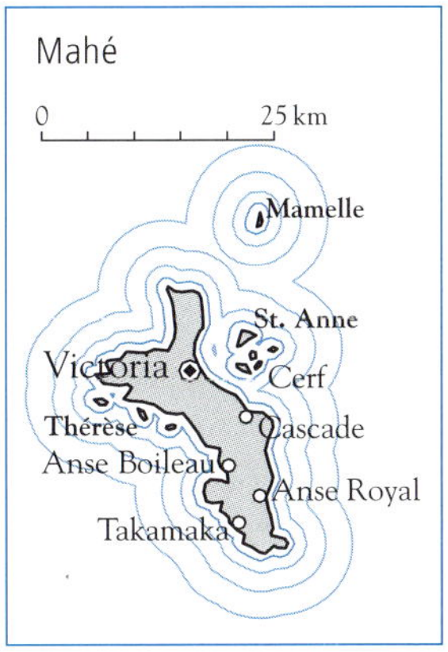

Maiao (17° 23'S und 150° 38'W) – Die kleine Insel gehört zu den Inseln im Wind im Archipel der Gesellschaftsinseln und ist Teil von Französisch-Polynesien. Ihre Oberfläche erreicht zehn Quadratkilometer, die sich 250 Einwohner teilen. Die Bevölkerungsdichte beträgt 25 Menschen je Quadratkilometer. Der Berg Ahu Tii ist mit 180 Metern der höchste Punkt der Insel. (Siehe auch bei Gesellschaftsinseln und Französisch-Polynesien)

Mainau – Die für ihre subtropische Vegetation berühmte Bodensee-Insel ist mit dem Festland durch eine Brücke verbunden. Auf der Insel befindet sich das internationale Institut Schloss Mainau, das regelmäßig internationale Tagungen veranstaltet. Die Mainau gehörte von 1722 bis 1805 dem Deutschen Orden, der das Schloss von 1739-1746 erbauen ließ. 1853 ging die Insel in den Besitz von Friedrich I. von Baden über. 1928 wurde sie an den schwedischen Prinzen Lennart vererbt.

Maire (43° 12'N und 5° 20'O) – Die gegenüber von Cap Croisette in der Nähe von Marseille gelegene französische Mittelmeerinsel hat eine Oberfläche von 16 Hektar. Ihr höchster Punkt ist nach 141 Metern erreicht.

Maishima – Die künstliche Insel liegt in der Bucht von Osaka. Hier sollte das Olympische Dorf für die Olympischen Spiele 2008 entstehen, die aber an Peking vergeben wurden. Bei einem Zuschlag an die japanische Stadt wäre hier auch das Olympiastadion gebaut worden. (Siehe auch bei Japan)

Maître (22° 17'S und 166° 26'O) – In der Lagune von Neukaledonien, vier Kilometer südwestlich von Nouméa, liegt diese 800 mal 100 Meter messende Insel. Am 6. August 2000 weihte die französische Unterwasser-Forschungsorganisation die beiden ersten unter dem Meeresspiegel liegenden Wohneinheiten ein, die sowohl wissenschaftlichen wie auch touristischen Zwecken dienen. Aquastation und Diverscope wurden in einer Tiefe von acht Metern am Riff Seiche-Croissant verankert. (Siehe auch bei Neukaledonien)

Maiz (12° 15'N und 83°W) – Die Antillen-Inseln liegen zehn Kilometer vor der Ostküste Nicaraguas.

Majuro (7° 05'N und 171° 25'O) – Das zu den Marshall-Inseln gehörende Atoll ist eines der größten der Welt. Auf der Korallenbank befindet sich der Flughafen und die Hauptstadt der Marshall-Inseln, Majuro. (Siehe auch bei Marshall-Inseln)

Makatea (15° 50'S und 148° 15'W) – Das zu den Tuamotu-Inseln in Französisch-Polynesien gehörende Atoll hat eine Oberfläche von 21 Quadratkilometern, die sich 63 Menschen teilen, was eine Bevölkerungsdichte von drei Bewohnern je Quadratkilometer ergibt. Auf der Insel wurde zwischen 1908 und 1966 die einzige Eisenbahn Französisch-Polynesiens zum Phosphat-Transport eingesetzt.

Makemo (16° 35'S und 143° 40'W) – Das Atoll gehört zu den Tuamotu-Inseln in Französisch-Polynesien. (Siehe auch bei Tuamotu-Inseln)

Malaita (9°S und 161°O) – 70 Kilometer nordöstlich der Insel Guadalcanal liegt diese Insel, die zu den Salomonen gehört. Der höchste Punkt der Insel ragt 1432 Meter über den Meeresspiegel. Die Insel verfügt über einen Flughafen. Im Süden befindet sich zudem noch die kleine Insel Petite Malaita. (Siehe auch bei Salomonen)

Malban (48°N und 3°W) – Die französische Insel gehört zur Gruppe der Sept Îles vor der Côte-d'Armor und hat eine Oberfläche von sechs Hektar. (Siehe auch bei Sept Îles)

Malediven (6°N und 73°O) – Die aus 26 großen Atollen und mehr als 1200 kleinen und kleinsten Koralleninseln (von denen 400 bewohnt sind) bestehende Inselgruppe liegt im nördlichen Indischen Ozean. Seit dem 26. Juli 1965 sind die Malediven unabhängig. Die Oberfläche von 298 Quadratkilometern wird von 300.000 Menschen bewohnt, was eine Bevölkerungsdichte von 1000 Einwohnern je Quadratkilometer ergibt. Der höchste Punkt erreicht nur wenige Meter. In der Hauptstadt Malé befindet sich der Flughafen. Die Inseln wurden 1344 vom marokkanischen Seefahrer Ibn Battuta (1304-1377) besucht. 1433 folgte der chinesische Seefahrer Zheng Hé (1371-1435) und 1505 der Portugiese Francisco de Almeida (1450-1510). Die Insel Kuredo gilt als Tauchparadies. Auf zahlreichen Inseln wie Kunfunadhoo, Embudu und Lankanfushi befindet sich nicht mehr als ein Hotel.

Male (17° 30'N und 56°O) – Die Insel gehört zur Gruppe der Kuria-Muria-Inseln und war bereits Marco Polo aus Erzählungen in den Häfen bekannt. In seinem während seiner pisanischen Gefangenschaft entstandenen Buch „Die Wunder der Welt", das sein Mitgefangener Rustinian von Pisa zwischen 1298 und 1301 niederschrieb, heißt es: „Wenn man das Königreich Kermarcoran

(Oman) in Richtung Süden verlässt, findet man die beiden Inseln Male und Femelle, die ungefähr 30 Meilen voneinander getrennt sind. Die Menschen sind alle getaufte Christen und leben nach den Lehren des Alten Testaments. Alle Männer leben auf der Insel Male. Jeden März verlassen sie die Inseln und reisen für drei Monate auf die andere Insel. Dort vergnügen sie sich mit den Frauen. Nach diesen drei Monaten kehren sie auf ihre Insel zurück, säen aus, arbeiten und treiben Handel. Sie haben keinen Herrscher, aber einen Bischof, der dem Erzbischof einer anderen Insel, die Skotora heißt, untersteht." (Siehe auch bei Kuria-Muria)

Mallico (16° 15'S und 167° 30'O) – Die Pazifikinsel gehört zu den Vanuatu-Inseln und hat eine Oberfläche von 2600 Quadratkilometern, die sich 20.000 Menschen teilen. Die Bevölkerungsdichte beträgt zehn Bewohner je Quadratkilometer. Mit 879 Metern ist der Berg Pénot der höchste Punkt der Insel. Die Insel wurde am Freitag, 22. Juli 1774 vom britischen Seefahrer James Cook (1728-1779) entdeckt. (Siehe auch bei Vanuatu)

Mallorca (39° 30'N und 3°O) – Die größte Baleareninsel hat eine Oberfläche von 3600 Quadratkilometern, die sich 600.000 Menschen teilen, was eine Bevölkerungsdichte von 171 Bewohnern je Quadratkilometer ergibt. Der Puig Major ist mit 1445 Metern der höchste Punkt der Insel. Zehn Kilometer von der Hauptstadt Palma de Mallorca entfernt befindet sich der internationale Flughafen der Insel. (Siehe auch bei Balearen)

Malvinen – Louis-Antoine de Bougainville (1729-1811) nahm die Inseln am 5. April 1764 für das französische Königreich in Besitz und setzte drei Tage später seine Fahrt nach Frankreich fort. Der britische Seefahrer John Byron (1723-1786) nahm die Inseln am 12. Januar 1765 in Port Egmont während seiner Weltumsegelung (3. Juli 1764 bis 9. Mai 1766) für die britische Krone in Besitz. Bei seiner Rückkehr auf die Inseln während seiner Weltumsegelung (15. November 1766 bis 16. März 1769) musste Bogainville die von ihm gegründete Kolonie am 23. März 1767 schließen und sie den Briten überlassen, die den Inseln den Namen Falkland-Inseln gaben, die bis heute eine britische Kolonie sind, und auch bleiben wollen. In dem Krieg um die Inseln zwischen Argentinien und Großbritannien im Jahre 1982 ging es auch um die hier vermuteten Uran- und Rohölvorkommen. (Siehe auch bei Falkland-Inseln)

Malpelo (3° 59'N und 81° 35'W) – Die kolumbianische Insel liegt 500 Kilometer westlich von Kolumbien im Nordpazifik.

Malta (35° 50'N und 14° 35') – Die Inselgruppe im Mittelmeer besteht aus Malta (246 Quadratkilometer), Gozo (67 Quadratkilometer) und Comino (drei Quadratkilometer). Die Oberfläche von 316 Quadratkilometer teilen sich 370.000 Menschen, was eine Bevölkerungsdichte von 1170 Einwohnern je Quadratkilometer ergibt. Seit dem 21. September 1964 ist Malta eine unabhängige Republik. Die Staatsdevise lautet „Mut und Beständigkeit". Mit 258 Metern ist der Berg Nadur die höchste Erhebung auf der Insel. In der Hauptstadt La Valetta befindet sich der interna-

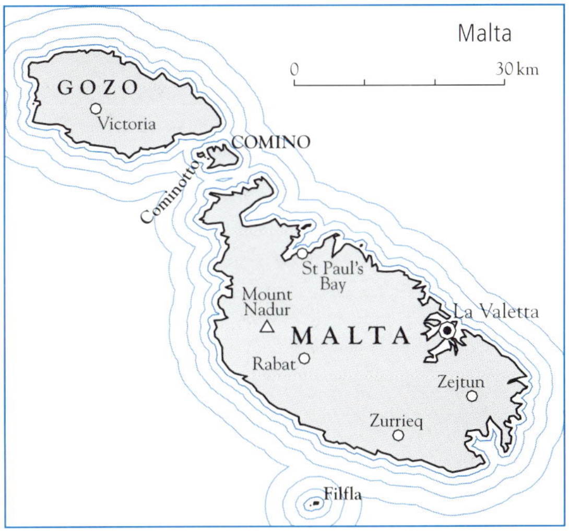

tionale Flughafen. Die britische Marinebasis, die sich auf Malta befand, wurde Mitte der achtziger Jahre des vergangenen Jahrhunderts geschlossen. Die Insel widerstand während des Zweiten Weltkriegs allen deutschen Angriffe und wurde daher von der britischen Krone mit dem Sankt-Georg-Orden ausgezeichnet, der sich heute in der Nationalfahne wiederfindet. Die Insel ist auch die Heimat des Malteser-Ordens und ein Steuerparadies, das viele Banken und Offshore-Gesellschaften beheimatet. Die lokale Währung ist das Malta-Pfund. Die Megalith-Monumente, die aus der Zeit von 3000 vor Christi stammen, und die 1566 gegründete Hauptstadt La Valetta stehen auf der Liste des von der Unesco geschützten Weltkulturerbe.

Man (54° 15'N und 4° 30'W) – In der Irischen See zwischen Großbritannien und Irland liegt die Insel, die eine Oberfläche von 590 Quadratkilometern aufweist, die sich 70.000 Einwohner teilen, was eine Bevölkerungsdichte von 118 Menschen je Quadratkilometer ergibt. Der Mount Snaefell ist mit 617 Metern der höchste Punkt der Insel. Um 600 wurde die Insel von den Wikingern besetzt, 1266 an Schottland abgetreten und 1765 an Großbritannien verkauft. Man genießt eine gewisse Autonomie und gilt daher als Steuerparadies, weil hier eine einheitliche Einkommenssteuer von 20 Prozent verlangt wird. Die lokale Währung ist das Man-Pfund, das dem britischen Pfund entspricht, in Großbritannien aber nicht akzeptiert wird. Der britische Naturforscher Edward Forbes (1815-1854) wurde auf der Insel geboren. Er gilt zusammen mit dem Schotten Wyville Thomson (1830-1882), dem Kanadier John Murray (1841-1914), dem Amerikaner Alexander Agassiz (1835-1910) und Prinz Albert I. von Monaco (1848-1922) als Begründer der Ozeanografie.

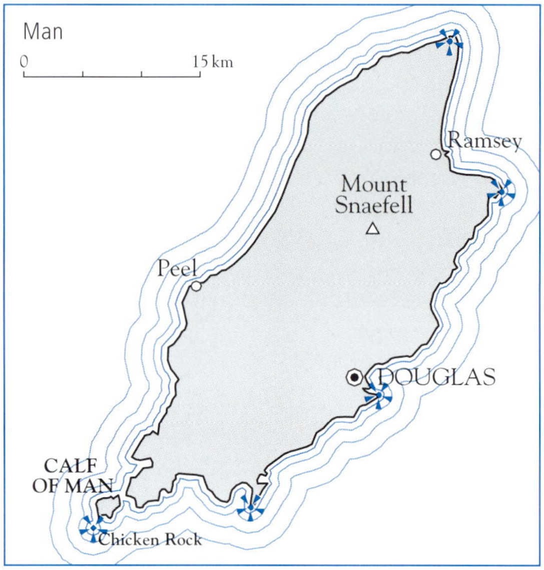

Manhattan (40° 46'N und 73° 55'W) – Auf der Insel befindet sich das Zentrum New Yorks. Sie wurde am Freitag, 15. April 1524 vom italienischen Seefahrer Giovanni di Verrazano (1485-1528) entdeckt. 1617 errichteten die Holländer hier einen Handelsstützpunkt. Manhattan ist heute das wirtschaftliche und kulturelle Zentrum New Yorks. Am 11. September 2001 steuerten arabische Selbstmordattentäter zwei Flugzeuge in das World Trade Center, dessen beide Türme wenig später in sich zusammenfielen. Knapp 3000 Menschen kamen bei dem Attentat ums Leben.

Manicougan (51° 30'N und 68° 19'W) – Die kanadische Insel liegt in der Provinz Quebec. Die fast runde Insel befindet in einem ebenfalls runden See, der eine Oberfläche von 2180 Quadratkilometern hat und als Wasserreservoir dient.

Manihi (14° 20'S und 146°W) – Das Atoll gehört zu den Tuamotu-Inseln in Französisch-Polynesien. (Siehe auch bei Tuamotu)

Manihiki (10° 24'S und 161° 01'W) – Die neuseeländische Insel gehört zu den Cook-Inseln und liegt zwischen Fidschi und Französisch-Polynesien. In den Gewässern werden die berühmten schwarzen Perlen geerntet. (Siehe auch bei Cook)

Manitoulin (45° 45'N und 82° 30'W) – In der

Provinz Ontario liegt die kanadische Insel. Sie hat eine Oberfläche von ungefähr 3000 Quadratkilometern und ist eine der größten Inseln in einem Süßwassersee.

Mansel (62°N und 79° 50'W) – Die unbewohnte kanadische Insel liegt im Norden der Hudson Bay.

Manua (14° 13'S und 169° 35'W) – Die Inselgruppe gehört zu Amerikanisch-Samoa und liegt im Südpazifik. Die drei Hauptinseln sind Ofu mit dem höchsten Punkt bei 484 Metern, Olosega (639 Meter) und Tau (966 Meter), wo 1997 ein Nationalpark eingeweiht wurde.

Maraca (2°N und 50° 30'W) – 150 Kilometer nördlich der Amazonas-Mündung liegt diese brasilianische Insel, die eine Oberfläche von 320 Quadratkilometern aufweist. Sie ist Naturschutzgebiet.

Maraca (3° 20'N und 61° 30'W) – Die brasilianische Insel liegt 120 Kilometer nordwestlich der Stadt Boa Vista in der Mitte des Rio Iracuera. In dem Naturschutzgebiet befand sich zwischen 1987 und 1988 eine Station der britischen Royal Geographic Society.

Marajo (1°S und 49° 30'W) – Die brasilianische Insel liegt in der Amazonas-Mündung und hat eine Oberfläche von 48.000 Quadratkilometern.

Marbre (62° 20'N und 91° 20'W) – In der Nähe des Inuit-Dorfes Rinkin Inlet liegt diese kanadische Insel in der Hudson Bay. Der englische Seefahrer James Knight (1680-1722) verbrachte auf ihr zwischen 1720 und 1722 zwei Jahre, um dort seine beiden Schiffe „Albay" und „Discovery" zu reparieren. Doch Besatzung und Kommandant erlagen schließlich dem Hunger.

Maré (21° 30'S und 168°O) – Die angeblich dem Paradies sehr nahe Insel gehört zu den Gesellschaftsinseln, die Teil von Neukaledonien sind. Sie hat eine Oberfläche von 650 Quadratkilometern, die sich 6000 Menschen teilen, was eine Bevölkerungsdichte von neun Bewohnern je Quadratkilometer ergibt. Der höchste Punkt erreicht 129 Meter. Im Hauptort Tadine befindet sich der Inselflughafen. Die Insel wurde vom britischen Seefahrer Raven, Kommandant der „Britannia", entdeckt und 1872 vom französischen Seefahrer Jules Sébastian Dumot d'Urville (1790-1842) ein weiteres Mal gesichtet.

Margaret (76° 04'N und 94° 45'W) – Im hohen kanadischen Norden liegt die Insel, die den Namen von Prinzessin Margaret (1930-2002), Schwester der britischen Königin Elisabeth II., trägt.

Margarita (11°N und 64°W) – Nördlich der venezolanischen Halbinsel Paria liegt diese Insel, die zusammen mit benachbarten Inseln eine Oberfläche von 400 Quadratkilometern aufweist. Sie wurde am Mittwoch, 15. August 1498 von Kolumbus (1451-1506) entdeckt, der als erster Europäer Südamerika erblickte. Einer seiner Leutnants, Pedro de Terreros, war der erste Europäer, der seinen Fuß auf den Kontinent setzte.

Maria (42° 39'S und 148° 04'O) – Östlich von Tasmanien liegt diese kleine Insel, die 1642 von Abel Tasman (1603-1659) entdeckt wurde. Sie trägt den Namen der Gattin seines Onkels Van Diemen, der in Batavia zwischen 1636 und 1645 als holländischer Gouverneur amtierte. Auf der Insel befindet sich ein Nationalpark.

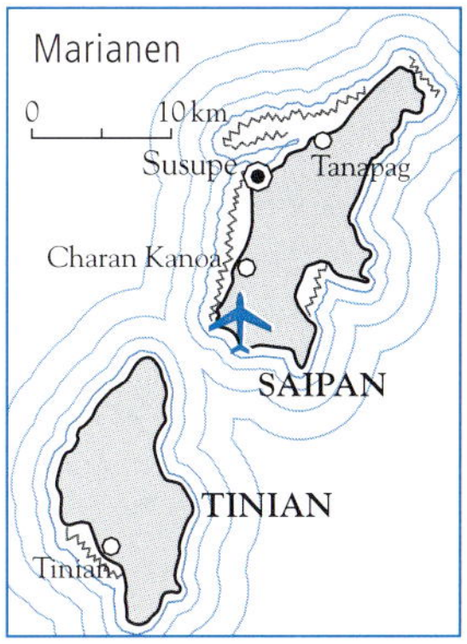

Marianen (16° bis 21°N und 144° 90' bis 145° 50'O) – Die amerikanische Inselgruppe besteht aus den 14 Hauptinseln Farallon de Pajaros, Maug, Asuncion,

Agrihan, Pagan, Alamagan, Guguan, Saripan, Anatahan, Farallon de Medinilla, Saipan (122 Quadratkilometer), Tinian (101 Quadratkilometer), Aguijan und Rota (85 Quadratkilometer). Insgesamt weisen die Inseln eine Oberfläche von 477 Quadratkilometern auf, die sich 20.000 Menschen teilen. Die Bevölkerungsdichte liegt bei 42 Bewohnern je Quadratkilometer. Die Hauptstadt Susupe befindet sich auf Saipan. Die Inseln wurde 1521 vom portugiesischen Seefahrer Fernao de Magellan (1480-1521) entdeckt und danach 1746 vom britischen Seefahrer George Anson (1697-1762) und am 28. Juli 1765 von seinem Landsmann John Byron (1723-1786) besucht. Der Marianengraben südlich von Guam hat eine Tiefe von bis zu 10.916 Metern.

Marianen (Nördliche) (19° bis 21°N und 144° 90' bis 145° 50') – Die amerikanischen Inseln erstrecken sich nördlich von Guam im Nordpazifik. Die Inseln wurden 1944 von amerikanischen Truppen unter dem Oberbefehl von Admiral Chester William Nimitz (1885-1966) besetzt.

Marie-Galante (15° 56'N und 61° 16'W) – Die zu Guadeloupe gehörende Insel hat eine Oberfläche von 157 Quadratkilometern. 15.000 Menschen leben auf der Insel, was eine Bevölkerungsdichte von 95 Bewohnern je Quadratkilometer ergibt. Ihr höchster Punkt erreicht 204 Meter. Die Insel wurde am Sonntag, 3. November 1493 von Kolumbus (1451-1506) bei seiner zweiten Entdeckungsfahrt mit dem Schiff „Maria Galante" entdeckt, was ihren Namen erklärt. (Siehe auch bei Guadeloupe)

Marie-Louise – Die zu den Seychellen gehörende Insel trägt den Namen von Maria Louise von Österreich (1791-1847), die von 1810 bis 1813 als Gattin von Napoleon I. französische Kaiserin war. (Siehe auch bei Seychellen)

Marion (46° 53'S und 37° 45'O) – Seit dem 29. Dezember 1947 gehört die subantarktische Insel zu Südafrika. Mit 1186 Metern ist der Berg Jan

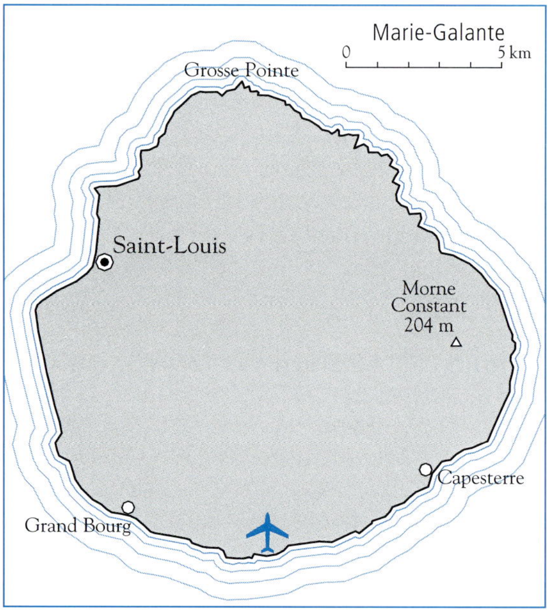

Smuts der höchste Punkt der Insel. Der Berg trägt den Namen von Jan Smuts, der zwischen 1919 und 1939 als südafrikanischer Premierminister amtierte. Am 12. Dezember 1776 gab ihr der britische Seefahrer James Cook den Namen des französischen Seefahrers Marc-Joseph Marion-Dufrense (1724-1772), der sie am Montag 13. Januar 1772 entdeckt hatte. Ihm assistierte Julien-Marie Crozet (1728-1780). Seit dem 29. Dezember 1947 befindet sich auf der Insel eine südafrikanische Wetterstation.

Marion (19°S und 152° 15'O) – Das vor der Nordostküste Australiens liegende Riff trägt den Namen des französischen Seefahrers Marc-Joseph Marion-Dufresne (1724-1772).

Markham (76° 55'N und 109° 10'W) – Die kanadische Insel liegt in dem am 1. April 1999 geschaffenen Nunavut-Territorium. Sie wurde 1854 vom britischen Seefahrer Vesey Hamilton entdeckt, der Mitglied der von Francis Leopold McClintock (1819-1907) geleiteten Expedition war. Je nach Karte trägt sie den Namen von Vesey Hamilton oder von Clements Markham (1830-

1916), der von 1893 bis 1905 als Präsident der Royal Geographical Society amtierte.

Markus (24° 18'N und 153° 58'O) – Die isoliert gelegene japanische Insel befindet sich in der Nähe des Wendekreises des Krebses.

Marmara Adasi (40° 38'N und 27° 37'O) – Der höchste Punkt der türkischen Insel im Marmara-Meer erreicht 699 Meter.

Marotiri (27° 55'S und 143° 30'W) – 1400 Kilometer südöstlich von Tahiti liegt diese Pazifikinsel, die zu Französisch-Polynesien gehört. Früher trug sie den Namen des britischen Seefahrers George Bass (1771-1812), der sie vermutlich 1797 bei seiner Durchquerung des Südpazifiks entdeckte. Bei dieser Fahrt entdeckte er zudem zusammen mit seinem Landsmann Matthew Flinders die nach ihm benannte Meerenge zwischen Australien und Tasmanien.

Marquer (48° 50'N und 3° 17'W) – Die private französische Insel in der Nähe der Insel Saint-Gildas hat eine Oberfläche von einem Hektar.

Marquesas (9°S und 139°W) – Die französische Inselgruppe im Südpazifik gehört zu Französisch-Polynesien und umfasst elf Hauptinseln: Nuku Hiva, Ua Pou, Ua Huka, Eiao, Haututi und Motuiti im Nordesten, sowie Hiva Oa, Tahuata, Fatu Hiva, Fatu Huku und Motane im Südwesten. Die Oberfläche von 1274 Quadratkilometern teilen sich 8531 Menschen, was eine Bevölkerungsdichte von 5,5 Einwohnern je Quadratkilometer ergibt. Die Insel Magdalena (Fatu Hiva) wurde am Freitag, 21. Juli 1595 vom spanischen Seefahrer Alvaro de Mendana (1542-1595) und dem portugiesischen Seefahrer Pedro Fernandez de Quiros (1565-1615) entdeckt. Sie hatten den peruanischen Hafen Paita am 9. April 1595 verlassen. Die Inselgruppe wurde im April 1774 vom britischen Seefahrer James Cook (1728-1779) erforscht. Ihm folgten 1789 der amerikanische Reeder Edmund Finning, der amerikanische Seefahrer Joseph In-

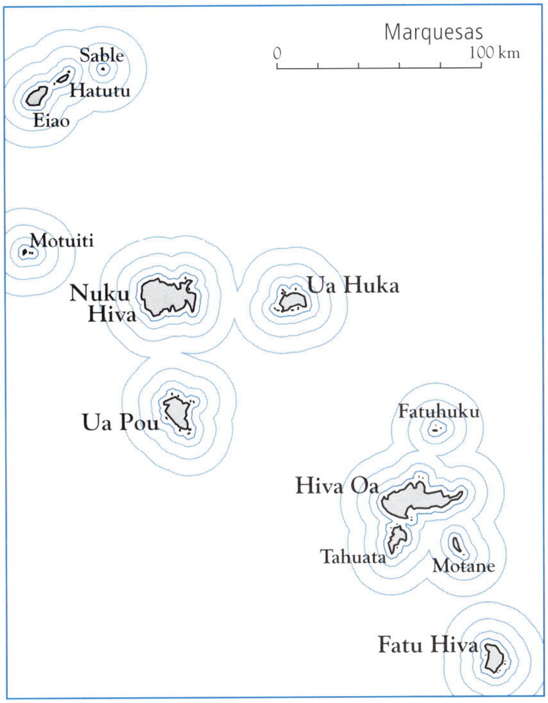

graham im April 1791 und der französische Seefahrer Etienne Marchand (1755-1793). Die Inseln wurden nach der Frau des spanischen Gouverneurs in Peru Marquis de Mendoza benannt. Der französische Seefahrer Etienne Marchand nahm sie am Mittwoch, 22. Juni 1791 für Frankreich in Besitz. Der französische Seefahrer Abel Dupetit-Thouars (1793-1864) errichtete 1842 hier ein französisches Protektorat. Anfang 1995 verließen sechs Pirogen die Inseln, um 3500 Kilometer mittels traditioneller Navigation nach Hawaii zu fahren.

Marshall (6° 18'N und von 163° bis 173°O) – Der im Nordpazifik gelegene Inselstaat ist seit dem 21. Oktober 1986 unabhängig. Die Oberfläche beträgt 181 Quadratkilometer für eine Bevölkerung von 40.000 Einwohnern, was eine Bevölkerungsdichte von 221 Menschen je Quadratkilometer ergibt. Die Hauptstadt Majuro liegt auf der gleichnamigen Insel. Das Atoll Kwajalein hat ein 280 Kilometer langes Korallenriff und eine

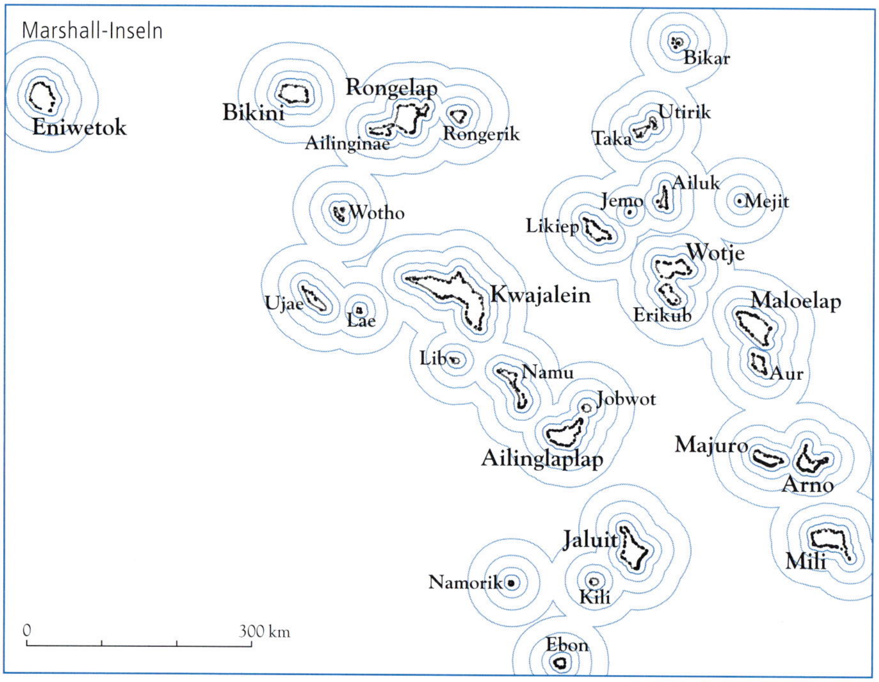

Menschen, was eine Bevölkerungsdichte von 338 Bewohnern je Quadratkilometer ergibt. Mit 1397 Metern ist der Mont Pélé der höchste Punkt der Insel. Sein Ausbruch am 8. Mai 1902 (Himmelfahrt) zerstörte innerhalb von drei Minuten die Stadt Saint-Pierre. Rund 28.000 Menschen kamen dabei ums Leben. Lediglich zwei Menschen, darunter ein von den Gefängnismauern geschützter Häftling, überlebten die Katastrophe. Im Hafen kam die Besatzung des Dreimasters „Belem" deshalb mit dem Leben davon, weil das Schiff draußen auf der Reede vor Anker gehen musste. Das Schiff wurde 1984 zum nationalen Denkmal erklärt. 2002 nahm die „Be-

Lagune mit einer Oberfläche von 2800 Quadratkilometern. Die wichtigsten Inseln sind Taongi, Eniwetok, Bikar, Rongerik, Utirik, Wotho, Ailuk, Ujelang, Likiep, Wotje, Ujae, Maloelap, Namu, Aur, Arno, Ailinglaplap, Mili, Jaluit, Ebon, Kili und Bikini, wo die Amerikaner zwischen 1946 und 1958 Atomversuche durchführten. Die Inseln wurden 1528 vom spanischen Seefahrer Alvaro de Saavedra (gest. 1528) entdeckt und tragen den Namen des amerikanischen Seefahrers William Marshall, der sie im Juni 1788 zusammen mit dem britischen Seefahrer William Gilbert (gest. 1796) ein zweites Mal entdeckte.

Martim Vaz **(20° 30'S und 28° 52'W)** – Die drei brasilianischen Inseln liegen im Südatlantik und haben Oberflächen von ein bis zwei Quadratkilometern.

Martinique **(14° 40'N und 61°W)** – Die Insel gehört zu den Kleinen Antillen und ist ein französisches Überseedepartement. Die Oberfläche von 1179 Quadratkilometern teilen sich 381.427

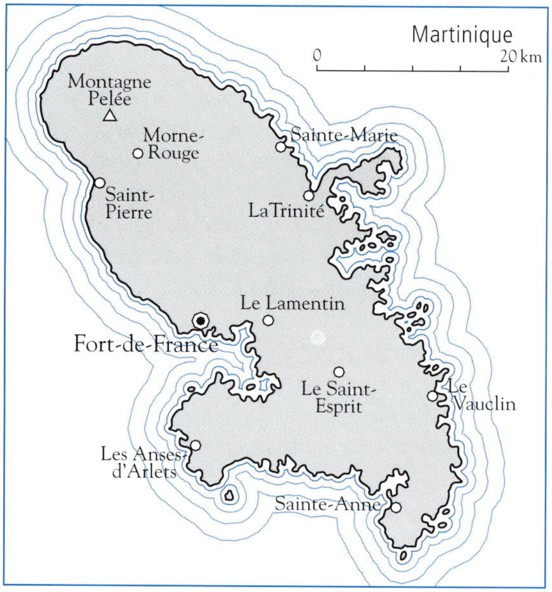

lem" an einer Gedenkveranstaltung vor Martinique teil. Der Vulkan war brach noch zweimal, am 30. August 1902 und 1929, aus. Der Inselflughafen liegt 14 Kilometer südöstlich der Hauptstadt Fort-de-France. Der französische Atomflugzeugträger „Charles de Gaulle" lag zwischen dem 4. und 9. November 2000 hier vor Anker. Martinique wurde am 15. Juni 1502 von Kolumbus (1451-1506) bei seiner vierten Entdeckungsfahrt entdeckt. Er ankerte in der Bucht Grand Anse und versorgte sich mit Süßwasser aus dem Fluss Carbet. Unter Ludwig XV. (1710-1774) wurde die Insel am 10. Februar 1763 im Rahmen des Friedensvertrags von Paris nach dem Siebenjährigen Krieg im Austausch gegen Kanada, das an Großbritannien fiel, französisch. Die Kaiserin Josephine (Marie-Josèphe Rose Tascher de La Pagerie, Gattin des französischen Kaisers Napoléon I., 1769-1821) wurde am 23. Juni 1763 in der Gemeinde Trois-Îlets geboren. Auf Betreiben von Victor Schoelcher (1804-1893) wurde die Sklaverei am 22. Mai 1848 abgeschafft. Martinique litt am 29. August 1979 stark unter dem Hurrikan David. Unter den Rumbrennereien auf der Insel ragen Clément, Depaz, Duquesne, Jacques Bally, J. M. La Mauny, Neisson, Saint James und Trois Rivières heraus. Die Preise: 24 Euro für einen zehn Jahre alten Rum, 38 Euro für einen 15-jährigen, 57 für einen 20-jährigen und 79 Euro für einen 25-jährigen. Ein Rum „hors d'Age" bezeichnet einen aus mehreren alten Rumsorten gemischten Rum. Das Rezept für eine Pina Colada: drei Einheiten Rum, Ananassaft und Crème de Coco, Eis. Gut im Shaker schütteln und kalt servieren. Ungefähr 50 Bananensorten gedeihen auf der Insel. (Siehe auch bei Antillen, Kleine)

Marutea Nord (16° 55'S und 143° 20'W) – Das unbewohnte Atoll gehört zu den Tuamotu-Inseln, die Teil von Französisch-Polynesien sind. Die Insel trug zunächst den Namen des britischen Seefahrers Tobias Furneaux (1735-1781), Kommandant der „Adventure" und Stellvertreter des britischen Seefahrers James Cook (1728-1779), der sie 1773 oder 1774 bei der zweiten Weltumsegelung (13. Juli 1772 bis 30. Juli 1775) entdeckte. Die europäischen Namen werden in Ozeanien zunehmend gegen lokale Bezeichnungen ausgetauscht.

Masbate (12° 15'N und 123° 30'O) – Die zu den Philippinen gehörende Insel hat eine Oberfläche von 4048 Quadratkilometern. Der Hauptort trägt den Namen der Insel. (Siehe auch bei Philippinen)

Maskarenen (20° bis 21°S und 57° bis 58°W) – Der Archipel besteht aus den Inseln Mauritius, La Réunion und Rodriguez. Die Inselgruppe wurde vom portugiesischen Seefahrer Dom Peiro Mascarenhas 1507 entdeckt.

Massawa – Die Insel gehört zu den Philippinen. 1516, bei seiner ersten Fahrt nach Indonesien, kaufte der portugiesische Seefahrer Fernao de Magellan (1480-1521) hier einen Sklaven namens Henrique. Als er am 28. März 1521 vor Massawa ankerte, war er der erste Mensch, dem eine Weltumsegelung gelungen war. (Siehe auch bei Philippinen)

Massey (76°N und 103°W) Die Insel im hohen kanadischen Orden trägt den Namen des Staatsmanns Vincent Massey (1887-1967), der dem Kabinett von William Mackenzie King (1874-1968) angehörte, der zwischen 1921 und 1930 sowie von 1935 bis 1948 als kanadischer Premierminister amtierte. Vincent Massey wurde der als erster Kanadier Generalgouverneur von Kanada (1952-1959).

Massirah (20° 25'N und 58° 50'O) – Im Indischen Ozean, 20 Kilometer östlich von Oman, liegt die Insel, die eine Oberfläche von 680 Quadratkilometern aufweist. Ihr höchster Punkt erreicht 276 Meter. Auf der Insel befindet sich ein Flughafen und eine Basis der Royal Air Force.

Mataiva (14° 53'S und 148° 40'W) – Das Atoll gehört zu den Tuamotu-Inseln, die Teil von Französisch-Polynesien sind. Die Oberfläche von 50 Quadratkilometern teilen sich 250 Menschen, was eine Bevölkerungsdichte von fünf Einwohnern je Quadratkilometer ergibt. Auf dem Atoll befindet sich ein Flughafen. Es wurde 1820 vom russischen Seefahrer Fabian von Bellingshausen (1778-1852) entdeckt und am 15. November 1835 vom britischen Naturforscher Charles Darwin (1809-1882) während seiner Weltreise (1831-1836) mit der „Beagle" besucht. Das Atoll verfügt über geschätzte zwölf Millionen Tonnen Phosphat, die aber zurzeit nicht ausgebeutet werden. (Siehe auch bei Tuamotu)

Matoua – Die russische Insel gehört zu den im Norden vor Japan gelegenen Kurilen. Sie wurde nach dem Zweiten Weltkrieg von der Sowjetunion annektiert. (Siehe auch bei Kurilen)

Matthew (22°S und 171°O) – Die zu Neukaledonien zählende Insel trägt den Namen des britischen Seefahrers Matthew Flinders (1774-1814), der zwischen 1795 und 1803 die Gewässer vor Australien befuhr und die Insel dabei entdeckte. (Siehe auch bei Neukaledonien)

Maudez – Vor der Côte d'Armor liegt diese französische Privatinsel, die eine Oberfläche von einem Hektar aufweist. Sie trägt den Namen eines Mönches aus dem 5. Jahrhundert.

Maui (20° 45'N und 156° 152'W) – Die zu den acht Hauptinseln Hawaiis zählende Insel hat eine Oberfläche von 1890 Quadratkilometern. 80.000 Menschen leben auf der Insel, was eine Bevölkerungsdichte von 42 Bewohnern ergibt. Der erloschene Vulkan Haleakala ist mit 3055 Metern der höchste Punkt der Insel. Sein Krater hat eine Länge von zwölf, eine Breite von vier Kilometern und ist 914 Meter tief. Sein Durchmesser beträgt 34 Kilometer. Er nimmt eine Oberfläche von 34 Quadratkilometern ein. Auf der Insel befindet sich ein Flughafen. Sie wurde vom britischen Seefahrer James Cook (1728-1779) am Donnerstag, 26. November 1778 bei seiner dritten Weltumsegelung entdeckt. (Siehe auch bei Hawaii)

Maupihaa (16° 50'S und 153° 57'W) – Das auch Mopelia genannte unbewohnte Atoll liegt in Französisch-Polynesien und hat eine Oberfläche von 50 Quadratkilometern. Die Insel ist ein Naturschutzgebiet.

Maupiti (16° 50'S und 153° 55'W) – Die auch „Insel der Natur" genannte kleine Insel liegt 320 Kilometer nordwestlich von Tahiti und gehört zu den Inseln unter dem Wind im Archipel der Gesellschaftsinseln, die Teil von Französisch-Polynesien sind. Maupiti hat eine Oberfläche von 13 Quadratkilometern, die sich 1200 Menschen teilen. Die Bevölkerungsdichte liegt bei 100 Bewohnern je Quadratkilometer. Mit 380 Metern ist der Berg Nuupure der höchste Punkt der Insel. Der Hauptort ist Maupiti. Der Flughafen befindet sich auf der kleinen Insel Motu Tuanai. Maupiti wurde am 6. Juni 1722 vom holländischen Seefahrer Jacob Roggeveen (1659-1729) entdeckt. Zuvor hatte er bereits am 5. April 1722 (Ostern) die Osterinsel erstmals gesichtet. Maupiti wurde am Sonntag, 30. Juli 1769 vom britischen Seefahrer James Cook (1728-1779) ein zweites Mal gesichtet. (Siehe auch bei Unter dem Wind, Gesellschaftsinseln und Französisch-Polynesien)

Mauritius (19° 58' bis 31°S und 57° 18' bis 57° 48'O) – Die Insel im Indischen Ozean weist einschließlich der Insel Rodrigues (104 Quadratkilometer) eine Oberfläche von 2040 Quadratkilometern auf, die sich 1,2 Millionen Menschen teilen, sodass die Bevölkerungsdichte bei 588 Bewohnern je Quadratkilometer liegt. Mit 828 Metern ist der Piton de la Petite Rivière Noire der höchste Punkt der Insel. Der wichtigste Hafen befindet sich in der Hauptstadt Port-Louis. Der Flughafen liegt 48 Kilometer von der Hauptstadt entfernt im Südosten. Mauritius wurde am 20. Februar 1507 vom portugiesischen Seefahrer Dom Pedro Mascarenhas, der zur Flotte von Alfonso de Albuquerque (1453-1515) gehörte, entdeckt und am 28.

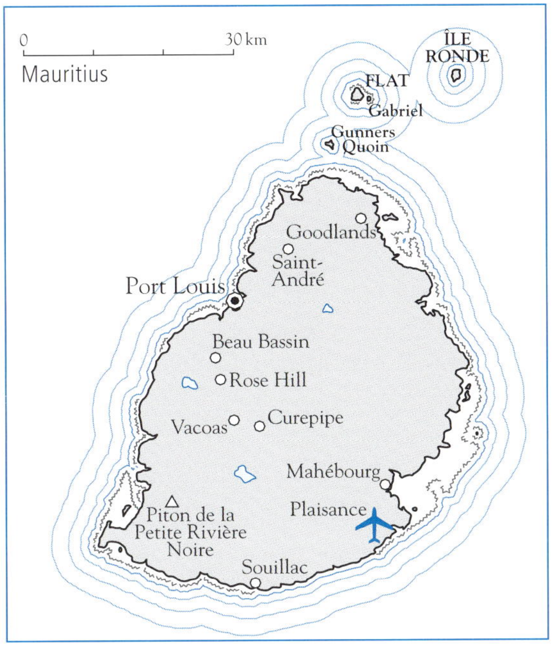

Dezember von seinem Landsmann Domingo Fernandes ein zweites Mal gesichtet. 1598 besetzte der Holländer Van Neck die Insel und nannte sie nach Moritz von Nassau (1567-1625), der von 1585 und 1625 als Gouverneur von Holland amtierte. Im Namen des französischen Königs wurde die Insel am 30. September 1715 von Guillaume Dufresne (1668-1738) in Besitz genommen und erhielt den Namen Île de France. Von 1722 bis 1725 erreichte die Kolonie jedoch unter der Leitung von De Noyon nicht mehr als 200 Einwohner. Sie hatte ihren Höhepunkt unter dem Einfluss von Mahé de la Bourdonnais (1699-1753), der am 4. Juni 1735 an Land ging und bis 1746 blieb. Das aus Lorient stammende Schiff „Saint-Géran" erlitt am 17. August 1744 auf den Riffen vor Mauritius Schiffbruch – nur zehn der 217 Menschen an Bord überlebten. Das Ereignis diente als Vorlage für den Roman „Paul et Virginie" von Henri Bernadin de Saint-Pierre (1737-1814), der die Insel in der ganzen Welt bekannt machte. Die Überreste des Schiffs wurden 1966 entdeckt. Von 1767 bis 1772 entstand unter der Leitung des französischen Gouverneurs Pierre Poivre unter anderem der heute weltberühmte botanische Garten Jardin des Pampelmousses. Am 2. Dezember 1810 besetzte eine 20.000 Mann starke britische Truppe die Insel und gab ihr vier Jahre später den ursprünglichen Namen Mauritius zurück. Der französische Seefahrer Robert Surcouff (1773-1827) versenkte im Hafen von Port-Louis drei mit Gold gefüllte Tonnen, um sie nicht mit den Briten teilen zu müssen. Sie wurden bis heute nicht gefunden. Wie La Réunion leidet auch Mauritius unter tropischen Stürmen. Der schlimmste Zyklon wütete von 20. bis 19. April 1892 auf der Insel, als sich zwei Zyklone vereinigten und 1200 Menschenleben forderten. Seit dem 12. März 1968 ist Mauritius unabhängig und Mitglied im Commonwealth of Nations. Die Staatsdevise lautete „Stern und Schlüssel des Indischen Ozeans". Berühmt ist die Insel in Philatelistenkreisen wegen der so genannten Blauen Mauritius, der kostbarsten Briefmarke der Welt. Von dieser Insel aus kann man die anderen Inseln Île aux Aigrettes, Île aux Cerfs, Île d'Ambre, Île du Coin de Mire, Île Plate, Gabriel, Île Ronde und die Îles aux Serpents erreichen. Mauritius ist für seinen exklusiven Tourismus berühmt und zieht wegen seiner liberalen Steuergesetzgebung zahlreiche Offshore-Gesellschaften an.

Mayaguana (22° 23'N und 72° 57'W) – Nördlich von Kuba liegt diese zu den Bahamas gehörende Insel. Ihr höchster Punkt erreicht 41 Meter. (Siehe auch bei Bahamas)

Mayotte (12° 47' bis 12° 55'S und 45° 06' bis 45° 17'O) – Die seit 1841 zu Frankreich gehörende Komoreninsel liegt zwischen dem afrikanischen Festland und Madagaskar. Die Insel Petite Terre ist von der Hauptinsel Grande Terre durch einen zwei Kilometer breiten Meeresarm getrennt. Der Fährverkehr zwischen den beiden Inseln funktioniert fast so wie die Pariser Metro von 5.30 bis 0.30 Uhr. Auf den Fähren werden jedes Jahr mehr als vier Millionen Passagiere transportiert. Mayotte hat eine Oberfläche von 374 Quadratkilometern, die sich 149.000 Menschen tei-

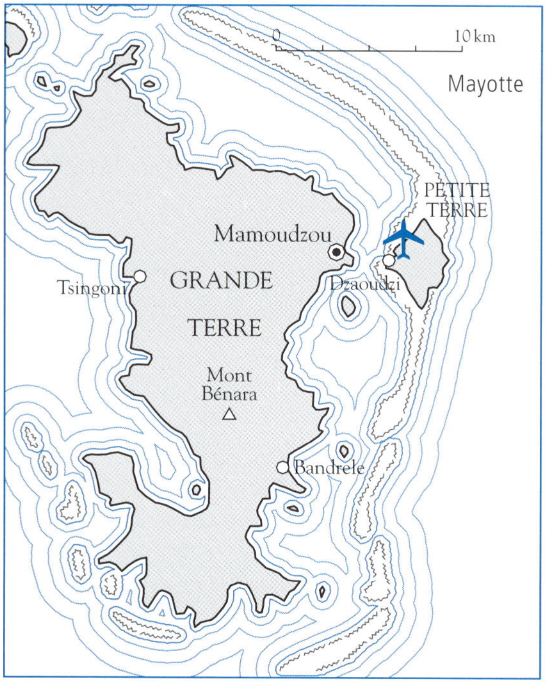

len, was eine Bevölkerungsdichte von 398 Bewohnern je Quadratkilometer ergibt. Zählt man die illegalen Einwanderer von den Komoren hinzu, kommt man auf 200.000 Einwohner. Die Lagune, die die beiden Inseln umgibt, hat eine Tiefe von 20 bis 70 Meter und erreicht eine Oberfläche von 1500 Quadratkilometern. Sie ist durch eine 185 Kilometer lange Korallenbarriere begrenzt und hat einen Tidenhub von vier Metern alle sechs Stunden. Unter den kleinen Nachbarinseln sind vor allem Mtsamboro und die Choazil-Inseln und vor allem Sable-Blanc bemerkenswert. Der höchste Punkt von Grande Terre ist mit 660 Metern der Mont Bénara. Auf Petite Terre ist der höchste Punkt bereits nach 203 Metern erreicht. Mamoudzoi liegt im Osten von Grande Terre. Auf dem gegenüberliegenden Felsen von Dzaoudzi ist eine Einheit der Fremdenlegion stationiert. Der Flughafen befindet sich fünf Kilometer südöstlich von Dzaoudzi. Die drei wichtigsten Häfen befinden sich in Dzaoudzi (12° 47'S und 45° 17'O), Bandeli (12° 55'S und 45° 13'O) und Boeni (12° 55'S und 45° 06'O). Mayotte wurde am 25. April 1841 eine französische Kolonie, nachdem der herrschende Sultan Adriantsouli die Insel an Frankreich verkaufte. Die Sklaverei wurde am 27. April 1848 abgeschafft. 1912 fielen die Inseln bis 1946 unter die Verwaltung von Madagaskar. Als die Komoren 1974 in einem ersten Referendum für die Unabhängigkeit stimmten, entschied sich Mayotte für die Beibehaltung der französischen Herrschaft. Seit 1976 ist Mayotte französisches Territorium. Am 27. Januar 2000 erhielt die Inselgruppe den Status eines französischen Departements, was in einem Referendum am Sonntag, 2. Dezember 2000 bestätigt wurde. 72,9 Prozent der Menschen entschieden sich für Frankreich. Nach 2010 wird die Zukunft der Inseln aufs Neue im französischen Parlament entschieden. Mayotte wird auch „Insel des Parfüms" genannt, weil hier der berühmte Duftrohstoff Ylang-Ylang angebaut wird. (Siehe auch bei Komoren)

Méabans (47° 31'N und 2° 56'W) – Die französische Inselgruppe liegt am Eingang des Golfes von Morbihan und ist ein Vogelschutzgebiet.

Mednyi (54° 45'N und 167° 35'O) – Die russische Insel liegt zwischen der Beringsee und dem Nordpazifik. Sie gehört zu den Kommandeursinseln, die Teil der Aleuten sind. (Siehe auch bei Kommandeursinseln)

Mehetia (17° 53'S und 148° 04'W) – 150 Kilometer südöstlich von Tahiti liegt die unbewohnte französische Insel, die zu den Gesellschaftsinseln gehört, die wiederum Teil von Französisch-Polynesien sind. Der höchste Punkt der Insel erreicht 400 Meter.

Meighen (79° 40'N bis 80° 09'N und 98° 40'W bis 100° 10'W) – Die Insel im hohen Norden Kanadas liegt im autonomen Nunavut-Territorium (errichtet am 1. April 1999). Sie wurde 1916 vom Polarforscher Andersen entdeckt, der an der von 1914 bis 1917 vom kanadischen Seefahrer und Forscher Vilhjamur Stefanson (1879-1962) geleiteten Expedition teilnahm. Die Insel trägt den Namen von Arthur Meighen (1874-1960), der von 1920 bis 1930 als kanadischer Premierminister amtierte. Sie gehört zu den Sverdrup-Inseln, die den Namen des norwegischen Seefahrers und Forschers Otto Sverdrup (1854-1930) tragen, der vor allem die berühmte „Fram" bei ihrer Arktis-Durchquerung (1893-1896) mit seinem Landsmann Fridtjof Nansen (1861-1930) kommandierte. Die Inselgruppe, die seinen Namen trägt, entdeckte er zwischen 1898 und 1902.

Meiduscharski – Die unbewohnte russische Insel in der Barentssee gehört zu Nowaja Semlja.

Melanesien (0° bis 12°N und 143° bis 163°O) – Im Südpazifik liegen diese Inseln, zu denen die östlichen Inseln von Papua-Neuguinea und die Salomonen gehören.

Melbourne (68° 30'N und 104° 40'W) – Die unbewohnte kanadische Insel liegt im Queen-Maud-Golf im Süden der Insel Victoria. Sie trägt den Namen von William Lamb, zweiter Viscount Melbourne (1779-1848), der zwischen 1835 und 1841 als britischer Premierminister amtierte und auch der zweitgrößten Stadt Australiens seinen Namen gab.

Melon (48° 29'N und 4° 47'W) – Im Nordwesten von Finistère liegt diese französische Insel, die eine Oberfläche von zwei Hektar hat.

Melville (75° 15'N und 110°W) – Die kanadische Insel gehört zum autonomen Territorium Nunavut, das am 1. April 1999 eingerichtet wurde, und ist Teil der Parry-Inseln. Der britische Seefahrer und Forscher William Edward Parry, der die nach ihm benannten Inseln im Mai 1819 bei der Erforschung der Nordwestpassage entdeckte, überwinterte in Port Winter im Süden der Insel auf 78° 48'N und 110° 30'W. Parry strich bei seiner Forschungsfahrt 5000 Pfund ein, die das britische Parlament für denjenigen ausgelobt hatte, der als Erster die Länge von 110° im Norden Kanadas überschreiten würde. Später erreichte er nördlich von Spitzbergen 82° 45'N. Ihm gelang die Durchquerung der Insel zusammen mit dem britischen Seefahrer Edward Sabine (1788-1883). Zwischen 1853 und 1854 fand der britische Seefahrer Francis Leopold McClintock (1819-1907) bei der Suche nach Sir John Franklin (1786-1847) 24 Jahre nach Parrys Überwinterung noch Spuren von dessen Expedition. Der höchste Punkt der Insel erreicht 1067 Meter. Die Küsten wurden von 1913 bis 1917 vom kanadischen Seefahrer Vilhjamur Stefanson (1879-1962) kartografiert. Die Insel trägt den Namen von Robert Saunders, zweiter Viscount Melville (1771-1851), der zwischen 1812 und 1830 als First Lord der Admiralität amtierte, und des amerikanischen Seefahrers George Wallace Melville (1841-1912), der eines der Kanus leitete, mit dem Überlebende der „Jeannette" am 26 September 1881 ein russisches Dorf an der Lena erreichten. Die „Jeannette" gehörte zu einer von George de Long (1841-1912) geleiteten Expedition und war vom Packeis zerstört worden. Seit 1986 wird in der Region nach Erdöl geforscht. (Siehe auch bei Parry)

Melville (11° 40'S und 131°O) – Die Insel liegt in der Timorsee im Norden Australiens. Mehrere Namensgeber kommen bei dieser Insel als Paten in Frage: Lord Dundas, erster Viscount Melville (1742-1811), First Lord der Admiralität, oder sein Sohn Robert Saunders Dundas, zweiter Viscount Melville (1771-1815), der von 1812 bis 1830 als First Lord der Admiralität amtierte, oder der amerikanische Seefahrer George Wallace Melville (1841-1912), der eines der Rettungsboote kommandierte, mit dem sich neun Überlebende der „Jeannette", die vom Packeis zerstört worden war, in ein russisches Dorf an der Lena rettete.

Menorca (40°N und 4°O) – Die zu den Balearen zählende spanische Mittelmeerinsel hat eine Oberfläche von 670 Quadratkilometern, die sich 68.000 Menschen teilen, was eine Bevölkerungsdichte von 100 Bewohnern je Quadratkilometer ergibt. Der Berg Toro ist mit 357 Metern der höchste Punkt der Insel. Die Hauptstadt ist Ma-

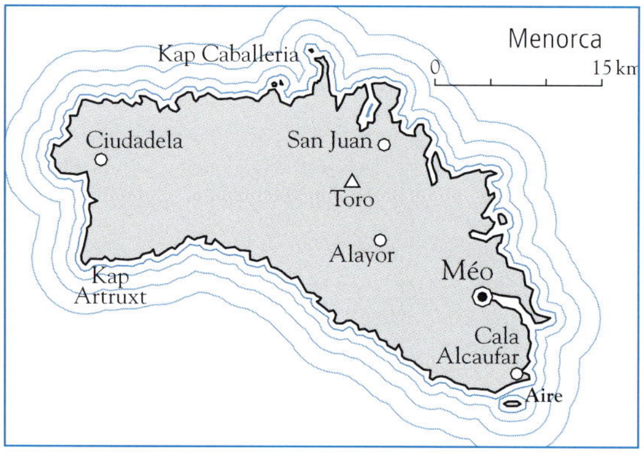

hon, wo sich auch der Flughafen befindet. Der wichtigste Hafen Ciutadella liegt im Westen der Insel. Menorca wurde zwischen 1708 und 1802 dreimal von den Briten besetzt. (Siehe auch bei Balearen)

Mentawai (2°S und 99° 30'O) – Die indonesische Inselgruppe liegt westlich von Sumatra.

Mergui (10° bis 14°N und 97° 80' bis 98° 30'O) – Der einige hundert Inseln umfassende Archipel liegt im Indischen Ozean westlich von Malaysia.

Mikronesien (20° bis 30°N und 138° bis 170°O) – Mehr als 2000 Inseln bilden den Pazifikarchipel, der die vier seit dem 10. Mai 1979 unabhängigen Staaten Mikronesiens umfasst: Yap, Chuuk, Pohnpei und Kosrae. Die Staatsdevise lautet „Frieden, Einheit, Freiheit". Die Oberfläche beträgt insgesamt 702 Quadratkilometer für 107.000 Einwohner. Die Bevölkerungsdichte liegt bei 152 Menschen je Quadratkilometer. Die gemeinsame Hauptstadt Palikir befindet sich im Staat Pohnpei. Die Staaten sind seit dem 3. November mit den USA assoziiert.

Midway (28° 15'S und 177° 23'W) – Die amerikanische Pazifikinsel befindet sich, wie der Name vermuten lässt, auf halbem Weg zwischen den USA und Japan. Ihre Oberfläche beträgt fünf Quadratkilometer, die sich 5000 Menschen teilen, was eine Bevölkerungsdichte von 100 Bewohnern je Quadratkilometer ergibt. Die Insel besteht eigentlich aus den beiden Inseln Sand und East, die durch eine Fahrrine verbunden sind. Die heute bedeutende Luftbasis wurde 1854 entdeckt. Im Zweiten Weltkrieg erlitten die Japaner bei der Schlacht um Midway vom 4. bis 7. Juni 1942 schwere Verluste.

Millau (48° 46'N und 3° 35'W) – Die vor der Côte d'Armor gelegene französische Insel hat eine Oberfläche von 41 Hektar. Auf ihr befinden sich einige Menhire. Sie ist bei Ebbe zu Fuß erreichbar. Aristide Briant (1862-1932) hat hier einige Jahre gelebt.

Mille Îles – Die kanadische Inselgruppe liegt östlich vom Ontario-Seee in der Mitte des Sankt-Lorenz-Stroms in der Nähe der Stadt Gananoque und besteht aus 18 bewaldeten Inseln und 80 Felseninseln.

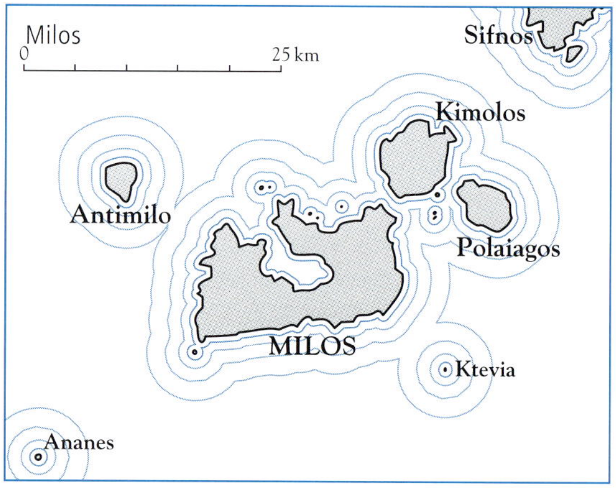

Milos (36° 41'N und 24° 15'O) – Die griechische Ägäis-Insel gehört zu den Kykladen und hat eine Oberfläche von 160 Quadratkilometern, die sich 12.000 Menschen teilen, was eine Bevölkerungsdichte von 75 Bewohnern je Quadratkilometer ergibt. Der höchste Punkt erreicht 751 Meter. Der Hafen Milos befindet sich im Nordwesten der Insel. Die Insel gab der berühmten Marmorstatue „Venus von Milo“ ihren Namen, die 1820 entdeckt wurde und heute im Pariser Louvre ausgestellt ist. (Siehe auch bei Kykladen)

Minami (25°N und 141°O) – Im Nordpazifik liegt diese japanische Insel, die zum Archipel Volcano gehört, der auch Kazanretro genannt wird. (Siehe auch bei Volcano und Japan)

Mindanao (7° 30'N und 125°O) – Die südlichste Insel der Philippinen hat eine Oberfläche von 99.000 Quadratkilometern, die sich zehn Millionen Menschen teilen, was eine Bevölkerungsdichte von 101 Bewohnern je Quadratkilometer ergibt. Mit 2954 Metern ist der Berg Apo der höchste Punkt der Insel. Die Hauptstadt ist Davao, wo sich auch der Flughafen befindet. Die Insel verfügt über vier Häfen: Dipolog im Nordwesten, Surigao im Nordosten, Davao im Südosten und Polloc Harbor im Südwesten. Die Insel wurde Donnerstag, 4. Oktober 1526 vom spanischen Seefahrer Garcia Loaysa (gest. 1526) entdeckt. In der Region Davao werden täglich 30 Kilogramm Gold gefördert. (Siehe auch bei Philippinen)

Mindoro (12° 50'N und 121° 05'O) – Die zu den Philippinen gehörende Insel hat eine Oberfläche von 9730 Quadratkilometern. In der Hauptstadt Calapan befindet sich der Flughafen. Mit 2585 Metern ist der Berg Halcon der höchste Punkt der Insel. (Siehe auch bei Philippinen)

Mingan – Die Inselgruppe in der Sankt-Lorenz-Bucht im Norden der Insel Anticosti ist seit 1984 ein Nationalpark. Die Gruppe besteht aus mehr als 40 Inseln, die zumeist unbewohnt sind. Im Sommer nehmen sie Sommerfrischler auf, die aus dem 1857 von ehemaligen Bewohnern der Insel Madeira gegründeten Le Havre-Saint-Pierre auf die Inseln kommen. Auf den Inseln gibt zahlreiche von Wind und Wasser geformte Monolithen.

Minicoy (8° 17'N und 73° 02'O) – Südöstlich Indiens liegt diese zu den Lakkediven zählende Insel, die eine Oberfläche von 32 Quadratkilometer aufweist. 53.000 Menschen leben hier. Die Bevölkerungsdichte liegt bei 1656 Bewohnern je Quadratkilometer. (Siehe auch bei Lakkediven)

Minquiers – 20 Kilometer südlich der Insel Jersey liegt diese Inselgruppe, die zu den Kanalinseln gehört. Sie wurde 1360 im Vertrag von Bretigny von Johann II. (1319-1364) an Großbritannien abgetreten. (Siehe auch bei Kanalinseln)

Miyake (34° 05'N und 139° 32'O) – Im Süden der Insel Honshu liegt diese japanische Insel, die zum Izu-Archipel gehört. (Siehe auch bei Izu und Japan)

Mljet (42° 45'N und 17° 30'O) – In der Adria liegt die kroatische Insel, deren höchster Punkt 514 Meter misst.

Modez (48° 51'N und 3° 02'W) – 1,5 Kilometer westlich der Insel Brehat liegt die 25 Hektar messende französische Insel, auf der sich eine kleine Kapelle befindet.

Moffen (80° 02'N und 14° 30'O) – Nördlich von Spitzbergen liegt die unbewohnte Insel, die regelmäßiges Ziel von Kreuzfahrtschiffen ist, wenn es das Packeis zulässt.

Mohéli (12° 15'S und 43° 45'O) – Die Insel mit einer Oberfläche von 290 Quadratkilometern gehört zu den Komoren und verfügt über einen Flughafen. (Siehe auch bei Komoren)

Moines (48° 52'N und 3° 29'W) – Die französische Insel gehört zum Archipel des Sept Îles vor der Côte d'Armor und kann als einzige der Gruppe besucht werden. Sie hat eine Oberfläche von sechs Hektar, und ihr höchster Punkt ragt 16 Meter über den Meeresspiegel. Der 1952 eingeweihte Leuchtturm der Sept Îles misst 20 Meter, hat eine Reichweite von 24 Seemeilen und sendet sein weißes Signal alle 15 Sekunden. Im Sommer ist die Insel durch Fähren mit Perros-Guirec verbunden. Auf ihr befindet sich eine nach den Plä-

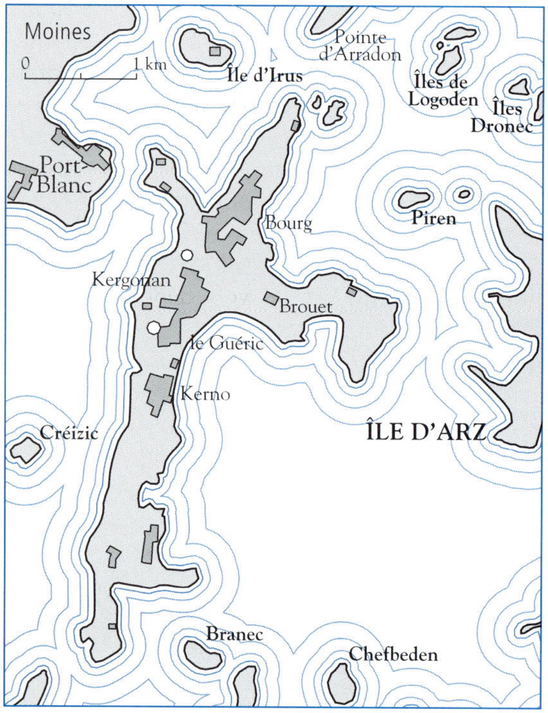

nen von Vauban gebaute Befestigungsanlage. (Siehe auch bei Sept Îles)

Moines (47° 35'N und 2° 49'W) – Im Golf von Morbihan liegt diese französische Insel, die eine Oberfläche von 4,5 Quadratkilometer aufweist, die sich 600 Menschen teilen. Der höchste Punkt erreicht 30 Meter. Der wichtigste Hafen Miquèl. Auf der Insel befinden sich Zeugnisse der megalithischen Kultur. Fähren verbinden die Insel mit Port-Blanc (zehn Minuten). In der Kapelle Notre-Dame-d'Espérance befindet sich eine von der Decke hängende Feluke.

Molène (48° 46'N und 3° 35'W) – Zwei Kilometer westlich von Trébeurden liegt diese französische Insel, die eine Oberfläche von einem Hektar hat. Ihr höchster Punkt erreicht 17 Meter.

Molène (48° 24' 13"N und 4° 57' 17"W) – Im Westen von Finistère liegt diese französische Insel, die von den Inseln Balanec, Litiri und Béniguet

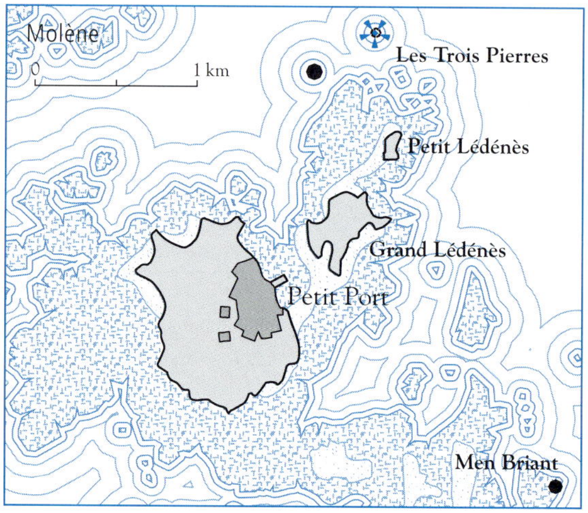

umgeben ist. Sie hat eine Oberfläche von 80 Hektar, die sich 300 Menschen teilen, die von lokalen Steuern befreit sind. Der höchste Punkt erreicht 21 Meter. Der wichtigste Hafen Lédénez Vihan befindet sich im Norden der Insel. Durch Fähren ist die Insel mit der Insel Ouessant (30 Minuten), Conquet (30 Minuten) und Brest (zwei Stunden, 15 Minuten) verbunden. Am Samstag, 16. Juni 1894 erlitt ein britisches Schiff Schiffbruch vor der Insel. Die meisten Seeleute wurden von den Einwohnern Molènes gerettet. Aus Dankbarkeit stiftete Königin Victoria (1819-1901) der Kirche eine Pendeluhr.

Molokai (21° 07'N und 157°W) – Die Oberfläche der zu den acht Hawaii-Hauptinseln zählenden Inseln beträgt 680 Quadratkilometer, die sich 6800 Menschen teilen, was eine Bevölkerungsdichte von zehn Bewohnern je Quadratkilometer ergibt. Der Berg Kamakou ist mit 1514 Metern der höchste Punkt der Insel. Im Hauptort Hoolehua befindet sich ein Flughafen.

Molukken (5°N bis 10°S und 125° bis 135°O) – Eine Million Menschen leben auf der zu Indonesien zählenden Inselgruppe, die eine Oberfläche von 85.000 Quadratkilometer erreicht. Die Bevölkerungsdichte liegt bei zwölf Bewohnern je Quadratkilometer. Auf den Inseln befinden sich

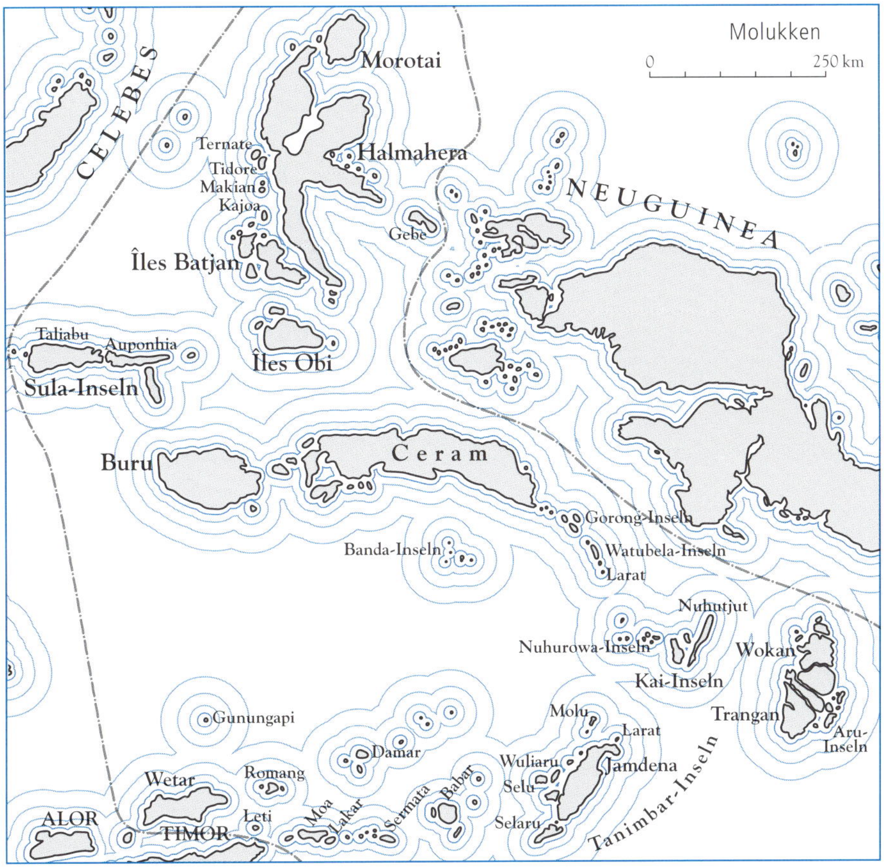

Bundesstaat Maine und hat eine Oberfläche von zwei Quadratkilometern. Die benachbarte Insel Montana ist noch kleiner. Im Dorf Monhegan leben die meisten der 60 Einwohner, von denen ein Dutzend vom Hummerfang lebt. Im Sommer, wenn die Touristen kommen, steigt die Bevölkerung auf mehr als 1000.

die Häfen Pulau auf Tahuna im Westen, Halmahera auf Tobelo im Osten, Pulau Obi auf Laiwvi im Norden und Pulau Ambon auf Ambon im Süden. Die Inseln wurden 1502 vom italienischen Seefahrer Ludovico di Varthema entdeckt und 1512 von Kapitän Francisco Rodrigues ein weiteres Mal gesichtet. Sie wurden schließlich noch am 6. November 1521 von Francisco de Serrano, einem der Offiziere unter Fernao de Magellan, zwei Tage vor seinem Eintreffen in Todore, gesichtet. Die Portugiesen eröffneten 1605 in Ambon eine Handelsstation. Im 17. Jahrhundert war die Insel für alle Expeditionen, die sich hier mit Gewürzen versorgten, ein fester Haltepunkt.

Monhegan – Die amerikanische Atlantikinsel liegt 18 Kilometer südlich von Port Clyde im

Montague (58° 25'N und 26° 20'W) – Die subantarktische Insel ist die größte der britischen Süd-Sandwich-Inseln. Sie hat eine Oberfläche von 140 Quadratkilometern, und mit 1371 Metern ist der Berg Belinda der höchste Punkt der Insel. Sie wurde am Mittwoch, 1. Februar 1775 vom britischen Seefahrer James Cook (1728-1779) entdeckt und 1830 vom britischen Forscher John Biscoe (1794-1843) benannt. Sie trägt vermutlich den Namen des britischen Naturforschers George Montagu of Sandwich (1718-1792), der während der Zeit ihrer Entdeckung als britischer Marineminister amtierte.

Montague (60°N und 147° 30'W) – Im Golf von Alaska, östlich der Halbinsel Steward, liegt diese Insel.

Montecristo (42° 20'N und 10° 19'O) – Die kleine italienische Insel liegt südlich der Insel Elba und ist Namensgeber des Romans „Der Graf von Montecristo", der 1846 von Alexandre Du-

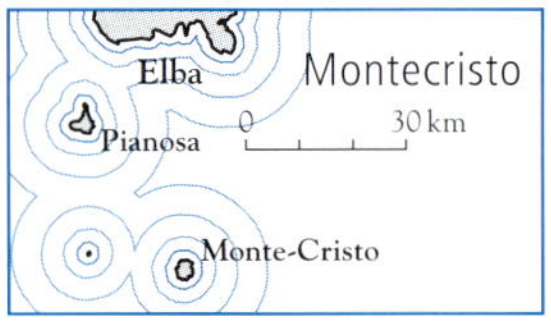

mas (1802-1870) veröffentlicht wurde. Die Hauptperson Edmond Dantès wird 1815 auf der Gefängnisinsel Château d'If vor Marseille inhaftiert und lernt dort während seiner 14-jährigen Haftzeit Abbé Faria kennen, der ihm vom Schatz auf Montecristo erzählt. Nach seiner Flucht hebt er den Schatz und kann nun als wohlhabender Mann Rache an seinen Feinden nehmen, die für seine Inhaftierung gesorgt haben.

Montréal (45° 20' bis 45° 70'N und 73° 30' bis 74°W) – Die kanadische Großstadt Montréal ist auf mehreren Inseln entstanden, darunter Île Jésus, Île des Soeurs, Île Pierrot und Île Bizard. Die Inseln wurden 1535 von Jacques Cartier (1491-1557) entdeckt. Die Stadt trägt den Namen des Berges Montréal, der sich 232 Meter über dem Dorf Hochelada erhebt. In der Stadt fanden 1967 die Weltausstellung und 1976 die Olympischen Sommerspiele statt.

Mont-Saint-Michel (48° 38'N und 1° 31'W) – 18 Kilometer südwestlich von Avranches liegt die französische Felseninsel, die seit 1879 durch einen Damm mit dem Festland verbunden ist. Das Dorf empfängt jedes Jahr mehrere 100.000 Touristen. 75 Menschen leben ständig auf der Insel. Auf ihrem Gipfel befindet sich ein Schloss, das bis 1864 als Gefängnis diente. Der Orden des Heiligen Michael wurde hier von Ludwig XI. im Jahre 1469 gestiftet. Die von den Benediktinern von 966 an gebaute Abtei ist ein Meisterwerk der Gotik. Mont-Saint-Michel und seine Bucht stehen auf der Liste des Weltkultur- und -naturerbes der Unesco.

Montserrat (16° 45'N und 62° 15'W) – Die zu den Kleinen Antillen gehörende Insel ist eine britische Kolonie. Die Oberfläche beträgt 106 Quadratkilometer für 13.000 Einwohner, was eine Bevölkerungsdichte von 122 Menschen je Quadratkilometer ergibt. Der Vulkan La Soufrière war bis zu seinem Ausbruch am 25. Juni 1997 mit 1484 Metern der höchste Punkt der Insel. Heute erreicht der Berg noch 915 Meter. Der Hafen Plymouth befindet sich im Süden der Insel. Die Insel wurde am Dienstag, 12. November 1493 von Kolumbus (1451-1506) bei seiner zweiten Entdeckungsreise entdeckt. Vermutlich trägt sie den Namen eines spanischen Klosters in der Nähe von Tarragona. Auf der Hälfte der Insel ist Autofahren untersagt. Die andere Hälfte steht wegen der vulkanischen Aktivitäten unter ständiger Beobachtung. (Siehe auch bei Antillen, Kleine)

Moorea (17° 32'S und 149° 50'W) – 17 Kilometer westlich von Tahiti liegt die Insel, die ursprünglich den Namen Eimeo trug. Sie gehört zu den Inseln des Windes im Archipel der Gesellschaftsinseln, die wiederum Teil von Französisch-Polynesien sind. Die Oberfläche von 132 Quadratkilometern teilen sich 12.000 Menschen, was eine Bevölkerungsdichte von 90 Bewohnern je Quadratkilometer ergibt. Der Berg Tohiea ist mit 1207 Metern der höchste Punkt der Insel, deren Hafen Paopao im Norden liegt. Sie wurde 1767 vom britischen Seefahrer Samuel Wallis (1728-1795) entdeckt, der sie York taufte. 1768 wurde sie vom französischen Seefahrer Louis-Antoine de Bougainville (1729-1811) und später vom britischen Seefahrer James Cook (1728-1779) gesichtet. Cook ging hier 1769 und 1777 in der Bucht von Opunohu vor Anker. Kapitän William Bligh

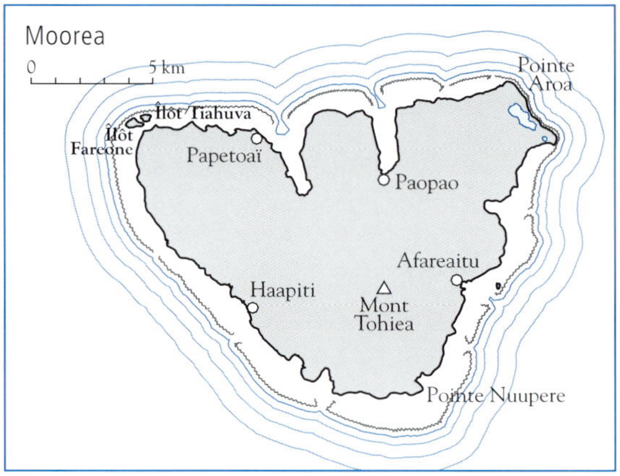

Inseln des Pazifiks

Neuguinea: Nicht wenige der Stämme dieser Insel leben noch immer in der Steinzeit. Der höchste Punkt der Insel, der Jaya, erreicht 5030 Meter. Er ist zugleich der höchste Punkt Ozeaniens und der höchste Berg auf einer Insel.

Osterinsel: Die für ihre monumentalen Figuren berühmte Insel wurde am Ostersonntag 1722 (5. April) vom holländischen Seefahrer Jacob Roggeveen entdeckt.

Galapagos: Der britische Naturforscher Charles Darwin besuchte im September 1835 die Inselgruppe und studierte die Fauna und Flora.

Hawaii: Die Inselgruppe wurde am Sonntag, 18. Januar 1778 (Oahu und Kauai) und am Montag 19. Januar 1778 (Niihau) vom britischen Seefahrer James Cook entdeckt. Er nannte die Inseln Sandwich-Inseln nach John Mantagu of Sandwich, der von 1748 bis 1751 und 1763 sowie von 1771 bis 1782 als First Lord der britischen Admiralität amtierte.

Hawaii: Die gigantischen Wellen vor Oahu gelten bei Surfern als die ultimative Herausforderung.

Raiatea: Zahlreiche Kreuzfahrtschiffe gehen vor der französischen Insel, die zu Neukaledonien gehört, vor Anker. Die Passagiere genießen den freundlichen Empfang der Inselbewohner.

Tahiti: Die Insel wurde am Freitag, 19. Juni 1767 vom britischen Seefahrer Samuel Wallis entdeckt. Sein Landsmann James Cook ging hier oft vor Anker.

Raiatea: Nirgendwo auf der Welt, so sagen erfahrene Reisende, sind die Sonnenuntergänge aufregender als in der Südsee.

Bora Bora: Die so genannte „Perle des Pazifiks“ ist einer der mythischen Plätze auf der Erde. Der Berg Otemanu (727 Meter) erhebt sich majestätisch über der Lagune.

Cook: Die Insel trägt den Namen des britischen Seefahrers James Cook, der bei seiner dritten Weltumsegelung von Eingeborenen ermordet wurde.

Känguru: Die Landschaft der 100 Kilometer vor der australischen Stadt Adelaide gelegenen Insel wurde durch den Wind geschaffen. Im Flinders-Naturschutzgebiet stehen Koalabären und Kängurus unter Naturschutz.

Philippinen: Zwischen dem 14. und 16. Juni 1991 gelangten beim Ausbruch des Pinatubo mehr als zehn Kubikkilometer Materie in die Atmosphäre. Die Eruption schuf einen See, der einen Durchmesser von zwei Kilometern hat.

Philippinen: Wegen der Topografie einiger Inseln gedeiht der Reis auf Terrassenfeldern.

Philippinen: Die Inseln bieten eine außerordentlich vielfältige Flora.

(1754-1817), Kommandant der „Bounty“, folgte ihm im Januar 1789, drei Monate vor der berühmten Meuterei. Seit 1988 findet auf der Insel der Tahiti-Nui-Marathon statt, der lediglich 1991 wegen des Golfkriegs ausfiel.

Moresby (52° 50'N und 131° 55'W) – Die Insel im Nordpazifik gehört zu den Queen-Charlotte-Inseln im kanadischen Bundesstaat British Columbia. Vom Festland ist sie durch die Meerenge von Heucate getrennt. Die Insel trägt den Namen des britischen Seefahrers und Forschers John Moresby (1830-1922), der die Insel erforschte, bevor er sich nach 1837 Neuguinea zuwandte. Die Insel, die für ihre Strände und Wälder berühmt ist, gehört zum von der Unesco geschützten Weltnaturerbe. (Siehe auch Queen-Charlotte-Inseln)

Moreton (27° 10'S und 153° 25'O) – Nordwestlich der australischen Stadt Brisbane liegt diese Insel, deren höchster Punkt der Berg Tempest mit 282 Metern ist. Die Insel bildet den Nationalpark der Insel Moreton.

Morgol (48° 22'N und 4° 55'W) – Die zu den französischen Molène-Inseln gehörende Insel im Westen von Finistère hat eine Oberfläche von einem Hektar und ist ein Vogelschutzgebiet. (Siehe auch bei Molène)

Mornington (16° 33'S und 139° 24'O) – Im Golf von Carpenter liegt diese australische Insel 30 Kilometer vor Queensland. Sie gehört zu den Wellesley-Inseln. Ihr höchster Punkt erreicht 152 Meter. Die Insel wurde in den frühen Morgenstunden entdeckt, was ihren Namen erklärt. (Siehe auch bei Wellesley)

Mort – Auf der vor Tasmanien liegenden Insel liegen 1800 Zuchthäusler begraben. Daher der Name.

Morts (48° 18'N und 4° 32°W) – Die unbewohnte französische Insel in der Bucht von Roscanvel im Finistère hat eine Oberfläche von vier Hektar. Sie dient als Basis für die atomgetriebenen französischen U-Botte.

Mosambik (15° 37'N und 40° 42'O) – Auf der östlich von Mosambik in der gleichnamigen Straße gelegenen Insel entstanden vom 16. Jahrhundert an Befestigungsanlagen, die heute zum von der Unesco geschützten Weltkulturerbe gehören.

Moskenesoy (67° 55'N und 13°O) – Die norwegische Insel ist die am nördlichsten gelegene Lofoteninsel. Ihr höchster Punkt erreicht 1034 Meter. Die bunten Küstendörfer bilden einen interessanten Kontrast zu den nackten Felsen.

Motane – 20 Kilometer südlich der Insel Hiva Ova liegt die französische Insel, die zu den Marquesas gehört. Im Juli 1595 erhielt die Insel den Namen San Pedro von den spanischen Seefahrern Alvaro de Mendana (1542-1595) und Pedro Fernandez de Quiros (1565-1615). Am 7. April 1774 wurde sie vom britischen Seefahrer James Cook (1728-1779) ein weiteres Mal entdeckt.

Motu One – Das unbewohnte Atoll gehört zu den Inseln unter dem Wind in Französisch-Polynesien und ist das westlichste der Gesellschaftsinseln. Es wurde im April 1815 vom russischen Seefahrer Otto von Kotzebue (1787-1846) entdeckt. Er nannte die Insel nach seinem Freund Fabian von Bellingshausen (1778-1852), mit dem ihm zwischen 1803 und 1806 eine Weltumsegelung unter dem Kommando des russischen Seefahrers Adam von Krusenstern (1770-1846) gelungen war.

Motu One – Die nördlichste Insel von Französisch-Polynesien liegt 40 Kilometer nordöstlich der Insel Eiao und gehört zu den Marquesas.

Moustique (13°N und 61° 15'W) – 35 Kilometer südlich der Insel St. Vincent liegt diese zu den Grenadinen gehörende Insel, die eine Oberfläche von sechs Quadratkilometern aufweist. Der Hafen

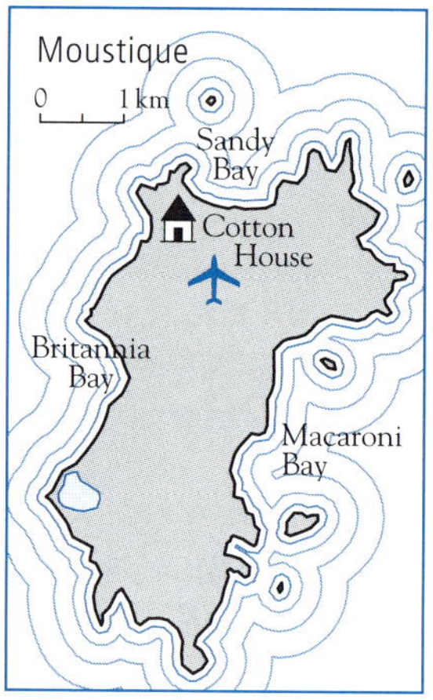

Port Elisabeth befindet sich im Norden der Insel. Dort liegt auch der Flughafen. Auf der Insel befinden sich lediglich ein Hotel, ein Flughafen und 24 Luxusvillen. (Siehe auch bei Grenadinen)

Moutons (47° 46' 30"N und 4° 01' 42"W) – Die französische unbewohnte Insel liegt auf halbem Weg zwischen der Pointe de Mousterlin und den Glénans-Inseln im südlichen Finistère. Sie hat eine Oberfläche von zwei Hektar. Der 18 Meter hohe Leuchtturm hat je nach Farbe der Signalisation und Sektor eine Reichweite von elf bis 15 Meilen. Vor der Automatisierung des Turms lebte hier der letzte Wärter mit seiner zwölfköpfigen Familie, einer Kuh, Kaninchen und Hühnern.

Moyade (43° 10'N und 5° 22'O) – Die kleine französische Mittelmeerinsel gehört zu den Riou-Inseln und misst 50 mal 20 Meter. (Siehe auch bei Riou)

Muko (27° 37'N und 142° 10'O) – Die japanische Insel im Nordpazifik gehört zu den Bonin-Inseln. (Siehe auch bei Bonin)

Murray – Die Insel gehört zu den Kerguelen und trägt den Namen des kanadischen Naturforschers John Murray (1841-1914), der ihre Klippen erforschte. Er war Mitglied der Expedition auf der vom schottischen Seefahrer George Nares (1831-1915) geleiteten Expedition (1872-1876) mit dem Forschungsschiff „Challenger".

Murray – Die Inselgruppe liegt in der Torresstraße nördlich des australischen Great Barrier Reef. Sie trägt den Namen des kanadischen Naturforschers John Murray (1841-1914), der sie während einer vom schottischen Seefahrer George Nares geleiteten Expedition (172-1876) erforschte. Auch ein Meeresgraben im Pazifik trägt seinen Namen.

Muroroa (21° 50'S und 138° 50'W) – Das Atoll gehört zu den Tuamotu-Inseln und Französisch-Polynesien und liegt 1200 Kilometer südöstlich von Tahiti. Auf dem Atoll, das über einen Flughafen verfügt, testeten die Franzosen zwischen dem 2. Juli 1966 und dem 27. Januar 1996 rund 200 atomare Sprengsätze. 44 Versuche fanden überirdisch, der Rest unterirdisch statt. Die erste französische Atombombe mit einer Sprengkraft von 60 Kilotonnen (das Vierfache der Hiroschima-Bombe) wurde am 13. Februar in der algerischen Sahara gezündet. General de Gaulle erklärte damals: „Hurra für Frankreich. Seit diesem Morgen ist es stolzer und stärker." Der erste unterirdische Versuch auf Muroroa fand am 10. April 1981 statt. Am 8. April 1992 verkündete Präsident Mitterrand ein einjähriges Moratorium, das bis 1995 stets verlängert wurde. Unter Jacques Chirac wurden noch acht Sprengsätze zwischen dem 5. September 1995 und 27. Januar 1996 gezündet. Im September 1996 unterzeichnete Frankreich den Vertrag, der nukleare Versuche vollständig verbietet. (Siehe auch bei Tuamotu)

Mykonos (37° 29'N und 25° 25'O) – Im Osten der Insel Delos liegt die zu den Kykladen zählende Insel, auf der 5000 Menschen leben. Ihr höchster Punkt erreicht 373 Meter. Der gleichnamige Ha-

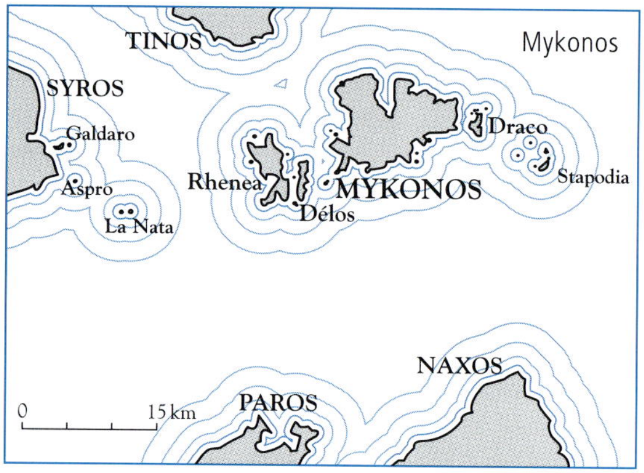

fen befindet sich im Westen der Insel, wo sich auch der Flughafen, mehrere Windmühlen und das Kloster Tourliani befinden. (Siehe auch bei Kykladen)

Nab (50° 40'N und 0° 57' 06"W) – Die Insel liegt am Eingang des Solent zwischen der Insel Wight und England. Sie erreicht eine Höhe von 27 Metern und besitzt einen Leuchtturm, der eine Reichweite von 16 Meilen besitzt und sein weißes Signal alle zehn Sekunden sendet.

Nadière (42° 02'N und 3°O) – Die südlich des Etang de Bages et de Sigean gelegene französische Insel misst 100 mal 100 Meter.

Nasei (26° 30'N und 128°O) – Der japanische Archipel liegt im Süden Japans und besteht vor allem aus den Inseln Sakishima, Ryukyu und Amami. (Siehe auch bei Japan)

Nao Nao – Die kleine Insel liegt in der Lagune des Atolls Rangiroa und gehört zu den Tuamotu-Inseln, die Teil von Französisch-Polynesien sind.

Napika (14° 09'S und 141° 16'W) – Das Atoll gehört zu den Tuamotu-Inseln, die Teil von Französisch-Polynesien sind, und hat eine Oberfläche von 32 Quadratkilometern, die sich 320 Menschen teilen, was eine Bevölkerungsdichte von 32 Bewohnern je Quadratkilometer ergibt. Das Atoll verfügt über einen Flughafen. In der Lagune pflanzen sich geschützte Meeresschildkröten fort. Die Insel wurde am 7. Juni 1766 vom britischen Seefahrer John Byron (1723-1786) entdeckt.

Narborough – Der chilenische Archipel liegt am Ausgang der Magellan-Straße und trägt den Namen des britischen Seefahrers John Narborough (1637-1688), der sie im November 1670 zusammen mit seinem Landsmann, dem Seefahrer und Kartografen John Wood, erforschte. Sie erreichten den Pazifik am 15. November 1670.

Nares (83° 20'N und 68°O) – Die Insel liegt im Norden Grönlands und trägt den Namen des schottischen Seefahrers George Nares (1831-1915), der zwischen 1875 und 1876 die gleichnamige Meerenge zwischen Grönland und der Insel Ellesmere mit seinen Schiffen „Alert" und „Discovery" erforschte. Am 12. Mai 1876 erreichte sein Stellvertreter Albert Markham (1841-1918) 83° 20'N auf dem Packeis nördlich von Ellesmere. Zusammen mit 16 Mann überwinterte er in der Nähe von Kap Sheridan.

Nassau (11° 30'S und 165° 30'W) – Die Insel im Südpazifik gehört zu den Cook-Inseln. Sie trägt den Namen der Prinzen von Nassau: Moritz von Nassau (1567-1625) und Friedrich Heinrich von Nassau (1584-1647), die beide als holländische Gouverneure amtierten. Sie förderten holländische Expeditionen, darunter die von William Janzoon, Hendrick Brouwer (1580-1643), Dirk Hartog und Abel Tasman (1603-1659).

National (48° 39' 18"N und 2° 01' 19"W) – Das französische Fort liegt auf einem 300 Meter hohen Felsen nördlich von Saint-Malo und wurde nach den Plänen eines Vauban-Schülers errichtet. Bei Ebbe ist es zu Fuß erreichbar.

Natuna (4°N und 108° 15'O) – Im Nordosten Singapurs liegen die im 17. Jahrhundert regelmäßig von Seefahrern angesteuerten Inseln.

Nauru (0° 32'S und 166° 55'O) – 21 Quadratkilometer misst die Pazifikinsel, auf der 9000 Menschen leben. Die Bevölkerungsdichte beträgt 429 Bewohner je Quadratkilometer. Ihr höchster Punkt erreicht 70 Meter. In der Hauptstadt Yaren befindet sich der Flughafen der Insel. Die Häfen Anabar und Ijuh liegen im Norden der Insel. Die Insel wurde 1798 vom britischen Seefahrer John Fearn entdeckt, der ihr den Namen Pleasant Island gab. 1888 wurde sie vom Deutschen Kaiserreich in Besitz genommen. Am 31. Januar 1966 wurde Nauru autonom und ist seit dem 31. Januar 1968 als Republik Mitglied im Commonwealth of Nations. Die Staatsdevise lautet „Zuerst der Wille

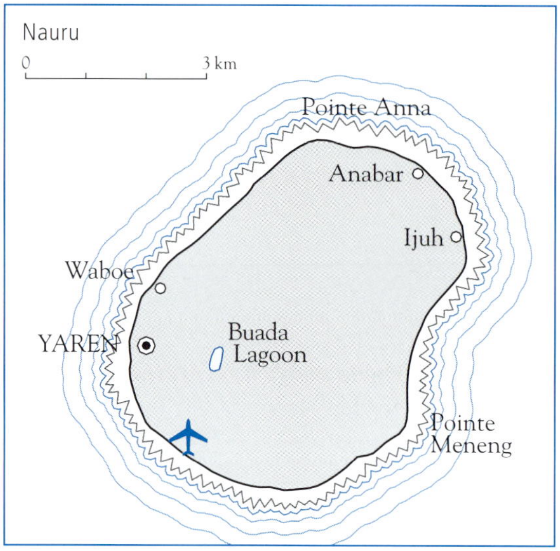

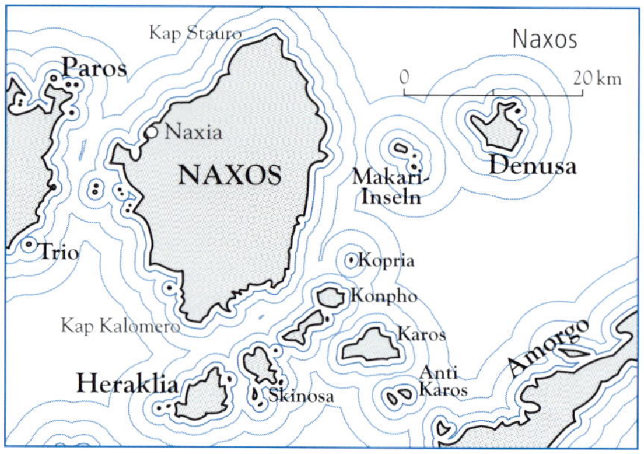

Gottes". Die Insel verfügte über gewaltige Phosphatvorkommen, die allerdings fast vollständig ausgebeutet sind, was Nauru vor große wirtschaftliche Probleme stellt. Vom 14. bis 19. August trafen sich in Yaren die Staatschefs der im Pazifischen Forum organisierten Länder, um hier das 32-jährige Bestehen des Bundes zu feiern.

Navarino (55° 05'S und 67° 40'W) – Die chilenische Insel liegt im Süden der Stadt Ushuaia vor der Küste von Feuerland. Ihr Hauptort Puerto William ist das südlichste Dorf der Welt, in deren Nähe sich der Inselflughafen befindet. Der höchste Punkt ist nach 1195 Metern erreicht.

Navigateurs (14° 20'S und 170°W) – Im Südpazifik, westlich von Tahiti, liegt der Archipel. Der französische Seefahrer Louis-Antoine de Bougainville (1729-1811) entdeckte die Inselgruppe am 3. Mai 1768 mit seinen beiden Schiffen „La Boudeuse" und „L'Etoile" während seiner Weltumsegelung (1766-1769). Später wurde aus den Inseln Amerikanisch-Samoa.

Naxos (37° 02'N und 25° 35'O) – Die zu den Kykladen zählende Insel hat eine Oberfläche von 440 Quadratkilometern, die sich 20.000 Menschen teilen, was eine Bevölkerungsdichte von 45 Bewohnern je Quadratkilometer ergibt. Der Berg Zeus ist mit 1001 Metern der höchste Punkt der Insel und der Kykladen. In der Hauptstadt Naxos befindet sich ein Flughafen. Auf der Insel befindet sich der im Jahre 490 vor Christus zerstörte Apollon-Tempel. Nach der griechischen Sage wurde auf dieser Insel Ariadne von Theseus verlassen. (Siehe auch bei Kykladen)

Near (52° 40'N und 173° 80'O) – Der höchste Punkt der zu den Aleuten zählenden Inselgruppe vor Alaska erreicht 859 Meter auf der Insel Attu. Die Inseln verdanken ihren Namen der Tatsache, dass sie in unmittelbarer Nähe der internationalen Datumsgrenze liegen. Das westlichste Kap der Inseln trägt den Namen Wrangel. (Siehe auch bei Aleuten)

Necker (23° 35'N und 164° 42'W) – Die unbewohnte amerikanische Pazifikinsel gehört zu Hawaii. Die Insel wurde 1786 vom französischen Seefahrer Jean-François de La Pérouse (1741-1788) zu Ehren des französischen Finanzministers Jacques Necker (1732-1804) benannt. (Siehe auch bei Hawaii)

Negros (10°N und 123°O) – Der höchste Punkt der zu den Philippinen gehörenden Insel erreicht 2450 Meter. Die Insel hat eine Oberfläche von 12.710 Quadratkilometern. Im Hauptort Bacolod befindet sich der Flughafen. Die Häfen Hinigaran und Hihoba-an liegen im Westen. (Siehe auch bei Philippinen)

Nellière (48° 37'N und 2° 1'W) – 500 Meter westlich der Île des Hébiens liegt diese französische Insel, auf der sich ein Vogelschutzgebiet befindet.

Nelson (62° 14'S und 59°W) – Die subantarktische Insel gehört zu den Süd-Shetland-Inseln und wurde am 19. Februar 1819 vom britischen Seefahrer William Smith (1764-1840) zusammen mit der nur 500 Meter entfernten King-George-Insel entdeckt. Am 16. Oktober 1819 ging er an Land, um sie im Namen von König George III. in Besitz zu nehmen. Auf der Insel befindet sich die brasilianische Forschungsstation Astronomo Cruls, die allerdings nur im antarktischen Sommer besetzt ist. (Siehe auch bei Süd-Shetland)

Nengo Nengo – Auf dem zu den Tuamotu-Inseln in Französisch-Polynesien gehörenden Atoll werden die außergewöhnlichsten Tahiti-Perlen kultiviert, die bis zu 12,5 Gramm wiegen und einen Umfang von 20,96 Millimeter haben. Sie tragen den Namen Robert Wan nach dem Mann, der 1975 die erste Perlenfarm in Polynesien auf den Gambier-Inseln eingerichtet hat.

Nerroth (48°N und 4° 52'W) – 300 Meter nordwestlich von der Insel Sein liegt die unbewohnte französische Insel, die eine Oberfläche von einem Hektar aufweist.

Neu-Amsterdam – Bei dieser Insel handelt es sich tatsächlich um die Insel Manhattan, auf der die Holländer 1617 eine Handelsstation errichteten. Im September 1626 kauften sie die Insel den Indianern ab. Der holländische General Peter Stuyvesant (1610-1672) amtierte von 1647 bis zur Übergabe an die Engländer am 5. September 1664 als Gouverneur. Am 2. Februar 1665 gaben die Briten der Insel zu Ehren des Duke of York, Bruder von Charles II. (1630-1685), den Namen New York. Der neue britische Besitz wurde im Vertrag von Breda am 31. Juli 1667 zwischen den Holländern und Briten bestätigt.

Neufundland (52°N und 56°W) – Vor den kanadischen Provinzen Labrador und Quebec liegt die Insel, die eine Oberfläche von 115.000 Quadratkilometern hat, die sich 600.000 Menschen teilen. Die Bevölkerungsdichte liegt bei fünf Bewohnern je Quadratkilometer. Der Berg Lewis ist mit 814 Metern der höchste Punkt Neufundlands, dessen Hauptstadt St. John's über einen Flughafen verfügt. Die Häfen von St. Anthony und Carnoear liegen an der Nord-, Stephensville an der Südküste. Die Insel könnte 986 vom Wikinger Bjarni Herjolfson entdeckt worden sein. Sicher ist jedoch, dass der Wikinger Leif Erikson (980-1020), Sohn von Erik dem Roten (950-1007), Neufundland am 9. Oktober 1000 betreten hat und somit der erste Entdecker der Neuen Welt ist. Seit 1964 wird in den USA dieses historische Ereignis gefeiert. 1000 Jahre später traf eine Nachbildung des Wikingerschiffes in New York ein. Sein Lager wird heute an der Nordostküste Neufundlands platziert. Er gab der Insel den Namen Vinland. 1472 entdeckte der portugiesische Seefahrer Gaspar Corte Réal (1460-1501) Neufundland ein zweites Mal. Ihm folgten am 24. Juni 1497 der italienische Seefahrer Giovanni Cabot (1450-1498), 1520 der portugiesische Seefahrer Alvarez Faguendez und zwischen 1534 und 1535 der französische Seefahrer Jacques Cartier (1491-1557). Die Insel wurde freilich schon in jenen Jahren von zahlreichen französischen, britischen, spanischen und portugiesischen Fischern angelaufen. 1577 befahl der französische König Heinrich III. dem Marquis de Mesoguez (1540-1606), eine Expedition nach Neufundland zu organisieren. Er lichtete 1583 die Anker, musste seine Fahrt aber nach dem Schiffbruch eines seiner Schiffe unterbrechen. Am 12. Januar 1598 ernannte ihn Heinrich IV. zum „Generalleutnant der Länder Kanada, Neufundland und Labrador". Die Insel wurde am 5. August 1583 vom britischen Seefahrer Humphrey Gilbert (1537-1583) für Großbritannien in Besitz genommen. Am 31. März 1949

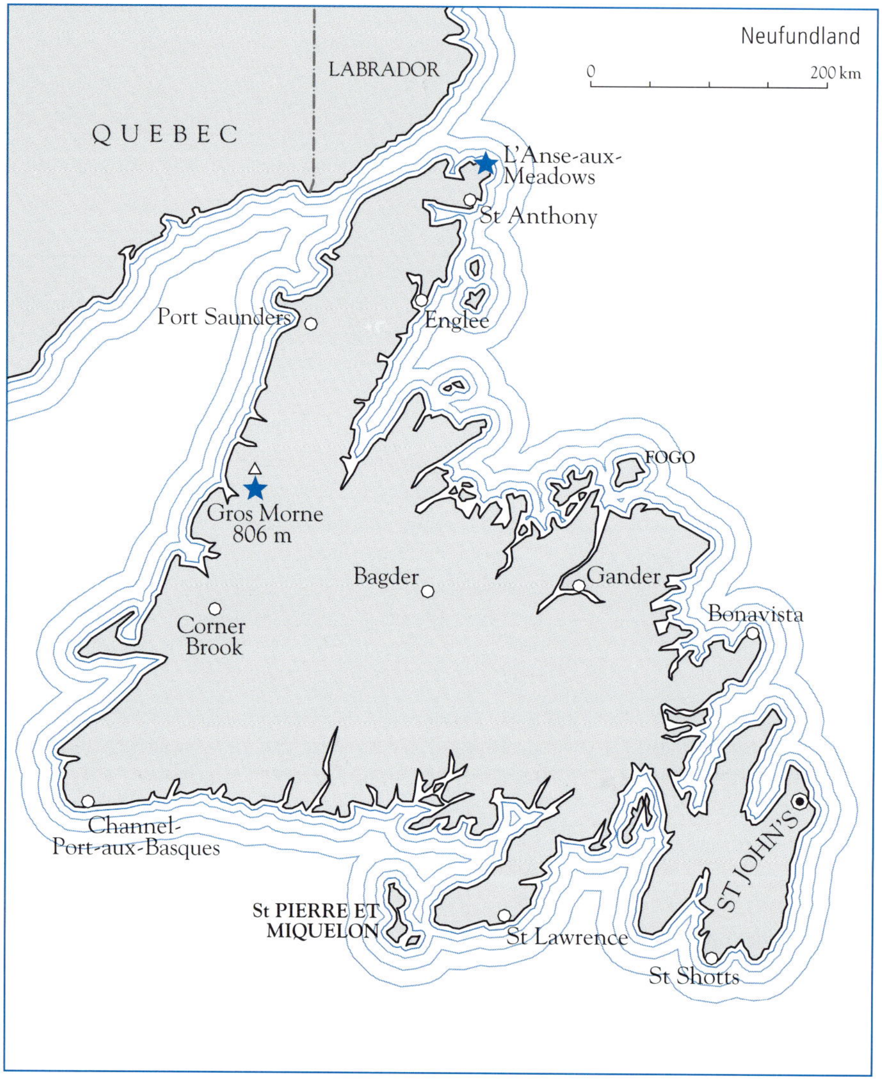

Kabel mithilfe der „Great Eastern“ zu verlegen. Das Schiff, damals das größte der Welt, hatte Irland am 13. Juli 1866 verlassen, Neufundland am 27. Juli erreicht und setzte danach seine Aktivitäten bis New York fort. Die Nationalparks Gros Morne und Anse aux Meadows gehören zum von der Unesco geschützten Weltnaturerbe.

wurde Neufundland die zehnte Provinz Kanadas. Der britische Seefahrer James Cook (1728-1779) beobachtete hier eine Sonnenfinsternis. John Byron (1723-1786) wurde erster britischer Gouverneur der Insel. Am 8. September 1866 wurde das erste Atlantikkabel, das New York mit Irland über Neufundland verband, in Betrieb genommen. Nach fünf vergeblichen Versuchen seit 1859 war es dem Finanzier Cyrus W. Field gelungen, das 4700 Kilometer lange und 5000 Tonnen wiegende

Neugeorgien – Die Inseln im Südpazifik, 50 Kilometer südlich der Insel Choiseul gelegen, gehören zu den Salomonen.

Neuguinea (0° bis 11°S und 130° bis 152°O) – Die zweitgrößte Insel der Welt liegt nördlich von Australien. Sie ist zwischen Irian Jaya, das am 4. Juli 2000 einseitig seine Unabhängigkeit von Indonesien erklärte, und Papua-Neuguinea mit der Hauptstadt Port Moresby aufgeteilt. Die Oberfläche von 790.000 Quadratkilometern teilen sich 7,9 Millionen Menschen, sodass die Bevölkerungsdichte zehn Bewohner je Quadratkilometer erreicht. Der Berg Jaya ist mit 5039 Metern der höchste Punkt der Insel und zugleich von ganz Ozeanien. Die Insel verfügt über einen Flughafen. Die Hauptstadt Port Moresby trägt den Namen des britischen Forschers John Moresby (1830-1922), der von 1873 an Neugui-

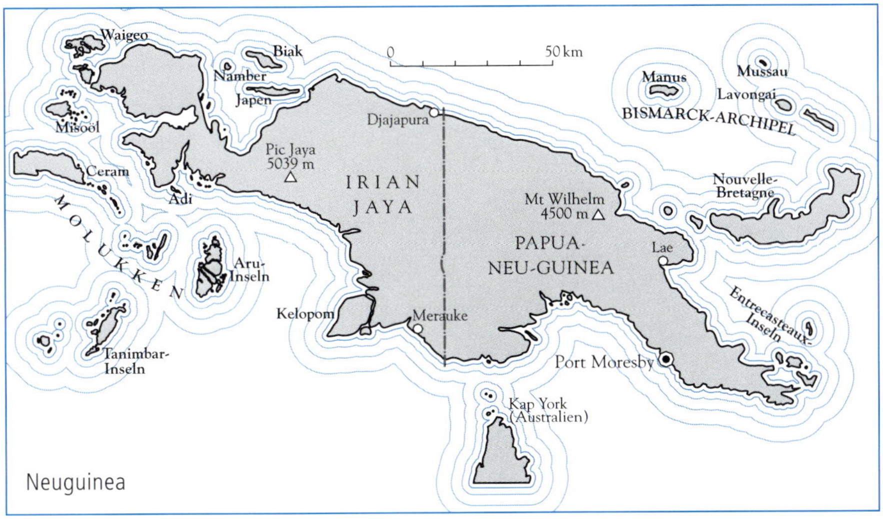

Neuguinea

nea erforschte. Die Insel verfügt über vier Häfen: Jayapura im Norden, Lae im Osten, Port Moresby im Südosten und Mega im Südwesten. Einige Küstenabschnitte wurden 1511 vom portugiesischen Seefahrer Antonio de Abreu entdeckt. Ihm folgten 1528 der spanische Seefahrer Hernando de Grijalva und im August 1606 dessen Landsmann Luis de Torres (gest. 1615). Der holländische Seefahrer Abel Tasman (1603-1659) entdeckte den Norden der Insel im März 1643. Von Norden nach Süden wurde die Insel erstmals Anfang der sechziger Jahre des vergangenen Jahrhunderts vom französischen Forscher Pierre-Dominique Gaisseau (1923-1992) durchquert, der hier seinen mit einem Oscar ausgezeichneten Film „Le Ciel et la Boue" drehte. 1858 erlitt die „Saint Paul" vor der Küste Schiffbruch. Die 300 Pasagiere wurden bis auf drei von den Baruyas aufgegessen. Der Missionar Chalmers, der die Insel zwischen 1877 und 1901 erforschte, wurde Anfang des 20. Jahrhunderts noch Opfer von Kannibalen. Auf der Insel werden mehr als 750 eigenständige Sprachen gesprochen.

Neu-Holland – Bei dieser Insel handelt es sich tatsächlich um Australien. Der holländische Seefahrer Dirk Hartog gab der Insel am Dienstag, 25. Oktober 1616 diesen Namen, nachdem er als erster Europäer den neuen Kontinent betreten hatte.

Neukaledonien (19° bis 23°S und 163° bis 169°O) – Das französische Überseeterritorium hat eine Oberfläche von 16.750 Quadratkilometern, auf denen 170.000 Menschen leben. Die Bevölkerungsdichte beträgt neun Bewohner je Quadratkilometer. Mit 1628 Metern ist der Berg Panié der höchste Punkt der Insel. Ein zweiter Gipfel im Süden der Insel, der nach dem deutschen Forscher Alexander von Humboldt (1769-1859) benannte Mont Humboldt, erreicht 1618 Meter. Die Hauptstadt Nouméa wurde 1854 vom französischen Seefahrer Tardy de Montravel als Port-de-France gegründet. Ihren heutigen Namen erhielt die Stadt 1866. 50 Kilometer nordwestlich von Nouméa befindet sich der internationale Flughafen Tontouta. Die Häfen Hienghène und Thio liegen im Osten der Insel, der Hafen Poum im Nordwesten. Der in den französischen Überseegebieten benutzte Franc Pacifique wurde 1945 eingeführt. Ein Franc Pacifique entspricht 119,331 Francs. Das von den Kanaken bewohnte Neukaledonien wurde am Montag, 5. September 1774, vom britischen Seefahrer James Cook (1728-1779) entdeckt und am 13. September 1774 für die britische Krone in Besitz genommen. Cook gab der Insel den Namen New Caledonia. Die Westküste der Insel wurde 1792 vom französischen Seefahrer Antoine d'Entrecasteaux (1737-1793) ein weiteres Mal gesichtet. Die Gesellschaftsinseln wurden 1828 vom französischen Seefahrer Jules Sébastien Dumont d'Urville (1790-1842) gesichtet. Neukaledonien gehört seit Samstag, 24. September 1853, zu Frankreich. Während des Nickelbooms in den achtziger Jah-

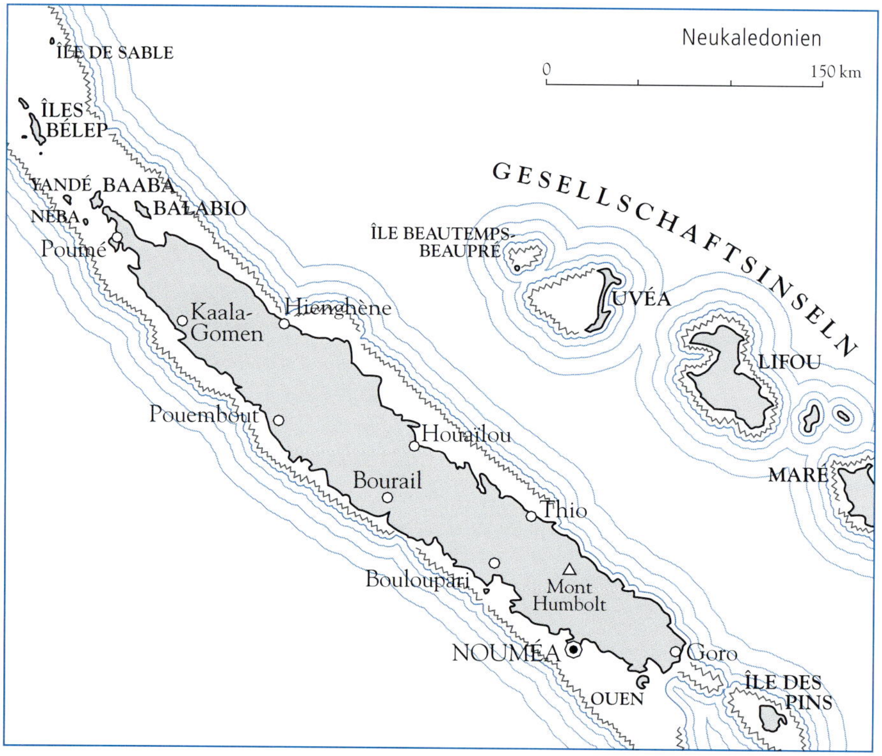

ren des 19. Jahrhunderts wurde der Rohstoff an Bord von speziell gebauten Segelschiffen nach Europa transportiert. Am 12. Juli 1922 erlitt die „France II“, eines der größten Segelschiffe aller Zeiten, das eine Länge von 150 Metern und eine Segelfläche von 6400 Quadratkilometer erreichte und über zwei Dampfmaschinen verfügte, auf dem Riff von Ouanao Schiffbruch. Das Wrack verschandelte die Landschaft die nächsten 20 Jahre, bis es amerikanische Truppen während des Zweiten Weltkriegs als Übungsziel entdeckten. Am 28. Dezember 1958 wurde Neukaledonien ein Überseeterritorium, am 31. August 1984 wurde ein neues Autonomietstatut vereinbart. Am 4. Mai 1998 weihte der französische Premierminister Lionel Jospin (geb. 1937) das Kulturzentrum Jean-Marie-Tjibaou, mit dem die kanakische Kultur gefördert werden soll, ein, das vom Architekten Renzo Piano entworfen worden war. Am gleichen Tag wurden Verträge unterzeichnet, die eine Selbstbestimmung für die Zeit nach 2013 vorsieht. Am 6. Juli 1998 änderte der Kongress von Versailles das Überseegebiet Neukaledonien in das Überseeland Neukaledonien, was durch ein Referendum am 8. November bestätigt wurde. Viele französische Pensionäre verbringen ihren Lebensabend und profitieren davon, dass die hier ansässigen Rentner eine um 40 Prozent höhere Rente kassieren. Das Gleiche gilt für Französisch-Polynesien. Die 1600 Kilometer langen Korallenriffs, die die größte Lagune der Welt einkreisen, bilden das zweitgrößte Riff nach dem Great Barrier Reef nordöstlich von Australien. Im Jahre 2003 kam es auf die Unesco-Liste des Weltnaturerbes.

Neuseeland (43° bis 48°S und 166° bis 179°O) – Drei Inseln, Nord- und Südinsel sowie Stewart, bilden Neuseeland. Die Nordinsel hat eine Oberfläche von 115.000 Quadratkilometern, die Südinsel misst 151.400 Quadratkilometer, und Stewart kommt auf 1700 Quadratkilometer. Insgesamt hat Neuseeland eine Oberfläche von 268.100 Quadratkilometern, die sich 3,9 Millionen Menschen teilen. Die Bevölkerungsdichte liegt bei 14 Bewohnern je Quadratkilometer. Seit dem 26. September 1907 ist Neuseeland unabhängiger Staat und seit 1937 Mitglied im Commonwealth of Nations. Die Staatsdevise lautet: „Immer geradeaus“. Mit 3764 Metern ist der Mount Cook der höchste Punkt der Inseln. In der Nähe der Hauptstadt Wellington befinden sich mehrere internationale Flughäfen. Neuseeland

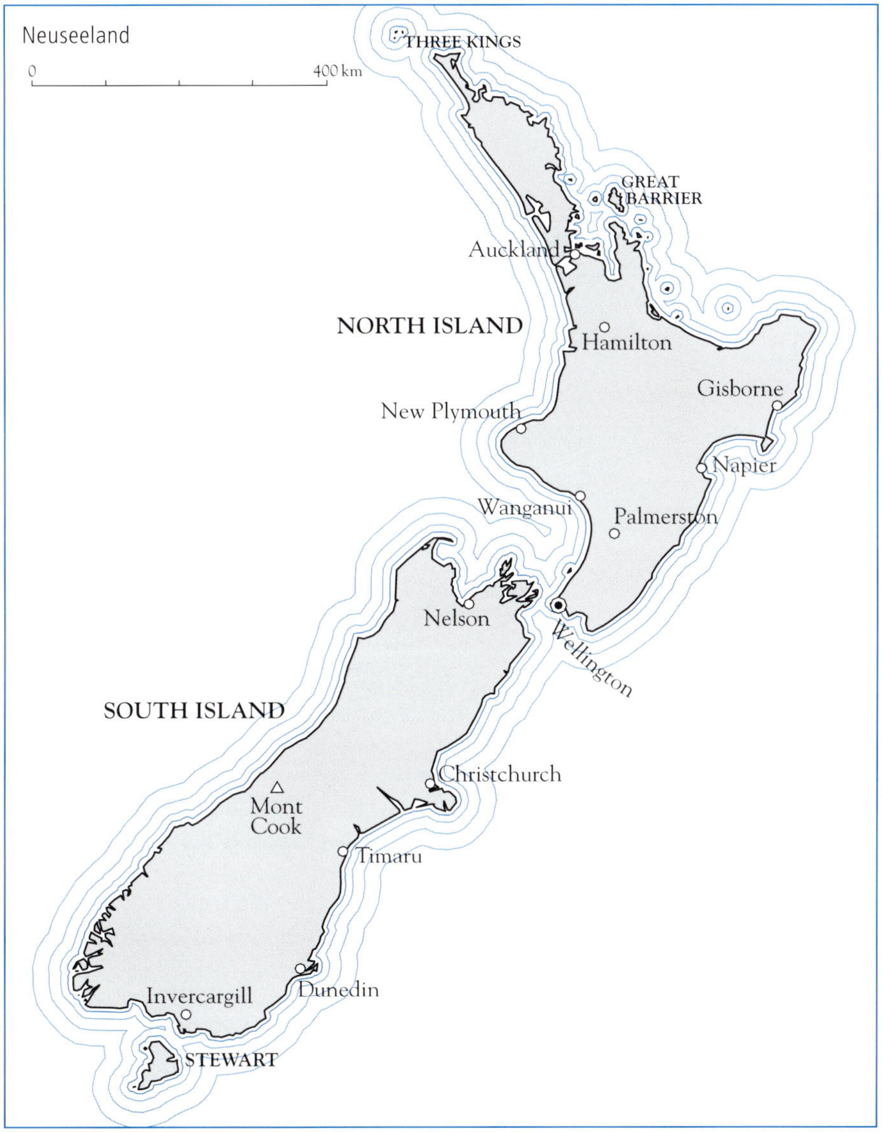

wurde 925 vom polynesischen Seefahrer Kupe entdeckt, der von der Insel Hawaiki kam, und 1350 von einer sieben Pirogen starken Flotte besetzt. Am 12. Dezember 1642 betrat der holländische Seefahrer Abel Tasman (1603-1659) als erster Europäer Neuseeland. Am 17. Dezember nahm er die Insel am Kap Farewell in Besitz und gab ihr ihren Namen. Am Tag darauf wurden vier seiner Seeleute von Maoris ermordet. In der Folgezeit wurde Neuseeland am Samstag, 7. Oktober 1769 vom britischen Seefahrer James Cook (1728-1779) bei seiner dritten Entdeckungsfahrt besucht, der sich hier bis zum 10. März 1770 aufhielt. Die Meerenge zwischen der Nord- und Südinsel trägt seinen Namen. Der französische Seefahrer Marc-Joseph Marion-Dufrense (1724-1772), Kommandant der „Le Mascarin", wurde in der Nähe von Tacouri mit 15 seiner Männer am 12. Juni 1772 von den Maoris getötet und anschließend verspeist. Im berühmten Vertrag von Waitangi wurde die britische Herrschaft über Neuseeland am 6. Februar 1840 von 46 Maori-Häuptlingen und Kapitän William Hobson (gest. 1842), dem ersten Gouverneur von Neuseeland und Gründer von Auckland, der ersten Hauptstadt, bestätigt. Der britische Seefahrer Robert Fitzroy (1805-1865), der zwischen 1831 und 1836 mit dem Naturforscher Charles Darwin (1809-1882) auf der „Beagle" die Welt umsegelte, wurde der zweite Gouverneur (1843-1845). George Grey wurde sein Nachfolger. Neuseeland war 1893 das erste Land der Welt, das das Frauenrecht und 1898 Rentenzahlungen für über 65-Jährige einführte. Die Nationalparks

Westland, Mount Cook, Fjordland und Tongariro gehören zum von der Unesco geschützten Weltnaturerbe.

Neusibirien (73° bis 78°N und von 135° bis 160°O) – Der russische Archipel im Norden Sibiriens zwischen der Laptew-See, dem Sibirischen Meer und dem Nordpolarmeer besteht im Wesentlichen aus den Inseln Neusibirien, Fadejew, Kotelny (die nördlichste und größte), Stolbowoi und den Liachow-Inseln. Der höchste Punkt der Inseln erreicht 374 Meter. Die Inseln waren dem russischen Jäger Iwan Liachow bereits bekannt. Die russischen Geografen und Forscher Matvey Hederström (1780-1843) und Pchenitsine haben hier zwischen 1808 und 1811 ihre topografischen Erhebungen durchgeführt. Auf der Insel werden immer wieder vollständige, im Eis konservierte Mammuts entdeckt.

Neusibirien (75°N und 115°O) – Die russische Insel gehört zum Archipel von Neusibirien. Sie ist die am östlichsten gelegene Insel der Gruppe und wurde 1806 von den russischen Seefahrern Sirowastoi und Sirowatsky entdeckt. Die mehr als 20.000 Stoßzähne von Mammuts, die hier ausgegraben wurden, wurden nach China exportiert. 1810 führte Matvey Hederstöm (1780-1843) topografische Erhebungen durch. 1811 folgte Pchenitsine und 1820 bis 1824 der russische Seefahrer Peter Anschu (1796-1869).

New Britain (6°S und 150°O) – Nördlich von Papua-Neuguinea liegt die zum Bismarck-Archipel gehörende Insel, die von Papua-Neuguinea verwaltet wird. Sie hat eine Oberfläche von 35.000 Quadratkilometern, die sich 230.000 Einwohner teilen, was eine Bevölkerungsdichte von sieben Menschen je Quadratkilometer ergibt. Mit 2438 Metern ist der Berg Sineit der höchste Punkt der Insel, die über die vier Häfen Talasea im Norden, Rabaul im Nordosten, Waku im Südwesten und Korapun im Südosten verfügt. Die Insel wurde 1700 von William Dampier (1625-1715) entdeckt. (Siehe auch bei Bismarck-Archipel)

New Hebrides – Der ehemals franko-britische Besitz im Südpazifik liegt im Norden von Neukaledonien und heißt heute Vanuatu. Seit dem 30. Juli 1980 ist der Archipel unabhängig. Der Meeresgraben der New Hebrides erreicht im Westen von Vanuatu eine Tiefe von 9165 Metern.

New Ireland (3° 20'S und 152°O) – Im Norden von Papua-Neuguinea liegt die zu Melanesien zählende Insel im Bismarck-Archipel, die von Papua-Neuguinea verwaltet wird. Sie hat eine Oberfläche von 7252 Quadratkilometern. Ihr höchster Punkt ist der Berg Lambel, der 2400 Meter erreicht. Der Hauptort ist Kavieng. Die Insel verfügt über vier Häfen: Kavieng, Logia, Kanam und Samo. Auf der Insel befindet sich zudem ein internationaler Flughafen. Sie erhielt ihren Namen vom Seefahrer Philip Carteret während seiner Weltumsegelung mit der „Swallow" zwischen 1766 und 1769.

New Providence (25° 02'N und 77° 24'W) – Nördlich von Kuba liegt die zu den Bahamas zählende Insel, die eine Oberfläche von 207 Quadratkilometern aufweist, die sich 140.000 Menschen teilen, was eine Bevölkerungsdichte von 676 Bewohnern je Quadratkilometer ergibt. Der höchste Punkt erreicht 37 Meter. Der Hauptstadt ist Nassau, in deren Nähe sich auch der internationale Flughafen befindet. Der Hafen Adelaide befindet sich im Südwesten der Insel. Auf der unbewohnten Insel Hog Island im Norden von Nassau baute der südafrikanische Hotelmagnat Sol Kerzner das Hotel Atlantis mit 2500 Zimmern und mehr als 1000 Glücksspielautomaten, das im Dezember 2000 eröffnet wurde. Die Insel, die jetzt Paradise Island heißt, ist mit der Hauptstadt durch zwei Brücken verbunden. (Siehe auch bei Bahamas)

Niau (10°S und 146° 30'W) – Das fast kreisrunde Atoll gehört zu den Tuamotu-Inseln in Französisch-Polynesien.

Nightingale (37° 22'S und 12° 29'W) – Im südlichen Südatlantik liegt diese zu Tristan da Cunha zählende unbewohnte britische Insel, die eine Oberfläche von zwei Quadratkilometern hat. Der höchste Punkt erreicht 301 Meter. Sie wurde im März 1506 vom portugiesischen Seefahrer Tristan da Cunha entdeckt. (Siehe auch bei Tristan da Cunha)

Nihoa (23° 06'N und 161° 58'W) – Die unbewohnte amerikanische Pazifikinsel gehört zu Hawaii.

Niihau (21° 55'N und 160° 10'W) – Die Insel gehört zu den acht Hauptinseln von Hawaii und hat eine Oberfläche von 255 Quadratkilometern, die sich 255 Menschen teilen, sodass die Bevölkerungsdichte ein Bewohner je Quadratkilometer beträgt. Mit 310 Metern ist der Kaeo Cone der höchste Punkt der Insel. Niihau wurde am Dienstag, 19. Januar 1778 vom britischen Seefahrer James Cook (1728-1779) bei seiner dritten Entdeckungsfahrt entdeckt. (Siehe auch bei Hawaii)

Nikobaren (8°N und 93° 30'O) – Die Inselgruppe liegt im Nordosten des Indischen Ozeans im Westen des nach ihnen benannten Meeres. Zusammen mit den Andamanen werden sie von Indien verwaltet. Sie haben eine Oberfläche von 8249 Quadratkilometern, die sich 300.000 Menschen teilen, was eine Bevölkerungsdichte von 46 Bewohnern je Quadratkilometer ergibt. Auf der Großen Nikobareninsel befinden sich zwei Häfen: Dakoak im Westen und Bannga im Osten. Marco Polo (1254-1324) besuchte die Inseln 1293 mit einer Flotte von 14 Viermastern. Während seiner Haft in Pisa diktierte er seinem Mitgefangenen Rustinian von Pisa folgende Beschreibung der Inseln: „Wenn man die Insel Java, die Kleine (Sumatra), verlässt und ungefähr 150 Meilen in Richtung Norden fährt, findet man zwei Inseln, von denen die eine Nocaram und die andere Gavenispola (die Nikobaren) heißen. Die Leute dort haben weder König oder Geistlichen und leben wie die Tiere. Sie sind, Männer wie Frauen, alle nackt und beten Götzen an. In ihren Wäldern gibt es viele wertvolle Bäume. Sie haben Sandelholz,

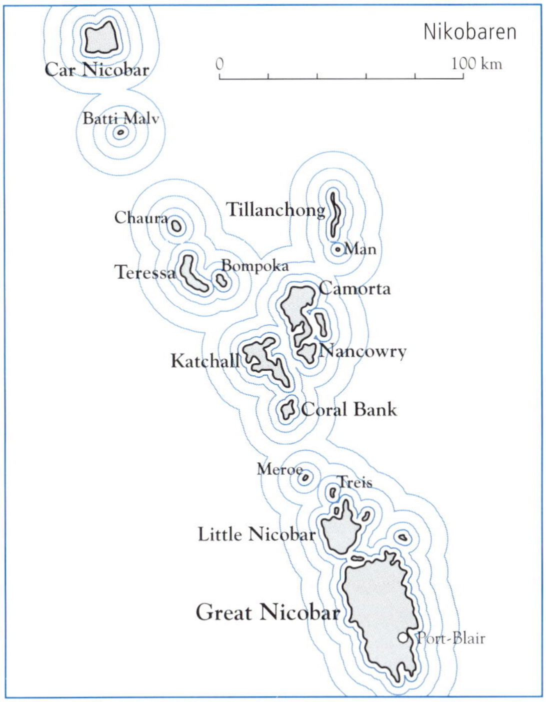

Nüsse, Gewürznelken und andere gute Gewürze."

Nimrod (60°S und 150°W) – Die subantarktische Insel existiert nicht mehr, weil sie vor einem oder zwei Jahrhunderten nach Vulkanausbrüchen im Meer versunken ist. Dennoch findet man sie auf Karten des 18. und 19. Jahrhunderts. Diese Insel hat möglicherweise den britischen Seefahrer Ernest Shackleton (174-1922) beeinflusst, der seinem Schiff, mit dem er auf der Ross-Insel vom 5. Februar 1908 bis zum 4. März 1909 überwinterte, den Namen Nimrod gab. Während dieser Zeit erreichten Mitglieder seiner Besatzung den Gipfel des Vulkans Erebus, den südlichen magnetischen Pol und versuchten den geografischen Pol zu erreichen. 175 Kilometer vor ihrem Ziel mussten sie jedoch aufgeben.

Nissan (4° 30'S und 154° 20'O) – 70 Kilometer nördlich der Insel Bougainville liegt diese Pazifikinsel, die den Namen eines japanischen Automobilherstellers trägt.

Niue (19° 02'S und 169° 52'W) – Östlich von Tonga liegt die zu Neuseeland gehörende Pazifikinsel, die eine Oberfläche von 259 Quadratkilometern aufweist. Die Hauptstadt ist Alofi, in deren Nähe sich auch der Flughafen der Insel befindet. Niue wurde am Dienstag, 21. Juni 1774 vom britischen Seefahrer James Cook (1728-1779) entdeckt, der sie wegen der feindlichen Eingeborenen „Wilde Insel" taufte. (Siehe auch bei Neuseeland)

Noire (48° 40'N und 3° 52'W) – Die unbewohnte französische Insel liegt in der Bucht von Morlaix im Norden der Pointe de Penal-Lann im Finistère. Sie hat eine Oberfläche von einem Hektar. Auf ihr befindet sich ein großer, aus Granit gebauter Leuchtturm.

Noirmoutier (47°N und 2° 15'W) – Südwestlich von Pornic vor der Küste der Vendée liegt diese französische Insel, die eine Oberfläche von 49 Quadratkilometern hat, die sich 9000 Bewohner teilen. Ihr höchster Punkt ist nach 29 Metern erreicht. Der wichtigste Hafen befindet sich an der Pointe de l'Herbaudière im Nordwesten der Insel. Die 600 Meter lange Brücke, die Noirmoutier mit dem Festland verbindet, wurde am 7. Juli 1971 eingeweiht. Man kann die Insel aber auch über die berühmte Passage du Gois erreichen, die allerdings nur bei Ebbe befahrbar ist. Die Insel verdankt ihren Namen einem Benediktinerkloster, das hier im Jahre 680 vom heiligen Philibert gegründet und 846 von den Normannen zerstört wurde. 1674 wurde sie von den Holländern eingenommen. Am 30. April 1793 wurden königstreue Bewohner der Vendée von Republikanern von der Insel vertrieben. Am 17. Juni 1940 wurde vor der Insel das Passagierschiff „Lancaster" durch ein deutsches Torpedo versenkt. Fast 4000 Menschen kamen ums Leben. Auf der Insel befindet sich das Museum für maritime Konstruktionen.

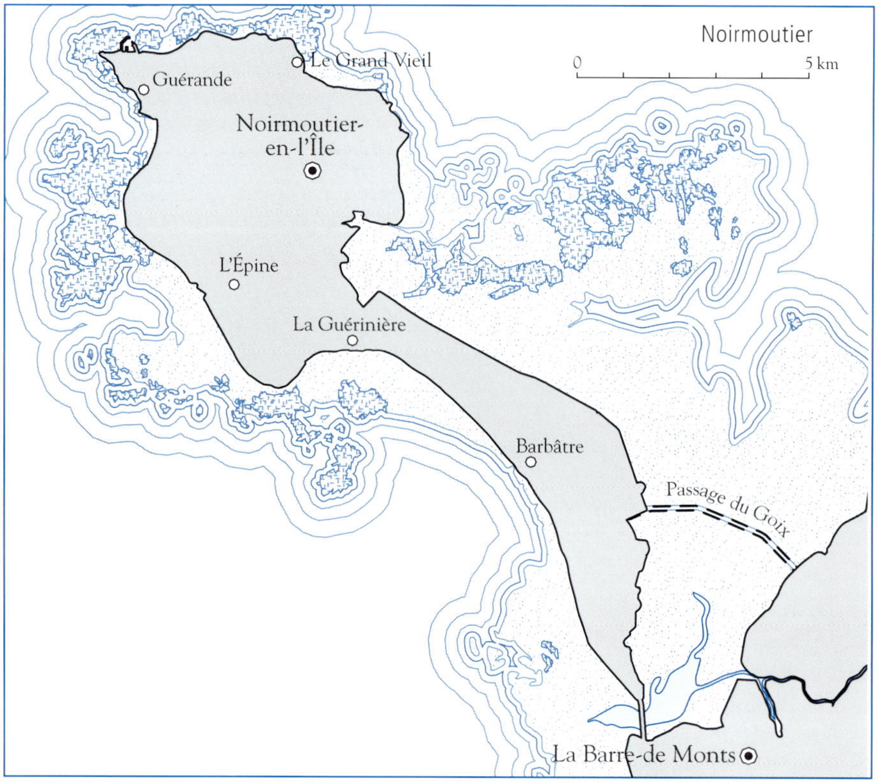

No Man's Land (50° 44' 24"N und 1° 05' 36"W) – Das Fort steht am Eingang des Solent zwischen der Insel Wight und der britischen Küste und beschützte früher die Einfahrt nach Portsmouth.

Nonnenwerth – Auf der Rheininsel, die auf Höhe von Bad Honnef liegt, befindet sich eine Internatsschule der Franziskanerinnen.

Nord (39°S und 176°O) – Auf der neuseeländischen

Nordinsel befindet sich die Hauptstadt Wellington und der internationale Flughafen von Auckland. Die drei wichtigsten Häfen sind Parengarenga im Nordosten, Hokianga im Nordwesten und Manukau im Westen. (Siehe auch bei Neuseeland)

Nordaustlandet (79° 48'N und 22° 24'O) – Das unbewohnte norwegische Territorium liegt nordöstlich von Svalbard und hat eine Oberfläche von 14.700 Quadratkilometern, von denen 70 Prozent von Eis bedeckt sind. Es wurde 1617 von der Flotte des britischen Seefahrers Thomas Edge gesichtet.

Nordenchelda (76° 45'N und 96°O) – Der russische Archipel trägt den Namen des schwedischen Seefahrers Adolph Erik Nordenskjöld (1832-1901), der die Inselgruppe vom 15. bis 17. August 1878 bei der ersten Durchfahrt durch die Nordostpassage durchquert hat.

Nordenskjöld (68° 30'S und 100° 45'W) – Der unbewohnte kanadische Archipel liegt im Queen-Maud-Golf zwischen den Inseln Victoria und King William und trägt den Namen des schwedischen Seefahrers Adolph Erik Nordenskjöld (1832-1901), dem zwischen 1878 und 1879 als Erstem die Durchfahrt durch die Nordostpassage mit der „Vega" gelungen war.

Norderney – Bereits im Jahr 1800 wurde das Seebad auf Norderney offiziell eröffnet. Allerdings musste das Bad während der holländisch-französischen Besatzungszeit (1806-1813) bald wieder schließen. 1810 wurde Norderney ein Departement des französischen Kaiserreichs. Danach fiel die Insel an Königreich Hannover und wurde 1866, nachdem Preußen das hannoversche Königreich annektiert hatte, „königlich preußische Seebadeanstalt". Das zu den Ostfriesischen Inseln zählende Nordseeheilbad hat eine Oberfläche 25,7 Quadratkilometern.

Nordstrand – Vor Husum liegt die Marschinsel im Nationalpark Schleswig-Holsteinisches Wattenmeer. Die 48,2 Quadratkilometer große Insel ist durch einen Damm mit dem Festland verbunden. Bis zur Sturmflut vom 12. Oktober 1634 bildete Nordstrand zusammen mit dem benachbarten Pellworm eine Insel.

Norfolk (29° 02'S und 167° 58'O) – Seit 1914 gehört die Insel zu Australien. Die östlich von Australien gelegene Insel genießt seit 1979 eine bedingte Autonomie. Ihre Oberfläche von 34 Quadratkilometern wird von 3400 Menschen bewohnt, was eine Bevölkerungsdichte von 100 Einwohnern je Quadratkilometer ergibt. Ihr höchster Punkt erreicht 321 Meter. Die Hauptstadt ist Kingston. In der Nähe des Hafens Cascade Bay befindet sich der Flughafen der Insel. Die Insel wurde am Montag, 10. Juni 1774 vom britischen Seefahrer James Cook (1728-1779) entdeckt.

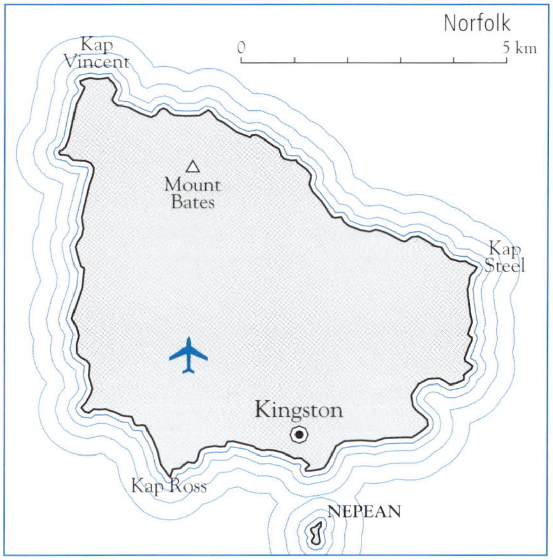

Zwischen 1788 und 1813 und von 1826 bis 1855 befand sich hier ein Gefängnis. 1856 wurden die meisten Einwohner der Insel Pitcairn auf Norfolk umgesiedelt. Einige der Bewohner sind daher Nachkommen der Meuterer der „Bounty".

Nosy Bé (13° 20'S und 48° 15'O) – Die zu Madagaskar gehörende Insel hat eine Oberfläche von

300 Quadratkilometern. Ihr Flughafen liegt zwölf Kilometer nördlich des Hauptortes Hell-Ville und 25 Kilometer von der Südwestküste entfernt, wo sich die wichtigsten Touristenziele Ambatoloaka und Djamandjary befinden. Der Hafen Hollville liegt im Süden der Insel. Nosy Bé lebt vom Tourismus und dem Zuckerexport (10.000 Tonnen), dem Parfümgrundstoff Ylang-Ylang, Pfeffer, Kaffee und Vanille.

Nosy Boraha (17°S und 50°O) – Im Nordosten Madagaskars liegt diese Insel, die zu Kolonialzeiten Sainte-Marie hieß. Sie hat eine Oberfläche von 300 Quadratkilometern. Die Hauptinsel ist von einigen kleinen Inseln umgeben: Île de la Baleine, Île aux Forbans, Madame, Île aux Nattes und zwei Sandbänken. In der Nähe des Ortes Ambodifototra, wo sich die älteste Kirche (1857 erbaut) Madagaskars befindet, liegt der Flughafen. Die Insel diente Piraten und Freibeutern im 18. Jahrhundert als Rückzugsort. Zwischen 1902 und 1957 befand sich hier ein Gefangenenlager. Im Jahre 1750 nahm sie Frankreich in Besitz.

Nosy Lava (14° 30'S und 47° 40'O) – Auf der zu Madagaskar gehörenden Insel errichteten die Franzosen im Jahr 1911 ein Gefängnis für 2000 Häftlinge. Die letzten Gefangenen wurden erst im Jahr 2001 freigelassen.

Notre-Dame (48° 35' 16"N und 1° 35' 16"W) – Die kleine französische Insel im Bassin de la Rance misst 50 mal 20 Meter.

Nottingham (63° 07'N und 77° 56'W) – Die kanadische Insel liegt in der Hudson-Meerenge im Norden der gleichnamigen Bucht. Sie trägt den Namen der am Trent gelegenen britischen Stadt. Auf der Insel befindet sich eine Wetterstation.

Nou – Die zu Neukaledonien gehörende Insel liegt westlich der Stadt Nouméa, die 1854 vom französischen Seefahrer Tardy de Montravel gegründet wurde. Höchster Punkt ist der Berg Téréka mit 126 Metern. Zwischen 1871 und 1896 befand sich auf der Insel eine Häftlingskolonie, in der insgesamt 40.000 Gefangene inhaftiert wurden.

Nowaja Semlja (45° bis 77°N und 52° bis 70°O) – Der russische Archipel liegt im Nordpolarmeer nördlich vor Russland zwischen der Barents- und Karasee. Er besteht aus zwei Inseln, die durch die Meerenge von Matochkin getrennt sind. Die Nordinsel hat eine Oberfläche von 55.000 Quadratkilometern, die Südinsel misst 41.000 Quadratkilometer. Der höchste Punkt erreicht 1590 Meter. Die Häfen von Mayje Karmakuly und Mys Selanija liegen im Nordwesten beziehungsweise Nordosten des Archipels. Die beiden Inseln wurden 1553 vom britischen Seefahrer Hugh Willoughby (1510-1554) mit seinen Schiffen „Bona Esperanza" und Bona Confidentia" entdeckt. Am 14. August 1553 erreichte er zum ersten Mal 72°N westlich von Nowaja

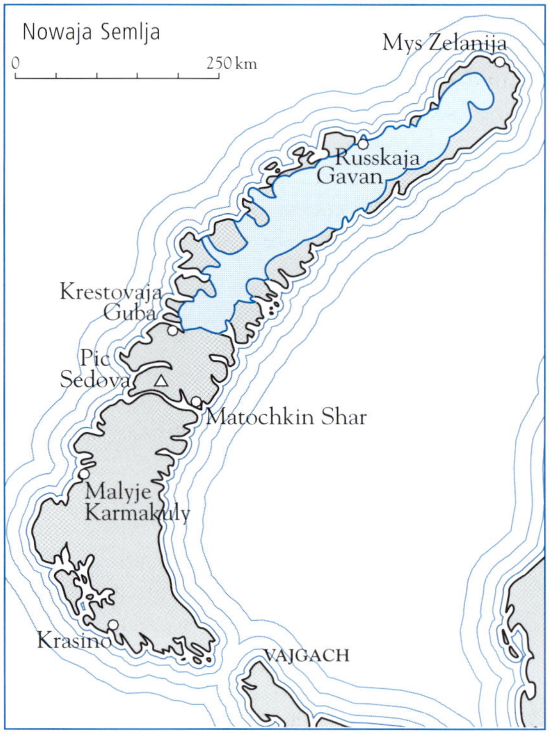

Semlja. Im Januar 1554 starb er mit seiner Mannschaft während der ersten Überwinterung in der Arktis an Skorbut und Hunger. 42 Jahre später verließ der holländische Seefahrer Willem Barents (1550-1597) Amsterdam in Richtung Nowaja Semlja. Auf seiner Fahrt entdeckte er die Bäreninsel am 9. Juni 1596 und Spitzbergen am 17. Juni 1596. Am 17. Juli 1596 erreichte er sein Ziel und umfuhr am 15. August 1596 das nördlichste Kap. Danach wagte er die zweite Überwinterung in der Arktis zwischen dem 2. Oktober 1596 und dem 14. Juni 1597. Auf dem Rückweg in Richtung der Halbinsel Kola starb er am 20. Juni 1597 vor der Ostküste Nowaja Semljas. Doch die meisten Mitglieder seiner Mannschaft kehrten nach Holland zurück. 275 Jahre später entdeckte der norwegische Seefahrer Elling Carlsen im September 1871 Barents' Hütte. Marco Polo (1254-1324) beschrieb die Insel in seinem Buch „Die Wunder der Welt“, das er während seiner Gefangenschaft zwischen 1298 und 1301 seinem Mitgefangenen Rustinian von Pisa diktierte: „Es trifft zu, dass es im Norden dieses Königsreichs eine Provinz gibt, die sich Dunkelheit nennt, weil es dort weder Sonne noch Mond oder Sterne gibt. Es ist dort immer so dunkel wie bei uns, wenn der Abend kommt. Die Menschen dort besitzen große Mengen wertvoller Häute, weil sie Zobel von großem Wert haben und Hermeline, Fehen, schwarze Füchse und viele andere wertvolle Pelze.“ Nach dem Zweiten Weltkrieg diente der Archipel zwischen 1956 und 1992 als Versuchsgebiet für atomare Tests. Insgesamt wurden hier 132 nukleare Sprengsätze zur Explosion gebracht, darunter am 31. Oktober 1961 eine 56-Megatonnen-Bombe. Die Westküste der Insel ist bewohnt.

Nui (7°S und 177°O) – Die Insel im Südpazifik gehört zu den Tuvalu-Inseln und wurde im Januar 1568 vom portugiesischen Seefahrer Alvaro de Mendana (1541-1595) entdeckt. Er gab der Insel den Namen Jesus. (Siehe auch bei Vanuatu)

Nuku-Hiva (9°S und 139°W) – 1400 Kilometer von Tahiti entfernt liegt diese französische Insel

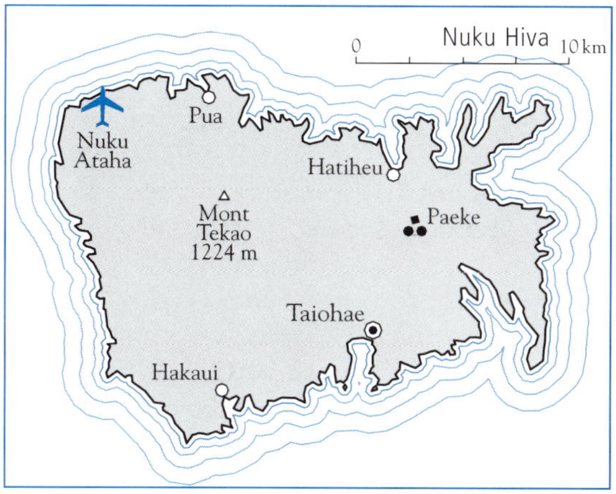

im Pazifik. Sie hat eine Oberfläche von 340 Quadratkilometern, die sich 2380 Menschen teilen. Die Bevölkerungsdichte liegt bei sieben Bewohnern je Quadratkilometer. Mit 1178 Metern ist der Berg Ketu die höchste Erhebung der Insel. Der Flughafen von Nuku a Taha liegt ungefähr zwei Stunden vom Hauptdorf Taiohae entfernt. Der Hubschrauber-Transfer dauert gerade zehn Minuten. Die Insel wurde am 19. April 1791 vom amerikanischen Seefahrer Joseph Ingraham entdeckt, der sie „Federal“ taufte. Zwei Monate später, am 20. Juni 1791, erreichte der französische Seefahrer Etienne Marchand (1755-1793) während seiner Weltumsegelung (1790-1792) die Insel, die er zu Ehren seines Reeders „Baux“ nannte. Am 6. Mai 1804 folgte der russische Seefahrer Adam von Krusenstern (1770-1846). Der amerikanische Seefahrer David Porter (1780-1843) kam am 25. Oktober 1813 mit der „Essex“ auf die Insel und nahm sie nach der Errichtung von Fort Madison in Besitz. Der französische Seefahrer Abel Dupetit-Thouars (1793-1864) ankerte mit der „Reine Blanche“ am 28. April 1842 vor der Insel, hisste am 2. Juni 1842 die französische Trikolore und nahm die Insel offiziell in Besitz. Einige Tage später, am 8. Juli 1842, flüchtete der amerikanische Seemann Herman Melville (1819-1891) von diesem Schiff und versteckte sich bis zum 9. August 1842 auf der Insel. Er wurde später ein renommierter Schriftsteller, der 1851 seinen Roman

„Moby Dick" veröffentlichte. Die amerikanische Fernsehserie „Survivor" ist auf Nuku-Hiva Ende 2001 gedreht worden.

Nukumanu (4° 30'S und 159° 30'O) – Die melanesischen Inseln liegen im Südpazifik und gehören zu Papua-Neuguinea.

Nuku-Nau (1° 23'S und 176° 26'O) – Die Insel gehört zu den Gilbert-Inseln, die heute Kiribati genannt werden. Die Insel wurde 1765 vom britischen Seefahrer John Byron (1723-1786) bei seiner Weltumsegelung zwischen 1764 und 1766 entdeckt. Er gab ihr seinen Namen. (Siehe auch bei Gilbert)

Nukutavake (19° 15'S und 138° 50'W) – 1200 Kilometer östlich von Tahiti liegt die zu den Tuamotu-Inseln in Französisch-Polynesien gehörende Insel, die eine Oberfläche von fünf Quadratkilometern für 200 Einwohner hat. Die Bevölkerungsdichte liegt bei 40 Menschen je Quadratkilometer. Auf der Insel befindet sich ein Flughafen.

Nunavut – Das seit dem 1. April 1999 autonome Territorium umfasst die meisten im hohen Norden Kanadas gelegenen Inseln. Dazu gehören unter anderem die Inseln Ellesmere, Baffin, Devon, Axel Heiberg, Ellef und Amund Ringnes, Graham, Bathurst, Cornwallis, Prince of Wales, Somerset sowie ein Teil der Inseln Melville und Victoria. Die westliche Begrenzung ist der 110. Längengrad. Die Hauptstadt Iqualuit befindet sich auf der Insel Baffin. Das Wort Nunavut bedeutet in der Inuit-Sprache „unser Land".

Nunivak (60°N und 166° 30'W) – Die amerikanische Insel liegt in der Beringstraße vor der Westküste Alaskas. Ihr höchster Punkt erreicht 580 Meter. Die Hauptstadt und der Hafen Mekoryuk liegen im Nordosten der Insel, auf der vor allem Rentiere gezüchtet werden.

Oahu (21° 30'N und 158°W) – Die Oberfläche der zu Hawaii gehörenden Insel misst 1570 Quadratkilometer für 770.000 Menschen, sodass die Bevölkerungsdichte bei 492 Bewohnern je Quadratkilometer liegt. Oahu ist damit die am dichtesten bevölkerte Insel des Archipels. Mit 1328 Metern ist der Berg Kaola der höchste Punkt der Insel. Honolulu ist Hauptstadt des 1959 in die USA aufgenommenen Bundesstaates. Zehn Kilometer von Honolulu entfernt befindet sich der Flughafen der Insel, die über drei Häfen verfügt: Kahaluu im Osten, Pearl Harbor im Süden und Maili im Westen. Pearl Harbor wurde am 7. Dezember 1941 von japanischen Truppen angegriffen, die von Admiral Isoruko Yamamoto (1884-1943) kommandiert wurden. Der Strand von Waikiki ist weltweit bekannt. (Siehe auch bei Hawaii)

Oeno (23° 55'S und 130° 45'O) – Die unbewohnte britische Insel liegt östlich von Französisch-Polynesien im Südpazifik. Sie gehört zu den von Neuseeland verwalteten Pitcairn-Inseln. (Siehe auch bei Pitcairn)

Oies (48° 50'N und 3° 16'W) – Die unbewohnte französische Insel liegt 400 Meter nördlich von Bugueles und hat eine Oberfläche von neun Hektar.

Oiseaux (44° 42'N und 1° 11'W) – Die französische Insel im Becken von Arcachon hat eine Oberfläche von 220 Hektar, auf denen sich gerade zehn Häuser verlieren. Um die Insel befinden sich die Austernfarmen von Grand Piquey und Arcachon.

Oiseaux (47° 33'N und 2° 45'W) – Im Golf von Morbihan liegt die 0.7 Hektar messende französische Insel. Sie ist ein Vogelschutzgebiet.

Okinawa (26° 30'N und 128°O) – Die japanischen Inseln gehören zu den Ryuku-Inseln im Nansei-Archipel und liegen südlich der Insel Kyushu im Chinesischen Meer. Sie haben eine Oberfläche von 1176 Quadratkilometern, die sich 1,2 Millionen Menschen teilen, was eine Bevölkerungsdichte von 1020 Bewohnern je Quadratkilometer ergibt. Mit 498 Metern ist der Berg Yonaha der höchste Punkt der Insel. In der Nähe des Hauptortes Naha befindet sich der internationale Flughafen. Im April 1945 lieferten sich die von Admiral Chester William Nimitz (1885-1966) kommandierten amerikanischen Truppen erbitterte Kämpfe mit den auf der Insel stationierten japanischen Einheiten. Bei den Kämpfen kamen 90.000 Japaner und 13.000 Amerikaner ums Leben. Von der Insel aus starteten rund 2000 Kamikaze-Piloten zu ihren Selbstmordattacken. Heute befindet sich hier noch immer eine amerikanische Militärbasis. Im Juli 2000 fand hier der G-7-Gipfel der führenden Industrienationen statt. (Siehe auch bei Japan)

Oktoberrevolution (79°N und 97°O) – Die ständig von Packeis bedeckte russische Insel ist von der Insel der Bolschewiken lediglich durch die Meerenge von Schomalski getrennt. Sie bekam ihren Namen als Erinnerung an die Oktoberrevolution 1917. (Siehe auch bei Nowaja Semlja)

Oland (56° 45'N und 16° 38'O) – In der Ostsee liegt die schwedische Insel, die eine Oberfläche von 1340 Quadratkilometern aufweist. 25.000 Menschen leben auf der Insel, was eine Bevölkerungsdichte von 19 Bewohnern je Quadratkilometer ergibt. Oland verfügt über zwei Häfen in Byxelrok (Nordwesten) und Bergerham (Südwesten).

Oléron (45° 47' bis 46° 03'N und 1° 10' bis 25'W) – Die französische Insel im Departement Charente-Maritime hat eine Oberfläche von 175 Quadratkilometern für 17.000 Einwohner. Der höchste Punkt erreicht 31 Meter. Die wichtigsten Häfen sind Saint-Denis-d'Oléron im Nordwesten, La Cotinière im Südwesten, Saint-Troyon-les-Bains im Südosten und Boyardville im Nordosten. Eine drei Kilometer lange Mautbrücke verbindet die Insel mit dem Festland. Der Leuchtturm Chassiron ist 50 Meter hoch, hat eine Reichweite von 28 Seemeilen und sendet sein weißes Signal alle

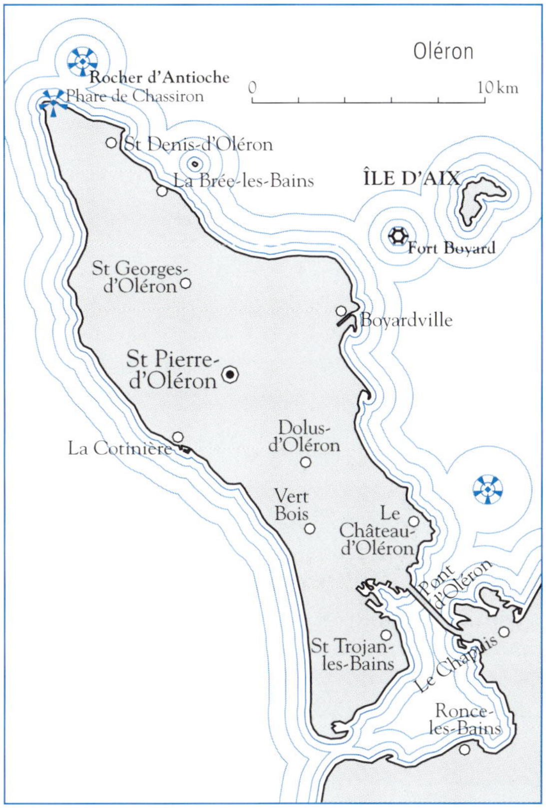

zehn Sekunden. Die Insel gehörte lange Zeit den Grafen von Anjou und den Herzögen von Aquitanien. Sie wurde von den Engländern in Besitz genommen, von Karl VII. aber wieder zurückerobert. Ludwig XIV. befestigte die Insel. 1847 verewigte der Historiker Jean-Marie Pardessus (1772-1853) die Insel in seinem Werk „Us et Coutumes de la Mer". Im Dorf Château d'Oléron befindet sich eine nach Plänen von Vauban errichtete Zitadelle. Die Produzenten auf dieser Insel und im Departement Charente-Maritime liefern 60 Prozent aller in Frankreich produzierten Austern. Das sind jährlich 70.000 Tonnen, was einen Umsatz von 150 Millionen Euro bedeutet. Das Austernmuseum kann im Dorf Saint-Trojean besichtigt werden. Auf der Insel befindet sich der einzige Touristenzug Frankreichs. Er verbindet Saint-Trojean mit Maumusson und beförderte 1999 insgesamt 123.000 Menschen.

Olkon (53° 09'N und 107° 24'O) – Die russische Insel liegt im Baikalsee und hat eine Oberfläche von 640 Quadratkilometern. Ihr höchster Punkt erreicht 1276 Meter. Im Westen der Insel befinden sich drei Dörfer. Eine Wetterstation liegt in der bergigen Region der Insel.

Onekotan (49° 25'N und 154° 45'O) – Im Süden der Halbinsel Kamtschatka liegt die russische, zu den Kurilen gehörende Insel, die von der Sowjetunion nach dem Zweiten Weltkrieg von Japan annektiert wurde. (Siehe auch Kurilen)

Onton Java (5° 20'S und 159° 30'O) – Die Inseln im Südpazifik gehören zu den Salomonen.

Or – Die Inseln von Hyères werden auch so genannt. (Siehe auch bei Hyères)

Orkneys (58° 70'W bis 59° 30'N und 2° 30' bis 3° 40'W) – Im Norden von Schottland liegen die 90 Inseln, die diese Inselgruppe bilden. Ihr Hauptort Kirkwall befindet sich auf der wichtigsten Insel Mainland. 20.000 Menschen leben auf den Inseln, auf die um 840 Wikinger einfielen.

Orléans (46° 55'N und 70° 58'W) – In der Mitte des Sankt-Lorenz-Stroms liegt diese kanadische Insel in der Nähe von Québec. Sie hat eine Oberfläche von 200 Quadratkilometern. Eine 67 Kilometer lange Straße erschließt die Insel, die am 7. September 1535 vom französischen Seefahrer Jacques Cartier (1491-1557) entdeckt wurde.

Osterinsel (27° 06'S und 109° 22'W) – Die von den eingeborenen Rapa Nui genannte Insel liegt in der Mitte des Pazifiks und gehört seit dem 9. September 1888 zu Chile. Auf der Oberfläche von 180 Quadratkilometern leben 2800 Menschen. Die Bevölkerungsdichte liegt bei 15 Bewohnern je Quadratkilometer. Mit 507 Metern ist der Berg Terevaka der höchste Punkt der Insel, deren Hauptort Hanga Roa ist. Der Flughafen der Insel dient als Zwischenlandeplatz zwischen Tahiti und Chile. Auf der Landebahn kann im Notfall auch eine Raumfähre landen. Die Insel wurde vermutlich bereits vom britischen Seefahrer John Davis 1686 gesichtet. Als offizieller Entdecker gilt jedoch der holländische Seefahrer Jacob Roggeveen (1659-1729), der die Insel auf seiner Fahrt von den Falkland Inseln über Kap Hoorn am Ostertag (5. April) 1722 entdeckte und sie danach benannte. Am 11. März 1774 sichtete sie zunächst der britische Seefahrer James Cook (1728-1779) und am 8. April 1786 der französische Seefahrer Jean-François de La Pérouse. Die Insel ist für ihre Monumentalstatuen, die so genannten Moai, berühmt und gehört zum von der Unesco geschützten Weltkulturerbe.

Otschakow – Zwischen dem Franz-Joseph-Land und Nowaja Semlja liegt diese russische Insel, die

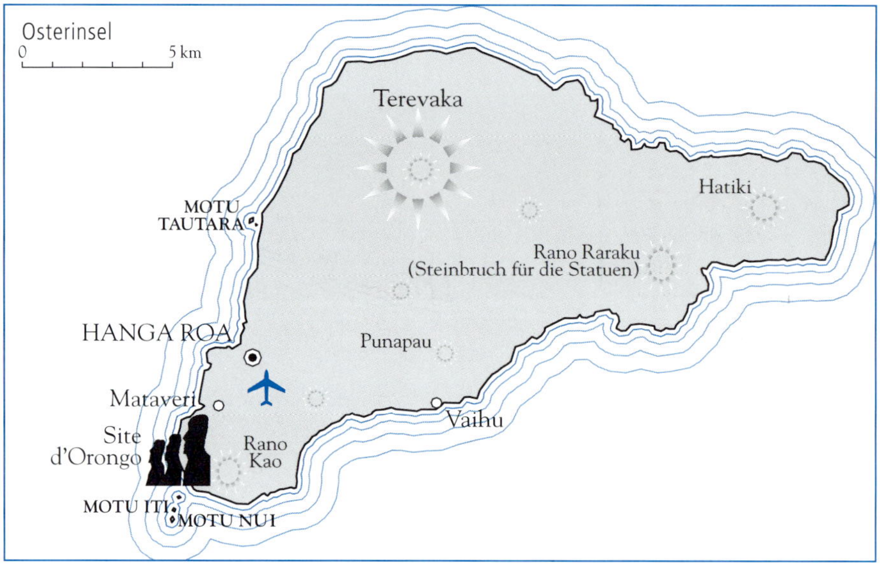

1935 vom russischen Abenteurer und Seefahrer Georgi Otschakow (1901-1963) entdeckt wurde und daher seinen Namen trägt.

Ottawa **(59° 30'N und 80° 10'W)** – Die unbewohnten kanadischen Inseln liegen im Osten der Hudson-Bucht und sind im Winter von Packeis bedeckt.

Ouessant **(48° 28'N und 5° 05'W)** – 22 Kilometer westlich von Finistère liegt die französische Insel, die eine Oberfläche von 16 Quadratkilometer hat und auf der 1400 Menschen leben. Der höchste Punkt erreicht 65 Meter. Die wichtigsten Häfen sind Lampaul oder Poz Pol im Westen und Stiff im Osten. Die Leuchttürme Le Stiff und Créach sichern die Seefahrt in diesen Gewässern. Der erste dieser Leuchttürme steht im Norden und hat eine Reichweite von 24 Seemeilen für sein alle 20 Sekunden ausgesendetes rotes Signal. Der zweite im Südwesten ist 70 Meter hoch, hat eine Reichweite von 34 Seemeilen und sendet alle zehn Sekunden zwei weiße Signale. Auf der Insel befindet sich ein sehenswertes Leuchtturm-Museum. Im Hauptdorf Lampaul findet jedes Jahr ein Festival der Inselbücher statt. Die Insel verfügt über einen Flughafen und ist durch Fähren mit der Insel Molène (30 Minuten), Conquet (eine Stunde) und Camaret (75 Minuten) verbunden. Die Insel wurde 1778 von den Briten besetzt. Unter den zahlreichen Schiffbrüchen vor Ouessant ragt vor allem der der „Drummont Castle" heraus, bei dem am 16. Juni 1896 nur drei von 300 Menschen überlebten. Am 24. Januar 1976 lief der Öltanker „Olympic Bravery" hier auf Grund und verseuchte mit 900 Tonnen Rohöl die Strände von Ouessant.

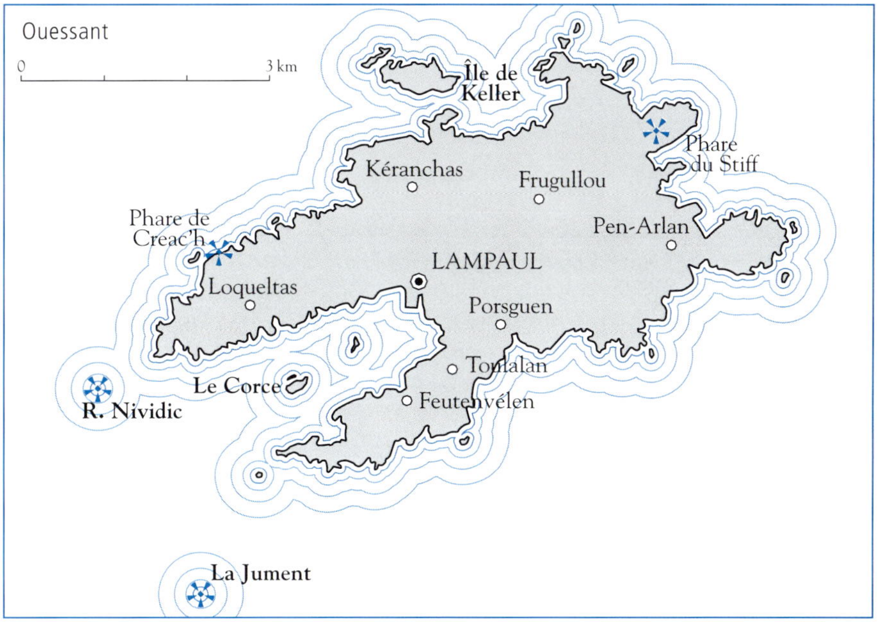

Ouvéa **(20° 30'S und 166° 35'O)** – Die Insel gehört zu den Gesellschaftsinseln, die Teil von Neukaledonien sind. Ihre Oberfläche beträgt 160 Quadratkilometer, auf denen 4000 Menschen leben. Die Bevölkerungsdichte liegt bei 25 Bewohnern je Quadratkilometer. Beim Hauptort Fayaoué befindet sich der Flughafen der Insel. Der Hafen Saint-Joseph liegt im Süden, der Hafen Mouly im Norden. (Siehe auch Gesellschaftsinseln und Neukaledonien)

Ozeanien – Unter diesem Begriff werden Australien, Neuseeland, Neuguinea und die Inseln zwischen Amerika und Asien zusammengefasst. Am 6. Februar 1947 entstand die Vereinigung des Südpazifiks, die sich inzwischen Gemeinschaft des Pazifiks nennt und deren Generalsekretariat in Nouméa, Neukaledonien, ihren Sitz hat. Sie besteht aus 27 Mitgliedern, darunter die 22 Länder oder Territorien des Pazifiks: Cook-Inseln, die Föderierten Staaten von Mikronesien, Fidschi, Guam,

Kiribati, Nord-Marianen, Marshall-Inseln, Nauru, Niue, Neukaledonien, Palau, Französisch-Polynesien, Salomonen-Inseln, US-Samoa, Samoa, Tokelau, Tonga, Tuvalu, Vanuatu und Wallis und Futuna. Außerdem gehören Australien, Frankreich, Neuseeland, Großbritannien und die USA zu den Mitgliedern. Die Gemeinschaft verwaltet Programme für die Landwirtschaft, Soziales, Ausbildung, erneuerbare Energien sowie öffentliche Gesundheit. Ozeanien umfasst eine Oberfläche von insgesamt neun Millionen Quadratkilometern, die sich 30 Millionen Menschen teilen, wobei allerdings allein in Australien 7,7 Millionen Menschen leben.

Palau (7° 30'N und 134° 30'O) – Die 300 zu Mikronesien gehörenden Pazifikinseln liegen 500 Kilometer östlich der Philippinen und bilden den Staat Palau, der seit dem 1. Oktober 1994 unabhängig ist. Die wichtigsten Inseln sind Babelthuap, Urukthapel, Sonsorol und Tobi. Die anderen unbewohnten Inseln sind Naturschutzgebiete. 21.000 Menschen leben auf einer Oberfläche von 500 Quadratkilometern, was eine Bevölkerungsdichte von 43 Bewohnern je Quadratkilometer ergibt. Die Hauptstadt ist Koror. Der Hafen Ollei liegt im Norden der Insel Babelthuap. Die Inseln wurden 1521 von Fernao de Magellan (1480-1521) entdeckt und waren von 1914 bis 1944 von Japan besetzt. Der im Nordosten gelegene Palaugraben erreicht eine Tiefe von 8069 Metern.

Palawan (9° 30'N und 118° 30'O) – Die lang gestreckte Insel gehört zu den Philippinen und hat eine Oberfläche von 11.785 Quadratkilometern. Ihr höchster Punkt erreicht 2054 Meter. Die Hauptstadt Puerto Princesa, wo sich auch der Flughafen befindet, liegt im Osten der Insel. (Siehe auch bei Philippinen)

Palma (28° 40'N und 17° 52'W) – 500 Kilometer vor der Küste Marokkos liegt die zu den Kanaren zählende Insel, die Teil von Spanien ist. Ihre Oberfläche beträgt 730 Quadratkilometer für eine Bevölkerung von 100.000 Einwohnern. Die Bevölkerungsdichte liegt bei 137 Menschen je Quadratkilometer. Der höchste Punkt von La Palma, auf dem sich ein Observatorium befindet, erreicht 2426 Meter. Die Hauptstadt ist Santa Cruz de La Palma. Der gleichnamige Hafen befindet sich an der Ostküste und der Hafen Los Llanos im Westen. Fähren verbinden die Insel mit Teneriffa (acht Stunden), Gomera (vier Stunden) und Hierro (vier Stunden). (Siehe auch bei Kanaren)

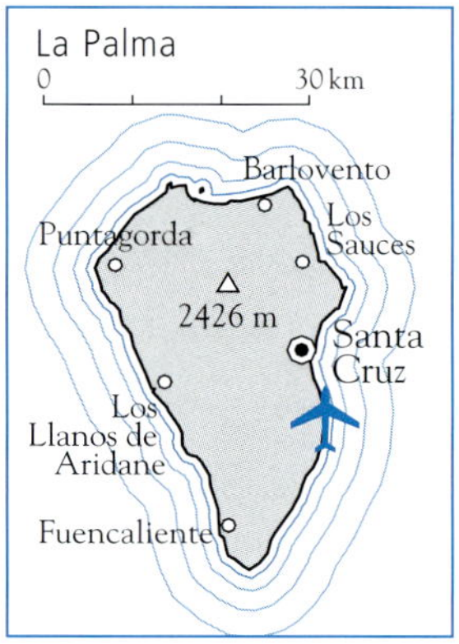

Panay (11° 15'N und 122° 30'O) – Die Insel mit einer Oberfläche von 11.515 Quadratkilometern gehört zu den Philippinen. Der höchste Punkt erreicht 2049 Meter. Der Hauptort ist Ililo. Die Insel verfügt über einen Flugplatz und zwei Häfen: Tibiao im Westen und Lloilo im Südosten. (Siehe auch bei Philippinen)

Pandora (72° 50'N und 96° 45'W) – Im hohen Norden Kanadas liegt diese Insel zwei Kilometer von der Prince-of-Wales-Insel entfernt. Sie trägt den Namen der vom britischen Seefahrer Allen Young kommandierten „Pandora". Young versuchte 1875 vergeblich, die Nordwestpassage zu durchfahren.

Panducan (6° 15'N und 120° 36'O) – Die Insel gehört zum Sulu-Archipel, der Teil der Philippinen ist. Sie wird ausschließlich von Moslems bewohnt. Früher war sie eine Basis für Piraten und Freibeuter. (Siehe auch bei Philippinen)

Pantelleria (36° 47'N und 12°O) – Zwischen Sizilien und Tunesien liegt diese italienische Insel, die eine Oberfläche von 83 Quadratkilometern hat, die sich 9000 Menschen teilen. Die Bevölkerungsdichte beträgt 108 Bewohner je

Quadratkilometer. Mit 836 Metern ist der Berg Grande der höchste Punkt der Insel.

Papua-Neuguinea (2° 60' bis 10° 60'S und 141° 20' bis 151°O) – Die Hälfte der Insel Neuguinea wird von dem seit dem 16. September 1975 unabhängigen Staat belegt. Die Oberfläche von 462.000 Quadratkilometern teilen sich 5,4 Millionen Bewohner, sodass die Bevölkerungsdichte 13 Menschen je Quadratkilometer beträgt. Die Hauptstadt ist Port Moresby, wo sich auch der internationale Flughafen der Insel befindet. Der Hafen Lae liegt im Osten der Insel. Bis zu seiner Unabhängigkeit war Papau-Neuguinea ein UN-Mandatsgebiet, das von Australien verwaltet wurde. Der Vater der Unabhängigkeit war Michael Somare, der erste Premierminister des Staates. Zwischen 1988 und 1998 herrschte auf der Insel ein Bürgerkrieg. Am 17. Juli 1998 verursachte ein Seebeben eine Riesenwelle (Tsunami), die im Dorf Aitapei an der Grenze zu Irian Jaya mehr als 7000 Menschen zum Opfer fielen. Auf der Insel werden mehr als 700 verschiedene Sprachen gesprochen. (Siehe auch Neuguinea)

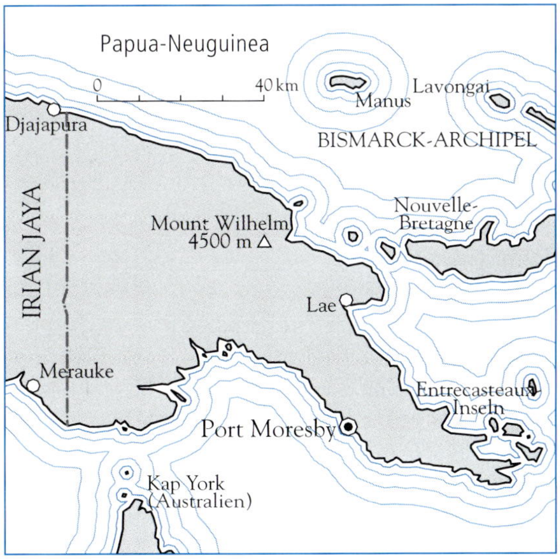

Paracel (16° 30'N und 112° 15'O) – Die Inseln liegen in der Mitte des Chinesischen Meeres.

Paramouchir (50° 25'N und 155° 50'O) – Die russische Insel gehört zu den Kurilen, die von den Sowjets 1945 nach dem Zweiten Weltkrieg annektiert wurden. (Siehe bei Kurilen)

Paros (37° 08'N und 25° 12'O) – In der Ägäis liegt die griechische Insel, die zu den Kykladen gehört. Die Oberfläche beträgt 190 Quadratkilometer, die sich 10.000 Menschen teilen, was eine Bevölkerungsdichte von 53 Bewohnern je Quadratkilometer ergibt. Der höchste Punkt erreicht 747 Meter. Der Hauptort ist Paros, wo sich die venezianische Zitadelle von Kastro befindet. Die Insel ist auch wegen der Kirche Katopoliani berühmt, die von 400 an in drei Phasen entstand und ein Mosaik besitzt, auf dem die griechische Geschichte von der Antike bis 250 vor Christus erzählt wird. Das Original befindet sich in Oxford. (Siehe auch bei Kykladen)

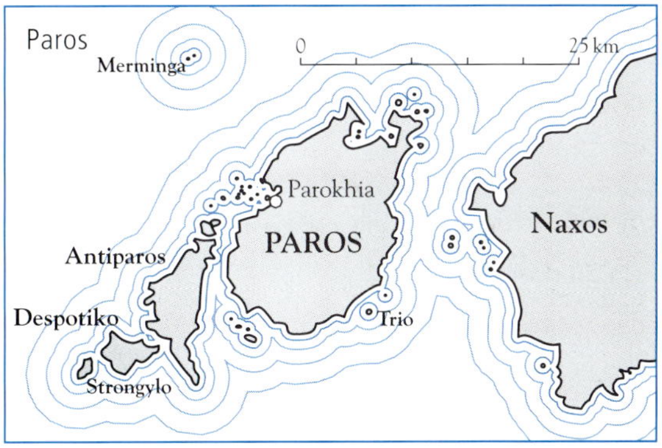

Parry (45° 18'N und 80° 10'W) – Der Archipel umfasst Inseln, die im seit dem 1. April 1999 autonomen Gebiet Nunavut liegen. Die wichtigsten sind Devon, Cornwallis, Bathurst, Byam Martin, Melville und Prince Patrick. Die Inselgruppe trägt den Namen des britischen Seefahrers und Forschers William Edward Parry (1790-1855), der die Nordwestpassage erforschte und 1827 die Position 82° 45'N nördlich von Spitzbergen erreichte.

Patagonien, chilenisch (42° 56'S und 66° 76'W) – Im Süden Chiles liegen 5000 zumeist unbewohnte Inseln. Die wichtigsten sind der Chronos-Archipel, Wellington (höchster Punkt bei 1463 Metern), Duke of York (höchster Punkt bei 1987 Metern), Queen-Adelaide-Archipel, Santa Inés (höchster Punkt bei 1283 Metern), Desolation, Clarenec, Hoste (höchster Punkt bei 569 Metern), Navarino (höchster Punkt bei 1195 Metern), Hoorn mit einem legendären Kap, Hannover (höchster Punkt bei 1128 Metern), die chilenischen Magellan-Inseln, Magdalena (höchster Punkt bei 1620 Metern), Madre de Dios, Dawson, Clarence, Negro, London, Sydney, Stewart, Gilbert-Inseln, Waterman, Thomas, Henderson, Hermite, Grevy, Herschel, Nueva.

Patmos (37° 20'N und 26° 33'O) – Die griechische Ägäis-Insel gehört zu den Dodekanen und wird von 4000 Menschen bewohnt. Ihr höchster Punkt erreicht 269 Meter. Im Jahr 95 schrieb der Apostel Johannes hier die Apokalypse nieder.

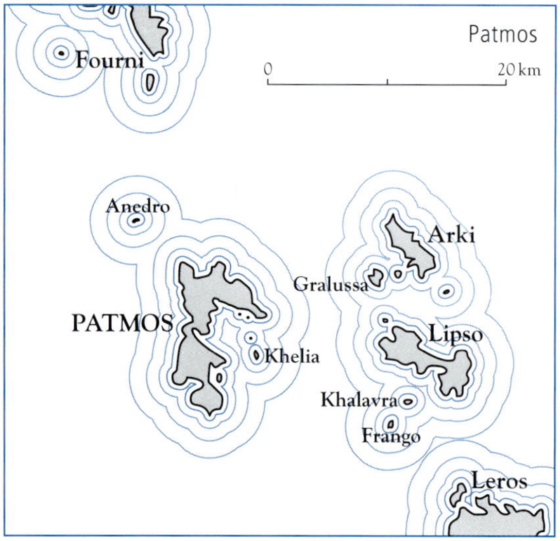

Paulet – Fünf Kilometer von der Insel Dundee entfernt vor der Antarktischen Halbinsel liegt diese kleine Insel, die eine Oberfläche von drei Quadratkilometern hat. Sie wurde 1843 vom britischen Seefahrer James Clark Ross (1800-1862) entdeckt, der ihr den Namen des britischen Seefahrers George Paulet gab. 1903 mussten hier die zehn Überlebenden der von Kommandant Larsen befehligten „Antarktis" überwintern. Sie gehörten zur Expedition von Otto Nordenskjöld (1869-1928). Auf der Insel befindet sich eine Kolonie mit mehr als 100.000 Adelaide-Pinguinen.

Pebble (51° 18'S und 59° 35'W) – Die Insel im Südatlantik gehört zu den britischen Falkland-Inseln. Der Name bedeutet Kiesel auf Englisch. Auf der Insel befindet sich die vermutlich südlichste Strandsegelstation. (Siehe auch bei Falkland)

Peberholm – Die künstliche Insel liegt im Öresund zwischen Schweden und Dänemark im Süden der Insel Saltholm. Am Samstag, 1. Juli 2000 wurde die Eisenbahn- und Straßenverbindung zwischen den beiden Staaten nach siebenjähriger Bauzeit offiziell von der dänischen Königin Margarethe (geb. 1940), Prinz Henri de Montpezat (geb. 1934), dem schwedischen König Carl XVI. Gustav und Königin Sylvia eröffnet. Der vier Kilometer lange Tunnel verläuft vom Kopenhagener Flughafen Kastrup aus bis zu dieser Insel. Die Brücke für den Straßenverkehr endet nach acht Kilometer im schwedischen Lernacken bei Malmö. Die Fahrbahn befindet sich auf einer Höhe von bis 55 Metern. Die Mautstation liegt auf der schwedischen Seite in Lernacken. Die Konstruktion verschlang drei Milliarden Euro.

Pelagische Inseln (35° 40'N und 12° 40'O) – Zwischen Sizilien und Tunesien liegt die Inselgruppe, die aus den beiden Inseln Limosa und Lampedusa besteht.

Pellworm – Die Marschinsel im Nationalpark Schlesig-Holsteinisches Wattenmeer misst 37 Quadratkilometer und ist von einem acht Meter hohen und 28 Kilometer langen Seedeich umgeben. 1180 Menschen leben ständig auf Pellworm, das im Jahr auf rund 200.000 Übernachtungen kommt. Die Insel wurde durch den Anstieg des Meeresspiegels und schwere Sturmfluten erst vor einigen Jahrhunderten geschaffen. Bis zur großen

Sturmflut am 12. Oktober 1634 waren Pellworm und das benachbarte Nordstrand eine Insel.

Pemba (7° 31'S und 39° 25'O) – 60 Kilometer nordöstlich von Sansibar liegt diese Insel, die eine Oberfläche von 985 Quadratkilometern aufweist, die sich 300.000 Menschen teilen. Die Bevölkerungsdichte liegt bei 305 Bewohnern je Quadratkilometer. Im Hauptort Wete befindet sich der Flughafen. Die Häfen Konde und Chake Chake liegen im Westen. Die Insel wurde 1890 britisches Protektorat und gehört nun seit 1964 zur Republik Tansania.

Penang (5°N und 100°O) – Die malaysische Insel im Norden der Straße von Malakka hat eine Oberfläche von 280 Quadratkilometern für 600.000 Einwohner, was eine Bevölkerungsdichte von 2140 Menschen je Quadratkilometer ergibt. Die Hauptstadt ist Georgetown. Der Hafen von Penang im Ostteil der Insel war 1786 der erste wichtige britische Hafen in Übersee.

Penfret (47° 43'N und 3° 57'W) – Die Insel gehört zum französischen Glénan-Archipel vor dem südlichen Finistère. Sie hat eine Oberfläche von 39 Hektar und ist die wichtigste nautische Basis in der Inselgruppe. Im Sommer verbinden Fähren die Insel mit Beg-Mel und Concarneau (eine Stunde). Der Leuchtturm hat eine Höhe von 36 Metern, eine Reichweite von 21 Meilen und sendet alle fünf Sekunden ein rotes Signal.

Perlas (8° 25'N und 79°W) – Der Archipel im Golf von Panama besteht hauptsächlich aus den Inseln San José, Cotadora, wo sich der Flughafen befindet, Taboga, Bona und der größten Insel Delrey mit einem weiteren Flugplatz. Die Inseln werden von den Kounas-Indianern bewohnt.

Peron (48° 38'N und 2° 09'W) – Die unbewohnte französische Insel nordwestlich von Saint-Briac hat eine Oberfläche von zwei Hektar. Ihr höchster Punkt erreicht 23 Meter.

Persil (35° 54'N und 5° 33'W) – Vor der spanischen Enklave Ceuta liegt diese 13 Hektar messende Insel, die seit 1580 zu Spanien gehört. Am Donnerstag, 11. Juli 2002 besetzten sie marokkanische Sicherheitskräfte, um sie für Marokko in Besitz zu nehmen. Am 17. Juli verließen die Marokkaner die Insel wieder.

Petermann (68° 47'S und 90° 35'W) – Deutsche Seefahrer entdeckten die Insel zwischen 1873 und 1874. Sie trägt den Namen des deutschen Geografen August Petermann (1822-1978). Der französische Seefahrer Jean Charcot (1867-1936) überwinterte hier mit seinem Schiff „Pourquoi pas?", das am 15. August 1908 Saint-Malo verlassen hatte und am 16. Dezember 1908 in Punta Arenas eingetroffen war. Nach seinen Forschungsarbeiten und der Überwinterung kehrte die „Pourquoi pas?" am 5. Juni 1910 nach Rouen zurück. Auf der Insel leben zahlreiche Seehunde und Krebse.

Petit Bé (48° 39'N und 2° 02'W) – 800 Meter nordwestlich von Saint-Malo liegt die Insel in der Rance-Mündung. Auf ihr befindet sich eine von einem Vauban-Schüler errichtete Befestigungsanlage.

Petite Île (48° 52'N und 3° 11'W) – Die unbewohnte französische Insel vor der Côte d'Armor hat eine Oberfläche von acht Hektar.

Petite Terre – Die beiden unbewohnten Inseln (Terre-de-Haut und Terre-de-Bas) liegen zehn Kilometer südwestlich der Pointe des Châteaux vor Guadeloupe und gehören zur Gemeinde Désirade. Ihr höchster Punkt ist bereits nach acht Metern erreicht. Das Naturschutzgebiet hat eine Oberfläche von 150 Hektar. (Siehe auch bei Guadeloupe)

Petit-Ricard (48° 42'N und 3° 53'W) – Die französische Insel in der Bucht von Morlaix ist ein Naturschutzgebiet.

Petrels – Auf der Insel, die zum Archipel Pointe

Géologie in der Antarktis gehört, befindet sich seit 1956 die französische Forschungsstation Dumont d'Urville. Sie trägt den Namen des französischen Seefahrers Jules Sébastien d'Urville (1790-1842).

Peupliers – Die kleine französische Insel liegt im südlichen Teil des Sees von Ermenonville im Departement Oise. Der Schriftsteller Jean-Jacques Rousseau (1712-1778) lag hier begraben, bis seine Gebeine 1794 in den Pariser Panthéon überführt wurden.

Peter I. (68° 40'S und 91° 10'W) – Seit dem 1. Mai 1935 gehört die subantarktische Insel zu Großbritannien. Sie hat eine Oberfläche von 158 Quadratkilometern. Der Berg Lars Christensen erreicht als höchster Punkt 1753 Meter. Die Insel wurde am 21. Januar 1821 von russischen Seefahrer Fabian von Bellingshausen (1778-1852) entdeckt, der ihr den Namen des russischen Zaren Peter I. (1672-1725) gab.

Pfingstinsel (15° 42'N und 168° 10'O) – Die nördlich von Neukaledonien gelegene Insel gehört zu Vanuatu. Sie hat eine Oberfläche von 439 Quadratkilometern, die sich 12.000 Menschen teilen, was eine Bevölkerungsdichte von 27 Bewohnern je Quadratkilometer ergibt. Ihr höchster Punkt erreicht 946 Meter. Das wichtigste Dorf ist Loltong. Die Insel wurde vom französischen Seefahrer Louis-Antoine de Bougainville (1729-1811) am Sonntag, 21. Mai 1768 (Pfingsten), entdeckt und entsprechend getauft. Die erste Karte wurde vom britischen Seefahrer James Cook 1774 angefertigt. Sie wurde danach 1788 vom französischen Seefahrer Jean-François de La Pérouse (1741-1788) besucht. Ihm folgten 1793 seine Landsmänner Antoine d'Entrecasteaux (1737-1793) und 1828 Jules Sébastien Dumont d'Urville (1790-1842). Einige wagemutige Jugendliche stürzen sich im Mai an einer Liane befestigt von Sprungtürmen in die Tiefe, was der historische Ursprung des Bungeespringens sein könnte. (Siehe auch bei Vanuatu)

Philippinen – Die Inselgruppe in der Chinesischen See umfasst vor allem die Inseln Luzon, Mindoro, Catanduanes, Samar, Leyte, Masbate, Palawan, Cebu, Mindanao und Basilan. Auf einer Oberfläche von 298.000 Quadratkilometern leben 75 Millionen Menschen, was eine Bevölkerungsdichte von 250 Bewohnern je Quadratkilometer ergibt. Der Berg Apo auf der Insel Mindanao ist mit 2954 Metern der höchste Punkt der Philippinen. Der Vulkan Mayon im Süden der Insel Luzon kommt auf 2420 Meter. Zwischen dem 14. und 16. Juni 1991 kam es zu einem schweren Ausbruch des Pinatubo, der dabei zehn Kubikkilometer Materie in die Atmosphäre schleuderte und einen Karter mit einem Durchmesser von zwei Kilometern schuf. Ein erloschener Vulkan bildete im Süden der Hauptstadt Manila eine Caldera, den See Taal, mit einem Durchmesser von 25 Kilometern. Der internationale Flughafen Manila Ninoy Aquino befindet sich zwölf Kilometer von der Hauptstadt entfernt, die 1571 gegründet wurde. Die Philippinen wurden am Samstag, 16. März 1521 vom portugiesischen Seefahrer Fernao de Magellan (1480-1521) entdeckt. Magellan wurde am 17. April 1521 auf der Insel Mactan getötet. Sie wurden 1563 von Vilalobos Filippinas zu Ehren des spanischen Königs Philipp II. (1527-1598) getauft. Die Inseln wurden 1565 von den Spaniern besetzt und blieben bis 1896 spanische Kolonie. Seit dem 12. Juni 1896 sind die Philippinen unabhängig, was am 4. Juli 1946 noch einmal bestätigt wurde. Die Inseln erlebten zwischen 1968 und 1997 einen schweren Bürgerkrieg. Der Marinepark Tubbataha gehört zum von der Unesco geschützten Weltnaturerbe.

Phoenix (4°S und 172°W) – Die Insel im Südpazifik gehört zu Kiribati und liegt an der internationalen Datumsgrenze.

Phuket (8° 12'N und 98° 35'O) – Die thailändische Insel liegt in der Andamanen-See und ist die größte Insel in der Bucht von Phang Nga. Seit 1981 befindet sich dort ein Marinepark. Der Hafen Thalang liegt im Westen der Insel.

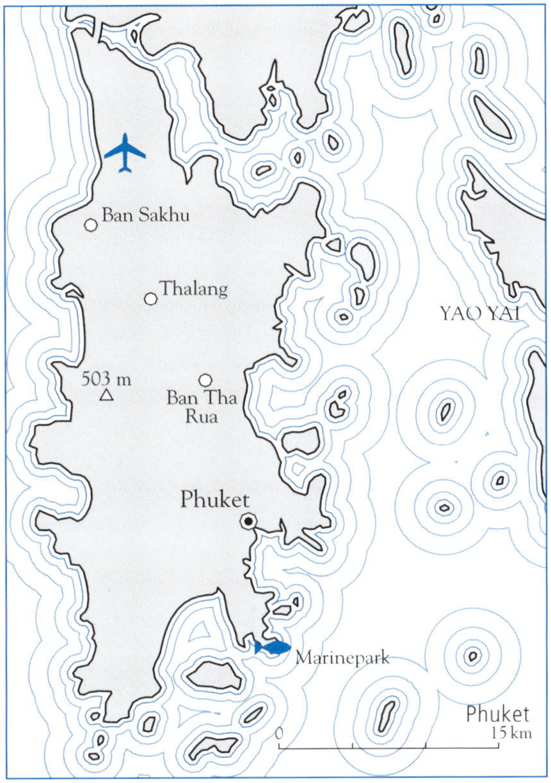

Pico (38° 28'N und 28° 20'W) – Die Insel im Nordatlantik gehört zu den zu Portugal zählenden Azoren. Sie hat eine Oberfläche von 433 Quadratkilometern, die sich 20.000 Menschen teilen. Die Bevölkerungsdichte erreicht 46 Bewohner je Quadratkilometer. Mit 2352 Metern ist der Berg Pico der höchste Punkt der Insel, die 1432 vom portugiesischen Seefahrer Gonsalvo Cabral entdeckt wurde, der von Heinrich dem Seefahrer (1394-1460) auf Entdeckungsfahrt geschickt worden war. Der Hauptort ist Jajes de Pico. Der Hafen Sao Mateus liegt im Süden der Insel.

Pierre-de-Herpin – Drei Kilometer nordöstlich vor der Pointe de Grouin liegt diese unbewohnte französische Insel, deren höchster Punkt sechs Meter über den Meeresspiegel ragt und auf der sich ein Leuchtturm befindet.

Pilier (47° 03'N und 2° 20'W) – Die unbewohnte französische Insel liegt fünf Kilometer nordöstlich der Insel Noirmoutier und hat eine Oberfläche von elf Hektar. Der 33 Meter hohe Leuchtturm von Pilier hat eine Reichweite von 29 Meilen und sendet drei weiße Signale alle 20 Sekunden. Die Insel gehörte der protestantischen Familie La Maresquier, Schwiegerfamilie des französischen Politikers Debré. Auf der Insel befinden sich alte Militärgebäude, Vögel, Kaninchen und Prototypen von Raumfahrzeugen.

Pim (78° 43'N und 74° 10'W) – Östlich der Insel Ellesmere liegt die Insel, die den Namen von Leutnant Pim trägt, der auf der „Resolute" Dienst tat, die zwischen 1852 und 1855 vom britischen Seefahrer Henry Keller kommandiert wurde. Keller war auf der Suche nach dem verschollenen Sir John Franklin (1786-1847). Am 6. April 1853 sichtete er in der Nähe von Port Mercy, nördlich der Insel Banks, den britischen Seefahrer Robert John McClure (1807-1873), der mit seinem Schiff „Investigator" im Packeis gefangen war. Die erste Ost-West-Vereinigung bei der Nordwestpassage war so verwirklicht worden. Im Osten befindet sich das berühmte Kap Sabine, wo zwischen 1883 und 1884 der Polarforscher Adolph Washington Greely (1844-1935) mit seinem Team überwinterte. Nur sieben der 25 Mann starken Mannschaft überlebten. Einige Kilometer südlich an der Küste der Insel Ellesmere überwinterten 1893 Mrs. Peary und ihre auf Grönland geborene Tochter Marie. Ihr Gatte, der amerikanische Polarforscher Edwin Peary (1856-1920), überwinterte von 1901 auf 1902 ebenfalls in der Nähe der Küste. Seinem Lager gab er den Namen des österreichischen Polarforschers Julius von Payer (1841-1915). Am 15. August 1908 brach er von hier aus mit der „Roosevelt" zu seiner abschließenden Nordpol-Expedition auf.

Pinarello (41° 40'N und 9° 21'O) – Die unbewohnte französische Insel liegt 100 Meter östlich der südlichen Küste Korsikas. Sie hat eine Oberfläche von zwölf Hektar. Ihr höchster Punkt erreicht 51 Meter.

Pingouins (46° 28'S und 50° 25'O) – Im südlichen Indischen Ozean liegt diese französische Insel, die zum Crozet-Archipel gehört. Sie hat eine Oberfläche von sieben Quadratkilometern. Ihr höchster Punkt erreicht 360 Meter. Die Insel trägt ihren Namen, weil es hier besonders viele Pinguin-Kolonien gibt.

Pins (48° 51'N und 3° 15'W) – Die Insel gehört zu Neukaledonien und hat eine Oberfläche von 135 Quadratkilometern, die sich 1200 Einwohner teilen, was eine Bevölkerungsdichte von neun Menschen je Quadratkilometer ergibt. Mit 266 Metern ist der Berg N'ga der höchste Punkt der Insel, auf der sich ein Flugplatz befindet. Der Hauptort ist Vao. Der gleichnamige Hafen liegt im Osten der Insel. Die Insel wurde am Sonntag, 25. September 1774 vom britischen Seefahrer James Cook (1728-1779) entdeckt, der sie am Mittwoch, 28. September 1774 umsegelte und ihr den aktuellen Namen gab. Der französische Seefahrer Antoine d'Entrecasteaux (1737-1793) sichtete die Insel am 16. Juni 1792. Nach einem Gesetz vom 16. Juni 1872 diente die Insel Paris als Verbannungsort. Die ersten Verurteilten trafen am 4. Oktober 1872 hier ein. Bis zur Amnestie vom 11. Juli 1880 folgten noch zahlreiche Transporte. (Siehe auch bei Neukaledonien)

Pioneer (76° 57'N und 97°W) – Die Insel im hohen Norden Kanadas liegt einen Kilometer nordwestlich der Insel Devon. Sie trägt den Namen des Schiffs „Pioneer", das unter dem Kommando von Sherrad Osborne zwischen 1852 und 1854 an der Suche nach dem verschollenen Sir James Franklin (1786-1847) beteiligt war. Das Schiff wurde auf Anordnung von Edward Belcher (1799-1877) verlassen, um eine weitere Überwinterung zu vermeiden.

Pirren (47° 36'N und 2° 49'W) – Die französische Insel im Golf von Morbihan hat eine Oberfläche von zwei Hektar. Ihr höchster Punkt erreicht acht Meter.

Pitcairn (24° bis 26°S und 113° bis 132°W) – Der britische Archipel im Südpazifik besteht aus den vier von Neuseeland aus verwalteten Hauptinseln Pitcairn, Henderson, Ducie und Oeno. Sie haben zusammen eine Oberfläche von 50 Quadratkilometern.

Pitcairn (25° 04'S und 139° 05'W) – Die so genannte „Bounty-Insel" hat eine Oberfläche von fünf Quadratkilometern, auf denen 50 Menschen leben, was eine Bevölkerungsdichte von zehn Bewohnern je Quadratkilometer ergibt. Der Hauptort ist Adamstown. Die Insel wurde im Juli 1767 vom britischen Seefahrer Philip Carteret (gest. 1769) mit der „Swallow" bei seiner ersten Weltumsegelung (1766 bis 1769) entdeckt. Sie trägt den Namen seines Fähnrichs Robert Pitcairn (1745-1770). 23 Jahre später wurde die Insel wieder gesichtet und am 12. Januar 1790 von 18 Eingeborenen aus Tahiti und neun Meuterern der „Bounty" besiedelt. Unter der Leitung von Fletcher Christian hatte die Gruppe nach der Meuterei am 28. April 1789 gegen Kapitän William Bligh (1754-1817) 7800 Seemeilen zurückgelegt. Um 1800 war John Adams (1760-1829) der letzte Überlebende der Meuterei und lebte mit zehn Frauen und zahlreichen Kindern auf der Insel. 1856 wurden die meisten der Einwohner auf die Insel Norfolk umgesiedelt. Der Anker der „Bounty" wurde 1957 entdeckt. Das Dorf Adamstown trägt den Namen des 1829 verstorbenen Meuterers John Adams.

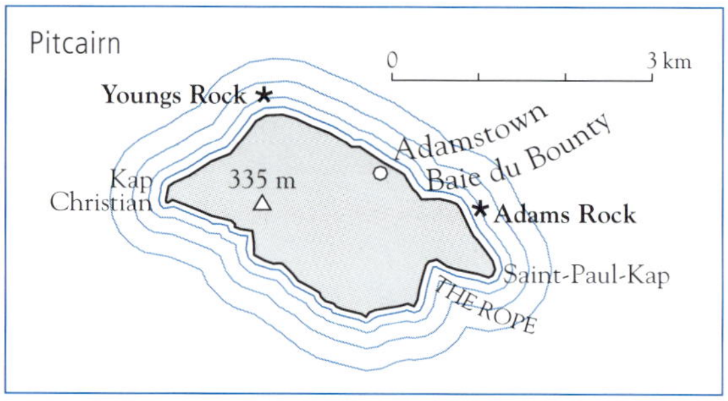

Pitt (44° 0'''S und 176° 30'W) – Die neuseeländische Insel liegt zehn Kilometer von der Insel

Chatham entfernt und hat eine Oberfläche von 62 Quadratkilometern, die sich 50 Menschen teilen, was eine Bevölkerungsdichte von 0,8 Bewohnern je Quadratkilometer ergibt. Der höchste Punkt erreicht mit dem Berg Hakepa 231 Meter. Hier konnte man den ersten Sonnenaufgang des neuen Jahrtausends beobachten. Auf der Insel befindet sich eine Landebahn für Versorgungsflüge. Die Insel trägt den Namen des britischen Staatsmannes William Pitt, Count of Chatham (1708-1778), der von 1756 bis 1761 und 1766 bis 1768 als britischer Premierminister amtierte. Sein Sohn William Pitt der Jüngere (1759-1806) hatte das Amt von 1804 bis 1806 inne. (Siehe auch bei Chatham)

Pladic (47° 34'N und 2° 45'W) – Die unbewohnte französische Insel liegt im Golf von Morbihan und hat eine Oberfläche von 0,7 Hektar.

Planasse – Die unbewohnte französische Insel liegt im Etang de Bages et de Sigean im Departement Aude und hat eine Oberfläche von vier Hektar. Ihr höchster Punkt ist nach sieben Metern erreicht.

Planier (43° 12'N und 5° 13'O) – 14 Kilometer südwestlich von Marseille liegt diese unbewohnte französische Mittelmeerinsel, die eine Oberfläche von elf Hektar erreicht. Der 1958 nach den Plänen des Architekten André Arbuste gebaute Leuchtturm hat eine Höhe von 65 Metern.

Plate (48° 53'N und 3° 30'W) – Die unbewohnte französische Insel gehört zum Archipel der Sept Îles im Norden von Perros-Guirec. Sie hat eine Oberfläche von drei Hektar und ist ein Vogelschutzgebiet, das nicht betreten werden darf. (Siehe auch bei Sept Îles)

Poel – Im 12. Jahrhundert wurde die Ostseeinsel zum ersten Mal erwähnt. Im Dreißigjährigen Krieg diente die 37 Quadratkilometer große Insel zunächst den Dänen als Basis, bis Wallenstein sie 1627 einnahm. Danach fiel die Festung an die Schweden, die später vom brandenburgischen Kurfürsten vertrieben wurden. In der zweiten Hälfte „entdeckten" die ersten Badegäste die Insel.

Pointe Géologie – Der in der Nähe von Adelie-Land in der Antarktis gelegene Archipel besteht aus den Pétrel-Inseln, auf denen sich eine französische Forschungsstation befindet, die den Namen des französischen Seefahrers Jules Sébastien Dumont d'Urville (1790-1842) trägt, der die Inseln und Adelie-Land am Dienstag, 20. Januar 1840 entdeckte und für Frankreich in Besitz nahm, den Îles du Lion, Claude-Bernard, Cuvier, Zeus, Buffon, Pollux, Jean-Rostand und Alexis-Carrel. Der höchste Punkt war vor dem Bau einer Landebahn nach 47 Metern auf der Insel Claude-Bernard erreicht. Die Piste wurde teilweise durch eine Flutwelle zerstört. Auf der Insel befinden sich Kolonien von Adelie- und Königs-Pinguinen. Am 27. März 1923 wurde die französische Herrschaft über die Inseln verkündet und am 6. April 1938 bestätigt. Am 6. August 1955 wurde das Territoire des Terres Australe et Antarctiques Françaises (TAAF) errichtet.

Pomègues (43°16'N und 5° 18'O) – Drei Kilometer südlich von Marseille liegt diese französische Mittelmeerinsel, die zum Frioul-Archipel gehört. Sie hat eine Oberfläche von 90 Hektar. Ihr höchster Punkt erreicht 72 Meter. Die Insel ist mit der benachbarten Insel Ratonneau seit 1822 durch einen 300 Meter langen Damm verbunden.

Pommier (48° 38'N und 2° 48'W) – Diese kleinen französischen Inseln sind Vogelschutzgebiete und liegen vor Saint-Quay-Portrieux.

Ponza (40° 54'N und 12° 57'O) – Im Tyrrhenischen Meer liegt die italienische Insel, die eine Oberfläche von 7,3 Quadratkilometern aufweist und auf der 5000 Menschen leben, was eine Bevölkerungsdichte von 685 Bewohnern je Quadratkilometer ergibt. Mit 280 Metern ist der Berg Della Guardia der höchste Punkt der Insel. Der

Hafen Ponza liegt im Osten der Insel, die in der „Odyssee“ den Namen Aurora trägt.

Porquerolles (43°N und 6° 13’O) – Südlich der Halbinsel Giens liegt diese französische Mittelmeerinsel, die eine Oberfläche von 13 Quadratkilometern erreicht, die sich 450 Bewohner teilen. Ihr höchster Punkt ist ein 142 Meter messender Signalmast. Fähren verbinden die Insel mit Toulon (anderthalb Stunden), Tour Fondue (20 Minuten), Port-Saint-Pierre-de-la-Mer (45 Minuten), Port de Miramar (25 Minuten), Le Lavandou (75 Minuten), Cavalaire-sur-Mer (zweieinhalb Stunden) und der Insel Port-Cros (40 Minuten). Auf der Insel befindet sich das Fort Sainte-Agathe. Der Inselheiligen, der heiligen Agathe, wird am 26. Juli gedacht.

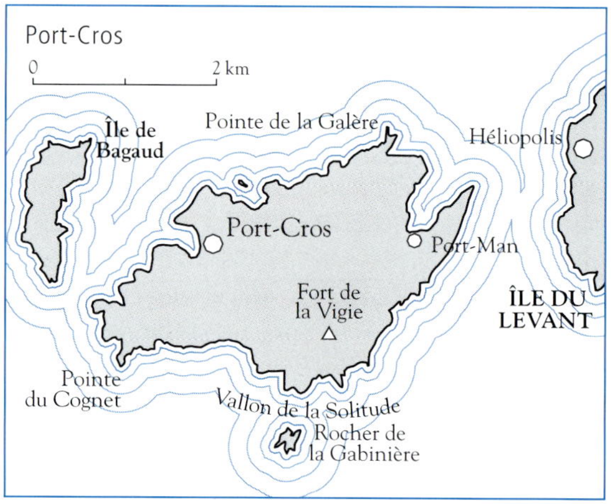

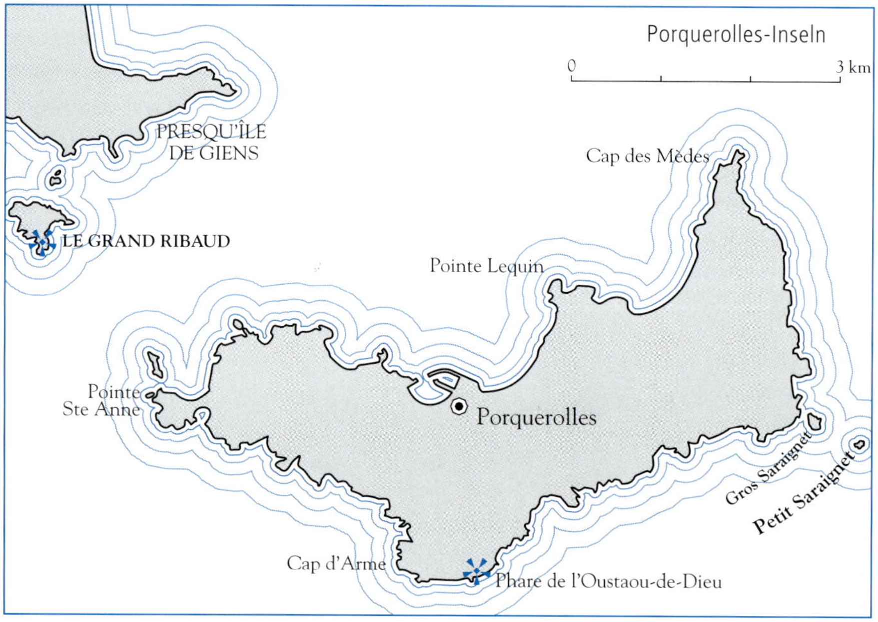

Das von Jacques Rougerie entwickelte Aquascope erlaubt den Blick auf den Meeresboden. Die Insel ist durch Fähren mit der Insel Porquerolles (40 Minuten), Port-Saint-Pierre-de-la Mer (75 Minuten), Port-de-Miramar (eine Stunde), Le Lavandou (35 Minuten), Saint-Tropez (zwei Stunden) und der Île du Lévant (15 Minuten) verbunden. Auf Port-Cros befinden sich die Ruinen der Forts Moulin und Esitassac. Die Insel und die sie umgebenden Gewässer sind seit dem 14. September 1963 Naturschutzgebiet.

Port-Cros (43°N und 6° 23’O) – Die französische Mittelmeerinsel liegt 13 Kilometer südlich vor Le Lavandou und gehört zu den Hyères-Inseln. Sie hat eine Oberfläche von 6,5 Quadratkilometern, die sich 50 Menschen teilen. Ihr höchster Punkt erreicht bei Fort de la Vigie 196 Meter.

Possession – Die französische Insel im südlichen Indischen Ozean gehört zum Crozet-Archipel und hat eine Oberfläche von 146 Quadratkilometern. Die Insel trug zunächst den Namen Prise-de-Possession, den ihr ihr Entdecker Marc-Joseph Marion-Dufresne (1724-1772) gab. Der mit 943 Metern höchste Punkt, der Berg Mascarin, trägt den Namen des von Marion-Dufresne kommandierten Schiffs. Der Berg Jules Verne, der 789 Meter erreicht, wurde nach dem französischen Schriftsteller Jules Verne (1828-1905), Autor von „In 80 Tagen um die Welt", benannt.

Possession (72° 20'S und 171° 30'O) – Die im Ross-Meer in der Antarktis liegenden Inseln wurden am 11. Januar 1841 vom britischen Seefahrer James Clark Ross (1800-1862), Kommandant der „Erebus" und „Terror", entdeckt. Er landete und nahm diesen Teil der Antarktis für die britische Krone in Besitz und benannte diesen Teil der Küste nach Königin Victoria (1819-1901). 1895 entdeckte der norwegische Walfänger Henryk Bull (1844-1930) die Insel am 18. Januar 1895 ein zweites Mal, bevor er zum ersten Mal am 24. Januar 1895 den Fuß auf die Antarktis setzte.

Pourquoi-Pas? – Zwischen der Antarktischen Halbinsel und der Insel Adelaide liegt diese unbewohnte Insel, die den Namen des Schiffes „Pourqoi Pas?" trägt, mit dem der französische Seefahrer Jean Charcot (1867-1936) diese Insel entdeckte. Von hier hat man einen hervorragenden Blick auf den Berg Gaudry auf Adelaide, der eine Höhe von 2750 Metern erreicht.

Praslin (4° 19'S und 55° 44'O) – Zu den Seychellen gehört die unbewohnte Insel, die eine Oberfläche von 30 Quadratkilometern hat. Die Insel trägt den Namen des französischen Marineministers Duc de Praslin (1912-1785). Sie ist von der Hauptstadt Mahé mit dem Flugzeug (15 Minuten) oder der Fähre (eine Stunde) erreichbar. Auf der Insel gedeihen die berühmte Coco de Mer, die am 12. Juni 1744 von Lazare Picault entdeckt wurde und die es nur hier im Tal von Mai gibt, das von der Unesco als Weltnaturerbe geschützt ist. (Siehe auch bei Seychellen)

Prat (48° 15'S und 75°W) – Die chilenische Insel, deren höchster Punkt 1311 Meter erreicht, liegt vor Patagonien.

Pratas (20° 42'N und 116° 43'O) – Südwestlich von Formosa liegen diese Inseln.

Près (48° 45'N und 4° 02'W) – Die westlich der Insel Batz gelegene französische Insel hat eine Oberfläche von 0,5 Hektar.

Pribilof (57°N und 170°W) – Vor der Westküste Alaskas liegt diese Inselgruppe in der Beringsee, zu der die Inseln St. George, St. Paul, Walras und Ottar gehören. Auf der Oberfläche von 170 Quadratkilometern leben 500 Menschen, was eine Bevölkerungsdichte von drei Bewohnern je Quadratkilometer ergibt. Der Hafen St. Paul befindet sich auf der gleichnamigen Insel im Norden, und der Hafen St. George liegt auf der gleichnamigen Insel Im Süden. Die Inseln wurden 1786 entdeckt. Auf ihr tummeln sich mehr als eine Million Seehunde.

Prince Charles (67° 50'N und 76°W) – Im autonomen Gebiet Nunavut im Westen der Insel Baffin befindet sich diese Insel, die 1631 vom britischen Seefahrer Luke Foxe (1586-1635) entdeckt wurde und von ihm nach Prinz Charles (1630-1685), Sohn des britischen Königs Charles I. benannt wurde.

Prince of Wales (72° 40'N und 99°O) – Die Insel im hohen Norden Kanadas gehört zum autonomen Gebiet Nunavut, das am 1. April 1999 geschaffen wurde. Sie hat eine Oberfläche von 33.340 Quadratkilometern. Die Insel trägt den Namen des britischen Kronprinzen (1841-1910), der als Nachfolger seiner Mutter Königin Victoria zwischen 1901 und 1910 das Vereinigte Königreich regierte. Der britische Polarforscher William Kennedy suchte hier nach dem verschollenen Sir James Franklin (1786-1847).

Prince Edward (46° 20'N und 63° 20'W) – Im Sankt-Lorenz-Golf liegt diese Insel, die eine Oberfläche von 5650 Quadratkilometern hat, die sich 14.000 Menschen teilen, was eine Bevölkerungsdichte von 25 Bewohnern je Quadratkilo-

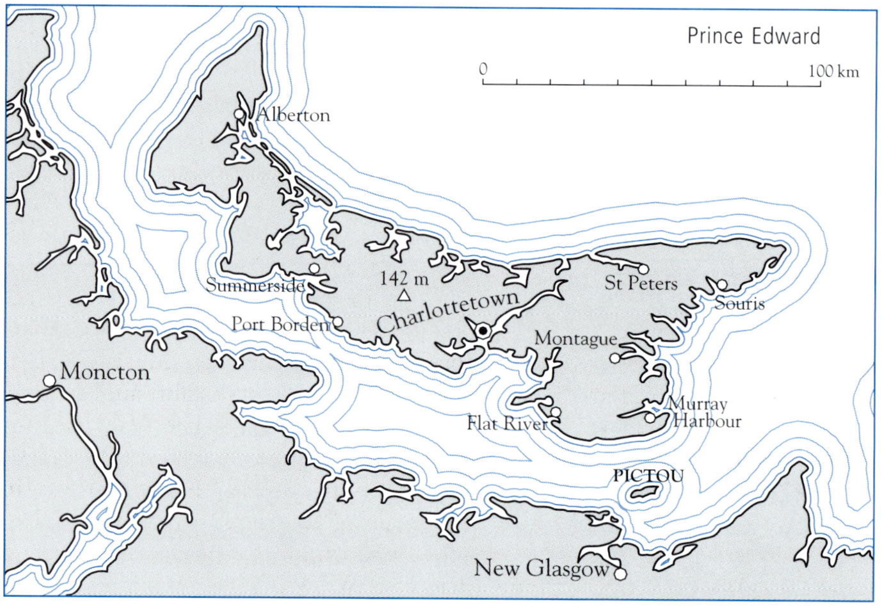

meter ergibt. Der höchste Punkt erreicht 142 Meter. Im Hauptort Charlottetown befindet sich der Flughafen der Insel. Seit 1873 bildet die Insel die kleinste Provinz Kanadas. Sie wurde am 2. Juli 1534 vom französischen Seefahrer Jacques Cartier (1491-1557), der ihr den Namen Saint-Jean gab, entdeckt. 1799 wurde sie nach Prince Edward, Duke of Kent (1766-1820), dem vierten Sohn von König Georg III. benannt.

Prince Edward (46° 36'S und 37° 57'O) – Die unbewohnte subantarktische Insel gehört seit dem 4. Januar 1948 zu Südafrika. Sie hat eine Oberfläche von 47 Quadratkilometern. Ihr höchster Punkt erreicht 722 Meter. Sie wurde am 13. Januar 1772 vom französischen Seefahrer Marc-Joseph Marion-Dufresne (1724-1772) entdeckt. Die einstmals Caverne genannte Insel wurde später nach Prinz Edward Duke of Kent (1766-1820), dem vierten Sohn von Georg III., benannt.

Prince Patrick – Die Insel im hohen Norden Kanadas gehört zu den Parry-Inseln, die den Namen des britischen Seefahrers William Edward Parry (1790-1855) tragen, der vor allem die Nordwestpassage erforschte und als Erster nördlich von Spitzbergen die Position 82° 45'N erreichte. Der höchste Punkt der Insel erreicht 279 Meter. Auf der Insel befindet sich das Dorf und die Wetterstation Mould Bay. Die Insel wurde vom britischen Seefahrer und Forscher Sir Francis Leopold McClintock (1819-1907) während seiner Suche (1857-1859) nach Sir James Franklin (1786-1847) entdeckt. Die Insel trägt den Namen von Prinz Patrick, einem der vier Söhne von Königin Victoria (1819-1901).

Princes – Der türkische Archipel liegt vor Istanbul und besteht aus neun Inseln. Darunter befinden sich die Inseln Kinaliada und Büyükada.

Principe (1° 37'N und 7° 25'O) – Die kleinere der beiden den Inselstaat Sao Tomé und Principe bildenden Inseln hat eine Oberfläche von 119

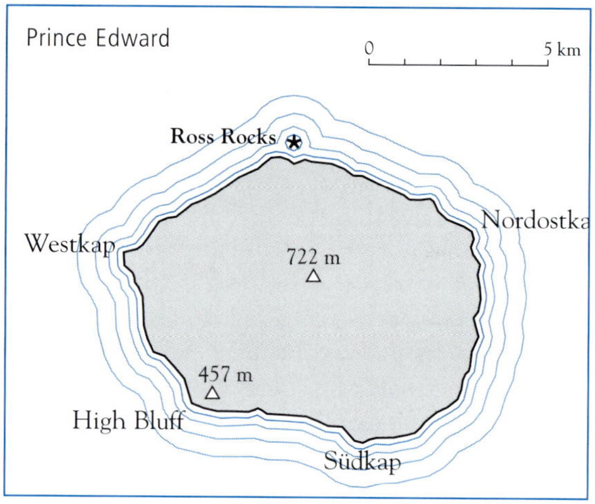

Quadratkilometern. Ihr höchster Punkt erreicht 948 Meter. Die Hauptstadt Sao Tomé liegt auf der Nachbarinsel. (Siehe auch Sao Tomé und Principe)

Prinz Rudolf – Die Insel, die auch „Rudolf" genannt wird, ist die nördlichste russische Insel. Sie trägt den Namen des österreichischen Kronprinzen Rudolf (1858-1889), Sohn von Kaiser Franz Joseph I. (1830-1916). Die von Louis des Abruzzes (1873-1933) geleitete Expedition überwinterte hier zwischen 1899 und 1900. Am 11. März 1900 begann der italienische Forscher Umberto Cagni (1853-1932) seine Expedition zum Nordpol. Er erreichte am 25. April 1900 die für die damalige Zeit nördlichste Breite (86° 34'N). (Siehe auch Kap Fligeli)

Providence (9° 14'S und 51° 02'O) – Nördlich von Madagaskar im Indischen Ozean liegt die zu den Seychellen gehörende Insel. (Siehe auch bei Seychellen)

Providencia (13° 21'N und 81° 22'W) – Die kolumbianische Insel liegt 200 Kilometer östlich der Küste von Nicaragua.

Puerto Rico (18° 15'N und 66° 30'W) – Seit dem 25. Juli 1952 ist die zu den Großen Antillen zählende Insel mit den USA assoziiert. Ihre Oberfläche beträgt 8960 Quadratkilometer, die sich 3,9 Millionen Menschen teilen, was eine Bevölkerungsdichte von 435 Bewohnern je Quadratkilometer ergibt. Mit 1388 Metern ist der Cerro de Punta der höchste Punkt der Insel. Der internationale Flughafen Luis Munoz Marin liegt 14 Kilometer von der Hauptstadt San Juan entfernt. Die Stadt gehört zu dem von der Unesco geschützten Weltkulturerbe. Die Häfen von Guayama und Ponce befinden sich im Süden, der Hafen Mayaguez im Westen. Die Insel wurde von Kolumbus (1451-1506) mit der „Maria Galante" bei seiner zweiten Entdeckungsfahrt am Dienstag, 19. November 1493 entdeckt. Die Wahl zur Miss Universum fand hier am Mittwoch, 29. Mai 2002, statt. Die Krone ging an die 24 Jahre alte Russin Oxana Federowa aus Sankt Petersburg. Der Puerto-Rico-Graben im Norden der Insel erreicht eine Tiefe von 8962 bis 9219 Metern und ist damit der tiefste Graben im Atlantik. (Siehe auch bei Antillen, Große)

Pukapuka – Die Insel gehört zu den Cook-Inseln, die mit Neuseeland assoziiert sind.

Puka-Puka – Das Atoll gehört zu den Tuamotu-Inseln in Französisch-Polynesien. Es wurde vom portugiesischen Seefahrer Fernao de Magellan (1480-1520) im Jahr 1520 entdeckt. Am 30. Juli 1947 passierte das Balsa-Floß „Kon-Tiki" von

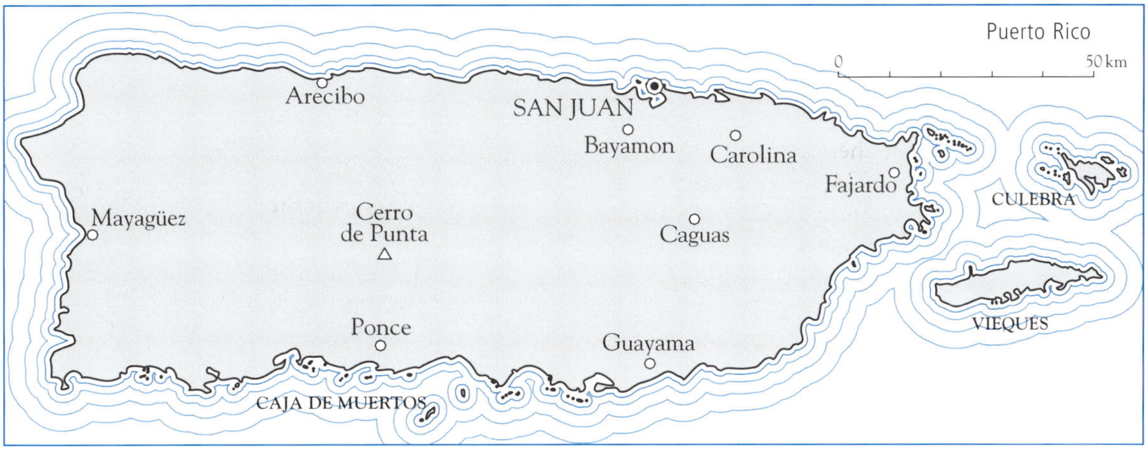

Thor Heyerdahl (1914-2002) nach seiner Pazifiküberquerung von Peru aus die Küste des Atolls. (Siehe auch bei Tuamotu-Inseln)

Pukarua (18° 30'S und 137°W) – Das Atoll gehört zu den Tuamotu-Inseln in Französisch-Polynesien. (Siehe auch bei Tuamoto-Inseln)

Puna (2° 50'S und 80° 10'W) – Im Golf von Guayaquil liegt diese zu Ecuador gehörende Insel, die 40 mal 30 Kilometer misst. 1531 kam es auf der Insel zu einer blutigen Schlacht zwischen den Ureinwohnern und dem spanischen Eroberer Hernando Pizarro (1508-1578), der am Bein verletzt wurde.

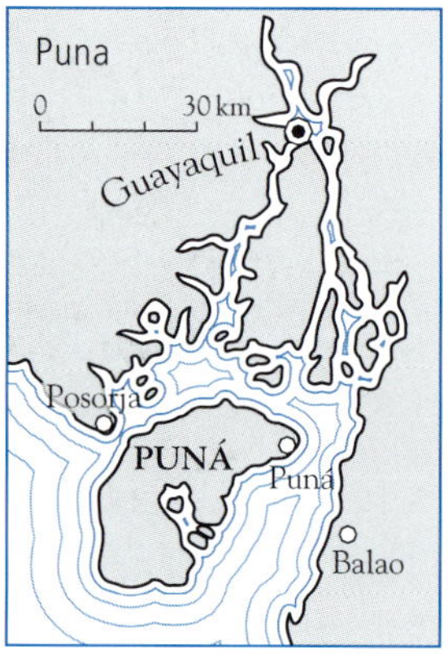

Puchetti (41° 39'N und 8° 50'W) – Die kleinen französischen Inseln liegen vor dem südlichen Korsika und gehören der Küstenverwaltung.

Qeshm (26° 45'N und 55° 45'O) – Die iranische Insel liegt nördlich der Straße von Hormus und 20 Kilometer südöstlich der Stadt Bandar Abbas. Sie hat eine Oberfläche von 900 Quadratkilometern für 30.000 Einwohner, was eine Bevölkerungsdichte von 33 Menschen je Quadratkilometer ergibt. Der Seefahrer Alfonso de Albuquerque (1453-1515) eroberte die strategisch wichtige Insel 1514.

Queen Charlotte (51° 90' bis 54° 30'N und 130° 90' bis 133° 20'W) – Der im Nordpazifik vor der Küste von British Columbia gelegene kanadische Archipel besteht aus 150 Inseln. Die beiden größten sind Graham und Moresby. Die Oberfläche von 13.000 Quadratkilometern teilen sich 13.000 Einwohner, was eine Bevölkerungsdichte von einem Bewohner je Quadratkilometer ergibt. Die Inselgruppe wurde 1774 von Juan Perez entdeckt. Der britische Seefahrer Philip Carteret (gest. 1796) gab ihr den Namen von Königin Charlotte (1744-1818), Gattin des britischen Königs Georg III., der Großbritannien von 1760 bis 1820 regierte.

Queen Elizabeth (74° bis 83°N und 60° bis 120°W) – Die Inseln im hohen Norden des amerikanischen Kontinents gehören zum autonomen Gebiet Nunavut. Sie tragen den Namen der britischen Königin Elisabeth II. (geb. 1926), die seit 1952 das Vereinigte Königreich regiert.

Queffen (47° 51'N und 4° 11'W) – Im Finistère nahe bei Pont-Abbé liegt diese französische Insel, die 300 mal 300 Meter misst und mit dem Festland durch eine Brücke verbunden ist.

Quemenes (48° 22'N und 4° 54'W) – Die private französische Insel liegt drei Kilometer südöstlich der Insel Molène und hat eine Oberfläche von 22 Hektar. Ihr höchster Punkt erreicht 13 Meter.

Quemoy (24° 27'N und 118° 23'O) – Die auch Kinmen genannte Insel liegt vor der Küste der Volksrepublik China. Die zu Taiwan gehörende Insel wäre bei einem militärischen Konflikt zwischen den beiden Staaten das erste Angriffsziel der Volksrepublik. Im Februar 2001 wurde zum ersten Mal eine Fährverbindung zwischen dem Festland und der Insel eröffnet.

Quignenec (47° 42'N und 4°W) – Die unbewohnte französische Insel gehört zum Archipel von Glénan vor dem südlichen Finistère. Das Vogelschutzgebiet hat eine Oberfläche von zwei Hektar.

Quille (38° 42' 40"S und 77° 32' 15"O) – Der Felsen im Indischen Ozean liegt in der Nähe der französischen Insel Saint-Paul und ragt 83 Meter in die Höhe.

Die Inseln der Nord- und Ostsee

Blick über Bansin und Heringsdorf auf der Ostseeinsel Usedom. Deutschlands zweitgrößte Ostseeinsel ist seit 1945 in einen größeren deutschen und einen kleineren polnischen Teil geteilt. Sie liegt im Mündungsbereich der Oder und trennt Peenestrom, Achterwasser und Oderhaff vom offenen Meer.

In Puttgarden auf Fehmarn startet die sog. Vogelfluglinie mit Bahn-/Schiffsverbindungen über die Ostsee nach Skandinavien. Die 185 Quadratkilometer große Insel gehört zu Schleswig-Holstein und ist durch die Fehmarnsund-Brücke mit dem Festland verbunden.

Die berühmte Seebrücke in Sellin auf Deutschlands größter Insel, Rügen, ist wieder zu einem touristischen Höhepunkt geworden und zieht die Besucher magisch an. Erst 1815 traten die Schweden, die Rügen im Dreißigjährigen Krieg in Besitz genommen hatten, die Insel an Preußen ab. Seit rund 150 Jahren hat der Fremdenverkehr auf Rügen Tradition.

Borkum ist die westlichste der Ostfriesischen Inseln und liegt vor der Emsmündung in der Nordsee. Dem Golfstrom verdankt die seit 150 Jahren als Nordseeheilbad anerkannte Insel ihr durch Pollenarmut und jodhaltige Luft geprägtes Klima. Borkum ist 35 Quadratkilometer groß.

Auf Pellworm, der 37 Quadratkilometer großen Marschinsel im schleswig-holsteinischen Wattenmeer, leben knapp 1200 ständige Einwohner. Die Insel wurde erst vor einigen Jahrhunderten durch den Anstieg des Meeresspiegels und zahlreiche schwere Sturmfluten geschaffen.

Sylt ist mit einer Fläche von 93,5 Quadratkilometern die größte Nordfriesische Insel und ein Mekka des Tourismus. Das bedeutendste Seebad der Insel ist Westerland. Durch den Hindenburgdamm ist Sylt mit dem Festland verbunden.

Der Sylter Osten beginnt in Morsum. Wer Morsum besucht, sollte auch das berühmte Morsum-Kliff erkunden. Hoch oben, auf sandigem Heidegrund, thront ein wunderschönes Hotel, mit Sommer-Terrassencafé, das nach ausgedehnten Wanderungen zum Verweilen einlädt.

Südlich von Sylt, vor der Nordsee-Küste, liegt Föhr. Das Bild zeigt den Südstrand der immerhin 82 Quadratkilometer großen Insel. Der Hauptort auf Föhr ist Wyk (unten), dem ein herrlicher, nordseetypischer Sandstrand vorgelagert ist.

Die bereits von den Friesen besiedelte Insel Helgoland kam, nach 100-jähriger dänischer Herrschaft, 1814 zu England, das es im Helgoland-Sansibar-Vertrag im Tausch an das Deutsche Reich abtrat. Erst im Jahre 1952 wurde Helgoland nach vorübergehender britischer Besetzung während des zweiten Weltkriegs völlig zerstört an die Bundesrepublik zurückgegeben. Heute ist die nur 1,5 Quadratkilometer große Insel (unten) ein beliebtes Ausflugsziel mitten in der Nordsee.

Eine Reihe von kleinen bedeichten Marschinseln liegt vor der schleswig-holsteinischen Nordseeküste: die Halligen. Wie fast alle diese Inseln werden sie landwirtschaftlich genutzt, so auch die abgebildete Hallig Gröde. Zu ihrem Schutz vor schweren Sturmfluten befinden sich die Höfe auf so genannten Warfen.

Eine wechselvolle Geschichte hatte die Nordfriesische Insel Norderney. Im Jahr 1800 als Seebad gegründet, war sie 1806 bis 1813 holländisch-französisch besetzt und wurde erst 1866 nach einem Intermezzo unter hannoverscher Herrschaft zu einer Königlich preußischen Seebadeanstalt. Heute ist sie, wie schon seit Jahrzehnten, ein stark frequentiertes Urlaubsziel.

Quistinic (47° 35'N und 2° 50'W) – Die Insel gehört zu den 40 Inseln, die über den Golf von Morbihan verteilt sind.

Rabiou (43° 17'N und 6° 41'W) – Vier Kilometer vor Saint-Tropez liegt die französische Mittelmeerinsel, die eine Oberfläche von drei Hektar hat.

Raffles (70° 40'N und 22°W) – Die unbewohnte Insel liegt nördlich von Grönland, einen Kilometer vor Liverpool-Land und hat eine Oberfläche von vier Quadratkilometern. Sie wurde 1816 vom britischen Seefahrer William Scoresby junior (1789-1857) während der Entdeckung der Meerenge erstmals gesichtet, der er den Namen seines Vaters gab. Die Insel ist nach Sir Thomas Raffles (1781-1828), Gouverneur von Java und später Sumatra, benannt, der im Februar 1819 die Insel Singapur für 33.200 spanische Dollar vom Sultan von Johore kaufte und hier die britische Fahne hisste.

Raguenès (48° 50'N und 3°W) – 500 Meter südöstlich der Insel Bréhat liegt die französische Insel, die eine Oberfläche von fünf Hektar hat.

Raguénez (47° 47'N und 3° 48'W) – 300 Meter vor dem gleichnamigen Dorf liegt diese französische Insel, die eine Oberfläche von fünf Hektar hat.

Raiatea (16° 50'S und 151° 25'W) – Die auch Heilige genannte Insel liegt nordwestlich von Tahiti und gehört zu den Inseln unter dem Wind in den Gesellschaftsinseln, die Teil von Französisch-Polynesien sind. Raiatea hat eine Oberfläche von 170 Quadratkilometern, die sich 10.000 Menschen teilen, was eine Bevölkerungsdichte von 58 Bewohnern je Quadratkilometer ergibt. Der Berg Tefatua ist mit 1017 Metern ihr höchster Punkt. Der Hauptort ist Uturoa, der in der Nähe des 295 Meter messenden Berg Tapioi liegt. Die Insel verfügt über einen Flugplatz. Raiatea wurde am 16. Juli oder 7. August 1769 vom britischen Seefahrer James Cook (1728-1779) und den Naturforschern Daniel Solander (1736-1782) sowie Joseph Banks (1743-1820) gesichtet. Er kehrte im September 1773 und im Mai 1774 mit der „Resolution" zurück, sodass der Botaniker George Forster einige Pflanzen, darunter auch die besonders verbreitete Tiare Apetahi, einsammeln konnte. Am 18. November 1777 hielt er sich während seiner dritten Weltumsegelung ein weiteres Mal auf der Insel auf. Seit 1992 wird zwischen Huahine und Bora Bora die Drei-Etappen-Regatta „Hawaaaiki Nui Va'a" für Pirogen mit sechs männlichen Ruderern veranstaltet, bei der Raiatea ein Etappenort ist. Seit 1995 gibt es ein weiteres Rennen, das lediglich Frauen und Junioren vorbehalten ist und das über 40 Kilometer führt. Die archäologische Fundstätte von Marae Taputapuatea liegt an der Ostküste der Insel, 32 Kilometer von Raiatea entfernt. Es handelt sich dabei um die älteste Ausgrabungsstätte im Dreieck zwischen Hawaii, Neuseeland und der Osterinsel. Vor mehr als 1000 Jahren veranstalteten die Seefahrer der Insel und ihre Nachbarn mythische Zeremonien, bei denen dem Kriegs- und Meeresgott Oro auch Menschenopfer dargebracht wurden. Das erste internationale Tattoo-Festival fand zwischen dem 28. und 30. April 2000 auf der Insel statt. (Siehe auch bei Unter dem Wind, Gesellschaftsinseln und Französisch-Polynesien)

Raivavae (24°S und 147° 40'W) – Die Insel gehört zu den Austral-Inseln in Französisch-Polynesien und hat eine Oberfläche von 164 Quadratkilometern, die sich 1100 Menschen teilen, was eine Bevölkerungsdichte von 69 Bewohnern je Quadratkilometer ergibt. Mit 437 Metern ist der Berg Hiro der höchste Punkt der Insel. Er trägt den Namen des polynesischen Gottes der Diebe und Seeleute. Die Insel wurde 1775 vom britischen Seefahrer James Cook (1728-1779) entdeckt und im gleichen Jahr vom spanischen Seefahrer Thomas Gayangos ein weiteres Mal gesichtet. 1880 wurde sie von Frankreich in Besitz genommen.

Rangiroa **(15° 10'S 147° 40'W)** – 360 Kilometer nordöstlich von Tahiti liegt das am dichtesten bewohnte Atoll der Tuamotu-Inseln in Französisch-Polynesien. Nach Kwajalein ist es zudem das zweitgrößte Atoll der Welt. Es hat eine Ausdehnung von 80 mal 25 Kilometern. Die nutzbare Oberfläche beträgt 75 Quadratkilometer, die sich 2000 Menschen teilen, was eine Bevölkerungsdichte von 27 Bewohnern je Quadratkilometer ergibt. Wenn man noch die Oberfläche der Lagune mitrechnet, kommt Rangiroa auf 1600 Quadratkilometer. Darin hätte sogar die Insel Tahiti Platz. 1560 wurden bei einer Flutwelle zwei Drittel der Bevölkerung getötet. 1965 entstand auf dem Atoll ein Flugplatz. Rangiroa wurde am 18. April 1616 vom holländischen Seefahrer Jacob Le Maire (1585-1617) entdeckt, der zweieinhalb Monate zuvor mit seiner „Concorde" zusammen mit seinem Landsmann Willem de Schouten (1599-1625) Kap Hoorn entdeckt hatte. Sie hatten den holländischen Hafen Hoorn am 16. Mai 1615 verlassen. 1722 wurde das Atoll vom holländischen Seefahrer Jacob Roggeveen (1659-1729), dem Entdecker der Osterinsel, ein weiteres Mal gesichtet. In den Gewässern, wie in ganz Polynesien, fischt man vor allem den Mahi-Mahi, eine Doradenart. (Siehe auch bei Tuamotu-Inseln)

Raoul **(29° 16'S und 177° 54'W)** – Die östlich von Australien und nordöstlich von Neuseeland gelegene Insel gehört zu den Kermadec-Inseln, die den Namen des französischen Seefahrers Jean-Michel Huon de Kermadec (1748-1793) tragen, der mit der „Espérance" nach dem verschollenen Jean-François de La Pérouse (1741-1788) suchte. Sie hat eine Oberfläche von 29 Quadratkilometern. Der höchste Punkt ist der Berg Mumaki, der 525 Meter erreicht. Die Insel wurde am 16. März 1793 vom französischen Seefahrer Joseph-François Raoul (1766-1816) entdeckt, der Mitglied der Entrecasteaux-Expedition war, die ebenfalls La Pérouse suchte. 1887 wurde die Vulkaninsel von Neuseeland in Besitz genommen. Seit 1937 befindet sich hier eine Wetterstation. (Siehe auch bei Kermadec)

Rapa **(27 36'S und 114° 20'W)** – Die auch Rapa Iti genannte Insel ist zusammen mit Marotiri die südlichste der Austral-Inseln in Französisch-Polynesien. Sie liegt 1300 Kilometer südöstlich von Tahiti auf der gleichen Breite wie die Osterinsel. Sie hat eine Oberfläche von 40 Quadratkilometern, die sich 600 Menschen teilen. Die Bevölkerungsdichte liegt bei 15 Bewohnern je Quadratkilometer. Der Berg Perau ist mit 650 Metern der höchste Punkt der Insel. Rapa wurde 1792 vom britischen Seefahrer George Vancouver (1757-1798) entdeckt und 1881 von Frankreich in Besitz genommen. Der polynesische Name der Osterinsel Rapa Nui bedeutet „großes Rapa".

Raroia (16° 01'S und 142° 27'W) – Das Atoll gehört zu den Tuamotu-Inseln in Französisch-Polynesien. Es wurde 1606 vom portugiesischen Seefahrer Pedro Fernandez de Quiros (1565-1615) entdeckt. Er gab ihm den Namen Sagittaria. Das Atoll wurde am 12. Juli 1820 vom russischen Seefahrer Fabian von Bellingshausen (1778-1852) ein weiteres Mal gesichtet. Das Floß „Kon Tiki" des norwegischen Seefahrers Thor Heyerdahl (1914-2002) beendete seine 7000 Kilometer lange Reise von Peru nach Polynesien am Riff von Raroia am 7. August 1947. Heyerdahl bewies damit seine Hypothese, dass Polynesien von Südamerika aus besiedelt wurde. (Siehe auch bei Tuamotu-Inseln)

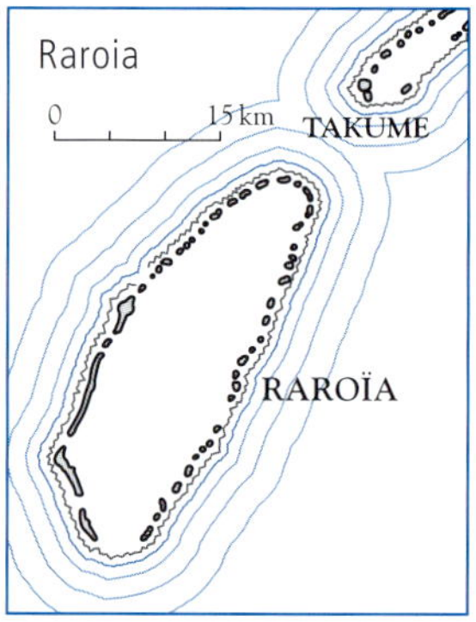

Rarotonga **(21° 14'S und 159° 46'W)** – Die Insel im Südpazifik gehört zu den Cook-Inseln, die mit Neuseeland assoziiert sind und seit dem 4. August 1965 Mitglied im Commonwealth of Nations sind. Sie tragen den Namen des britischen Seefahrers James Cook (1728-1889), der einige der Inseln 1773 bei seiner zweiten Weltumsegelung

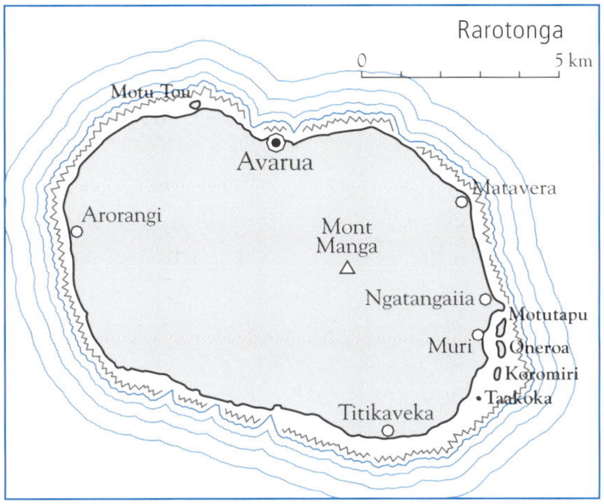

(1772 bis 1775) entdeckte. Rarotonga hat eine Oberfläche von 67 Quadratkilometern, die sich 12.000 Menschen teilen, was eine Bevölkerungsdichte von 179 Bewohnern je Quadratkilometer ergibt. Höchster Punkt ist der Berg Manga mit einer Höhe von 652 Metern. Im Hauptort Avarua befindet sich ein Flugplatz. (Siehe auch bei Cook-Inseln)

Rascas (43°N 6° 23'O) – Die kleinen französischen Inseln in der Nähe der Insel Port-Cros gehören zum Hyères-Archipel und sind seit 1963 Teil eines maritimen Naturschutzgebiets.

Raschua (47 45'N und 153° 01'O) – Die russische Insel zwischen der Halbinsel Kamtschatka und dem Norden Japans gehören zu den Kurilen und wurde nach dem Zweiten Weltkrieg von der Sowjetunion annektiert. (Siehe auch bei Kurilen)

Rat (52°N und 178°O) – Im Nordpazifik liegt die zu den Aleuten gehörende Insel, die von Alaska verwaltet wird. (Siehe auch bei Aleuten)

Ratonneau (43° 17'N 5° 18'O) – Die französische Mittelmeerinsel liegt drei Kilometer südlich von Marseille und gehört zum Frioul-Archipel. Sie hat eine Oberfläche von 110 Hektar. Ihr höchster Punkt erreicht 72 Meter. Sie ist mit der Insel Pomègues durch einen 300 Meter langen Damm verbunden, der 1822 eingeweiht wurde. Der Hafen von Port-Froul erstreckt sich über 16 Hektar und bietet 750 Anlegeplätze. Vom 17. bis 19. Jahrhundert wurde der Hafen als Quarantänestation genutzt. Mit Marseille ist die Insel durch eine Fähre verbunden. Von den Befestigungsanlagen aus hat man einen ungehinderten Blick auf Château d'If. (Siehe auch bei Frioul)

Rats (47° 51'N und 4° 11'W) – In der Nähe der Inseln Queffen und Garo nicht weit von Loctudy liegt diese französische Insel, die eine Oberfläche von sechs Hektar hat.

Ré (46° 12'N und 1° 21'W) – Zwei Kilometer westlich von La Rochelle liegt diese französische Insel, die eine Oberfläche von 85 Quadratkilometern hat, die sich 14.000 Einwohner teilen. Ihr höchster Punkt erreicht 19 Meter. Die wichtigsten Häfen sind Saint-Martin-de-Ré und La Flotte-en-Ré im Norden und Ars-en-Ré im Südwesten. Die drei Kilometer lange Mautbrücke wurde am 1. Juli 1988 eingeweiht. Der Leuchtturm Chauveau hat eine Höhe von 23 Metern, eine Reichweite von elf bis 15 Seemeilen und sendet alle zwölf Sekunden drei Signale. Der Leuchtturm Baleines hat eine Höhe von 53 Metern, eine Reichweite von 27 Meilen und sendet vier weiße Signale alle 15 Sekunden. Auf der Insel befindet sich das Museum Ernest Cognac (1839-1928), Gründer der Samaritaine in Paris, das Salzmuseum und ein Vogelschutzgebiet. Die lange Zeit von den Briten beherrschte Insel wurde von Karl VII. 1457 für Frankreich erobert. 1627 wurde sie vergeblich von den Briten angegriffen. Zwischen dem 17. und 20. Jahrhundert saßen in der Zitadelle mehr als 50.000 Häftlinge, darunter auch Alfred Dreyfus, ein. Dreyfus war hier zwischen dem 18. Januar und dem 21. Februar 1895 vor seinem Transport auf die Îles du Salût vor Französisch-Guayana inhaftiert. Die meisten Häftlinge wurden bis 1897 entweder in Lager auf Neukaledonien oder nach Guyana gebracht. Der französische Seefahrer Nicolas Baudin (1754-1803) wurde auf der Île de Ré geboren. Er leitete

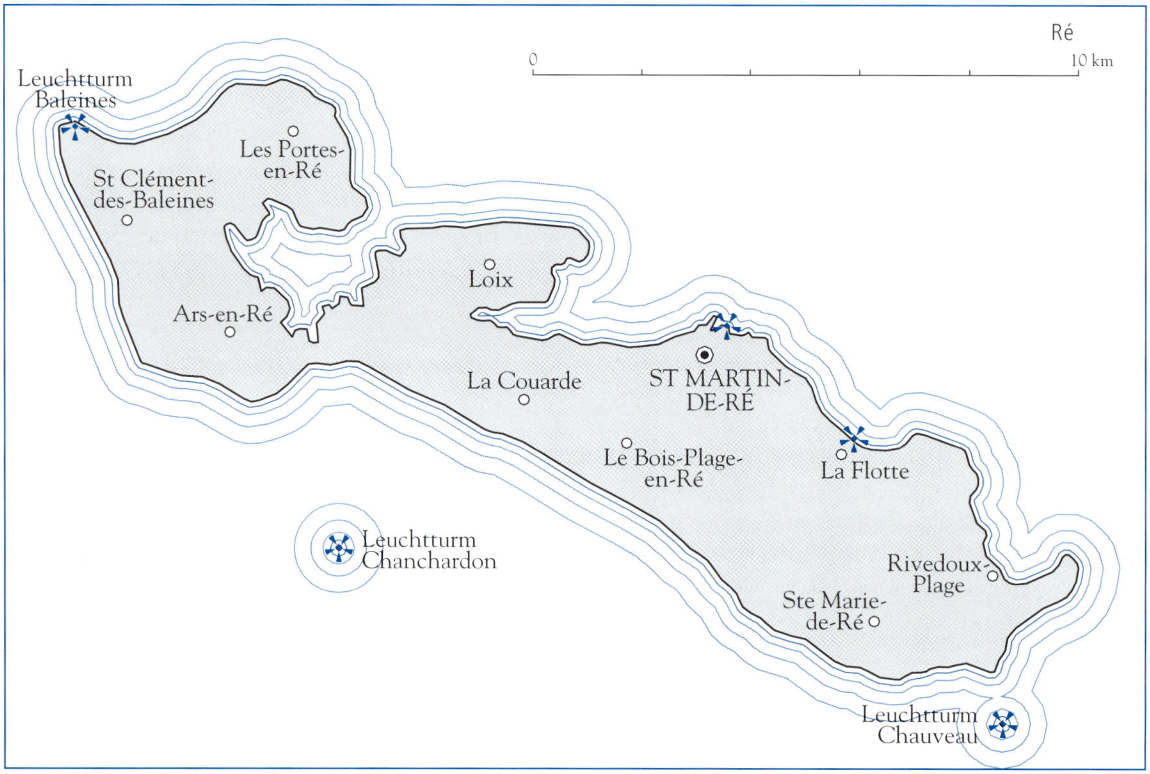

eine Expedition mit den beiden Schiffen „Géographe" und „Naturaliste" und starb am 16. September 1803 in Port Louis auf Mauritius.

Reao (18° 30'S und 136° 30'W) – Das zu den Tuamotu-Inseln in Französisch-Polynesien gehörende Atoll wurde 1823 vom französischen Seefahrer Louis Duperrey (1786-1865) bei seiner Weltumsegelung (1822-1825) mit der „La Coquille" entdeckt. (Siehe auch bei Tuamotu-Inseln)

Rebun (45° 23'N und 141° 02'O) – Die japanische Insel liegt in der La-Pérouse-Meerenge im Nordwesten der Insel Hokkaido. (Siehe auch bei Japan)

Recherche (34° 05'S und 122° 45'O) – Der Archipel liegt im Süden der Great Australien Bay im Süden der Stadt Esperance. Stadt und Inselgruppe tragen die Namen der Schiffe „Recherche" und „Espérance" des französischen Seefahrers Antoine d'Entrecasteaux (1737-1793), die Brest am 28. September 1791 verlassen hatten, um im Auftrag von König Ludwig XVI. nach dem verschollenen Jean-François de La Pérouse (1741-1788) zu suchen. La Pérouse war 1788 bei der Insel Vanikoro in einem Sturm untergegangen.

Reichenau – Die 4,5 Quadratkilometer große Insel im Untersee des Bodensees ist durch eine Dammstraße mit dem Festland verbunden. Die im Jahr 724 gegründete Benediktinerabtei war vom 9. bis 11. Jahrhundert eine der wichtigsten Pflegestätten der frühmittelalterlichen Kultur. Drei romanische Kirchen sind noch erhalten. Die Miniaturen der Reichenauer Malerschule waren um das Jahr 1000 die bedeutendsten des Abendlandes.

Reina Adelaida (52° 10'S und 74° 25'W) – Westlich vor dem chilenischen Teil von Patagonien liegt dieser Archipel, der den Namen der Königin Adelaide (1792-1849), Gattin des britischen Königs William IV., trägt, der Großbritannien von 1837 bis 1837 regierte.

Rybatschi (45° 09'N und 58°'O) – Die Insel liegt im westlichen Aralsee und diente lange Jahre der sowjetischen Armee als Entwicklungszentrum für biologische Waffen.

Renards-Bleus – In der Beringstraße liegt diese Insel. Die beiden russischen Goldsucher Dimitri Garkin und Wassili Semenow ließen sich hier am 22. Juni 1910 von einem japanischen Losten absetzen. Nach drei Jahren starb Semenow vor Hunger am 21. Januar 1913. Garkin erlitt das gleiche Schicksal einige Tage später.

Renaud (65° 40'S und 66°W) – Die Insel liegt vor der Antarktischen Halbinsel im Biscoe-Archipel, das den Namen des britischen Seefahrers John Biscoe (1794-1843) trägt.

Réno (47° 35'N und 2° 56'W) – Im Golf von Morbihan liegt diese unbewohnte französische Insel, die eine Oberfläche von neun Hektar aufweist.

Renote (48° 51'N und 3° 28'W) – Die unbewohnte französische Insel ist ein Vogelschutzgebiet, liegt nordöstlich von Trégastel und hat eine Oberfläche von zwölf Hektar.

Resolution (61° 30'N und 65°W) – Südlich der Insel Baffin liegt diese Insel, die den Namen des Schiffs „Resolution" trägt, mit dem der britische Seefahrer James Cook (1728-1779) die Erde umsegelte (1772-1775 und 1776-1780). Danach stand sie unter dem Kommando von Charles Clerke und Leutnant Gore. Das Schiff überquerte als erstes am Sonntag, 17. Januar 1773 den Polarkreis und erreichte bei 71° 10'S und 106° 54'W das antarktische und am 18. August bei 70° 44'N das arktische Packeis. Nach einer anderen Geschichte taufte der Seefahrer Button die Insel nach seiner „Resolution". Auf der Insel befindet sich eine Wetterstation.

Resolution (45° 40'S und 166° 40'O) – Im Südpazifik, nur einige hundert Meter von der Südinsel Neuseelands entfernt, liegt diese Insel, deren höchster Punkt, der Berg Clerke, 1070 Meter erreicht. Auch sie trägt den Namen des Schiffs, mit dem der britische Seefahrer James Cook (1728-1779) die Weltmeere befuhr.

Réunion – Die französische Insel im Indischen Ozean liegt 800 Kilometer östlich von Madagaskar und 200 Kilometer westlich von Mauritius und gehört zusammen mit Mauritius und Rodrigues zum Maskarenen-Archipel. Sie hat eine Oberfläche von 2512 Quadratkilometern, die sich 706.300 Menschen teilen, was eine Bevölkerungsdichte von 282 Bewohnern je Quadratkilometer ergibt. Zu La Réunion gehört lediglich eine kleine Insel, die 100 Meter vor der Südküste liegt und eine Oberfläche von vier Hektar hat. Der Piton des Neiges ist mit 3070 Metern der höchste Punkt der Insel. Der Vulkan La Fournaise erreicht 2631 Meter. Die letzten Eruptionen datieren vom April 1977, 23. März 1986, 9. März 1998, 13. Oktober 2000 und Januar 2002. Der internationale Flughafen Roland Garros liegt acht Kilometer von der Hauptstadt Saint-Denis entfernt. La Réunion wurde am Dienstag, 9. Februar 1507 vom portugiesischen Seefahrer Pedro Mascarenhas, der dem gesamten Archipel seinen Namen gab, entdeckt. 1638 wurde sie französisch, als Salomon Goubert, Kapitän der „Saint-Alexis", die Insel im Namen von König Ludwig XIII. in Besitz nahm. 1646 setzte Pronis (gest. 1655) zwölf Meuterer auf der Insel ab, die drei Jahre später von Flacourt (1607-1660) in bester Gesundheit vorgefunden wurden. Er gab der Insel den Namen Bourbon. Die erste Besitzname wurde unter Ludwig XIV. durch den Seefahrer Etienne Regnaut 1668 bestätigt. Er gründete auch die Stadt Saint-Denis. 1686 lebten 269 Siedler auf der Insel. Der französische Seefahrer Jean-Baptiste de Lozier (1705-1786), der am 1. Januar 1739 die nach ihm benannte Insel im Süd-

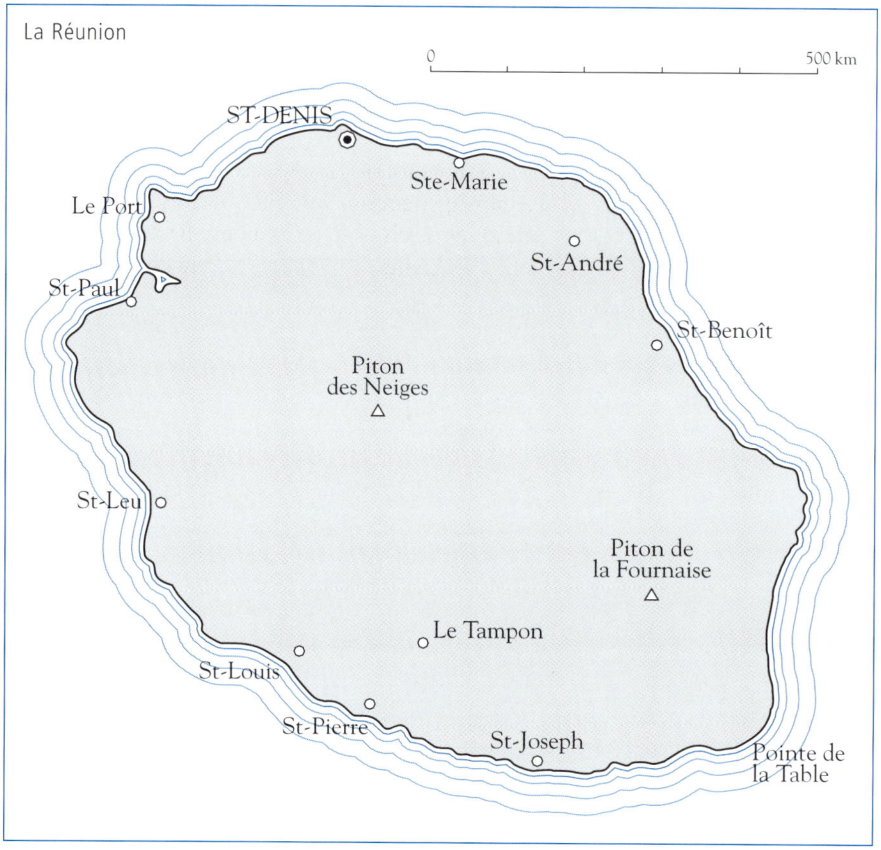

atlantik entdeckte, amtierte von 1750 bis 1752 als Gouverneur auf Bourbon. In jener Epoche lebten auf der Insel 3000 Weiße und 12.000 Schwarze. 1763 zeichnete der französische Marineingenieur Bellin eine hervorragende Karte der Insel. Der Name La Réunion wurde von Monge (1746-1818) am 13. März 1793 zu Ehren der Vereinigung der Marseiller mit den Republikanischen Garden gewählt. Im Kaiserreich wurde sie 1806 zur Île Bonaparte. 1848 schließlich bekam die Insel endgültig ihren aktuellen Namen. Die Sklaverei wurde erstmals am 4. Februar 1794 und endgültig am 20. Dezember 1848 abgeschafft. Seit dem 19. März 1946 ist La Réunion ein französisches Überseedepartement. Ein zweites Departement, das zum 1. Januar 2001 im Süden der Insel entstehen sollte, wurde wieder verworfen. Am 16. März 1952 stellte die 1200 Meter hoch gelegene Stadt Cilaos mit 1800 Millimeter Regen einen neuen Niederschlagsrekord auf. Die Insel, auf der die verschiedenen Ethnien friedlich miteinander leben, wurde im Laufe ihrer Geschichte immer wieder von tropischen Stürmen heimgesucht. Der vorerst letzte Zyklon verursachte am 22. Januar 2002 große Schäden auf der Insel.

Revillagigedo (19°N und 111° 30'W) – Die mexikanischen Inseln liegen im Nordpazifik, 1000 Kilometer vor der mexikanischen Westküste.

Rhodos (36° 26'N und 28° 13'O) – Die griechische Insel in der Ägäis liegt 20 Kilometer vor der türkischen Küste und ist die größte der Dodekanen-Inseln. Sie hat eine Oberfläche von 1400 Quadratkilometern, die sich 120.000 Menschen teilen, was einer Bevölkerungsdichte von 86 Bewohnern je Quadratkilometer entspricht. Der Berg Ataviros erreicht als höchster Punkt der Insel 1215 Meter. Die Hauptstadt Rhodos wurde im Jahr 408 vor Christus gegründet und gehört zum von der Unesco geschützten Weltkulturerbe. Hier befindet sich auch der Flughafen. Der Hafen von Rhodos liegt an der Nordspitze der Insel. Der Hafen von Lindos liegt an der Ostküste. Der Koloss von Rhodos, eines der sieben Weltwunder der Antike, wurde im Jahr 279 vor Christus eingeweiht. Die Bronzefigur hatte eine Größe von 35 Metern. Die Überreste wurden um 650 an einen syrischen Händler verkauft, der fast 900 Kamele

benötigte, um sie abzutransportieren. Die Johanniter-Ritter trafen 1309 auf der Insel ein, die 1522 von den Ottomanen besetzt wurde. (Siehe auch bei Dodekanen)

Rhum (57°N und 6° 20'W) – Die unbewohnte schottische Insel hat eine Oberfläche von 108 Quadratkilometern. Der Berg Askival ist mit 812 Metern ihr höchster Punkt.

Riau (1°N und 104° 30'O) – Die indonesischen Inseln liegen östlich von Sumatra und südlich von Singapur.

Ricard (48° 42'N und 3° 53'W) – Die unbewohnte französische Insel in der Bucht von Morlaix hat eine Oberfläche von 0,5 Hektar.

Richardson – Im hohen Norden Kanadas, südlich der Insel Victoria, liegt die kleine unbewohnte Insel, die den Namen des britischen Polarforschers John Richardson (1787-1865) trägt, der die Region zwischen 1820 und 1825 zusammen mit Sir John Franklin (1786-1847) erforschte.

Richardson (70°N und 110°W) – Der unbewohnte kanadische Archipel südlich der Insel Victoria gehört zum autonomen Territorium Nunavut, das am 1. April 1999 eingerichtet wurde. Die Inseln tragen den Namen des britischen Polarforschers John Richardson (1787-1865), der die Region gemeinsam mit Sir John Franklin (1786-1847) erforschte. Den Namen Richardson trägt auch ein Gebirgsmassiv im Nordwesten Alaskas.

Riems – Die kleine deutsche Insel liegt in der Ostsee und hat eine Oberfläche von 28 Hektar. 1907 wurde vom deutschen Bakteriologen Friedrich Loeffler (1852-1915) auf der Insel eine Versuchsstation gegründet, in der der Diphtherie-Erreger entdeckt wurde. Zurzeit werden auf die Insel die Auswirkungen von BSE erforscht. Seit 1971 ist Riems mit dem Festland durch einen Damm verbunden.

Rimains (48° 41'N und 1° 49'W) – Ein Kilometer nordöstlich von Cancale liegt die französische Privatinsel, die eine Oberfläche von 1,5 Hektar hat. Auf ihr befindet sich ein altes Fort.

Rimatara (22° 38'S und 152° 51'W) – Die kleine Pazifikinsel gehört zu den Austral-Inseln in Französisch-Polynesien. Sie hat eine Oberfläche von acht Quadratkilometern, die sich 1000 Menschen teilen, was eine Bevölkerungsdichte von 125 Bewohnern je Quadratkilometer ergibt. Ihr höchster Punkt erreicht 105 Meter. Die Insel wurde erst 1811 entdeckt und 1900 von Frankreich in Besitz genommen. (Siehe auch bei Austral-Inseln)

Riou (43° 10'N und 5° 23'O) – Die unbewohnte französische Mittelmeerinsel liegt südlich von Marseille und ist die größte der Riou-Inseln. Sie hat eine Oberfläche von 76 Hektar. Ihr höchster Punkt erreicht 191 Meter.

Rishiri (45° 11'N und 141° 15'O) – Die japanische Insel liegt in der La-Pérouse-Straße nordwestlich von Hokkaido.

Robben Island – Die südafrikanische Insel liegt 30 Kilometer nördlich des Kaps der Guten Hoffnung und hat eine Oberfläche von 16 Quadratkilometern. Mehr als 700.000 Seehunde leben in dem Vogelschutzgebiet.

Robert (62° 25'S und 59° 30'W) – Die subantarktische Insel gehört zu den Süd-Shetland-Inseln. (Siehe auch bei Süd-Shetland)

Robertson (68° 10'S und 59°W) – Im Wedellmeer liegt diese Insel, die den Namen des Australiers MacPherson Robertson (1860-1945) trägt, der 1931 als Präsident der Royal Geographical Society amtierte und die Expeditionen des australischen Polarforschers Douglas Mawson (1882-1958) förderte, der die Insel bei seinen internationalen Expeditionen von 1929 bis 1931 entdeckte.

Robinson Crusoe (33° 37'S und 78° 50'W) – Die chilenische Insel gehört zu den Juan-Fernandez-Inseln und liegt 700 Kilometer vor der chilenischen Küste. Sie hat eine Oberfläche von 93 Quadratkilometern, die sich 930 Einwohner teilen, was eine Bevölkerungsdichte von zehn Menschen je Quadratkilometer ergibt. Der Berg Yunqua erreicht als höchster Punkt 915 Meter. In der Nähe des Hauptdorfes San Juan Bautista befindet sich der Flughafen. Die Insel wurde am Montag, 22. November 1574, vom spanischen Seefahrer Juan Fernandez (1530-1599) entdeckt. Zunächst trug sie den Namen Mas a Tierra und wurde 1966 in Robinson Crusoe umbenannt, um an den Helden aus Daniel Defoes Roman zu erinnern, der 1719 veröffentlicht wurde. Der Roman basiert auf der Geschichte des schottischen Seemanns Alexander Selkirk (1676-1721), der vom Oktober 1704 bis Februar 1709 vier Jahre und vier Monate auf der Insel zubrachte, bis er am Samstag, 2. Februar 1709, vom Arzt Thomas Dover (1660-1742) befreit wurde. Dover fuhr auf der vom britischen Seefahrer Woodes Rogers (1679-1732) kommandierten „Saint George". Die benachbarte Insel trägt den Namen Alexander Selkirk. Defoes Roman beginnt tatsächlich am 30. September 1659 mit dem Untergang von Robinsons Schiff, bei dem er (im Roman) der einzige Überlebende ist. (Siehe auch bei Juan Fernandez)

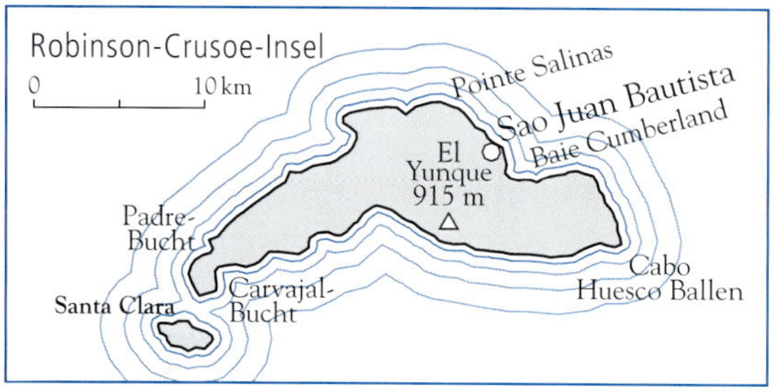

Roc'hon (48° 49'N und 3° 05'W) – Südöstlich des Dorfs Kermouster liegt die französische Privatinsel, die eine Oberfläche von sechs Hektar hat.

Rocher Percé (48° 32'N und 64° 10'W) – Nur wenige hundert Meter östlich der Halbinsel Québec ragt dieser Felsen aus dem Wasser, den man bei Ebbe zu Fuß erreichen kann. Er misst 430 Meter in der Länge und erreicht eine Höhe von 86 Metern.

Roches (5° 41'S und 53° 41'O) – Die Insel im Indischen Ozean gehört zu den Seychellen. (Siehe auch bei Seychellen)

Rockall (57° 35' 48"N und 13° 41' 19"W) – Auf dem gerade 27 Meter messenden Felsen im Nordatlantik 400 Kilometer westlich der Hebriden befindet sich eine Wetterstation. Am 1. September 1767 passierte ihn der französische Seefahrer Yves de Kerguelen (1734-1797) mit der „La Folle", ohne ihn zu bemerken. Am 28. Juni 1904 kollidierte das dänische Schiff „Norge" mit dem Felsen, wobei 600 Menschen das Leben verloren. Großbritannien nahm den Felsen am Sonntag, 18. Dezember 1955 in Besitz. Wegen der Fischereizone und der Bodenschätze auf dem Meeresboden erheben Irland, Island und Dänemark Anspruch auf ihn.

Rodrigues (19° 42'S und 63° 25'O) – Die zu Mauritius gehörende Insel hat eine Oberfläche

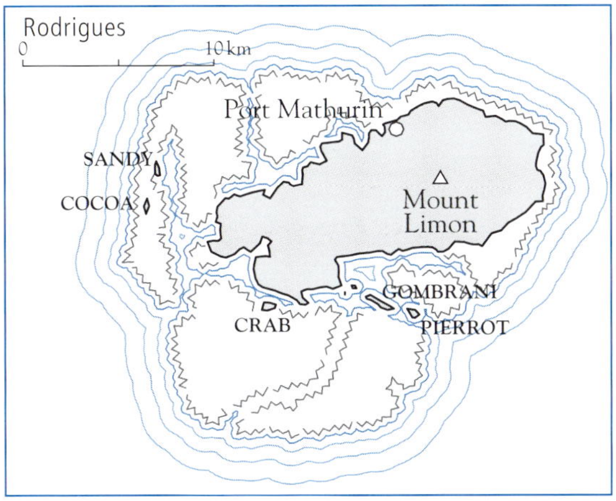

von 104 Quadratkilometern, die sich 39.000 Menschen teilen, was eine Bevölkerungsdichte von 375 Bewohnern je Quadratkilometer ergibt. Der Berg Limon erreicht als höchster Punkt der Insel 396 Meter. Die Insel wurde am 4. Februar 1528 vom portugiesischen Seefahrer Diego Rodriguez entdeckt und trägt daher seinen Namen. Die Holländer besetzten die Insel zwischen 1601 und 1611. 1638 nahm Frankreich Rodrigues in Besitz. 1690 trafen die ersten zwölf französischen Siedler auf der Insel ein. Nach dem Vertrag von Paris von 1814 wurden die Seychellen und Mauritius britische Kolonien. (Siehe auch bei Mauritius)

Roelan (47° 36'N und 3° 14'W) – Im Golf von Morbihan liegt diese französische Insel, die eine Oberfläche von einem Hektar hat. Ihr höchster Punkt erreicht 16 Meter.

Ronde (48° 20'N und 4° 28'W) – Die unbewohnte französische Insel liegt vor Brest und hat einen Durchmesser von 200 Metern. Ihre Oberfläche beträgt drei Hektar.

Rongé – Die Insel vor der Antarktischen Halbinsel gehört zum Palmer-Archipel. Auf ihr lebt eine Pinguin-Kolonie.

Roosevelt (79° 30'S und 162°W) – Der höchste Punkt der Antarktis-Insel erreicht 550 Meter. Sie trägt sowohl den Namen des amerikanischen Präsidenten Theodore Roosevelt (1858-1919), der von 1901 bis 1908 amtierte, als auch des Schiffs „Roosevelt" des amerikanischen Polarforschers Robert Edwin Peary (1856-1920), der den Nordpol am 6. April 1909 zusammen mit Matthew Henson (1866-1955) erreichte.

Roques (11° 90'N und 67° 20'W) – 150 Kilometer nördlich von Caracas liegt dieser Archipel, der einen venezolanischen Naturpark bildet. Nachdem Wasser- und Stromversorgung gelegt wurden, gibt es einige kleine Hotels für eine kleine Zahl von Touristen. Die 50 Bewohner der Insel leben vom Fischen, interessieren sich aber zunehmend für den Tourismus.

Rosamel – Westlich der Antarktischen Halbinsel liegt diese Insel, die ihren Namen dem französischen Seefahrer Jean Charcot (1867-1936) verdankt, der damit Claude de Rosamel, französischer Marineminister während der Epoche der Antarktisexpeditionen, ehren wollte.

Roservo (48° 35'N und 4° 40'W) – Die französische Insel im Nordwesten von Finistère hat eine Oberfläche von zwei Hektar.

Ross (63° 30'S und 58°W) – Die unbewohnte Insel im Osten der Antarktischen Halbinsel trägt den Namen des britischen Forschers und Seefahrers James Clark Ross (1800-1862), der sie 1843 mit seinen beiden Schiffen „Erebus" und „Terror" entdeckte. Im Jahr zuvor, am 13. März 1842, waren seine beiden Schiffe in der Region mit Eisbergen kollidiert, ohne allerdings große Schäden davonzutragen.

Ross (77° 10' bis 77° 52'S und 166° 10' bis 169° 20'O) – Am Rand des Ross-Eisschelfs liegt diese Insel, die den Namen des britischen Forschers und Seefahrers James Clark Ross (1800-1862) trägt, der sie am 21. Januar 1841 mit seinen beiden Schiffen „Erebus" und „Terror" entdeckte. Auf Ross befindet sich die amerikanische Forschungsstation McMurdo, die den Namen des Leutnants der „Terror" trägt, die vom britischen Seefahrer und Polarforscher Francis Crozier (1796-1848) kommandiert wurde. Neben den Amerikanern forschen die Neuseeländer in der Station Scott. Die Station wurde zu Ehren des britischen Forschers Robert Falcon Scott (1868-1912) benannt, der in Hut Point im Februar 1902 sein Lager aufschlug. Am 4. Februar 1902 gelang ihm die erste Ballonfahrt in der Antarktis, bei der er eine Höhe von 240 Metern erreichte. Im gleichen Jahr kam Scott zusammen mit Edward Wilson und Ernest Shackleton bis zur Position 82° 17'S. Neun Jahre später erreichte Scott am 17. Januar 1912 zusammen mit vier Begleitern den Südpol, musste aber feststellen, dass Amundsen ihm zuvorgekommen war. Auf dem Rückweg kamen er und seine Begleiter ums Leben. Der aktive Vulkan Erebus, der je nach Quelle 3794 oder 4023 Meter misst, trägt den Namen des Schiffes von James Clark Ross. Er wurde von den australischen Bergsteigern Edgeworth David, Douglas Mawson (1882-1958) und Alistair McKay, die zur von Ernest Shackleton (1874-1922) geleiteten Expedition gehörte, bestiegen. Während der Expedition wurde zudem der magnetische Südpol erreicht. Der Angriff auf den Südpol musste 179 Kilometer vor dem Ziel am 9. Januar 1909 abgebrochen werden. Wegen eines Navigationsfehlers flog eine DC-10 der Air New Zealand gegen die Flanken des Erebus. Eine französische Expedition erforschte den Berg vom 30. Januar bis 8. Februar 1994. Der erloschene Vulkan Terror trägt den Namen des Schiffes „Terror" des britischen Seefahrers Archibald McMurdo. Der Berg Terra Nova, der 2130 Meter erreicht, ist nach dem Schiff des britischen Seefahrers Robert Falcon Scott (1868-1912) benannt. (Siehe auch Kap Bird, Royds und Evans)

Rossel (11° 21'S und 154° 09'O) – Im Südosten von Neuguinea liegt diese Insel, die zum Louisiade-Archipel gehört. Sie trägt den Namen des französischen Seefahrers Paul de Rossel (gest. 1829), der zur Expedition von Antoine d'Entrecasteaux (1737-1793) gehörte, die nach dem verschollenen französischen Seefahrer Jean-François de La Pérouse (1741-1788) suchte. Nachdem Jean-Michel Huon de Kermadec (1748-1793) am 6. Mai 1793, Antoine d'Entrecasteaux am 20. Juli und Alexandre d'Auribeau (1760-1794) am 22. August 1794 gestorben waren, brachte Paul de Rossel die Expedition nach Frankreich zurück. Er wurde später Admiral und Mitglied der Akademie der Wissenschaften. (Siehe auch bei Louisiade)

Rota (14° 10'N und 145° 12'O) – Die zu den Marianen zählende Insel hat eine Oberfläche von 85 Quadratkilometern. (Siehe auch bei Marianen)

Rottnest (32°S und 115° 30'O) – Die australische Insel liegt im Südpazifik 19 Kilometer vor Perth. Sie hat eine Oberfläche von zwölf Quadratkilometern. Ihr Name bedeutet „Rattennest" und wurde ihr im 17. Jahrhundert von einem holländischen Forscher gegeben, der die kleinen einheimischen Quokas mit Ratten verwechselte.

Rotuma (12° 30'S und 177° 05'O) – Die kleine Insel im Südpazifik gehört zu den Fidschi-Inseln. Sie wurde 1791 vom britischen Seefahrer Edwards, Kommandant der „Pandora", entdeckt und 1824 vom französischen Seefahrer Louis Duperrey (1786-1865) während seiner Weltumsegelung ein weiteres Mal gesichtet. (Siehe auch bei Fidschi)

Rousse (43° 08'N und 5° 44'O) – Die französische Mittelmeerinsel liegt westlich der Insel Bendor. Sie hat eine Oberfläche von einem Hektar.

Rouveau (43° 04'N und 5° 46'O) – Die beiden französischen Inseln Petit- und Grand-Rouveau liegen im Mittelmeer westlich der Insel La-Tour-Fondue und gehören zu den Embiez-Inseln. Der höchste Punkt ist bei 31 Metern erreicht. (Siehe auch bei Embiez)

Rouzic (48° 54'N und 3° 26'W) – Vor Perros-Guirec liegt die zum Archipel Sept Îles gehörende Insel, die eine Oberfläche von vier Hektar hat.

Der höchste Punkt ist nach 56 Metern erreicht. Auf der Insel entstand das erste französische Vogelschutzgebiet. Die Vögel werden hier aus der Distanz über Videokameras beobachtet. (Siehe auch bei Sept Îles)

Rowley (69° 08'N und 78° 50'W) – Die kanadische Insel liegt im Territorium Nunavut westlich der Insel Baffin. Sie wurde 1631 vom britischen Seefahrer Luke Foxe (1586-1635) entdeckt.

Royal Geographical Society (69°N und 100°W) – Der Archipel im hohen Norden Kanadas liegt im autonomen Territorium Nunavut, das am 1. April 1999 errichtet wurde zwischen der King-William- und Victoria-Insel. Sie trägt den Namen der vom britischen Wissenschaftler John Barrow (1764-1848) gegründeten Gesellschaft.

Royale (48°N und 89°W) – Die amerikanische Insel liegt im Oberen See im US-Bundesstaat Michigan. Sie hat eine Oberfläche von 2195 Quadratkilometern und ist seit 1940 ein amerikanischer Nationalpark.

Rügen – Mit einer Oberfläche von rund 1100 Quadratkilometern ist Rügen die größte Insel Deutschlands. Mit 118 Metern ist der Königsstuhl der höchste Punkt der Ostseeküste. Rügen war schon während der Stein- und Bronzezeit besiedelt. Im Dreißigjährigen Krieg eroberten die Schweden der Insel, die sie erst 1815 an Preußen abtraten. Bis zur Mitte des 19. Jahrhundert waren Fischfang, Landwirtschaft und Seehandel die wichtigsten Wirtschaftszweige, die erst in der zweiten Hälfte des Jahrhunderts vom Tourismus abgelöst wurden.

Rum Cay (23° 40'N und 74° 53'W) – Nördlich von Kuba liegt diese zu den Bahamas gehörende Insel, deren höchster Punkt 36 Meter erreicht. Die Hauptstadt ist Port Nelson. Die Insel wurde im Oktober 1492 von Kolumbus (1451-1506) bei seiner ersten Entdeckungsfahrt entdeckt. (Siehe auch bei Bahamas)

Rurutu (22° 26'S und 151° 20'W) – 570 Kilometer südlich von Tahiti liegt diese Insel, die zum Austral-Archipel gehört, in Französisch-Polynesien. Sie hat eine Oberfläche von 29 Quadratkilometern, die sich 2000 Bewohner teilen, was eine Bevölkerungsdichte von 69 Menschen je Quadratkilometer ergibt. Der Berg Manureva ist mit 385 Metern der höchste Punkt der Insel. Die Insel wurde am Montag, 14. August 1769 vom britischen Seefahrer James Cook (1728-1779) entdeckt. (Siehe auch bei Austral)

Russell – 50 Kilometer westlich der Insel Guadalcanal liegen diese Inseln im Südpazifik, die zu den Salomonen gehören und den Namen des britischen Admirals Edward Russell (1653-1727) tragen, der die Flotte des französischen Vizeadmirals Anne de Cotentin de Tourville (1642-1701) 1692 vor La Hougue schlug. (Siehe auch bei Salomonen)

Ryukyu (26°N und 128°O) – Die japanischen Inseln liegen 500 Kilometer südlich der Insel Kyushu und gehören zum Nansei-Archipel. Sie haben eine Oberfläche von 2250 Quadratkilometern, die sich 1,5 Millionen Menschen teilen, was eine Bevölkerungsdichte von 667 Bewohnern je Quadratkilometer ergibt. Die Hauptinsel ist Okinawa. Der Ryukyu-Meeresgraben im Südosten der Inseln hat eine Tiefe von 7505 Metern. (Siehe auch bei Nansei und Japan)

Saba (17° 38'N und 63° 10'W) – Die zu den Niederländischen Antillen zählende Insel hat ein Oberfläche von 13 Quadratkilometern, die sich 12.000 Menschen teilen, was eine Bevölkerungsdichte von 92 Bewohnern je Quadratkilometer ergibt. In der Hauptstadt Bottom befindet sich der Flughafen. Die Insel wurde 1483 von Kolumbus (1451-1506) entdeckt, von den Holländern 1632 in Besitz genommen und 1655 von englischen Piraten besetzt. (Siehe auch bei Antillen, Niederländische)

Sabine (74° 35'N und 19°W) – Vor der Nordostküste Grönlands im Süden der Insel Shannon liegt die Insel, deren höchster Punkt 699 Meter erreicht. Sie trägt den Namen des britischen Seefahrers und Physikers Edward Sabine (1788-1883), der zwischen 1891 und 1820 zusammen mit seinen Landsleuten John Ross (1777-1820) und William Edward Parry die Nordwestpassage erforschte. Mit ihren Schiffen „Hecla“ und „Griper“ durchquerten sie dabei die Melville-Meerenge bei 110°W. Der deutsche Seefahrer Karl Koldewey (1837-1908) überwinterte hier vom 5. August 1869 bis 16. August 1870.

Sable (48° 41’N und 3° 53’W) – In der Bucht von Morlaix liegt die französische Insel im nördlichen Finistère. Sie hat eine Oberfläche von 0,5 Hektar.

Sable – Im Nordatlantik, 180 Kilometer vor der kanadischen Küste, liegt diese Insel auf der Höhe von Halifax. Tatsächlich handelt es sich um eine lang gestreckte Düne, die 35 Kilometer lang und 1,6 Kilometer breit ist. Sie wurde 1520 vom portugiesischen Seefahrer José Alvarez Faguendez entdeckt. 1598 wurden dort 50 Häftlinge ausgesetzt. 1603, fünf Jahre später, lebten noch elf Männer, die vom französischen König Heinrich IV. (1553-1610) begnadigt wurden.

Sachalin (46° bis 54°N und 142° bis 144°O) – Seit 1945 gehört die Insel zu Russland. Sie hat eine Oberfläche von 87.000 Quadratkilometern, die sich 1,2 Millionen Menschen teilen, was einer Bevölkerungsdichte von 14 Bewohnern je Quadratkilometer entspricht. Der höchste Punkt erreicht 1609 Meter. Die Hauptstadt ist Jusno-Sachalinsk, wo sich mehrere Flughäfen befinden. Der Hafen von Scholmsk befindet sich im Südwesten der Insel und der von Korsakow im Süden. 2003 begannen Arbeiten an einer Pipeline, die das im Ochotskischen Meer gewonnene Rohöl nach Korsakow transportiert. Die Insel wurde 1643 vom holländischen Seefahrer De Vries entdeckt. Die Westküste entdeckte am 12. Juli 1787 der französische Seefahrer Jean-François de La Pérouse (1741-1788), der hier an Land ging und der Meerenge zwischen Sachalin und der japanischen Insel Hokkaido den Namen gab. Seine Beschreibung des Landgangs und des Geschenkeaustausches: „Sie scheinen sich nur um das Nützliche zu kümmern. Eisen und Stoffe vor allem. Sie kennen die Metalle wie wir. Sie ziehen Silber Kupfer vor und Kupfer dem Eisen. Sie waren ziemlich arm. Nur drei oder vier hatten Ohrringe aus Silber mit blauen Rosenkränzen.“ Marco Polo über die Insel: „Man muss vor allem wissen, dass in Rosie die größte Kälte der Welt herrscht und dass man ihr kaum entkommen kann. Das ist eine so große Provinz, dass sie bis zum Ozean reicht. Und ich sage euch, dass es in diesem Meer Inseln gibt, wo Geier- und Wanderfalken vorkommen, die so gut sind, dass sie in alle Himmelsrichtungen gebracht werden.“

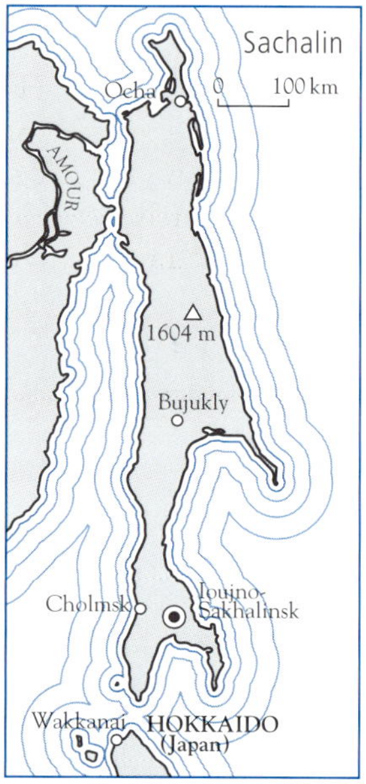

Saint-Barthélemy (17° 55’N und 62° 50’W) – Die in der Nähe von Sint Maarten gelegene Karibikinsel gehört zu Guadeloupe. Die Oberfläche von 21 Quadratkilometern teilen sich 6000 Einwohner, was eine Bevölkerungsdichte von 285 Menschen je Quadratkilometer ergibt. Der Berg Morne-du-Vitet erreicht als höchster Punkt 281 Meter. Die Insel verfügt über einen Flughafen. Die Hauptstadt ist Gustavia. Saint-Barthélemy wurde am 11. November 1493 von Kolumbus (1451-1506) bei seiner zweiten Entdeckungsfahrt mit der „Maria Galante“ entdeckt. Er gab ihr den Vornamen seines Bruders Bartholomeo. (Siehe auch Antillen, Kleine und Guadeloupe)

Saint-Brandon – Die kleine Insel im Indischen

Ozean gehört zum Archipel der Cargados-Carajos und wird von Mauritius verwaltet. Auf der Insel leben ausschließlich Fischer, keine Frauen, und zudem gibt es dort keinen Alkohol. Die im Norden des Archipels gelegene Insel Albatros beheimatet zahlreiche Vogelkolonien. (Siehe auch bei Cargados-Carajos und Mauritius)

Sainte-Lucie (43° 03'N und 3° 03'O) – Die französische Insel liegt drei Kilometer nördlich von Port-La-Nouvelle und gehört dem französischen Küstenschutz. Sie hat eine Oberfläche von drei Quadratkilometern. Ihr höchster Punkt erreicht 39 Meter.

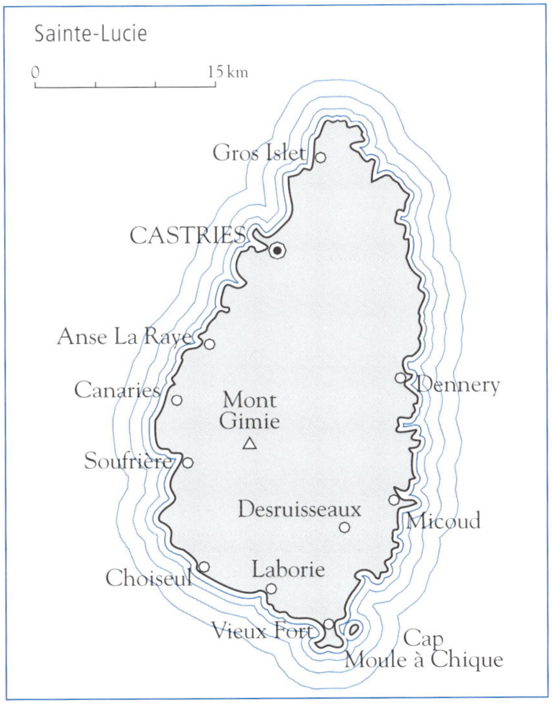

Sainte-Marguerite (43° 31'N und 7° 03'O) – Die französische Mittelmeerinsel liegt 1,5 Kilometer südlich vom Kap Croisette in Cannes und gehört zu den Lérins-Inseln. Auf der Oberfläche von 270 Hektar leben 20 Menschen. Ihr höchster Punkt erreicht 28 Meter. Sie ist durch Fähren mit der Nachbarinsel Saint-Honorat (15 Minuten), Cannes (15 Minuten) und Sainte-Maxime (zwei Stunden) verbunden. Der wichtigste Hafen befindet sich an der Nordküste gegenüber von Fort Sainte-Marguerite. Dieses Fort, auch Fort Royal genannt, wurde nach den Plänen von Vauban umgebaut und diente zwischen 1687 und 1698 dem „Mann mit der eisernen Maske“ als Verbannungsort. Der legendäre Gefangene, bei dem es sich möglicherweise um einen Zwillingsbruder des französischen Königs Ludwig XIV. handelte, wurde zunächst in der Gegend um Dünkirchen festgesetzt. Von der Insel Sainte-Marguerite kam er in die Pariser Bastille, wo er am 19. November 1703 starb und am nächsten Tag beigesetzt wurde. In dem Fort ist heute das Musée de la Mer untergebracht. (Siehe auch bei Lérins)

Saintes (15° 80'N und 61° 50'W) – Die Inselgruppe gehört zu Guadeloupe und hat eine Oberfläche von 15 Quadratkilometern, die sich 330 Menschen teilen, was eine Bevölkerungsdichte von 220 Bewohnern je Quadratkilometer ergibt. Die beiden wichtigsten Inseln sind Terre-de-Bas (Oberfläche 9,7 Quadratkilometer) und Terre-de-Haut (Oberfläche 4,7 Quadratkilometer). Die beiden kleinen Inseln Cabri und Grand-Îlet gehören ebenfalls zum Archipel. Der höchste Punkt, der Morne-du-Chameau, erreicht 309 Meter. Die Inseln wurden am 4. November 1493 von Kolumbus (1451-1506) bei seiner zweiten Entdeckungsfahrt entdeckt. Am 18. Oktober 1648 wurden die Inseln von Frankreich besetzt. Das Fort Napoléon

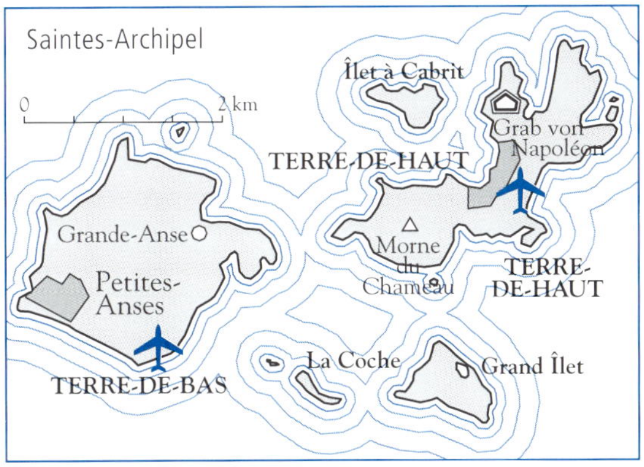

wurde nach den Plänen von Sébastien de Vauban (1633-1707) gebaut. (Siehe auch bei Guadeloupe)

Saint-Féréol **(43° 30'N und 7° 03'O)** – Die unbewohnte französische Mittelmeerinsel liegt 200 Meter östlich der Insel Saint-Honorat und hat eine Oberfläche von einem Hektar.

Saint-Gildas **(48° 50'N und 3° 18'W)** – Die französische Insel liegt 400 Meter vor Port-Blanc an der Côte d'Armor und hat eine Oberfläche von 16 Hektar. Sie kann bei Ebbe zu Fuß erreicht werden. Jedes Jahr findet an Pfingsten eine Wallfahrt zur Segnung der Pferde am Strand statt. Die Insel trägt den Namen des schottischen Heiligen Gildas (493-570), der einige Jahre als Eremit auf der Insel Houat lebte, danach das Kloster auf der Halbinsel Rhuys gründete und später nach Houat zurückkehrte, wo er starb.

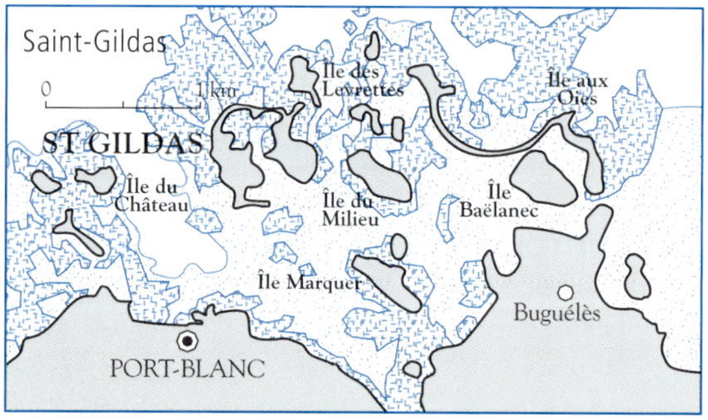

Saint-Honorat **(43° 30'N und 7° 03'O)** – 1,5 Kilometer südlich von Cap Croisette in Cannes liegt diese französische Mittelmeerinsel 700 Meter südlich der Insel Sainte-Marguerite. Sie gehört zu den Lérins-Inseln und hat eine Oberfläche von 60 Hektar, die sich 60 Menschen teilen. Der höchste Punkt erreicht sechs Meter. Der wichtigste Hafen ist Moines im Norden der Insel. In der Abtei leben 30 Zisterzienser-Mönche, die sich mit Weinbau beschäftigen. Fähren verbinden die Insel mit Sainte-Marguerite (15 Minuten), Cannes (15 Minuten) und Sainte-Maxime (zwei Stunden). (Siehe auch bei Lérins)

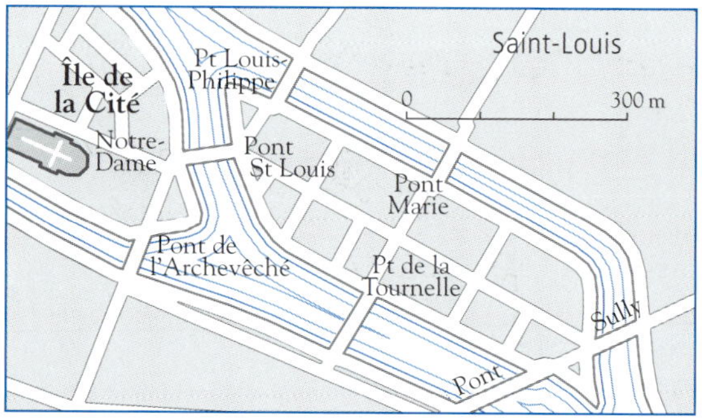

Saint-Louis **(48° 52'N und 2° 21'O)** – Die zehn Hektar messende Insel liegt in der Mitte der Seine im Zentrum von Paris. Sechs Brücken führen auf diese Insel: drei vom rechten, zwei vom linken Ufer und eine von der Île de la Cité. Unter den Gebäuden auf der Insel ragen die Kirche Saint-Louis-en-Île (erbaut von 1664 bis 1725), Hôtel Louis Le Vau (1612-1670), das dem ersten Architekten des Königs gehörte, Hôtel de Lauzun (1650-1658) und das Hôtel de Chenizot (1730) heraus. Der Architekt Louis Le Vau (1612-1670) hat den Louvre erbaut und mit dem Bau von Versailles begonnen. Er war auch der Schöpfer des Schlosses Vaux-le-Vicomte in der Nähe von Melun, in dem Nicolas Fouquet (1615-1680), Finanzminister von Ludwig XIV., 1653 residierte. Die Gärten des Schlosses wurden vom Gartenarchitekt André Le Nôtre (1613-1700) geschaffen, der auch in Versailles tätig war. Das Schloss Vaux-le-Vicomte gehört heute Graf und Gräfin Patrice und Christine de Vogue und gilt als schönstes privates Schloss Frankreichs.

Saint-Marcouf **(49° 29'N und 1° 08'W)** – Die beiden unbewohnten französischen Inseln liegen neun Kilometer östlich der Halbinsel Cotentin. Die Insel Large misst 200 mal 200 Meter, während die Insel Terre 300 mal 100 Meter misst. Insgesamt haben die Inseln eine Oberfläche von vier Hektar. Auf ihnen befinden sich nach den Plänen von Vauban erbaute Befestigungsanlagen. Der Leuchtturm auf der Insel Large hat eine Reichweite von 14 Seemeilen und sendet ein weißes Signal alle fünf Sekunden.

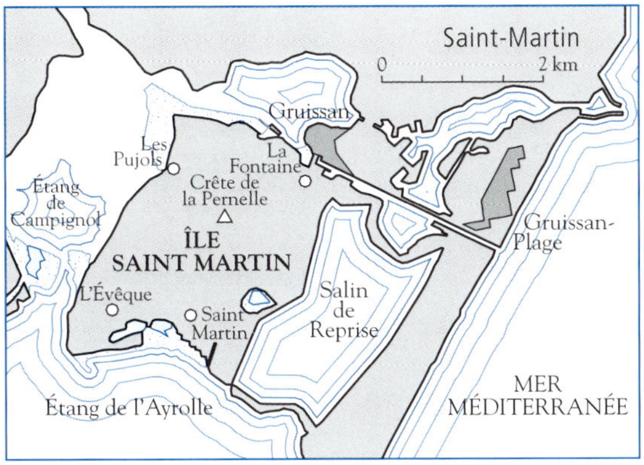

Saint-Martin (43° 06'N und 3° 04'O) – Südlich von Gruissan liegt die französische Insel, die eine Oberfläche von drei Quadratkilometern hat. Ihr höchster Punkt erreicht an der Crête de la Pelle 69 Meter. Eine französisch-holländische Insel in der Karibik trägt den gleichen Namen.

Saint-Martin (18° 04'N und 63° 04'W) – Die Insel gehört zu den Kleinen Antillen und hat eine Oberfläche von 106 Quadratkilometern, von denen 53 zu Frankreich und die andere Hälfte zu den Niederlanden gehören. 30.000 Menschen leben auf der Insel, was eine Bevölkerungsdichte von 566 Bewohnern je Quadratkilometer ergibt. Der höchste Punkt, der Pic du Paradis, erreicht 411 Meter. Der internationale Flughafen Juliana liegt im niederländischen Teil der Insel jeweils 15 Kilometer von den beiden Hauptorten Marigot (französisch) und Philipsburg (niederländisch) entfernt. Der Hafen Marigot befindet sich im Süden der Insel. Die Insel wurde am Montag, 11. November 1493, dem Namenstag des heiligen Martin, von Kolumbus (1451-1506) bei seiner zweiten Entdeckungsfahrt entdeckt. Sie wurde am 13. März 1648 in einem Vertrag zwischen Frankreich und den Niederlanden geteilt. Philipsburg wurde 1763 vom Kommandanten Philips (daher der Name) gegründet. Das Fort Amsterdam, von dem nur noch Ruinen existieren, wurde von den Holländern 1631 erbaut, 1633 von den Spaniern erobert und von ihnen 1648, als sie die Insel wieder verließen, zerstört. Die Insel gilt als Steuerparadies und ist zudem die weltweit einzige Stelle, wo Frankreich und die Niederlande eine direkte Landgrenze haben. Um Saint-Martin liegen noch die kleineren Inseln Tintamare (höchster Punkt 39 Meter), Pinel (33 Meter) und Caye-Verte (elf Meter). (Siehe auch bei Antillen, Kleine)

Saint-Michel (48° 39'N und 2° 26'W) – Vier Kilometer östlich von Erquy an der Côte d'Armor liegt diese französische Insel, die eine Oberfläche von drei Hektar hat. Östlich von Cancale befindet sich der gleichnamige berühmte Felsen.

Saint-Nicolas (47° 43'N und 4°W) – Die französische Insel gehört zum Archipel von Glénan und hat eine Oberfläche von 16 Hektar, die sich permanent weniger als zehn Menschen teilen. Ihr höchster Punkt erreicht 16 Meter. Während der Tourismussaison verbinden Fähren die Insel mit Loctudy, Bénodet, Beg-Meil und Concarneau (eine Stunde). An der Südküste befindet sich der Ankerplatz La Chambre. (Siehe auch bei Glénan)

Saint-Paul (48° 43'S und 77° 30'O) – Die subantarktische Insel gehört zu Frankreich und hat eine Oberfläche von sieben Quadratkilometern. Ihr höchster Punkt erreicht 268 Meter. Sie wurde

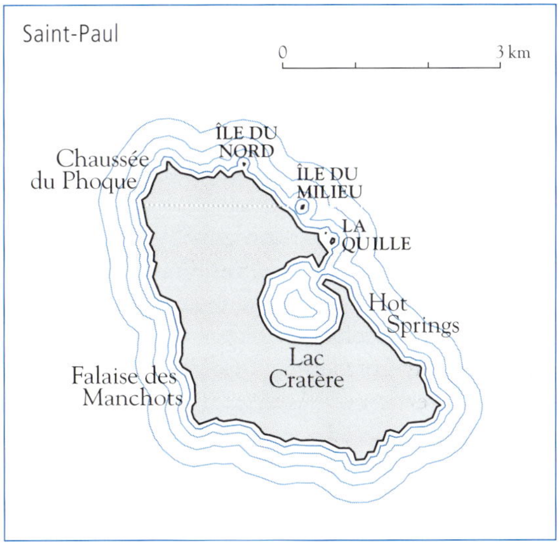

1559 vom portugiesischen Seefahrer Evert Gysberth entdeckt, der ihr den Namen seines Schiffes „Sao Paulo" gab. Der holländische Seefahrer Vlaming betrat sie als Erster im Jahr 1696. Am 1. September 1792 wurde der Kapitän der „Emile", Peron (geb. 1769) auf dieser Insel zusammen mit vier Seeleuten, von denen einer sofort starb, zurückgelassen. Sie verbrachten hier drei Jahre und drei Monate und machten während dieser Zeit Jagd auf Seehunde. Am 6. Dezember 1795 wurden sie von Kapitän Thomas Hadley, Kommandant der „Ceres", gerettet. Sie mussten dabei mehr als 2700 Robbenhäute zurücklassen. Am 3. Juli 1843 wurde die Insel von Kapitän Martin Dupeyrat, Kommandant der „Olympe", für Frankreich in Besitz genommen. Ihm folgte 50 Jahre später am 27. Oktober 1892 der Kommandant der „La Bourdonnais", Vuillaume, der die Ansprüche erneuerte, was der Kommandant der „Eure" am 26. Januar 1893 ein weiteres Mal wiederholte. Der französische Seefahrer Jean-Baptiste Cécile schrieb während seiner Weltumrundung (1837 bis 1839) über Saint-Paul: „Diese Insel ist eine der seltsamsten der Welt, fordert den Geist heraus und regt zur Meditation an." Am 3. März 1930 blieben sieben freiwillige Siedler auf Saint-Paul zurück, um die Einrichtungen für die Langusten-Fischerei aufrechtzuerhalten. Ende März kam ein Baby, das Paul genannt wurde, zur Welt und starb zwei Monate später am 25. Mai 1930. Vier Männer kamen zwischen Juli und Oktober 1930 ums Leben. Die drei Überlebenden wurden am 6. Dezember 1930 von der „Saint-Paul" gerettet, die auf der Insel 100 neue Siedler für den Langustenfang absetzte. Von ihnen waren 42 Menschen an Beriberi gestorben, als die „Austral" am 1. April 1931 einlief, um die Überlebenden abzuholen. Damit waren die Kolonisierungsversuche endgültig gescheitert. 18 Jahre später wurde der Langustenfang mit Kühlschiffen wieder aufgenommen. Die Insel ist von einer 200-Meilen-Fischereizone umgeben.

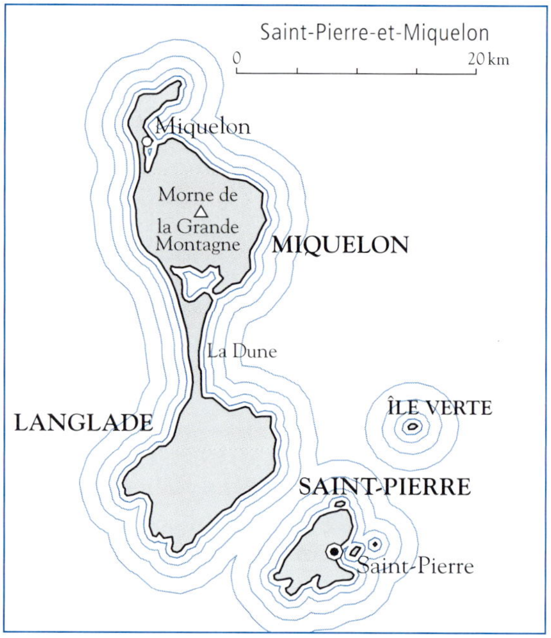

Saint-Pierre-et-Miquelon (46° 70' bis 47° 20'N und 56° 20' bis 56° 35'W) – Zu den beiden französischen Inseln vor der kanadischen Ostküste gehören noch die Île aux Marins, Île aux Vainqueurs, Île au Massacre, Île aux Chasseurs, Île aux Pigeons, Petit-Saint-Pierre, Grand Colombier, Petit Colombier, Canailles, Noir, Verte und der Felsen Enfant Perdu. Die Oberfläche beträgt insgesamt 242 Quadratkilometer, wovon 26 Quadratkilometer auf die Insel Miquelon entfallen. 216 Quadratkilometer erreichen die Inseln Langlade und Miquelon, die mit einem Damm verbunden sind. 6600 Menschen leben auf den Inseln, was eine Bevölkerungsdichte von 27 Bewohnern je Quadratkilometer entspricht. Der neue internationale Flughafen liegt drei Kilometer vom Hauptort Saint-Pierre entfernt. Der höchste Punkt Morne de la Grande Montagne erreicht 240 Meter auf Miquelon. Der Archipel wurde am 21. Oktober 1520 vom portugiesischen Seefahrer José Alvarez Faguendez entdeckt, der die Inseln 1100 Jungfrauen nannte. Bei seiner zweiten Entdeckungsfahrt in die Neue Welt hielt sich der französische Seefahrer Jacques Cartier (1491-1557) vom 11. bis 16. Juni 1536 auf Saint-Pierre-et-Miquelon auf, wo er auf zahlreiche Schiffe aus Frankreich oder Großbritannien traf. Er nahm die

Inseln im Namen Frankreichs in Besitz und gab ihnen den aktuellen Namen. Die Inseln wurde danach mehrere Male von den Briten besetzt und den Franzosen im Rahmen des Vertrages von Paris am 14. Mai 1814 zurückgegeben. Die Inseln waren zwischen 1946 und 1976 ein Territoire d'Outre Mer, zwischen 1976 und 1985 ein Département d'Outre Mer und bekamen am 11. Juni 1985 einen Präfekten, was es dem Gebiet erlaubt, beispielsweise eigene Briefmarken zu drucken. Die Ratsversammlung besteht aus 19 Mitgliedern. Während der Prohibition in den USA lebten die Inseln vom Alkoholschmuggel und später von den großen Fischfangschiffen, die hier vor Anker gingen. Heute träumen die Menschen von der Ausbeutung der Rohölvorkommen vor der Küste. Die Schriftstellerin Françoise Enguehard wurde 1957 auf Saint-Pierre-et-Miquelon geboren.

Saint-Riom (48°N und 2°W) – Vier Kilometer östlich von Paimpol vor der Côte d'Armor liegt diese unbewohnte französische Insel, die eine Oberfläche von fünf Hektar hat.

Saipan (15° 12'N und 145° 45'O) – Die Hauptinsel der Marianen hat eine Oberfläche von 122 Quadratkilometern. Ihr höchster Punkt ist mit 466 Metern der Berg Susupe. Der Hafen von Garapan liegt an der Westküste. Im Zweiten Weltkrieg wurde die Insel in einer verlustreichen Schlacht am 9. Juli 1944 von den Amerikanern erobert. Dabei opferten sich 4000 japanische Soldaten und 300 Zivilisten für den Tenno. Der Verantwortliche für den japanischen Angriff auf Pearl Harbor am 7. Dezember 1941 gehörte zu den Toten. (Siehe auch bei Marianen)

Sala y Gomez (26° 28'S und 105° 28'W) – Im Südpazifik liegt diese chilenische Insel, die eine Oberfläche von 25 Quadratkilometern hat. Ihr höchster Punkt erreicht 70 Meter.

Salgren (48° 08'N und 4° 16'W) – Die kleine französische Insel vor dem Strand von Sainte-Anne liegt in der Bucht von Douarenez im südlichen Finistère. Sie misst 120 mal 50 Meter und hat ihren höchsten Punkt bei neun Metern. Wegen des hohen Gezeitenhubs ist die Insel bei Ebbe nicht vollständig von Wasser umgeben.

Salisbury (63° 30'N und 77°W) – Am Eingang der Hudson Bay liegt diese kanadische Insel, die vom britischen Seefahrer Henry Hudson (1550-1611) entdeckt wurde. Sie trägt den Namen von Robert Salisbury (1830-1903), der zwischen 1885 und 1892 sowie von 1895 bis 1902 als britischer Premierminister amtierte.

Salomonen (6° 50' bis 11°S und 156° 40' bis 162° 40'W) – Zwischen Vanuatu und Papua-Neuguinea liegt dieser Archipel im Südpazifik, der vor allem aus den Inseln Ontong, Choiseul, Santa Isabel, Malaita, Guadalcanal, Makira (San Cristobal), Rennell, Neugeorgien und Santa Cruz besteht. Bei Vanikoro hat der französische Seefahrer Jean-François de La Pérouse 1788 sein Leben in einem Sturm verloren. Seit dem 7. Juli 1978 sind die Salomonen unabhängig. Sie haben eine Oberfläche von 29.000 Quadratkilometern, die sich 410.000 Menschen teilen, was eine Bevölkerungsdichte von 14 Bewohnern je Quadratkilometer ergibt. Der Berg Makarakomburu auf Guadalcanal ist mit 2440 Metern der höchste Punkt der Inselgruppe. In der Hauptstadt Honiara befindet sich der Flughafen. Die Häfen Makira Harbour und Star Harbour befinden sich auf der Insel San Cristobal. Der Archipel wurde am 22. Februar 1568 vom spanischen Seefahrer Alvaro de Mendana entdeckt, der sie wegen ihres Reichtums „Inseln des Königs Salomon" taufte. Die Inseln wurde danach von anderen Seefahrern gesichtet. Darunter Tasman im März 1643, Carteret, de Bougainville (1729-1811), La Pérouse (1741-1788) und Jean François de Surville (1717-1767), der sie am 7. Oktober 1769 passierte. Die Inseln waren im Zweiten Weltkrieg zwischen den Amerikanern und Japanern heiß umkämpft. Vor allem auf der Insel Guadalcanal tobten zwischen Juli und Oktober 1942 erbitterte Kämpfe. Der japanische Admiral Isoroku Yamamoto (1884-1943) fiel hier.

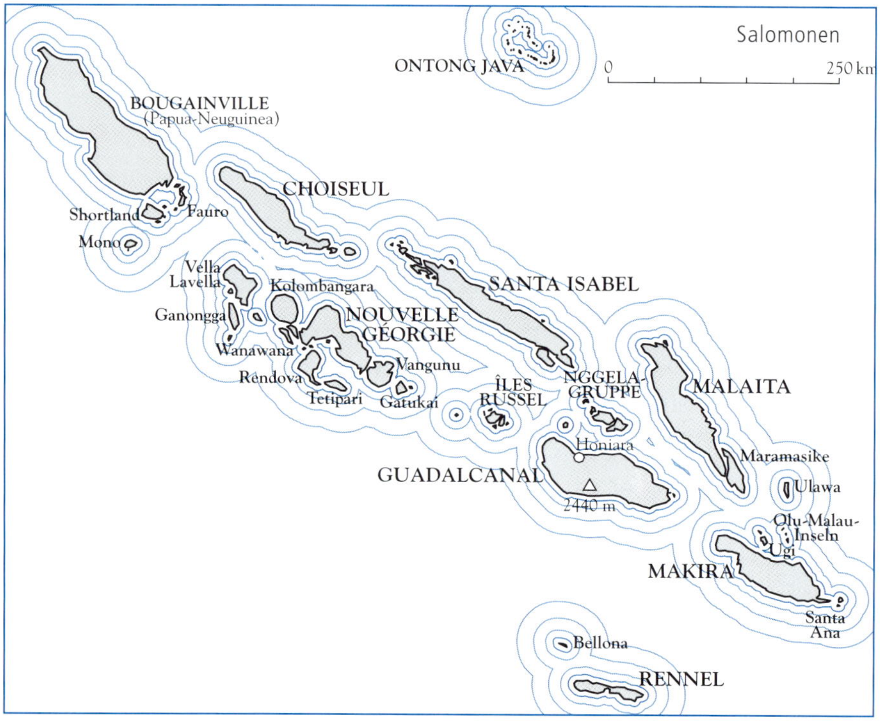

Der Nationalpark von Rennell gehört zu dem von der Unesco geschützten Weltnaturerbe.

Saltholm (55° 38'N und 12° 46'O) – Vier Kilometer östlich vom Kopenhagener Flughafen Kastrup zwischen dem Drogde-Kanal und dem Östersund liegt diese dänische Insel, die eine Oberfläche von 15 Quadratkilometern hat. Die vier Kilometer lange und 300 Meter breite künstliche Insel von Peberholm entstand einen Kilometer südlich von Saltholm. Sie ist das Bindeglied zwischen dem Tunnel und der Brücke, die Dänemark und Schweden verbindet und die am 1. Juli 2000 eingeweiht wurde.

Salut (5°N und 52°W) – 14 Kilometer nördlich von Kourou in Französisch-Guayana liegen diese drei Inseln. Die Île Royal hat eine Oberfläche von 34, die Île du Diable kommt auf 17, und die Île Saint-Joseph erreicht 19 Hektar und besitzt mit dem 35 Meter hohen Chapeau de Gendarme den höchsten Punkt. Auf der Île Royal befindet sich ein Hotel mit 60 Zimmern. Auf den Inseln befand sich seit dem 27. Mai 1852 eine Sträflingskolonie. Zwischen 1854 und 1945 saßen hier auch politische Gefangene ein. Insgesamt verbrachten 70.000 Häftlinge ihre Haft in den Lagern von Französisch-Guayana, wobei die meisten (8604) im Jahr 1910 hierhin gebracht wurden. 1937 endeten die Transporte, und zehn Jahre später wurde das Lager geschlossen. Auf der Insel Saint-Joseph befand sich die Verwaltung. Auf Saint-Joseph waren die flüchtigen und gefährlichsten Gefangenen untergebracht. Die Île du Diable war für Aufrührer reserviert. Einige Ziegel tragen noch heute die Aufschrift A. P. (Administration Pénétentiare). Der prominenteste Gefangene war zweifellos Alfred Dreyfus (1859-1935), der hier zwischen April 1895 und 1899 einsaß. Er hatte die Gewohnheit, auf einem Felsen an der Nordostküste der Île du Diable zu sitzen. Der Felsen trägt heute seinen Namen. Dem Gefangenen Henri Charrière, genannt Papillon, gelang 1945 auf einem aus Kokosnussschalen gebauten Floß die Flucht. Sein 1966 veröffentlichtes Buch „Papillon" wurde ein Weltbestseller. Der französische Abenteurer Georges Kihm (1924-1990) lebte zwei Jahre lang allein wie ein moderner Robinson auf der Insel. Er meinte: „Ich mache die Dinge, weil ich Lust dazu habe." Der französische Windsurfer Christian Marty (1946-2000) passierte die Inseln 1982 bei seiner Atlantiküberquerung auf einem Surfbrett. Von Dakar bis nach Kourou benötigte er genau 37 Tage, sechs Stunden und 53 Minuten.

Später wurde er Pilot auf der Boeing 747 und übernahm später die Concorde. Beim Absturz der Concorde in der Nähe von Paris am 25. Juli 2000 saß er am Steuerknüppel. Keiner der Insassen überlebte.

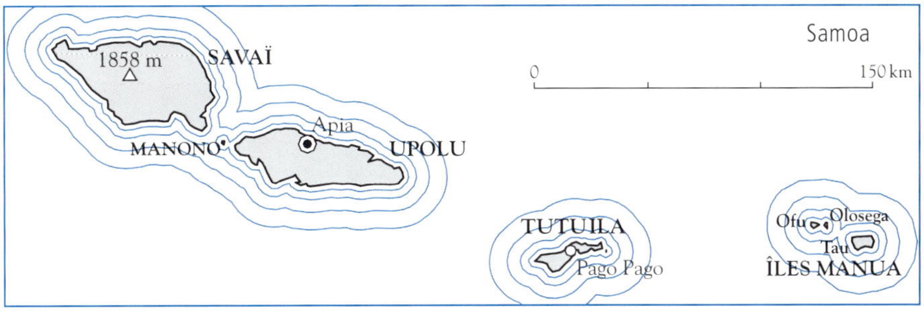

Samar (12° 60' bis 10° 10'N und 124° 30' bis 125° 80'O) – Die Insel mit einer Oberfläche von 13.080 Quadratkilometern gehört zu den Philippinen. Die Hauptstadt ist Catbalogan. Der Hafen Catarman befindet sich an der Nordspitze der Insel und die Häfen Maasin, Sogod und Calabion an der Südspitze. Die Insel wurde am 16. März 1521 von Fernao de Magellan entdeckt. Auf Mactan zwischen den Inseln Cebu und Bohol wurde er am 27. April 1521 getötet. Sein Vertreter Sebastien El Cano (1476-1526) setzte die erste Weltumsegelung mit der „Victoria" fort. Lediglich 17 Mann von 265 überlebten die Reise. (Siehe auch bei Philippinen)

Samoa (13° 30' bis 14°S und 171° 30' bis 172° 90'W) – Östlich der französischen Inseln Wallis und Futuna liegt diese Inselgruppe, deren wichtigste Inseln Savai und Upolu sind. Seit dem 1. Januar 1962 ist Samoa ein unabhängiger Staat und seit 1970 Mitglied im Commonwealth of Nations. Die Oberfläche beträgt 2842 Quadratkilometer, die sich 180.000 Menschen teilen, was einer Bevölkerungsdichte von 64 Bewohnern je Quadratkilometer entspricht. Der höchste Punkt ist mit 1858 Metern der Berg Silisili auf Savai. Auf Upolo erreicht der Berg Fiti 1158 Meter. In der Hauptstadt Apia befindet sich der Flughafen. Der Hafen Fagalo liegt im Norden von Aavai und der Hafen von Apia im Norden von Upolu. Die Inseln wurden 1722 vom holländischen Seefahrer Jacob Roggeveen (1659-1729) entdeckt und danach vom französischen Seefahrer Louis-Antoine de Bougainville (1729-1811) besucht. Im 18. Jahrhundert wurde Samoa auch „Insel der Seefahrer" genannt. Der britische Schriftsteller Robert Louis Stevenson („Die Schatzinsel") wurde 1894 am Berg Vaea in der Nähe von Apia auf Upolu beigesetzt. Stevenson hatte auf der Insel seinen Kollegen Henry Adams (1838-1918) getroffen. Am 25. November 1999 wurde der Meister-Tätowierer Paulo Suluape von seiner Frau am Vorabend des ersten Tätowierer-Kongresses ermordet.

Samoa (amerikanisch) (14° 40'S und 169° 30' bis 170° 80'W) – Östlich des Staates Samoa liegen diese Inseln, die seit 1878 zu den USA gehören. Die wichtigsten sind Tutuila, wo sich die Hauptstadt Pago Pago befindet, und die Manua-Inseln, zu denen Ofu, Olosega, und Tau gehören. Die Inseln haben eine Oberfläche von 197 Quadratkilometern, die sich 65.000 Menschen teilen, was eine Bevölkerungsdichte von 330 Bewohnern je Quadratkilometer ergibt. Mit 524 Metern ist der Berg Pioa der höchste Punkt. Die Inseln verfügen über einen internationalen Flughafen. Der Hafen Fagatogo befindet sich im Süden von Tutuila und der Hafen Tau im westlichen Teil der Insel. Die Inseln wurden 1722 vom holländischen Seefahrer Jacob Roggeveen (1659-1729) entdeckt und danach von den französischen Seefahrern Louis-Antoine de Bougainville (1729-1811) und Jean-François de La Pérouse (1741-1788) besucht. Der Stellvertreter von La Pérouse, Paul Fleuriot de Langle (1744-1787), wurde hier von Eingeborenen am 11. Dezember 1787 zusammen mit zehn Seeleuten getötet. Louis-Antoine de Bougainville gab den Inseln den Namen „Inseln der Seefahrer".

Samos (37° 58'N und 26° 54'O) – Fünf Kilometer vor der türkischen Küste liegt diese griechische Inseln in der Ägäis, die eine Oberfläche von 580 Quadratkilometern für 70.000 Menschen hat, was einer Bevölkerungsdichte von 120 Bewohnern je Quadratkilometer entspricht. Der höchste Punkt erreicht 1433 Meter. Die Insel verfügt über einen internationalen Flughafen. Der griechische Mathematiker Pythagoras wurde hier 572 vor Christus geboren. Der Hera-Tempel gehört zum von der Unesco geschützten Weltkulturerbe.

Samotrake (40° 30'N und 25° 32'O) – Die griechische Insel liegt im Norden der Ägäis und hat eine Oberfläche von 180 Quadratkilometern, die sich 4000 Menschen teilen, was eine Bevölkerungsdichte von 22 Bewohnern je Quadratkilometer ergibt. Der Berg Feugarce ist mit 1161 Metern der höchste Punkt der Insel. Nach der Legende hat Poseidon von hier aus den Trojanischen Krieg verfolgt. Auf der Insel wurde die so genannte Nike von Samotrake entdeckt, die seit 1863 im Pariser Louvre ausgestellt ist.

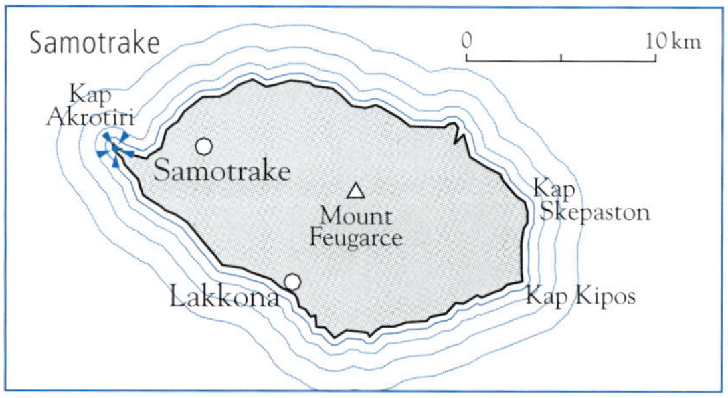

San Ambrosio (26° 21'S und 79° 52'W) – 600 Kilometer vor der südamerikanischen Küste liegt diese chilenische Insel neben der Insel San Felix.

San Andrés (12° 32'N und 81° 42'W) – 200 Kilometer östlich von Nicaragua liegt diese kolumbianische Insel in der Karibik.

San Benedicto (19° 18'N und 110° 49'W) – Die mexikanische Insel liegt im Nordpazifik 500 Kilometer vor der Küste Mexikos.

San Cristobal (0° 50'S und 89° 26'W) – Im Südpazifik, 70 Kilometer südöstlich von Guadalcanal, liegt diese Insel, die auch Makira genannt wird und zu den Salomonen gehört. Ihr höchster Punkt erreicht 1249 Meter. Auf der Insel befindet sich zwar ein Flughafen, aber keine Straßen. Der Hafen von Baquerizo Moréno befindet sich an der Westspitze der Insel, die 1568 vom portugiesischen Seefahrer Alvaro de Mendana (1541-1595) entdeckt wurde. (Siehe auch bei Salomonen)

San Cristobal – Die Insel gehört zum Galapagos-Archipel und ist Teil von Ecuador. Auf ihr befindet sich eine prähistorische Fauna. Ihr höchster Punkt erreicht 896 Meter. (Siehe auch bei Galapagos)

San Felix (26° 17'S und 80° 05'W) – 600 Kilometer westlich der Küste Südamerikas liegt diese chilenische Insel neben der Insel San Ambrosio.

San Lorenzo – Sieben Kilometer vor dem peruanischen Hafen Callao liegt diese Insel, auf der 300 Mitglieder der Terrororganisation „Leuchtender Pfad" interniert waren.

San Luis – Im Golf von Kalifornien liegt diese mexikanische Insel östlich der Halbinsel Baja California. Sie wird von einem Vulkan beherrscht.

Sangir (3° 35'N und 125° 32'O) – Der indonesische Archipel liegt südlich der Insel Mindanao.

Sanguinaires (41° 52'N und 8° 36'O) – Der französische Archipel liegt im Golf von Ajaccio im südlichen Korsika und hat eine Oberfläche von 28 Hektar. Auf einer der Inseln befindet sich ein ehemaliges Lazarett.

San Salvador (24° 02'N und 74° 28'W) – Die auch Watling genannte Insel gehört zu den Bahamas. Mit 45 Metern Höhe ist Dixon Hill der höchste Punkt der Insel. Die wichtigste Stadt ist San Salvador. Kolumbus entdeckte die Insel am Freitag, 12. Oktober 1492 bei seiner ersten Entdeckungsfahrt dank des Ausgucks Rodrigo de Trianas von der „Pinta“. Er nannte die Insel Guanahani, weil der glaubte, Asien erreicht zu haben. Kolumbus hatte Palos am 3. August 1492 mit drei Karavellen („Santa Maria“, „Pinta“ und „Nina“) verlassen und kehrte am 15. März 1493 nach Palos zurück. Bei seiner zweiten Fahrt verließ er Palos am 25. September 1493 mit einer Flotte von 17 Schiffen und 1500 Mann Besatzung. Kolumbus über San Salvador: „Sie akzeptierten alles, was wir ihnen gaben, und gaben uns auf der anderen Seite alles, was sie hatten. Aber sie erschienen sehr arm. Männer und Frauen sind so nackt, wie sie auf die Welt kamen. Doch sie sind gut gebaut, haben angenehme Körper und gute Figuren. Sie sind weder weiß noch schwarz. Sie haben eine Grazie in ihren Bewegungen.“ (Siehe auch bei Bahamas)

San Salvador – Die zu den Galapagos zählende Insel liegt im Pazifik 1000 Kilometer westlich vor der Küste Ecuadors. Sie hat eine Oberfläche von 585 Quadratkilometern. Die Insel trägt den gleichen Namen wie die von Kolumbus 1492 entdeckte Insel, die das erste Stück Neue Welt war, das er sichtete und betrat. (Siehe auch bei Galapagos)

Sansibar (6° 10’S und 39° 20’O) – 30 Kilometer vor der Küste Tansanias und 50 Kilometer nördlich von Daressalam liegt die Insel, die eine Oberfläche von 1660 Quadratkilometern aufweist, die sich 350.000 Einwohner teilen. Die Bevölkerungsdichte liegt bei 211 Menschen je Quadratkilometer. Ihr höchster Punkt erreicht 119 Meter. Die Insel verfügt über einen Flughafen. Sindbad der Seefahrer, Held der Geschichten aus Tausendundeiner Nacht, erlitt vor der Insel Schiffbruch. Marco Polo (1254-1324) kannte die Insel aus Erzählungen in den Häfen und beschrieb sie während seiner Haftzeit in Pisa (1298-1301) in seinem, von seinem Mitgefangenen Rustinian von Pisa aufgezeichneten Buch Die „Wunder der Welt: „Sanghibar (Sansibar) ist eine edle und großartige Insel, die einen Umfang von gut 2000 Meilen hat. Die Menschen dort sind Heiden, haben ihre eigene Sprache und sind niemandem Tribut schuldig. Sie sind schwarz und nackt, bedecken höchstens ihr Geschlecht. Sie haben schwarze, lockige Haare. Sie haben außerdem große Münder, Stupsnasen und so große Lippen und rote Augen, sodass sie wie Teufel aussehen. Sie sind so hässlich, dass sie wie die schrecklichsten Dinge auf dieser Welt wirken. Die Frauen dieser Insel sind die hässlichsten der Welt. Sie haben Brüste, die viermal größer sind als bei irgendeiner anderen Frau. Dort wird viel Handel getrieben, und von dort kommen viele Waren und große Schiffe.“ Die Insel wurde zwischen 1325 und 1332 vom marokkanischen Seefahrer Ibn Battuta (1304-1377) besucht. Ihm folgten 1424 der chinesische Seefahrer und Reisende Zheng He (1371-1435) und 1499 der portugiesische Seefahrer Vasco da Gama (1469-1524), der sie eroberte. Britische Missionare gingen 1861 hier an Land und versuchten, die Sklaverei abzuschaffen, die allerdings erst 1907 verboten wurde. Auf dem

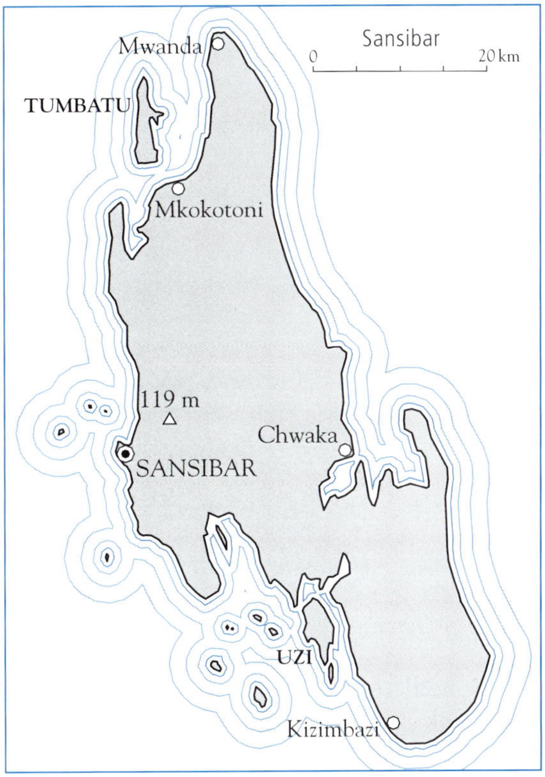

Sklavenmarkt entstand danach eine Kirche. Der britische Forscher David Livingstone (1813-1873) begann hier 1865 seine vierte und letzte Expedition ins Innere Afrikas, während der er am 10. November 1871 vom britischen Journalisten Henry Stanley (1841-1904) aufgefunden wurde. Sansibar wurde 1890 britisches Protektorat und verband sich 1964 mit der Republik Tanganjika zum neuen Staat Tansania. Die Insel ist der weltweit größte Produzent von Gewürznelken. Auf der Insel leben noch 2400 Rothals-Schwäne, die es sonst nirgendwo mehr gibt.

Santa Anna – Die brasilianische Insel liegt 40 Kilometer von der Insel Maragon entfernt. Sie wurde am 26. Juli 1612, dem Namenstag der heiligen Anna, vom französischen Seefahrer Daniel de la Touche de La Rivardière entdeckt, der hier das Fort Saint-Louis, benannt nach dem französischen König Ludwig XIII. (1601-1643), erbaute. Einige Jahre später ging hier sein Landsmann Jean-Baptiste de Gennes (geb. 1656) am 27. November 1695 vor Anker. Er hatte zuvor versucht, die Magellan-Straße zu durchfahren, war jedoch an den Wetterverhältnissen gescheitert.

Santa Brandan – Diese legendäre Insel hat niemals existiert. Auf einigen Karten vor den Entdeckungsfahrten von Kolumbus (1451-1506) ist sie in der Mitte des Atlantiks auf der Höhe der Antillen eingezeichnet.

Santa Catarina (27° 36'S und 48° 30'W) – Im Südatlantik liegt diese brasilianische Insel, die mit dem Festland durch eine Brücke verbunden ist. Ihr Hauptort ist Florianopolis, wo sich auch ein Flughafen befindet. Die Insel wurde an einem 25. November, dem Namenstag der heiligen Katharina, entdeckt. Der französische Seefahrer Jean-François de La Pérouse (1714-1788) ging hier mit seinen beiden Schiffen „Bousole" und „L'Astrolabe" vom 6. bis 19. November 1785 vor Anker.

Santa Clara (3° 15'S und 80° 20'W) – Die unbewohnte Insel liegt im Süden des Golfes von Guayaquil. Der spanische Eroberer Francisco Pizarro (1475-1541) hielt sich hier im Jahr 1531 auf. Im Februar 1532 ging er an Land und begann mit der Eroberung Perus. Seine Armee bestand aus 177 Soldaten, darunter 67 Reitern, drei Arkebusen und rund 15 Armbrüsten. Ihnen stand eine rund 5000 Mann starke Inka-Armee gegenüber. Sie erreichten Cajamarca am 15. November 1532.

Santa Cruz (10° 50' bis 12°S und 166° bis 168°O) – Dieser britische Archipel liegt im Südwestpazifik in Melanesien und gehört zu den Salomonen. Er besteht aus den Inseln Nendo, Santa Cruz und Vanikoro. Die Oberfläche von 938 Quadratkilometern teilen sich 6000 Menschen, was einer Bevölkerungsdichte von sechs Bewohner je Quadratkilometer entspricht. Santa Cruz wurde am 8. September 1595 vom spanischen Seefahrer Alvaro de Mendana (1542-1595) entdeckt. Mendana starb hier am 17. Oktober 1595. (Siehe auch bei Salomonen)

Santa Cruz (0° 38'S und 90° 23'W) – Die zu den Galapagos zählende Insel gehört zu Ecuador und besitzt eine prähistorische Fauna. Ihr höchster Punkt erreicht 864 Meter. (Siehe auch bei Galapagos)

Santa Inès (53° 45'S und 72° 45'W) – Die chilenische Insel liegt vor Patagonien in der Magellan-Straße. Mit 1723 Metern ist der Berg Warton ihr höchster Punkt.

Santa Isabel – Der höchste Punkt der zu den Salomonen zählenden Insel ist mit 1392 Metern der Berg Kunonite. Auf der Insel befindet sich zwar ein Flughafen, dafür sind Straßen Mangelware. Sie wurde am 22. Februar 1568 vom spanischen Seefahrer Alvaro de Mendana (1542-1595) entdeckt. (Siehe auch bei Salomonen)

Santa Maria (36° 58'N und 25° 06'W) – Die Insel im Nordatlantik gehört zum portugiesischen Archipel der Azoren. Ihr höchster Punkt erreicht 587 Meter. Hauptdorf ist Vila do Porto. Der gleichnamige Hafen, wo sich auch der Flugplatz befindet, liegt im Südwesten der Insel. (Siehe auch bei Azoren)

Santo Antao (17° 05'N und 25° 10'W) – Die Insel im Nordatlantik gehört zu den Kapverden. (Siehe auch bei Kapverden)

Santorin (36° 24'N und 25° 29'O) – Die griechische Insel, die auch die Namen Thera oder Thira trägt, liegt in der Ägäis, gehört zu den Kykladen und hat eine Oberfläche von 75 Quadratkilometern, die sich 7500 Menschen teilen. Die Bevölkerungsdichte liegt bei 100 Bewohnern je Quadratkilometer. Der Berg Hagios Ilias ist mit 566 Metern der höchste Punkt der Insel. Der Hauptort ist Hera, wo sich auch der Flughafen befindet. Gegen 1600 vor Christus wurde die Insel durch einen gewaltigen Vulkanausbruch zerstört, bei dem 50 Kubikkilometer Materie in die Atmosphäre geschleudert wurden. Der Krater füllte sich mit Wasser und regte Platon dazu an, hier das mythische Atlantis zu suchen. 1956 gab es hier die vorerst letzte Eruption. Wenn man sich Thera mit dem Schiff nähert, sind die Überreste des Vulkans ein beeindruckender Anblick. (Siehe auch bei Kykladen)

Sao Jorge (38° 38'N und 28° 03'W) – Die Insel im Nordatlantik gehört zum portugiesischen Archipel der Azoren und hat eine Oberfläche von 246 Quadratkilometern, die sich 15.000 Einwohner teilen. Die Bevölkerungsdichte liegt bei 55 Menschen je Quadratkilometer. Je nach Quelle erreicht der Berg Esperance als höchster Punkt der Insel 1053 oder 1066 Meter. Das Hauptdorf ist Velas. Der gleichnamige Hafen samt Flugplatz befindet sich im Süden der Insel. Die Insel wurde 1432 vom portugiesischen Seefahrer Gonsalvo Cabral entdeckt, der von Heinrich dem Seefahrer (1394-1460) den Auftrag hatte, neue Gebiete zu entdecken. (Siehe auch bei Azoren)

Sao Miguel (38° 30'N und 28°W) – Als größte Insel der portugiesischen Azoren hat Sao Miguel eine Oberfläche von 747 Quadratkilometern, die sich 200.000 Einwohner teilen, was eine Bevölkerungsdichte von 268 Menschen je Quadratkilometer ergibt. Ihr höchster Punkt erreicht 1103 Meter. In der Nähe des Gipfels befinden sich zwei Seen: Einer hat eine bläuliche, der andere eine rötliche Farbe, weil er gelöstes Eisen enthält. Die Hauptstadt ist Ponta Delgada. Der gleichnamige Hafen samt Flugplatz befindet sich im Süden der Insel. Sao Miguel wurde 1432 vom portugiesischen Seefahrer Gonsalvo Cabral entdeckt, der von Heinrich dem Seefahrer (1394-1460) den Auftrag hatte, neue Gebiete zu entdecken. (Siehe auch bei Azoren)

Saona (18° 09'N und 68° 40'W) – Fünf Kilometer südöstlich vor Santo Domingo liegt diese Insel, vor deren Küste am 13. Juni 1502 15 Schiffe der von Kolumbus (1451-1506) geführten Flotte in einem gewaltigen Sturm sanken. 500 Seeleute und ihr Kommandant Luis de Torres ertranken. Nicolas Ovando (1460-1518), spanischer Gouverneur von Santo Domingo, hatte ihnen den Schutz seines Hafens verweigert.

Sao Sebastiao (23° 50'S und 45° 18'W) – Östlich der brasilianischen Stadt Sao Paulo liegt die Insel, die eine Oberfläche von 390 Quadratkilometern hat. Ihr höchster Punkt erreicht 1379 Meter.

Sao Tiago – Die Insel im Nordatlantik gehört zu den Kapverdischen Inseln. (Siehe auch bei Kapverden)

Sao Tomé (0° 12'n und 6° 39'O) – Die Hauptinsel des westafrikanischen Staates Sao Tomé und Principe hat eine Oberfläche von 836 Quadratkilometern. Mit 2024 Metern ist der Berg Sao Tomé ihr höchster Punkt. In der Hauptstadt Sao Tomé befindet sich der Flugplatz. Der Hafen Porto Alegre liegt im Süden der Insel.

São Tomé und Principe (0° bis 1° 80'S und 7° 20' bis 7° 70'O) – Der Inselstaat im Golf von Guinea ist seit dem 12. Juli 1975 unabhängig. Die

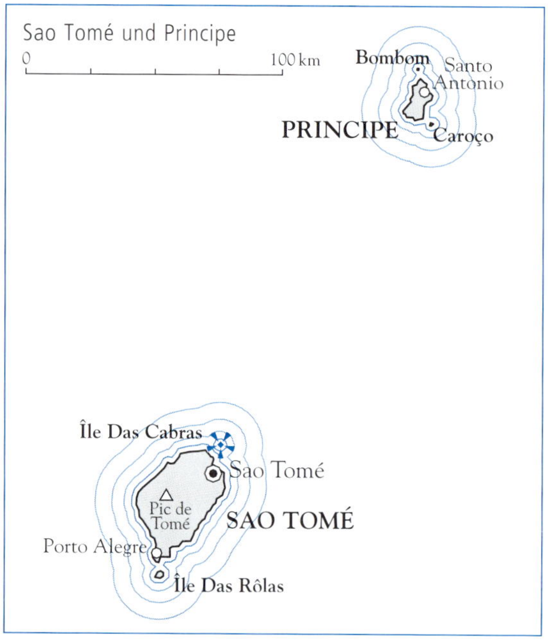

Staatsdevise lautet „Einheit, Disziplin und Arbeit“. Die Oberfläche der beiden Hauptinsel Sao Tomé und Principe beträgt 960 Quadratkilometer, die sich 190.000 Menschen teilen. Die Bevölkerungsdichte erreicht 200 Bewohner je Quadratkilometer. Der Berg Sao Tomé ist mit 2024 Metern der höchste Punkt der Inseln. Die Hauptstadt ist Sao Tomé, wo sich auch der Flughafen befindet. Der Hafen von Porto Alegre liegt im Süden der Insel Sao Tomé. Der Archipel wurde 1470 von den portugiesischen Seefahrern Jao de Santarem und Pedro Escobar entdeckt. Die beiden Inseln waren lange Zeit eine wichtige Transitstation für Sklaventransporte.

Sardinien (38° 90' bis 41° 15'N und 8° 10' bis 9° 70'O) – Südlich von Korsika liegt die italienische Mittelmeerinsel, die eine Oberfläche von 24.000 Quadratkilometern aufweist, die sich 1,8 Millionen Menschen teilen, was eine Bevölkerungsdichte von 74 Bewohnern je Quadratkilometer ergibt. Ihr höchster Punkt erreicht 1834 Meter. Die Hauptstadt ist Cagliari, wo sich auch ein Flughafen befindet. Die Häfen Porto Torres und Santa Teresa Gallura befinden sich im Nordwesten der Insel. Der Hafen von Olbia liegt im Osten, der von Cagliari im Süden. Seit 1948 ist Sardinien eine autonome italienische Region.

Sark (49° 26'N und 2° 21'W) – Die Insel gehört zu den britischen Kanalinseln vor der Küste der Normandie. Sark hat eine Oberfläche von sechs Quadratkilometern, auf der 650 Menschen leben, was einer Bevölkerungsdichte von 108 Einwohnern je Quadratkilometer entspricht. Ihr höchster Punkt erreicht 114 Meter. (Siehe auch bei Kanalinseln)

Saunders (76° 34'N und 68° 47'W) – Im Nordwesten Grönlands und westlich der amerikanischen Militärbasis Thule liegt diese Insel, deren höchster Punkt 428 Meter erreicht. Sie trägt den Namen des britischen Seefahrers Charles Saunders (1713-1775), der 1766 als First Lord der Marine amtierte und der George Anson (1697-1762) bei seiner Weltumrundung von 1740 bis 1744 begleitet hatte.

Saunders (57° 47'S und 26° 27'W) – Die subantarktische Insel gehört zu den britischen Süd-Sandwich-Inseln und hat ihren höchsten Punkt bei 805 Metern. Ihr Vulkan ist heute noch aktiv. Die Insel wurde am Donnerstag, 2. Februar 1775 vom britischen Seefahrer James Cook (1728-1779) entdeckt und trägt den Namen von George Saunders (1713-1775), der 1766 als First Lord der Marine amtierte. (Siehe auch bei Süd-Sandwich-Inseln)

Saunders (51° 20'S und 60° 10'W) – Die Insel im Südatlantik gehört zu den Falklands. Sie trägt den Namen des britischen Seefahrers Charles Saunders (1713-1775), der seinen Landsmann George Anson (1697-1762) bei dessen Weltumsegelung von 1740 bis 1744 begleitet hatte. (Siehe auch bei Falklands)

Schmidt (81° 08'N und 90° 48'O) – Die im Nordpolarmeer liegende Insel im Norden Russlands gehört zu Sewernaja Semlja. Ihr höchster Punkt ist nach 325 Metern erreicht. Sie wurde am 28. August 1930 von der Mannschaft des russischen Eisbrechers „Georgi Sedow" entdeckt, die ihr den Namen des russischen Wissenschaftlers Otto Schmidt gaben, der mehrere Forschungsstationen im hohen Norden der Sowjetunion gegründet hatte. (Siehe auch bei Sewernaja Semlja)

Schouten **(42° 19'S und 148° 17'O)** – Östlich von Tasmanien liegt die Insel, die den Namen des holländischen Seefahrers Willem de Schouten (1559-1625) trägt, der mit seinem Schiff „Hoorn" Kap Hoorn entdeckt hat.

Schwimmende Inseln **(16° 16'S und 70° 10'W)** – Die rund 60 Inseln sind aus Schilf gefertigt und befinden sich im Titikaka-See, dem höchstgelegenen (3812 Meter) schiffbaren See der Welt in Peru. Die Inseln werden von den Uru-Indianern bewohnt. Die größte unter ihnen besitzt sogar einen Fußballplatz und eine Kirche.

Schwimmende Inseln – Bei diesen Inseln handelt es sich um Eisberge, von denen einige Anfang der fünfziger Jahre des vergangenen Jahrhunderts von den USA und der Sowjetunion als Militärbasen genutzt wurden. Die Amerikaner nannten sie „Targets" (T1, T2, T3...). Einer der US-Stützpunkte trug den Namen des amerikanischen Obersts Fletcher (siehe auch bei Fletcher). Einer der russischen Stützpunkte wurde nach dem berühmten und größten Viermaster der Welt „Sedow" und dem russischen Polarforscher Georgi Sedow (1877-1914) benannt. Ein anderer Stützpunkt der Sowjets war nach dem russischen Polarforscher Iwan Papanine (1894-1986) benannt, der sich zusammen mit drei Kollegen zwischen dem 21. Mai 1937 und dem 19. Februar 1938 auf einem Stück Packeis treiben ließ.

Scilly **(49° 60' bis 50°N und 6° 15' bis 6° 26'W)** – 50 Kilometer südwestlich vor der Küste Cornwalls liegt diese britische Inselgruppe, die aus rund 150 Inseln besteht. An ihren Küsten zerschellten gut 560 Schiffe. Lediglich fünf Inseln sind von insgesamt 2000 Menschen bewohnt. Die meisten leben im Hauptort Saint Mary's oder im Hafen Hugh Town im Süden der Insel St. Mary. Auf der Insel Tresco befindet sich ein hervorragender botanischer Garten. 1834 bekam Lord Augustus Smith für 99 Jahre die Besitzrechte an den Inseln. Hier findet man auch Seehunde, Sturmvögel und Lummen. Am Samstag, 22. Oktober 1707 zerschellten vier Schiffe der britischen Marine wegen eines Navigationsfehlers an den Felsen in der Nähe der Inseln. Fast 200 Seeleute ertranken. Am 18. März 1967 brach der Öltanker „Torrey Canyon" am Riff Seven Stones auseinander. 120.000 Tonnen Rohöl ergossen sich in die See und verursachten eine gewaltige Ölpest, die auch noch die Kanalinseln und die nördliche Bretagne erreichte.

Scilly **(16° 30'S und 154° 40'W)** – Das unbewohnte Pazifikatoll, auch Manuae genannt, gehört zu Französisch-Polynesien und hat eine Oberfläche von 120 Quadratkilometern, von denen nur vier aus dem Wasser reichen. Scilly ist ein Naturschutzgebiet. Das Segelschiff „Julie Ann" erlitt vor der Insel 1855 Schiffbruch. Die Überlebenden mussten zwei Monate auf dem Atoll aus-

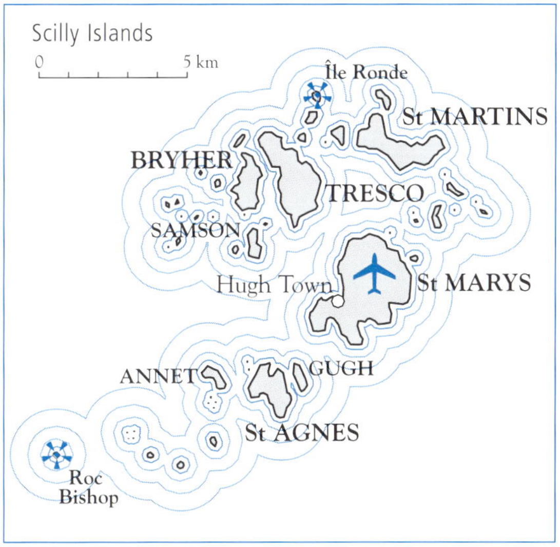

harren, bis sie auf Flößen die Insel Raiatea erreichten. (Siehe auch bei Unter dem Wind und Französisch-Polynesien)

Scott (67° 30'S und 179° 55'W) – Nördlich von Kap Adare vor der Antarktis liegt diese zu Neuseeland gehörende Insel, die eine Oberfläche von ungefähr 0,1 Quadratkilometern hat. Sie wurde am 25. Dezember 1902 vom britischen Seefahrer William Colbeck an Bord der „Morning" entdeckt. Colbeck gehörte zur Polarexpedition von Robert Falcon Scott (1868-1912), der der Insel seinen Namen gab. Scott erreichte den Südpol am 17. Januar 1912 und starb auf dem Rückmarsch zu seinem Schiff „Terra Nova". Eine chilenische Insel südlich der Insel Navarino in der Region um Kap Hoorn trägt ebenfalls seinen Namen. (Siehe auch bei Neuseeland)

Scott (71° 07'N und 71° 07'W) – Die kleine unbewohnte Insel östlich der Insel Baffin trägt den Namen des britischen Polarforschers Robert Falcon Scott (1868-1912).

Seal – Die Insel gehört zu drei Plattformen vor Alaska in der Beaufort-See, auf denen Erdöl gefördert wird. Sie wurde 1985 eingeweiht.

Sebaldes (52°S und 60°W) – Der britische Archipel nordwestlich der Falkland-Inseln trägt den Namen des holländischen Kartografen Sebald de Wert, der die Inseln 1599 entdeckte. (Siehe auch bei Falklands)

Sedow – Westlich von Sewernaja Semlja im Süden der Insel Pionier liegt diese russischen Insel. Sie trägt den Namen des russischen Seefahrers Georiy Sedow (1877-1914). Auch das größte russische Segelschulschiff, ein Dreimaster mit einer Länge von 107 Metern, trägt seinen Namen. (Siehe auch bei Sewernaja Semlja)

Seeland (55° 30'N und 11° 45'O) – In der Ostsee liegt die dänische Insel, die eine Oberfläche von 7550 Quadratkilometern aufweist und eine Bevölkerung von 2,5 Millionen Menschen hat. Die Bevölkerungsdichte liegt bei 331 Bewohnern je Quadratkilometer. Die dänische Hauptstadt Kopenhagen liegt auf Seeland. Am 1. Juli 2000 wurde die Öresundbrücke zwischen Kopenhagen und Malmö in Betrieb genommen.

Seeland (79° 47'N und 92° 30'O) – Die britische Plattform in der Themsemündung stammt aus dem Zweiten Weltkrieg. Sie hat eine Oberfläche von einem Hektar. Am 24. Dezember 1966 nahm der britische Abenteurer Roy Bates (geb. 1922) die Plattform in Besitz und gründete dort sein „Königreich". Die Plattform könnte im 21. Jahrhundert unter der Leitung seines Sohnes Michael ein Offshore-Internetparadies werden.

Segal (48° 26'N und 4° 47'W) – Die französische Insel, 200 Meter vor der Küste von Finistère gelegen, hat eine Oberfläche von drei Hektar.

Sein (48° 02'N und 4° 51'W) – Sieben Kilometer westlich der Pointe du Raz liegt diese französische Insel, die eine Oberfläche von 60 Hektar hat, die sich 400 Menschen teilen, die von lokalen Steuern befreit sind. Der höchste Punkt von Sein ist nach 18 Metern erreicht. Man kann hier im

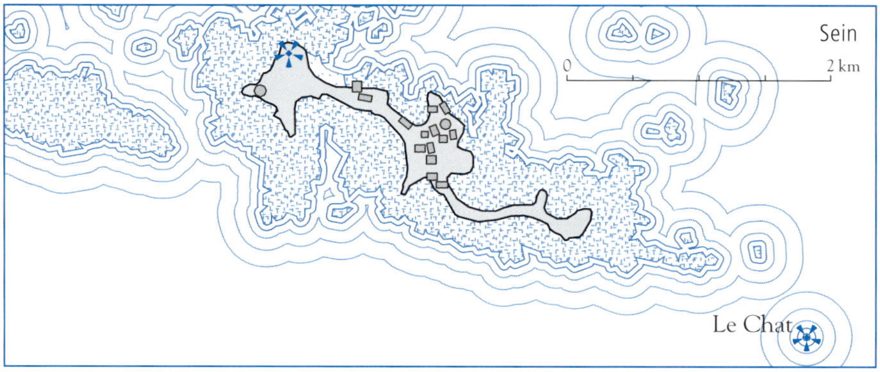

Schutz des Deichs von Men-Brial oder in einer Bucht vor der Südostküste ankern. Der Hauptleuchtturm an der Nordwestküste hat eine Höhe von 49 Metern, eine Reichweite von 29 Seemeilen und sendet vier weiße Signale alle 25 Sekunden. Ein anderer Leuchtturm, Ar Men, der zwischen 1867 und 1881 auf einem 94 Kilometer von der Insel entfernten Felsen errichtet wurde, hat eine Höhe von 35 Metern und sendet drei weiße Signale alle 20 Sekunden. Fähren verbinden Sein mit Audierne (eine Stunde) und Camaret (eine Stunde). Die Insel war ein Zentrum der Druiden.

Selkirk (33° 45'S und 80° 6'W) – Die chilenische Insel gehört zu den Juan-Fernandez-Inseln und liegt 700 Kilometer vor der Küste des Andenstaates. Sie hat eine Oberfläche von 86 Quadratkilometern. Ihr höchster Punkt ist nach 1650 Metern erreicht. Selkirk wurde am 22. November 1574 vom spanischen Seefahrer Juan Fernandez (1530-1599) entdeckt. Sie trägt den Namen von Alexander Selkirk (1676-1721), der sich gegen Kapitän Stradling von der Fregatte „Cinque-Ports", die vom britischen Seefahrer William Dampier (1652-1715) gesteuert wurde, auflehnte und auf der Nachbarinsel Mas a Tierra (seit 1964 Robinson Crusoe) zurückgelassen wurde. Er verbrachte dort zwischen Oktober 1704 und Februar 1709 vier Jahre und vier Monate. Sein Schicksal diente dem britischen Autor Daniel Defoe als Vorlage für seinen Roman „Robinson Crusoe", der 1720 erschien. Die Insel gehört zum von der Unesco geschützten Weltnaturerbe.

Selvagens (30° 05'N und 15° 55'W) – Die unbewohnten Inseln nördlich der Kanaren gehören zu Portugal.

Séniz (47° 23'N und 2° 55'W) – Die französische Insel liegt 50 Meter westlich vor der Insel Houat und hat eine Oberfläche von zwei Hektar. Ihr höchster Punkt erreicht 23 Meter.

Senja (69° 20'N und 17° 30'O) – Die norwegische Insel liegt nördlich der Vesteralen-Inseln.

Sept Frères (12° 50'N und 43°O) – Der zu Dschibuti gehörende Archipel liegt in der Meerenge von Bab el Mandeb zwischen Dschibuti und Jemen am Eingang des Roten Meeres. Die wichtigste der sieben Inseln misst 1850 mal 930 Meter. Der höchste Punkt erreicht 112 Meter.

Sept Îles (48° 53'N und 3° 30'W) – Sechs Kilometer nördlich von Trégastel liegt der französische Archipel vor der Côte d'Armor. Er besteht aus den unbewohnten Inseln Bono, Plate, Rouzic, Costans, Malban, Cerf. Nur die Île aux Moines ist durch eine Fähre mit Perros-Guirec verbunden. Bei Flut haben die Inseln eine Oberfläche von 40 Hektar und siebenmal mehr bei Ebbe. Seit 1912 sind die Inseln, die als Versteck von Piraten und Freibeutern dienten, ein Naturschutzgebiet. Das Rohöl der „Amoco Cadiz" verschmutzte am 16. März 1978 auch die Felsen und Strände dieser Inseln.

Serifos (37° 11'N und 24° 31'W) – Die griechische Insel liegt in der Ägäis. Ihr höchster Punkt ist nach 585 Meter erreicht. Hauptort ist Serifos.

Seychellen (4° 35'S und 55° 40'O) – 15 Granit- und Koralleninseln bilden diesen Archipel im Indischen Ozean nordöstlich von Madagaskar. Die wichtigsten Inseln sind Mahé, Praslin, Roches, La Digue, Marie-Louise, Saint François, Coetivy, Aldabra, Providence, Bird und Farquhar. Der Inselstaat wurde am 29. Juni 1976 unabhängig und ist Mitglied im Commonwealth of Nations. Die Staatsdevise lautet „Der Erfolg krönt die Arbeit". Die Oberfläche von 450 Quadratkilometern teilen sich 110.000 Menschen, was eine Bevölkerungsdichte von 243 Bewohnern je Quadratkilometer entspricht. Der höchste Punkt auf Mahé ist der Morne Seychellois mit 906 Metern. Der internationale Flughafen liegt neun Kilometer von der Hauptstadt Victoria auf Mahé entfernt. Die Stadt trägt den Namen der britischen Königin Victoria (1819-1901). Die Inselgruppe wurde 1502 vom portugiesischen Seefahrer Vasco da Gama (1465-

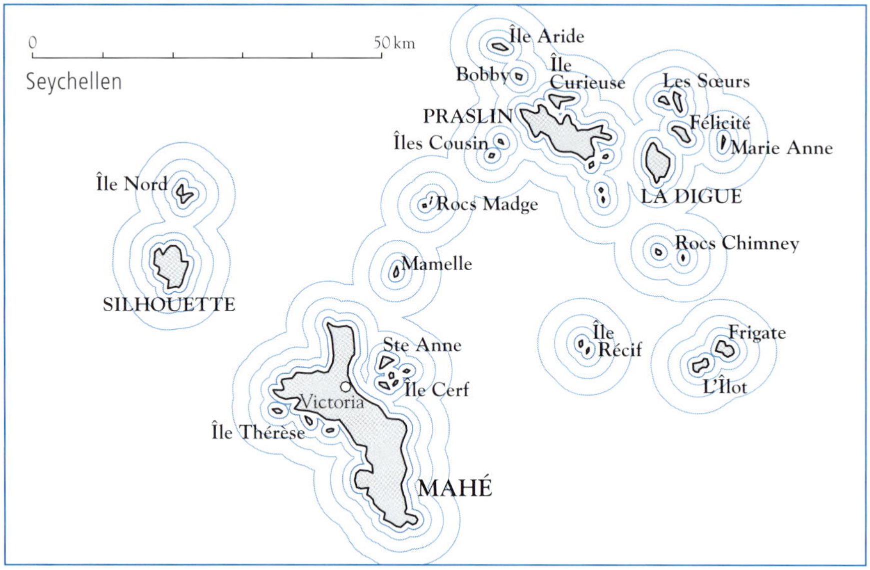

1524) entdeckt. Die Franzosen gründeten hier 1721 einen Handelsstützpunkt. Der Archipel wurde von Kapitän Nicolas Morphey nach dem Vicomte Moreau Séchelles (1690-1760), Finanzminister unter dem französischen König Ludwig XIV. und Gouverneur auf Mauritius, benannt. Später wurde er in Seychellen anglisiert. Der französische Seefahrer Nicolas Marion Dufresne (1729-1772) hielt sich hier mit seiner Flotte zwischen dem 21. August und 28. Oktober 1768 auf, um die erste Kolonie nach den Anweisungen von Pierre Poivre, dem Verwalter von Mauritius, einzurichten. Die Seychellen fielen am 30. Mai 1814 im Vertrag von Paris an Großbritannien. Der Franzose de Quincy (1748-1827) wurde 1789 Gouverneur der Inselgruppe und blieb trotz der britischen Besetzung im Jahre 1810.

Sewernaja Semlja (80°N und 90°bis 105°O) – Der russische Archipel im Eismeer besteht aus vier unbewohnten Hauptinseln: Bolschewik, Oktoberrevolution, Komsomolz und Schmidt. Auf Sredny befindet sich ein Flugfeld. Der höchste Punkt des Archipels erreicht 800 Meter. Die Inseln wurden am 3. September 1913 vom russischen Seefahrer Boris Wilkitky entdeckt. Ihm gelang zwischen dem 20. Juli 1914 und dem 17. September 1915 die Durchfahrt durch die Nordostpassage von Wladiwostok nach Archangelsk mit den beiden Eisbrechern „Tamir" und „Wajagach". Die Inseln wurden zwischen 1930 und 1932 vom russischen Seefahrer und Abenteurer Georgi Utschakow (1901-1963) erforscht. Er entdeckte 1935 eine der kleinen Inseln des Archipel, die seinen Namen trägt. (Siehe auch bei Schmidt und Arktisches Kap)

Seymour (64° 13'S und 56° 38'W) – Im Nordwesten der Insel James Ross und der Antarktischen Halbinsel liegt die vom britischen Seefahrer James Clark Ross (1800-1862) 1843 entdeckte Insel, die den Namen des britischen Admirals George Seymour trägt. 50 Jahre später entdeckte der norwegische Seefahrer Carl Anton Larsen (1860-1924) die Insel ein zweites Mal. Der schwedische Seefahrer Otto Nordenskjöld (1869-1928) wollte hier mit fünf weiteren Männern hier ein Jahr lang vom 11. Januar 1901 an überwintern. Nordenskjöld bewies, dass Seymour tatsächlich aus zwei Inseln besteht: Seymour und Snow Hill. Die „Antarctic", die sie abholen sollte, blieb am 31. Dezember 1902 im Packeis stecken und sank am 12. Februar 1903. Die Mannschaft hatte jedoch ausreichend Zeit, um Lebensmittel zu retten. Sie wurde in zwei Gruppen geteilt. Zehn Männer warteten auf der benachbarten Insel Paulet unter der Leitung des Kapitäns Carl Anton Larsen auf Hilfe, während drei Männer unter Leitung des Arztes Anderson auf James Ross überwinterten und das Camp Snow Hill am 16. Oktober 1903 erreichten. Schließlich wurden Nordenskjöld und seine Männer am 9. November 1903 von der „Uruguay" und die Mannschaft der „Antarktis" (bis auf einen Verstorbenen) aus der Antarktis gerettet. Heute findet man hier zahlreiche historische Fossilien. Die argentinische Forschungsstation Marambio samt Landebahn und Hotel für Touristen befindet sich auf der Insel.

Shakespeare (49° 40'N und 88° 25'W) – Die kanadische Insel liegt im Süden der Insel Kelvin im See Nipigon, Ontario. Sie trägt den Namen des britischen Schriftstellers William Shakespeare (1564-1616), Autor der berühmtesten Liebesgeschichte der Welt: „Romeo und Julia".

Shannon – Vor Grönland liegt die vom Festland durch die Bucht von Dove getrennte Insel.

Sherard Osborne (76° 43'N und 99° 30'W) – Im Norden der Insel Bathurst im autonomen Territorium Nunavut liegt die Insel, die den Namen des britischen Seefahrers Sherard Osborne trägt. Er erforschte Bathurst 1854 zu Fuß, als er nach dem verschollenen Sir John Franklin (1786-1847) suchte.

Sherbro (7° 45'N und 12° 55'W) – Vor der Küste von Sierra Leone liegt die Insel, deren Hauptort Bonthe ist. Dort befindet sich auch der Flughafen.

Shetlands (59° 80'W bis 60° 90'N und 0° 80' bis 2° 10'W) – Von den rund 1000 dieser britischen Inseln sind 15 bewohnt. Sie haben eine Oberfläche von 1125 Quadratkilometer, die sich 33.750 Menschen teilen. Die Bevölkerungsdichte liegt bei 30 Bewohnern je Quadratkilometer. Der höchste Punkt ragt 249 Meter über den Meeresspiegel. Die Hauptstadt Lerwick nennt man auch das Venedig des Nordens. Hier befindet sich auch der wichtigste Hafen. Die Insel wurden in der Bronzezeit von den Pikten bewohnt, die in Steintürmen, so genannten Brochs, wohnten. 840 wurden die Inseln von den Wikingern überfallen, die alle Pikten umbrachten. 1469 wurden die Inseln schottisch. Die Inseln sind berühmt für die Ponys und die Wolle. Am 5. Januar 1985 verschmutzten 85.000 Tonnen Rohöl aus dem Tanker „Broer" die Küsten der Inseln.

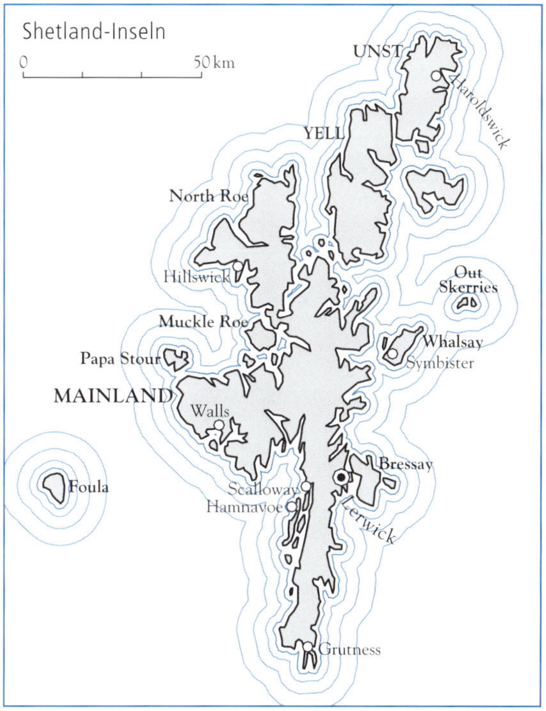

Shikoku (33° 45'N und 133° 30'O) – Die Insel gehört zu den vier Hauptinseln Japans. Sie hat eine Oberfläche von 1900 Quadratkilometern. Ihr Hauptort ist Matsuyama. (Siehe auch bei Japan)

Shikostan (43° 47'N und 146° 45'O) – Die russische Insel gehört zu den nach dem Zweiten Weltkrieg von den Sowjets annektierten Kurilen-Inseln. Sie liegt zwischen der Halbinsel Kamtschatka im Norden und Japan im Süden. (Siehe auch bei Kurilen)

Siek (48° 43'N und 4° 04'W) – 400 Meter vor dem Dorf Dossen liegt diese französische Insel im nördlichen Finistère. Sie ist 22 Hektar groß und kann bei Ebbe zu Fuß erreicht werden.

Sifnos (36° 59'N und 24° 40'O) – Die griechische Insel in der Ägäis gehört zu den Kykladen. Ihr höchster Punkt erreicht 694 Meter. Die Hauptstadt ist Kastron. Dank des Reichtums ihrer Minen konnte man das Apollo-Heiligtum in Delphi bauen. (Siehe auch bei Kykladen)

Signy (60° 43'S und 45° 36'W) – Die Insel gehört zu den Süd-Orkneys. Auf ihr befindet sich die britische Forschungsstation Signy. (Siehe auch bei Süd-Orkneys)

Sikinos (36° 39'N und 25° 06'O) – Der höchste Punkt der griechischen Insel in der Ägäis ist nach 553 Metern erreicht. Der Hauptort ist Sikinos.

Silhouette (4° 29'S und 55° 14'O) – Die Insel im Indischen Ozean gehört zu den Seychellen. Sie hat eine Oberfläche von 16 Quadratkilometern. Der höchste Punkt ist nach 751 Metern erreicht. Die Insel trägt den Namen von Etienne Silhouette, Finanzminister unter Ludwig XIV. (Siehe auch bei Seychellen)

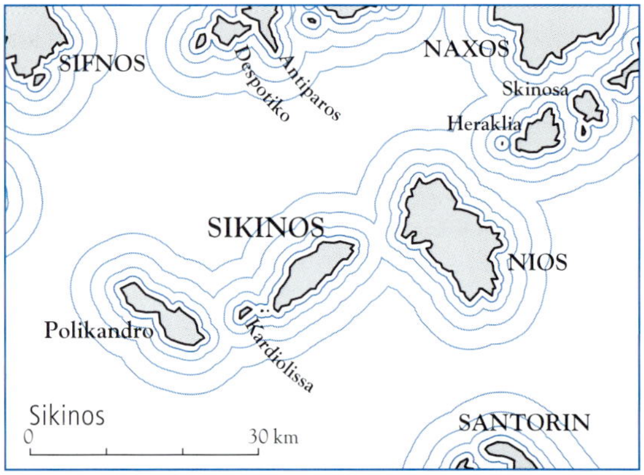

Sikinos

Simouchir (46° 58'N und 152° 02'O) – Die russische Kurileninsel zwischen der Halbinsel Kamtschatka im Norden und Japan im Süden wurde von den Sowjets nach dem Zweiten Weltkrieg annektiert. (Siehe auch bei Kurilen)

Singapur (1° 23'N und 103° 48'O) – Südlich der Meerenge von Malakka liegt die von der Halbinsel Malaysia durch die Meerenge von Johore getrennte Insel, die seit dem 9. August 1965 als unabhängiger Staat Mitglied im Commonwealth of Nations ist. Seine Staatsdevise lautet „Möge Singapur Erfolg haben". Die Oberfläche von 650 Quadratkilometern teilen sich 3,8 Millionen Menschen, was eine Bevölkerungsdichte von 5864 Bewohnern je Quadratkilometer ergibt. Die Bevölkerung teilt sich in 78 Prozent Chinesen, 14 Prozent Malaien, sieben Prozent Tamilen und ein Prozent Eurasier auf. Der Timah ist mit einer Höhe von 176 Metern der höchste Punkt der Insel. Der internationale Flughafen Changi, einer der größten der Welt, liegt 20 Kilometer von der Hauptstadt Singapur, die die ganze Insel einnimmt, entfernt. Der Hafen ist einer der am meisten angelaufenen der Welt. 1293 traf Marco Polo (1254-1324) auf einer benachbarten Insel mit einer Flotte von 14 Viermastern ein. In seinem Buch „Die Wunder der Welt" beschreibt er seine Eindrücke: „Man findet eine Insel, die ein Königreich ist und Malani heißt. Sie haben einen König und eine eigene Sprache. Die Stadt ist schön und edel und man treibt hier viel Handel. Sie haben alle möglichen Gewürze und alle anderen zum Leben notwendigen Sachen." Die Insel wurde im Februar 1819, als Sir Thomas Raffles (1781-1828) hier eintraf, von gerade 150 Menschen bewohnt. Raffles, Gouverneur von Java und später Sumatra, kaufte die Insel für 33.200 spanische Dollar dem Sultan von Johore ab und hisste die britische Flagge. Sein Name schmückt heute eines der besten Hotels der Welt. Im Dezember 1941 überfielen japanische Truppen Malaysia, und Singapur ergab sich 1942. Im April 1946 übernahmen die Briten die Insel wieder. Die Insel gilt als Steuerparadies. Strenge Gesetze sorgen dafür, dass Singapur eine der saubersten Städte der Welt ist. Auf der drei Quadratkilometer messenden „Insel der Ruhe" befindet sich ein riesiger Vergnügungspark.

Siple (73°S und 125°W) – Die Insel vor der Antarktis hat eine Oberfläche von 4500 Quadratkilometern. Ihr höchster Punkt ist der Berg Siple mit einer Höhe von 3100 Metern. Die Insel trägt

den Namen des amerikanischen Wissenschaftlers Paul Siple (1908-1968), der Richard Byrd 1929 in die Antarktis begleitete. Er nahm an der Errichtung der internationalen Forschungsstation in der Walbucht teil, die „Little America" genannt wird. Paul Siple leitete danach die amerikanische Basis Amundsen-Scott, die im Januar 1957 am Südpol eingerichtet wurde. Die amerikanische Forschungsstation (75° 56'S und 84° 15'W), die im Januar 1969 knapp 30 Kilometer vom Vinson-Massiv eingerichtet wurde, trägt ebenfalls seinen Namen.

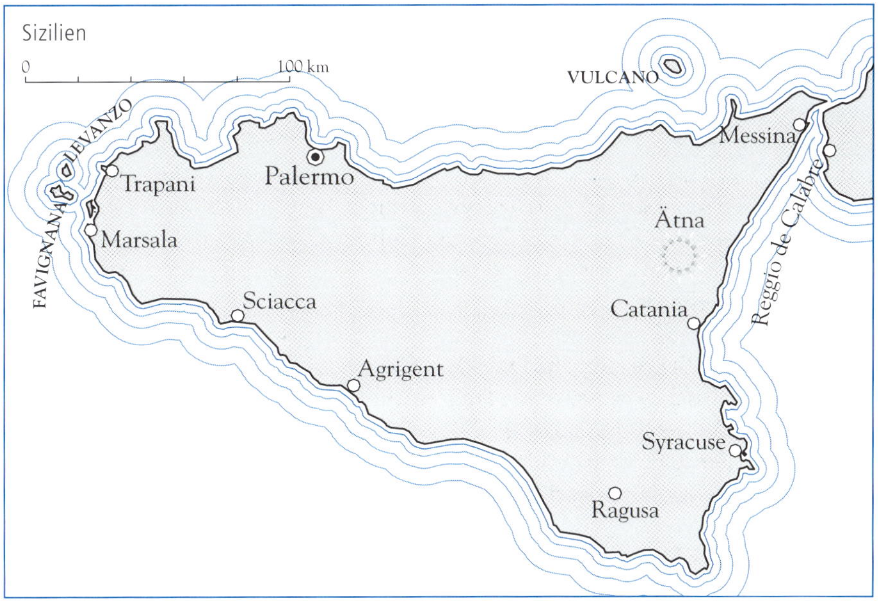

Sizilien – Die italienische Mittelmeerinsel hat eine Oberfläche von 25.700 Quadratkilometern, die sich 5,5 Millionen Menschen teilen. Die Bevölkerungsdichte liegt bei 214 Bewohnern je Quadratkilometer. Der höchste Punkt der Insel ist der aktive Vulkan Ätna, der eine Höhe von 3250 bis 3350 Meter erreicht – je nach Epoche und Geografen. Die Hauptstadt der italienischen Provinz ist Palermo, wo sich auch der Flughafen befindet. 1669 zerstörte ein Lavafluss die Stadt Catania. Die größten Ausbrüche des Ätnas ereigneten sich 1886, 1910, 1951, 1983, 1993, 1997 und 1998. Am 6. Juni 2000 begann eine neue Ausbruchserie.

Skiathos (39° 10'N und 23° 19'O) – Die griechische Insel gehört zu den Sporaden. Auf ihr leben 4000 Menschen. Ihr höchster Punkt erreicht 433 Meter. Die Insel verfügt über einen Flugplatz, und der Hafen Skiathos liegt im Süden.

Skiros (38° 53'N und 24° 32'O) – Die griechische Ägäis-Insel gehört zu den Sporaden. Mit 792 Metern ist der Berg Phengari ihr höchster Punkt. Die Insel verfügt über einen Flugplatz, und der Hafen Skiros liegt im Osten. Der Hafen Linaria liegt im Westen. (Siehe auch bei Sporaden)

Skopelos (39° 10'N und 23° 40'O) – Die griechische Ägäis-Insel gehört zu den Sporaden. Auf ihr leben 4000 Menschen. Ihr höchster Punkt erreicht 680 Meter. (Siehe auch bei Sporaden)

Smith (63°S und 62° 30'W) – Der höchste Punkt der zu den Süd-Shetlands gehörenden Insel erreicht mit dem Berg Foster 2012 Meter. Die subantarktische Insel wurde 1821 vom britischen Seefahrer William Smith (1764-1840) entdeckt. (Siehe auch bei Süd-Shetland-Inseln)

Smith (60°N und 86°W) – In der kanadischen Hudson Bay liegt die Insel, die den Namen des britischen Seefahrers John Smith (1579-1631) trägt.

Smyley (72° 26'S und 78° 20'W) – Im Osten der Bellingshausen-See liegt diese Insel, die von der Antarktis durch das Packeis getrennt ist.

Snares (48°S und 166° 30'O) – Die unbewohnten kleinen Inseln liegen 100 Kilometer südlich der Stewart-Insel und gehören zu Neuseeland. Sie haben eine Oberfläche von drei Quadratkilometern, und ihr höchster Punkt erreicht 130 Meter. Die Inseln wurden am 23. November 1791 vom britischen Seefahrer George Vancouver (1757-1798), Kommandant der „Discovery" und „Chatham", entdeckt. (Siehe auch bei Neuseeland)

Snow (62° 45'S und 61° 20'W) – Die subantarktische Insel liegt nahe der Insel Livingstone und trägt den Namen des amerikanischen Seefahrers W. Parker Snow, der zusammen mit Charles Forsyth an der Suche nach dem verschollenen Sir John Franklin beteiligt war. (Siehe auch Süd-Shetland-Inseln)

Snow Hill – Vor der Antarktischen Halbinsel liegt diese Insel, deren höchster Punkt 378 Meter erreicht. Die Insel wurde 1843 vom britischen Seefahrer James Clark Ross (1800-1862) entdeckt, der aber glaubte, dass sie mit dem Kontinent verbunden sei. (Siehe auch bei Seymour)

Soccorro (18° 45'N und 110° 58'W) – Die Insel liegt westlich vor Mexiko im Nordpazifik.

Société (16° bis 18°S und 148° bis 153°O) – Der französische Archipel gehört zu Französisch-Polynesien. Er besteht aus neun Inseln und fünf Atollen, die sich in zwei Gruppen aufteilen: die Inseln des Windes mit Tahiti, Moorea, Maio, Mehetia und Tetiaroa. Und die Inseln unter dem Wind mit Bora Bora, Huahine, Raiatea, Tahaa, Maupiti, Tupai, Mopelia, Scilly und Bellingshausen. Der Archipel wurde vom britischen Seefahrer James Cook (1728-1779) zu Ehren der Royal Society in London benannt. Er war 1721 vom holländischen Seefahrer Jacob Roggeveen (1659-1729) entdeckt worden.

Socotra (12° 30'N und 54°O) – Östlich von Somalia liegt diese jemenitische Insel, die 1503 vom portugiesischen Seefahrer Tristan da Cunha (1460-1540) gesichtet und 1512 von Alfonso Albuquerque (1453-1515) besetzt wurde. Marco Polo kannte die Insel aus Erzählungen in den Hä-

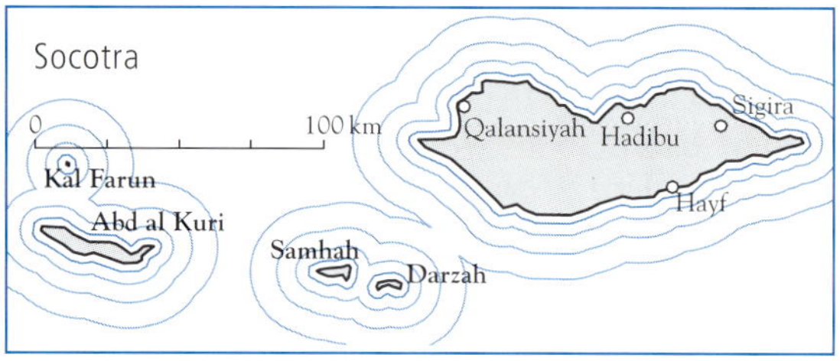

Die Inseln des Indischen Ozeans

La Réunion: Die schönsten Strände der Insel liegen an der Westküste. Der Strand Boucan Canot ist für seine hohen Wellen berühmt, während Kinder in Saint-Gilles-les-Bains gefahrlos baden können.

La Réunion: Die große Sandebene liegt auf einer Höhe von 2300 Metern.

Andamanen: Diese indischen Inseln kennen noch keinen Massentourismus. Man sollte sie unbedingt besuchen, bevor die ersten Jumbos landen.

Andamanen: Die zwischen Indien und Myanmar gelegenen bergigen Inseln bieten noch unberührte Tauchreviere.

Andamanen: Wie bei den Malediven ist die beste Reisezeit von Januar bis April, wenn die Temperaturen zwischen 28 und 30 Grad liegen.

Seychellen: Wie La Réunion und Mauritius sind auch die Seychellen ein exklusives Reiseziel. Lohnenswert ist ein Besuch des Tals von Mai auf der Insel Praslin.

Madagaskar: Kaum eine Insel bietet eine derartige Vielfalt wie Madagaskar, das vom Massentourismus noch nicht so erschlossen ist wie seine Nachbarinseln.

Malediven: Vor allem bei Tauchern sind diese Insel ein beliebtes Reiseziel. Auf vielen der kleinen Inseln befindet sich lediglich ein Hotel. Hier ist man dem Paradies auf Erden sehr nahe.

Mayotte: Eine Fähre verbindet die beiden Inseln Grande-Terre und Petite-Terre. Die Überfahrt dauert 15 Minuten. Die Fahrt nach Mamoudzou, der Hauptstadt auf Grande-Terre, ist kostenlos. Für die Rückfahrt muss man bezahlen.

Singapur: Die Insel wird vollständig von der Stadt Singapur beherrscht, die wegen einer strengen Gesetzgebung die vermutlich sauberste Metropole der Welt ist.

Taiwan: Die Insel ist von der Volksrepublik China durch die 160 Kilometer breite Meerenge von Formosa getrennt. Die Hauptstadt Taipeh verbindet traditionelle Formen mit moderner Architektur. Der höchste Punkt der bergigen Insel, der Berg Yu Shan, erreicht eine Höhe von knapp 4000 Metern.

fen und beschrieb sie in seinem Buch „Die Wunder der Welt", das während seiner Haft in Pisa zwischen 1298 und 1301 entstand: „Wenn man die Inseln Male und Femelle (Kuria und Muria) verlässt und ungefähr 500 Seemeilen in Richtung Süden reist, findet man die Insel Scotra (Socotra), wo die Bewohner alle getaufte Christen sind, die einen Bischof haben. Sie besitzen viel Bernstein, Baumwollstoffe sowie andere Handelswaren und bieten große Mengen von gesalzenen Fischen an, die groß und gut sind. Sie leben vom Reis, Fleisch und Milch, weil sie kein Getreide haben und sind wie die anderen Inder alle nackt. Ihr Bischof ist unabhängig vom Papst in Rom und untersteht einem Erzbischof in Bagdad, der über diese und andere Inseln verfügt."

Sofu Gan (30° bis 35'N und 140°O) – Die japanische Insel gehört zum Izu-Archipel. (Siehe auch bei Izu-Archipel und Japan)

Sol (16°S und 69° 20'W) – In der Mitte des 8786 Quadratkilometer messenden Titikaka-Sees, dem höchsten schiffbaren See der Welt (3812 Meter), liegt diese bolivianische Insel. Sie ist wesentlich größer als die Mondinsel, die im Osten liegt. Auf der Insel befinden sich Überreste der Prä-Inka-Hochkultur von Tiahuanaco sowie Inka-Ruinen.

Solander (46° 34'S und 166° 53'O) – Die neuseeländische Insel liegt 70 Kilometer westlich der Stewart-Insel. Sie wurde vom britischen Seefahrer James Cook (1728-1779) am Sonntag, 11. März 1770 entdeckt. Sie trägt den Namen des schwedischen Naturforschers Daniel Solander (1733-1820), der Cook bei seiner ersten Weltumrundung begleitete.

Solowetski (65° 07'N und 35° 53'O) – Die russische Insel liegt im Weißen Meer und hat eine Oberfläche von 300 Quadratkilometern. Auf ihr befand sich bis 1939 ein zum Gulag zählendes Gefangenenlager. Ein Kloster aus dem 15. Jahrhundert gehört zum von der Unesco geschützten Weltkulturerbe.

Somerset (73° 15'N und 93° 30'W) – Die Insel im hohen Norden Kanadas gehört zum autonomen Gebiet Nunavut, das am 1. April 1999 gegründet wurde. Sie hat eine Oberfläche von 24.790 Quadratkilometern. Ihr höchster Punkt erreicht 488 Meter. 1824 erlitt die „Fury" des britischen Seefahrers William Edward Parry (1790-1855) im Eis im Osten der Insel Schiffbruch, und die Mannschaft musste die Rückreise nach Großbritannien im zweiten Schiff „Hecla" antreten. Am 7. Juni 1849 baute der britische Seefahrer James Clark Ross (1800-1862), der mit den beiden Schiffen „Enterprise" und „Investigator" nach dem verschollenen Sir John Franklin (1786-1847) suchte, einen Steinkegel, unter dem er eine Botschaft legte. Sie wurde 26 Jahre später 1875 vom britischen Seefahrer Allen Young entdeckt. 1851 überwinterte der britische Polarforscher William Kennedy, der ebenfalls nach John Franklin suchte, in der Batty Bay (73°N). Bei einer Schlittenfahrt über die Insel entdeckte der Fähnrich eines französischen Schiffs, Joseph-René Bellot (1826-1853), am 31. Mai 1851 die zwei Kilometer breite Meerenge, die die Insel von der Halbinsel Boothia trennt. Die Halbinsel wurde vom britischen Seefahrer John Ross (1777-1856) aus Dankbarkeit nach seinem Sponsor Felix Booth benannt. Booth hatte seine Arktis-Expedition mit der „Victory" finanziert. Bei dieser Expedition und während der drei Überwinterungen in Felix Harbour entdeckte sein Neffe James Clark Ross (1800-1862) am 28. Mai 1831 den magnetischen Pol auf der Halbinsel bei 70° 05'N und 96° 46'W). Ross musste die „Victoria" aber aufgeben und kehrte auf dem Walfänger „Isabelle" nach Großbritannien zurück.

Sonsorol (5° 20'N und 132° 13'O) – Die Inseln im westlichen Pazifik im Osten der Philippinen gehören zu den Palau-Inseln. (Siehe auch bei Palau)

Soto (15°S und 69° 60'W) – 67 Kilometer östlich der Stadt Puno liegt diese peruanische Insel im Titikaka-See, der eine Oberfläche von 8786

Quadratkilometern hat und der höchste schiffbare See der Welt (3812 Meter) ist. Sie wird von ungefähr 100 Uru-Indianern bewohnt, die Balsaflöße benutzen, um das Festland zu erreichen.

Southampton (63° bis 66°N und 80° bis 87°W) – Im Norden der Hudson Bay liegt die kanadische Insel, deren höchster Punkt 625 Meter erreicht. Der Hafen Coral Harbour liegt an der Südküste. Die Wetterstation und das Inuit-Dorf von Coral Harbour werden regelmäßig von der First Air von Iqaluit aus, der Hauptstadt des am 1. April 1999 gegründeten autonomen Gebietes Nunavut, angeflogen. Southampton wurde 1612 vom britischen Seefahrer Henry Button (1575-1634) entdeckt, der seinen Landsmann Henry Hudson (1550-1612) suchte. 1821 wurde die Insel vom britischen Forscher William Edward Parry (1790-1855) mit seinen Schiffen „Hecla" und „Griper" wieder entdeckt. Parry erforschte vor allem die Nordwestpassage und erreichte 1827 als erster Mensch die Position 82° 45'N nördlich von Spitzbergen. Die Insel trägt den Namen der britischen Hafenstadt Southampton.

Spatz (73°S und 75°W) – Die Insel liegt im Westen der Antarktischen Halbinsel.

Spiekeroog – Die ostfriesische Insel hat eine Oberfläche von 14,1 Quadratkilometern. Auf Spiekeroog, einem der beliebtesten Seebäder an der deutschen Nordseeküste, befindet sich eine sehenswerte Kirche aus dem 16. Jahrhundert.

Spitzbergen (76° 50' bis 80°N und 10° bis 20°O) – Westlich des Svalbard-Archipels liegt diese Insel am Rande des Nordpolarmeers. Sie hat eine Oberfläche von 39.000 Quadratkilometern, die sich 3300 Menschen teilen, was eine Bevölkerungsdichte von 0,08 Bewohnern je Quadratkilometer ergibt. Die beiden Berge Mount Newton (benannt nach dem britischen Physiker Isaac Newton, 1642-1727) und General Perrier (benannt nach dem französischen General François Perrier, 1833-1888) erreichen jeweils 1717 Meter.

Sie wurden 1900 von einer russischen und am 18. September 1950 von einer französischen Expedition zum ersten Mal bestiegen. Die Inselhauptstadt ist Longyearbyen. Das 1916 gegründete Dorf Ny Alesund (78° 53'N und 11° 56'O) ist das nördlichste der Welt. Hier findet man eine Statue des Polarforschers Roald Amundsen und eine internationale sowie zwei französische Forschungsstationen. Die Station Charles-Rabot, die nur einen Kilometer vom Brogger-Gletscher entfernt liegt, wurde am 8. September 2001 eingeweiht und trägt den Namen des französischen Wissenschaftlers Charles Rabot (1856-1935), der zwischen 1882 und 1892 Expeditionen auf Spitzbergen durchführte. Die andere Station trägt den Namen des französischen Geografen Jean Corbel (1920-1970), der zwischen 1952 und 1959 Forschungen auf Spitzbergen betrieb. Die Insel wurde am 17. Juni 1596 vom holländischen Seefahrer Willem Barents (1550-1597) auf seiner Fahrt nach Nowaja Semlja entdeckt. Er gab ihr den Namen Spitzbergen wegen der zahlreichen Bergspitzen. Eines der beiden russischen Dörfer trägt seinen Namen. Spitzbergen wurde Norwegen am 9. Februar 1920 im Vertrag von Paris zugesprochen. Dem britischen Seefahrer Henry Hudson (1550-1611) gelang 1607 mit der „Hopewell" die Umrundung Spitzbergens. Dabei erreichte er mit 80° 23'N einen Rekord. Sein Landsmann William Edward Parry (1790-1855) kam mit amphibischen Schlitten am 23. Juli 1827 bis zur Position 82° 45'N. Zwischen 1608 und 1674 fanden hier französische Walfangexpeditionen statt. Vom 25. Juli bis 4. August 1838 erforschte eine französische Expedition unter der Leitung von Paul Gaimard die Insel. Albert I., Prinz von Monaco, (1848-1922), organisierte hier ebenfalls Expeditionen in den Jahren 1898, 1899, 1906 und 1907 mit seinem Schiff „Princesse Alice II". Die letzte Expedition wurde vom norwegischen Kartografen Gunnar Isachsen geleitet. Die Insel diente auch als Startpunkt für mehrere Polarexpeditionen. Der Gletscher des 14. Juli erhielt seinen Namen am 14. Juli 1906 vom norwegischen Kartografen Gunnar Isachsen, dessen wissenschftliche Expedition von Albert I., Prinz von Monaco, gefördert wurde. (Siehe auch bei Svalbard)

Spratly (8° 38'N und 111° 55'O) – Die Inseln im Südchinesischen Meer liegen im Süden von Vietnam und gehören zur Volksrepublik China.

Sprogö – In der Mitte des Großen Belts zwischen den dänischen Inseln Seeland und Fünen liegt diese Insel, die früher eine Oberfläche von 40 Hektar hatte. Sie wurde auf 1200 Hektar für die 1997 eingeweihte Brückenverbindung zwischen den beiden Inseln vergrößert.

Srednij – Die russische Insel liegt im Archipel Sergej Kirow, der den Namen des russischen Politikers Sergej Kirow (1886-1934) trägt, der 1926 als Sekretär der kommunistischen Partei amtierte und 1934 ermordet wurde.

Srednij (79° 31'N und 91° 09'O) – Die russische Insel gehört zu Nowaja Semlja. Auf ihr befinden sich alte russische Militärbasen, die zu zivilen Stützpunkten umgewidmet wurden. Die Landebahn dient als Verbindung zwischen dem Flugplatz von Katanga und der Station von Barneo, die jedes Jahr seit 1996 im März/April auf dem Packeis um den Nordpol eingerichtet wird. Von Srednij aus ist auch das 100 Kilometer entfernte Arktische Kap erreichbar, von wo aus viele sportliche Expeditionen in Richtung Nordpol starten, die sich bis zur kanadischen Insel Ward Hunt nahe der Nordküste der Insel Ellesmere fortsetzen lassen.

Sri Lanka (7°N und 80°O) – Die früher als Ceylon bekannte Insel wurde 1505 vom portugiesischen Seefahrer Francisco de Almedia (1450-1510) gesichtet. Sie hat eine Oberfläche von 65.600 Quadratkilometern, die sich 19 Millionen Menschen teilen. Die Bevölkerungsdichte liegt bei 290 Bewohnern je Quadratkilometer. Der Berg Pidurutagalaga ist mit 3524 Metern der höchste Punkt der Insel. Auf dem Gipfel des Berges Adama befindet sich eine für alle Religionen heilige Stätte. Der 1,60 Meter lange Fußabdruck gilt den Christen als Spur des heiligen Thomas, Moslems verehren ihn als Fußabdruck Adams, für die Buddhisten gehört er Buddha, und die Hindus interpretieren ihn als Spur Shivas. In der Haupt-

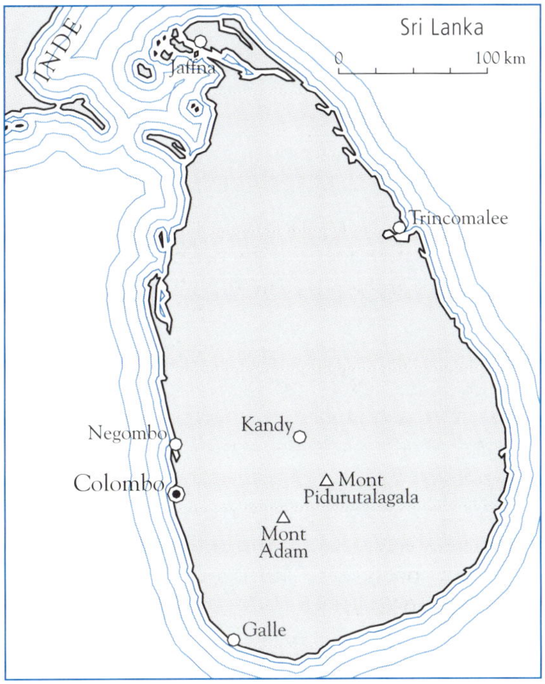

stadt Colombo befindet sich der Flughafen. Die Insel wurde um 414 von dem Reisenden und Seefahrer Faxian, um 1344 vom marokkanischen Seefahrer Ibn Battuta (1304-1377) und 1424 vom chinesischen Seefahrer Zheng He (1371-1435) besucht. 1505 erreichte der portugiesische Seefahrer Francesco de Almedia (1450-1510) die Insel, die nach 1685 von den Holländern besetzt wurde. Marco Polo (1254-1324) kam 1293 mit einer Flotte von 14 Viermastern auf die Insel. In seinem Buch „Die Wunder der Welt“, das während seiner Gefangenschaft in Pisa zwischen 1298 und 1301 entstand, beschreibt er die Insel: „Wenn man die Insel Angaman (Andamanen) verlässt und 1000 Seemeilen nach Westen fährt, trifft man auf nichts, doch im Südwesten findet man die Insel Seilan (Ceylon), die wegen ihrer Größe die beste Insel der Welt ist. Die Menschen dort haben einen König, den sie Sendemain nennen, und bezahlen niemandem Tribut. Sie sind Heiden und sind nackt, bedecken nur ihr Geschlecht. Auf dieser Insel Seilan gibt es einen sehr großen Berg. Und man sagt, dass es auf diesem Berg ein Denkmal für unseren Vorvater Adam gibt.“ Sri Lanka ist seit dem 4. Februar 1948 unabhängig. Seit 1983 herrscht auf der Insel ein Bürgerkrieg zwischen Singhalesen und Tamilen. In der alten Stadt Siguriya befindet sich ein befestigter Palast, der im 5. Jahrhundert vom Tyrannen Kasyapa auf einem 200 Meter hohen Felsen errichtet wurde. Dort begrub er seinen Vater bei lebendigem Leib und wurde danach bis zu seinem Tod von dessen Geist verfolgt. Die heilige Stadt Anuradhpura, das historische Polooaruwa, Siguriya und die heilige Stadt Kandy gehören zum von der Unesco geschützten Weltkulturerbe.

Stagadon (48° 37’N und 4° 35’W) – 1,8 Kilometer vor der Nordwestküste von Finistère liegt diese unbewohnte französische Insel, die eine Oberfläche von einem Hektar hat.

St. Croix (17° 45’N und 64° 45’W) – Die Insel gehört zu den amerikanischen Kleinen Antillen und liegt östlich von Puerto Rico. Auf der Oberfläche von 210 Quadratkilometern leben 40.000 Menschen, was eine Bevölkerungsdichte von 190 Bewohnern je Quadratkilometer ergibt. (Siehe auch Antillen, Kleine)

St. Eustache (17° 30’N und 62° 59’W) – Die zu den Niederländischen Antillen gehörende Insel hat eine Oberfläche von 21 Quadratkilometern, die sich 2000 Menschen teilen, was eine Bevölkerungsdichte von 95 Bewohnern je Quadratkilometer ergibt. In der Hauptstadt Oranjestad befindet sich der Flughafen der Insel. (Siehe auch bei Antillen, Niederländisch)

St. Helena (37° 15’S und 12° 30’W) – Die im Südatlantik liegende Insel ist eine britische Kolonie. Zu ihr gehören noch die Inseln Ascension und Tristan da Cunha. Die Insel ist mit einer Entfernung von 2470 Kilometern nach Afrika die am meisten vom Festland entfernte Insel der Welt. Der am weitesten vom Meer entfernte Punkt liegt in der Nähe der Stadt Urumtschi im Nordwesten Chinas. St. Helena hat eine Oberfläche von 122 Quadratkilometern, die sich 6000 Einwohner teilen, was eine Bevölkerungsdichte von 49 Menschen je Quadratkilometer ergibt. Der Mount Diana ist mit 818 oder 923 Metern (je nach Quelle) der höchste Punkt der Insel. Er trägt den Namen der britischen Prinzessin Lady Di (1961-1997), geschiedene Gattin des britischen Thronfolgers Prinz Charles, die bei einem Autounfall in Paris ums Leben kam. Die Insel wurde am 18. August 1501, am Namenstag der heiligen Helena, vom Seefahrer Juan de Nova entdeckt. Die Holländer besetzten die Insel 1645. Nach seiner Niederlage bei der Schlacht von Waterloo am 18. Juni 1815 dankte Napoleon I. (1769-1812) am 22. Juni 1815 ab, ging auf die Insel Aix und wurde am 13. Juli 1815 an Bord des britischen Schiffs „Bellophoron“ zunächst nach Plymouth und von dort mit der „Northumberland“ nach St. Helena in die Verbannung gebracht. Dort starb er am 5. Mai 1821. Zwischen 1815 und 1821 wurde die Insel als Exilort an die Franzosen für eine unbekannte Summe verpachtet. Medizinische Untersuchungen lassen

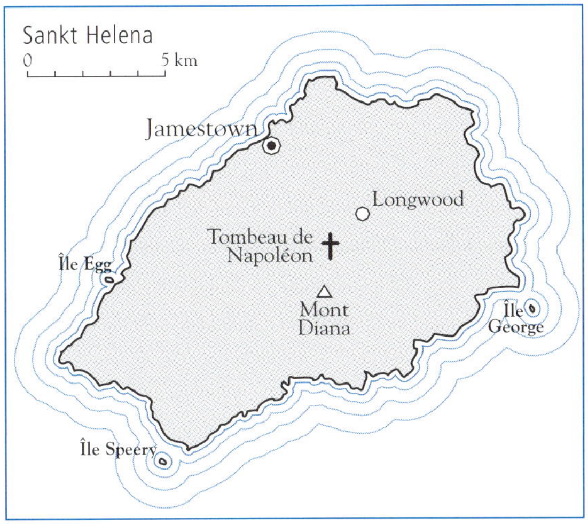

inzwischen den Schluss zu, dass Napoleon nach und nach mit Arsen vergiftet wurde. 1840 brachte Prince de Joinville (1818-1900), dritter Sohn des französischen Königs Louis-Philippe, die sterblichen Überreste Napoleons nach Frankreich zurück. Seit 1843 hat er seine letzte Ruhestätte im Pariser Invalidendom gefunden.

St. John (18° 20'N und 64° 45'W) – Die Insel gehört zu den amerikanischen Kleinen Antillen und liegt östlich von Puerto Rico. Sie hat eine Oberfläche 50 Quadratkilometern, die sich 2000 Menschen teilen, was eine Bevölkerungsdichte von 40 Bewohnern je Quadratkilometer ergibt. (Siehe auch Antillen, Kleine)

St. Kilda (58° 30'N und 8° 30'W) – 100 Kilometer westlich der Hebriden liegt diese schottische Insel im Nordatlantik. Die letzten Bewohner wurden 1950 von der britischen Regierung evakuiert, weil man nicht mehr für ihre Sicherheit garantieren konnte. Die Insel ist heute ein Vogelschutzgebiet und gehört zu dem von der Unesco geschützten Weltnaturerbe.

St. Kitts and Nevis (17° 20'N und 62° 45'W) – Die beiden Inseln gehören zu den Kleinen Antillen und bilden einen seit dem 19. September 1983 einen unabhängigen Staat, der Mitglied im Commonwealth of Nations ist. Die Oberfläche der beiden Inseln beträgt 267 Quadratkilometer für 41.000 Einwohner, was eine Bevölkerungsdichte von 154 Menschen je Quadratkilometer ergibt. Der höchste Punkt der Inseln ist mit 1315 Metern der Mount Misery auf St. Kitts. Die Hauptstadt Basseterre liegt auf St. Kitts. Die Inseln wurden 1493 von Kolumbus (1451-1506) entdeckt und gelten heute als Steuerparadies. Das Staatsmotto lautet „Die Nation vor sich selbst". Der britischen Admiral Horatio Nelson (1758-1805) lernte hier seine zukünftige Frau Frances Woodward Nisbret kennen. Am 21. Oktober 1805 siegte er in der berühmten Seeschlacht von Trafalgar, bei der er sein Leben verlor. (Siehe auch Antillen, Kleine)

St. Lawrence (63° bis 63° 60'N und 168° 50' bis 171° 90'W) – Zwischen Sibirien und Alaska liegt diese Insel in der Beringstraße. Sie hat eine Oberfläche von 3000 Quadratkilometern, die sich 1500 Menschen teilen, was eine Bevölkerungsdichte von 0,5 Bewohner je Quadratkilometer ergibt. Im 19. Jahrhundert hatte sie mehr als 10.000 Einwohner. Ihr höchster Punkt erreicht 673 Meter. Hauptort ist Savoonga. Die Insel wurde am 10. August 1728 vom dänischen Seefahrer Vitus Bering (1680-1741) entdeckt. Er gab ihr den Namen des Heiligen des Tages. Bering befuhr die Meerenge, die seinen Namen trägt. Der russische Seefahrer Semjon Dejnew (1608-1672) hatte sie allerdings bereits 1648 befahren. Der britische Seefahrer James Cook (1728-1779) sichtete die Insel ein zweites Mal am Sonntag, 20. Dezember 1778 bei seiner dritten Entdeckungsfahrt. Um zu überleben, machen die Einwohner der Tupik-Kultur Jagd auf Wale, Bäre, Seehunde, Krabben und den arktischen Hai.

St. Lucia (14°N und 61° 20'W) – Die Insel gehört zu den Kleinen Antillen und ist seit dem 22. Februar 1979 als unabhängiger Staat Mitglied im Commonwealth of Nations. Ihre Oberfläche von 616 Quadratkilometern teilen sich 160.000 Einwohner, was eine Bevölkerungsdichte von 259

Menschen je Quadratkilometer ergibt. Mit 959 Metern ist der Mount Ginie der höchste Punkt der Insel. Der Flughafen Hewanorra liegt drei Kilometer von der Hauptstadt Castries entfernt. Die Insel wurde am Donnerstag, 13. Dezember 1502, dem Namenstag der heiligen Lucia, von Kolumbus (1451-1506) entdeckt. Am 30. Mai 1814 wurde sie im Vertrag von Paris an Großbritannien abgetreten. (Siehe auch Antillen, Kleine)

St. Matthew (60° 30'N und 172° 45'W) – Die zwischen Alaska und Sibirien in der Bering-See liegende Insel wurde am Mittwoch, 29. Juli 1778 von britischen Seefahrer James Cook (1728-1779) entdeckt, der sie am 23. September 1778 auf der Rückkehr vom arktischen Packeis wieder passierte.

St. Matthews (1° 30'S und 149° 40'O) – Nördlich von Papua-Neuguinea liegen diese Inseln im Pazifik.

St. Michel's Mount (50° 07'S und 5° 33'W) – Der Felsen befindet sich 500 Meter vor der Küste Cornwalls. Er erinnert an den gleichnamigen französischen Felsen, auf dessen Spitze ein Kloster errichtet wurde, und hat eine Oberfläche von sieben Hektar. Er ist mit der Küste durch eine nur bei Ebbe befahrbare Straße verbunden. Der Felsen wurde von Pytheas im 4. Jahrhundert vor Christus entdeckt. Der kleine Hafen im Norden war im 19. Jahrhundert sehr belebt.

St. Thomas (18° 21'N und 64° 55'W) – Östlich von Puerto Rico liegt die zu den amerikanischen Kleinen Antillen zählende Insel, die eine Oberfläche von 80 Quadratkilometern hat, die sich 30.000 Menschen teilen, was einer Bevölkerungsdichte von 375 Bewohnern je Quadratkilometer entspricht. Sie wurde an einem 3. Juli, Namenstag des heiligen Thomas, entdeckt. (Siehe auch Antillen, Kleine)

St. Vincent und die Grenadinen (13° 15'N und 62° 12'W) – Seit dem 27. Oktober 1979 gehört der Inselstaat dem Commonwealth of Nations an. Die wichtigsten Inseln sind Union, Canouan, Mustique und Bequia. Die Staatsdevise Lautet „Frieden und Gerechtigkeit". Die Oberfläche beträgt 389 Quadratkilometer, die sich 115.000 Einwohner teilen, was eine Bevölkerungsdichte von 295 Menschen je Quadratkilometer ergibt. Der höchste Punkt auf St. Vincent ist mit 1234 Metern der Berg Soufrière. Auf den Grenadinen bildet der Berg Sainte-Catherine mit 840 Metern den höchsten Punkt. In der Hauptstadt Kingstown befindet sich der Flughafen. Die Häfen Darkhead und Barrouaille liegen an der Westküste. St. Vincent wurde am 22. Januar 1499, dem Tag des heiligen Vincent, von Kolumbus (1451-1506) entdeckt. Auf der Insel befindet sich das Fort Charlotte.

Steele – Zwischen der Antarktischen Halbinsel und der Weddell-See liegt die Insel, von der aus man einen hervorragenden Blick auf den 4190 Meter hohen Berg Jackson hat.

Stefansson (73° 17'N und 106° 45'W) – Nördlich der Insel Victoria im seit dem 1. April 1999 autonomen Gebiet Nunavut liegt diese Insel, die den Namen des kanadischen Seefahrers und Forschers Vilhjalmur Stefansson (1879-1962) trägt, der zwischen 1906 und 1918 diese Region erforschte.

Stérec (48° 40'N und 3° 51'W) – Vor Morlaix liegt diese private französische Insel, die eine Oberfläche von einem Hektar hat.

Stewart (47°S und 168°O) – Die auch Te-puka-o-te-waka-a-Maui („Anker des Kanus von Maui") genannte Insel ist eine der drei neuseeländischen Hauptinseln. Sie hat eine Oberfläche von 1700 Quadratkilometern, die sich 400 Menschen teilen, was eine Bevölkerungsdichte von 0,2 Bewohnern je Quadratkilometer ergibt. Der Berg Anglem ist mit 980 Metern der höchste Punkt auf Stewart. Das einzige Dorf ist Oban. Der Hafen Pegasus liegt im Süden, der Hafen Halfmoon im

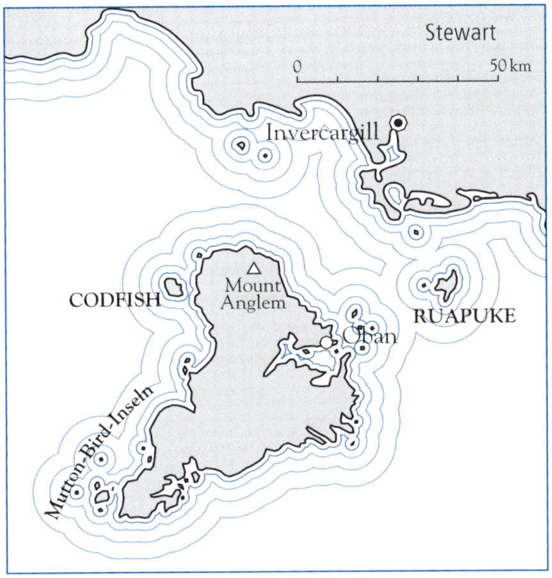

Norden. Die Insel wurde 1770 vom britischen Seefahrer James Cook (1728-1779) entdeckt und trägt den Namen des britischen Kapitäns William Stewart. (Siehe auch bei Neuseeland)

Stibiden (47° 33'N und 2° 49'W) – Im Golf von Morbihan liegt die französische Insel, die eine Oberfläche von acht Hektar hat. Ihr höchster Punkt erreicht elf Meter.

Stolbowoi (74° 05'N und 136°O) – In der Laptew-See vor dem nördlichen Sibirien liegt die russische Insel, die zum Archipel Neusibirien gehört. (Siehe auch Neusibirien)

Store Koldewey (76°N und 19°W) – Die nordöstlich vor Grönland liegende Insel trägt den Namens eines vom deutschen Seefahrer Karl Koldewey (1837-1908) hinterlassenen Lagers. Koldewey entdeckte zwischen 1869 und 1970 den Franz-Joseph-Fjord. Bei einer anderen Expedition im Westen Grönlands wurde eines seiner Schiffe vom Packeis zerstört. Die Mannschaft rettete sich auf einen Eisberg und erreichte so Frederikshaven im Süden Grönlands. Der höchste Punkt der Insel erreicht 971 Meter.

Straßburg (48° 35'N und 7° 44'O) – Im Zentrum der französischen Stadt Straßburg liegt diese Insel, auf der sich das Schloss von Rohan, das Museum Notre-Dame und die gotische Kathedrale Notre-Dame, die zwischen dem 12. und 15. Jahrhundert entstand, befinden. 22 Brücken, darunter auch überdachte und befestigte, machen das historische Straßburg, das zum von der Unesco geschützten Weltkulturerbe gehört, erreichbar. Der französische Komponist Claude-Joseph Rouget de Lisle (1760-1836) schrieb hier 1790 den „Chant de Guerre pour l'Armée du Rhin", die zur „Marseillaise" und französischen Nationalhymne wurde.

Stromboli (38° 47'N und 15° 13'O) – Im Tyrrhenischen Meer liegt die italienische Vulkaninsel, die eine Oberfläche von zwölf Quadratkilometern hat, die sich 800 Menschen teilen. Die Bevölkerungsdichte liegt bei 67 Bewohnern je Quadratkilometer. Der Vulkan erreicht eine Höhe von 924 Metern und war vor allem zwischen 1930 und 1986 aktiv.

Strong – Nordöstlich von Papua-Neuguinea im Nordpazifik liegt diese Insel, die zu den Karolinen in Mikronesien gehört. Ihr höchster Punkt erreicht 657 Meter. Strong wurde im Dezember 1804 vom amerikanischen Seefahrer Crozer, Kommandant der „Nancy", entdeckt. Der französische Seefahrer Louis Duperrey (1786-1865) sichtete sie ein weiteres Mal und ging zwischen dem 3. und 15. Juni 1824 während seiner Weltumrundung (1822 bis 1825) mit der „La Coquille" an Land. Die Insel trägt den Namen des britischen Seefahrers John Strong, der zwischen dem 27. Januar 1690 und 2. Februar 1690 als Erster die Falkland-Inseln betrat.

Sturge (67° 27'S und 164° 18'O) – 120 Kilometer südlich der Balleny-Inseln in der Antarktis liegt diese Insel.

Süd (40° 50'W bis 46° 60'S und 166° 50' bis 174° 30'O) – Die Insel ist eine der drei Hauptin-

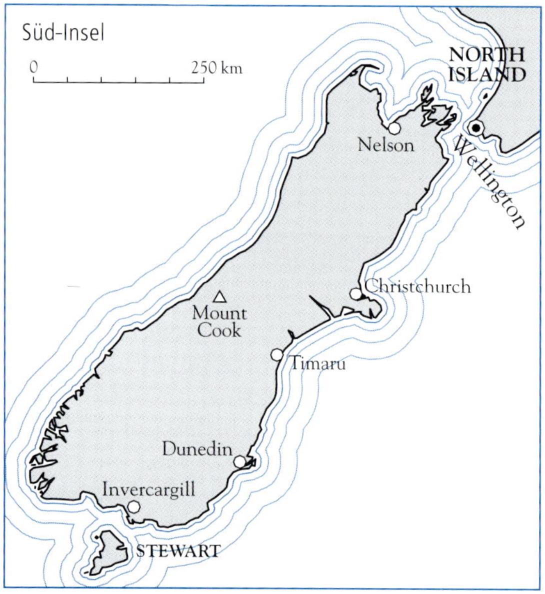

seln Neuseelands und hat eine Oberfläche von 151.000 Quadratkilometern. (Siehe auch bei Neuseeland)

Südgeorgien (53° 55'S bis 55°S und 35° 40' W bis 38° 25'W) – Die subantarktische Insel liegt im Südatlantik und wird von den Falkland-Inseln aus für Großbritannien verwaltet. Die Oberfläche misst 3600 Quadratkilometer. Mit 2934 Metern ist der Berg Paget der höchste Punkt der Insel. Am Dienstag, den 17. Januar 1775 wurde sie von britischen Seefahrer James Cook (1728-1779) entdeckt. Cook gab ihr den Namen Georgia und nahm sie für die britische Krone in Besitz. Der florentinische Seefahrer Amerigo Vespucci (1454-1512) will die Insel bei 54°S, 1200 Meilen von Feuerland entfernt im Jahre 1502 entdeckt haben. Kann man ihm glauben? Die Insel hat ihren Platz in der Geschichte, weil es hier Ernest Shackleton (1784-1922) gelang, Hilfe für seine auf der Elephant-Insel gestrandete Mannschaft zu holen. Seine Männer mussten auf der Insel vom 24. April bis zum 30. August 1916 ausharren. Die von Shackleton geleitete Rettungsmannschaft bestand aus Frank Worsley, Tom Crean, Mc Neish, Mc Carthy und Vincent. Die Mannschaft auf der Elephant-Insel wurde vom Kapitän der „Endurance", Frank Wild, kommandiert. Sie bestand aus Henry Hudson, Frank Hurley, James, Wordie, Dr. McIllroy, Hussey, Marston, dem Antarktis-Veteranen Cheetham, Greenstreet, Lees, Clark, Kerr, Rickinson, Dr. Macklin, Black, Barrow und sechs Matrosen. Fünf Jahre später, am 17. September 1921, kehrte Shackleton mit der „Quex" zurück, um die Umfahrung der Antarktis in Angriff zu nehmen. Bei dieser letzten Reise starb er am 5. Januar 1922 an einem Herzinfarkt um drei Uhr morgens. Er wurde auf einem Hügel in der Nähe von Grytviken beigesetzt. In der alten Walfängerstation Grytviken befindet sich heute eine Wetterstation. (Siehe auch Falkland-Inseln)

Süd-Orkneys (60° 30' bis 61°S und 44° 25' bis 46° 10'W) – Die vier subantarktischen Inseln ge-

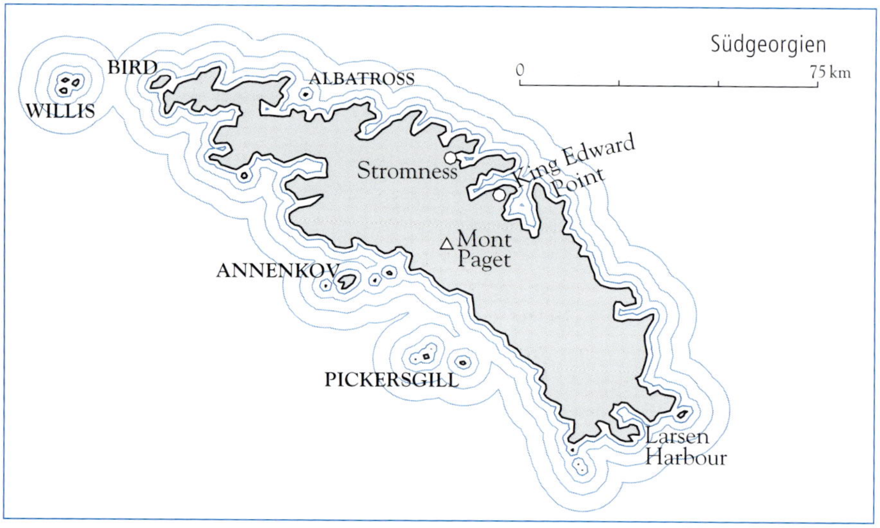

hören zu den Falkland-Inseln. Die wichtigste Insel, Coronation Island, hat eine Oberfläche von 600 Quadratkilometern. Der Berg Nivea erreicht als höchster Punkt 1266 Meter. Die drei anderen Inseln sind Signy, Powell, die den Namen des britischen Walfängers George Powell trägt, der sie im Dezember 1821 sichtete, und Laurie. Die anderen kleinen Inseln sind unerreichbar. Robertson trägt den Namen des australischen Mäzens McPherson Robertson (1860-1945), der zwischen 1929 und 1931 mehrere Polarexpeditionen seines Landmanns Douglas Mawson (1882-1958) förderte. Die Insel Larsen trägt den Namen des norwegischen Seefahrers Carl Anton Larsen (1860-1924), der die Inseln mit Mitgliedern der vom schwedischen Forscher Otto Nordenskjöld geleiteten Expedition umsegelte. Die Inseln wurden im Februar 1819 von James Wedell (1787-1834) entdeckt. (Siehe auch bei Falkland-Inseln)

Süd-Sandwich (56° 18' bis 59° 28'S und 26° 14' bis 28° 11'W) – Die elf kleinen subantarktischen Inseln liegen 900 Kilometer südöstlich von Südgeorgien und werden von den Falkland-Inseln aus verwaltet. Sie haben eine Oberfläche von 420 Quadratkilometern. Die acht südlichsten Inseln wurden am Dienstag, 31. März 1775 vom britischen Seefahrer James Cook (1728-1779) entdeckt, der sie nach dem First Lord der Admiralität, John Montagu of Sandwich (1718-1751), benannte. Sandwich amtierte von 1748 bis 1751 und 1771 bis 1782 als First Lord. Die drei nördlichsten Inseln wurden am 22. Dezember 1819 vom russischen Seefahrer Fabian von Bellingshausen (1778-1852) mit seinen beiden Schiffen „Wostok" und „Mirny" entdeckt. (Siehe auch bei Falkland-Inseln)

Süd-Shetland (62°S und 58°W) – Die britische Inselgruppe in der Nähe der Antarktischen Halbinsel besteht hauptsächlich aus den Inseln Elephant, Clarence und King George. Sie hat eine Oberfläche von 4622 Quadratkilometern. Die Inseln wurden im Februar 1819 vom britischen Walfänger James Wedell (1787-1834) mit seinen beiden Schiffen „Jane" und „Beafoy" und seinen Landsleuten Edward Bransfield (1795-1852) sowie William Smith (1764-1840) entdeckt.

Süd-Thule (57° 45'S und 26° 30'W) – Die subantarktischen Inseln gehören zu den Süd-Sandwich-Inseln. Ihr höchster Punkt erreicht 1115 Meter. Sie wurden am Dienstag, 31. März 1775 vom britischen Seefahrer James Cook (1728-1779) entdeckt, der sie so nannte, weil es sich um die bis damals südlichsten Gebiete handelte. (Siehe auch bei Süd-Sandwich-Inseln)

Sula (1° 90'S und 124° 40'O bis 126° 30'O) – In der Molukken-See liegen diese zu Indonesien gehörenden Inseln. (Siehe auch bei Indonesien)

Sulawesi (2°S und 121°O) – Früher hieß diese Insel, die zwischen Borneo, Java, Flores, Timor und den Molukken liegt, Celebes. Sie hat eine Oberfläche von 190.000 Quadratkilometern, die sich elf Millionen Menschen teilen, was eine Bevölkerungsdichte von 58 Bewohnern je Quadratkilometer zur Folge hat. Der höchste Punkt ist bei 3445 Metern erreicht. Die Hauptstadt ist Ujung Pandang (Makassar). Hier befindet sich der Hafen Parepare (4° 01'S und 119° 38'O). Die Insel wurde 1512 von portugiesischen Seefahrern entdeckt.

Sulu (4° 60' bis 6° 30'N und 119° 50' bis 122°O) – Der zwischen der Sulu- und Celebes-See gelegene Archipel besteht aus 500 Inseln und gehört zu den Philippinen. Die 30.000 Einwohner leben überwiegend vom Muschelfang und dem Perlentauchen. Vor allem auf der Insel Samales leben die Menschen in Pfahlhütten. Auf der Insel Jolo wurden im Sommer 2000 Touristen als Geiseln festgehalten. (Siehe auch bei Philippinen)

Sumatra (5°N bis 5°S und 95° bis 105°O) – Die indonesische Insel liegt zwischen dem Indischen Ozean und den Meerengen von Malakka, Karimata und Sunda. Um sie herum liegen zahlreiche Inseln, darunter Simeulue, Nias, Mentawi, Beli-

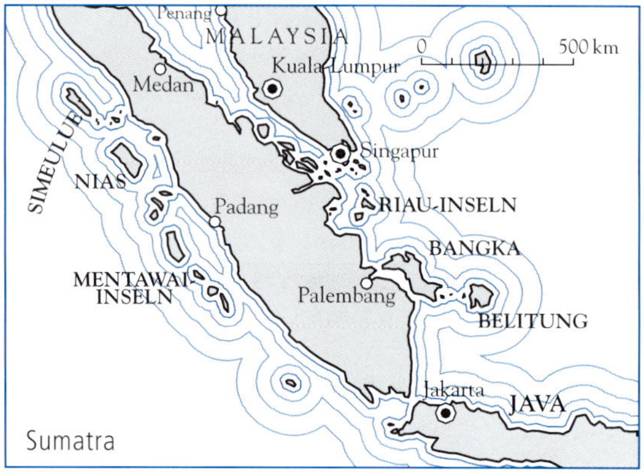

Sumatra

tung, Bangka und Riau. Sie hat eine Oberfläche von 473.000 Quadratkilometern, die sich 29 Millionen Menschen teilen, was eine Bevölkerungsdichte von 61 Bewohnern je Quadratkilometer ergibt. Der Berg Kerinci ist mit 3805 Metern der höchste Punkt Sumatras. Vor rund 75.000 Jahren explodierte der Vulkan Toba und verursachte eine gigantische Flut. Seine Caldera misst 90 mal 30 Kilometer, die sich mit Wasser füllte. In der Mitte des Sees liegt die Insel Samosir. Bei dem Ausbruch gelangten 2800 Kubikkilometer Materie in die Atmosphäre. Die beiden wichtigsten Städte Palemang und Medan verfügen über Flughäfen. Die Häfen Meulaboh, Padong und Krui liegen an der Ostküste. Der arabische Seefahrer Ibn Battuta (1304-1377) hielt sich 1340 auf der Insel auf. Ihm folgte James Lancaster (1555-1618). Marco Polo erreichte die Insel 1293 mit einer Flotte von 14 Viermastern. In seinem Buch „Die Wunder der Welt“, das zwischen 1298 und 1301 während seiner Gefangenschaft in Pisa entstand, beschreibt er die Insel: „Wenn man den Hafen von Malani (Singapur) verlässt und 90 Seemeilen weit reist, findet man die Insel Java, die kleinere (Sumatra), die aber nicht so klein ist und einen Umfang von 2000 Meilen hat. Die Insel liegt dermaßen in der Mitte, dass sich der Polarstern niemals zeigt.“ Sir Thomas Raffles (1781-1826), der Gründer von Singapur, amtierte zwischen 1811 und 1816 als Gouverneur auf Java. Von 1818 bis 1824 residierte er in Bengkulu auf Sumatra. Am 2. Februar 1824 brannte die „Fram“ 80 Kilometer von Bengkulu aus. Mannschaft und Passagiere hatten genügend Zeit, sich in die beiden Schaluppen zu retten und Sumatra zu erreichen. Zwischen 1989 und 1998 erlebte die Insel schwere Unabhängigkeitskämpfe.

Sumbawa (8° 40’S und 118°O) – Zwischen den Lombok-Inseln und Flores liegt diese indonesische Insel, die eine Oberfläche von 14.500 Quadratkilometern hat, die sich 400.000 Menschen teilen. Die Bevölkerungsdichte liegt bei 28 Einwohnern je Quadratkilometer. Beim Ausbruch des Vulkans Tambora zwischen dem 5. und 11. April 1815 kamen mehr als 90.000 Menschen ums Leben. Bei der Eruption gelangten 150 Kubikkilometer Materie in die Atmosphäre. Die dabei entstandene Caldera hat einen Umfang von sechs Kilometern und eine Tiefe von 800 bis 1200 Metern. Bei dem Ausbruch schrumpfte der Vulkan von 4100 auf 2850 Meter. Die Folge war eine Abkühlung um ein Grad auf der Nordhalbkugel.

Sumisu (31° 27’N und 140° 03’O) – Die japanische Insel gehört zum Izu-Archipel im Süden der Insel Honshu. (Siehe auch bei Izu)

Surowi (80° 30’N und 92° 40’O) – Ein Kilometer von der Insel Komsomolz entfernt liegt diese kleine Insel bei Sewernaja Semlja. Sie dient mitunter als Anlaufstation für Flugzeuge, die Abenteurer absetzen, die den Nordpol erreichen wollen.

Surtsey (63° 19’N und 20° 37’W) – Die unbewohnte isländische Vulkaninsel liegt 18 Kilometer südwestlich der Vestmann-Inseln. Sie hat eine Oberfläche von drei Quadratkilometern. Ihr höchster Punkt erreicht 171 Meter. Sie entstand am 14. November 1963 nach mehreren Vulkanausbrüchen, die einige Monate andauerten und vom isländischen Vulkanologen Sigurdur Thorarinsson (1911-1983) beobachtet wurden.

Sunda (6°N bis 10°S und 95° bis 123°O) – Zu den indonesischen Inseln gehören unter anderem Sumatra, Java, Bali, Lombok, Sumbawa und Flores.

Svalbard (76° bis 81°N und 10° bis 30°O) – Der norwegische Archipel liegt am Rande der Arktis und umfasst vor allem Spitzbergen, Edge und Nordostland. Die Oberfläche von 62.700 Quadratkilometern teilen sich 3300 Einwohner (1200 Norweger und 2100 Russen), was einer Bevölkerungsdichte von 0,05 Menschen je Quadratkilometer entspricht. Die beiden höchsten Punkte, die Berge Newton und General Perrier, erreichen jeweils 1717 Meter. Sie wurden 1900 beziehungsweise am 18. September 1950 zum ersten Mal bestiegen. Die Hauptstadt ist Longyearbyen. Die wichtigsten Dörfer sind Ny-Alesund, Svea, Barentsburg und Pyramiden. Der Archipel wurde am 17. Juni 1596 vom holländischen Seefahrer Willem Barents (1550-1597) auf seiner Fahrt nach Nowaja Semlja entdeckt und fiel im Vertrag von Paris am 14. August 1925 an Norwegen. Zwischen 1917 und 1958 verkehrte in Ny-Alesund eine Schmalspurbahn (90 Zentimeter) über einen Kilometer. Auf der Insel Blomstrand sind noch heute die Überreste einer Bahn zu besichtigen.

Sven Fortyn (80° 39'N und 27° 12'O) – Nördlich des Svalbard-Archipels liegt diese arktische Insel. Der Zeppelin „Italia" unter der Führung des Italieners Umberto Nobile (1885-1978) stürzte am 24. Mai 1928 20 Kilometer von der Insel entfernt über dem Packeis ab. Die „Italia" war am 23. Mai 1928 auf Spitzbergen gestartet und hatte den Nordpol am 24. Mai 1928 um 0.20 Uhr überflogen. Die 18 Überlebenden warteten einige Wochen lang im Packeis auf die von mehreren Nationen geschickten Rettungsmannschaften. Während der Rettungsversuche kamen beim Absturz des Wasserflugzeugs „Latham 02" der norwegische Polarforscher Roald Amundsen und fünf weitere Besatzungsmitglieder ums Leben.

Sverdrup (74° 35'N und 79° 30'O) – Die unbewohnte russische Insel liegt in der Kara-See im Norden Sibiriens. Sie trägt den Namen des norwegischen Forschers und Seefahrers Otto Sverdrup (1854-1930), der die „Fram" bei ihrer Durchquerung der Arktis zwischen 1893 und 1896 kommandierte. Der norwegische Forscher Fridjof Nansen (1861-1930) war mit an Bord.

Sverdrup (83°N und 46°W) – Im Norden von Grönland liegt diese Insel im Nordpolarmeer. Sie trägt den Namen des norwegischen Seefahrers Otto Sverdrup (1854-1930).

Sverdrup (80° 30'N und 92°W) – Der unbewohnte Archipel im hohen Norden Kanadas liegt im seit dem 1. April 1999 autonomen Gebiet Nunavut und besteht aus Inseln um Axel Heiberg. Er trägt den Namen des norwegischen Seefahrers Otto Sverdrup (1854-1930), der den Archipel entdeckte und zwischen 1898 und 1902 mit der legendären „Fram" erforschte. Bei einer der Fahrten erreichte er die Breite von 85° 57'N, was damals ein Rekord war. Am 27. Juni 1898 verließ die neu ausgestattete „Fram" mit 16 Mann an Bord Norwegen. Die erste Überwinterung erfolgte am Kap Sabine (78° 45'N und 74° 30'W). Die Insel Axel Heiberg entdeckte Sverdrup im April 1900, und die Insel Amund Ringnes wurde am 16. April 1900 gesichtet. Gunnar Isachsen und Svere Hassel gingen einige Tage später an Land. Die Meerenge Eureka durchquerte Sverdrup 1902, bevor er am 18. September 1902 wieder in Norwegen eintraf. Die „Fram" ist heute in einem ihr gewidmeten Museum in Oslo ausgestellt.

Swains (58°S und 100°W) – Die subantarktische Insel existiert nach heftigen Vulkanausbrüchen seit einigen Jahrhunderten nicht mehr. Man findet sie aber dennoch auf einigen Karten des 18. und 19. Jahrhunderts. Im Südpazifik existiert eine gleichnamige Insel (11° 05'S und 171° 05'W), die über eine hervorragende Lagune verfügt.

Swallow (10°S und 166°W) – Im Südpazifik liegt die Inselgruppe, die zu den Santa-Cruz-Inseln gehört, die Teil der Salomonen sind. Sie tragen den Namen der „Swallow" des britischen Seefahrers Philip Carteret (gest. 1760), der die Inseln während seiner Weltumsegelung (22. August 1766 bis 20. März 1769) entdeckte. Er hatte Plymouth zur gleichen Zeit wie sein Landsmann Samuel Wallis (1728-1795) verlassen, wurde von ihm aber bei der Fahrt durch die Magellan-Straße getrennt. (Siehe auch bei Santa Cruz und Salomonen)

Swan – Die karibische Inselgruppe gehört zu Honduras.

Sylt – Das altfriesische Silendi (Seeland) ist mit einer Oberfläche von 93,5 Quadratkilometern die größte Nordfriesische Insel. Durch den Hindenburgdamm ist Sylt mit dem Festland verbunden. Die wichtigste Einnahmequelle ist der Tourismus. Das bedeutendste Seebad ist Westerland. Daneben ziehen noch Hörnum, Wenningstedt, Kampen und List Touristen an. Sylt teilt sich in eine Marschlandschaft und Geest mit heidebestandenen Dünen auf.

Symi (36° 35'N und 27° 52'O) – Die griechische Insel liegt in der Ägäis. Ihr höchster Punkt erreicht 617 Meter. Der Hauptort ist Symi.

Syros (37° 26'N und 24° 54'O) – Die griechische Insel liegt in der Ägäis und gehört zu den Kykladen. Sie hat eine Oberfläche von 90 Quadratkilometern, die sich 30.000 Menschen teilen,

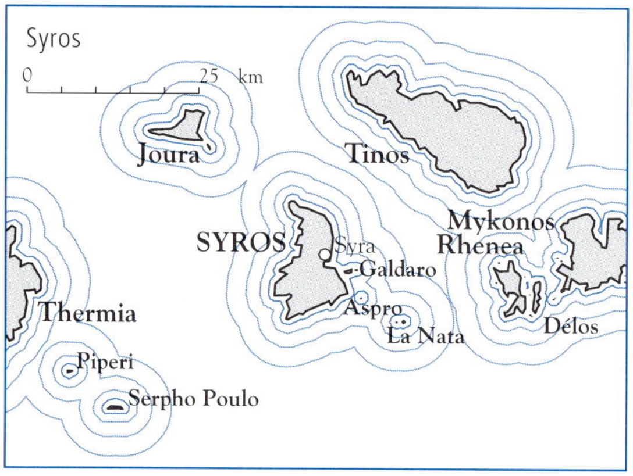

was eine Bevölkerungsdichte von 333 Bewohnern je Quadratkilometer ergibt. Der höchste Punkt erreicht 422 Meter. Der Hauptort ist Ermupolis. Der gleichnamige Hafen liegt im Osten der Insel. (Siehe auch bei Kykladen)

Tabuaeran (4°N und 159'W) – Die Insel im Nordpazifik liegt 300 Kilometer nordwestlich der Insel Kiritimati, die zu den Line Islands gehört, die Teil des Inselstaats Kiribati sind. Sie trug ursprünglich den Namen des Reeders Edmund Fanning (1769-1841), der zwischen 1798 und 1800 zwei Weltumsegelungen unternahm.

Tahaa (16° 38'S und 151° 30'W) – Die auch Vanille genannte Insel liegt 240 Kilometer nordwestlich von Tahiti und gehört zu den Inseln unter dem Wind im Archipel der Gesellschaftsinseln in Französisch-Polynesien. Ihre Oberfläche von 88 Quadratkilometern teilen sich 500 Menschen, was einer Bevölkerungsdichte von 57 Bewohnern je Quadratkilometer entspricht. Der Berg Ohiri ist mit 590 Metern der höchste Punkt der Insel. Hauptdorf ist Haamene, das Verwaltungszentrum ist Patio. Der Flugplatz befindet sich auf einer, durch ein Riff von Tahaa getrennten Insel, wo sich auch geschützte Schildkröten fortpflanzen. Mit einem Fahrrad kann man die 67 Kilometer Durchmesser zählende Insel abfahren. Tahaa wurde vom britischen Seefahrer James Cook (1728-1779) am Sonntag, 16. Juli 1769 gesichtet. Die großen Kreuzfahrtschiffe gehen meistens im Norden der Insel vor Anker, von wo aus man einen hervorragenden Blick auf die nur 20 Kilometer entfernte Insel Bora Bora hat. (Siehe auch bei Unter dem Wind, Gesellschaftsinseln, Französisch-Polynesien)

Tahiti (17° 30' bis 17° 52'S und 149° 07' bis 149° 37'W) – Die Insel gehört zu den Inseln unter dem Wind im Pazifik und ist die Hauptinsel von Französisch-Polynesien. Die Oberfläche von 1042 Quadratkilometern teilen sich 150.700 Menschen, was einer Bevölkerungsdichte von 145 Bewohnern je Quadratkilometer entspricht. Der

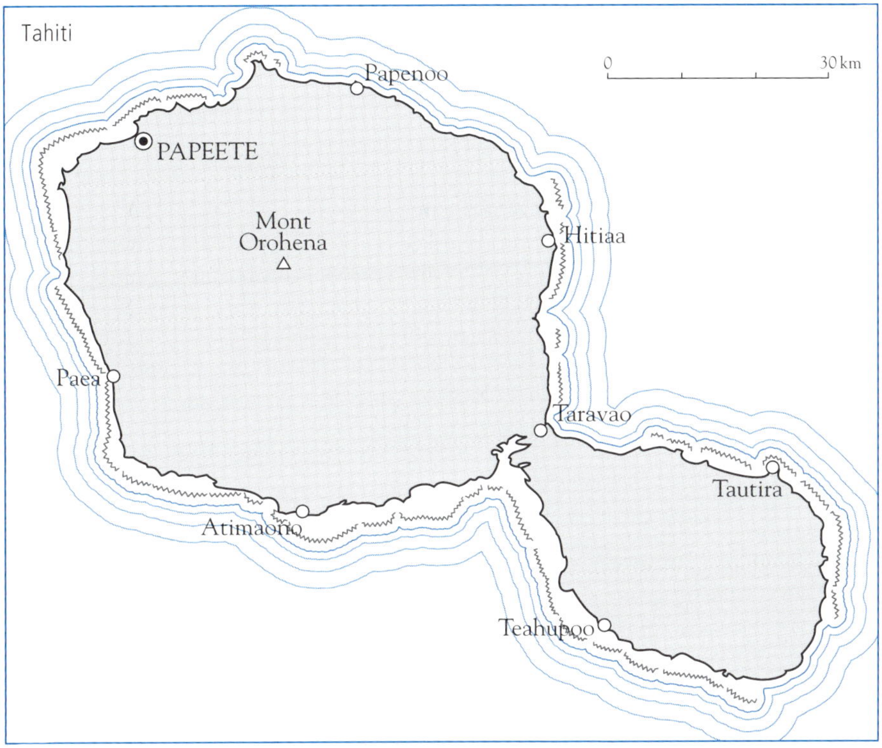

Berg Orohena ist mit 2441 Metern der höchste Punkt. Der internationale Flughafen von Faa liegt sechs Kilometer von der Hauptstadt Papeete entfernt. Sie wurde 1818 vom Missionar William Pascoe Cook (1775-1834) gegründet. Der portugiesische Seefahrer Pedro Fernandez de Quiros (1565-1615) sichtete die Insel bereits 1606. Sie geriet in Vergessenheit und wurde offiziell am 19. Juni 1767 vom britischen Seefahrer Samuel Wallis (1728-1795) mit seinem Schiff „Dolphin" entdeckt. Sein Stellvertreter Tobias Furneaux (1735-1781) nahm sie am 25. Juni 1767 offiziell für die britische Krone in Besitz und nannte sie „King George Island". Der französische Seefahrer Louis-Antoine de Bougainville (1729-1811) ging mit seinen Schiffen „La Boudeuse" und „L'Etoile" am 6. April 1768 vor Hitiaa vor Anker. Er schrieb: „Sie wissen gar nicht, wie sie ihre Freude über unser Kommen ausdrücken sollen. Die Frauen begrüßen uns, indem sie die Hand vor die Brust halten und mehrmals 'tayo' rufen." Bougainville nahm den Tahitianer Anoturou (1737-1771) mit nach Frankreich, um ihn am Hof vorzuführen. Auf der Rückreise starb der Mann an Bord der von Nicolas Marion-Dufresne (1724-1772) kommandierten „Mascarin". Der britische Seefahrer James Cook (1728-1779) traf am Donnerstag, 13. April 1769 auf Tahiti ein, wo er der Pointe Venus ihren Namen gab, nachdem sein Astronom Charles Green (1735-1771) am Samstag, 3. Juni 1769, beobachtet hatte, wie sich die Venus vor die Sonne geschoben hatte. James Cook kehrte am 17. August 1773 nach Tahiti zurück und ging mit seinen Schiffen „Adventure" und „Resolution" in der Bucht von Tautira vor Anker. Bei seiner zweiten Weltumsegelung ankerte er in der Bucht von Matavai zwischen dem 26. August 1773 und dem 22. April 1774. Während seiner dritten Weltumsegelung schließlich ging er am 23. August 1777 aus drei Gründen hier vor Anker: „Auf dieser Insel gibt es drei Dinge im Überfluss, die ein Seemann vor allen anderen Dingen benötigt: Wasser, Schweine und Frauen." Die ersten protestantischen Missionare der London Missionary Society trafen am 5. März 1797 auf der von James Wilson (1760-1814) kommandierten „Duff" mit der Bibel auf Tahiti ein. Die Pomaré-Dynastie, vor allem Pomaré I. (1751-1803), Pomaré II. (1782-1821), Pomaré III. (1820-1827) und besonders Königin Aimata Pomaré IV. (1813-1877), verwalteten Tahiti, bis es der französische Seefahrer Abel-Dupetit Thouars (1793-1864) zu einem französischen Protektorat machte. Der letzte tahitianische König, Pomaré IV., der die Insel von 1877 bis 1881 beherrschte, wurde 1891 in Arue am Rande des Meeres und fünf Kilometer vom Zentrum Papeetes beigesetzt. Der große Liebhaber des Digestifs Bénédictine hat die Insel Frankreich angeblich am Dienstag, 29. Juni 1880 gegen eine Lieferung seines Lieblingsgetränks angeboten. Er wünschte sich auch, unter einer riesigen Bénédictine-Flasche begraben zu werden. Und daher ziert das ursprünglich für seine Mutter vorgesehene Grab eine zwei Meter hohe Flasche des Digestifs. Der französische Sänger Joe Dassin (1938-1980) starb am Mittwoch, 20. August 1980, in der ersten Etage der Brasserie Retro an den Folgen eines Herzinfarkts. Jedes Jahr im Juli findet vor Tahiti anlässlich der Heiva-Feierlichkeiten ein wichtiges Pirogenrennen statt. Mit Europa ist die Insel durch die neue Fluglinie Air Tahiti Nui (ATN) verbunden.

Tahuata (9° 57'S und 139° 05'W) – Vier Kilometer südlich von Hiva Oa liegt die zu den Marquesas zählende Insel in Französisch-Polynesien. Sie hat eine Oberfläche von 70 Quadratkilometern, auf denen 640 Menschen leben. Die Bevölkerungsdichte liegt bei neun Bewohnern je Quadratkilometer. Der Berg Tumu Meae Ufa ist mit 1000 Metern der höchste Punkt. Der Hafen Vaitahu liegt im Westen, der Hafen Motopu im Osten der Insel. Tahuata wurde am Montag, 24. Juli

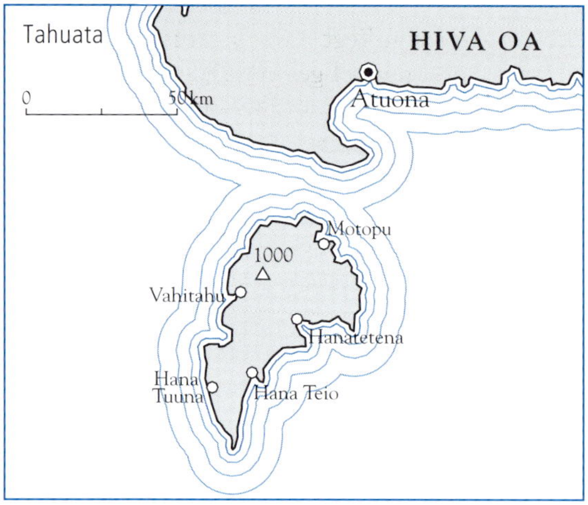

1595 vom portugiesischen Seefahrer Alvaro de Mendana (1541-1595) entdeckt, der sie Santa Cristina nannte. Der britische Seefahrer James Cook (1728-1779) sichtete sie am Donnerstag, 7. April 1774 ein weiteres Mal. Ihm folgte im Juni 1791 der französische Seefahrer Etienne Marchand (1755-1793) und im Mai 1797 der britische Seefahrer James Wilson (1760-1814). Der Franzose Abel Dupetit-Thouars (1793-1864) nahm sie schließlich am 28. April 1842 offiziell für Frankreich in Besitz. Zahlreiche Touristen entdecken die Insel in Segelschiffen oder an Bord der großen Kreuzfahrer.

Taiwan (22° bis 25°N und 120° bis 122°O) – Der Inselstaat liegt südöstlich der Volksrepublik China, von der er durch die Meerenge von Formosa getrennt ist. Taiwans Oberfläche beträgt 36.000 Quadratkilometer, die sich 23 Millionen Menschen teilen, sodass die Bevölkerungsdichte bei 636 Bewohnern je Quadratkilometer liegt. Mit 3997 Metern ist der Berg Yu Shan der höchste Punkt der Insel. Der internationale Tschiang-Kai-Chek-Flughafen liegt 40 Kilometer südwestlich der Hauptstadt Taipeh. Die Insel verfügt über vier wichtige Häfen: Kaohsiung und Fangshan liegen im Westen, Hualien und Taitung im Osten. Die Insel wurde von den portugiesischen Seefahrern Francisco Zeimoto, Antonio Peixoto und Mendez Pinto, die diese Gewässer zwischen 1542 und 1645 befuhren, Formosa genannt. Die Japaner hielten sie zwischen 1895 und 1945 besetzt. Am 8. Dezember 1949 erklärte Taiwan seine Unabhängigkeit. Die Insel wird von der Volksrepublik China allerdings unverändert als abtrünnige Provinz angesehen.

Takapoto (14° 40'S und 145° 10'W) – Neun Kilometer südlich von Takaroa und 600 Kilometer nordöstlich von Tahiti liegt dieses zu den Tuamoto-Inseln zählende Atoll im Pazifik und ist Teil von Französisch-Polynesien Es hat eine Oberfläche von 110 Quadratkilometern, die sich 550 Menschen teilen, was eine Bevölkerungsdichte von fünf Bewohnern je Quadratkilometer ergibt.

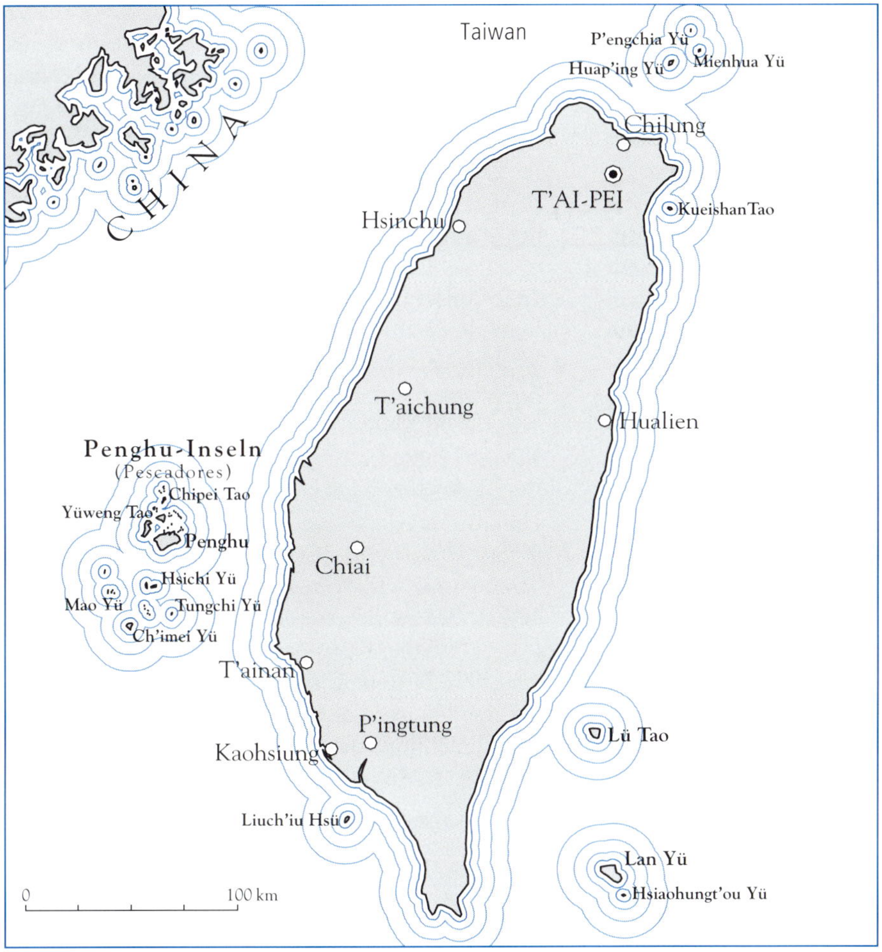

Das Atoll verfügt über einen Flugplatz. Es wurde im April 1616 vom holländischen Seefahrer Jacob le Maire (1585-1617), dem Entdecker Kap Hoorns (zusammen mit Willem de Schouten am 31. Januar 1616), entdeckt und 1772 von seinem Landsmann Jacob Roggeveen (1659-1729) ein weiteres Mal gesichtet. Zusammen mit den Nachbaratoll Takaroa wurde es vom britischen Seefahrer John Byron (1723-1786) im Jahr 1866 King George Island getauft. (Siehe auch bei Tuamotu und Französisch-Polynesien)

Takaroa (14° 30'S 145°W) – Das Atoll gehört zu den Tuamotu-Inseln in Französisch-Polynesien. (Siehe auch bei Tuamotu und Französisch-Polynesien)

Takume (16°S und 142° 40'W) – (16°S und 142° 40'W) – 800 Kilometer östlich von Tahiti liegt dieses zu en Tuamotu-Inseln gehörende Atoll in Französisch-Polynesien. Es verfügt über einen Flugplatz. Takume wurde im Juli 1820 vom russischen Seefahrer Fabian von Bellingshausen (1778-1852) entdeckt.
(Siehe auch bei Tuamotu und Französisch-Polynesien)

Talaud (2° bis 5°N und 125° bis 30°O) – Der indonesische Archipel liegt südlich der Insel Mindanao.

Tanega (30° 40'N und 131°O) – Südlich von Kyushu liegt diese japanische Insel, die zum Nansei-Archipel gehört. Die portugiesischen Seefahrer Mendez Pinto, Francisco Zeimoto und Antonio Peixoto waren die ersten Europäer, die auf dieser Insel am 23. September 1543 japanischen Boden betraten. (Siehe auch bei Nansei)

Tanimbar (7° 30'S und 131° 30'O) – Die indonesischen Inseln liegen zwischen Australien und Neuguinea.

Tanna (19° 30'S und 169° 20'O) – Die Pazifikinsel gehört zu Vanuatu und hat eine Oberfläche von 430 Quadratkilometern, die sich 20.000 Bewohner teilen. Die Bevölkerungsdichte liegt bei 46 Menschen je Quadratkilometer. Der Berg Tukosmera ist mit 1084 Metern der höchste Punkt der Insel. Der aktive Vulkan Yasur lässt sich leicht besteigen. Der Hafen von Isnagel befindet sich an der Westküste der Insel, die vom britischen Seefahrer James Cook (1728-1779) am Samstag, 30. Juli 1774 entdeckt wurde. 1869 begrub John Williams von der Londoner Missionierungsgesellschaft drei Professoren aus Samoa, bevor er hingerichtet wurde. In den sechziger Jahren des vergangenen Jahrhunderts beeindruckte ein französischer Schütze die Insulaner so sehr, dass sie ihn zum König von Tanna wählten. Die französischen Gendarmen bereiteten der königlichen Posse jedoch ziemlich schnell ein Ende.

Taquile – 35 Kilometer östlich vom peruanischen Puno in der Mitte des Titikaka-Sees, der eine Oberfläche von 8786 Quadratkilometern hat, liegt die von 700 Indianern bewohnte Insel, die Balsa-Schiffe benutzen, um an Land zu kommen. Die Insel hat eine Oberfläche von 13 Quadratkilometern. Auf ihr befand sich bis 1923 ein Gefangenenlager. Der Titikaka-See ist der höchste schiffbare See der Welt (3812 Meter).

Tarawa – Im Nordpazifik liegt dieses große Atoll, das zu Kiribati gehört. Einschließlich Lagune hat es eine Oberfläche von 700 Quadratkilometern. Das Atoll verfügt über eine Landebahn. Der Hafen trägt den gleichen Namen wie das Atoll. (Siehe auch bei Gilbert)

Tariec (46°N und 4° 37'W) – Die unbewohnte französische Insel liegt einen Kilometer westlich der Halbinsel Sainte-Marguerite im nordwestlichen Finistère. Sie hat eine Oberfläche von fünf Hektar.

Tascon (47° 34'N und 2° 43'W) – Im Golf von Morbihan liegt diese französische Insel, die eine Oberfläche von 60 Hektar hat. Ihr höchster Punkt erreicht 17 Meter.

Tasmanien (71° 60'N und 97°W) – Der unbewohnte Archipel liegt in der Franklin-Straße westlich der Halbinsel Boothia im hohen Norden Kanadas. Er wurde 1846 vom britischen Seefahrer und Polarforscher Sir John Franklin (1786-1847) in Erinnerung an seine Zeit auf Tasmanien getauft. Zwischen 1836 und 1843 war er Gouverneur der australischen Insel.

Tasmanien (42°S und 147°O) – Südlich Australiens liegt die Insel, die eine Oberfläche von 67.800 Quadratkilometer hat, die sich 500.000 Einwohner teilen, was eine Bevölkerungsdichte von sieben Menschen je Quadratkilometer ergibt. Mit 1617 Metern ist der Berg Ossa der höchste Punkt der Insel. Die 1804 gegründete Hauptstadt Hobart trägt den Namen des britischen Seefahrers August Charles Hobart (122-1886). Der Plan der Stadt wurde 1812 von Lachlan MacQuarie (1761-1824), der zwischen 1808 und 1822 als Gouverneur von Neusüdwales amtierte, entworfen. Sie wird vom Berg Wellington (1269 Meter) überragt, der den Namen des Duke of Wellington trägt, der Napoleon in Waterloo besiegte. Tasmanien verfügt über mehr als 5000 Häfen und einen interna-

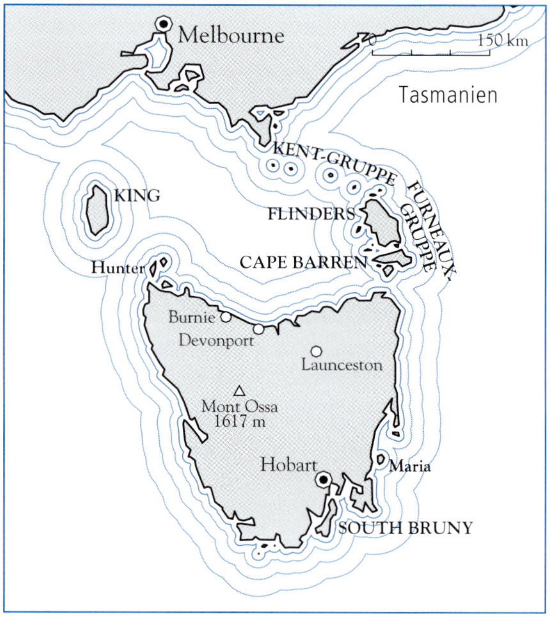

tionalen Flughafen. Die australische Insel ist eine der sieben Provinzen des Staates. Sie wurde am 24. November 1642 vom holländischen Seefahrer Abel Tasman (1603-1659) mit seinen beiden Schiffen „Heemskerk" und „Zeehaen" entdeckt. Er hatte Batavia (Jakarta) am 15. August 1642 verlassen. Er gab der Insel den Namen des Gouverneurs von Batavia, Anthony van Diemen (1593-1645). Mit seinen Namen taufte er eine kleine Felseninsel am Eingang des Hafens von Hobart. Der französische Seefahrer Nicolas Marion-Dufresne (1729-1772) ging hier 1772 an Land. Kurze Zeit danach wurde er am 12. Juni von Maoris auf Neuseeland getötet und verspeist. Die beiden britischen Seefahrer George Bass (1771-1812) und Matthew Flinders (1774-1814) umsegelten Tasmanien und bewiesen so, dass es sich tatsächlich um eine Insel handelte. Sie wurde danach 1807 von Thomas Laycock (1786-1823) erforscht. Ihm folgten 1826 Jorgen Jorgensen (1780-1841), von 1825 bis 1828 John Wedge (1793-1872) und von 1830 bis 1833 George Robinson (1788-1866). Seit 1856 trägt sie den Namen ihres Entdeckers Abel Tasman. Zwischen 1830 und 1877 wurden mehr als 12.500 britische Gefangene auf die Insel gebracht, die ihre Zeit im Zuchthaus von Port Arthur absaßen. Der britische Seefahrer Sir John Franklin (1786-1847) war der erste Gouverneur Tasmaniens. Franklin starb später am 11. Juni 1847 bei der Erforschung der Nordwestpassage. Die letzte Aborigine starb am 8. Mai 1876 in Trugenini. Die Nationalparks der Insel gehören zum von der Unesco geschützten Weltnaturerbe.

Tatakoto (14° 60'S und 145° 20'W) – Das Atoll gehört zu den Tuamotu-Inseln in Französisch-Polynesien. (Siehe auch bei Tuamotu und Französisch-Polynesien)

Tatihou (49° 35'N und 1° 15'W) – Die französische Insel liegt im Ärmelkanal einen Kilometer östlich von Saint-Vaast. Die Oberfläche von 27 Hektar teilen sich zwei Aufseher. Der Name ist eine Kombination der Wörter Tati, was „Chef-

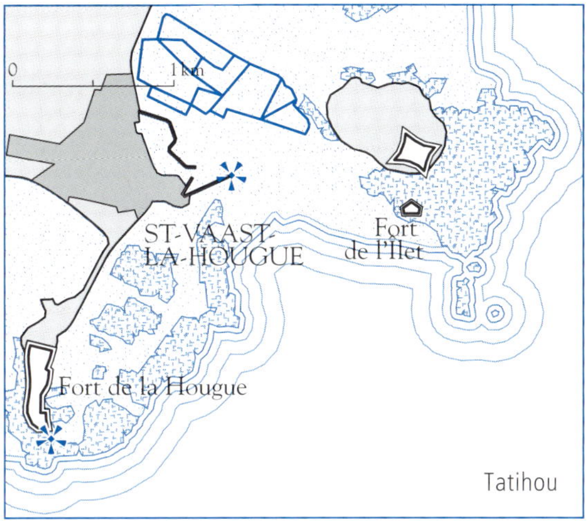

Wikinger" bedeutet, und Hou gleich kleine Insel. Das Marinemuseum ist in der 1694 nach den Plänen von Vauban erbauten Befestigungsanlage untergebracht. Die Insel gehört seit 1990 dem Küstenschutz und ist seit 1992 für die Öffentlichkeit zugänglich. Sie kann bei Ebbe zu Fuß erreicht werden. Die Besucherzahl ist auf maximal 500 pro Tag begrenzt.

Tauere (17° 10'S und 141° 45'W) – 850 Kilometer östlich von Tahiti liegt das Atoll, das zu den Tuamotu-Inseln in Französisch-Polynesien gehört. Es wurde 1606 vom portugiesischen Seefahrer Pedro Fernandez de Quiros (1565-1615), der es Decenna taufte, entdeckt. (Siehe auch bei Tuamotu und Französisch-Polynesien)

Taureau (48° 40'N und 3° 52'W) – In der Bucht von Morlaix liegt diese Befestigungsanlage aus dem 16. Jahrhundert, die nach den Plänen von Vauban restauriert wurde.

Taveuni (16° 51'S und 189°W) – Die Insel im Südpazifik ist die drittgrößte Fidschi-Insel. Sie hat eine Oberfläche von 435 Quadratkilometern, die sich 8700 Menschen teilen. Die Bevölkerungsdichte liegt bei 20 Bewohnern je Quadratkilometer. Mit 1241 Metern ist der Berg Uluinggalu der höchste Punkt auf Tabeuni. Der Hauptort ist Somosomo. Der gleichnamige Hafen liegt im Osten der Insel. Die Insel wird durch den 180. Längengrad geteilt, der dem Meridian von Greenwich genau gegenüberliegt. (Siehe auch bei Fidschi)

Teneriffa (28° 19'N und 16° 34'N) – 350 Kilometer vor der marokkanischen Küste liegt die zu den Kanaren gehörende Insel. Sie hat eine Oberfläche von 2050 Quadratkilometern, die sich 650.000 Menschen teilen, was eine Bevölkerungsdichte von 317 Bewohnern je Quadratkilometer entspricht. Der Berg Teide ist mit 3718 Metern der höchste Punkt der Insel. Von seinem Gipfel aus hat der Astronom Piazzi Smith die ersten Observationen in großer Höhe unternommen und einem Bergmassiv auf dem Mond den Namen Teneriffas gegeben. Die Hauptstadt ist Santa Cruz. Der internationale Flughafen Reina Sofia et Norte liegt 60 Kilometer von Reina und 13 Kilometer von Norte entfernt. An der Ostküste liegt der Hafen Santa Cruz de Tenerife. Die Insel ist durch Fähren mit Gran Canaria (zwei bis dreieinhalb Stunden), Gomera (75 Minuten), Hierro (vier Stunden, 20 Minuten) und Cádiz in Spanien (zwei Tage) verbunden. Am 27. März 1977 stießen im dichten Nebel zwei Boeing 747 zusammen, wobei mehr als 500 Menschen ums Leben kamen. (Siehe auch bei Kanaren)

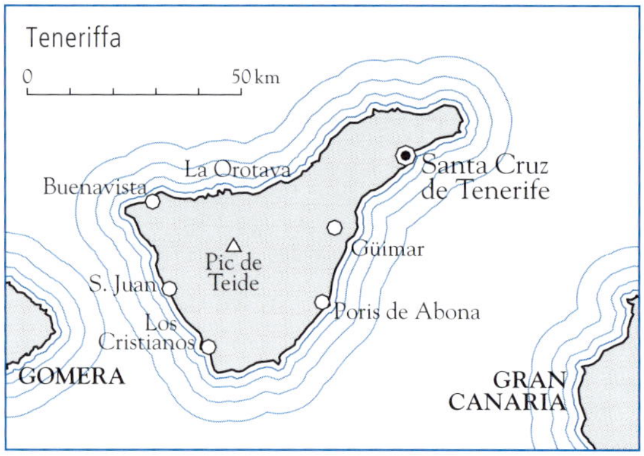

Tepoto (14° 08'S und 141° 30'W) – Das 950 Kilometer von Tahiti entfernte Atoll gehört zu den Tuamotu-Inseln in Französisch-Polynesien. Es wurde am 7. Juni 1766 vom britischen Seefahrer John Byron (1723-1786) entdeckt. (Siehe auch bei Tuamotu und Französisch-Polynesien)

Teraina (5°N und 160° 30'W) – Die Insel im Nordpazifik ist die südlichste der Line-Inseln, die zu Kiribati gehören. Sie trug ursprünglich den Namen des ersten amerikanischen Präsidenten George Washington (1732-1799).

Terceira (38° 43'N und 24° 13'W) – Die Insel gehört zum portugiesischen Archipel der Azoren. Der Berg Santa Barbara ist mit 1021 Metern ihr höchster Punkt. Hauptort und -hafen ist Angra do Heroismo im Süden der Insel. Auf Terceira befinden sich eine amerikanische Militärbasis und ein internationaler Flughafen. Die Insel wurde 1432 vom portugiesischen Seefahrer Gonsalvo Cabral entdeckt, der von Heinrich dem Seefahrer (1394-1460) den Auftrag erhalten hatte, neue Gebiete zu entdecken. (Siehe auch bei Azoren)

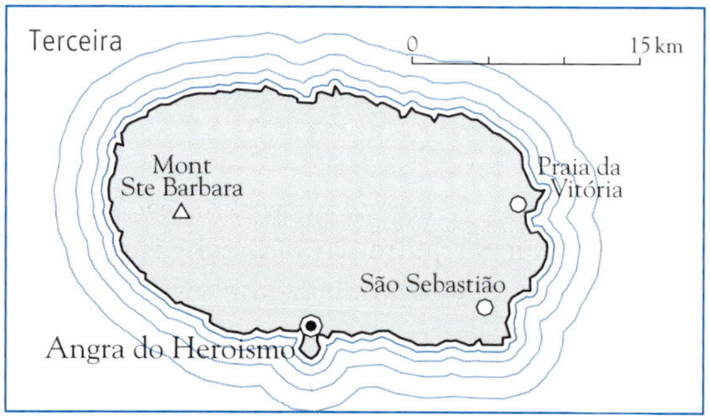

Ternate (0° 48'N und 127° 24'O) – Die indonesische Insel liegt in der Molukkensee. 1938 kam es auf Ternate zu einem gewaltigen Vulkanausbruch.

Terre (49° 30'N und 1° 09'W) – Neun Kilometer östlich von Quniéville entfernt liegt die eine der beiden Marcouf-Inseln im Ärmelkanal. Sie hat eine Oberfläche von zwei Hektar.

Testigos (11° 25'N und 62° 90'W) – Nördlich von Venezuela liegen die Karibikinsel, auf der 250

Menschen leben. Weil sich die Bewohner gegen den Bau eines Flugplatzes ausgesprochen haben, kann man die Inseln nur übers Wasser erreichen.

Tetiroa (17° 05'S und 149° 32'W) – 50 Kilometer nördlich von Tahiti liegt dieses kleine Atoll, das zu den Gesellschaftsinseln in Französisch-Polynesien gehört. In Tetiroa-Dorf befindet sich ein Flugfeld. Eine kleine Insel in der Lagune trägt den Namen Îles aux Oiseaux. Das Atoll wurde von dem britischen Seefahrer Samuel Wallis (1728-1795) entdeckt und am Freitag, 14. Juni 1769 von seinem Landsmann James Cook (1728-1779) ein weiteres Mal gesichtet. Die ersten Europäer, die hier an Land gingen, waren die drei britischen Seeleute Charles Churchill, William Muspratt und Jonathan Millward, die sich von der Mannschaft der „Bounty" entfernt hatten, die von Kapitän William Bligh (1754-1817) kommandiert wurde. Sie wurden am 22. Januar 1789 gefangen genommen und erhielten als Strafe 24 bis 48 Peitschenhiebe und einen Monat in Eisen, was ohne Zweifel die spätere Meuterei am 28. April 1789 vor den Tonga-Inseln beschleunigte. Der amerikanische Schauspieler Marlon Brando (geb. 1924), der in einer Verfilmung der Meuterei unter der Regie von Lewis Milstone mitwirkte, pachtete die Insel 1965 für 99 Jahre. In den achtziger Jahren des vergangenen Jahrhunderts fand zwischen Tetiroa und Papete ein Pirogenrennen statt. Die Insel diente der königlichen Familie Tahitis lange Zeit als Sommerfrische. In Französisch-Polynesien trägt eine verheiratete Frau eine Blüte am linken Ohr und der verheiratete Mann eine Knospe am rechten Ohr. Tauschen sie die Seiten, dann bedeutet das, dass sie frei sind... (Siehe auch bei Inseln des Windes)

Téviec (47° 33'N und 3° 10'W) – Die unbewohnte französische Insel liegt zwei Kilometer westlich von Penethièvre und hat eine Oberfläche von zwei Hektar. Ihr höchster Punkt erreicht elf Meter.

Texel (53° 05'N und 4° 45'O) – Die holländische Nordseeinsel gehört zu den Westfriesischen Inseln. Ihr höchster Punkt kommt auf 26 Meter. Hauptort der Insel ist Den Burg.

Thassos (40° 41'N und 24° 47'O) – Im Norden der Ägäis liegt diese Insel, die eine Oberfläche von 450 Quadratkilometern hat, auf denen 20.000 Menschen leben, was eine Bevölkerungsdichte von 44 Bewohnern je Quadratkilometer ergibt. Ihr höchster Punkt erreicht 1203 Meter. Der Hauptort ist Thassos. In der Antike befand sich hier ein Sklavenmarkt.

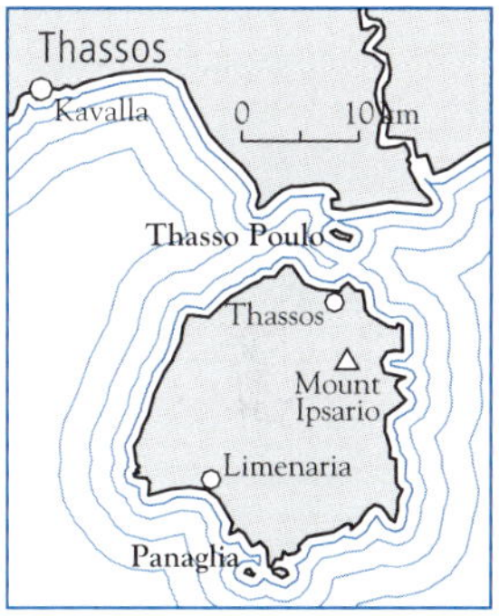

Thera – Die Insel Santorin trug in der Antike diesen Namen.

Thombon (4°O und 43°S) – Die subantarktische Insel verschwand vor einem oder zwei Jahrhunderten nach mehreren Vulkanausbrüchen in den Fluten. Auf einigen Karten des 18. und 19. Jahrhundert ist sie noch verzeichnet.

Three Kings (34° 52'S und 54° 25'O) – Die Inseln liegen 80 Kilometer vor der Nordinsel Neuseelands.

Thule – In der Welt vor der Geburt Christi war dies die nördlichste bekannte Insel. Der griechische Historiker Polybeon (200-120 vor Christus) und der Geograf Ptolemäus (100-170) erwähnen sie in ihren Werken. Danach wurde sie vier Jahrhunderte vor der Geburt Christi vom griechischen Seefahrer Pytheas nach einer sechstägigen Fahrt vom Norden Schottlands aus erreicht. „In der Nacht geht die Sonne nur für drei Stunden unter." Nach den Berechnungen von Ptolemäus lag diese Insel bei 62°N, was den Färöer-Inseln entsprechen würde. Der dänische Seefahrer Knud Rasmussen (1878-1933) nannte einen Handelsstützpunkt auf Grönland Thule, der später eine bedeutende amerikanische Militärbasis werden sollte. Am 9. Juli 1951 gingen hier 4000 Soldaten mit 300.000 Tonnen Ausrüstung an Land.

Thurston (72° 20'S und 99°W) – Zwischen der Bellingshausen-See und der Amundsen-See liegt diese von der Antarktis durch die Peacok-Meerenge getrennte Insel.

Tibidy (48° 18'N und 4° 14'W) – Die unbewohnte französische Insel liegt in der Aulne-Mündung und hat eine Oberfläche von drei Hektar. Sie ist mit dem Festland durch eine Straße verbunden.

Tiboulen (43° 13'N und 5° 20'O) – Gegenüber von Cap Croisette im Süden von Marseille liegt diese unbewohnte französische Mittelmeerinsel, die eine Oberfläche von fünf Hektar hat. Auf ihr befindet sich ein Leuchtturm.

Tiga (21° 06'S und 167° 49'O) – Die französische Insel gehört zu den Loyauté-Inseln östlich von Neukaleonien. Auf der Oberfläche von neun Quadratkilometern leben 210 Menschen, was eine Bevölkerungsdichte von 23 Bewohnern je Quadratkilometer ergibt. (Siehe auch bei Neukaledonien)

Tikehau (15°S und 148° 10'W) – 15 Kilometer westlich des Rangiroa-Atolls liegt dieses zu den Tuamotu-Inseln in Französisch-Polynesien gehörende Atoll, das eine Oberfläche von 460 Quadratkilometern aufweist, von denen lediglich 61 Quadratkilometer als Riff und 20 Quadratkilometer als Land aus dem Wasser ragen. 400 Menschen leben auf Tikehau, was eine Bevölkerungsdichte von 20 Bewohnern je Quadratkilometer ergibt. Lediglich eine 300 Meter breite und vier Meter tiefe Öffnung gestattet den Zugang zur Lagune und zum Dorf Tuherahera. Der höchste Punkt des Atoll erreicht keine zehn Meter. Tikehau wurde vom russischen Seefahrer Otto von Kotzebue (1787-1846) entdeckt. Die Lagune, das stellte der Meeresforscher Cousteau fest, ist die fischreichste der Tuamotu-Inseln. (Siehe auch bei Tuamotu)

Tilos (36° 25'N und 27° 25'O) – Die griechische Ägäis-Insel gehört zu den Dodekanen. Ihr höchster Punkt erreicht 651 Meter. (Siehe auch bei Dodekanen)

Timor (8° 30'N bis 10° 30'S und 123° 10' bis 125° 50'O) – Im Norden der Timorsee liegt diese Insel, die eine Oberfläche von 30.000 Quadratkilometern hat, die sich zwei Millionen Menschen teilen. Die Bevölkerungsdichte liegt bei 67 Bewohnern je Quadratkilometer. Der höchste Punkt erreicht 2960 Meter. Die Häfen von Silvicola und Besikama liegen an der Ostküste. Timor wurde 1532 vom portugiesischen Seefahrer Fernao Perez

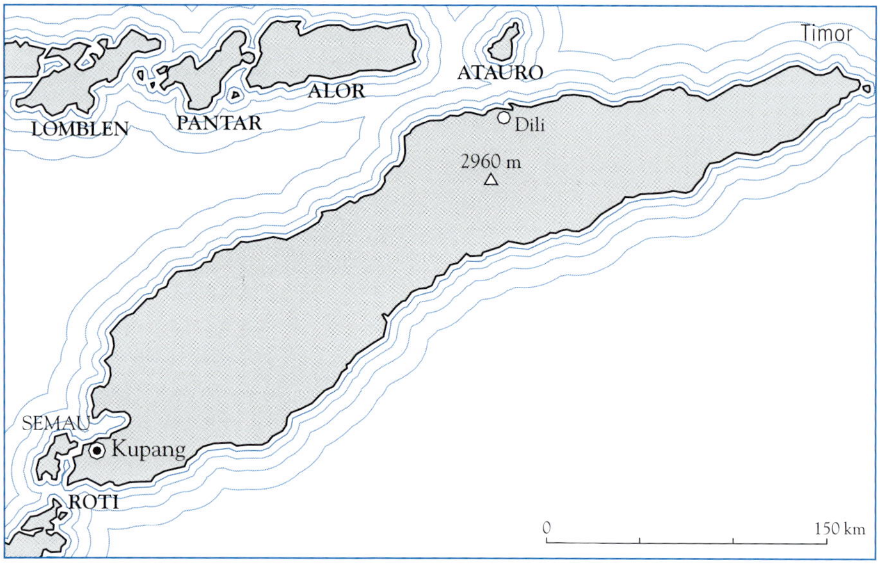

entdeckt. Die Insel war lange Zeit zwischen Holländern und Portugiesen aufgeteilt. Während des Zweiten Weltkrieges forderte die japanische Besatzung mehr als 80.000 Opfer. 1976 fiel Timor ganz an Indonesien. Zwischen 1975 und Juli 1998 tobte auf der Insel ein blutiger Bürgerkrieg. Am 30. August votierten 80 Prozent der Bevölkerung in Osttimor schließlich für die Unabhängigkeit von Indonesien. Bis zum Jahr 2000 fanden weitere Kämpfe statt. Am 22. März 2002 schließlich wurde die Verfassung des neuen Staates angenommen, der seit dem 20. Mai 2002 unabhängig ist. Die Hauptstadt ist Dili. Nach der Meuterei auf der „Bounty" gelang es Kapitän Bligh (1754-1817), mit 18 Getreuen in einem kleinen Beiboot nach 7800 Kilometern über die offene See in 47 Tagen Dili zu erreichen. Zwei Jahre später zerschellte die vom britischen Seefahrer Edward Edwards kommandierte „Pandora" an einem Riff in der Torres-Straße. Er brachte einige der Bounty-Meuterer nach Großbritannien. Die Überlebenden erreichten nach 1200 Kilometern auf See in zwei Wochen den Hafen Dili. (Siehe auch bei Bounty und Pitcairn)

Tinian (15°N und 145° 38'O) – Die zu den Marianen gehörende Insel hat eine Oberfläche von 101 Quadratkilometern. Sie wurde 1743 vom britischen Seefahrer George Anson (1697-1762) und im Oktober 1765 von seinem Landsmann John Byron (1723-1786) besucht. (Siehe auch bei Marianen)

Tinos (37° 38'N und 25° 09'W) – Die griechische Ägäis-Insel gehört zu den Kykladen. Sie hat eine Oberfläche von 200 Quadratkilometern, die sich 10.000 Bewohner teilen. Die Bevölkerungsdichte liegt bei 50 Menschen je Quadratkilometer. Ihr höchster Punkt erreicht 650 Meter. Im Hauptort Tinos befindet sich ein Poseidon-Heiligtum. Vom 13. bis 17. Jahrhundert wurde Tinos von Venedig verwaltet. (Siehe auch bei Kykladen)

Tintamarre – Die französische Karibikinsel liegt nur drei Kilometer von Sint Maarten entfernt. Sie hat eine Oberfläche von 60 Hektar. Am Anfang des 20. Jahrhundert wurde die Insel von rund 100 Arbeitern bewohnt, die zumeist aus Antigua stammten und hier Baumwolle anpflanzen sollten. Sie waren von einem unverheirateten König Diederick III., der von einer Pflanzerfamilie aus Sint Maarten abstammte, angeworben worden. Vermutlich war dies das kleinste Königreich der Welt.

Tioman (2° 48'N und 104° 10'O) – 40 Kilometer von Malaysia entfernt liegt diese Insel im Südchinesischen Meer. Sie hat eine Oberfläche von 75 Quadratkilometern. Marco Polo (1254-1324) traf hier 1293 mit einer Flotte von 14 Viermastern ein. In seinem während seiner Haft in Pisa zwischen 1298 und 1301 entstandenen Buch „Die Wunder der Welt" beschreibt er Tioman: „Wenn man Sohac (Vietnam) verlässt und 500 Seemeilen nach Süden fährt, findet man eine Insel, die Pentam (Tioman) heißt und ein sehr wildes Gebiet ist. Alle Bäume haben ein sehr wohl riechendes Holz." Die Insel diente im Film „South Pacific" als Kulisse.

Tobago (11° 15'N und 60° 40'W) – Die zu den Kleinen Antillen gehörende Insel ist Teil des Inselstaates Trinidad und Tobago, der seit dem 31. August 1962 Mitglied des Commonwealth of Nations ist. Tobago hat eine Oberfläche von 301 Quadratkilometern, die sich 50. Einwohner teilen, was einer Bevölkerungsdichte von 166 Menschen je Quadratkilometer entspricht. Der höchste Punkt erreicht 594 Meter. Die Insel verfügt über einen Flughafen. Tobago wurde am 15. August 1498 von Kolumbus (1451-1506) entdeckt.

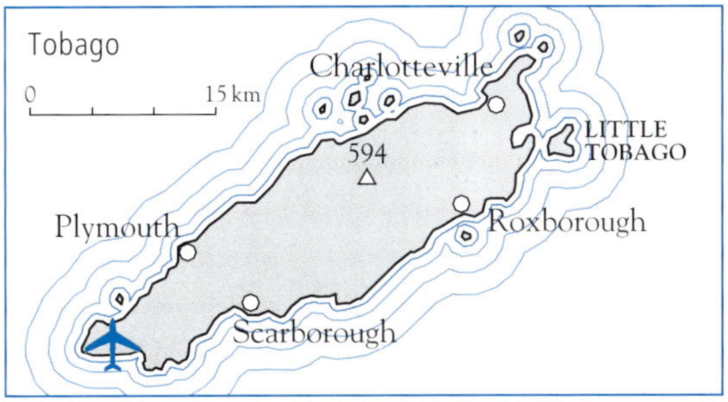

Zehn Tage zuvor, am 5. August 1498, hatte er als erster Europäer den amerikanischen Kontinent auf der Höhe der Halbinsel Paria in Venezuela erblickt. Ihm folgte ein Jahr später Amerigo Vespucci, der den Kontinent, der seinen Namen trägt, am 30. August 1499 sichtete. Die Insel wurde im Vertrag von Paris am 30. Mai 1830 von den Franzosen an Großbritannien abgetreten. (Siehe auch bei Antillen, Kleine sowie Trinidad und Tobago)

Tokelau (9°S und 171° 45'W) – Im Südpazifik liegen die drei Koralleninseln Atafu, Fakaofo und Nukunonu nördlich von Samoa. Sie haben eine Oberfläche von zehn Quadratkilometern, die sich 1600 Menschen teilen, was eine Bevölkerungsdichte von 160 Bewohnern je Quadratkilometer ergibt. Die Hauptstadt Fale liegt auf der Insel Fakaofao, wo sich auch ein Flughafen befindet. Der Archipel wurde 1606 vom portugiesischen Seefahrer Pedro Fernandez de Quiros (1565-1615) entdeckt. Die Inseln werden seit 1948 von Neuseeland verwaltet.

Tombelaine (48° 39'N und 1° 30'W) – Der französische Felsen liegt in der Bucht von Mont-Saint-Michel. Er hat eine Oberfläche von zwei Hektar. Der höchste Punkt erreicht 45 Meter.

Tomé (48° 50'N und 3° 25'W) – Zwei Kilometer nordöstlich von Perros-Guirec vor der Côte d'Armor liegt diese französische unbewohnte Insel, die eine Oberfläche von 27 Hektar hat. Sie gehört dem nationalen Küstenschutz.

Tonga (20°S und 175°W) – Das seit dem 4. Juni 1970 unabhängige Königreich besteht aus 171 Inseln und liegt östlich von Fidschi. Die Staatsdevise lautet „Gott und Tonga sind meine Bestimmung". Die wichtigsten Inseln sind Niuatoputapu, Vava'u, Ha'apai und die Tongatapu-Inseln, wo sich die Hauptstadt Nuku Alofa befindet. Die Oberfläche von 750 Quadratkilometern teilen sich 110.000 Menschen, was einer Bevölkerungsdichte von 147 Bewohnern je Quadratkilometer entspricht. Mit 1032 Metern ist der Berg Kao der höchste Punkt der Insel. Tonga verfügt über einen Flughafen. Einige der Inseln wurden erstmals 1616 von den holländischen Seefahrern Willem de Schouten (1580-1625) und Jacob Le Maire (1585-1616) gesichtet, die zuvor bereits Kap Hoorn am Sonntag, 31. Januar 1643 entdeckt hatten. Andere Inseln entdeckte der holländische Seefahrer Abel Tasman (1603-1659) im Januar 1643. Andere Seefahrer wie James Cook (1728-1779), William Bligh (1754-1817), Joseph d'Entrecasteaux (1737-1793), Ambroise Le Jardu Clesmeur (1725-1807) folgten und nannten die Inseln Freundschaftsinseln. James Cook schenkte der königlichen Familie am Dienstag, 10. Juni 1777 eine Schildkröte aus Madagaskar. Sie verendete 1965 im Alter von 188 Jahren. Der augenblickliche Herrscher König Taufa'ahau Tupou IV. sitzt seit 1965 auf dem Thron. Am Dienstag, 6. Juni 1995 entstand zwischen Kao und Late eine neue Vulkaninsel, die eine Oberfläche von fünf Hektar hat. Ihr höchster Punkt erreicht 40 Meter. Der Meeresgraben von Tonga hat eine Tiefe von 10.632 bis 10.882 Metern.

Tongatapu (21° 10'S und 175° 10'W) – Die Inseln gehören zum Königreich Tonga. Hier befindet sich auch die Hauptstadt Nuku Alofa. Sie wurden von ihren holländischen Entdeckern Amsterdam-Inseln genannt.

Tori (20° 25'N und 136° 05'O) – Die japanische Insel gehört zum Izu-Archipel im Süden der Insel Honshu. (Siehe auch bei Izu)

Torres (13° 15'S und 166° 37'O) – Im Südpazifik liegen die zu Vanuatu gehörenden Inseln, die eine Oberfläche von 98 Quadratkilometern aufweisen, auf denen 500 Menschen leben. Die Bevölkerungsdichte liegt bei fünf Bewohnern je Quadratkilometer. Die Inseln tragen den Namen des spanischen Seefahrers Luis de Torres (1570-1615), der sie 1606 entdeckte. Die Meerenge zwischen Australien und Neuguinea ist ebenfalls nach ihm benannt. (Siehe auch bei Vanuatu)

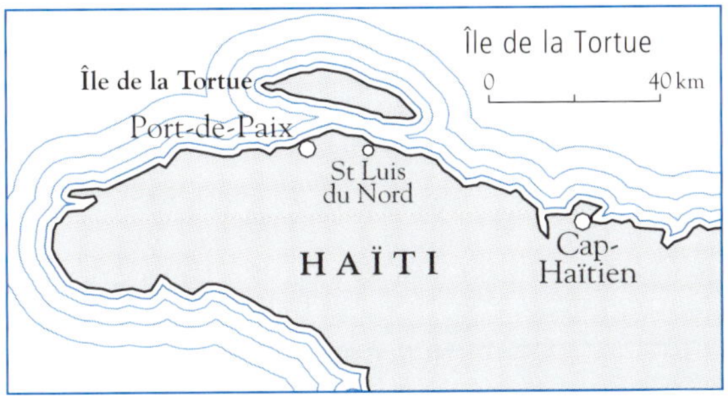

Tortue (20° 04'N und 72° 49'W) – Nördlich von Haiti liegt diese Insel, deren höchster Punkt 361 Meter erreicht. Tortue wurde am 6. Dezember 1492 von Kolumbus (1451-1506) bei seiner ersten Entdeckungsfahrt entdeckt. Lange Zeit war sie ein Versteck für Piraten und Freibeuter. Jean-David Nau, genannt „Olonnois" (1630 in Les Sables-d'-Olonne geboren), terrorisierte die Karibik mit seinen acht Schiffen von Tortue aus und war lange Zeit der Albtraum der Spanier. Er wurde 1667 von Indianern vor Panama gefangen und starb einen qualvollen Tod am Marterpfahl. Danach wurde er von den Indianern verspeist. Die Insel gehörte dem französischen Außenminister Graf Gabriel de Praslin (1712-1785). 1765 schickte er Louis-Antoine de Bougainville (1729-1811) auf eine Weltumsegelung, die er zwischen dem 15. November 1766 und 16. März 1769 mit dem Schiff „La Boudeuse" absolvierte. (Siehe auch bei Haiti)

Toulinguet (48° 16'N und 4° 38'W) – Drei Kilometer westlich von Camaret-sur-Mer liegt diese französische Insel, die eine Oberfläche von fünf Hektar hat.

Tour Fendue – Die französische Mittelmeerinsel, die dem Spirituosenproduzenten Paul Ricard (1909-1997) gehörte, ist Teil des Embiez-Archipels. Sie hat eine Oberfläche von einem Quadratkilometer. Auf der Insel leben ständig 30 Menschen. Der höchste Punkt erreicht 64 Meter. Eine Fähre verbindet Tour Fendue mit der Insel Busc (zwölf Minuten). Auf der Insel befindet sich ein Yachthafen und ein ozeanografisches Institut.

Toyota (19°S und 179° 45'W) – Die zu den Fidschis gehörende Insel hat eine Oberfläche von 30 Quadratkilometern. Das einzige Dorf heißt Tovu. (Siehe auch bei Fidschi)

Tradelière (43° 31'N und 7° 04'N) – 300 Meter östlich der Insel Sainte-Marguerite liegt die französische Mittelmeerinsel, die eine Oberfläche von zwei Hektar aufweist.

Tréhéron (48° 19'N und 4° 32'W) – In der Bucht von Roscanvel liegt die französische Insel, die eine Oberfläche von vier Hektar hat.

Trevors (48° 35'N und 4° 39'W) – Die französische Insel liegt nordwestlich von Finistère.

Trielen (48° 22'N und 4° 56'W) – Zwei Kilometer südlich der Insel Molène liegt die französische Insel, die eine Oberfläche von 16 Hektar hat. Sie kann bei Ebbe zu Fuß von Molène aus erreicht werden.

Trinidad (39° 08'S und 61° 58'W) – In der Bahia Blanca, nicht weit von der gleichnamigen Stadt entfernt, liegt diese argentinische Insel, die eine Oberfläche von 14 Quadratkilometern aufweist. Ihr höchster Punkt erreicht 500 Meter.

Trinidad (10° 30'N und 61° 15'W) – Die zu den Kleinen Antillen zählende Insel gehört zur Republik Trinidad und Tobago. Seit dem 31. August 1962 ist die Inselrepublik Mitglied des Commonwealth of Nations. Die Oberfläche von 4827 Quadratkilometern teilen sich 1,25 Millionen Bewohner, was eine Bevölkerungsdichte von 259 Menschen ergibt. Mit 940 Metern ist der Berg Aripo der höchste Punkt der Insel. Die Hauptstadt ist Port of Spain. Der gleichnamige Hafen befindet sich wie der Flughafen im Westen der Insel. Trinidad wurde am 31. Juli 1498 von Kolumbus (1451-1506) bei seiner dritten Entdeckungsfahrt erstmals gesichtet. Am 4. August gab er den Meerengen Serpent's Mouth und Dragon's Mouth, die beide Trinidad und Venezuela trennen, ihre Namen. (Siehe auch bei Antillen, Kleine sowie Trinidad und Tobago)

Trinidad (63° 50'S und 60° 40'W) – Die subantarktische Insel gehört zur Süd-Shetland-Gruppe in der Nähe der Antarktischen Halbinsel. Die Insel wurde am 16. November 1820 vom amerikanischen Seefahrer Nathaniel Palmer (1799-1877) entdeckt. (Siehe auch bei Süd-Shetland)

Trinidad und Tobago – Die beiden in der Nähe des Orinoco-Deltas gelegenen Inseln bilden die seit dem 31. August 1962 unabhängige Inselrepublik Trinidad und Tobago. Den 1,32 Millionen Einwohnern steht eine Oberfläche von 5128 Quadratkilometern zur Verfügung, was einer Bevölkerungsdichte von 257 Menschen je Quadratkilometer entspricht. Mit 940 Metern ist der Berg Aripo der höchste Punkt der Insel. Die Hauptstadt ist Port of Spain. Trinidad wurde am 31. Juli 1498 von Kolumbus (1451-1506) während seiner dritten Entdeckungsfahrt erstmals gesichtet. Er gab auch den beiden Meerengen Dragon's Mouth und Serpent's Mouth, die Trinidad von Venezuela trennen, ihren Namen. Am 5. August 1498 war

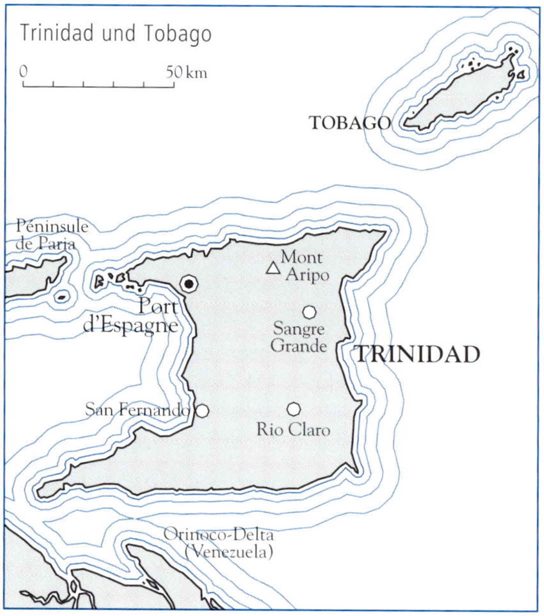

Kolumbus der erste Europäer, der den amerikanischen Kontinent erblickte. Einer seiner Offiziere, Pedro de Terreros, war der erste Europäer, der den neuen Kontinent betrat. Am Montag, 6. August erfolgte die Inbesitzname.

Tristan (48° 06'N und 4° 20'W) – 400 Meter nördlich von Douarenez in Finistère liegt die französische Insel, die eine Oberfläche von acht Hektar aufweist. Auf ihre befindet sich ein Leuchtturm.

Tristan da Cunha (37° 05'S und 15° 20'W) – Im Südatlantik liegt diese zu Sankt Helena gehörende britische Insel, die eine Oberfläche von 100 Quadratkilometern aufweist, die sich 290 Menschen im einzigen Dorf Edinburg teilen. Die Bevölkerungsdichte liegt bei drei Bewohnern je Quadratkilometer. Der Berg Queen Mary ist mit 2060 Metern der höchste Punkt der Insel, die den Namen des portugiesischen Seefahrers Tristan da Cunha (1460-1540) trägt, der sie im März 1506 entdeckte. Am 10. Oktober 1961 wurde die gesamte Bevölkerung nach Großbritannien evakuiert. Fast alle Einwohner kehrten nach einem Jahr wieder auf ihre Insel zurück. Die Inseln Nightingale und Inaccessible sind rund zehn Kilometer von Tristan da Cunha entfernt. (Siehe auch bei Sankt Helena und Vereinigtes Königreich)

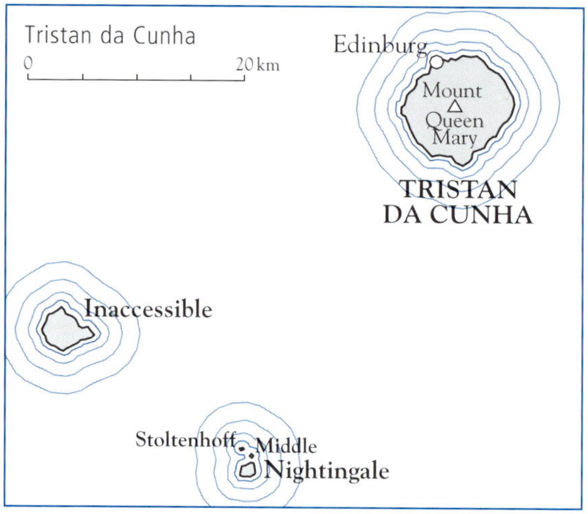

Tristao – Die zum westafrikanischen Guinea gehörenden Inseln liegen an der Grenze zu Guinea-Bissao. Sie tragen den Namen des portugiesischen Seefahrers Nuno Tristao (gest. 1447), der die westlichsten Küsten Afrikas entdeckte. Er erreichte als Erster Kap Blanc (1441), Blanc d'Arguin (1443) und den Gambia-Fluss (1446).

Trobriand (8° 35'S und 151° 05'O) – Die Inseln in der Salomonen-See liegen nördlich der Entrecasteaux-Inseln und östlich von Papua-Neuguinea. Sie gehören zu Australien. Auf ihnen leben 20.000 Menschen. Die Inselgruppe trägt den Namen des französischen Seefahrers Jean-Joseph Trobriand, der sie als Leutnant auf der „Espérance" am 20. Juni 1793 entdeckte. Das Schiff wurde vom französischen Seefahrer Antoine d'Entrecasteaux (1737-1793) kommandiert, der einige Wochen später am 19. Juli 1793 starb. Er war auf der Suche nach dem verschollenen Jean-François de La Pérouse. Der britische Ethnologie Kaspar Malinowski (1884-1942) erforschte hier die Sitten und Gebräuche der Eingeborenen. (Siehe auch bei Australien)

Tromelin (15° 52'S und 54° 25'O) – Im Indischen Ozean liegt diese Insel, die seit 1814 vom 500 Kilometer entfernten La Réunion aus verwaltet wird. Sie hat eine Oberfläche von einem Quadratkilometer. Die Insel, auf der sich eine Wetterstation befindet, trägt den Namen des Adeligen Le Gorant de Tromelin (gest. 1815), der hier 1776 an Land ging. Als Namensgeber kommt aber auch der französische Seefahrer Louis-François de Tromelin (1786-1867) in Frage, dem zwischen 1827 und 1829 eine Weltumrundung mit der „La Bordelaise" gelang.

Truk (7° 25'N und 151° 47'O) – Das Atoll im Nordpazifik gehört zum Inselstaat Mikronesien. 1944 wurde eine japanische Militärbasis von amerikanischen Einheiten schwer bombardiert. Seit 1990 heißt das Atoll Chuuk. (Siehe auch bei Mikronesien)

Tsarabanjina (12° 90'S und 48° 30'O) – Die zu Madagaskar gehörende Insel liegt in der Straße von Mosambik 60 Kilometer von der Insel Nosy Bé entfernt. Sie gehört zum Mitsio-Archipel und hat eine Oberfläche von 22 Hektar. Mit dem Wasserflugzeug dauert der Flug von Nosy Bé 15 Minuten.

Tsushima (34° 30'N und 129° 2'O) – Die beiden japanischen Inseln liegen in der Meerenge von Korea zwischen Japan und Korea.

Tuamotu (14° bis 22°S und 140° bis 148°) – Der Tuamoto-Archipel ist eine von fünf Inselgruppen, die zu Französisch-Polynesien gehören. Sie beiden größten Atolle sind Fakarava und Rangiroa. Daneben gibt es noch Anaa, Arutua, Fangatau, Fangataufa, Hao, Hikureu, Makatea, Makemo, Mangareva, Manihi, Marutea Nord, Marutea Süd, Mataiva, Muroroa, Napuka, Pukapuka, Pukarua, Raroia, Reao, Takaroa, Tatakoto, Tureia und Vairaatea. Die 76 Inseln und Atolle sind sehr flach und ragen kaum mehr als drei Meter aus dem Wasser. Ihre Oberfläche beträgt insgesamt 800 Quadratkilometer, die sich 16.000 Menschen teilen, was eine Bevölkerungsdichte von 20 Bewohnern je Quadratkilometer ergibt. Das entspricht sieben Prozent der Bevölkerung von Französisch-Polynesien. Auf den Inseln befinden sich 250 Perlenfarmen. Die Insel Marutea Süd wurde am 4. Februar 1605 vom portugiesischen Seefahrer Pedro Fernandez de Quiros (1565-1615) entdeckt. Die nördlichsten Inseln sichteten die holländischen Seefahrer Jacob Le Maire (1585-1617) und Willem de Schouten (1580-1625) einige Wochen nach ihrer erstmaligen Umrundung von Kap Hoorn. Andere Inseln wurden unter anderem vom französischen Seefahrer Louis-Antoine de Bougainville entdeckt. 1903 forderte ein gewaltiger Zyklon mehr als 500 Tote. Der norwegische Seefahrer Thor Heyerdahl (1914-2002) strandete mit seinem berühmten Balsafloß „Kon Tiki" und fünf Besatzungsmitgliedern nach einer 7000 Kilometer langen Pazifiküberquerung an einem der Riffe. Sie hatten Peru am 28. April 1947 verlassen. (Siehe auch bei Raroia)

Tubai (23° 18'S und 149° 30'W) – Die Insel gehört zur Austral-Gruppe in Französisch-Polynesien. Sie hat eine Oberfläche von 48 Quadratkilometern, die sich 2000 Menschen teilen. Die Bevölkerungsdichte liegt bei 42 Bewohnern je Quadratkilometer. Mit 422 Metern ist der Berg Taita der höchste Punkt der Insel, die über einen Flughafen verfügt. Die Insel wurde am Samstag, 9. August 1777 vom britischen Seefahrer James Cook (1728-1779), der hier an Land ging, entdeckt. Die Insel wurde zwischen dem 28. Mai und 14. Septembern von Meuterern der „Bounty" besetzt, die 78 Eingeborene umbrachten.

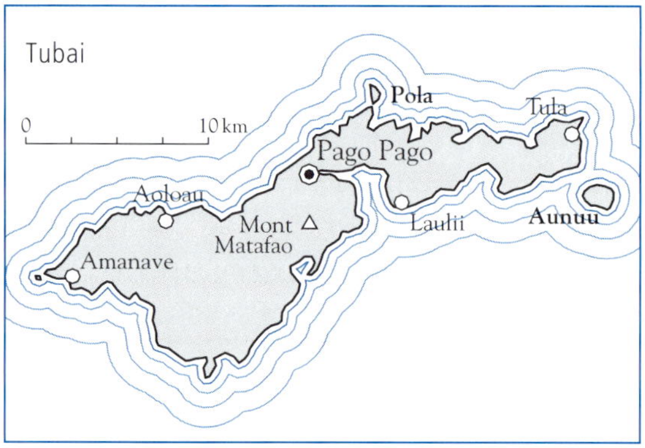

Tudy (47° 51'N und 4° 10'W) – Die französische Halbinsel liegt nördlich von Loctudy im südlichen Finistère. Die 600 Einwohnern wohnen zumeist im gleichnamigen Hafen.

Tugidak (56° 30'N und 154° 36'W) – Die amerikanische Insel liegt im Nordpazifik südlich der Insel Kodiak vor der Küste Alaskas.

Tupai (16° 15'S und 151° 50'W) – 290 Kilometer nordöstlich von Tahiti liegt diese kleine Insel im Archipel der Gesellschaftsinseln, die zu Französisch-Polynesien gehören. Die Oberfläche von elf Quadratkilometern teilen sich 44 Bewohner, was einer Bevölkerungsdichte von vier Menschen je Quadratkilometer entspricht. Die Insel verfügt über einen Flugplatz. (Siehe auch bei Unter dem Wind, Gesellschaftsinseln, Französisch-Polynesien)

Tureia (20° 40'S und 138° 30'W) – Das 130 Kilometer nördlich von Muroroa gelegene Atoll gehört zu den Tuamotu-Inseln in Französisch-Polynesien.

Turks and Caicos (21° 45'N und 71° 35'W) – Der Archipel, der 150 Kilometer nördlich von Haiti liegt, ist eine britische Kolonie. Die Oberfläche von 430 Quadratkilometern teilen sich 17.000 Menschen, was einer Bevölkerungsdichte von 39 Bewohnern je Quadratkilometer entspricht. Die Hauptstadt Cockburn Town befindet sich auf der Insel Grand Turk, die wegen ihre Popularität bei Touristen über einen Flughafen verfügt. Daneben existieren noch andere Rollfelder. Der Hafen von Grand Turk befindet sich an der Nordküste der größeren Insel. Turks and Caicos gelten als Steuerparadiese, weil es keine Abgaben auf das Einkommen gibt. Die Inseln wurden 1512 vom spanischen Seefahrer Ponce de Leon entdeckt. Jedes Jahr im August feiern die Inseln ihren karibischen Karneval.

Tutuila (14° 18'S und 170° 42'W) – Der höchste Punkt auf der Hauptinsel von Amerikanisch-Samoa, der Berg Matafao, erreicht eine Höhe von 653 Metern. Der französische Seefahrer Paul Fleuriot de Langle (1744-1787) wurde auf der Insel am Dienstag, 11. Dezember 1787 zusammen mit zehn Seeleuten ermordet. Er war Kommandant der „Astrolabe" bei der Expedition von Jean-François de La Pérouse. In Erinnerung an diese Bluttat bekam die Bucht den Namen Massaker-Bucht. Die anderen Expeditionsteilnehmer verschwanden wenige Monate später in einem gewaltigen Zyklon in der Nähe der Insel Vanikoro. Bis 1951 diente der Hafen von Pago Pago als amerikanischer Marinestützpunkt. Die fünfte Südpazifik-Konferenz fand hier 1962 statt. (Siehe auch bei Samoa, amerikanisch)

Tuvalu (8°S und 178°O) – Nördlich von Fidschi liegen diese Inseln, die seit dem 1. Oktober 1978 den Inselstaat Tuvalu bilden. Die wichtigsten Inseln sind Nanumea, Nanumanga, Nuitao, Nui, Vaitupu, Nukufetau, Funafuti, Nukulaele und Niulakita. Tuvalu ist Mitglied des Commonwealth of Nations. Zusammen mit dem Vatikan, Monaco und Nauru ist Tuvalu einer der kleinsten Staaten der Welt. Die Oberfläche beträgt gerade 26 Quadratkilometer, die sich 10.500 Menschen teilen, was einer Bevölkerungsdichte von 404 Bewohnern je Quadratkilometer entspricht. Der höchste Punkt erreicht gerade fünf Meter. Die Hauptstadt Funafuti liegt auf der gleichnamigen Insel, wo sich ein Flughafen befindet. Die Insel Nui wurde am 15. Januar 1568 vom portugiesischen Seefahrer Alvaro de Mendana (1541-1595) entdeckt. Der Staat Tuvalau erkannte 1995 seine Chance und vermarktet seitdem den Internetadressen-Zusatz „tv“, was dem Haushalt jährlich vier Millionen Dollar einbringt.

Tyr (33° 16'N und 35° 11'O) – 800 Meter vor der libanesischen Küste liegt diese Mittelmeerinsel, die mit dem Festland durch einen Damm verbunden ist. Der Hafen von Tyros, der um eine uneinnehmbare Festung der Phönizier entstand, war im Laufe der Jahrhunderte einer der wichtigsten Mittelmeerhäfen. Nach einer 13-jährigen Belagerungszeit nahm Nebukadnezar die Stadt im Jahr 577 vor Christus ein. Alexander der Große (356-323 vor Christus) benötigte 322 vor Christus nur sieben Monate. Die 30.000 Überlebenden gerieten in die Sklaverei. Von der Stadt zeugen heute nur noch Ruinen.

Ua Huka (8° 55'S und 139° 30'W) – Die zu den Marquesas gehörende Insel in Französisch-Polynesien hat eine Oberfläche von 77 Quadratkilometern, die sich 600 Menschen teilen, was eine Bevölkerungsdichte von acht Bewohnern je Quadratkilometer ergibt. Der Berg Hitikau ist mit 855 Metern der höchste Punkt der Insel. Im Hauptdorf Vaipae befindet sich ein Flugplatz. Die Insel wurde im April 1791 vom amerikanischen Seefahrer Joseph Ingraham entdeckt, der ihr den Namen des ersten amerikanischen Präsidenten George Washington (1732-1799) gab. Zwei Monate später wurde sie vom französischen Seefahrer Etienne Marchand (1755-1793) während seiner Weltumrundung (179-1792) mit der „Solide“ gesichtet. Der Seefahrer Hergest gab ihr am 30. März 1792 den Namen Riou. (Siehe auch bei Marquesas und Französisch-Polynesien)

Ua Pou (9°S und 140° 10'W) – Die zu den Marquesas in Französisch-Polynesien gehörende Insel hat eine Oberfläche von 125 Quadratkilometern, die sich 2000 Menschen teilen. Der Berg Tekao erreicht als höchster Punkt 1232 Meter. Im Hauptdorf Hakahau befindet sich der Flugplatz. Ua Pou wurde am 19. April 1791 vom amerikanischen Seefahrer Joseph Ingraham entdeckt, der ihr den Namen Adams gab. Zwei Monate später wurde sie vom französischen Seefahrer Etienne Marchand (1755-1793) am 20. Juni 1791 während seiner Weltumrundung (1790-1792) ein zweites Mal gesichtet. Er gab ihr seinen eigenen Namen. Er nahm die Insel zudem im Namen des französischen Königs Ludwig XVI. (1754-1793) in Besitz. 1792 bekam die Insel vom Seefahrer Hergest den Namen Trevenen. (Siehe auch bei Marquesas und Französisch-Polynesien)

Uist (57° 10'N bis 57° 40'N und 7° 20'W) – Vor der Westküste Schottlands liegt dieser zu den Hebriden gehörende Archipel. Die Inseln sind durch Brücken oder Dämme miteinander verbunden. (Siehe auch bei Hebriden)

Unalaska – Die Insel im Nordpazifik gehört zu den Aleuten, die sich von Alaska aus bis nach Sibirien erstrecken. Sie wurde am Samstag, 27. Juni 1778 vom britischen Seefahrer James Cook (1728-1779) bei seiner dritten Entdeckungsfahrt erstmals gesichtet. Das Hauptdorf trägt den Namen der Insel. (Siehe auch bei Fox und Aleuten)

Unimak (54° 50'N und 164°W) – Die Insel im Nordpazifik gehört zu den Aleuten, die sich von Alaska bis nach Sibirien erstrecken. Sie wurde am Donnerstag, 2. Juli 1778 vom britischen Seefahrer James Cook (1728-1779) bei seiner letzten Weltumsegelung gesichtet.

Unter dem Wind (14° bis 15°S und 152° bis 153°W) – Diese Inseln sind die südlichsten der Gesellschaftsinseln in Französisch-Polynesien. Zu ihnen gehören Bora Bora, Raiatea, Tahaa, Tupai, Huahine und Mupiti sowie die unbewohnten Atolle Bellingshausen und Scilly. Auf ihnen leben 28.000 Menschen Das entspricht acht Prozent der Bevölkerung von Französisch-Polynesien. Die Inseln wurden 1887 von Frankreich in Besitz genommen. (Siehe auch Gesellschaftsinseln und Französisch-Polynesien)

Unter dem Wind (16° 60' bis 18° 40'N und 61° 50' bis 63° 20'W) – Die Inseln gehören zu den Kleinen Antillen. Die wichtigsten sind Anguilla, Antigua, Barbados, Montserrat, Nevis, Redonda und St. Kitts. Auf ihrer Oberfläche von 772 Quadratkilometern leben 150.000 Menschen, was einer Bevölkerungsdichte von 194 Bewohnern je Quadratkilometer entspricht. (Siehe auch Kleine Antillen)

Unter dem Wind (17°N und 63°W) – Die auch Leeward genannten Inseln der Niederländischen Antillen umfassen Curaçao und Bonaire.

Upernavik (72° 50'N und 56° 10'W) – Vor der Westküste Grönlands liegt diese Insel, die eine Oberfläche von fünf Quadratkilometern aufweist. Im gleichnamigen Dorf leben 1200 Menschen. Die nördlichste Siedlung Grönlands ist mit dem Süden durch ein Versorgungsschiff oder Hubschrauber verbunden. Der Hafen Upernavik liegt im Süden der Insel.

Urville (63° 30'S und 56°W) – An der Spitze der Antarktischen Halbinsel liegt diese Insel, deren höchster Punkt 40 Meter erreicht. Die Insel trägt den Namen des französischen Seefahrers Jules Sébastien Dumont d'Urville (1790-1842), der Adélie-Land in der Antarktis am 20. Januar 1840 entdeckte.

Urville (40° 70'S und 173° 90'O) – Die zu Neuseeland gehörende Insel in der Cook-Straße trägt den Namen des französischen Seefahrers Jules Sébastien Dumont d'Urville (1790-1842), der am 20. Januar 1840 Adélie-Land in der Antarktis entdeckte.

Usedom – Die zweitgrößte deutsche Ostseeinsel liegt im Mündungsbereich der Oder und trennt Peenestrom, Achterwasser und Oderhaff vom offenen Meer. Seit 1945 ist die 445 Quadratkilometer große Insel in einen deutschen und (kleineren) polnischen Teil geteilt. Der Name Usedom hat einen slawischen Ursprung. „Uznam" bedeutet so viel wie Mündung. 3000 Menschen leben auf der Insel, die bereits im 19. Jahrhundert zu einem der beliebtesten deutschen Sommerurlaubsziele wurde. Anfang des 20. Jahrhundert wurde Usedom auch als Badewanne Berlins bezeichnet. Bis 1721 gehörte die Insel zu Schweden, danach fiel sie an Pommern. 1821 begann in Swinemünde der Badebetrieb.

Ustica (18° 05'N und 73° 38'W) – Südlich von Haiti liegt diese Insel, die 1494 von Kolumbus (1451-1506) entdeckt wurde.

Vache (18° 05'N und 73° 38'W) – Im Süden von Haiti liegt die Insel, die 1494 von Kolumbus (1451-1506) entdeckt wurde.

Vaihitahi (18° 30'S und 138° 40'W) – Das Atoll gehört zu den Tuamotu-Inseln in Französisch-Polynesien. Es verfügt über einen Flugplatz (Siehe auch bei Tuamotu-Inseln)

Vaigatch (70°N und 59° 30'O) – Zwischen Sibirien und Nowaja Semlja liegt diese Insel, die im Winter vom Festland aus mit Skiern erreicht werden kann. Stephen Burrough (1525-1584) erreichte die Insel im August 1556 mit der „Searchrift".

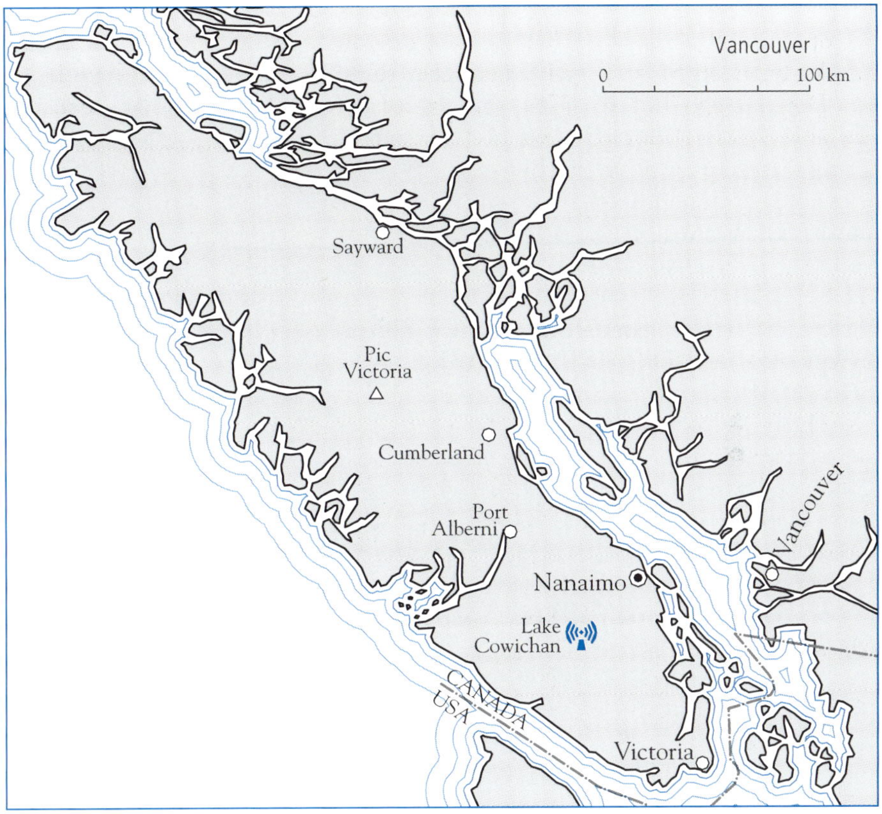

Vairaatea (18° 50'S und 139° 10'W) – Das Atoll gehört zu den Tuamotu-Inseln in Französisch-Polynesien. Es verfügt über einen Flugplatz. (Siehe auch bei Tuamotu)

Valan (48° 38'N und 4° 34'W) – Fünf Kilometer nordwestlich von Plouguernaeau liegt die Insel, die eine Oberfläche von 17 Hektar hat.

Valuec (47° 24'N und 3°W) – Die unbewohnte französische Insel liegt 1,6 Kilometer nordwestlich der Insel Houat. Sie hat eine Oberfläche von sieben Hektar. Ihr höchster Punkt erreicht 17 Meter.

Vancouver (49° 45'N und 126°W) – Die kanadische Insel ist vom Festland durch die Nootka-Meerenge getrennt. Ihre Oberfläche von 33.000 Quadratkilometern teilen sich 640.000 Einwohner, was eine Bevölkerungsdichte von 20 Menschen je Quadratkilometer ergibt. Der Berg Victoria ist mit 220 Metern der höchste Punkt der Insel. Der Hauptort ist Nanaimo. In der Stadt Tofino beginnt der Transcanadian Highway, der nach 7750 Kilometern in Neufundland endet. Vancouver Island wurde 1774 von den spanischen Seefahrern Perez und Martinez entdeckt. Sie trägt den Namen des britischen Seefahrers George Vancouver (1757-1798), der während seiner Weltumsegelung (1791 bis 1793) die amerikanischen Küsten und auch die dieser Insel erforschte. Die Hauptstadt der Provinz British Columbia, Victoria, liegt an der Südspitze der Insel.

Vanier (76°N und 103°W) – Im hohen Norden Kanadas liegt diese Insel westlich der Insel Bathurst. Sie trägt den Namen des Generals Vanier (1888-1967), der zwischen 1959 und 1963 als Generalgouverneur von Kanada amtierte.

Vanikoro (11° 39'S und 166° 54'O) – Die Insel gehört zu den Salomonen im Südpazifik. Sie hat eine Oberfläche von 938 Quadratkilometern, die sich 6000 Bewohner teilen. Die Bevölkerungsdichte liegt bei sechs Menschen je Quadratkilometer. Die Schiffe „Astrolabe" und „Boussole" des französischen Seefahrers Jean François de La Pérouse (1741-1788) wurden hier im Jahr 1788 Opfer eines gewaltigen Zyklons. Die Insel wurde offiziell am 13. August 1791 vom britischen Seefahrer Edward Edwards, der mit der „Pandora“ Meuterer der „Bounty“ nach England transportierte, entdeckt. Er gab ihr den Namen Pitt zu Ehren des britischen Premierministers William Pitt dem Jüngeren, der das Amt zwischen 1783 und 1801 ausübte. Die Insel wurde anschließend vom französischen Seefahrer Antoine d'Entrecasteaux (1737-1793) gesichtet. Zahlreiche Expeditionen suchten nach La Pérouse, darunter die des irischen Seefahrers Peter Dillon (1785-1847) und seines französischen Kollegen Jules Sébastien Dumont d'Urville (1790-1842), der am 26. Februar 1828 das Wrack der „Astrolabe“ entdeckte. Am 14. März 1828 errichtete Dumont d'Urville ein Denkmal zu Ehren von La Pérouse. Das Wrack der „Boussole“ wurde erst 1963, vier Kilometer vor der Insel Vanikoro in zwölf Meter Tiefe, entdeckt.

Vanua Levu (16° 33'S und 179° 15'O) – Die Insel gehört zu Fidschi im Südpazifik. Ihre Oberfläche von 5535 Quadratkilometern teilen sich 100.000 Einwohner, was eine Bevölkerungsdichte von 18 Menschen je Quadratkilometer ergibt. Der Berg Nasorolevu ist mit 1032 Metern der höchste Punkt der Insel. Der Hafen von Naduri liegt an der Nord-, der Hafen von Savusavu an der Südküste, wo sich auch der Flugplatz befindet. Die Insel wurde 1643 vom holländischen Seefahrer Abel Tasman (1603-1659) entdeckt. Fidschi ist seit dem 10. Oktober 1970 unabhängig. (Siehe auch bei Fidschi)

Vanuatu (16° 50'S bis 20° 30'S und 167° 90'O bis 169° 85'O) – Ihr Entdecker, der britische Seefahrer James Cook (1728-1779), nannte die Inseln Neue Hebriden. Die wichtigsten Inseln des seit dem 30. Juli 1980 unabhängigen Staates sind Ambae, Ambrym, Anatom, Aniwa, Aurora, Banks, Efate, Epi, Erromango, Espiritu Santo, Futuna, Mallicolo, Malo, Paama, Pentcoast, Shepherd, Tanna, Torres und

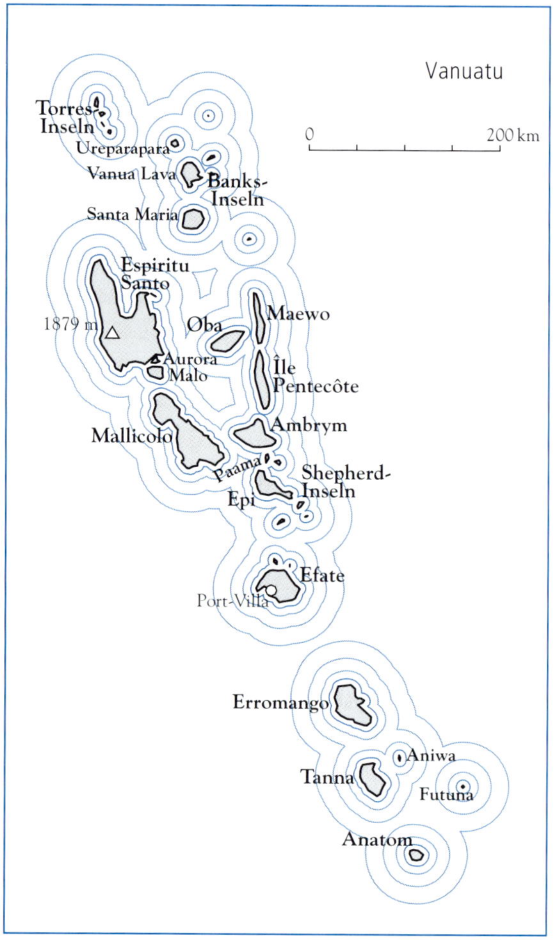

Ureparapara. Die Oberfläche von 14.7000 Quadratkilometern teilen sich 180.000 Bewohner, was einer Bevölkerungsdichte von 13 Menschen je Quadratkilometer entspricht. Der Berg Tabewemassama auf Espiritu Santo ist mit 1879 Metern der höchste Punkt des Archipels. Die Hauptstadt Port-Villa liegt auf Efate. Einige dieser Inseln wurden vom 1. Mai 1606 an vom portugiesischen Seefahrer Fernandes de Quiroz (1565-1615) zusammen mit dem Spanier Luis de Torres (gest. 1769) entdeckt. Der französische Seefahrer Louis Antoine de Bougainville (1729-1811) nannte die Inseln Große Zykladen. Sein Landsmann Le Pérouse kam 1788 beim Untergang seiner beiden Schiffe „Astrolabe" und „La Boussole" vor Vanikoro ums Leben. Am 20. Oktober 1906 wurden die Inseln unter britische und französische Verwaltung gestellt. Die nördlich gelegenen Inseln des Archipels verwüstete im Februar 2001 ein gewaltiger Zyklon.

Vava'u (18° 40'S und 174°W) – Die Insel im Südpazifik gehören zum Königreich Tonga. Ihr höchster Punkt, der Talau, erreicht 131 Meter. Das Hauptdorf ist Neiafau. (Siehe auch bei Tonga)

Vega (63°S und 57°W) – Östlich der Antarktischen Halbinsel liegt diese Insel, die den Namen des Schiffes „Vega" trägt, mit dem der schwedische Forscher Adolph Erik Nordenskjöld (1832-1901) als Erster die Nordostpassage durchquerte. Er hatte Göteborg am 4. Juli 1878 verlassen, war zwischen dem 27. September 1878 und 18. Juli 1879 im Packeis gefangen, um danach die Beringstraße am 22. Juli 1879 zu durchqueren und am 24. Juli 1880 wieder nach Göteborg zurückzukehren.

Vega (65° 40'N und 12° 15'O) – 15 Kilometer westlich von Norwegen liegt diese Insel, die möglicherweise den Namen des Schiffes „Vega" trägt, mit der schwedische Forscher Adolph Erik Nordenskjöld (1832-1901) als Erster die Nordostpassage durchquerte.

Vénan (48° 38'N und 4° 33'W) – Die unbewohnte französische Insel liegt vier Kilometer nordwestlich von Plouguerneau im nördlichen Finistère. Sie hat eine Oberfläche von elf Hektar und ist bei Ebbe zu Fuß erreichbar.

Venedig (45° 27'N und 12° 21'O) – Im Norden der Adria liegt die berühmte italienische Stadt im Zentrum einer 600 Quadratkilometer großen Lagune. Sie hat eine Oberfläche von rund 20 Quadratkilometern, die sich 400.000 Einwohner teilen, was eine Bevölkerungsdichte von 20.000 Menschen je Quadratkilometer er-

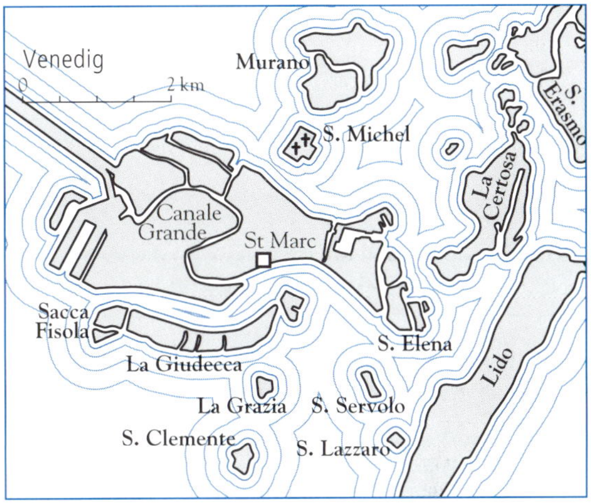

gibt. Sie wurde auf Hunderten kleiner Inseln gebaut und ist von mehr als 200 Kanälen durchzogen, über die sich 400 Brücken spannen. Der Canale Grande hat eine Länge von 3800 Metern und eine Breite von 50 Metern. Der internationale Flughafen Marco Polo Tessera liegt 13 Kilometer entfernt im Nordwesten auf dem Festland. Die Stadt ist weltberühmt für ihre 90 Kirchen, die mittelalterlichen Paläste und den Markusplatz, auf dem jedes Jahr im Februar der Karneval seinen Höhepunkt erlebt. Der Strand befindet sich auf einer langen Insel im Südwesten der Stadt (Lido). Der große Reisende Marco Polo (1254-1324) wurde hier geboren. Er unternahm eine 23 Jahre lange Reise (1271-1294), die ihn durch die Mongolei nach China führte. Während seiner Gefangenschaft in Pisa 1298-1301 berichtete er seinem Mitgefangenen Rustinian von Pisa von seinen Erlebnissen, die dieser in dem berühmten Buch „Die Wunder der Welt" zusammenfasste. 1324 starb Marco Polo in seiner Heimatstadt. Seit 1825 veranstaltet die Stadt der Dogen eine fantastische Parade von nachgebauten Prachtschiffen aus dem Mittelalter. Venedig gehört zum von der Unesco geschützten Weltkulturerbe.

Vent (17°S bis 18°S und 148° bis 152°O) – Die Inseln bilden den nördlichen Vorposten der Gesellschaftsinseln in Französisch-Polynesien.

Die Gruppe besteht aus Maio, Mehetia, Moorea, Tahiti, Tetiaroa und zwei kleinen Inseln. 73 Prozent der Bevölkerung von Französisch-Polynesien leben auf diesen Inseln, was 165.000 Einwohnern entspricht. (Siehe auch bei Gesellschaftsinseln und Französisch-Polynesien)

Verdelet (48° 36'N und 2° 33'W) – 500 Meter nordwestlich der Pointe de Pléneuf liegt diese unbewohnte französische Insel, die eine Oberfläche von 2,5 Hektar hat.

Vereinigtes Königreich (50° bis 59°N und 2° 70'O bis 8° 70'W) – Der europäische Staat besteht aus England, Schottland, Wales und Nordirland. Er hat eine Oberfläche von 244.000 Quadratkilometern, die sich 60 Millionen Menschen teilen, was eine Bevölkerungsdichte von 246 Bewohnern je Quadratkilometer ergibt. In der Hauptstadt London befinden sich mehrere Flughäfen. Die Vereinigung mit Schottland wurde 1707 vollzogen. Irland folgte 1800. 1921 wurde der südliche Teil unabhängig.

Verte (48° 34'N und 4° 44'W) – Die unbewohnte französische Insel liegt im Finistère, einen Kilometer nördlich der Gemeinde Château-Trémazan. Am 16. März 1978 lief der Öltanker „Amoco Cadiz" vor der Insel auf Grund. Die auslaufenden 22.000 Tonnen Rohöl verursachten an der bretonischen Küste eine verheerende Ölpest.

Verte (47° 46'N und 3° 48'W) – 1,5 Kilometer südlich von Raguenès im Finistère liegt die unbewohnte französische Insel, die eine Oberfläche von zwei Hektar aufweist.

Verte (43° 09'N und 5° 37'O) – Die französische Mittelmeerinsel liegt 300 Meter vor der Küste von La Ciotat, mit dem sie durch eine Fähre (15 Minuten) verbunden ist. Ihr höchster Punkt erreicht 49 Meter.

Verte (48° 51'N und 3° 02'W) – 800 Meter von der Insel Bréhat entfernt liegt die französische Insel, auf der sich eine der nautischen Basen von Glénans befindet.

Vesteralen (68° 45'N und 15°O) – Der norwegische Archipel liegt im Norden der Lofoten, 260 Kilometer nördlich des Polarkreises. Die wichtigsten Inseln sind Androy, Grytoy, Hadseloy, Hinnoy, Rangoy und Tejeldoy. 50.000 Menschen leben auf den Inseln, deren Hauptort Harstad über einen Flughafen verfügt. Die Sonne geht zwischen dem 24. Mai und 18. Juli nicht unter, zeigt sich allerdings auch nicht zwischen dem 30. November und 12. Januar.

Vestmann (63° 26'N und 20° 12'W) – Zehn Kilometer vor der isländischen Küste liegen die Inseln, die eine Oberfläche von 21 Quadratkilometer aufweisen, die sich 500 Menschen teilen. Die Bevölkerungsdichte liegt bei 238 Bewohnern je Quadratkilometer. Der höchste Punkt der Inseln erreicht 247 Meter. Die Inselgruppe verfügt über einen Flugplatz und einen Hafen. Der Hauptort befindet sich auf der Insel Heimay und wurde 1973 teilweise durch einen Vulkanausbruch zerstört. Von hier aus kann man im Südwesten die junge Insel Surtsey beobachten, die inzwischen auf eine Höhe von 151 Metern gewachsen ist. Sie entstand am 14. November 1963.

Victoria (80° 10'N und 37°O) – Zwischen dem Svalbard-Archipel und Franz-Joseph-Land liegt diese Insel.

Victoria – Als einer der größten Inseln im kanadischen Nordwest-Territorium hat Victoria eine Oberfläche von 217.290 Quadratkilometern. Ihr höchster Punkt erreicht 640 Meter. Dorf und Wetterstation Cambridge Bay liegen im Südwesten der Insel (69° 06'N und 105° 07'W). Das Inuit-Dorf wurde 1921 von der Hudson Bay Company gegründet. Dorf und Wetterstation Holman liegen bei 70° 30'N und 117° 38'W. Die Insel trägt den Namen der briti-

TRAUMINSELN

Raiatea – auch die Heilige Insel genannt – gehört zu den Gesellschaftsinseln und liegt nordwestlich der Hauptinsel Tahiti. James Cook hat sie 1769 entdeckt.

Das französische Übersee-Departement Guadeloupe liegt etwa in der Mitte der karibischen Inselkette der Kleinen Antillen halbwegs zwischen Puerto Rico und Venezuela. Als eine der "Inseln über dem Wind" wurde sie mehrmals von verheerenden Hurrikanen heimgesucht.

Die Kerguelen-Inseln im äußersten Süden des Indischen Ozeans tragen den Namen ihres Entdeckers. Yves de Kerguelen hatte sie freilich zunächst Désolation-Inseln genannt, also etwa „die Trostlosen".

Gegenüber Patagonien im Südatlantik liegen die britischen Falkland-Inseln, von den Argentiniern – die sie 1982 für wenige Wochen besetzt hatten – Islas Malvinas genannt. Der Name stammt wiederum vom Entdecker Louis-Antoine de Bougainville, der sie nach den Einwohnern St. Malos Iles Malouines getauft hatte.

Nur 25 Menschen pro Quadrat-kilometer leben auf Ouvéa, einer der Gesellschaftsinseln, die zum Übersee-Territorium Französisch-Polynesien gehört.

Schlicht Menschen – polynesisch: Kanaken – nennen sich die Bewohner Neukaledoniens, 1500 Kilometer östlich Australiens gelegen. Zeitweise kam fast ein Viertel des weltweit geförderten Nickels von der Insel.

Tahiti ist die Hauptinsel Französisch-Polynesiens und zählt zu den „Inseln unter dem Wind“ im Südpazifik. Von der Hauptstadt Papeete aus wird das so genannte Übersee-Territorium verwaltet.

240 Kilometer nordwestlich Tahitis liegt Tahaa. 500 Menschen leben auf der Insel, die auch Vanille genannt wird. Die auf den Gesellschaftsinseln angebaute Tahiti-Vanille wird in der Parfüm-Industrie verwendet.

Ein schmaler Kanal trennt die beiden „Wilden Inseln" Huahine Nui und Huahine Iti voneinander. Alljährlich findet vor den beiden Gesellschaftsinseln ein bedeutendes Pirogen-Rennen statt.

Moorea hieß nach ihrer Entdeckung 1767 York und ursprünglich eigentlich Eimeo. Seit 1988 ist die Gesellschaftsinsel Austragungsort des Tahiti-Nui-Marathons.

Ihr vulkanischer Charakter prägt die Kanaren-Insel Lanzarote. Eine der Hauptattraktionen des beliebten Reiseziels sind die Montanas del Fuego – teils bizarre Lavaformationen aus einer sechsjährigen Ausbruchsphase im 18. Jahrhundert.

Die Kykladeninsel Santorin ist der bewohnte Rand eines riesigen Vulkankraters in der Ägäis. Vor 3600 Jahren zerstörte ein gewaltiger Ausbruch das alte Thera, in dem Plato gar das sagenhafte versunkene Atlantis vermutete.

Die „Perle des Pazifik“ ist Bora Bora. Der polynesische Name der Gesellschaftsinsel bedeutet „Erstgeborene“. Sie ist berühmt für eine Lagune, in deren klarem Wasser sich die Südsee-Meeresfauna beobachten lässt.

schen Königin Victoria (1819-1901). Zwischen 1852 und 1853 überwinterte der britischen Seefahrer Richard Collinson in Cambridge Bay mit seinem Schiff „Enterprise“ während seiner fünfjährigen Suche (1850-1855) nach dem verschollenen Sir John Franklin (1786-1847). Seit dem 1. April 1999 gehört die Osthälfte von Victoria zum autonomen Gebiet Nunavut.

Vieile (47° 24'N und 2° 57'W) – Die unbewohnte französische Insel liegt einen Kilometer nördlich der Insel Houat. Ihr höchster Punkt erreicht 17 Meter. Auf ihr befindet sich ein Kreuz, das vermutlich zur Erinnerung an den schottischen Mönch St. Gildas errichtet wurde.

Vierge (48° 38'N und 4° 34' 12"W) – Zwei Kilometer vor der Küste von Plouguerneau liegt diese französische Insel im nördlichen Finistère. Sie hat eine Oberfläche von 13 Hektar, die sich zwei Leuchtturmwächter teilen, die alle zwei Wochen abgelöst werden. Der große, 1902 nach fünfjähriger Arbeit fertig gestellte Leuchtturm ist mit seinen 77 Meter der größte Europas. Er hat eine Reichweite von 27 Seemeilen und sendet ein weißes Signal alle fünf Sekunden. Um ganz nach oben zu gelangen, muss man 397 Stufen bewältigen. Der Turm steht neben dem kleineren, 1843 fertig gestellten Leuchtturm, der nicht mehr in Betrieb ist. Bei Ebbe kann man die Insel zu Fuß erreichen.

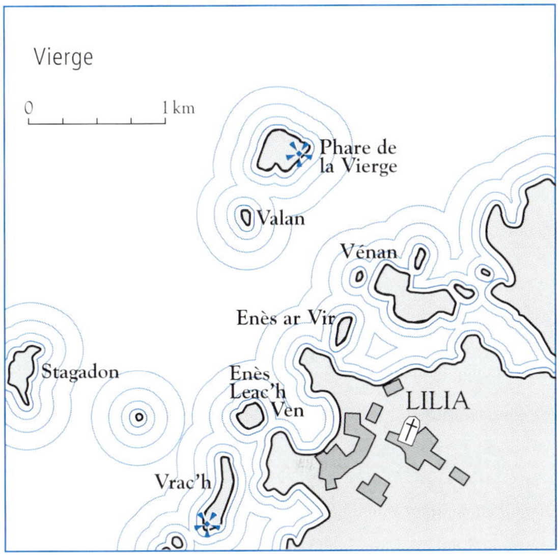

Vieux-Glénan (47° 43'N und 4°W) – Vor der Küste des südlichen Finistère liegt diese verlassene französische Insel, die eine Oberfläche von zwei Hektar hat.

Vikna (64° 57'N und 10° 58'O) – Nördlich von Trondheim liegt diese norwegische Insel nur wenige Kilometer vor der Küste.

Vilkitskogo (73° 29'N und 75° 50'O) – Die unbewohnte russische Insel liegt in der Karasee im Norden der Halbinsel Gidanski. Sie trägt den Namen des russischen Seefahrers Boris Wilkitski, dem Durchquerung der Nordostpassage von Wladiwostok nach Archangelsk zwischen dem 20. Juli 1914 und dem 17. September 1915 gelang.

Villegagnon – Die Insel liegt in der Guanabara-Bucht im Südwesten des Santos-Dumont-Flughafens von Rio de Janeiro. Die dreieckige Insel wurde am Sonntag, 10. November 1555 vom französischen Seefahrer Nicolas de Villegagnon (1510-1571) entdeckt, dessen Namen sie trägt. Er hatte den Hafen von Dieppe am Mittwoch, 14. August 1555 mit drei Schiffen und 600 Mann Besatzung verlassen. Das Fort Coligny wurde anlässlich dieser Reise errichtet. Er kehrte 1559 wieder nach Frankreich zurück. Der Schriftsteller André Thévet (1501-1592) schrieb dieses Abenteuer nieder.

Vindication – Die subantarktische Insel gehört zu den Süd-Sandwich-Inseln. Sie wurde Freitag, 3. Februar 1775, vom britischen Seefahrer James Cook (1728-1779) entdeckt. (Siehe auch bei Süd-Sandwich-Inseln)

Virgin Islands (18°N und 64° 40'W) – Östlich von Puerto Rico liegen die zu den Antillen zählenden Inseln, die zu den USA (St. Thomas, St. John, Sainte Croix mit einer Oberfläche von insgesamt 300 Quadratkilometern) oder Großbritannien (Angegada, Tortola, Virgin Gorda mit einer Oberfläche von insgesamt 150 Quadratkilometern) gehören. Die Oberfläche von 450 Quadratkilometern teilen sich 140.000 Menschen, was eine Bevölkerungsdichte von 311 Bewohnern je Quadratkilometer ergibt. Die Inseln wurden Ende November 1493 von Kolumbus (1451-1506) bei seiner zweiten Entdeckungsfahrt entdeckt. Auf den Inseln legen Riesenschildkröten, die zwischen 400 und 900 Kilogramm wiegen können, im April ihre Eier ab. (Siehe auch bei Antillen, Kleine)

Visokoi (56° 42'S und 27° 12'W) – Die subantarktische Insel ist eine der nördlichsten der Süd-Sandwich-Inseln. Ihr höchster Punkt erreicht 914 Meter. Sie wurde am 22. Dezember 1819 vom russischen Seefahrer Fabian von Bellingshausen (1778-1852) entdeckt. (Siehe auch bei Süd-Sandwich-Inseln)

Viti Levu (18°S und 178°O) – Die zu den Fidschis gehörende Pazifikinsel hat eine Oberfläche von 10.400 Quadratkilometern, die sich 600.000 Menschen teilen, was eine Bevölkerungsdichte von 58 Bewohnern je Quadratkilometer ergibt. Mit 1323 Metern ist der Berg Victoria der höchste Punkt der Insel. Auf Viti Levu befindet sich die Hauptstadt von Fidschi, Suva, und der internationale Flughafen Nadi. Die Häfen Lautoka und Suva liegen an der West- beziehungsweise Südküste der Insel. Der Archipel wurde 1643 vom holländischen Seefahrer Abel Tasman (1603-1659) entdeckt. Fidschi ist seit dem 10. Oktober eine unabhängige Republik. Die Staatsdevise lautet: „Glaube an Gott und ehre Deine Königin“. (Siehe auch bei Fidschi)

Volcano (25°N und 141°O) – Der japanische Archipel, der auch Kazan genannt wird, liegt südlich von Japan im Nordpazifik und besteht im Wesentlichen aus den Inseln Kita, Iwo Jiwa und Minami.

Vostok (10°S und 152° 30'W) – Im Südpazifik liegt diese Insel, die zu den Line-Islands gehört, die Teil von Kiribati sind. Sie wurde 1820 vom russischen Seefahrer Fabian von Bellingshausen (1778-1852) entdeckt, der ihr den Namen seines Schiffes gab. (Siehe auch bei Line)

Vrac'h (48° 37'N und 4° 34'W) – 300 Meter vor der Nordwestküste von Finistère liegt die französische Insel, die eine Oberfläche von zwei Hektar hat.

Vulcano (38° 24'N und 14° 92'O) – Im Tyrrhenischen Meer liegt diese italienische Insel im Norden von Sizilien. Sie hat eine Oberfläche von 21 Quadratkilometern. Mit 499 Metern Höhe ist der Berg Aria der höchste Punkt Vulcanos. Die bedeutendsten Ausbrüche ereigneten sich 1888 und 1890.

Vy (45° 50'N und 3° 02'O) – Die französische Insel liegt im Etang de Leucate südöstlich des Badeortes Port-Leucate im Departement Aude. Sie hat eine Oberfläche von 28 Hektar.

Wake (19° 17'N und 166° 37'O) – Die amerikanische Insel im Nordpazifik hat eine Oberfläche von acht Quadratkilometern. Auf Wake befindet sich eine wichtige amerikanische Luftwaffenbasis. Die Insel wurde 1568 vom portugiesischen Seefahrer Alvaro de Mendana (1541-1595) entdeckt und 1796 vom britischen Seefahrer William Wake, der ihr seinen Namen gab, ein weiteres Mal gesichtet. Wake war während des Zweiten Weltkriegs von japanischen Truppen besetzt.

Walcheren (51° 30'N und 3° 30'O) – Die holländische Insel liegt in der Nordsee. Sie wurde am 24. Dezember 1809 von den Briten evakuiert und am 27. Dezember an die Franzosen zurückgegeben.

Wallabi (28° 80'S und 113° 90'O) – Die australische Insel liegt vor der Westküste des Kontinents und gehört zu den Houtman-Inseln Abrolhos und Pelsaert. Das holländische Schiff „Batavia" erlitt am 4. Juni 1629 vor der Insel Schiffbruch. Es hatte Amsterdam unter dem Kommando von Pelsaert (gest. 1630) am 24. Oktober 1629 mit 1300 Menschen an Bord verlassen. Nach dem Schiffbruch fielen die meisten der 125 Überlebenden dem Apotheker Cornelius zum Opfer, der sich 250.000 Gulden, die für den Mogul von Jenghir bestimmt waren, sichern wollte. Am 2. Juli 1629 machten sich Pelsaert und sein Steuermann Jacobs nach Batavia auf, um Hilfe zu holen. Schließlich wurden einige der Überlebenden gerettet. Teile der „Batavia" wurden gehoben und restauriert und sind heute die Attraktion des Marinemuseums von Perth.

Wallis (13° 18'S und 176° 10'W) – Die auch Uvea genannte Insel liegt im Südpazifik und gehört zum französischen Territorium Wallis und Futuna. Die Oberfläche beträgt 159 Quadratkilometer einschließlich der 22 kleinen Insel um die Lagune für 13.000 Einwohner. Die Bevölkerungsdichte liegt bei 82 Menschen je Quadratkilometer. Der höchste Punkt erreicht 151 Meter. In der Hauptstadt Mata-Utu befindet sich der internationale Flughafen. Die Insel trägt den Namen des britischen Seefahrers Samuel Wallis (1728-1795), der sie 1767 entdeckte.

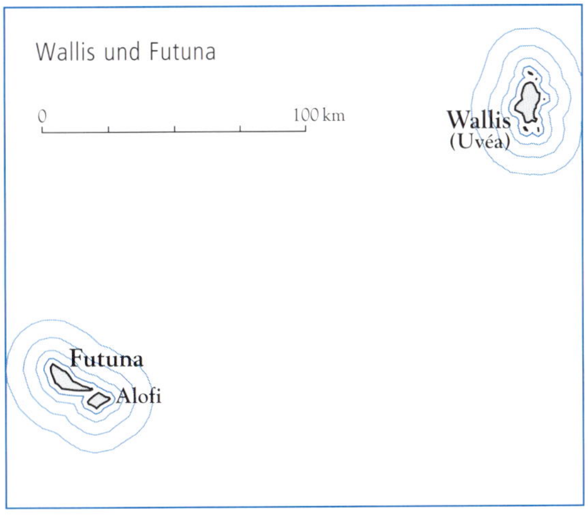

Wallis und Futuna (14°S und 117°W) – Der Archipel im Südpazifik ist seit dem 29. Juli 1969 ein französisches Überseeterritorium. Die Oberfläche beträgt insgesamt 274 Quadratkilometer, die sich 20.000 Menschen teilen, was einer Bevölkerungsdichte von 73 Bewohnern je Quadratkilometer entspricht. Die Insel wurde 1887 französisch und stimmte am 27. Dezember 1959 in einem Referendum für den Status eines französischen Überseeterritoriums.

Wallops (37° 54'N und 75° 30'W) – Die amerikanische Insel liegt im Bundesstaat Virginia. Auf ihr befindet sich ein Stützpunkt der Nasa, die von hier Ballons und Raketen startet.

Wandel – Die Insel liegt vor der Antarktischen Halbinsel und misst fünf mal vier Kilometer. Der französische Seefahrer Jean Charcot (1867-1936) überwinterte hier vom 3. März bis 15. Dezember 1904 mit seinem Schiff „Le Français". Er hatte Le Havre am 5. August 1904 verlassen und traf im Januar 1904 auf Packeis. Während seines Aufenthaltes gelang Charcot die Besteigung des Berges Wandel. 1908 kehrte Charcot in die Antarktis zurück und wählte als Ort für seine Überwinterung die Insel Petermann.

Wangerooge – Die östlichste der Ostfriesischen Inseln hat eine Oberfläche von 4,4 Quadratkilometern und ist eines der beliebtesten deutschen Nordseeheilbäder.

Ward Hunt (83° 06'N und 74° 19'W) – Im Norden der Insel Ellesmere liegt die Insel, die eine Oberfläche von zehn Quadratkilometern hat. Der französische Mediziner Jean-Louis Etienne (geb. 1946) verließ die Insel am 6. März 1986 bei einer Temperatur von minus 47 Grad in Richtung Nordpol, den er am 11. Mai 1986 erreichte. Der norwegische Polarforscher Borge

Ousland (geb. 1962) erreichte die Insel am 23. Mai, nachdem er das Arktische Kap am 3. März 2001 verlassen hatte. Er überquerte allein das Nordpolarmeer über das Packeis und passierte den Nordpol am 23. April 2001. Diese Insel ist jedes Jahr zwischen dem 14. Februar und 14. März der Ausgangspunkt für Nordpol-Expeditionen.

Warrior – Diese Riffe befinden sich in der Torres-Straße zwischen Australien und Neuguinea.

Watling – Die zu den Bahamas zählende Insel wurde von Kolumbus (1451-1506) am Freitag, 12. Oktober 1492 bei seiner ersten Entdeckungsfahrt erstmals gesichtet. Der Hauptort ist San Salvador.

Weddell (51° 55'S und 61°W) – Die Insel im Südatlantik gehört zu den Falklands. Sie trägt den Namen des amerikanischen Seefahrers und Forschers James Weddell (1787-1834), der unter anderem die Süd-Shetlands, Süd-Orkneys und das nach ihm benannte Meer entdeckte. (Siehe auch bei Falkland)

Wellesley (16° 42'S und 139° 30'O) – Im Golf von Carpenter liegen diese australischen Inseln. Sie wurden nach Richard Wellesley (1760-1840) benannt, der zwischen 1797 und 1805 als Generalgouverneur von Indien amtierte.

Wellington (49° 20'S und 74° 40'W) – Im Südpazifik liegt diese chilenische Insel vor der Küste Patagoniens. Sie trägt den Namen der neuseeländischen Hauptstadt und des britischen Generals Arthur Wellington (1769-1852), der Napoleon am 18. Juni 1815 im belgischen Waterloo besiegte.

Wessel (11° 30'S und 136° 25'O) – Die australischen Inseln liegen im Nordwesten des Carpenter-Golfes.

White (78°S und 168°O) – Die Insel liegt neben der Insel Black im Ross-Eisschelf in der Antarktis. Von hier aus hat man einen ungehinderten Blick auf den Vulkan Eberus.

White – Diese Insel in der Karasee im Norden der Halbinsel Lamal in der sibirischen Arktis trägt ihren Namen, weil sie oft von Schnee bedeckt ist.

White (66° 44'S und 48° 35'O) – Die Insel am Rande des antarktischen Polarkreises liegt gegenüber von Enderby-Land, das den Namen der Gebrüder Enderby trägt, die die Expedition des britischen Seefahrers John Biscoe (1794-1843) unterstützten. Biscoe entdeckte das Gebiet am 24. Februar 1831 mit seinem Schiff „Liveley".

Whitsunday (20° bis 21°S und 149° bis 149° 60'O) – Der australische Archipel liegt an der Ostküste von Queensland und besteht aus 74 Sandbänken mit einer Oberfläche von insgesamt 109 Quadratkilometern. Er wurde 1770 vom britischen Seefahrer James Cook (1728-1779) mit seinem Schiff „Endeavour" entdeckt. Während dieser Reise gab er Australien den Namen Neusüdwales.

Whitsunday (20° 17'S und 148° 59'O) – Die australische Insel gehört zum gleichnamigen Archipel, der eine Oberfläche von 109 Quadratkilometern hat. Die Küstenlinie der Insel besteht aus strahlend weißen Korallen. (Siehe auch bei Whitsunday)

Wiencke (64° 40'S und 63° 30'W) – Die kleine Insel liegt zwischen der Antarktischen Halbinsel und der Insel Antwerpen. Der französische Seefahrer Jean Charcot (1867-1936) ging hier mit der „Le Français" am 19. Februar 1904 in einer Bucht vor Anker. Er gab der Bucht den Namen Port-Lockroy zu Ehren des französischen Marineministers. Nach seiner Überwinterung auf der Insel Wandel vom 3. März bis 15.

Dezember 1904 kehrte er auf Wiencke zurück, um hier Weihnachten zu feiern. Er hatte Le Havre am 15. August 1903 verlassen und musste sein beschädigtes Schiff an die argentinische Regierung verkaufen. Die Insel wurde vom belgischen Seefahrer Adrien de Gerlache (1866-1934) nach seinem Maat Auguste Wiencke genannt, der am Samstag, 22. Januar 1898 bei der Fahrt durch die Bransfield-Meerenge von einer Welle erfasst wurde und ertrank. Die Meerenge trägt den Namen des britischen Seefahrers Edward Bransfield (1795-1852), dem zwischen 1819 und 1820 zusammen mit seinem Landsmann William Smith (1764-1840) die Umrundung der Antarktis gelang.

Wiesse (79° 30'N und 77°O) – In der Karasee liegt diese unbewohnte russische Insel.

Wight (50° 40'N und 1° 20'W) – Die britische Insel liegt im Ärmelkanal südlich der Häfen Portsmouth und Southampton. Die Oberfläche von 380 Quadratkilometern teilen sich 150.000 Einwohner, was einer Bevölkerungsdichte von 395 Menschen je Quadratkilometer entspricht. Der Hauptort ist Newport. Die Insel wurde im Jahr 43 vom römischen General Titus Vespanius (9-79) erobert. Königin Victoria (1819-1901) starb auf Wight am 22. Januar 1901, nachdem sie mehr als 60 Jahre geherrscht hatte. Zwischen dem 21. und 27. August 2001 fanden hier die Feierlichkeiten für das 150. Jubiläum des America's Cup statt, der zum ersten Mal am 22. August 1851 auf den Gewässern vor Wight ausgetragen wurde. Damals siegte der einzige amerikanische Segler „America" gegen 15 britische Boote. Bei den Feierlichkeiten waren alle ehemaligen Sieger seit 1974 anwesend. Dazu gehörte auch der damals 96-jährige Olin Stephens (geb. 1905). Unter anderem kamen Ted Hood (1974), Ted Turner (1977), Denis Connor (1980, 1983, 1988), Sir Peter Blake (1995) und Russel Couts (200). Ebenfalls gekommen war Dean Barker, der das Team New Zealand 2003 anführte, das den Cup an die Schweiz verlor.

Wilczek – Die unbewohnte russische Insel im Arktischen Meer gehört zu Franz-Joseph-Land und hat eine Oberfläche von 2050 Quadratkilometern. Sie wurde von den österreichischen Polarforschern Julius von Payer (1841-1915) und Karl Weyprecht (1838-1881) nach ihrem Förderer Wilczek benannt.

Willis (16° 18'S und 150°O) – In der Korallensee liegen die australischen Inseln 150 Kilometer vor dem Great Barrier Riff. Sie haben eine Oberfläche von fünf Quadratkilometern. Auf den Inseln befindet sich eine Wetterstation mit einer ständigen Besatzung von drei Mann. Die Inseln werden von der Norfolk-Insel aus verwaltet. Sie tragen den Namen des britischen Physikers Thomas Willis (1621-1673), der die Royal Society gründete.

Wind (12° bis 14°N und 60° 80'W bis 61° 90'W) – Die Inseln gehören zu den Kleinen Antillen in der Karibik. Die Gruppe besteht im Wesentlichen aus den Inseln Dominica, St. Lucia, St. Vincent, Grenada und den Grenadinen. Die Oberfläche beträgt 21.000 Quadratkilometer. (Siehe auch bei Antillen, Kleine)

Wind (17° 30'N bis 18°N und 63° 30'W bis 63° 60'W) – Zu der Gruppe gehören die niederländischen Inseln Sint Maarten, Saba und St. Eustache in der Karibik.

Windparks – Einige Kilometer vom Festland entfernt stehen die Windräder und produzieren aus der Kraft des Windes gewonnenen Strom. Vor allem in Nord- und Ostsee wird diese Form der Energiegewinnung eingesetzt. Sie werden durch solide Betonfundamente am Meeresboden gehalten. Der Durchmesser der Flügel kann bis zu 80 Meter erreichen. Die montierten Turbinen können bis zu 2,5 Megawatt produzieren, die über ein Kabel ans Festland geleitet werden.

Wrangell (56° 15'N und 132° 10'W) – Südöstlich von Alaska liegt diese amerikanische Insel, deren höchster Punkt 1700 Meter erreicht. Sie trägt den Namen des russischen Seefahrers Ferdinand von Wrangell (1796-1870). 1834 wurde sie von russischen Trappern besetzt und 1867 von den Amerikanern gekauft. Auf der Insel befinden sich heute drei Fischer- und Jägerdörfer sowie der Hafen Wrangell. Dem Goldsucher Joseph Juneau verdankt die Hauptstadt Alaskas ihren Namen.

Wrangel (71°N und 179° 30'W) – Im Nordwesten der Tschutschen-See liegt die von Sibirien durch die Long-Meerenge getrennte russische Insel. Ihre Oberfläche beträgt 6000 Quadratkilometer. Ihr höchster Punkt erreicht 1096 Meter. Das einzige Dorf Utschakovskoje trägt den Namen des russischen Seefahrers und Abenteurers Georgi Utschakow, der die erste Forschungsstation auf dieser Insel leitete. Die Wetterstation versorgt die Schiffe auf der Nordostpassage mit Informationen. Der russische Seefahrer Ferdinand von Wrangell oder Wrangel (1796-1870) suchte hier während seiner Zeit als Gouverneur von Alaska zwischen Juli 1820 und Januar 1824 vergeblich nach einem Stück Land. Die Insel wurden schließlich vom britischen Seefahrer Henry Kellet (1806-1871) entdeckt und 1867 vom amerikanischen Seefahrer Thomas de Long ein weiteres Mal gesichtet. Er gab ihr den Namen „Wrangel". Im August 1879 erforschte der amerikanische Seefahrer George de Long die Insel. Danach erlitt sein Schiff „La Jeannette" Schiffbruch und de Long kam zusammen mit zwei Dritteln seiner Mannschaft bei dem Versuch, Sibirien zu Fuß zu erreichen, ums Leben. 1913 nahm der kanadische Forscher Vilhjalmur Stefansson (1879-1962) die Insel für den britischen König Georg III. in Besitz. 1918 besetzten die Seeleute der „Roten Oktober" die Insel jedoch wieder.

Ximayi Dao – Die chinesische Insel liegt im Golf von Petchili im Norden des Chinesischen Meeres.

Xiyang Dao (26° 32'N und 120° 04'O) – In der Straße von Formosa liegt diese chinesische Insel zehn Kilometer vor der Küste der Volksrepublik und zehn Kilometer außerhalb der Gewässer Taiwans.

Yadua Taba – Die kleine zu den Fidschis zählende Insel liegt zwischen den beiden Hauptinseln Viti Levu und Vanua Levu. Sie hat eine Oberfläche von 0,7 Quadratkilometern. Auf ihr leben sehr seltene Echsen. (Siehe auch bei Fidschi)

Yaku (30° 20'N und 130° 30'O) – Die japanische Insel liegt südlich der Insel Kyushu und gehört zum Nansei-Archipel. (Siehe auch bei Nansei)

Yande (20° 03'S und 163° 49'O) – Die französische Insel liegt nordwestlich von Grande Terre und gehört zum Archipel von Neukaledonien. Ihr höchster Punkt erreicht 301 Meter. (Siehe auch bei Neukaledonien)

Yap – Der westlichste Archipel der Föderierten Staaten von Mikronesien hat eine Oberfläche von 120 Quadratkilometern. Die wichtigsten Inseln sind Yap, Ngulu, Ulithi, Sorol, Faranlep, Olimarao, Pikeleot, Puluwat und Pulusuk. Die Hauptstadt Colonia befindet sich auf Yap.

Yap (9° 30'N und 138° 10'O) – Die Insel im Nordpazifik ist die nördlichste Mikronesien-Insel. Sie gehört zum Yap-Archipel, einem der vier Staaten der Föderierten Staaten von Mikronesien. Die Inselgruppe hat eine Oberfläche von 120 Quadratkilometern, die sich 12.000 Menschen teilen, was eine Bevölkerungsdichte von 100 Bewohnern je Quadratkilometer ergibt. Der höchste Punkt erreicht 173 Meter. Hauptstadt ist Colonia. (Siehe auch bei Mikronesien und Yap)

Yeu (46° 42'N und 2° 20'W) – 19 Kilometer vor der Küste der Vendée liegt diese franzö-

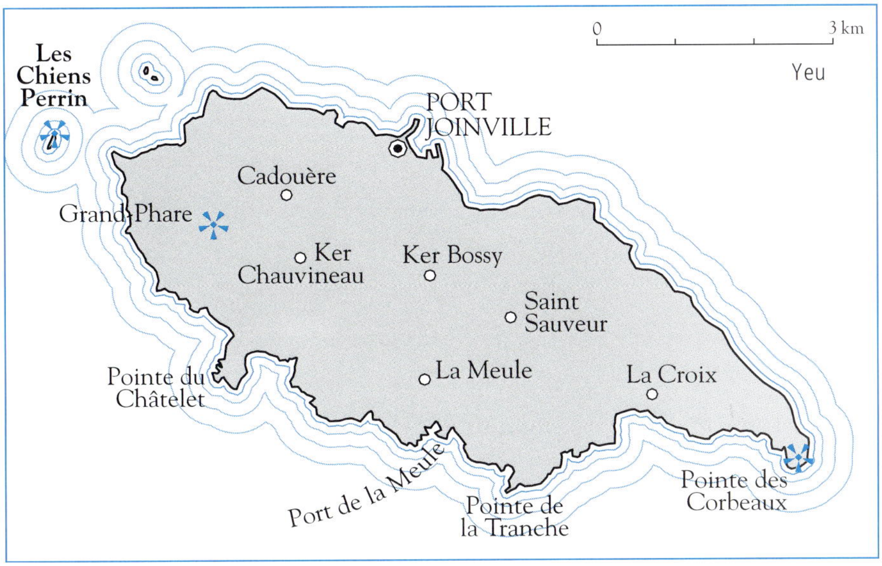

sische Insel, die eine Oberfläche von 24 Quadratkilometern aufweist, die sich 5000 Menschen teilen. Der wichtigste Hafen ist Port-Joinville. Früher hieß die Insel „Île Dieu". Auf Yeu befinden sich Hügelgräber, Menhire und eine nach den Plänen von Vauban angelegte Befestigungsanlage sowie ein Fischereimuseum und ein altes Schloss und das 1978 gebaute Port-Joinville, von wo aus Fährverbindungen nach La-Barre-de-Monts (70 Minuten) und Saint-Gilles-Croix-de-Vie (anderthalb Stunden) bestehen. Der Leuchtturm Petite Foule ist 56 Meter hoch, hat eine Reichweite von 24 Seemeilen und sendet sein weißes Signal alle fünf Sekunden. 1795 besetzte der Graf von Artois (der zukünftige König Karl X.) die Insel, um von hier aus die Vendée zu erobern. Marschall Pétain (1856-1951), Chef der Vichy-Regierung während der deutschen Besetzung im Zweiten Weltkrieg von 1940-1944, wurde nach dem Krieg zum Tode verurteilt und saß hier sein in lebenslange Haft umgewandeltes Urteil ab. Der Marschall blieb hier 2172 Tage lang bis zu seinem Tod im Alter von 95 Jahren am Montag, 23. Juli 1951. Er wurde zehn Tage später auf dem Friedhof von Port-Joinville beigesetzt.

Yoc'h (48° 32'N und 4° 46'W) – Die unbewohnte französische Insel liegt einen Kilometer nordwestlich von Porspoder im nordwestlichen Finistère. Sie hat eine Oberfläche von neun Hektar. Ihr höchster Punkt erreicht 26 Meter.

Young (74° 20'N und 98° 40'W) – Die Insel im autonomen Gebiet Nunavut liegt südlich der Insel Bathurst. Sie trägt den Namen des britischen Seefahrers Allen Young, der mit der „Pandora" im Jahr 1875 die Nordwestpassage erforschte.

Zakinthos (37° 54'N und 20° 39'O) – Die griechische Insel im Ionischen Meer wurde 1953 von einem gewaltigen Erdbeben erschüttert. Die Insel verdankt ihren Namen den zahlreichen wilden Hyazinthen, die man auf ihr findet. Sie hat eine Oberfläche von 400 Quadratkilometern, die sich 50.000 Menschen teilen, was einer Bevölkerungsdichte von 125 Bewohnern je Quadratkilometer entspricht. Ihr höchster Punkt erreicht 756 Meter. In der Hauptstadt Zakinthos befindet sich ein Flughafen. Der Hafen liegt an der Ostküste. Jedes Jahr kommen Tausende Schildkröten, um hier ihre Eier abzulegen.

Zavodovski – Die nördlichste der subantarktischen Inseln gehört zu den Süd-Sandwich-Inseln. Sie wurde am 22. Dezember 1819 vom russischen Seefahrer Fabian von Bellingshausen (1778-1852) entdeckt. Er ging hier an Land und gab ihr den Namen eines der Kommandanten seiner beiden Schiffe „Wostok" und „Mirny". Auf der Insel leben Tausende Pinguine.

Zichy – Die unbewohnte russische Insel gehört zu Franz-Joseph-Land. Die österreichischen Polarforscher Julius von Payer (1841-1915) und Karl Weyprecht (1838-1881) gaben ihr den Namen ihres Förderers Zichy. (Siehe auch bei Franz-Joseph-Land)

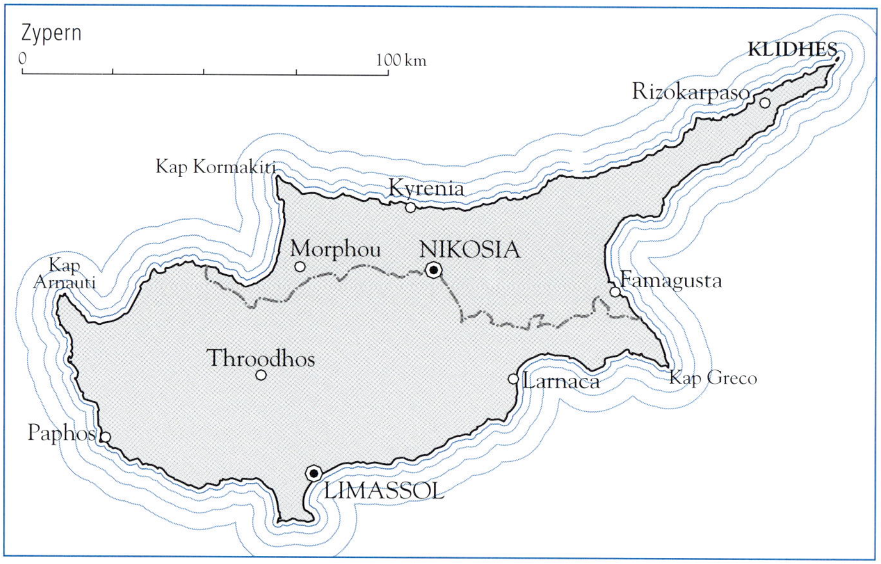

Zypern (35°N und 33°O) – Die in einen griechischen und türkischen Teil geteilte Insel hat eine Oberfläche von 9250 Quadratkilometern, die sich 850.000 Menschen teilen, was einer Bevölkerungsdichte von 92 Bewohnern je Quadratkilometer entspricht. Am 16. August 1960 wurde die Insel unabhängig und 1961 Mitglied des Commonwealth of Nations. 1983 spaltete sich der türkische Nordteil ab. Die beiden Hauptstädte sind Nikosia und Limassol. Der internationale Flughafen von Larnaka liegt acht Kilometer westlich von Limassol und 50 Kilometer von Nikosia entfernt. Der höchste Punkt der Insel ist der Vulkan Olymp, der eine Höhe von 1953 Metern erreicht. Der wichtigste Hafen Limassol befindet sich an der Südküste der Insel. Zypern gilt als Steuerparadies und ist daher der Sitz zahlreicher Banken und Offshore-Gesellschaften. Die Überreste der antiken Inselhauptstadt Paphos, die Kirchen von Trodhos und Choirokoitia gehören zu dem von der Unesco geschützten Weltkulturerbe.

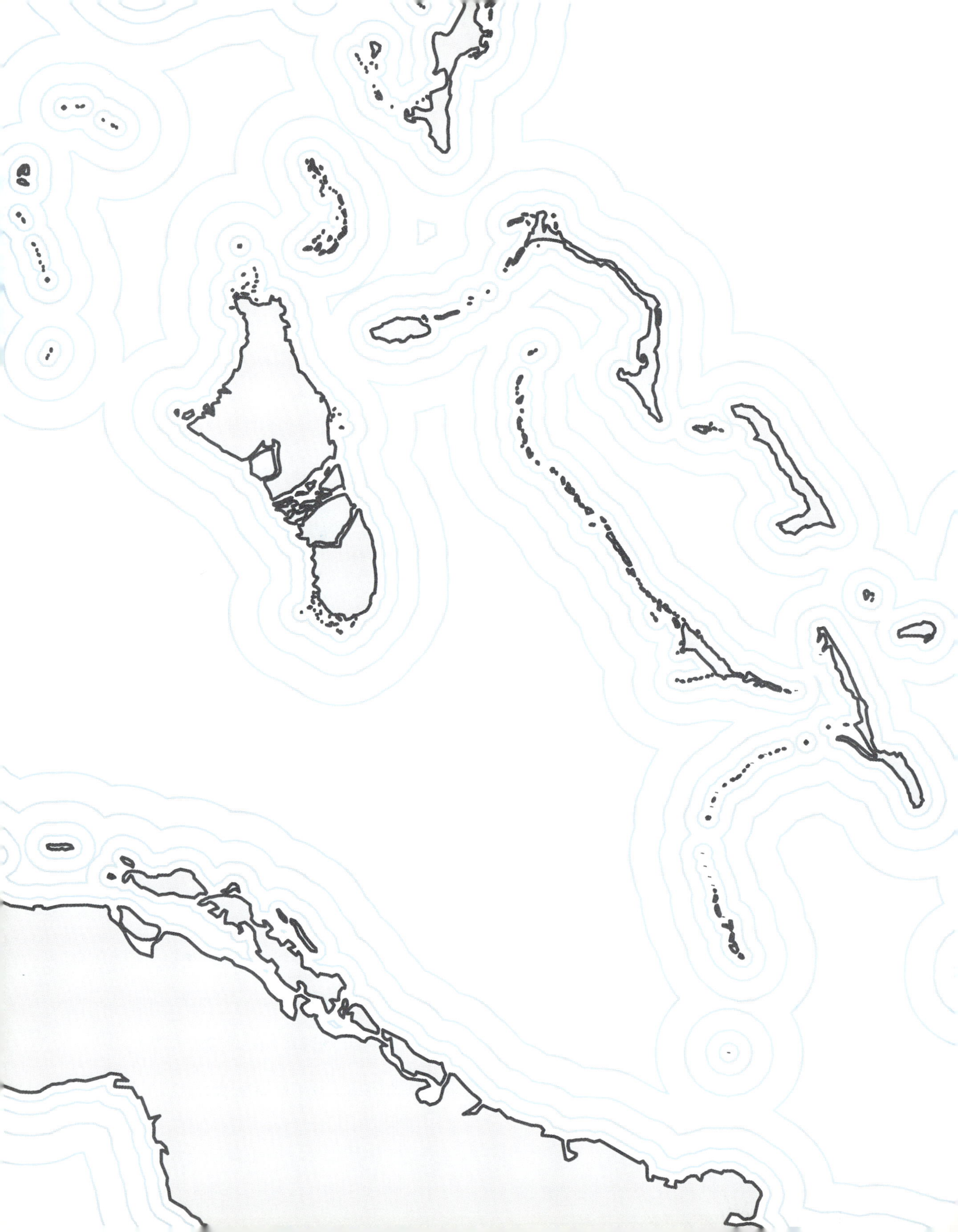

Die Meere und Ozeane

Die Meere bedecken den größten Teil der Erde. Sie erstrecken sich scheinbar endlos über alle Horizonte. Im Laufe der Jahrhunderte wagten sich immer wieder mutige Seefahrer auf die Meere und über die bekannten Grenzen hinaus. Einige Ozeane tragen daher den Namen der großen Entdecker.

Alle Meere zusammen ergeben eine Wassermenge von 1320 Millionen Kubikkilometern. Sie erstrecken sich über eine Fläche von 360 Millionen Quadratkilometern, was 70 Prozent der globalen Oberfläche entspricht. Zahlreiche kalte und warme Strömungen vagabundieren durch die Ozeane und spielen so eine wichtige Rolle bei der Klimaentwicklung.

Adria – Im nördlichen Teil des Mittelmeers liegt die Adria, die von Italien, Slowenien, Kroatien, Bosnien-Herzegowina, Montenegro, Albanien und den Kanal von Otranto begrenzt wird. Die Oberfläche beträgt 135.000 Quadratkilometer.

Ägäis – Im Nordosten des Mittelmeers liegt dieses Meer, das durch Griechenland, Kreta und die Türkei begrenzt wird. Hier befinden sich die Kykladen- und Dodekanen-Inseln. Es hat eine Oberfläche von 200.000 Quadratkilometern und trägt den Namen des Königs Ägäis von Athen, der sich nach der griechischen Sage ertränkte.

Amundsen – Das Meer liegt im südlichen Teil des Pazifiks im Norden der Antarktis. Es hat eine Oberfläche von 1,5 Millionen Quadratkilometer. Es trägt den Namen des norwegischen Polarforschers Roald Amundsen (1872-1928), der als erster Mensch am 14. Dezember 1911 den Südpol mit seinen vier Kollegen Bjaaland, Hanssen, Hassel und Wisting erreichte.

Andaman – Im Norden des Indischen Ozeans liegt dieses Meer, das von Myanmar, Thailand, Sumatra, Indonesien und den Andamanen begrenzt wird. Seine Oberfläche beträgt 800.000 Quadratkilometer.

Antillen – Das Meer erstreckt sich vor den zentralamerikanischen Staaten Mexiko, Belize, Guatemala, Honduras, Nicaragua, Costa Rica, Panama, Kolumbien, Venezuela und den Kleinen sowie Großen Antillen. Man nennt das Meer auch Karibisches Meer. Seine Oberfläche beträgt 2,7 Millionen Quadratkilometer.

Arabisches Meer – Im Mittleren Osten liegt dieses Meer vor den Staaten Jemen, Oman, Iran. Pakistan, Indien und wird im Nordosten durch den Indischen Ozean begrenzt. Es trägt den Namen der Arabischen Halbinsel.

Arafura – Nördlich von Australien, begrenzt durch die Timor-See, Arnhem-Land in Australien, dem Carpenter-Golf sowie der Torres-Straße und Irian Jaya liegt dieses Meer, das eine Oberfläche von einer Million Quadratkilometer hat.

Aralsee – Zwischen Kasachstan und Usbekistan liegt dieser Binnensee, dessen ursprüngliche Oberfläche von 38.000 Quadratkilometern sich ständig verringert. Vor 30 Jahren hatte der See noch eine Tiefe von 53 Metern.

Ärmelkanal – Diese Wasserfläche wird begrenzt durch Großbritannien, den Atlantik und Frankreich. Sie hat eine Oberfläche von 100.000 Quadratkilometern.

Asowsches Meer – Im Norden des Schwarzen Meeres liegt dieses Meer zwischen der Ukraine, der Halbinsel Krim und Russland. Es trägt den gleichen Namen wie die Stadt Asow im Don-Delta.

Atlantik (Nord) – Zwischen Europa, Afrika und Amerika (nördlich des Äquators) liegt dieser Ozean, der eine Oberfläche von 46 Millionen Quadratkilometern hat. Seine maximale Tiefe erreicht der Ozean im Puerto-Rico-Graben mit 8962 Metern.

Atlantik (Süd) – Südlich des Äquators liegt dieser Ozean zwischen Südamerika und Afrika. Er hat eine Oberfläche von rund 46 Millionen Quadratkilometer.

Baffin – Zwischen der Baffin-Insel und Grönland liegt dieses Meer, das eine Oberfläche von 530.000 Quadratkilometern hat. Es trägt den Namen des britischen Seefahrers William Baffin (1584-1622), der es bei der Suche nach der Nordwestpassage zusammen mit seinem Landsmann Robert Bylot erforschte.

Bali – Nördlich der Insel Bali liegt dieses Meer, das eine Oberfläche von 45.000 Quadratkilometern hat.

Banda – Zwischen Celebes, Osttimor und den Tanimbar-Inseln sowie den Molukken liegt die Bandasee, die eine Oberfläche von 700.000 Quadratkilometern hat.

Barents – Nördlich des Polarkreises, begrenzt durch Norwegen, die Halbinsel Kola, das Weiße Meer, die Halbinsel Karin, Nowaja Semlja, Franz-Joseph-Land und das Nordpolarmeer, liegt die Barentssee, die eine Oberfläche von 1,3 Millionen Quadratkilometern aufweist. Sie trägt den Namen des holländischen Seefahrers Willem Barents (1550-1597), der die Insel Nowaja Semlja entdeckte. Am Samstag, 12. August 2000 versank das russische U-Boot „Kursk“ nach einer Explosion im Torpedoschacht. Alle 118 Offiziere und Seeleute kamen bei dem Unglück ums Leben. Die Barentssee hat sich in den vergangenen Jahren zu einer veritablen nuklearen Mülldeponie entwickelt.

Beaufort – Im Norden des nordamerikanischen Kontinents liegt die Beaufort-See, die durch die Nordküste Alaskas, das Yukon-Territorium, die kanadische Insel Banks und das Nordpolarmeer begrenzt wird. Sie hat eine Oberfläche von 470.000 Quadratkilometern. Der schottische Forscher Alexander Mackenzie (1764-1820) erreichte sie bei der Erforschung des Flusses, der heute seinen Namen trägt, am 14. Juli 1789. Zahlreiche Seefahrer haben die Beaufort-See bei der Suche nach der Nordwestpassage durchquert. Darunter auch der britische Polarforscher Robert John McClure (1807-1873), der seinen in der Region verschollenen Landsmann Sir John Franklin (1786-1847) suchte. Der norwegische Polarforscher Roald Amundsen (1872-1928) verbrachte hier seine dritte Überwinterung an Bord der „Gjoa“ zwischen 1905 und 1906 während seiner Durchquerung der Passage. Zwischen 1906 und 1909 wagte sich eine britisch-amerikanische Expedition unter der Leitung des dänischen Forschers Ejnar Mikkelsen (1880-1971) in die Region. Das Meer trägt den Namen des britischen Admiral Francis Beaufort (1774-1857), der 1806 die bis heute gültige Windstärkentabelle entwickelte.

Bellingshausen – Im Süden des Südpazifiks liegt dieses Meer im Norden der Antarktis vor Ellsworth-Land. Es hat eine Oberfläche von einer Million Quadratkilometern. Das Meer trägt den Namen des russischen Seefahrers Fabian von Bellingshausen (1778-1852), der an der ersten Weltumrundung seines Landsmannes Adam von Krusenstern (1770-1846) teilnahm und der als Erster am 28. Januar 1820 die Antarktis erblickte. Am 21. Januar entdeckte er mit seinen beiden Schiffen „Wostok“ und „Mirny“ die Insel Peter I.

Bering – Im Norden des Pazifiks liegt die Beringsee, die durch die Halbinsel Kamtschatka, die Tschutschen-Halbinsel, die Beringstraße, Alaska und die Aleuten begrenzt wird. Sie hat eine Oberfläche von 2,3 Millionen Quadratkilometern. Sie trägt den Namen des dänischen Seefahrers Vitus Bering (1681-1741), der sie 1728 bei einer von der Zarin Katharina I. (1648-1727) veranlassten Expedition entdeckte.

Bismarck – Im Pazifik zwischen Papua-Neuguinea, den Admiralitätsinseln, Neuirland und Neubritannien liegt die Bismarck-See. Sie hat eine Oberfläche von 400.000 Quadratkilometern. Sie trägt den Namen des deutschen Reichskanzlers Otto von Bismarck (1815-1898). Der gleichnamige Archipel wurde 1844 vom Deutschen Reich annektiert.

Celebes – Im Norden von Celebes, begrenzt durch die Philippinen, Borneo, die Inseln Talaud und Sangir, liegt das Meer, das eine Oberfläche von 280.000 Quadratkilometern erreicht.

China (Ost) – Das Meer wird durch Taiwan, den Nansei-Archipel, Japan, Südkorea, das Gelbe Meer und den Osten Chinas begrenzt. Seine Oberfläche beträgt 1,3 Millionen Quadratkilometer.

China (Süd) – Das Meer wird durch Vietnam, Malaysia, die Philippinen, Borneo, die Inseln Talaud und Sangir sowie Celebes begrenzt. Es hat eine Oberfläche von 2,5 Millionen Quadratkilometern.

Davis – Zwischen dem westlichen Packeis, dem Shackleton-Packeis und Queen-Mary-Land liegt dieses Meer, das eine Oberfläche von 100.000 Quadratkilometern hat. Es trägt den Namen des britischen Seefahrers John Davis (1550-1605), der am 14. August 1492 mit der „Desire" die Falkland-Inseln entdeckte und 600 Jahre nach Erik dem Roten Grönland wieder sichtete.

Dumont-d'Urville – Das Meer liegt vor Adelie-Land in der Antarktis in der Nähe der französischen Forschungsstation Dumont-d'Urville. Es hat eine Oberfläche von 100.000 Quadratkilometern und trägt den Namen des französischen Seefahrers Jules Sébastien Dumont d'Urville (1790-1842), der Adélie-Land am 20. Januar 1840 entdeckte.

Flores – Die ehemals Sundasee genannte Wasserfläche liegt nördlich der Insel Flores, die dem Meer seinen Namen gegeben hat. Es wird begrenzt durch die Java- und Bandasee sowie Celebes. Es hat eine Oberfläche von 250.000 Quadratkilometern.

Gelbes Meer – Das Meer wird begrenzt durch Sumatra, die Sundastraße, die chinesische Westküste, das Ostchinesische Meer sowie Süd- und Nordkorea. Es hat eine Oberfläche von 400.000 Quadratkilometern. Es trägt den Namen des Gelben Flusses, der in es mündet.

Grönland – Das Meer wird durch die Dänemarkstraße, Irland, Spitzbergen, das Nordpolarmeer und den östlichen Teil Grönlands begrenzt. Es hat eine Oberfläche von 1,2 Millionen Quadratkilometern. Der Name Grönland stammt von den Wikingern. Als sie die Insel am Ende des 10. Jahrhunderts entdeckten, war sie noch grün.

Indischer Ozean – Zwischen Afrika, dem südlichen Indien, Indonesien, Australien und der Antarktis liegt der Ozean mit einer Oberfläche von ungefähr 76 Millionen Quadratkilometern. Seinen tiefsten Punkt hat er im Javagraben mit 7125 Metern.

Ionisches Meer – Im Mittelmeer zwischen Sizilien, Italien und Griechenland liegt dieses Meer, das eine Oberfläche von 100.000 Quadratkilometern hat.

Japanisches Meer – Zwischen der Meerenge La Pérouse, Russland, Nordkorea, Südkorea, der Koreastraße und der japanischen Westküste liegt dieses Meer, das eine Oberfläche von 400.000 Quadratkilometern erreicht.

Javasee – Die Javasee wird begrenzt durch Sumatra, die Sundastraße, Bali, Sumbawa, die Flores-See, Celebes, Makassar-See, Borneo, die Meerenge von Karimata und Java. Die Oberfläche beträgt 400.000 Quadratkilometer. Am 27. Februar 1942 kam es in der Sundastraße zu einer bedeutenden Seeschlacht, bei der die Schiffe des japanischen Admirals Isoroku Yamamoto (1884-1943) der amerikanischen Flotte schwere Schäden zufügten.

Karasee – Im Norden Sibiriens liegt dieses Meer, das durch die Kara-Meerenge, Nowaja Semlja und die Vikits-Meerenge begrenzt ist. Es hat eine Oberfläche von 900.000 Quadratkilometern. Es wurde erstmals 1580 von den britischen Seefahrern Arthur Pet und Charles Jackman erreicht. Der holländische Seefahrer Willem Barents (1550-1597) kam hier ums Leben.

Karibisches Meer – Das Meer wird von den zentralamerikanischen Staaten Mexiko, Belize, Guatemala, Honduras, Nicaragua, Costa Rica, Panama, Kolumbien, Venezuela sowie den Kleinen und Goßen Antillen, die dem Meer seinen zweiten Namen gaben, begrenzt. Es hat eine Oberfläche von 2,7 Millionen Quadratkilometern. Östlich der Cayman-Inseln erreicht das Meer im Karibikgraben mit 7680 Metern seine größte Tiefe.

Kaspisches Meer – Zwischen Russland, Kasachstan, Turkmenistan, Iran und Aserbaidschan liegt das Kaspische Meer, das eine Oberfläche von 400.000 Quadratkilometern hat. Es liegt 28 Meter unter dem Meeresspiegel des Mittelmeeres und erreicht eine maximale Tiefe von 980 Metern. 1870, vier Jahre nach seiner Erfindung des Dynamits, entdeckte der schwedische Industrielle Alfred Nobel (1833-1896) die Rohölvorkommen im Westen des Kaspischen Meeres. Die Reserven werden auf zwölf Milliarden Tonnen geschätzt.

Korallensee – Östlich von Australien vor dem Great Barrier Riff liegt die Korallensee, die durch die Torres-Straße, den Golf von Papua-Neguinea, die Salomonen, Vanuatu, Neukaledonien und die Tasman-See begrenzt wird. Sie hat eine Oberfläche von 4,8 Millionen Quadratkilometern. Zwischen dem 4. und 8. Mai 1942 fand hier eine Seeschlacht zwischen den von Admiral Isoruko Yamamoto (1884-1943) kommandierten japanischen Truppen und den von Admiral Frank Jack Fletcher (1885-1973) kommandierten amerikanischen Einheiten statt.

Labradorsee – Das durch die Davis-Meerenge, den Nordatlantik, die Südküste Grönlands und Labrador begrenzte Meer hat eine Oberfläche von 500.000 Quadratkilometern. Es trägt den Namen des Seefahrers Jao Fernandes Labrador, der es im Jahr 1500 entdeckte.

Laptew – Vor der sibirischen Nordküste liegt dieses Meer, das durch Sewernaja Semlja, den Neusibirischen Archipel, die Meerenge von Dimitri-Laptew und das Nordpolarmeer begrenzt wird. Es trägt den Namen der russischen Seefahrer Dimitri und Chariton Laptew, die die nach ihnen benannte Meerenge 1736 und 1742 entdeckten.

Lakkediven – Im Süden von Indien liegt dieses Meer, das von den Malediven, Indien, Sri Lanka, dem Pazifik und den Lakkediven begrenzt wird. Die Oberfläche beträgt 300.000 Quadratkilometer.

Ligurisches Meer – Begrenzt durch Korsika, Italien und Frankreich liegt diese Wasserfläche im Mittelmeer. Sie hat eine Oberfläche von 100.000 Quadratkilometern.

Lincoln – Das in der Arktis gelegene Meer wird begrenzt durch die Insel Ellesmere, Kennedy-Passage, Grönland und das Nordpolarmeer. Es hat eine Oberfläche von 250.000 Quadratkilometern. Es erhielt seinen Namen am 29. August 1871 vom amerikanischen Seefahrer und Forscher Charles Francis Hall (1821-1871), als er mit der „Polaris" 82° 16'N im Norden den Robeson-Kanals erreichte. Er wollte damit Abraham Lincoln (1809-1865) ehren, der am 14. April 1865 ermordet worden war.

Marmara – Das Marmara-Meer befindet sich vor den Dardanellen, die zwischen der Ägäis und dem Bosporus liegen. Es hat eine Oberfläche von 10.000 Quadratkilometern.

McKinley – Im Norden von Peary-Land auf Grönland liegt dieses Meer am Rande zum Arktischen Ozean. Es hat eine Oberfläche von 500.000 Quadratkilometern und trägt den Namen des amerikanischen Präsidenten William McKinley (1843-1901). Der höchste Berg Nordamerikas (6149 Meter) trägt ebenfalls den Namen dieses Präsidenten.

Mittelmeer – Zwischen den Küsten Nordafrikas, Kleinasiens und Südeuropas liegt dieses Meer, zu dem auch das Ionische, Tyrrhenische und das Ligurische Meer sowie die Adria gehören. Es hat eine Oberfläche von 2,9 Millionen Quadratkilometern.

Molukkensee – Zwischen Celebes, der Celebes-See, den Inseln Talaud und Sangir, der Philippinischen See und den Molukken liegt dieses Meer, das eine Oberfläche von 350.000 Quadratkilometern hat.

Nordpolarmeer – Zwischen Nordpol und den

nördlichen Regionen Europas, Asiens und Amerikas liegt dieser Ozean, der eine Oberfläche von rund 14 Millionen Quadratkilometern hat. Er ist ständig von Packeis bedeckt, das sich im Winter auf 16 und im Sommer auf neun Millionen Quadratkilometer ausdehnt.

Nordsee – Die Nordsee wird durch die Norwegische See, Großbritannien, Frankreich, Belgien, die Niederlande, Deutschland, Dänemark, das Skagerrak und Norwegen begrenzt. Es hat eine Oberfläche von 570.000 Quadratkilometern. Zahlreiche Ölfelder werden von Bohrinseln aus ausgebeutet. Am 6. März 1987 sank die Fähre „Herald of Free Enterprise" beim Auslaufen aus dem belgischen Hafen von Zeebrügge. Knapp 200 Menschen kamen dabei ums Leben.

Norwegische See – Island, die Grönland-See, Spitzbergen, die Shetland-Inseln, die Färöer und Norwegen begrenzen dieses Meer, das eine Oberfläche von 1,4 Millionen Quadratkilometern hat.

Ochotskisches Meer – Dieses Meer wird begrenzt durch die Kurilen-Inseln, Russland, die Insel Sachalin und die Halbinsel Kamtschatka. Das Gewässer wurde 1645 von russischen Seefahrern erreicht. Es trägt den Namen eines sibirischen Dorfes. Der dänische Seefahrer und Forscher Vitus Bering (1681-1741) erreichte dieses Dorf im Oktober 1726, um hier nach seiner Durchquerung Sibiriens zu überwintern. Er hatte Sankt Petersburg mit 25 Männern im Februar 1725 verlassen und erreichte sein Ziel über Tobolsk, Narym, Jenisseik, Ilimsk, Lemsk und Irkutsk. Er überquerte später das Meer und erreichte später Kamtschatka. An Bord der „Gabriel" durchquerte er am 15. August 1728 die Meerenge, die seinen Namen trägt.

Ostsee – In Nordeuropa liegt die Ostsee, die von Finnland, Schweden, Dänemark, Deutschland, Polen, Russland, Litauen, Lettland und Estland begrenzt wird. Im Winter kann die Ostsee zufrieren. Am 27. September 1994 ging die estnische Fähre „Estonia" in einem Sturm unter. Von den 964 Passagieren konnten lediglich 134 gerettet werden.

Ostsibirische See – Im Norden Ostsibiriens liegt dieses Meer, das durch den Neusibirischen Archipel und die Wrangel-Insel begrenzt wird. Es gehört zum Nordpolarmeer und hat eine Oberfläche von 800.000 Quadratkilometern.

Pazifik (Nord) – Zwischen Asien, den Aleuten-Inseln, Amerika und dem Äquator liegt dieses Meer, das eine Oberfläche von ungefähr 89 Millionen Quadratkilometern aufweist. Seine maximale Tiefe erreicht der Pazifik mit 10.915 Metern im Marianengraben. Die Wasserfläche wurde am 25. September 1513 im Golf von San Miguel durch den spanischen Forscher Vasco Nunez de Balboa (1475-1517) nach seiner Durchquerung des Isthmus von Panama entdeckt.

Pazifik (Süd) – Zwischen Australien, Südamerika, dem Äquator und dem Südpolarmeer liegt dieses Meer, das eine Oberfläche von ungefähr 89 Millionen Quadratkilometer hat. Seine maximale Tiefe erreicht er mit 10.632 Metern im Tongagraben. Die Wasserfläche wurde am 28. November 1520 vom portugiesischen Seefahrer Fernão de Magellan (1480-1521) nach der Durchquerung der nach ihm benannten Meerenge vor Südamerika entdeckt.

Petschora-Meer – Im Norden Russlands, nördlich des Polarkreises, begrenzt durch das arktische Sibirien, die Inseln Kolgujew, Waigatsch, die Meerenge Kara und Nowaja Semlja, liegt dieses Meer. Seine Oberfläche beträgt 100.000 Quadratkilometer.

Philippinische See – Im Südpazifik, westlich der Marianen-Inseln und im Osten der Philippinen liegt dieses Meer, das eine Oberfläche von 5,7 Millionen Quadratkilometern hat.

Prinz-Gustav-Meer – Im Nordpolarmeer, nördlich der Insel Borden und westlich der Insel Ellef

Ringnes liegt dieses Meer, das nach dem späteren schwedischen König Gustav VI. Adolf (1882-1973) benannt ist. Hier befindet sich auch der magnetische Nordpol.

Riiser-Larsen-Meer – In der Antarktis vor dem Queen-Maud-Land und Prinzessin-Ragnhild-Land liegt dieses Meer, das den Namen des norwegischen Kommandanten Hjalmes Riiser-Larsen trägt, der es zwischen 1930 und 1931 entdeckte.

Ross-Meer – Im Süden des Südpazifiks befindet sich dieses Meer vor der Antarktis. Es wird begrenzt durch Victoria-Land, die Ross-Insel, das Ross-Eisschelf und Mary-Byrd-Land. Es hat eine Oberfläche von 500.000 Quadratkilometern. Es trägt den Namen des britischen Seefahrers und Forschers John Ross (1777-1856), der es 1841 entdeckte.

Rotes Meer – Zwischen Afrika und dem Nahen Osten liegt dieses Meer, das durch Dschibuti, Eritrea, Sudan, Ägypten, Saudi-Arabien, Jemen und den Golf von Aden begrenzt wird. Es hat eine Oberfläche von 440.000 Quadratkilometern. Es trägt seinen Namen, weil es wegen der in ihm gedeihenden Pflanzen häufig rot erscheint. Der Abenteurer und Schriftsteller Henri de Monfreid (1879-1974) schrieb 1932 die „Geheimnisse des Roten Meeres".

Sahara – Die Wüste trägt auch den Beinamen „Großes Sandmeer", das sich über Algerien, Tschad, Mali und Mauretanien ausdehnt. Die große Wüste wird vor allem von Tuaregs durchquert. Pierre Mesmer (geb. 1916) gab folgende Definition der Wüste: „Sie ist schön, sie lügt nicht, sie ist sauber, und die Menschen, die in ihr wohnen oder sie durchqueren, haben mehr als wir die Poesie und das Lächeln verinnerlicht."

Sargasso-See – Im Nordatlantik vor der amerikanischen Küste liegt dieses Meer zwischen den Bermudas, Georgia, Florida, den Bahamas und der Dominikanischen Republik. Es hat eine Oberfläche von 4,5 Millionen Quadratkilometern. Es bekam seinen Namen wegen der dichten Algenteppiche, die auf seiner Oberfläche treiben.

Schwarzes Meer – Zwischen Europa und Asien liegt das Schwarze Meer, das durch die Ukraine, Rumänien, Bulgarien, Türkei, Georgien und Russland begrenzt ist. Es hat eine Oberfläche von 420.000 Quadratkilometern.

Scotia-See – Im Süden des Südatlantiks liegt dieses Meer, das durch die Drake-Straße, die Falkland-Inseln, Südgeorgien und die Süd-Sandwich-Inseln begrenzt wird. Es hat eine Oberfläche von 1,4 Millionen Quadratkilometern und trägt den Namen des Schiffes „Scotia", das der schottische Seefahrer William Bruce (1867-1921) kommandierte und mit dem er diese Gewässer zwischen 1902 und 903 befuhr.

Südpolarmeer – Der Ozean umspült die gesamte Antarktis, nur durch das winterliche Packeis begrenzt.

Sulusee – Im Südwesten der Philippinen und im Norden Borneos liegt dieses Meer, das eine Oberfläche von 250.000 Quadratkilometern hat.

Tasman-See – Begrenzt durch Australien, die Korallensee und von Neuseeland liegt dieses Meer, das eine Oberfläche von 3,5 Millionen Quadratkilometern erreicht. Es trägt den Namen des holländischen Seefahrers (1603-1659), der Tasmanien und Neuseeland 1642 und 1643 entdeckte.

Timorsee – Zwischen Nordaustralien und der Insel Timor liegt dieses Meer, das eine Oberfläche von 450.000 Quadratkilometern hat.

Totes Meer – Israel und Jordanien teilen sich dieses Gewässer, das an der Ghor-Depression 400 Meter unter dem Meeresspiegel liegt und damit den tiefsten Punkt auf der Erde markiert. Es hat eine Oberfläche von 1015 Quadratkilometern.

Tschuktschkische See – Das Meer im Norden der Beringstraße wird durch Alaska und die Tschuktschkische Halbinsel begrenzt. Es hat eine Oberfläche von 580.000 Quadratkilometern.

Tyrrhenisches Meer – Im Mittelmeer, begrenzt durch Italien, Sizilien, Sardinien und Korsika liegt dieses Meer. Es hat eine Oberfläche von 250.000 Quadratkilometern.

Uyuni – Dieses Gewässer liegt in Bolivien auf einer Höhe von 3653 Metern und hat eine Oberfläche von 10.000 Quadratkilometern. Auf den Pescado-Inseln wachsen Riesen-Kakteen.

Wandel – Vor der nordöstlichen Küste Grönlands liegt diese Meer im Nordpolarmeer. Es hat eine Oberfläche von 250.000 Quadratkilometern.

Weddell-See – Im Süden des Südatlantiks liegt dieses Meer, das durch die Süd-Orkneys, die Antarktische Halbinsel, das Ronne-Packeisfeld und Coats-Land in der Antarktis begrenzt wird. Es trägt den Namen des Seefahrers und Forschers James Wedell (1787-1834), der 1823 mit seinen Schiffen „Jane" und „Beaufroy" die Süd-Shetland-Inseln und die Süd-Orkneys entdeckte.

Weißes Meer – Vor dem nördlichen Sibirien liegt das Meer, das durch die Halbinseln Kola, Kanin und die Barentssee begrenzt wird. Seine Oberfläche beträgt 95.000 Quadratkilometer. Im Winter bedecken Packeis und Schnee das Meer – daher sein Name. Es wurde vor allem vom britischen Seefahrer Hugh Willoghby (1500-1554), der auf der Halbinsel Kola starb, erforscht.

Die Meerengen

Meerengen sind die Bindeglieder zwischen den Ozeanen, die zumeist die Namen der großen Seefahrer tragen, die sie bei ihren Fahrten entdeckten.

Die angegebene Breite bezieht sich immer auf die geringste Breite. Die Meerengen sind mitunter so schmal, dass sie sich zu echten Engpässen entwickeln können, durch die starke Winde toben können.

Admiralitätsfjord – Im Norden der Insel Baffin liegt dieser Fjord am Ende der Lancaster-Meerenge. Nach dem Scoresby-Fjord ist das der zweitgrößte Fjord der Welt.

Bab el Mandeb – Die 15 Kilometer breite Meerenge trennt Dschibuti und Eritrea vom Jemen und verbindet das Rote Meer und den Indischen Ozean. Dies ist einer der strategisch wichtigsten Punkte der Welt, weil hier alle Schiffe, die den Sues-Kanal passieren, vorbeifahren.

Ballantyne – Im hohen Norden Kanadas liegt diese Meerenge, die die Insel Prinz Patrick von der Insel Brock trennt. Sie trägt den Namen des Abenteurers Robert Ballantyne (1825-1894), der zwischen 1841 und 1847 den Norden Kanadas erforschte.

Banks – Die 16 Kilometer breite Meerenge trennt Tasmanien von der Insel Flinders und verbindet den Indischen Ozean mit der Tasmanischen See. Sie trägt den Namen des britischen Naturforschers Sir Joseph Banks (1734-1820), der seinen Landsmann James Cook (1728-1779) auf dessen erster Weltumsegelung von 1768 bis 1772 begleitete.

Barrow – Die 32 Kilometer breite Meerenge trennt die Inseln Cornwallis und Somerset im seit dem 1. April 1999 autonomen Gebiet Nunavut im hohen Norden Kanadas. In dieser Meerenge herrschen starke Strömungen, und das Packeis treibt das ganze Jahr über auf dem Wasser. Sie trägt den Namen des britischen Geografen John Barrow (1764-1848), der 1830 die Royal Society gründete und zwischen 1804 und 1845 als Sekretär der Admiralität amtierte.

Bass – Zwischen Australien und Tasmanien liegt diese Meerenge, die eine Breite von 150 Kilometern aufweist. Sie verbindet den Indischen Ozean mit der Tasmanischen See. Sie trägt den Namen des britischen Seefahrers George Bass (1771-1812), der sie 1797 zusammen mit seinem Landsmann Matthew Flinders (1774-1814) entdeckte.

Baumann – An der Küste der Insel Ellesmere befindet sich dieser Fjord im seit dem 1. April 1999 autonomen Gebiet Nunavut im hohen Norden Kanadas. Er trägt den Namen des norwegischen Maates Baumann, der an der Expedition des norwegischen Seefahrers Otto Sverdrup (1854-1920) teilnahm. Zwischen 1898 und 1902 überwinterten die Männer in dieser Region. Der Fjord ist umgeben von drei Halbinseln, die ebenfalls Namen von drei Seeleuten der Sverdrup-Expedition tragen: Björn im Südosten, Raanes im Norden und Swendsen im Osten.

Beagle – Diese Meerenge trennt, nicht weit von Kap Hoorn entfernt, den argentinischen Teil von Feuerland von der chilenischen Insel Navarino. Sie trägt den Namen des Schiffes, mit dem der britische Seefahrer Robert Fitzroy (1805-1865) und der Naturforscher Charles Darwin (1809-1892) zwischen 1831 und 1836 die Welt umrundeten.

Belcher – Der 16 Kilometer lange Belcher-Kanal trennt die Inseln Devon und Amund Ringnes im seit dem 1. April 1999 autonomen Gebiet Nunavut im hohen Norden Kanadas. Er trägt den Namen des britischen Seefahrers Edward Belcher (1799-1877), der zwischen 1852 und 1854 diese Gewässer befuhr, als er nach dem verschollenen Sir John Franklin (1786-1847) suchte.

Belle-Isle – 20 Kilometer breit ist diese Meerenge, die Labrador und Neufundland trennt und den Sankt-Lorenz-Golf mit dem Atlantik verbindet. Sie wurde um 1000 vom Wikinger Leif Erikson, Sohn des berühmten Erik der Rote, entdeckt. Am 10. Juni 1534 wurde sie zunächst vom französischen Seefahrer Jacques Cartier (1494-1557) ein zweites Mal entdeckt und am 21. August 1534 von ihm durchquert. Die Meerenge trägt den Namen einer französischen Insel im Süden von Quiberon.

Bellot – Die zwei Kilometer breite Meerenge trennt die Insel Somerset von der Halbinsel Boothia am nördlichsten Punkt Nordamerikas. Sie verbindet die Franklin-Meerenge mit dem Franklin-Golf. Sie trägt den Namen des französischen Fähnrichs Joseph René Bellot (1826-1853), der sie am 31. Mai 1851 während einer Ausfahrt mit Hundeschlitten entdeckte. Bellot gehörte zur Mannschaft der vom britischen Seefahrer William Kennedy geleiteten Suchexpedition nach Sir John Franklin. Bellot kam während einer weiteren Expedition mit dem britischen Seefahrer Edward Inglefield (1820-1894) in der Nähe von Kap Bowden bei der Insel Devon ums Leben. Auch Inglefield suchte nach dem verschollenen Franklin.

Belt (Großer) – Zwischen den dänischen Inseln Fünen und Seeland liegt diese 20 Kilometer breite Meerenge. Die Insel Sprogö liegt in der Mitte des Seewegs, der seit 1997 von einer Tunnel-Brücken-Kombination für Eisenbahn und Autoverkehr gequert wird. Zwei jeweils 7,4 Kilometer lange Eisenbahntunnel unterqueren das Gewässer, während eine sieben Kilometer lange Hängebrücke – die längste der Welt – es überspannt. Sie hat eine Spannweite von 1624 Metern. Die Brückenelemente hängen an zwei jeweils 260 Meter hohen Pylonen, die Fahrbahn verläuft 65 Meter über dem Meeresspiegel, sodass auch die größten Schiffe keine Probleme haben, die Brücke zu passieren. Der westliche Teil der Brückenkonstruktion hat eine Länge von sechs Kilometern und ist damit die längste Europas. Sie besteht aus zwei parallel verlaufenden Brücken für den Straßen- und Eisenbahnverkehr. Sie haben eine Breite von 24 beziehungsweise zwölf Metern und eine Höhe von 18 Metern. Der Bau der gesamten Verbindung verschlang drei Milliarden Euro. Nach einer Klage vor dem Europäischen Gerichtshof musste sich Dänemark verpflichten, wegen der neuen Regeln beim Seeverkehr im Verlauf der Brücken zwölf Millionen Euro an Finnland zu zahlen.

Belt (Kleiner) – Die 1,5 Kilometer schmale Meerenge liegt zwischen der dänischen Insel Fünen und Jütland. Sie wird von einer Brücke für den Eisenbahn- und Autoverkehr überspannt.

Bering – Diese 90 Kilometer breite Meerenge trennt Russland von Alaska und verbindet den Arktischen Ozean mit der Beringsee. In ihrer Mitte liegen zwei Inseln an der jeweils anderen Seite der internationalen Datumsgrenze: die russische unbewohnte Insel Great Diomede und die bewohnte amerikanische Little Diomede. Die Meerenge trägt den Namen des dänischen Seefahrer Vitus Bering (1681-1741), der sie mit der „Gabriel" am Sonntag, 15. August 1728 erreichte. Zuvor hatte sie bereits der russische Seefahrer Semjon Dejnew (1608-1672) im Jahr 1648 von Norden kommend entdeckt. Bering starb auf der nach ihm benannten Insel an Skorbut. Gegenüber der Bucht von Providenija wurde später ein Denkmal zu seinen Ehren errichtet. Am 20. Juli 1879 gelang dem schwedischen Seefahrer Adolf Erik Nordenskjöld (1832-1901) die Durchquerung der Nordostpassage. Er hatte den norwegischen Hafen Tromsö exakt ein Jahr zuvor verlassen. Am 20. August 1906 passierte die vom Norweger Roald Amundsen (1872-1928) kommandierte „Gjoa" die Meerenge. Amundsen hatte drei Jahre lang versucht, die Nordostpassage zu durchfahren. Dem Franzosen Arnaud de Rosnay (1946-1984) gelang die Durchquerung der Beringstraße auf einem Surfbrett.

Bismarck – In der Nähe der Antarktis liegt diese Meerenge, die vom deutschen Seefahrer Eduard Dallmann nach dem deutschen Reichskanzler Otto von Bismarck (1815-1898) benannt wurde.

Bligh – Der Bligh-Kanal gehört zur Torres-Straße zwischen Australien und Neuguinea. Er trägt den Namen des britischen Kapitäns William Bligh (1754-1817), der Opfer der berühmten Meuterei auf der „Bounty" am 28. April 1789 wurde. Es gelang ihm, ein neun Meter langes Beiboot mit 18 Mann an Bord durch den nach ihm benannten Kanal nach Timor zu navigieren, wo er am 14. Juni 1789 eintraf.

Bonifacio – Die 15 Kilometer breite Meerenge trennt die Inseln Korsika und Sardinien und verbindet das Tyrrhenische mit dem Mittelmeer. Sie trägt den Namen der im Norden gelegenen korsischen Stadt.

Bornholm – In der Ostsee liegt diese 40 Kilometer breite Meerenge, die die gleichnamige Insel und Schweden trennt.

Bosporus – Die 800 Meter breite und 27 Kilometer lange Meerenge trennt den europäischen und asiatischen Teil der Türkei. Sie verbindet das Schwarze mit dem Marmara-Meer.

Bougainville – Die 20 Kilometer breite Meerenge trennt die Inseln Waigeo und Kawa und verbittet die Ceram-See mit dem Pazifik. Sie trägt den Namen des französischen Seefahrers Louis Antoine de Bougainville (1729-1811).

Bougainville – Zwischen den Inseln Bougainville und Choiseul liegt diese 50 Kilometer breite Meerenge, die die Korallensse mit dem Pazifik verbindet. Sie trägt den Namen des französischen Seefahrers Louis Antoine de Bougainville (1729-1811).

Bransfield – Nahe bei der Antarktis liegt die Meerenge, die nach dem britischen Seefahrer Edward Bransfield (1795-1852) benannt ist, dem zwischen 1819 und 1820 zusammen mit seinem Landsmann William Smith (1764-1840) die Umrundung der Antarktis gelang. Der deutsche Seefahrer Karl Koldewey (1837-1908) führte hier 1874 physikalische Experimente durch.

Cabot – Die 100 Kilometer breite Meerenge trennt die kanadischen Inseln Neufundland und Cap-Breton und verbindet die Sankt-Lorenz-Bucht mit dem Atlantik. Sie trägt den Namen des genuesischen Seefahrers Giovanni Cabot (1450-1499), der sie 1497 entdeckte. Cabot hatte am 5. März 1496 vom britischen König Heinrich VII. das Patent für seine Entdeckungsfahrt in Richtung Westen erhalten. Am 20. Mai 1497 hatte er Bristol mit der „Matthew" verlassen. Nachdem er Kap Breton am 14. Juni 1497 erreicht hatte, fuhr er noch entlang der Küste Neufundlands bis nach Kap Bauld. Er kehrte am 6. August 1497 nach Bristol zurück. 1498 brach er mit fünf Schiffen zu einer weiteren Entdeckungsfahrt auf, von der er nicht zurückkehrte.

Cartier – Die 35 Kilometer breite Meerenge trennt Québec von der Insel Anticosti. Sie trägt den Namen des französischen Seefahrers Jacques Cartier (1494-1557), der sie 1534 entdeckte.

Cheju – Zwischen der gleichnamigen Insel und Südkorea liegt diese 50 Kilometer breite Meerenge, die das Gelbe Meer mit der Meerenge von Korea verbindet.

Chichester – Der Chichester-Kanal liegt vor der britischen Insel Wight und erlaubt den Zugang zum gleichnamigen Hafen, der Platz für 8000 Boote bietet. Der Kanal wurde zu Ehren des britischen Seefahrers Sir Francis Chichester (1891-1972) benannt.

Cook – Die 20 Kilometer breite Meerenge trennt die neuseeländischen Nord- und Südinsel. Sie trägt den Namen des britischen Seefahrers James Cook (1728-1779), der Neuseeland am 7. September 1769 bei seiner ersten Weltumsegelung entdeckte.

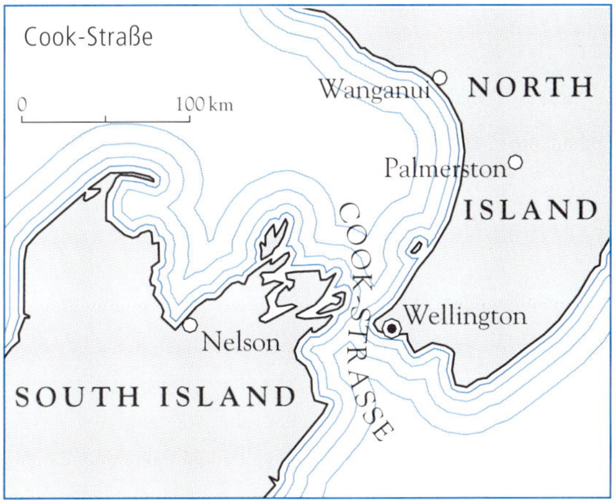

Crozier – Im hohen Norden Kanadas liegt diese Meerenge zwischen den Inseln Prinz Patrick und Eglington. Sie trägt den Namen des Polarforschers Francis Crozier (1796-1848), der auf der „Terror" den britischen Seefahrer Sir John Franklin (1786-1847), Kommandant der „Erebus", bei der Suche nach der Nordwestpassage begleitete. Beide Kommandanten verschwanden zusammen mit ihren Besatzungen. Fast 20 Expeditionen wurden organisiert, um nach ihnen zu suchen.

Dampier – Die 25 Kilometer breite Meerenge trennt die Insel Rooke von New Britain in Papua-Neuguinea. Sie trägt den Namen des britischen Seefahrers William Dampier (1652-1715). Der französische Seefahrer Antoine d'Entrecasteaux (1737-1793), Kommandant der „La Recherche" und „L'Espérance", durchquerte sie einige Tage vor seinem Tod.

Dampier – Zwischen Irian Jaya und der Insel Waigeo liegt diese 55 Kilometer breite Meerenge, die den Namen des britischen Seefahrers William Dampier (1652-1715) trägt.

Dänemark – 450 Kilometer misst die Meerenge, die zwischen Grönland und Island liegt. Sie verbindet die Grönland-See mit dem Atlantik. Sie trägt den Namen des Königreichs Dänemark, das Grönland von 1721 an besiedelte. Die Meerenge wurde 980 vom Wikinger Erik der Rote durchquert.

Dardanellen – Die 1500 Meter breite Meerenge trennt den europäischen und asiatischen Teil der Türkei und verbindet das Marmara-Meer mit der Ägäis. Sie spielte im Trojanischen Krieg wie im Ersten Weltkrieg eine wichtige Rolle. Am 18. März 1915 kam es hier zu einer Seeschlacht zwischen britischen, von Admiral Robeck kommandierten, und französischen, von Admiral Guépattre geführten Einheiten gegen deutsche Truppen, die unter dem Kommando von Admiral Schemenlik standen. Der britische Dichter Rupert Brooke (1887-1915), den das Gedicht „Der Soldat" berühmt gemacht hatte, kam in der Schlacht ums Leben. Er hatte bereits einige Reisen in Europa, Nordamerika und im Pazifik unternommen, wo er vor allem Samoa, Fidschi und Neuseeland besuchte.

Davis – Zwischen Grönland und der Insel Baffin liegt die 340 Kilometer breite Meerenge, die die Baffin-Bucht mit der Labradorsee verbindet. Sie hat eine Oberfläche von einer Million Quadratkilometern. Sie wurde nach dem britischen Seefahrer John Davis (1550-1605) benannt, der sie auf der Suche nach der Nordwestpassage zwischen 1585 und 1588 durchquerte. Die Meerenge wurde danach 1615 von seinen Landsleuten Robert Bylot (gest. 1616) und William Baffin (1584-1622) durchfahren.

Dease – Im hohen Norden Kanadas liegt die 30 Kilometer breite Meerenge, die die Insel Victoria von der Halbinsel Kent trennt. Sie verbindet den Coronation-Golf mit dem Queen-Mary-Golf. Sie wurde nach dem kanadischen Forscher Peter Dease (1788-1863) benannt, der 1825 und 1827 den britischen Polarforscher Sir John Franklin (1786-1847) bei seinen Expeditionen entlang der Nordküste Kanadas begleitete. Zwischen 1837 und 1839 leitete er in Begleitung des schottischen Polarforschers Thomas Simpson (1808-1840) eigene Expeditionen.

Dimitri-Laptew – Die 35 Kilometer breite Meerenge trennt die Liatschow-Inseln vom russischen Festland und verbindet die Laptewsee mit dem Sibirischen Meer. Sie wurde zu Ehren des russischen Seefahrers Dimitri Laptew benannt, der sie zwischen 1736 und 1742 entdeckte, als er mit seinem Bruder Chariton diese Gewässer durchquerte.

Dixon – Die 80 Kilometer breite Meerenge trennt die Prince-of-Wales-Insel von den Queen-Charlotte-Inseln und verbindet die Hecate-Meerenge mit dem Pazifik. Sie trägt den Namen des britischen Seefahrers George Dixon (1755-1800).

Dominica – Der Dominica-Kanal liegt zwischen den Inseln Dominica und Martinique und verbindet den Atlantik mit der Karibik.

Dragon – Zwischen Trinidad und der Halbinsel Paria liegt diese Meerenge. Kolumbus (1451-1506) gab ihr den Namen am Tag ihrer Entdeckung am 4. August 1498. Am Tag darauf war er der erste Europäer, der auf Höhe der Halbinsel Paria den südamerikanischen Kontinent erblickte. Pedro de Terreros, einer seiner Leutnants, wurde der erste Europäer, der einen Fuß auf den neuen Kontinent setzte.

Drake – Die 1000 Kilometer breite Drake-Passage liegt zwischen Feuerland und den Süd-Shetland-Inseln. Sie trägt den Namen des britischen Seefahrers und Freibeuters Sir Francis Drake (1541-1596), der einmal erklärt hat: „Es gibt im Süden kein weiteres Land oder eine Insel. Der Atlantik und die Südsee vereinen sich zu einer endlosen und freien Fläche."

Endeavour – Die Meerenge trennt die australische Insel Horn von Kap York, dem nördlichsten Punkt Australiens. Sie liegt im südlichen Teil der Torresstraße, die die Korallensee mit der Arafurasee verbindet. Sie wurde vom britischen Seefahrer James Cook (1728-1779) nach seinem Schiff „Endeavour" benannt, als er sie am 22. August 1770 bei seiner ersten Weltumrundung durchquerte. Später nahm er das Gebiet südlich von Kap York offiziell in Besitz.

Entrecasteaux – Der drei Kilometer breite Entrecasteaux-Kanal liegt südöstlich von Tasmanien zwischen der Hauptinsel und der Insel Bruny. Er trägt den Namen des französischen Seefahrers Antoine d'Entrecasteaux (1737-1793), der sie entdeckte und zwischen dem 16. und 28. Mai 1792 zusammen mit Jean-Michel Huon de Kermadec (1748-1793) während ihre Suche nach dem verschollenen Jean-François de La Pérouse (1741-1788) erforschte.

Eureka – Die fünf Kilometer breite Meerenge trennt die Inseln Ellesmere und Axel Heiberg im autonomen Gebiet Nunavut. Der Name bedeutet „Ich habe es gefunden". Das rief der norwegische Polarforscher Otto Sverdrup (1854-1920), als er im Jahr 1900 Eisberge entdeckte, die durch die Meerenge trieben. Er schloss daraus, dass es sich um eine Meerenge handeln musste. 1902 während seiner vierten Überwinterung auf der „Fram" im Norden des Goose-Fjord (76° 38'N und 88° 30'W) bestätigte er seine Theorie indem, er zusammen mit seinem Begleiter Schei zunächst die Eureka-Meerenge und dann die Nansen-Meerenge durchquerte und dabei 81° 40'N und 92° 45'W) auf Höhe des nordwestlichen Endes der Inseln Ellesmere erreichte. Am Zusammentreffen der beiden Meerengen befindet sich die Wetterstation Eureka, wo im Winter eine Durchschnittstemperatur von minus 52 Grad herrscht.

Falkland – Die vier Kilometer breite Meerenge trennt die Inseln West und East Falkland. Sie wurde am Mittwoch, 29. Januar 1690 von John Strong nach Anthony Carey, fünfter Viscount of Fakland (1656-1694) benannt, der von 1681 bis 1689 als Schatzmeister und von 1693 bis 1694 als First Lord der Admiralität amtierte.

Florida – Zwischen Kuba und Florida liegt die 130 Kilometer breite Meerenge, die den Golf von Mexiko mit dem Atlantik verbindet.

Formosa – Die 150 Kilometer breite Meerenge trennt Taiwan vom chinesischen Festland und verbindet das Ost- und das Südchinesische Meer. Der französische Windsurfer Arnaud de Rosnay (1946-1984) ist in diesen Gewässern seit dem 21. November 1984 verschollen.

Foveaux – Die 30 Kilometer breite Meerenge liegt zwischen der Südinsel Neuseelands und der Insel Stewart. Der britische Seefahrer James Cook (1728-1779) erblickte sie als erster Europäer am 11. März 1770 bei seiner Umrundung Neuseelands. Sein Landsmann Owen Smith durchquerte sie 1804 und gab ihr seinen Namen. Schließlich wurde sie nach dem britischen Gouverneur von Neusüdwales auf Australien, Joseph Foveaux (1765-1846), benannt.

Foxe – Zwischen den Inseln Southampton und Baffin im seit dem 1. April 1999 autonomen Gebiet Nunavut im hohen Norden Kanadas liegt die 145 Kilometer breite Meerenge, die den Namen des britischen Seefahrers Luke Foxe (1586-1635) trägt, der 1631 die Hudson-Bucht erforschte. Bei dieser Expedition erreichte er die nördliche Breite 67°N.

Franklin – Nördlich von Tasmanien zwischen der Insel Flinders und Kap Barren liegt diese Meerenge. Sie wurde nach dem britischen Seefahrer und Polarforscher Sir John Franklin (1786-1847) benannt, der zwischen 1836 und 1843 als Gouverneur von Tasmanien amtierte. Bei seiner Suche nach der Nordwestpassage kam er 1847 ums Leben.

Franklin – Die 32 Kilometer breite Meerenge trennt die Prince-of-Wales-Insel von der Halbinsel Boothia im seit dem 1. April autonomen Gebiet Nunavut im hohen Norden Kanadas. Sie wurde nach dem britischen Seefahrer und Polarforscher Sir John Franklin (1786-1847) benannt, der bei der Suche nach der Nordwestpassage 1847 ums Leben kam. Er hatte die beiden von James Clark Ross (1777-1856) in der Antarktis benutzten Schiffe „Erebus“ und „Terror“ eingesetzt. Die Mannschaften brachen unter dem Kommando des neuen Kapitäns James Fitzjames am 26. April 1848 auf, um den „großen Fluss mit Fischen“ zu suchen, den sie aber nie erreichten. Mehrere Expeditionen wurden ausgesandt, um sie zu finden: James Clark Ross mit der „Enterprise“ und der „Investigator“ 1848 und 1849, James Saunders mit der „North Star“ 1849 und 1850; John Ross mit der „Felix“ 1850 und 1851; Robert John McClure mit der „Investigator“ 1850 bis 1854; Joseph René Bellot mit der „Prince Albert“ 1851 und 1852; Edward Belcher mit fünf Schiffen 1852 bis 1854; Elisha Kent Kane mit der „Advance“ 1853 bis 1855; Francis Leopold McClintock mit der „Fox“ 1857 bis 1859; Charles Francis Hall mit der „Polaris“ 1860 bis 1863, 1864 bis 1869 und 1871 bis 1873.

Fury and Hecla – Im seit dem 1. April autonomen Gebiet Nunavut im hohen Norden Kanadas liegt diese Meerenge, die die Halbinsel Melville von der Insel Baffin trennt und das Foxe-Bassin mit dem Golf von Boothia verbindet. Sie trägt den Namen der beiden Schiffe „Fury“ und „Hecla“ der vom britischen Polarforscher William Edward Parry (1790-1855) geleiteten Expedition. Als Ort für die Überwinterung wählte Parry die Insel Igloolik. Bei seiner zweiten Expedition von 1824 bis 1825 erlitt die „Fury“ vor der Insel Somerset Schiffbruch, sodass beide Mannschaften auf der „Hecla“ die Rückreise antreten mussten.

Georg VI. – Die 25 Kilometer breite Meerenge trennt die Insel Alexander von der Antarktischen Halbinsel. Sie trägt den Namen des britischen Königs Georg VI. (1895-1952).

Gerlache – Zwischen der Halbinsel Graham in der Antarktis und den Inseln Liège, Brabant und Anvers liegt diese Meerenge. Sie wurde nach dem belgischen Seefahrer Adrien de Gerlache (1866-1934) benannt, der sie im Februar 1898 mit der „Belgica“ erforschte. Er ging rund 20 Mal an Land. Sein Schiff war anschließend am 10. März in der Bellingshausen-See durch das Packeis blockiert. Ein Jahr lang trieb er bis zum 14. März 1899 zwischen 69° 30’S und 71° 40’S und 80° 30’W und 102° 15’W.

Gibraltar – Die 14 Kilometer breite Meerenge trennt Spanien und Marokko und damit zugleich Europa und Afrika. Sie verbindet das Mittelmeer mit den Atlantik. Sie trägt den Namen der britischen Kronkolonie. Der französische Windsurfer Arnaud de Rosnay (1949-1984) durchquerte sie am 12. November 1983 in beide Richtungen.

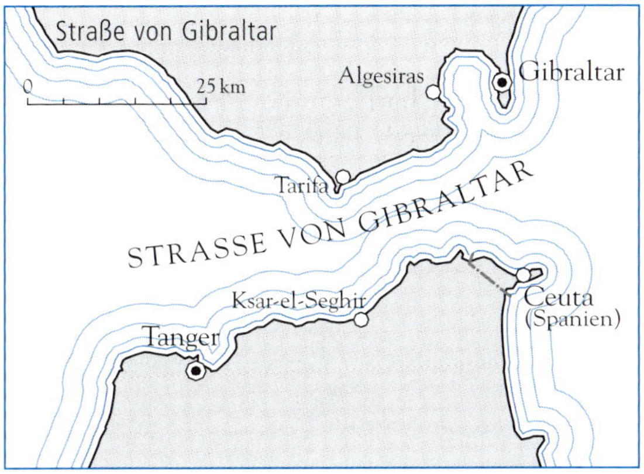

Hainan – Zwischen dem chinesischen Festland und der Insel Hainan liegt diese 20 Kilometer breite Meerenge. Sie verbindet den Golf von Tonkin mit dem Südchinesischen Meer. 1549 überquerte sie der spanische Jesuit Franco Xavier (1506-1552) auf dem Weg von Goa nach Japan.

Hassel – Die 40 Kilometer breite Meerenge trennt die Inseln Ellef Ringnes und Amund Ringnes im seit dem 1. April 1999 autonomen Gebiet Nunavut im hohen Norden Kanadas. Sie wurde nach dem norwegischen Polarforscher Svere Hassel (gest. 1928) benannt, der sie 1902 zusammen mit seinem Landsmann Otto Sverdrup (1854-1930) bei einer Arktisexpedition vom 27. Juni 1898 bis 18. September 1902 entdeckte.

Hazen – Zwischen den Inseln MacKenzie King und Melville liegt die 50 Kilometer breite Meerenge im seit dem 1. April 1999 autonomen Gebiet Nunavut im hohen Norden Kanadas. Sie trägt den Namen des amerikanischen Generals William Hazen (1830-1887), der die Polarexpedition seines Landsmannes Adolph Washington Greely (1844-1935) organisierte, die zwischen 1881 und 1884 stattfand. Von den 25 Männern, die in Richtung Grönland und in weiter nördlich gelegene Gebiete aufgebrochen waren, überlebten nur sieben, die in einem erbärmlichen Zustand am Kap Sabine der Insel Pim aufgefunden wurden.

Hecate – Die 100 Kilometer breite Meerenge trennt Kanada von den Queen-Charlotte-Inseln.

Honguedo – Die 80 Kilometer breite Meerenge trennt die Insel Anticosti von der Gaspé-Halbinsel in Kanada.

Hormus – Die 55 Kilometer breite Meerenge liegt zwischen Iran und dem Sultanat Oman. Sie verbindet den Persischen Golf mit dem Indischen Ozean. Sie trägt den Namen der im Norden gelegenen Stadt Hormus. Dies ist eine der strategisch wichtigsten Stellen der Welt, weil hier jeden Tag zahlreiche Öltanker durchfahren. Der kretische Seefahrer Nearkos, der zur Flotte von Alexander dem Großen gehörte, entdeckte sie im Jahr 325 vor Christus während seiner Fahrt, die ihn bis an die Mündung des Indus führen sollte.

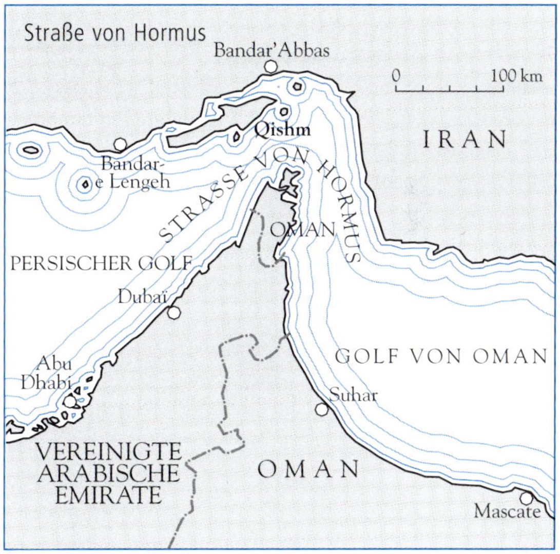

Hudson – Zwischen Baffin-Land und der Halbinsel Ungava liegt die 115 Kilometer breite Meerenge vor der kanadischen Küste. Sie wurde nach dem britischen Seefahrer Henry Hudson (1550-1611) benannt, der sie 1609 mit der „Half Moon" entdeckte und ein Jahr später mit der „Discovery" zurückkehrte, um die Bucht, die seinen Namen trägt, zu erforschen. Er starb nach einer Meuterei seiner Mannschaft zusammen mit seinem 13 Jahre alten Sohn und sieben Seeleuten in einem Beiboot ohne Lebensmittel. In dieser Meerenge erreichen die Gezeiten mit zwölf Metern den größten Tidenhub der Welt.

Investigator – Die Meerenge zwischen der Känguru-Insel und Kap Spencer in Australien verbindet den Indischen Ozean mit dem St.-Vincent-Golf, an dessen Ufer sich die Stadt Adelaide befindet. Sie trägt den Namen des Schiffes „Investigator" des britischen Seefahrers Matthew Flinders (1774-1814), der sie während seiner Umsegelung Australiens 1802 durchquerte.

Johnstone – Im Westen Kanadas liegt die Meerenge, die Kanada von der Insel Vancouver trennt. Sie ist berühmt für die zahlreichen Seehunde und Killerwale sowie die üppige Meeresfauna.

Jones – 30 Kilometer Breite misst die Meerenge zwischen den Inseln Devon und Ellesmere im seit dem 1. April 1999 autonomen Gebiet Nunavut im hohen Norden Kanadas. Sie wurde 1616 vom britischen Seefahrer William Baffin (1584-1622) entdeckt.

Kara – Die 40 Kilometer breite Meerenge trennt Sibirien von den Inseln Nowaja Semlja und Waigatsch.

Karimata – Zwischen Borneo und der Insel Billiton liegt die 200 Kilometer breite Meerenge.

Kattegat – Die 70 Kilometer breite Meerenge liegt zwischen Schweden und Dänemark. Sie verbindet Nord- und Ostsee.

Kellet – Im hohen Norden Kanadas trennt die Meerenge die Inseln Melville und Prince Patrick. Sie wurde 1853 vom britischen Seefahrer Francis Leopold McClintock (1819-1907), Kommandant der „Intrepid", zu Ehren seines Landsmannes Henry Kellet (1806-1871), Kommandant der „Resolute", benannt. Die Schiffe gehörten zu der von Edward Belcher (1799-1877) geleiteten Suchexpedition nach dem verschollenen Sir John Franklin (1786-1847). Von den sieben Schiffen der Expedition kehrten lediglich die „Enterprise" von Richard Collins und die „North Star" von William Pullen nach Großbritannien zurück. Die anderen mussten aufgegeben werden oder erlitten Schiffbruch: die „Assistance" von Edward Belcher (1799-1877); die „Resolute" von Henry Kellet; die „Pioneer" von Sherard Osborn; die „Intrepid" von Francis McClintock und die „Investigator von Robert John McClure (1807-1873). Edward Belcher musste sich vor einem Seegericht für die hohen Verluste verantworten, wurde aber angesichts der Entdeckungen und der wissenschaftlichen Erkenntnisse freigesprochen.

Kennedy – Die 26 Kilometer breite Kennedy-Passage liegt zwischen Grönland und der Insel Ellesmere. Sie verbindet die Lincoln-See und das Nordpolarmeer durch die Baffin-Bucht und den Robeson-Kanal sowie die Smith-Meerenge. Sie trägt den Namen des britischen Polarforschers William Kennedy, der zwischen 1851 und 1852 nach dem verschollenen Sir John Franklin (1786-1847) suchte.

Korea – Die 140 Kilometer breite Meerenge trennt Japan und Südkorea und verbindet das Japanische mit dem Ostchinesischen Meer. Die beiden japanischen Tshushima-Inseln teilen die Meerenge in zwei Hälften. Die Meerenge trägt den Namen der nordöstlich gelegenen Halbinsel.

Korinth – Der 25 Meter breite und sechs Kilometer lange Kanal hat eine Tiefe von 80 Metern und verbindet den Golf von Korinth mit dem Golf von Ägina. Er trägt den Namen der südlich gelegenen griechischen Stadt Korinth.

Korsika – Die 90 Kilometer breite Meerenge trennt Korsika von Italien. Sie verbindet das Ligurische mit dem Tyrrhenischen Meer. Die Insel Elba und der Toskanische Archipel befinden sich in ihrer Mitte. Die Meerenge trägt den Namen der westlich gelegenen französischen Insel.

Kurilen – Die 30 Kilometer breite Meerenge trennt die Halbinsel Kamtschatka von der Insel Paramouchir. Sie verbindet das Ochotskische Meer mit dem Pazifik. Sie trägt den Namen des nördlich von Paramouchir gelegenen Archipels.

Lancaster – Die 60 Kilometer breite Meerenge liegt in dem seit 1. April 1999 autonomen Gebiet Nunavut im hohen Norden Kanadas zwischen den Inseln Devon und Baffin und verbindet das Nordpolarmeer durch die Meerengen McClure, Melville und Barrow mit der Baffin-Bucht. Sie wurde 1616 von ihrem Entdecker William Baffin (1584-1622) nach dem britischen Seefahrer Sir James Lancaster (1555-1618) benannt. Lancaster hatte zwischen 1591 und 1594 den Indischen Ozean und den Pazifik durchquert, bevor er sich der Nordwestpassage zuwandte.

La Pérouse – Die 30 Kilometer breite Meerenge liegt zwischen den Inseln Hokkaido und Sachalin. Sie trägt den Namen des französischen Seefahrers Jean-François de Galoup, Comte de La Pérouse (1741-1788), der sie am 2. August 1787 durchquerte. Sie wurde am 31. Juli 1984 von dem französischen Windsurfer Arnaud de Rosnay (1946-1984) durchquert.

Le Maire – Zwischen Feuerland und den State Islands liegt die 30 Kilometer breite Meerenge, die nach dem holländischen Seefahrer Jacob Le Maire (1585-1617) benannt wurde, der sie am 24. Januar 1616 entdeckte, nachdem er zusammen mit seinem Landsmann Willem de Schouten (1599-1629) als Erster Kap Hoorn umrundet hatte. Sie liegt am Schnittpunkt von Atlantik und Pazifik.

Long – Zwischen Russland und der Insel Wrangell liegt die 110 Kilometer breite Meerenge. Sie trägt den Namen des amerikanischen Seefahrers George de Long (1844-1881), der 1879 die Insel Wrangell erforschte und nach dem Verlust seines Schiffes „Jeannette“ mit zwei Dritteln seiner Mannschaft ums Leben kam.

Luzon – Zwischen Taiwan und der philippinischen Insel Luzon liegt die 430 Kilometer breite Meerenge. Sie verbindet das Südchinesische Meer mit der Philippinen-See.

Macassar – Die 140 Kilometer breite Meerenge liegt zwischen Borneo und Celebes. Sie verbindet die Celebes- mit der Java-See.

Maclean – Zwischen den Inseln Ellef Ringnes und Bathurst liegt diese 60 Kilometer breite Meerenge im seit dem 1. April 1999 autonomen Gebiet Nunavut im hohen Norden Kanadas. Sie trägt den Namen des britischen Seefahrers Maclean.

McClintock – Die 120 Kilometer breite Meerenge liegt zwischen den Inseln Prince of Wales und Victoria im seit dem 1. April 1999 autonomen Gebiet Nunavut im hohen Norden Kanadas. Sie trägt den Namen des britischen Seefahrers Sir Francis Leopold McClintock (1819-1907), der die Insel Prince Patrick während seiner zwischen 1857 und 1859 organisierten Suchexpedition nach dem verschollenen Sir John Franklin (1786-1847) entdeckte.

McClure – Zwischen den Inseln Prince Patrick, Eglinton und Melville liegt die 60 Kilometer breite Meerenge im seit dem 1. April 1999 autonomen Gebiet Nunavut im hohen Norden Kanadas. Sie wurde nach dem britischen Arktisforscher Robert John McClure (1807-1873) benannt, der sie 1853 entdeckte und dem 1854 nach vierjährigen Anstrengungen und Überwinterungen der Abschluss seiner Durchquerung der Nordwestpassage gelang.

McMurdo – Zwischen dem Ross-Eisschelf und der Ross-Insel liegt diese Meerenge. Sie trägt den Namen von Archibald McMurdo, der als Leutnant auf der „Terror“ diente, die vom britischen Seefahrer Francis Crozier (1796-1848) kommandiert wurde. Crozier nahm an der vom britischen Polarforscher James Clark Ross (1800-1862) geleiteten Expedition teil. Ross entdeckte die Meerenge 1841. Die Männer hatten Großbritannien im März 1839 verlassen und unternahmen von den Falkland-Inseln aus mehrere Vorstöße in die Antarktis. Sie kehrten im September 1843 in ihre Heimat zurück.

Magellan – Die 2,7 Kilometer breite Magellan-Straße trennt Patagonien und Feuerland auf einer Länge von 560 Kilometern und verbindet den Atlantik mit dem Pazifik. Sie wurde zu Ehren des portugiesischen Seefahrers Fernão de Magellan (1480-1521) benannt, der sie am 21. Oktober 1519 entdeckte und sie bei seiner ersten Weltumsegelung, die von seinem Stellvertreter Sebastian El Cano vollendet wurde, zwischen dem 1. November und 28. November durchquerte. Magellan nannte sie „die Meerenge aller Heiligen". Zwischen dem 25. Juni 1699 und dem 20. Januar 1700 wurde sie von den französischen Seefahrern Terville und Jacques Gouin de Beauchesne erforscht. Der schottische Polarforscher George Nares (1831-1915) erstellte 1879 exakte Karten dieser Meerenge.

Malakka – Die 50 Kilometer breite Meerenge liegt zwischen Sumatra und Malaysia. Sie verbindet das Südchinesische Meer mit dem Golf von Bengalen. Mit 789 Kilometern ist sie eine der längsten Meerengen der Welt. Sie trägt den Namen der im Nordosten gelegenen Stadt Malakka.

Malaspina – Zwischen der Insel Texada und dem kanadischen Festland liegt diese zehn Kilometer breite Meerenge. Sie trägt den Namen des italienischen Seefahrers Alessandro Malaspina (1754-1809), der den Pazifik zwischen 1790 und 1793 befuhr.

Malta – Die 85 Kilometer breite Meerenge liegt zwischen den Inseln Sizilien und Malta im Mittelmeer.

Melville – Im hohen Norden Kanadas zwischen den Inseln Melville und Victoria liegt diese Meerenge. Sie wurde vom britischen Seefahrer William Edward Parry (1790-1855) nach Robert Saunders Dundas, zweiter Viscount von Melville (1771-1851) benannt, der zwischen 1812 und 1830 als First Lord der Admiralität amtierte. Parry überwinterte zwischen 1819 und 1820 mit seinen Schiffen „Hecla" und „Griper" in Port Winter. Er hatte als Erster 110° W übertroffen und sich damit eine vom britischen Parlament ausgesetzte Prämie von 5000 Pfund gesichert.

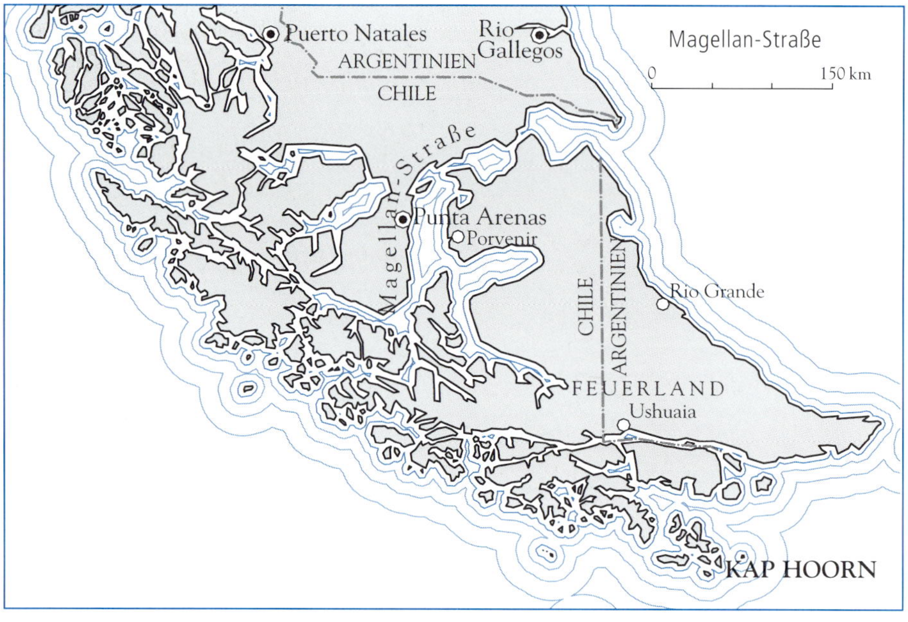

Die Inseln im Norden und Süden

Kap Hoorn: Das mythische Kap befindet sich auf der Insel Hoorn bei 56° 00'S und 67° 15'W. Es wurde am Sonntag, 31. Januar 1616 vom holländischen Seefahrer Willem de Schouten entdeckt, der es nach seinem Schiff nannte.

Island: Die Insel wurde 825 von irischen Mönchen entdeckt und 861 von dem berühmten Wikinger Nador besiedelt. Seit dem 17. Juni 1944 ist Island eine unabhängige Republik.

Gotland: Die größte Ostseeinsel liegt auf halbem Weg zwischen Schweden und Lettland. Die schwedische Insel war lange Zeit von Wikingern besetzt. Vor allem die Festungen von Visby, die als Weltkulturerbe von der Unesco geschützt sind, lohnen einen Besuch.

Falkland: Auf einer Art Totempfahl haben die Soldaten, die die Inseln vor Invasionen schützen, Wegweiser zu ihren Heimatorten befestigt.

Falkland: Vier Kormorane überlegen sich ihre nächste Route.

Falkland: Glückliche Gänse...

Falkland: 1998 fuhr Christian Nau mit seinem „Segelfahrrad“ über den Strand von Volunteer Beach.

Spitzbergen: Die Insel wurde am Montag, 17. Juni 1596, von dem holländischen Seefahrer Willem Barents zum ersten Mal gesichtet. Die Insel ist ein beliebter Startpunkt für Polarexpeditionen. Seit 1992 befindet sich auf dem Packeis der Polkappe in den Monaten März und April die russische Forschungsstation Barneo.

Spitzbergen: Longyearbyen wurde nach einem amerikanischen Bergbaupionier benannt, der hier 1905 mit der Kohleförderung begann.

Saint-Paul: Die Insel zwischen den Kerguelen und La Réunion gehört zu den französischen antarktischen Überseegebieten. Der Felsen in Form eines Zuckerhut (unten) trägt den Namen La Quille (Kegel).

Die Meerenge von Gibraltar: Auf dieser Satellitenaufnahme sin Felsen von Gibraltar (4 Meter) und der südlich Punkt von Kontinental europa bei Tarifa gut zu kennen.

Messina – Die vier Kilometer breite Straße von Messina trennt Sizilien vom italienischen Festland und verbindet das Tyrrhenische mit dem Ionischen Meer. Sie trägt den Namen des sizilianischen Stadt Messina. Die Meerenge ist für die Strudel von Charibdys und die Untiefen von Scilla berühmt, die bereits in der antiken Sage von Odysseus eine Hauptrolle spielen.

Moat – Der Moat-Kanal verlängert im äußersten Süden Südamerikas den Beagle-Kanal in Richtung Südatlantik und trennt Feuerland und die chilenische Insel Picto, die zehn Kilometer nördlich von Kap Hoorn liegt.

Mosambik – Die 380 Kilometer breite Straße von Mosambik liegt zwischen Madagaskar und Mosambik. In ihrem Zentrum befinden sich die französischen Inseln Juan de Nova, Bassas de India und Europa. Sie hat eine Oberfläche von 1,2 Millionen Quadratkilometern.

Mona – Zwischen Puerto Rico und der Dominikanischen Republik liegt diese 100 Kilometer breite Meerenge. Sie verbindet die Karibik mit dem Atlantik.

Nansen – Die zehn Kilometer breite Meerenge liegt zwischen den Inseln Axel Heiberg und Ellesmere in dem seit dem 1. April 1999 autonomen Gebiet Nunavut im Norden Kanadas. Sie trägt den Namen des norwegischen Polarforschers Fridtjof Nansen (1861-1930), der mit der „Fram" zwischen 1893 und 1896 das Nordpolarmeer erforschte.

Nares – Zwischen Grönland und der Insel Ellesmere liegt die 30 Kilometer breite Meerenge, die über den Robeson-Kanal, Baffin-Bucht und Smith-Meerenge die Lincoln-See und das Nordpolarmeer verbindet. Sie wird auch Kennedy-Passage genannt. Sie trägt den Namen des britischen Seefahrers George Nares (1831-1915), der mit der „Resolute" zwischen 1852 und 1854 die arktischen Gewässer erforschte und die Meerenge zwischen 1875 und 1876 entdeckte.

Nord – Der 25 Kilometer breite Nord-Kanal liegt zwischen Schottland und Irland und verbindet den Atlantik mit der Irischen See.

Nord-Ostsee-Kanal – Der 1895 eingeweihte Kanal verbindet die Nordsee mit der Ostsee. Der 100 Kilometer lange und 150 Meter breite Kanal hat eine Tiefe von elf Metern und ist einer der am meisten befahrenen Kanäle der Welt. Im Durchschnitt passieren ihn 100 Schiffe pro Tag.

Nordostpassage – Die Passage verbindet den Atlantik und den Pazifik entlang des Nordpolarmeers nach Sibirien. Sie wurde teilweise oder vollständig von mehreren Expeditionen durchquert.

1553: Der britische Seefahrer Hugh Willoughby (1500-1554) erforscht die Passage zufällig bis zur Halbinsel Kola, wo er wie die 68 Männer seiner Mannschaft während seiner Überwinterung erfriert.

1556: Der britische Seefahrer Stephen Burrough (1524-1584) erforscht die Passage bis zur Petschora-Bucht und der Insel Waigatsch und kehrt danach um.

1596: Der holländische Seefahrer Willem Barents (1550-1597) entdeckt die Bäreninsel und Spitzbergen und nimmt dann Kurs auf Nowaja Semlja.

1607: Henry Hudson (1550-1611) erforscht die Passage.

1613: William Baffin (1584-1622) erforscht die Polregionen.

1648: Die Russen Pojakov und Semjon Dejnev (1608-1672) entdecken die Beringstraße.

1676: Der britische Seefahrer John Wood erforscht die Nordostpassage mit der „Speedwell", die bei 76°N vor Nowaja Semlja Schiffbruch erleidet. Alle Männer werden vom zweiten Schiff „Prosperous" gerettet.

15. August 1728: Der dänische Seefahrer Vitus Bering (1680-1741) entdeckt zum zweiten Mal die Meerenge, die heute seinen Namen trägt.

1733 bis 1742: Der russische Forscher Semen Tscheljuskin erreicht im Hundeschlitten das asiatische Nordkap, das heute seinen Namen trägt.

1878-1879: Der schwedische Forscher Adolph Erik Nordenskjöld (1832-1901) bezwingt zum ersten Mal mit seinem Walfänger „Vega“ (Länge 45 Meter), der über eine zusätzliche Dampfmaschine verfügt, die Nordostpassage. Kommandiert wird das Schiff von Louis Palander. Die von dem russischen Forscher Alexander Sibiriakow finanzierte Expedition verließ den Hafen von Göteborg am 4. Juli 1878 und durchquerte am 1. August 1878 die Kara-Meerenge im Süden von Nowaja Semlja. Am 6. August 1878 geht er in Dickson an der Mündung des Jenissei vor Anker. Am 19. August durchquert er die Meerenge von Wilkits, wo er ein Denkmal errichtet, und durchfährt die Lena-Mündung am 28. August 1878. Einen Monat später ist die „Vega“ vom Packeis blockiert, sodass Nordenskjöld und seine Mannschaft bis zum 18. Juli 1879 überwintern müssen. Am 20. Juli 1879 durchquert er schließlich die Beringstraße auf Höhe der Diomeden-Inseln und nimmt nun Kurs auf Europa. Am 2. September 1879 erreicht er die japanische Hafenstadt Jokohama. Nachdem er den Indischen Ozean durchquert hat, trifft er am 14. Februar 1880 in Neapel ein und kehrt am 24. April 1880 nach Göteborg zurück.

1879 bis 1882: Am 8. Juli 1879 verlässt die vom amerikanischen Seefahrer George de Long (1844-1881) kommandierte „Jeannette“ San Francisco und durchquert am 29. August 1879 die Beringstraße. Sie gerät in der Tschuktschen-See ins Packeis und treibt zwei Jahre lang, um am 13. Juni 1881 vor der Insel Neusibirien zu sinken. Lediglich elf Mann der 33 Schiffbrüchigen überleben, darunter die acht vom amerikanischen Seefahrer George Wallace Melville (1841-1912) angeführten Männer.

1893-1896: Der norwegische Seefahrer und Polarforscher Fridtjof Nansen (1861-1930) versucht, den Nordpol zu erreichen, indem er die vom norwegischen Seefahrer Otto Sverdrup (1854-1930) kommandierte „Fram“ von den Neusibirischen Inseln Richtung Norden treiben lässt. Nach zwei Jahren verlässt er das Schiff und versucht vergeblich zusammen mit Frederick Johansen (1867-1923), den Pol mit Hundeschlitten zu erreichen. Sie kommen immerhin bis zur nördlichen Breite von 86° 14'N und nach Franz-Joseph-Land, wo sie von Frederick Jackson (1860-1938) gefunden werden. Die „Fram“ erreicht ohne Verluste in der Nähe von Svalbard das offene Meer.

1914 bis 1915: Der russische Seefahrer Boris Wilkitzky (1855-1961) durchquert zwischen dem 20. Juli 1914 und dem 17. September 1915 die Nordostpassage zwischen Wladiwostok und Archangelsk mit den Eisbrechern „Tamir“ und „Waigatsch“.

1918 bis 1920: Dem norwegischen Forscher Roald Amundsen (1872-1928) gelingt die Durchquerung der Nordostpassage mit der „Maud“, einem exakten Nachbau von Nansens „Fram“. Er wird von acht Männern, darunter Helmer Hansen und Oscar Wisting, der mit ihm am 14. Dezember 1911 den Südpol erreicht hatten, begleitet. Sie hatten Oslo am 15. Juli 1911 verlassen und das Kap Tscheljuskin am 9. September 1918 umrundet, um vom 14. September 1918 bis 13. September 1919 in Port Maud zu überwintern. Zum zweiten Mal mussten sie in der Nähe der Insel Anyon vom 20. September 1919 an überwintern. Nach dem Tod von zwei Männern und zahlreichen Forschungsarbeiten erreichte die „Maud“ am 27. Juli 1920 den Hafen von Nome in Alaska.

1932: Dem Seefahrer Smith gelingt die Durchquerung in einer Saison an Bord des sowjetischen Eisbrechers „Sibiriakow“. Nach dem Start in Archangelsk am 28. Juli 1932 erreicht er die Beringstraße am 1. Oktober 1932.

1933: Der sowjetische Eisbrecher „Tscheljuskine“ unter dem Kommando von Kapitän Woronin verlässt Leningrad am 12. Juli 1933 mit 1200 Menschen an Bord, darunter zehn Frauen. Nachdem er das Nordkap umrundet hat, erreicht er am 1. August 1933 Murmansk, bevor er die Nordostpassage in Angriff nimmt: Am 10. August durchquert er die Barentssee, erreicht die Meerenge von Nowaja Semlja am 13. August und am 24. August die Karasee, die Insel Solitude und am 2. September das Kap Tscheljuskin. Das Nordkap wird am 16. September passiert und die Beringstraße am 1. November 1933 erreicht. Zwei Kilometer vor dem eisfreien Gewässer des Pazifiks gerät das Schiff ins Packeis und es treibt in Richtung Norden. Am 3. Februar 1934 bricht der Rumpf und es versinkt am 13. Februar 1934. Die Schiffbrüchigen können sich aufs Eis retten und werden durch eine Luftbrücke gerettet. Moskau erreichen sie mit der Transsibirischen Eisenbahn.

1937 bis 1939: Der sowjetische Eisbrecher „Georgi Sedow" ist wie Otto Sverdrups „Fram" im Packeis gefangen und erreicht die offene See 27 Monate später in der Nähe von Svalbard. Das Schiff trug den Namen des russischen Polarforschers Georgi Sedow (1877-1914), der während des Ersten Weltkriegs gefallen war.

1991: Pierre Sauvadet durchquert die Passage mit der „Astrolabe".

1993: Der deutsche Abenteurer Arved Fuchs durchquert die Passage nach seiner Antarktisdurchquerung (14. November 1989 bis 13. Februar 1990) mit Roland Messner.

2002: Dem französischen Seefahrer Eric Brossier (geb. 1969) gelingt als Erstem die Durchquerung mit einem Segelboot in einer Saison. Er benutzt dafür die komplett restaurierte „Vagabond" des polnischen Seefahrer Janusz Kurbiel. Das Schiff hatte Saint-Quay-Portrieux am 12. Mai 2002 verlassen und erreichte die Beringstraße am 30. August 2002.

Nordwestpassage – Die Passage verbindet den Atlantik mit dem Pazifik vor der Nordküste Kanadas durch die Meerengen von Lancaster und McClure. Die außergewöhnliche Fahrt gelang einigen Expeditionen teilweise, die dabei ihre Schiffe und Seeleute verloren. 1714 wurde vom britischen Parlament eine Prämie von 20.000 Pfund für ihre Entdeckung ausgesetzt. 5000 Pfund sollte der Seefahrer erhalten, der als Erster 110° W erreichte.

1509: Sebastien Cabot (1476-1557) versucht die Durchquerung.

1535: Jacques Cartier (1491-1557) versucht die Durchquerung.

1576 bis 1578: Martin Frobisher (1636-1594) versucht die Durchquerung.

1585 bis 1587: John Davis (1550-1605) versucht die Durchquerung.

1610-1611: Henry Hudson (1550-1611) versucht mit der „Discovery" die Durchquerung.

1612 bis 1616: Robert Bylot und William Baffin (1584-1622) versuchen die Durchquerung.

1631: Luke Foxe (1586-1635) und Thomas James (1593-1635) versuchen die Durchquerung.

1737: James Napper und Robert Cow versuchen mit der „Churchill" die Durchquerung.

1741 bis 1742: Christopher Middleton (1690-1770) versucht die Durchquerung.

1773: Constantine Phipps versucht die Durchquerung mit der „Racehorse" und „Carcass".

1818 und von 1829 bis 1833: John Ross (177-1856) versucht die Durchquerung.

1819 bis 1823 und 1824 bis 1825: William Edward Parry (1790-1855) kassiert die vom britischen Parlament ausgesetzte Prämie in Höhe von 5000 Pfund, nachdem er als Erster 110°W erreicht hat.

1819 bis 1827 und 1845 bis 1847: Sir John Franklin (1786-1847) verlässt am 26. Mai 1845 Großbritannien mit seinen beiden Schiffen „Erebus" und „Terror" und einer Besatzung von 128 Männern. Er stirbt am 11. Juni 1847. Am 22. April 1848 werden seine beiden Schiffe vom Packeis zerstört. Die 105 Überlebenden, angeführt vom britischen Seefahrer Francis Crozier (1796-1848), versuchen vom 26. April an, die Insel King William zu erreichen. Sie kommen alle ums Leben.

Rund 40 Suchexpeditionen werden im Laufe der Jahre vor allem von der britischen Admiralität und John Franklins Witwe organisiert:

1848 bis 1849: James Clark Ross (1800-1862) mit der „Enterprise" und „Investigator".

1848 bis 1850: Henry Kellet (1806-1871) mit der „Herald".

1848 bis 1851: John Rae (1813-1893) und John Richardson (1787-1865).

1850: Charles Forsythe mit der „Prince Albert".

1850 bis 1851: John Ross (1777-1856) mit der „Felix".

1850 bis 1851: William Penny und Alexander Stewart mit der „Lady Franklin" und „Sophia".

1850 bis 1851: Horatio Austin mit seinen vier Schiffen „Resolute“, „Pioneer“, „Assistance“ und „Intrepid“.
1850 bis 1854: Robert John McClure (1807-1873), von der Beringstraße aus kommend, ist der Erste, der am 15. April 1853 seinen Fuß auf das letzte unbekannte Teilstück der Passage setzt. Ein Jahr später, am 6. April 1853, trifft er auf Leutnant Pim von der „Resolute“, die aus dem Osten kommt. Er lässt seine „Investigator“ im Packeis und setzt die Fahrt an Bord der „Resolute“ fort, die ebenfalls aufgegeben werden muss. Großbritannien erreicht er schließlich auf der von William Pullen kommandierten „North Star“, dem einzigen Schiff, das Edward Belcher (1799-1877) geblieben ist.
1851 bis 1853: William Kennedy und der Franzose Joseph René Bellot (1826-1853) mit der „Prince Albert“.
1851 bis 1853: Richard Collinson mit der „Enterprise“ von der Beringstraße bis zur Dease-Meerenge.
1852 bis 1854: Edward Inglefield (1820-1894) mit der „Phoenix“ und „Isabelle“. Der Franzose Joseph René Bellot (1826-1853) ertrinkt bei dieser Fahrt im Alter von 27 Jahren.
1852 bis 1854: Edward Belcher (1799-1877) mit seinen fünf Schiffen „Assistance“, die er selbst führt, „Pioneer“ unter dem Kommando von Sherard Osborn, „Resolute“ unter dem Kommando von Henry Kellet, „Intrepid“ unter dem Kommando von Francis Leopold McClintock und der „North Star“ unter dem Kommando von William Pullen. Nur die „North Star“ kehrt nach Großbritannien zurück, Die anderen wurden dem Packeis überlassen, um keine weitere Überwinterung zu riskieren.
1853 bis 1854: John Rae (1813-1893) mit der „Magnet“. Er entdeckt im Süden der Halbinsel Boothia und auf der Prince-William-Insel Gegenstände, die zur Franklin-Expedition gehören und kassiert die vom britischen Parlament ausgesetzte Prämie in Höhe von 250.000 Pfund.
1853 bis 1854: Elisha Kent Kane (1820-1857) mit der „Advance“.
1857 bis 1859: Francis Leopold McClintock (1819-1907) mit der „Fox“.
1871 bis 1873: Charles Francis Hall (1821-1871) mit der „Polaris“.
1898 bis 1902: Otto Sverdrup (1854-1930) mit der „Fram“.

Unter den bei der Suche nach der Nordwestpassage verloren gegangenen Schiffen ragen die Folgenden heraus: „Albany“ und „Discovery“ von James Knight (1772); „Fury“ von William Edward Parry (1824); „Victory“ von John Ross (1832); „Erebus“ und „Terror“ von John Franklin (1848); „Brealdane“ von William Fawkner (1853); „Investigator“ von Robert John McClure (1854); „Assistance“, „Pioneer“, „Intrepid“ und „Resolute“ von Edward Belcher (1854) und „Advance“ von Elisha Kent Kane (1855).
Die Durchquerung der Nordwestpassage gelang schließlich folgenden Seefahrern:
1903 bis 1906: Die „Gjoa“ (21 Meter Länge, 47 Tonnen), geführt vom norwegischen Polarforscher Roald Amundsen (1872-1928) und seinen sechs Begleitern Godfred Hansen, Anton Lund, Helmer Hansen, Peter Ristved, Adolf Henrik Lindström und Gustv Viik durchquert die Passage zum ersten Mal von Ost nach West. Das Schiff ist seit Oktober 1906 Teil des nationalen Marinemuseums in San Francisco.
1921 bis 1924: Der dänische Forscher Knud Rasmussen (1878-1933) verlässt im Juni 1921 Kopenhagen, um im September 1924 den amerikanischen Hafen Seattle zu erreichen. Einen großen Teil der Strecke legt er allerdings in Hundeschlitten zurück.
1937: Der „Nascopie“ der Hudson Bay Company gelingt die Durchquerung.
1940 bis 1942: Der schwedische Seefahrer Henry Larsen (1899-1964) durchquert die Passage mit der „St. Roch“ von Westen nach Osten (Vancouver-Halifax).
1944: Henry Larsen gelingt mit der „St. Roch“ die Durchquerung von Ost nach West ohne Überwinterung durch die Meerengen von Barrow, Mellville und Prince of Wales.

1954: O. C. S. Robertson gelingt die Durchquerung mit der „Labrador".
1956: T. C. Pullen durchquert die Passage von Osten nach Westen mit der „Labrador".
In den vergangenen 30 Jahren gelang rund zehn weiteren Schiffen die Durchquerung – darunter die „Vagabond II" von Janusz Kurbiel.
Am Waterloo Plein in London steht ein Denkmal für den Seefahrer und Polarforscher Sir John Franklin (1786-1847) mit der folgenden Inschrift: „Franklin. Für den große Seefahrer im Nordpolarmeer und Polarforscher und seine tapferen Kameraden, die ihr Leben gaben für die Entdeckung der Nordwestpassage. 1847-1848."

Nowaja Semlja – Die Meerenge trennt Nord- und Süd-Nowaja-Semlja und verbindet die Barentssee mit der Karasee. An ihrer schmalsten Stelle erreicht sie gerade 50 Meter.

Öresund – Zwischen Dänemark und Schweden liegt diese vier Kilometer breite Meerenge, die Ost- und Nordsee verbindet. Im Jahr 1397 vereinte die Union von Kalmar Dänemark, Schweden und Norwegen zu einem Königreich. Diese Union hielt bis 1523. Zwischen 1429 und 1857 hatte Dänemark ein Mautrecht für die Überquerung der Meerenge. Am 10. Juni 2000 wurde die neue Öresund-Brücke eingeweiht, die Kopenhagen und Malmö miteinander verbindet.

Otranto – Zwischen Italien und Albanien liegt die 75 Kilometer breite Meerenge, die die Adria mit dem Ionischen Meer verbindet. Sie trägt den Namen einer im Westen gelegenen Stadt.

Palk – Die zwei Kilometer breite Meerenge trennt Indien und Sri Lanka und verbindet den Golf von Bengalen mit der Lakkediven-See.

Panama – Der 82 Kilometer lange, 151 Meter breite und zwölf Meter tiefe Kanal verbindet den Atlantik mit dem Pazifik. Bis zum Gatun-See müssen die Schiffe drei Schleusen passieren. Bis zum Meer warten drei weitere Schleusen. Der Ka-

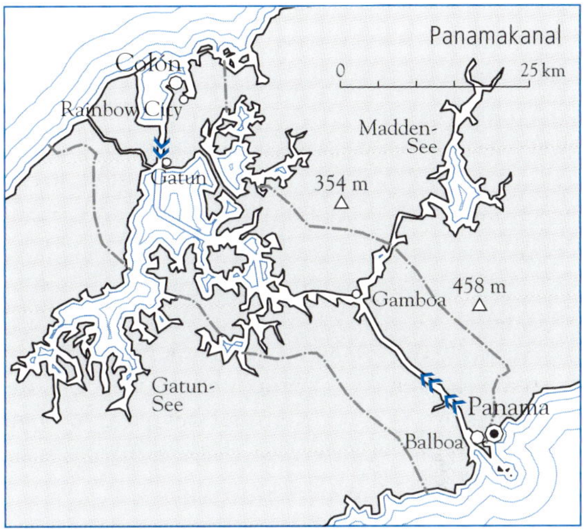

nal entstand zwischen dem 4. Juli 1904 und dem 15. August 1914. Er wurde am 3. August 1914 eingeweiht und am 31. Dezember 1999 von den USA an Panama zurückgegeben.

Pas de Calais – Die 31 Kilometer breite Meerenge trennt Frankreich und Großbritannien und verbindet den Ärmelkanal mit der Nordsee. Der Pas de Calais ist die am meisten befahrene Meeresstraße der Welt. Vor rund 18.000 Jahren bestand an dieser Stelle noch eine Landverbindung. Der am 6. Mai 1995 eingeweihte Kanaltun-

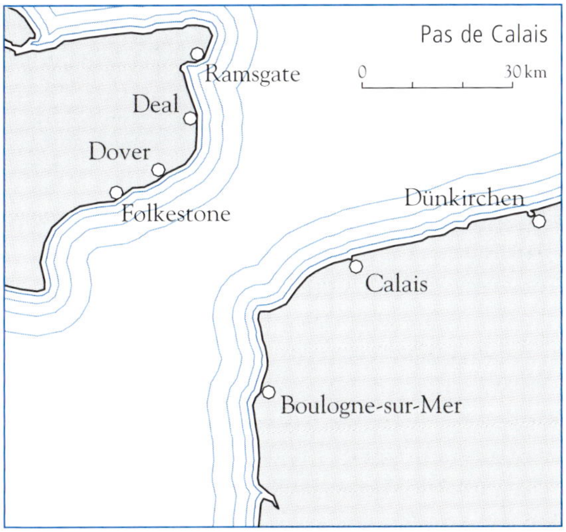

nel verbindet nun den Kontinent mit Großbritannien. Die Briten nennen die Meerenge Straße von Dover. Sie wurde zum ersten Mal am 7. Januar 1785 von den beiden Ballonfahrern Jean-Pierre Blanchard (1753-1809) aus Frankreich und dem Amerikaner John Jeffries (1744-1819) mit einem Ballon überquert. Nach ihrem Start in Dover landeten sie im Wald von Guines zwischen Calais und Boulogne-sur-Mer. Der französische Pilot Louis Blériot (1872-1936) überflog die Meerenge als Erster am 25. Juli 1909. Zwischen dem Start in der Nähe von Calais und der Landung in Dover vergingen 32 Minuten. Er kassierte dafür eine Prämie von 1000 Pfund, die von der britischen Zeitung „Daily Mail" ausgesetzt worden war. Am 12. Juni 1979 überquerte der Amerikaner Bryan Allen die Meerenge in seinem von Muskelkraft angetriebenen Flugzeug „Gossamer Albatross" in 2,49 Stunden. 1978 schließlich wurde sie zum ersten Mal mit einem Surfbrett von dem Franzosen Frédéric Beauchêne (geb. 1955) überquert.

Passage des 8. Breitengrades – Die Meerenge liegt im Indischen Ozean zwischen der Insel Monicoy und den Malediven.

Passage des 9. Breitengrades – Die Meerenge liegt im Indischen Ozean zwischen den Insel Minicoy und den Lakkediven.

Passage des 10. Breitengrades – Die Meerenge liegt im Indischen Ozean zwischen den Andamanen und den Nikobaren. Sie verbindet den Golf von Bengalen mit der Andaman-See.

Peacock – Zwischen der Insel Thurston, den Fletcher-Inseln und der Antarktis liegt die 50 Kilometer breite Meerenge. Die vom Abbot-Eisschelf bedeckte Meerenge verbindet die Amundsen- und Bellingshausen-See.

Peary – Der 50 Kilometer breite Peary-Kanal liegt zwischen den Inseln Meighen und Ellef Ringnes im seit dem 1. April 1999 autonomen Gebiet Nunavut im hohen Norden Kanadas. Er trägt den Namen des amerikanischen Seefahrers und Forschers Robert Edwin Peary (1856-1920).

Peel – Die im hohen Norden Kanadas gelegene Meerenge verbindet die Meerengen Barrow und Franklin und trennt die Inseln Prince of Wales und Somerset. Sie trägt den Namen von Robert Peel (1788-1850), der zwischen 1834 und 1835 sowie von 1841 bis 1846 als britischer Premierminister amtierte. Er genehmigte 1845 die von Sir John Franklin (1786-1847) organisierte Arktisexpedition mit den Schiffen „Erebus" und „Terror".

Penny – Zwischen den Inseln Bathurst und Devon im seit dem 1. April 1999 autonomen Gebiet Nunavut im hohen Norden Kanadas liegt diese Meerenge, die den Namen des britischen Seefahrers William Penny trägt. Er durchquerte sie mit der „Lady Franklin" bei der Suche nach Sir John Franklin (1786-1847) und entdeckte später die Insel Cornwall.

Prince of Wales – Die zehn Kilometer breite Meerenge trennt die Inseln Banks und Victoria im seit dem 1. April 1999 autonomen Gebiet Nunavut im hohen Norden Kanadas. Sie wurde vom britischen Seefahrer und Forscher Robert John McClure entdeckt. Sie trägt den Namen von des damaligen britischen Kronprinzen Edward (1841-1910).

Prince Regent – Die 80 Kilometer breite Meerenge liegt zwischen der Insel Somerset und dem seit 1. April 1999 autonomen Gebiet Nunavut im hohen Norden Kanadas. Der Name erinnert an den damaligen Kronprinzen und späteren britischen König Georg IV. (1762-1855). 1824 erlitt die „Fury" des britischen Seefahrers William Edward Parry (1790-1855) hier Schiffbruch, sodass Parry mit seiner Mannschaft auf dem zweiten Schiff „Hecla" nach Großbritannien zurückkehren musste.

Prinz Gustav – Diese Meerenge trennt die Insel James Ross von der Antarktis. Sie wurde vom schwedischen Seefahrer Otto Nordenskjöld (1869-1928) nach dem damaligen schwedischen Kronprinzen Gustav (1858-1950) benannt. Nordenskjöld hatte auf der Insel Seymour zwischen dem 11. Januar 1901 und dem 9. November 1903 überwintert und in dieser Zeit die Meerenge entdeckt.

Queen Charlotte – Die vier Kilometer breite Meerenge liegt zwischen der Insel Vancouver und dem kanadischen Festland. Sie ist übersät mit zahlreichen Inseln. Der britische Seefahrer Philip Carteret (gest. 1796) gab ihr den Namen der britischen Königin Charlotte (1744-1818), die mit Georg III. verheiratet war.

Raie – Im seit dem 1. April 1999 autonomen Gebiet Nunavut im hohen Norden Kanadas liegt diese Meerenge zwischen der King-William-Insel und der Halbinsel Boothia und verbindet die Meerengen Ross und Simpson. Sie trägt den Namen des schottischen Seefahrers John Rae (1786-1847), der sie 1854 bei der Suche nach dem verschollenen Sir John Franklin (1786-1847) entdeckte. Er fand auch die Zeugnisse, die ergaben, dass er mit den Mannschaften der beiden Schiffen „Erebus“ und „Terror“ in der Region verschwunden war. John Rae setzte seine Forschungsarbeiten zwischen 1848 und 1851 mit John Richardson (1787-1865) fort, befuhr den Mackenzie im Kanu und durchquerte die Victoria-Insel auf Skiern.

Robeson – Der 28 Kilometer breite Robeson-Kanal liegt zwischen Grönland und der Insel Ellesmere und verbindet die Lincoln-See mit dem Nordpolarmeer. Er wurde von den amerikanischen Polarforschern Charles Francis Hall (1821-1871) und Isaac Hayes (1832-1881) während ihrer Expedition in dieser Region zwischen 1871 und 1872 nach dem amerikanischen Marineminister George Robeson benannt. Die beiden hatten New York an Bord der „Polaris“ am 29. Juni 1871 verlassen und am 29. August 1871 82° 18'N in diesem Kanal am Rande des Packeises erreicht. Nach dem Tod von Charles Hall kartografierte Isaac Hayes den Kanal.

Ronne – Die 60 Kilometer breite Meerenge trennt die Inseln Alexander und Smyley sowie Spatz in der Antarktis. Sie trägt den Namen des amerikanischen Forschers Finn Ronne, der zwischen 1947 und 1948 eine US-Expedition in die Antarktis leitete.

Ross – Zwischen der King-William-Insel und der Halbinsel Boothia liegt diese 50 Kilometer breite Meerenge in dem seit 1. April 1999 autonomen Gebiet Nunavut im hohen Norden Kanadas. Sie trägt den Namen des britischen Seefahrers James Clark Ross (1800-1862), der in mehreren Expeditionen nach der Nordwestpassage suchte.

Rote Armee (Meerenge) – Diese Meerenge trennt die Inseln Komsomolz und Oktoberrevolution und verbindet die Karasee mit dem Laptew-Meer. Sie trägt den Namen der sowjetischen Armee.

Saint-Lucia – Die Meerenge liegt zwischen Martinique und Saint-Lucia und verbindet den Atlantik mit der Karibik.

Sankt Lorenz – Der 293 Kilometer lange und 68 Kilometer breite Sankt-Lorenz-Kanal verbindet den Ontario-See in den USA mit dem Sankt-Lorenz-Golf in Kanada. Er wurde 1959 eingeweiht.

Sansibar – Die 30 Kilometer breite Meerenge trennt die Insel Sansibar vom afrikanischen Festland.

Scoresby – Die 40 Kilometer breite und 300 Kilometer lange Meerenge ist eigentlich der längste Fjord der Welt. Sie trennt König-Christian-IX.-Land von König-Christian-X.-Land in Grönland. William Scoresby (1789-1857) entdeckte sie 1816 und gab ihr den Namen seines Vaters, dem britischen Seefahrer und Schriftsteller William Scoresby (1760-1829), der 1820 und 1823 zwei Bücher über die Arktis veröffentlichte, nachdem er 1806 die Position 81° 30'N und 19°O im Nordosten von Grönland erreicht hatte.

Serpent – Zwischen der Insel Trinidad und der Orinoco-Mündung liegt diese Meerenge, die ihren Namen Kolumbus (1451-1506) verdankt. Er entdeckte sie am 4. August 1498. Am Tag zuvor hatte er als erster Europäer das südamerikanische Festland bei der Halbinsel Paria in Venezuela entdeckt. Einer seiner Leutnants, Pedro de Terreros, war der Erste, der seinen Fuß auf den neuen Kontinent setzte. Am 6. August 1498 wurde das Gebiet offiziell in Besitz genommen.

Shelikov – Die 30 Kilometer breite Meerenge trennt die Halbinsel Alaska von den Inseln Tugidak, Kodiak und Afognak. Sie trägt den Namen des russischen Seefahrers Alexej Scheljeschow (1703-1748), der das Beringmeer 1741 mit seinem Schiff „St. Paul" zusammen mit Vitus Bering (1680-1741) erforschte, bevor beide getrennt wurden.

Sizilien – Die 150 Kilometer breite Meerenge trennt Sizilien von Tunesien. Sie trägt den Namen der italienischen Insel.

Simpson – Im hohen Norden Kanadas zwischen der King-William-Insel und der Halbinsel Adelaide liegt diese fünf Kilometer breite Meerenge. Sie verbindet den Queen-Maud-Golf mit der Rae-Meerenge. Sie trägt den Namen des schottischen Polarforschers Thomas Simpson (1808-1840), der als Stellvertreter des kanadischen Polarforschers Peter Dease (1788-1863) diese Region zwischen 1837 und 1839 erforschte.

Singapur – Diese Meerenge trennt die Insel Singapur von den Riau-Inseln und verbindet das Südchinesische Meer mit der Straße von Malakka.

Smith – Die 50 Kilometer breite Meerenge liegt zwischen der Insel Ellesmere und dem kanadischen Festland. Sie verbindet die Kennedy-Meerenge mit der Baffin-Bucht. Sie wurde 1616 vom britischen Seefahrer William Baffin (1584-1622) entdeckt. Er gab ihr den Namen seines Landsmannes John Smith (1679-1631). 1882 erlitt die „Proteus" des amerikanischen Seefahrers und Polarforschers Adolph Washington Greely (1844-1935) hier Schiffbruch. Von dem 25 Seeleuten, die unter härtesten Bedingungen auf der Insel Pim überwintern mussten, überlebten nur sieben Mann, darunter auch Greely. Sie wurden schließlich am 22. Juni 1884 von dem Robbenfänger „Thetis" gerettet.

St. George – Der 80 Kilometer breite St.-George-Kanal liegt zwischen Irland und Wales und verbindet die Irische See mit dem Atlantik.

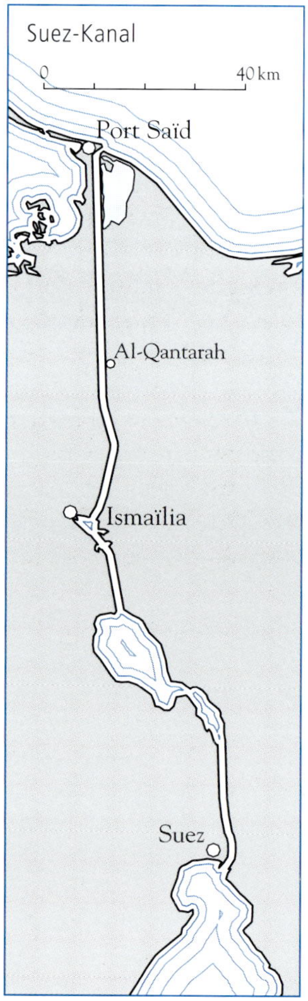

Suez – Der 193 Kilometer lange, 160 Meter breite und 11,5 Meter tiefe Suez-Kanal verbindet das Mittelmeer mit dem Roten Meer. Er wurde zwischen 1859 und 1869 unter der Leitung von Ferdinand de Lesseps (1805-1894) gebaut und am 17. November 1869 von der französischen Kaiserin Eugénie (1826-1920) eingeweiht. Der Kanal trägt den Namen der an seine Südseite gelegenen Stadt Suez.

Sunda – Die zehn Kilometer breite Meerenge liegt zwischen den Insel Sumatra und Java und verbindet den Indischen Ozean mit der Java-See. Hier befindet sich auch die Vulkaninsel Krakatau. Die Meerenge trägt den Namen der Sunda-Inseln.

Sverdrup – Der 100 Kilometer breite Sverdrup-Kanal liegt zwischen den Inseln Meighen und Axel Heiberg vor dem seit 1. April 1999 autonomen Gebiet Nunavut im hohen Norden Kanadas. Sie trägt den Namen des norwegischen Seefahrers und Forschers Otto Sverdrup (1854-1930), der sie während seiner Expedition zwischen dem 27. Juni 1898 und 18. September 1902 entdeckte.

Tatarski – Die 800 Kilometer lange und 20 Kilometer breite Meerenge liegt zwischen der Insel Sachalin und dem russischen Festland. Sie verbindet die Ochotskische mit der Japanischen See. Sie wurde zu Ehren der Tataren, die hier lebten, benannt.

Torres – Die 80 Kilometer breite Torres-Straße liegt zwischen Australien und Neuguinea und verbindet den Indischen Ozean mit dem Pazifik. Sie trägt den Namen des spanischen Seefahrers Luis de Torres (1570-1615), der sie 1606 entdeckte.

Victoria – Im Norden Kanadas liegt die Meerenge zwischen den Inseln Victoria und William. Sie verbindet den Queen-Maud-Golf mit der McClintock-Meerenge. Sie trägt den Namen der britischen Königin Victoria (1819-1901).

Wilkitski – Die 60 Kilometer breite Meerenge liegt zwischen dem sibirischen Festland und der Insel Bolschewik nördlich des Polarkreises. Sie wurde nach dem russischen Seefahrer Boris Wilkitski (1885-1961) benannt, der sie während seiner Durchquerung der Nordostpassage erforschte. Er hatte Wladiwostok 1914 verlassen und erreichte am 17. September 1915 mit seinen beiden Schiffen „Tamir“ und „Waigatsch“ Archangelsk.

Wellington – Zwischen den Inseln Cornwallis und Devon liegt die 50 Kilometer breite Meerenge im seit dem 1. April 1999 autonomen Gebiet Nunavut. Britische Seefahrer gaben ihr den Namen des Duke of Wellington (1769-1852).

Wilkins – Die 50 Kilometer breite Meerenge trennt die Insel Alexander von den Charcot- und Latady-Inseln in der Antarktis. Sie trägt den Namen des australischen Polarforschers George Hubert Wilkins (1888-1958).

Windward – Die 80 Kilometer breite Meerenge liegt zwischen Kuba und Haiti und verbindet den Atlantik mit der Karibik.

Yucatan – Der 200 Kilometer lange Yucatan-Kanal liegt zwischen Kuba und der mexikanischen Halbinsel Yucatan.

Meerbusen, Buchten, Packeisfelder und Fjorde

Von den Buchten, Fjorden und Meerbusen geht eine ganz eigene Faszination aus, sind sie doch eine Welt für sich. Im Laufe der Jahrhunderte sind sie von vielen Seefahrern durchquert und erforscht worden. Viele tragen die Namen der großen Entdecker.

Abbot (Packeisfeld) – Dieses Packeisfeld liegt in der Antarktis und trägt den Namen des Seefahrers George Abbot, einem der Offiziere des britischen Seefahrers und Polarforschers Robert Falcon Scott (1868-1912).

Abukir (Bucht) – Vor der ägyptischen Hafenstadt Alexandria liegt diese Bucht (31° 25'N und 30° 15'O), in der am 1. August 1798 die von Horatio Nelson (1758-1805) kommandierte britische Flotte die von Admiral François Brueys (1753-1798) angeführte französische Flotte schlug. Dabei standen 14 britische Schiffe 17 französischen gegenüber. Im Verlauf der Schlacht explodierte das französische Flaggschiff „L'Orient", wobei Admiral Brueys ums Leben kam.

Aden (Golf) – Der Golf von Aden liegt im Süden der jemenitischen Hafenstadt Aden zwischen Jemen, der Insel Skotora, Somalia und Dschibuti.

Admiralität (Bucht) – Im Süden der Insel King George, die zu den Süd-Shetland-Inseln gehört, liegt diese Bucht, die zu Ehren der britischen Marineminister so benannt wurde. Hier befindet sich die polnische Forschungsstation Henryk Arctowski (62° 10'S und 58° 29'W), die am 26. Februar 1977 eingeweiht wurde, und die brasilianische Station Commandante Ferraz (62° 05'S und 58° 20'W), die am 6. Februar 1984 ihre Arbeit aufnahm.

Akaba (Golf) – Der Golf von Akaba liegt im Norden des Roten Meeres zwischen Saudi-Arabien und der Halbinsel Sinai. Er trägt den Namen der einzigen jordanischen Hafenstadt.

Alaska (Golf) – Im Süden der Küste Alaskas und im Norden des Pazifiks liegt der Golf, der eine Oberfläche von 1,3 Millionen Quadratkilometern hat. Er trägt den Namen des amerikanischen Bundesstaates.

Along (Bucht) – Die Bucht liegt im Osten des Tonkin-Golfes. Auf die Oberfläche von 1500 Quadratkilometern verteilen sich mehr als 3000 kleine Inseln, die vom Wind und den Wellen geformt wurden. Seit 1994 gehört die Bucht zum von der Unesco geschützten Weltnaturerbe.

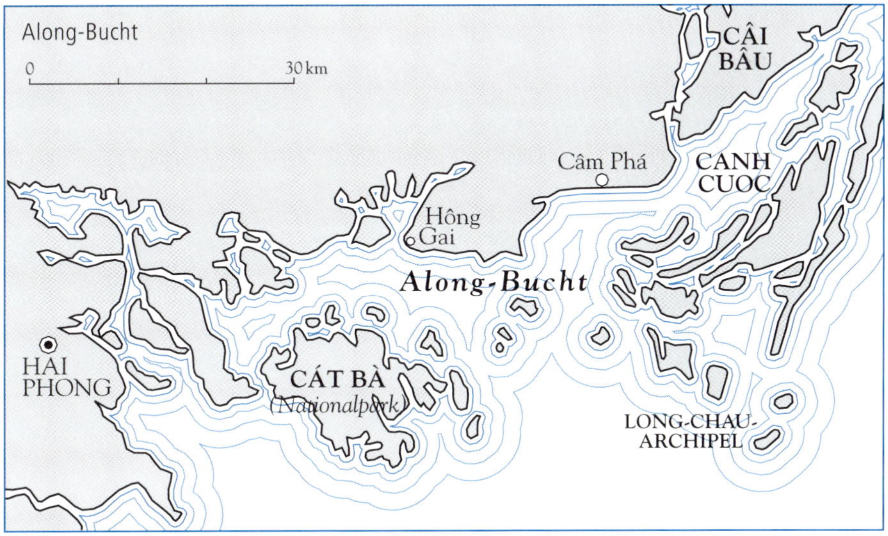

Amery (Packeisfeld) – Das Antarktis-Packeisfeld liegt auf der gleichen Höhe wie die Kerguelen-Inseln. Es trägt den Namen des australischen Forschers Amery, der an der Banzare-Expedition zwischen 1929 und 1930 teilnahm, die von seinem Landsmann Douglas Mawson (1882-1958) geleitet wurde.

Amundsen (Golf) – Der Amundsen-Golf liegt in der kanadischen Arktis und wird durch den Coronation-Golf, die Insel Victoria und die Beaufort-See begrenzt. Er trägt den Namen des norwegischen Polarforschers Roald Amundsen (1872-1928), dem zwischen 1903 und 1906 die

Durchquerung der Nordwestpassage gelang und der am 14. Dezember 1911 zusammen mit Bjaaland, Hannssen, Svere Hassel und Wisting den Südpol erreichte. Um die Nordwestpassage in Angriff zu nehmen, verließ Amundsen am 17. Juni 1903 mit der „Gjoa" Oslo. Nach einem kurzen Aufenthalt auf Grönland durchquerte er die Baffin-Baucht und die Lancaster-Meerenge. Im Südosten der Insel King William musste er zwei Mal überwintern (12. September 1903 bis 13. August 1905). Nachdem er die Beaufort-See erreicht hatte, musste er ein drittes Mal zwischen dem 9. September 1905 und dem 10. Juli 1906 ein Lager aufschlagen. Während dieser Zeit erforschte er die Region auf Skiern. Nach seiner Rückkehr ins Winterlager fand er seine Mannschaft in guter Gesundheit vor – mit Ausnahme von Gustav Viik, der für die Beobachtung des Magnetismus verantwortlich war. Er starb am 4. April 1906 an einer Rippenfellentzündung. Die „Gjoa" lichtete am 10. August 1906 den Anker und nahm Kurs auf Nome, wo sie am 31. August 1906 eintraf. Das Schiff kann heute in der Nähe der Golden-Gate-Brücke in San Francisco besichtigt werden.

Anson (Bucht) – Im Norden Australiens, südwestlich der Stadt Darwin, liegt diese Bucht, die den Namen des britischen Seefahrers George Anson (1697-1762) trägt. Er amtierte von 1747 bis 1748, von 1751 bis 1755 und von 1758 bis 1762 als First Lord der Admiralität.

Archer (Fjord) – Im Nordwesten der Insel Ellesmere liegt dieser tiefe Fjord, der in die Meerenge von Robeson mündet. Er trägt den Namen des Forschers und Hoteliers Archer, der ihn zwischen 1875 und 1876 wieder entdeckte, als er mit der „Discovery" in der Lady-Franklin-Bucht vor Anker lag. Der Name des Fjords ist aber auch eine Ehrung des Schiffsbauers Colin Archer, der die „Fram" von Fridtjof Nansen (1851-1930) und Otto Sverdrup (1854-1930) gebaut hat.

Assassins (Bucht) – Im Norden der Südinsel Neuseelands liegt diese Bucht gegenüber der Cook-Straße. Ihr Name erinnert an die beiden Schiffe „Heemskerk" und „Zeehaen" von Abel Tasman (1603-1659), die hier vor Anker lagen. Während dieser Zeit wurden vier Seeleute am 18. Dezember 1642 von Maoris ermordet.

Australische Bucht – Im Süden von Australien liegt die große Bucht.

Baffin (Bucht) – Die in der Arktis gelegene Bucht wird begrenzt durch die Insel Baffin, die Davis-Meerenge, Grönland, die Kennedy-Passage, die Insel Ellesmere, die Jones-Meerenge, die Insel Devon, die Lancaster-Meerenge und die Insel Bylot. Sie trägt den Namen des britischen Seefahrers William Baffin (1584-1622), der die Region zwischen 1615 und 1616 zusammen mit seinem Landsmann Robert Bylot (gest. 1616) erforschte.

Baidaratsa (Bucht) – Die Bucht liegt im Norden Sibiriens und östlich der Halbinsel Lamal, die von Nomaden bewohnt wird.

Bartlett (Bucht) – Im Osten der Insel Ellesmere liegt diese Bucht, die nach dem Seefahrer und Forscher Robert Bartlett benannt wurde. Er kommandierte die „Theodore Roosevelt" während der Expedition, bei der Robert Edwin Peary am 6. April 1909 den Nordpol erreichte. Robert Bartlett kam bis 87° 46'N.

Beagle (Bucht) – Im Nordwesten von Dampier-Land liegt diese Bucht der Stadt Darwin gegenüber. Sie trägt den Namen des Schiffs „Beagle", das hier mit dem britischen Naturforscher Robert Darwin (1809-1882) an Bord vor Anker ging.

Benedict (Fjord) – Der im Norden von Grönland, 50 Kilometer östlich von Kap Morris Jesup gelegene Fjord ist der nördlichste der Welt. Er trägt den Namen von Benedict (geb. 1944), dem zweiten Sohn den dänischen Königs Frederik IX. (1899-1972).

Bengalischer Golf – Im Norden des Indischen

Ozeans zwischen Sri Lanka, Indien, Bangladesch, Birma, den Andamanen und Nikobaren liegt dieser Golf. Er hat eine Oberfläche von zwei Millionen Quadratkilometern.

Berkely (Golf) – Östlich der Falkland-Inseln im Südatlantik liegt dieser Golf. Er trägt den Namen des britischen Seefahrers James Berkely, der zwischen 1717 und 1737 einige Jahre als First Lord der Admiralität amtierte.

Biskaya (Golf) – Im Südwesten Frankreichs liegt dieser Golf, der eine Oberfläche von 200.000 Quadratkilometern hat.

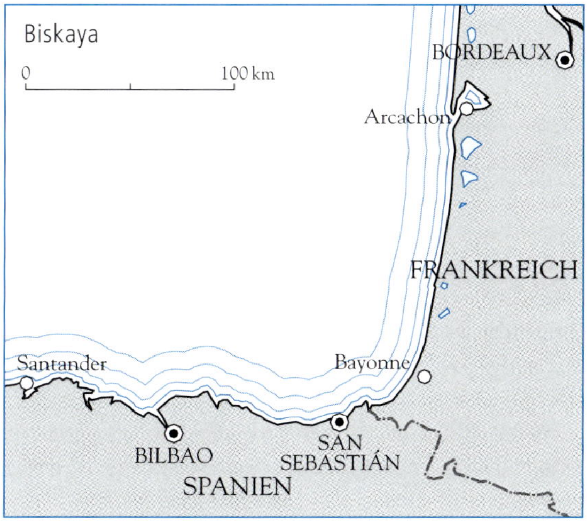

Bonaparte (Golf) – Im Norden von Australien liegt der Golf, der nach Joseph Bonaparte (1786-1844), dem älteren Bruder von Napoleon I. (1769-1821) und König von Spanien, benannt wurde.

Boothia (Golf) – Im seit dem 1. April 1999 autonomen Gebiet Nunavut im hohen Norden Kanadas liegt dieser Golf zwischen den Halbinseln Boothia, Melville und Brodeur auf der Insel Baffin. 1829 gab ihm der britische Seefahrer und Forscher John Ross (1777-1856) den Namen seines Förderers Felix Booth. Ross hatte Großbritannien am 24. Mai 1829 mit der „Victoria" verlassen und überwinterte drei Mal auf der Halbinsel. Während dieser Zeit entdeckte er die Insel King William, und sein Neffe James Clark Ross (1800-1856) präzisierte am 28. Mai 1831 den Standort des magnetischen Pols (79° 05'N und 96° 46'W). Nach dem Verlust seines Schiffes musste er ein viertes Mal auf Fury Beach überwintern, bis er 1833 von der „Isabelle" gerettet wurde.

Botany (Bucht) – 15 Kilometer südlich der australischen Stadt Sydney liegt diese Bucht, die am Sonntag, 29. April 1770 vom britischen Seefahrer James Cook (1728-1779) bei seiner ersten Weltumsegelung (25. August 1768 bis 13. Juli 1771) mit der „Endeavour" entdeckt wurde. Am 26. Januar 1788 lag der britische Commodore Arthur Philipp (1738-1814) mit einer Flotte von elf Schiffen, auf denen sich 1000 Häftlinge befanden, vor Anker. Sie sollten wenig später Sydney gründen. Der 26. Januar ist heute australischer Nationalfeiertag.

Bottnischer Meerbusen – Zwischen Finnland und Schweden liegt der Bottnische Meerbusen, der im Winter häufig teilweise zufriert.

Bristol (Bucht) – Westlich der Halbinsel Alaska und im Osten der Beringsee liegt diese Bucht.

Burtschaja (Bucht) – Im nördlichen Sibirien östlich des Lena-Deltas liegt diese Bucht.

Button (Bucht) – Die Bucht liegt im Westen der Hudson-Bucht bei der Mündung des Churchill-Flusses in der kanadischen Provinz Manitoba. Sie trägt den Namen des britischen Seefahrers Thomas Button (1575-1634), der sie anfangs des 17. Jahrhunderts erforschte.

Campeche (Golf) – Im Süden des Golfs von Mexiko vor der Küste Yukatans liegt dieser Golf.

Canterbury (Bucht) – Im Osten der neuseeländischen Südinsel liegt diese Bucht.

Carpenter (Golf) – Im Norden Australien zwischen dem Nord-Territorium, Queensland und der Arafura-See liegt dieser Golf. Er wurde 1628 vom holländischen Seefahrer Pierre Carpenter, einem der Gouverneure von Batavia, entdeckt.

Chesapeake (Bucht) – Im Osten der USA erstreckt sich die Bucht 300 Kilometer ins Landesinnere. Sie wurde 1608 vom britischen Seefahrer John Smith (179-1631) entdeckt. In dieser Bucht fand in der Nähe der Stadt Yorktown zwischen dem 5. September und 19. Oktober 1781 die entscheidende Schlacht im amerikanischen Unabhängigkeitskrieg statt, die mit der Kapitulation des britischen Generals Charles Cornwallis (1738-1805) und Admiral Samuel Hood (1735-1816) endete.

Clements Markham (Fjord) – Der Fjord im Norden der Insel Ellesmere mündet in das Nordpolarmeer. Er wurde von Robert Edwin Peary (1856-1920) und seiner Mannschaft bei seiner Nordpol-Expedition durchquert. Er trägt den Namen des Geografen Clements Markham (1830-1916), der von 1893 bis 1905 als Präsident der Royal Geographical Society amtierte.

Commonwealth (Bucht) – Diese Bucht trägt den Namen des Zusammenschlusses der ehemaligen britischen Kolonien. Sie liegt in der Antarktis auf George-V.-Land in der Nähe der französischen Forschungsstation Dumont-d'Urville. Stürme können hier Geschwindigkeiten von bis zu 300 km/h erreichen.

Coronation (Golf) – In der kanadischen Arktis, im autonomen Gebiet Nunavut, liegt dieser Golf, der seinen Namen 1822 anlässlich der Krönung des britischen Königs Georg IV. (1762-1830) am 19. Juli 1821 erhielt.

Corovado (Golf) – Im Westen des chilenischen Teils von Patagonien liegt dieser Golf im Süden der Insel Chiloe.

Cumberland (Bucht) – In der kanadischen Arktis, im autonomen Gebiet Nunavut, liegt diese Bucht zwischen der Insel Baffin und der Davis-Meerenge.

Dänemark (Fjord) – In Grönland liegt dieser Fjord, der zu Ehren des Königreichs Dänemark benannt wurde. Dänemark begann 1721 mit der Kolonisierung Grönlands.

Disko (Bucht) – Im Osten der gleichnamigen grönländischen Insel liegt diese Bucht. Auf der Insel befinden sich zwei weitere berühmte Buchten: Rode Bay mit seiner Vogelkolonie und seiner Gletscherkappe sowie die Quervin-Bucht, wo der französische Forscher Paul-Emile Victor (1907-1995) sein Lager aufschlug.

Dove (Bucht) – Diese Bucht liegt im Osten Grönlands zwischen der Insel Store Koldeway und König-Frederik-VII.-Land.

Edward VIII. (Bucht) – Zwischen dem Südlichen Polarkreis und der Antarktis in der Nähe von Enderby-Land liegt diese Bucht. Sie trägt den Namen des britischen Königs Edward VIII. (1894-1972), der zwischen dem 20. Januar und 11. Dezember 1936 regierte. Hier befindet sich die australische Forschungsstation Mawson, die nach dem australischen Polarforscher Sir Douglas Mawson (1882-1958) benannt wurde.

Encounter (Bucht) – Die australische Bucht liegt im Süden von Adelaide in der Nähe des Hafens Victor. Hier traf der französische Seefahrer Nicolas Baudin (1754-1803) 1802 auf seinen britischen Kollegen Matthew Flinders (1774-1814), dem später die Umsegelung Australiens gelang.

Erebus und Terror (Golf) – Im Osten der Antarktischen Halbinsel liegt dieser Golf zwischen den Inseln Joinville, Vega, Ross und Seymour. Er wurde 1843 vom britischen Seefahrer James Clark Ross (1800-1862) entdeckt, der ihm den Namen seiner beiden Schiffe „Erebus" und „Terror" gab.

Erebus und Terror (Bucht) – Südlich der Inseln Beechey und Devon in der kanadischen Arktis liegt diese Bucht. Der britische Seefahrer Sir John Franklin (1786-1847) gab ihr den Namen seiner beiden Schiffe „Erebus“ und „Terror“, die er seinem Landsmann James Clark Ross (1800-1862) abgekauft hatte. Franklin überwinterte in dieser Bucht zwischen 1845 und 1846, bevor er mit seiner Mannschaft zwischen 1847 und 1848 im Norden der Insel King William verschwand.

Esperance (Bucht) – Im Südwesten Australiens in der Nähe der gleichnamigen Stadt liegt diese Bucht. Der französische Seefahrer Antoine d'Entrecasteaux (1737-1793) ging hier mit seinen beiden Schiffen „La Recherche“ und „L'Espérance“ am 9. Dezember 1792 vor Anker. Er gab der Bucht den Namen einer seiner beiden Schiffe, nachdem er hier einen gewaltigen Sturm überstanden hatte.

Filchner (Packeisfeld) – In der Antarktis in der Nähe des Ronne-Packeisfelds liegt dieses Packeisfeld, das 1912 vom dänischen Polarforscher Wilhelm Filchner (1877-1957) entdeckt wurde und daher seinen Namen trägt. Er hatte mit der „Deutschland“ eine Expedition in das Weddell-Meer organisiert.

Finnischer Meerbusen – Der Golf liegt zwischen Finnland, Russland und Estland.

Flinders (Bucht) – Im Südwesten Australiens zwischen den Kaps Leeuwin und d'Entrecasteaux liegt diese Bucht. Sie trägt den Namen des britischen Seefahrers Matthew Flinders (1774-1814), der zusammen mit seinem Landsmann George Bass (1771-1812) Tasmanien umsegelte.

Foster (Bucht) – Zwischen der Grönländischen See und König-Christian-X.-Land liegt diese Bucht auf Grönland.

Foxe (Becken) – In der kanadischen Arktis zwischen der Insel Baffin, der Halbinsel Melville und der Insel Southampton liegt dieses Becken. Es wurde nach dem britischen Seefahrer und Polarforscher Luke Foxe (1586-1635) benannt, der es 1631 entdeckte. Er wurde von seinem Landsmann Thomas James begleitet, der in der nach ihm benannten Bucht mit seinem Schiff „Henriette Marie“ überwinterte.

Frobisher (Bucht) – Begrenzt durch die Insel Baffin, das autonome Gebiet Nunavut, die Insel Resolution und die Davis-Meerenge liegt diese Bucht in der kanadischen Arktis. Sie trägt den Namen des britischen Seefahrers Sir Martin Frobisher (1535-1594), der die Bucht entdeckte und zwischen 1576 und 1678 mit den Schiffen „Gabriel“ und „Michael“ erforschte. Am Ende dieser Bucht befindet sich die Stadt Iqaluit (früher Frobisher Bay), die seit dem 1. April 1999 die Hauptstadt von Nunavut ist. In dem autonomen Gebiet leben 27.000 Inuit auf zwei Millionen Quadratkilometern.

Fundy (Bucht) – Zwischen Neuschottland und Neubraunschweig in Kanada liegt diese Bucht, in der es mit 16 bis 17 Metern den höchsten Tidenhub der Welt gibt.

Geographe (Bucht) – Zwischen dem Kap Naturaliste und der australischen Stadt Bunbury liegt diese Bucht. Bucht und Kap tragen den Namen der beiden Schiffe „Géographe“ und „Naturaliste“ der französischen Seefahrer Nicolas Baudin (1754-1803) und Emmanuel Hamelin, die in dieser Bucht zwischen dem 30. Mai und 9. Juni 1801 Schutz suchten. Sie hatten Le Havre am 7. Juni 1803 verlassen. Die „Géographe“ kehrte am 25. März 1804 unter dem Kommando von Pierre Milius zurück, nachdem Nicoals Baudin am 16. September 1803 auf Mauritius gestorben war.

Getz (Packeisfeld) – Zwischen Mary-Byrd-Land und der Amundsen-See liegt dieses Packeisfeld in der Antarktis.

Greely (Fjord) – Der Fjord auf der Insel Ellemsere, die zum autonomen Gebiet Nunavut gehört, trägt den Namen des amerikanischen Forschers Adolph Washington Greely (1844-1935), der die Expedition leitete, in deren Verlauf sein Landsmann James Lockwood am 13. Mai 1882 die damalige Rekordmarke von 83° 24'N erreichte. Zusammen mit anderen Mannschaftsmitgliedern starb er bei einer Überwinterung 1884. Lediglich sieben Männer von 25 überlebten die Strapazen.

Guinea (Golf) – Vor der afrikanischen Küste liegt der Golf, der eine Oberfläche von 1,5 Millionen Quadratkilometern hat. Er wurde nach dem westafrikanischen Staat benannt.

Hall (Becken) – In der Nähe der Frobisher Bay in der Insel Baffin liegt dieses Becken. Es trägt den Namen des amerikanischen Polarforschers Charles Francis Hall (1821-1871), der dieses Becken zum ersten Mal am 29. August 1871 erreichte. Er wurde am 8. November 1871 von Eskimos ermordet und auf Grönland gegenüber der Robeson-Meerenge begraben.

Hawke (Bucht) – In Neuseeland östlich der Nordinsel liegt diese Bucht, die nach dem britischen Seefahrer Edward Hawke (1705-1781) benannt wurde. Hawke amtierte zwischen 1766 und 1771 als First Lord der Admiralität.

Hudson (Bucht) – Begrenzt durch das autonome Gebiet Nunavut, die kanadischen Provinzen Manitoba, Ontario, die James-Bucht, Québec und die Inseln Mansel, Coats sowie Southampton liegt diese Bucht in der kanadischen Arktis. Sie hat eine Oberfläche von 1,2 Millionen Quadratkilometern. An der Westküste Québecs befindet sich ein großes Wasserkraftwerk. Die Bucht wurde 1497 von genuesischen Seefahrer Giovanni Cabot (1450-1498) entdeckt. 1610 erforschte der britische Seefahrer Henry Hudson (1550-1611) ihre Ostküste. Ihm folgte der holländische Seefahrer Henri Brouwer (1580-1643). Die Westküste wurde 1612 vom britischen Seefahrer Thomas Button (1557-1634) erforscht. Ihm folgten seine Landsleute Luke Foxe (1586-1635) und Thomas James (1593-1635). Die Bucht wurde nach ihrem Entdecker Henry Hudson benannt. Er hatte London 1610 mit der „Discovery" verlassen und die Bucht von 1610 bis 1611 erforscht, nachdem ihm die dritte Überwinterung in der Arktis gelungen war. Vor ihm hatten bereits Hugh Willowby (1500-1554) im Jahr 1554 und Willem Barents (1550-1597) im Jahr 1597 in der Arktis überwintert. Hudson kam zusammen mit seinem 13-jährigen Sohn und sieben Seeleuten nach einer Meuterei ums Leben. Die Meuterer hatten ihn in einem Beiboot im Süden der James Bay ausgesetzt. Henry Hudson erreichte 1607 die damalige Rekordmarke von 80° 23'N in der Nähe von Spitzbergen. Sein Rekord wurde erst 1773 vom britischen Seefahrer Constantin Phipps gebrochen, der 80° 48'N nördlich Spitzbergen erreichte. Er wurde von einem 15-Jährigen begleitet, der später als Admiral Horatio Nelson (1758-1805) Geschichte schreiben sollte. Der britische Seefahrer Thomas Button (1575-1634), der 1612 und 1613 Henry Hudson in der Bucht suchte, überwinterte mit seinen beiden Schiffen in der Mündung des Flusses Nelson in der Nähe von Port Nelson, das heute York Factory heißt. 1999 durchquerte der französische Abenteurer Nicolas Vanier (geb. 1962) die südliche Küste über 1700 Kilometer mit Hundeschlitten von Churchill (21. Februar 1999) nach Moose Factory (12. März 1999). Die Hudson Bay Company wurde in London am 2. Mai 1670 vom Admiral Prinz Rupert (1619-1682) gegründet. Ein Fluss, der in die Rupert-Bucht mündet, trägt seinen Namen. Die Gründungsurkunde der Gesellschaft wurde vom britischen König Karl II. (1630-1685) unterzeichnet. 200 Jahre später zahlte Kanada an die Gesellschaft 1,5 Millionen Dollar, um das Gebiet zu erwerben. Die Abkürzung der Hudson Bay Company HBC wurde von den Kanadiern auch als „Here Before Christ" verballhornt.

Independence (Fjord) – An der Nordostküste Grönlands gegenüber von Peary-Land liegt dieser Fjord, der am 4. Juli 1892 vom amerikanischen Seefahrer und Forscher Robert Edwin Peary

(1856-1920) entdeckt und von ihm seinen Namen bekam. Er dachte, dass es sich bei dem Land, das seinen Namen trägt, um eine Insel handelte. Der Seefahrer und Polarforscher Mylius Erichsen (1872-1907) verwandelte die Meerenge in einen Fjord, nachdem er 1907 festgestellt hatte, dass Peary-Land eine Halbinsel ist.

Inglefield (Bucht) – Zwischen der amerikanischen Militärbasis Thule und dem gleichnamigen Inuit-Dorf liegt diese Bucht, die den Namen des britischen Seefahrers und Forschers Edward Inglefield (1820-1894) trägt, der vor allem die Smith-Meerenge zwischen 1852 und 1853 mit seinem Schiff „Isabelle" erforschte. Er wurde vom französischen Seefahrer Joseph-René Bellot (1826-1853) begleitet, der im Alter von 27 Jahren in einer Gletscherspalte am Donnerstag, 18. August 1853 in der Nähe von Kap Bowden im Westen der Insel Devon bei der Inglefield-Expedition zur Nordwestpassage ums Leben kam.

Islands (Bucht) – Im Norden der neuseeländischen Nordinsel liegt diese Bucht, an deren Küste in der Stadt Waitangi im Jahr 1840 der gleichnamige Vertrag unterzeichnet wurde. Am 6. Mai 1772 betrat der französische Seefahrer Nicolas Marion-Dufresne (1724-1772) die Küste. Er wurde zusammen mit 29 Mitgliedern seiner Mannschaft von den Maoris getötet, die ihre Opfer eine Woche später verzehrten.

James (Bucht) – Im Süden der Hudson-Bucht liegt diese Bucht, die von Ontario und Québec begrenzt wird. In ihrer Mitte liegt die Insel Akimiski. An der Küste Québecs befindet sich ein großes Wasserkraftwerk. Die Bucht wurde 1610 vom britischen Seefahrer Henry Hudson (1550-1611) entdeckt. Sie trägt den Namen des britischen Seefahrers und Forschers Thomas James (1593-1635), der die Bucht zwischen 1631 und 1632 mit seinem Schiff „Henriette-Marie" auf der Suche nach der Nordwestpassage erforschte und der auf der Insel Charlton im Südosten der Bucht überwinterte.

Jenissei (Bucht) – Vor der Mündung des gleichnamigen Flusses liegt diese Bucht in Sibirien.

Joseph-Bonaparte (Golf) – Im Norden Australien zwischen dem Nord- und West-Territorium liegt dieser Golf, der nach Joseph Bonaparte (1768-1844), dem älteren Bruder von Napoleon I. (1769-1821) und spanischem König (1808-1813), benannt wurde. Verantwortlich dafür ist vermutlich der französische Seefahrer Claude Reycinet (1779-1842), der in Toulon am 17. September 1817 mit den Schiffen „Uranie" und „Coquille" zu einer Weltreise aufgebrochen war.

Kalifornien (Golf) – Im Süden des amerikanischen Bundesstaats zwischen der mexikanischen Küste und der Halbinsel Baja California liegt dieser Golf.

Kane (Becken) – Zwischen Grönland und der Insel Ellesmere und zwischen den Meerengen von Smith und Nares liegt dieses Becken. Es trägt den Namen des amerikanischen Forschers Elisha Kent Kane (1820-1857), der es zum ersten Mal 1853 mit der „Advance" erreichte. Er überwinterte hier zwischen 1853 und 1855 während seiner Suche nach dem verschollenen britischen Seefahrer Sir John Franklin (1786-1847). Seine Expedition wurde von Henry Grinnell (1799-1874) gefördert.

Kara-Bogas (Golf) – Der Golf liegt im Osten des Kaspischen Meeres an der turkmenischen Küste.

Katanga (Bucht) – Zwischen der Halbinsel Tamir und Nordsibirien liegt diese Bucht, die nach der gleichnamigen Stadt benannt wurde. Ihr Flughafen dient als Zwischenlandeplatz der Flüge zwischen Moskau und den russischen Polarforschungsstationen.

King (Bucht) – Im Nordwesten Spitzbergens liegt diese Bucht. Vier Gletscher, von denen sich immer wieder riesige Eisberge lösen, münden in diese Bucht. An ihrer Südwestküste liegt das Dorf

Ny-Alesund, die nördlichste Gemeinde der Welt (78° 55'N).

King Oscar (Fjord) – An der Ostküste Grönlands liegt dieser Fjord, der den Namen von Oscar I. (1799-1859), König von Schweden und Norwegen (1844-1859), trägt.

Kotzebue (Bucht) – Im Osten der Beringstraße und im Norden der Halbinsel Seward in Alaska liegt diese Bucht. Sie trägt den Namen des russischen Seefahrers Otto von Kotzebue (1787-1846), der die Küste Alaskas zwischen 1815 und 1818 kartografierte.

Kuskokwim (Bucht) – Die Bucht liegt im Osten der Beringsee an der Südwestküste Alaskas. Sie wurde nach dem russischen Seefahrer Kuskokwim benannt.

Lady Franklin (Bucht) – Im Nordosten der Insel Ellesmere gegenüber der Robeson-Meerenge liegt diese Bucht. An ihrer Nordküste befindet sich Fort Conger. An dieser Stelle überwinterte Henry Stephenson mit der „Discovery" zwischen 1775 und 1776. Er gehörte zu der vom schottischen Polarforscher George Nares (1831-1935) geleiteten Expedition. Der Forscher Adolph Washington Greely (1844-1935) schlug hier ebenfalls sein erstes Winterlager auf. Während seiner Erforschung von Grinnell-Land erreichte James Lockwood, der zu seiner Mannschaft gehörte, am 13. Mai 1882 die nördliche Breite von 83° 24'N. Nachdem ihr Schiff „Proteus" 1882 in der Smith-Meerenge Schiffbruch erlitten hatte, überlebten nur sieben (darunter Greely) der ursprünglich 25 Männer ein weiteres Winterlager. Sie wurden schließlich am 22. Juni 1884 von der „Thetis" gerettet. Der amerikanische Polarforscher Robert Edwin Peary (1856-1920) lagerte ebenfalls hier von 1899 bis 1901. Peary mussten seine erfrorenen Zehen amputiert werden. Zahlreiche wissenschaftliche Beobachtungen wurden in der Nähe des Forts gemacht, darunter auch des Tidenhubs. Die Bucht wurde zu Ehren von Lady Jane Franklin (1792-1875) benannt. Sie hatte 1828 den britischen Seefahrer und Polarforscher Sir John Franklin (1786-1847) geheiratet, der mit seiner Mannschaft bei dem Versuch, die Nordwestpassage zu bezwingen, sein Leben verlor. Sie finanzierte und organisierte zahlreiche Expeditionen, um das Schicksal ihres Gatten zu klären.

Larsen (Packeisfeld) – Östlich der Antarktischen Halbinsel liegt dieses Packeisfeld gegenüber der Weddell-See. Es trägt den Namen des norwegischen Seefahrers Carl Anton Larsen (1860-1924). Durch die Erwärmung der Erde um drei Grad seit dem Beginn des 20. Jahrhunderts und einem extrem milden Winter im Jahr 2001 hat sich ein 3300 Quadratkilometer messender Teil des Feldes gelöst und sich in Tausende Eisberge zerteilt.

Liddon (Bucht) – Im hohen Norden Kanadas, nördlich der Insel Melville, liegt diese Bucht, die vom britischen Seefahrer William Edward Peary (1790-1855) nach seinem Stellvertreter während der Überwinterung auf dieser Insel zwischen 1819 und 1820 benannt wurde. Nachdem es ihnen gelungen war, 110°W zu erreichen, konnten sie die vom britischen Parlament ausgesetzte Prämie in Höhe von 5000 Pfund kassieren.

Lion (Golf) – Westlich des Rhônedeltas liegt dieser Golf vor der französischen Mittelmeerküste.

McClintock (Fjord) – Im Norden der Insel Ellesmere liegt dieser Fjord. Er trägt den Namen des britischen Seefahrers Francis Leopold McClintock (1819-1907), der zwischen 1857 und 1859 eine Suchexpedition nach dem verschollenen Sir John Franklin (1786-1847) organisierte.

Mackenzie (Bucht) – Nördlich des kanadischen Bundesstaates Yukon in der Beaufort-See liegt diese Bucht, in die sich der Fluss Mackenzie ergießt. Die Bucht und der Fluss wurden nach dem schottischen Forscher Alexander Mackenzie (1764-1820) benannt, der in dieser Region zahlreiche Expeditionen unternahm.

Maracaibo (See) – Der an der venezolanischen Küste gelegene See ist mit dem offenen Meer durch eine Meerenge verbunden. Er wurde im August 1499 vom Kartografen Juan de la Cosa (1460-1510) und den Seefahrern Alfonso de Hojeda (1468-1516) und Amerigo Vespucci (1454-1512) entdeckt. Nachdem sie auch den Golf von Venezuela entdeckt hatten, gaben sie der Region ihren Namen, der „Kleines Venedig" bedeutet. Der See liegt genau zwischen zwei Bergen, die eine identische Höhe von 5775 Metern aufweisen: Cristobal Colón, benannt nach dem Entdecker Kolumbus (1451-1506), und Simon Bolivar, benannt nach dem Befreier Südamerikas General Simon Bolivar (1783-1830). Amerigo Vespucci sichtete Südamerika zwar ein Jahr nach Kolumbus, dennoch wurde sein Vorname als Namen für den neuen Kontinent gewählt. Zum ersten Mal taucht „Amerika" 1507 auf der Weltkarte „Universalis Cosmographia" des deutschen Kartografen Martin Waldseemüller (1475-1521) auf.

Markham (Fjord) – Im nordwestlichen Grönland liegt dieser Fjord, den George Nares (1831-1915) nach dem britischen Geografen Sir Clements Markham (1830-1916) benannte. Markham hatte an einer Expedition durch die Nordwestpassage (1850-1851) teilgenommen und amtierte von 1863 bis 1888 als Generalsekretär der Royal Geographical Society, deren Präsident er von 1893 bis 1905 war. Nares förderte auch die Expedition zum Nordpol im Jahr 1875 und vor allem die Südpolexpedition von Robert Falcon Scott (1868-1912) im Jahr 1902. Möglicherweise trägt der Fjord aber auch den Namen des britischen Polarforschers Albert Markham (1841-1918), der während der 1875 bis 1876 von George Nares organisierten Expedition Kapitän der „Alert" war.

Massacre (Bucht) – Die Bucht in Neuseeland verdankt ihren Namen der Tatsache, dass der französische Seefahrer Marc-Joseph Marion-Dufresne (1724-1772) hier zusammen mit 15 seiner Männer am 12. Juni 1772 von den Maori getötet und später verspeist wurde. Am darauf folgenden Tag erlitt ein Dutzend Seeleute das gleiche Schicksal.

Melville (Bucht) – Nördlich der Baffin-Bucht in der Nähe von Grönland liegt diese Bucht. Sie trägt den Namen von Robert Saunders Dundas, zweiter Viscount Melville (1771-1851), der von 1812 bis 1830 als First Lord der Admiralität amtierte. Gleichzeitig ehrt der Name auch den amerikanischen Seefahrer George Wallace Melville (1841-1912), der die „Jeannette" bei der Expedition seines Landsmannes George de Long (1844-1881) kommandierte.

Mercy (Bucht) – Im Norden der Insel Banks liegt diese Bucht. Die Mannschaft der „Investigator" des Briten John McClure (1807-1873) erlebte hier eine schwierige Überwinterung (1852-1853). Am 6. April 1853 traf McClure Leutnant Pim von der „Resolute", der zu Fuß nach Spuren der Expedition von Sir John Franklin (1786-1847) suchte. McClure musste sein Schiff verlassen und mit seiner Mannschaft auf der „Resolute" nach Großbritannien zurückkehren. Nach dem Schiffbruch der „Resolute" kehrten die Männer auf der „North Star" in die Heimat zurück.

Mertz (Packeisfeld) – Nicht weit von Kap Denison entfernt liegt dieses Eisfeld, wo der australische Forscher Douglas Mawson (1882-1958) von 1912 bis 1914 überwinterte. Das Feld trägt den Namen des Schweizer Geologen Xavier Mertz, der am 7. Januar 1913 vor Erschöpfung im Schlaf starb. Er gehörte zur Expedition von Mawson, die den magnetischen Südpol erforschen wollte.

Mexiko (Golf) – Zwischen der amerikanischen Südküste und der mexikanischen Nordküste liegt dieser Golf. Er hat eine Oberfläche von 1,5 Millionen Quadratkilometern, die von 5000 Kilometern Küste eingerahmt werden.

Montego (Bucht) – In der Karibik vor der Küste Jamaikas und in der Nähe der Stadt Montego Bay liegt diese Bucht. In Montego Bay wurde am 10.

Dezember 1982 die Meereskonvention der Vereinten Nationen unterzeichnet. Zwölf Jahre später trat sie am 16. November 1994 in Kraft. Sie besteht aus 320 Artikeln, die in 17 Kapitel und neun Anhängen aufgeteilt sind. Bisher haben 137 Staaten der Konvention zugestimmt. Sie definiert vor allem die Vorrechte der Küstenstaaten in fünf maritimen Zonen:
1. Die Küstengewässer zwischen der Küstenlinie und der Linie bei Niedrigwasser.
2. In einer Zone von zwölf Seemeilen ist der Küstenstaat der Souverän.
3. In einer Zone zwischen zwölf und 24 Meilen kann der Küstenstaat aus Gesundheits-, Zoll- oder Steuergründen eingreifen.
4. In einer wirtschaftlichen 200-Meilen-Zone kann der Staat die Ressourcen des Meeres erforschen und ausbeuten.
5. Über die 200-Meilen-Grenze hinaus beginnen die internationalen Gewässer, die allen Staaten zugänglich sind. Meerengen sind von diesen Bestimmungen ausgenommen, um es U-Booten oder Schiffen verschiedener Nationen zu gestatten, sie zu durchqueren.

Murphy (Bucht) – Östlich der französischen Forschungsstation Dumont-d'Urville in der Antarktis liegt diese Bucht, die den Namen des berühmten amerikanischen Physikers William Murphy (1892-1987) trägt. Ihm verdanken wir das berühmte „Murphy-Gesetz". Nicht weit von dieser Bucht entfernt fanden drei australische Polarforscher den Tod.

Ninnis (Packeisfeld) – An der Küste der Antarktis liegt dieses Packeisfeld am Rande der Dumont-d'Urville-See. Es liegt nicht weit von Kap Denison entfernt, wo der australische Polarforscher Douglas Mawson (1882-1958) mit seiner Mannschaft zwischen 1912 und 1914 überwinterte. Das Feld trägt den Namen des australischen Forschers Ninnis, der am 14. Dezember 1912 beim Sturz in einer Gletscherspalte ums Leben kam.

North Star (Bucht) – Im Nordwesten Grönlands liegt diese Bucht in der Nähe der amerikanischen Militärbasis Thule. Sie trägt den Namen des Schiffes „North Star" des britischen Seefahrers James Saunders, der zum ersten Mal in dieser Bucht zwischen 1849 und 1850 überwinterte.

Norton (Bucht) – Im Südosten der Beringstraße liegt diese Bucht südlich der Halbinsel Seward.

Ob (Golf) – Vor der Mündung des gleichnamigen Flusses in Nordsibirien liegt dieser Golf.

Oman (Golf) – Im Osten der Straße von Hormus zwischen Iran und dem Sultanat Oman liegt dieser Golf.

Papua (Golf) – Im Süden von Papua-Neuguinea und nordöstlich der Torres-Straße liegt dieser Golf.

Paria (Golf) – Zwischen der Insel Trinidad, der venezolanischen Halbinsel Paria und dem Orinoco-Delta liegt der Golf, der am 4. August 1498 von Kolumbus (1451-1506) entdeckt wurde. Am darauf folgenden Tag war er der erste Europäer, der den südamerikanischen Kontinent sichtete. Einer seiner Offiziere, Pedro de Torreros, war der Erste, der ihn betrat. Am 6. August wurde das Gebiet offiziell in Besitz genommen.

Parry (Bucht) – Im autonomen Gebiet Nunavut im hohen Norden Kanadas liegt diese Bucht zwischen dem Foxe-Becken und der Halbinsel Melville. Sie trägt den Namen des britischen Polarforschers William Edward Parry (1790-1855), der die Bucht zwischen 1819 und 1820 mit seinen Schiffen „Hecla" und „Griper" befuhr. Er kassierte bei dieser Gelegenheit die vom britischen Parlament ausgesetzte Prämie in Höhe von 5000 Pfund, weil er später 110°W in der Nordwestpassage erreichte.

Penas (Golf) – Im Osten des Pazifiks liegt der Golf bei den chilenischen Inseln Patagoniens.

Penschina (Bucht) – Zwischen dem Golf von Scheljeschow und der Halbinsel Kamtschatka liegt diese Bucht.

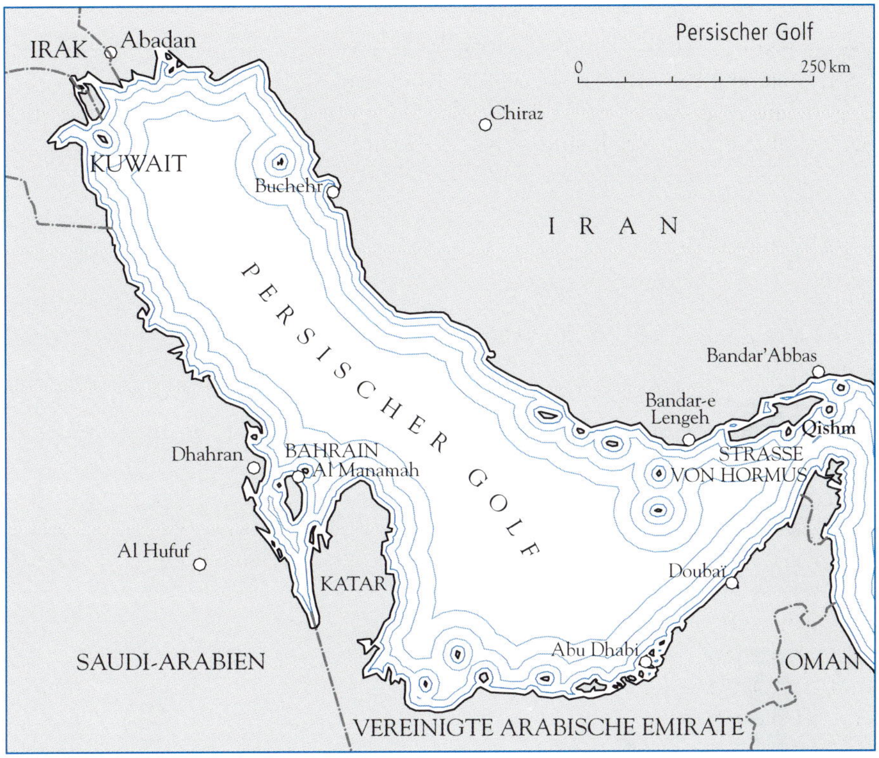

Persischer Golf – Zwischen der Meerenge von Hormus, den Vereinigten Arabischen Emiraten, Saudi-Arabien, Bahrein, Kuwait, Irak und Iran liegt der Persische Golf, der eine Oberfläche von 230.000 Quadratkilometern hat. Der norwegische Seefahrer Thor Heyerdahl organisierte 1977 die Expedition Tigris durch den Golf. Er durchquerte dabei die Straße von Hormus und erreichte Dschibuti im März 1978. Er musste seine Fahrt in Dschibuti aus Sicherheitsgründen abbrechen. Er verbrannte sein Boot als Mahnmal für den Weltfrieden.

Prinz Albert (Bucht) – In der kanadischen Arktis zwischen der Inseln Victoria und dem Amundsen-Golf liegt diese Bucht, die vermutlich zu Ehren des Prinzen Albert von Sachsen (1819-1861), Gatte der britischen Königin Victoria, benannt worden ist. Es ist aber auch möglich, dass sie den Namen des Schiffes „Prince Albert" trägt, das vom britischen Seefahrer Charles Forsyth zwischen dem 5. Juni 1850 und 1. Oktober 1850 kommandiert wurde. Mit einer 16 Mann starken Besatzung hatte die „Prince Albert" Aberdeen verlassen. Lady Jane Franklin (1792-1875) hatte die Expedition, die ihren verschollenen Mann suchen sollte, finanziert. Sir John Franklin (1786-1847) war seit 1845 mit seinen beiden Schiffen „Erebus" und „Terror" in der Arktis verschollen. Die „Prince Albert" umrundete später am 22. Juni 1851 unter dem Kommando des britischen Seefahrer William Kennedy das Kap Farewell im Süden Grönlands und saß vom 24. August 1851 bis Mai 1852 im Packeis fest. Während dieser Zeit legten die Männer, die ebenfalls nach Franklin suchten, bei langen Märschen Lebensmittelvorräte bis zum 100. Breitengrad an. Bei dieser Gelegenheit entdeckte der französische Seefahrer Joseph-René Bellot (1826-1853) die Meerenge, die seinen Namen trägt. Die Bucht kann aber auch den Namen des monegassischen Prinzen Albert I. (1848-1922) tragen, der zwischen 1889 und 1922 mehrere Expeditionen um Spitzbergen herum mit seinem Schiff „Princesse Alice" leitete.

Prince William (Bucht) – Im Süden Alaskas und östlich des Hafens Whittier liegt diese Bucht, die von Anchorage aus mit einer Eisenbahn erreicht werden kann. Die Bucht trägt vermutlich den Namen des Prinzen William (geb. 1982), dem gemeinsamen Kind des britischen Thronfolgers Prinz Charles (geb. 1948) und Lady Diana Spencer (1961-1997). Am 24. Mai 1989 fuhr der Öltanker „Exxon Valdez“ hier auf Grund und verlor 40.000 Tonnen Rohöl, die die Küsten der Bucht verschmutzten.

Queen Maud (Golf) – Im autonomen Gebiet Nunavut im hohen Norden Kanadas liegt dieser Golf zwischen den Inseln King William und Victoria. Er wurde nach der Königin Maud (1869-1938), der Gattin des norwegischen Königs Haakon VII., benannt.

Raleigh (Bucht) – Östlich des amerikanischen Bundesstaates North Carolina liegt diese Bucht. Hier befindet sich ein Nationalpark. Sie wurde nach dem britischen Seefahrer Walter Raleigh (1552-1618) benannt, der die Küste und ihre Inseln 1585 und 1586 erforschte.

Rasmussen (Becken) – Im autonomen Gebiet Nunavut im hohen Norden Kanadas liegt dieses Becken südöstlich der Insel King William. Sie trägt den Namen des dänischen Forschers Knud Rasmussen (1879-1933), der zahlreiche Expeditionen mit Hundeschlitten in der kanadischen Arktis organisierte. Der von den 105 Überlebenden der Schiffe „Erebus“ und „Terror“ der Franklin-Expedition gesuchte Fluss mündet in diese Bucht. Er trägt heute den Namen seines Entdeckers George Black (1796-1878).

Ronne (Packeisfeld) – Das Packeisfeld liegt in der Antarktis und trägt den Namen des amerikanischen Forschers Finn Ronne, der 1947 und 1948 Expeditionen in der Antarktis leitete. Er gab diesem Feld auch den Vornamen seiner Frau Edith.

Ross (Packeisfeld) – Das Ross-Eisschelf liegt in der Antarktis südlich der Insel Ross. Es wurde nach dem britischen Seefahrer James Clark Ross (1800-1862) benannt, der am 22. Januar 1841 78° 10'S am 22. Januar 1841 und einen Tag später 78° 83'S erreichte.

Rupert (Bucht) – Im Südosten der James Bay in Quebec und an der Mündung des Flusses Rupert in der Nähe von Fort Rupert (heute Waskaganish) liegt diese Bucht. Bucht, Fluss und Dorf tragen den Namen von Prinz Rupert (1619-1682), der zu den Gründern der berühmten Hudson Bay Company gehörte und zudem an der Gründung der britischen Royal Society beteiligt war.

Sankt Lorenz (Golf) – Begrenzt durch die kanadischen Provinzen Nova Scotia, Prince Edward, Neubraunschweig, Québec und Neufundland liegt dieser Golf im östlichen Kanada. Er wurde im Jahr 1001 vom Wikinger Leif Erikson, Sohn des berühmten Erik der Rote, entdeckt. Er nannte diese Region „Vinland“. Der Sankt-Lorenz-Strom verlängert den Golf bis Montréal. Er hat eine Ober-

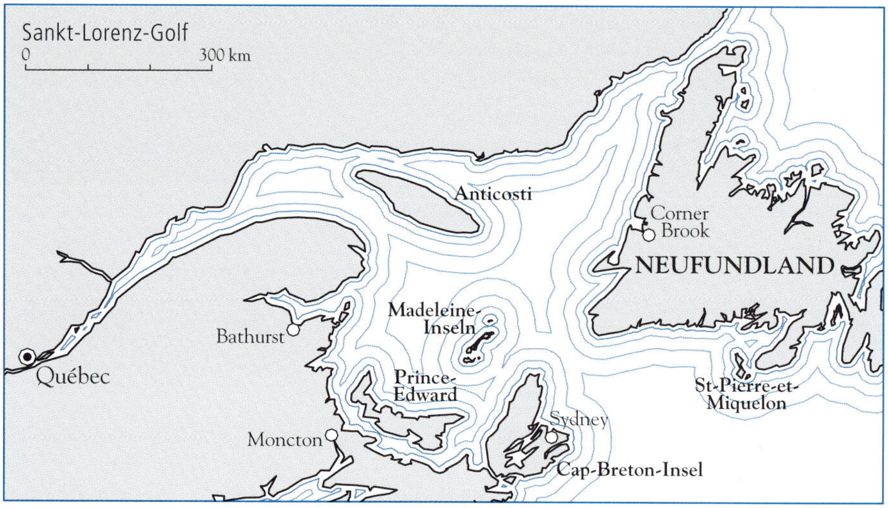

fläche von 230.000 Quadratkilometern. Er wurde am 10. August 1535 vom französischen Seefahrer Jacques Cartier (1491-1557) während seiner zweiten Entdeckungsfahrt nach Kanada nach dem Heiligen des Tages benannt. Bei dieser Fahrt starben 25 Männer an Skorbut.

Scheljeschow (Golf) – Im Süden Sibiriens und im Norden der Ochotskischen See liegt der Golf, der den Namen des russischen Seefahrers Alexej Scheljeschow (1703-1748) trägt, der 1741 die Beringsee zusammen mit Vitus Bering (1680-1741) bis Alaska erforschte.

Schweinebucht – Im Süden Kubas liegt diese Bucht zwischen den Stränden Larga und Giron. Von den USA unterstützte Söldner landeten hier am 17. April 1961, um Fidel Castro zu stürzen. Nach dreitägigen Kämpfen siegten die kubanischen Truppen. Mehr als 100 Söldner wurden getötet, 1100 gerieten in Gefangenschaft. Sie wurden im Dezember 1962 gegen Lebensmittel- und Medikamentenlieferungen ausgetauscht, die einem heutigen Wert von 300.000 Euro entsprachen.

Shackleton (Packeisfeld) – In der Antarktis entlang von Queen-Mary-Land liegt dieses Packeisfeld, wo sich die russische Forschungsstation Mirny befindet. Das Feld trägt den Namen des irischen Forschers Ernest Shackleton (1874-1922), der mit seinen Mannschaftsmitgliedern Jameson Adams, Eric Marshall und Frank Wild am 9. Januar 1909 88° 23'S erreichte.

Shark (Bucht) – In der Nähe der australischen Insel Dirk Hartog vor der Nordwestküste Australiens liegt diese Bucht. Der holländische Seefahrer Dirk Hartog betrat hier als erster Europäer am Dienstag, 25. Oktober 1616 den neuen Kontinent und nannte ihn „Neuholland". Tatsächlich handelte es sich um Australien. Anderthalb Jahrhunderte später betrat der französische Seefahrer Louis de Saint-Allouarn (1738-1772) am 30. März 1772 die in der Nähe gelegene Insel Dirk Hartog und nahm sie in Besitz. Aus diesem Grund gehört die Bucht zum von der Unesco geschützten Weltkultuerbe.

Sherard Osborn (Fjord) – Im Norden Grönlands liegt dieser Fjord am Rande des Nordpolarmeers. Er trägt den Namen des britischen Seefahrers und Forschers Sherard Osborn, der die „Pioneer" kommandierte, die zur Expedition (1852-1854) von Edward Belcher (1799-1877) gehörte. Er erforschte bei seiner Suche nach dem verschollenen Sir John Franklin (1786-1847) vor allem die Insel Bathurst und musste sein Schiff im Wellington-Kanal aufgeben, um keine weitere Überwinterung zu riskieren.

Spencer (Golf) – Im Süden Australiens liegt dieser Golf. Hier befindet sich die Stadt Port Pirie, eine Station der australischen Indian-Pacific-Eisenbahn. Er wurde nach dem britischen Seefahrer George John Spencer (1758-1834) benannt, der 1794 als First Lord der Admiralität amtierte.

St. George (Fjord) – Der Fjord liegt im Norden von Knud-Rasmussen-Land auf Grönland. Er wurde an einem 23. April entdeckt und trägt den Namen des Heiligen, dem an jenem Tag gedacht wurde.

St. Matthew (Golf) – Im Südatlantik nördlich der Halbinsel Valdez liegt dieser Golf, der an einem 14. Mai, dem Tag des heiligen Matthias, entdeckt wurde.

Tas (Bucht) – Im arktischen Sibirien liegt diese Bucht, die zum Ob-Golf gehört.

Tasman (Golf) – Im Norden der neuseeländischen Südinsel liegt der Golf, der nach dem holländischen Seefahrer Abel Tasman (1703-1759) benannt wurde.

Temple (Bucht) – Im Norden Australiens, östlich der Halbinsel York, liegt diese Bucht. Sie trägt den Namen des britischen Seefahrers Richard Temple

(1711-1779), der von 1756 bis 1757 als First Lord der Admiralität amtierte.

Thailand (Golf) – Im Osten und Süden Thailands liegt dieser Golf.

Tonkin (Golf) – Zwischen China, der chinesischen Insel Hainan und Vietnam liegt dieser Golf.

Tschaun (Bucht) – Im Norden Sibiriens liegt diese Bucht.

Tschekaja (Bucht) – Diese Bucht liegt im Norden Sibiriens und östlich der Halbinsel Kanin. Sie geht in die Barentssee über.

Ungava (Bucht) – Südlich der Hudson-Meerenge in autonomen Gebiet Nunavut liegt diese Bucht im hohen Norden Kanadas.

Van Diemen (Golf) – Nordöstlich der australischen Stadt Darwin an der Nordküste des Kontinents liegt diese Bucht, die nach dem Holländer Anthony van Diemen (1593-1645) benannt wurde. Er war Generalgouverneur der Ostindischen Kompanie in Batavia und genehmigte seinem Landsmann Abel Tasman (1603-1659) die von 1642 bis 1643 realisierte Entdeckungsfahrt. Im Laufe dieser Fahrt entdeckte Tasman die Insel Tasmanien, Neuseeland und Fidschi.

Venezuela (Golf) – Im Süden der Karibik vor der Küste Venezuelas liegt dieser Golf, der 1499 vom Kartografen Juan de la Cosa (1460-1510) und den Seefahrern Alfonso de Ojeda (1468-1516) sowie Amerigo Vespucci (1454-1512) entdeckt wurde. Bei der Entdeckung des Maracaibo-Sees gaben sie dem neuen Gebiet den Namen Venezuela („Kleines Venedig“). Obwohl Amerigo Vespucci den südamerikanischen Kontinent ein Jahr nach Kolumbus sichtete, gab er dem Gebiet seinen Vornamen.

Victor (Bucht) – Westlich der französischen Forschungsstation Dumont-d'Urville in der Antarktis liegt diese Bucht. Sie wurde nach dem französischen Forscher Paul-Emile Victor (1907-1995) benannt, der zahlreiche Expeditionen leitete.

Victoria (Fjord) – Der im Norden Grönlands gelegene Fjord trägt den Namen der britischen Königin Victoria (1819-1901).

Vigo (Bucht) – In Nordspanien vor der gleichnamigen Hafenstadt liegt diese Bucht. In dieser Bucht fand am 22. Oktober 1702 eine Seeschlacht zwischen einer britisch-holländischen Flotte mit 30 Schiffen, die vom britischen Admiral George Rooke (1650-1709) kommandiert wurde, und einer spanisch-französischen Flotte unter dem Kommando von François-Louis Châteaurenault und Manuel Velasco statt. Die siegreichen Briten versenkten zahlreiche gegnerische Schiffe und sicherten sich einen Schatz von zwei Tonnen Silber.

West (Packeisfeld) – An der Küste Leopold und Astrid liegt dieses Packeisfeld in der Antarktis. Hier befindet sich die australische Forschungsstation Mawson, die den Namen des australischen Polarforschers Douglas Mawson (1882-1958) trägt.

Whale (Bucht) – Im Süden der Prince-William-Bucht liegt diese Bucht, in der sich viele Wale, Seehunde und Seeotter aufhalten.

Whales (Bucht) – Vor dem Ross-Eisschelf liegt diese Bucht in der Antarktis. Der norwegische Seefahrer und Polarforscher Roald Amundsen (1872-1928) startete von hier aus am 19. Oktober 1911 in Richtung Südpol, den er am 14. Dezember 1911 zusammen mit Olav Bjaaland, Helmer Hanssen, Svere Hassel und Oscar Wisting erreichte. Am 25. Januar 1912 kehrten sie zu ihrer Basis Framheim in der Nähe ihres Schiffes „Fram“ zurück. 1929 richtete der amerikanische Admiral Richard Byrd (1888-1957) hier seine erste Basis „Little America“ ein. Von hier aus erforschte er die Antarktis aus der Luft und auf dem Eis. Er hielt sich hier zwischen dem 28. Dezember 1928 und dem 19. Februar 1930 auf. In dieser Zeit hatte er den Südpol mit seinem Flugzeug „Floyd Bennet“ am 26. November 1929 um 13.14 GMT erreicht. Seine Expedition wurde vor allem von der „New York Times“ und seinem Landsmann Charles Lindbergh (1902-1974) gefördert. Byrd hatte sein Flugzeug nach dem Piloten Floyd Bennet genannt, mit dem er am 9. Mai 1926 um 9.03 GMT den Nordpol erreicht hatte. Am 17. Januar 1934 kehrte Byrd zu seiner zweiten Expedition zurück. Bei dieser Forschungsreise überflog er mehrmals den Südpol und erforschte im Geländewagen, mit Hundeschlitten und zu Fuß die Region. Vier Monate lang hielt er sich in einer 200 Kilometer von „Little America“ entfernten Hütte auf, musste dann aber aus gesundheitlichen Gründen geborgen werden. Diesen Aufenthalt fasste er in seinem Buch „Alone“ zusammen.

Wood (Bucht) – Westlich von Kap Forward, dem südlichsten Kap Südamerikas, liegt diese Bucht in der Magellan-Straße. Sie trägt den Namen des britischen Kartografen John Wood, der die Meerenge zwischen 1669 und 1671 unter dem Kommando seines Landsmannes Narbourough erforschte.

Wright (Bucht) – Im Nordwesten Grönlands liegt diese Bucht, die nach dem Geografen Wright benannt wurde, der 1939 eine genaue Karte der Region um Thule zeichnete. Möglicherweise trägt sie aber auch den Namen des amerikanischen Flugpioniers Orville Wright (1871-1948), dem am 17. Dezember 1903 in Kitty Hawk der erste Motorflug der Welt gelang.

Mythische Kaps

Die Kaps markieren das Ende, wenigstens das vorläufige, der Welt. An diesen Stellen übernehmen die Meere die Herrschaft. Kaps waren aber auch immer die Orientierungspunkte der Seefahrer und Entdecker. In diesem Kapitel werden sie vorgestellt, wird die Geschichte ihrer Entdeckung erzählt.

Adare (71° 30'S und 170° 24'O) – In der Antarktis am Rand des Südpazifiks liegt dieses Kap. Der britische Seefahrer James Clark Ross (1800-1862) entdeckte am 11. Januar 1841 die Possession-Inseln im Süden von Kap Adare. Er hisste die britische Fahne, nahm die Küste in Besitz und nannte sie nach der britischen Königin Victoria (1819-1901). Am 18. Januar 1895 sichtete es der norwegische Walfänger Henryk Bull (1844-1930) ein weiteres Mal, bevor er den antarktischen Kontinent am 24. Januar bei Kap Adare betrat. Dem norwegischen Seefahrer Carsten Borchgrevnik (1864-1934) gelang 1900/1901 die erste Überwinterung in der Antarktis, nachdem er die Rekordmarke von 78° 50'S erreicht hatte. Während dieser Fahrt starb sein Landsmann, der Zoologe Nicolai Hansen, am 14. Oktober 1899 und wurde so der erste Mensch, der hier beerdigt wurde.

Admiral McClintock (74° 01'N und 91° 10'W) – Im Norden der Insel Somerset gegenüber der Barrow-Meerenge liegt dieses Kap, das den Namen des britischen Seefahrers Francis Leopold McClintock (1819-1907) trägt, der dieses Kap 1857 und 1859 bei der Suche nach dem verschollenen Sir John Franklin (1786-1847) passierte.

Agassiz (68° 30'S und 62° 30'W) – An der Antarktischen Halbinsel an der Wilkins-Küste liegt dieses Kap gegenüber dem Larsen-Packeisfeld. Es trägt den Namen des amerikanischen Ozeanografen Alexander Agassiz.

Agde (43° 16'N und 3° 30'O) – Cap d'Agde liegt im südlichen Frankreich im Departement Hérault und ragt ins Mittelmeer. Das Kap trägt den Namen der Stadt Agde. Die so genannte Richelieu-Mole verlängert es und dient so als Schutz des gleichnamigen Hafens, der nach Kardinal Richelieu (1585-1642) benannt ist, der die Mole noch bis zum Fort Brescou auf der benachbarten kleinen Insel verlängern wollte.

Aigle (43° 10'N und 5° 37'O) – Ein Kilometer südlich der französischen Stadt La Ciotat gegenüber der Mittelmeerinsel Verte liegt dieses Kap. Ein zweites Cap d'Aigle befindet sich auf dem französischen Überseegebiet Saint-Pierre-et-Miquelon.

Agulhas (34° 50'S und 20°O) – Am südlichen Ende Afrikas liegt dieses Kap 55 Kilometer weiter südlich als das berühmte Kap der Guten Hoffnung.

Aiguilles (46° 29'N und 1° 48'W) – Zwei Kilometer westlich des französischen Badeortes Les Sables d'Olonne liegt diese Landzunge. Auf ihr thront das Fort St. Nicolas.

Ail (43° 43'N und 7° 25'O) – Südlich von Monaco liegt dieses Kap, von dem aus man einen hervorragenden Blick auf das Fürstentum hat.

Aldrich (83° 06'N und 70° 30'W) – Das Kap, das zu Beginn des 20. Jahrhunderts noch Kap Columbia hieß, liegt im Norden der Insel Ellesmere, 759 Kilometer vom Nordpol entfernt. Von hier aus starteten zahlreiche Polarexpeditionen. Nur Kap Morris Jesup im Norden Grönlands liegt 56 Kilometer näher am Pol. Es trägt den Namen des Polarforschers Pelham Aldrich, der es 1875 passierte, als er Ellesmere erforschte und dabei 85°W erreichte. Aldrich war auch Leutnant an Bord des Forschungsschiffes „Challenger" bei einem Teil der Weltumrundung (1872-1876). Aldrich wurde später Admiral und half Robert Falcon Scott (1868-1912) bei dessen Polarexpeditionen. Am 1. März 1909 startete der amerikanische Polarforscher Robert Edwin Peary (1856-1920) von Kap Aldrich aus in Richtung Nordpol, den er am 23. April 1909 erreichte. Bei dieser Expedition kam das Expeditionsmitglied Ross Marvin am 10. April 1909 ums Leben.

Alexander (78° 10'N und 73°W) – Das Kap liegt gegenüber der Smith-Meerenge und ist das westlichste Grönlands.

Alprech (50° 42'N und 1° 34'O) – Im Südwesten der französischen Hafenstadt Boulogne liegt dieses Kap an der Küste des Ärmelkanals.

Ambre (11° 58'S und 49° 14'O) – Das Kap ragt auf Madagaskar in den Indischen Ozean und ist das nördlichste der Insel.

Anisi (76° 20'N und 138°W) – Im Nordwesten der Insel Kotelny im Neusibirischen Archipel liegt das nördlichste Kap dieser Inselgruppe. Am 25. Februar 2002 verließen die beiden belgischen Forscher Alain Hubert und Dixie Dansercoer das Kap, um auf Skiern den Nordpol zu erreichen und von dort zum Arktischen Kap auf Nowaja Semlja zurückzukehren. Sie mussten ihre Expedition aber am 23. April 2002 bei 80° 00' 58"N und 138° 01' 47"O) abbrechen.

Aniva (46° 03'N und 143' 30°O) – Das südlichste Kap der Insel Sachalin liegt gegenüber der La-Pérouse-Meerenge, die den Namen des französischen Seefahrers Jean-François de la Pérouse (1741-1788) trägt.

Antibes (43° 33'N und 7° 08'O) – Direkt neben der französischen Stadt Antibes liegt dieses Kap.

Antifer (49° 41'N und 0° 10'O) – Drei Kilometer südwestlich der französischen Stadt Etretat liegt dieses Kap, auf dem sich ein Leuchtturm befindet. Der Ölhafen von Antifer liegt vier Kilometer entfernt.

Arktisches Kap (81° 16'N und 95° 40'O) – Auf der russischen Insel Komsomolz befindet sich dieses Kap. Es ist das nördlichste Sibiriens. Es ist der Ausgangspunkt für Abenteurer, die das Nordpolarmeer auf Skiern über den Nordpol bis zur kanadischen Insel Ward Hunt überqueren wollen. Polarexpeditionen starten hier zumeist zwischen dem 15. Februar und 15. März am Ende der arktischen Nacht und vor dem Schmelzen des Packeises.

Armes (42° 59'N und 6° 12'O) – Im Süden der französischen Mittelmeerinsel Porquerolles liegt dieses Kap.

Barfleur (49° 42'N und 1° 16'W) – Die Landzunge liegt im Nordosten der französischen Halbinsel Cotentin an der Küste des Ärmelkanals. Sie trägt den Namen des drei Kilometer südlich gelegenen Hafen Barfleur. Der Leuchtturm von Gatteville ist mit einer Höhe von 72 Metern einer der höchsten der Welt. Er hat eine Reichweite von 29 Seemeilen.

Barrow (71°N und 156° 47'O) – Das Kap am Randes des Nordpolarmeers ist das nördlichste Alaskas. Es wurde nach dem britischen Schriftsteller John Barrow (1764-1848) benannt, der auch ein bekannter Polarforscher war. Er veröffentlichte eine Entdeckungsgeschichte der Arktis und war Gründer der Royal Geographical Society. Von 1804 bis 1845 amtierte er als Sekretär der Admiralität. Am 21. Februar 1968 verließ eine von Walter Herbert (geb. 1934) geleitete und vier Mann starke Expedition mit Hundeschlitten Kap Barrow, um am 29. Mai nach 64 Tagen Spitzbergen zu erreichen.

Bathurst (70° 31'N und 128°W) – Gegenüber dem Nordpolarmeer liegt das nördlichste Kap des kanadischen Nordwest-Territoriums. Der Polarforscher Robert John McClure passierte es 1850 und Roald Amundsen 1905 bei seiner Durchquerung der Nordwestpassage.

Bauld (51° 20'N und 55° 25'W) – Am nördlichsten Ende von Neufundland liegt dieses Kap gegenüber der Meerenge von Belle-Isle. In der Nähe befinden sich die Ausgrabungen von Anse-aux-Meadows. An diesem Ort trieben die Wikinger, die die Region Vinland nannten, am Anfang des 11. Jahrhunderts Handel mit den Eingeborenen. Am 14. Juli 1497 wurde es vom genuesischen Seefahrer Giovanni Cabot (1450-1499) wieder entdeckt.

Die Inseln am Rande der Pole

Island: Gletscher bedecken zwölf Prozent der Inseloberfläche. Der Golfstrom sorgt für ein einigermaßen ausgeglichenes Klima. Die Hälfte der 260.000 Einwohner lebt in der Hauptstadt Reykjavik.

Island: Der nördlichste Punkt Islands befindet sich genau auf dem Polarkreis bei 66° 33'N.

Antarktische Halbinsel: Touristen baden bei einer Temperatur von null Grad in einem von heißen Quellen gespeisten Tümpel.

Antarktis: Der Kontinent wurde zum ersten Mal am Donnerstag, 27. Januar 1820 vom russischen Seefahrer Fabian Benjamin von Bellingshausen bei 69° 21'S und 2° 14'W gesichtet.

Grönland: Dieses Dorf mit seinen bunten Häusern liegt an der Westküste zwischen Nuuk und Sukkertoppen.

Grönland: Der Hafen der Hauptstadt Nuuk (früher Godthab) ist das Ziel zahlreicher Abenteurer, die von hier aus zu ihren Expeditionen ins Inlandeis aufbrechen.

Grönland: Eisberge lösen sich regelmäßig von den Gletschern der Insel.

Grönland: Die Eisberge stellen auch heute noch eine Gefahr für die Schifffahrt dar.

Kerguelen: See-Elefanten ruhen sich am Strand von Ratmanoff aus. Die männlichen Exemplaren können bis zu vier Tonnen auf die Waage bringen.

Kerguelen: Christian Nau, Autor dieses Lexikons, wagte sich 1977 mit seinem Strandsegler unter die Pinguine.

Kerguelen: Die starken Winde der so genannten Roaring Forties haben diese ehemalige Walfängerstation vollständig zerstört. Die Inseln wurden von James Cook nach dem französischen Seefahrer Yves de Kerguelen benannt. Er hatte sie am Montag, 13. Februar 1772, entdeckt.

Grönland: Es gibt gewiss angenehmere und vor allem wärmere Gewässer als die eisige See vor Grönland, um sich mit einem Surfbrett aufs Wasser zu wagen.

Béar (42° 31'N und 3° 08'O) – An der Grenze zwischen Frankreich und Spanien liegt dieses Kap, das nach den meteorologischen Statistiken zu den windigsten Punkten Frankreichs zählt. Von hier aus hat man einen hervorragenden Blick auf die Côte Vermeille.

Belcher (75° 45'N und 81°W) – Im Nordosten der Insel Devon im autonomen Gebiet Nunavut im hohen Norden Kanadas liegt dieses Kap. Es trägt den Namen des britischen Seefahrers Edward Belcher (1799-1877).

Belknap (82° 31'N und 62° 10'W) – Das Kap liegt im Norden der Insel Ellesmere gegenüber dem Nordpolarmeer. Es wurde von den amerikanischen Forschern Charles Francis Hall (1821-1871) und Isaac Hayes (1832-1881) während ihrer Expedition zwischen 1871 und 1873 nach dem amerikanischen Verteidigungsminister Belknap (1829-1890) benannt.

Nénat (43° 05'N und 6° 22'O) – Fünf Kilometer südlich des französischen Badeortes Le Lavandou liegt dieses Kap am Mittelmeer. Es trägt den Namen des in der Nähe gelegenen Dorfes.

Berkeley (73° 55'N und 100° 15'W) – Im Norden der Insel Prince of Wales liegt dieses Kap im autonomen Gebiet Nunavut im hohen Norden Kanadas. Es trägt den Namen des britischen Seefahrers James Berkeley, der zwischen 1717 und 1737 als First Lord der Admiralität amtierte.

Bird (77° 10'S und 166° 40'O) – Das nördlichste Kap der Antarktisinsel Ross trägt seinen Namen wegen der zahlreichen Vogelkolonien, die vom britischen Seefahrer James Clark Ross (1800-1862) beobachtet wurden. Er entdeckte das Kap am 28. Januar 1841 mit seinen berühmten Schiffen „Erebus" und „Terror". Möglicherweise wollte Ross aber auch seinen Stellvertreter Edward Joseph Bird ehren.

Blanc (37° 20'N und 128°W) – Das Kap in Tunesien ist das nördlichste Afrikas.

Blanc (20° 45'N und 17° 03'W) – In der Nähe der mauretanischen Stadt Nouadhibou liegt dieses Kap, das 1441 vom portugiesischen Seefahrer Nuno Tristao (gest. 1447) entdeckt wurde.

Blanc-Nez (50° 55'N und 1° 40'O) – Im Pas de Calais ragt dieses Kap in die Nordsee. Von hier aus kann man an klaren Tagen die Kreidefelsen von Dover und bis zur belgischen Grenze sehen.

Boothby (67° 50'S und 57° 35'O) – In Enderby-Land in der Antarktis liegt dieses Kap gegenüber der Bucht Edward VIII. in der Nähe der australischen Forschungsstation Mawson. Es trägt den Namen des britischen Unternehmers Felix Booth, der die Expeditionen seines Landsmannes John Ross (1777-1856) finanzierte und ihm 1829 die „Victory" schenkte.

Branco (7° 08'S und 34° 45'W) – Das in Brasilien gelegene Kap ist das östlichste Südamerikas.

Breton (45° 47'N und 59° 48'W) – Auf der gleichnamigen kanadischen Insel liegt dieses Kap 14 Kilometer nordöstlich der Stadt Louisbourg am Sankt-Lorenz-Golf. Es wurde am 24. Juni 1497 vom genuesischen Seefahrer Giovanni Cabot (1450-1499) gesichtet. Es erhielt seinen Namen von Bretonen, die vor Neufundland fischten.

Brewster (70° 10'N und 22°W) – Das gegenüber der Scoresby-Meerenge am Rande der Grönlandsee gelegene Kap trägt den Namen des schottischen Physikers David Brewster (1781-1868).

Bridgman (83° 10'N und 29°W) – Das gegenüber Peary-Land gelegene Kap ist das zweit nördlichste Grönlands. Es bekam seinen Namen am 22. Mai 1900 vom amerikanischen Polarforscher Robert Edwin Peary (1856-1920), der damit Herbert Bridgman (1844-1920) ehrte, der 1899 und 1901 die Unterstützungsexpeditionen leitete. Bridgman war Vorsitzender des Peary Arctic Clubs, in dem vor allem die Sponsoren zusammengefasst waren. Der dänische Forscher J. P. Koch erreichte das Kap vom Osten im Mai 1907, und sein Landsmann Lauge Koch (1892-1964) passierte es am 22. Juni 1921.

Byron (38° 47'S und 153° 11'O) – An der Küste Queenslands liegt das östlichste Kap Australiens. Der britische Seefahrer James Cook (1728-1779) passierte es am Dienstag, 15. Mai 1770. Es trägt den Namen des britischen Seefahrers John Byron (1723-1786), der zahlreiche Inseln im Pazifik entdeckte.

Camarat (43° 12'N und 6° 41'O) – An der französischen Mittelmeerküste, neun Kilometer südöstlich von Saint-Tropez, liegt dieses Kap, von dem aus man einen hervorragenden Blick bis zur italienischen Grenze hat.

Canaveral (28° 28'N und 80° 28'W) – An der Ostküste des amerikanischen Bundesstaates Florida liegt dieses Kap in der Nähe des Weltraumbahnhofs der Nasa.

Carteret (49° 22'N und 1° 49'W) – Im Westen der französischen Halbinsel Cotentin liegt dieses Kap gegenüber den Kanalinseln. Es trägt den Namen des britischen Seefahrers Philip Carteret (gest. 1796), dem mehrere Weltumsegelungen gelangen.

Catastrophe (35°S und 135° 59'O) – Im australischen Spencer-Golf liegt dieses Kap, das seinen Namen den zahlreichen Schiffbrüchen in dieser Region verdankt.

Catocha (21° 38'S und 87° 08'W) – An der mexikanischen Küste gegenüber dem Kanal von Yucatan liegt dieses Kap 200 Kilometer östlich von Kuba. Es ist das nördlichste der Halbinsel Yucatan.

Cerbère (42° 26'N und 3° 10'O) – Zwischen der spanischen und französischen Grenze liegt das Kap, das zugleich das südlichste Frankreichs ist. Von hier aus hat man einen hervorragenden Blick über die Côte Vermeille.

Châteaux (16° 06'N und 61° 13'W) – Die Landzunge auf der französischen Karibikinsel Guadeloupe ist eine der bekanntesten der französischen Antillen. Von hier aus hat man einen hervorragenden Blick auf die Inseln Petite-Terre und Désirade. Das Kap Château hingegen liegt in der Bretagne, 26 Kilometer westlich der Insel Bréhat.

Chémoulin (47° 14'N und 2° 17'W) – Im Süden des Regionalparks Brière zwischen dem französischen Hafen St. Nazaire und dem Badeort La Baule liegt diese Landzunge an der Mündung der Loire.

Chèvre (48° 12'N und 4° 30'W) – Im Finistère, acht Kilometer südwestlich der Crozon, liegt dieses Kap, das zum Regionalpark Armorique gehört.

Chidley (70° 20'N und 64° 30'W) – Das gegenüber der Hudson-Meerenge liegende Kap ist die nördlichste Spitze Labradors.

Churchill (58° 47'N und 93° 15'W) – In der kanadischen Provinz Manitoba liegt dieses Kap gegenüber der Hudson Bay und 70 Kilometer von der gleichnamigen Stadt entfernt. Die Region wird von Anfang September bis Ende Oktober von zahlreichen Eisbären besucht. Kap, Stadt und der in der Nähe mündende Fluss tragen entweder den Namen des britischen Generals John Churchill Duke of Marlborough (1650-1722) oder des britischen Staatsmannes Winston Churchill (1884-1965), der zwischen 1911 und 1915 als First Lord der Admiralität und danach (1940 bis 1945 und 1951 bis 1955) als britischer Premierminister amtierte. Der Name kann aber auch von dem Schiff „Churchill" stammen, mit dem die britischen Seefahrer James Napper und Robert Crow 1737 nach der Nordwestpassage gesucht haben. Churchill hat drei Mal in der Woche eine Eisenbahnverbindung mit der Hauptstadt von Manitoba, Winnipeg.

Cod (42°N und 70°W) – Südöstlich von Boston liegt dieses Kap. Am 25. Juli 1956 um 23.10 Uhr kollidierte 100 Kilometer südlich das schwedische Passagierschiff „Stockholm" mit der italienischen „Andrea Doria". Bei der Kollision kamen 51 Menschen ums Leben. Das französische Schiff „Île de France" nahm die 1660 Überlebenden an Bord.

Colbeck (77°S und 157° 15'W) – An der nördlichsten Spitze der Halbinsel Edward VII. liegt dieses Kap in der Antarktis. Es trägt den Namen des britischen Seefahrers William Colbeck (geb. 1871), dem 1899 zusammen mit dem Norweger Carsten Borchgrevink (1864-1934) die erste Überwinterung in der Antarktis gelang. Dabei erreichten sie am 23. Februar 1900 die damalige Rekordmarke von 78° 50'S. Danach war er Kommandant der „Morning", die Robert Falcon Scott bei seiner ersten Südpolexpedition (1902 bis 1904) unterstütze. Die „Morning" verließ Neuseeland am 6. Dezember 1902 und entdeckte die Insel Scott am 25. Dezember. Am 29. Januar 1903 fand sie die Scott-Expedition, deren Schiff „Discovery" im Packeis festsaß. Scott und seine beiden Begleiter Ernest Shackleton (1874-1922) und Edward Wilson (1873-1912) hatten am 30. Dezember 1902 die Rekordmarke 82° 17'S erreicht. Weil Shackleton an Skorbut erkrankte, beschloss Scott, ihn auf der „Morning" nach England zurückzubringen. Er selbst verließ die Antarktis am 2. März 1903. Zehn Monate später kehrte er mit der „Terra Nova", kommandiert von Henry McKay, zurück. Colbeck und McKay sprengten die „Discovery" frei. Die drei Schiffe trafen schließlich am 1. April 1904 in Neuseeland ein.

Collinson (80° 05'N und 70° 30'W) – Im Nordosten der Insel Ellesmere gegenüber dem Hall-Becken liegt dieses Kap, das den Namen des britischen Seefahrers Richard Collinson trägt, der zwischen 1850 und 1855 Suchexpeditionen nach dem verschollenen Sir John Franklin (1785-1847) leitete.

Collinson (71° 15'N und 122° 15'W) – Im Südosten der Insel Banks gegenüber dem Amundsen-Golf liegt dieses Kap, das den Namen des britischen Seefahrers Richard Collinson trägt, der zwischen 1850 und 1855 Suchexpeditionen nach dem verschollenen Sir John Franklin (1785-1847) leitete.

Conguel (47° 28'N und 3° 04'W) – Gegenüber der Bucht von Quiberon liegt dieses Kap im Südosten der gleichnamigen französischen Halbinsel. Von hier aus hat man einen guten Blick auf die Inseln Houat und Belle-Isle.

Corse (43° 01'N und 9° 25'O) – Vom nördlichsten Kap der französischen Insel Korsika hat man einen hervorragenden Blick auf die kleine Insel Garaglia mit ihrem 85 Meter hohen Leuchtturm, der eine Reichweite von 29 Seemeilen hat. In klaren Nächten kann man seine weißen Signale noch auf der Insel Elba sehen.

Corsen (48° 25'N und 4° 48'W) – Gegenüber der französischen Insel Ouessant im Finistère liegt dieses Kap, das die westlichste Spitze Frankreichs bildet.

Creus (42° 19'N und 3° 19'O) – Das Kap, 18 Kilometer südöstlich von Kap Cerbère gelegen, ist die östlichste Spitze Spaniens.

Croisette (43° 12'N und 5° 20'O) – Im Süden der französischen Hafenstadt Marseille liegt dieses Kap, das vermutlich nach der berühmten Straße in Cannes benannt wurde. Ein weiteres Kap Croisette befindet sich in der Tat in der Nähe von Cannes.

Croisic (47° 18'N und 2° 32'W) – Zehn Kilometer vom französischen Badeort La Baule entfernt liegt diese Landzunge, die den Namen des gleichnamigen Fischerhafens trägt.

Cross (21° 49'S und 13° 57'W) – In Namibia ragt dieses Kap in den Südatlantik. Es wurde zum ersten Mal 1485 vom portugiesischen Seefahrer Diogo Cao erreicht. Er errichtete hier ein Kreuz mit dem Wappen seines Königs Jao III. Ein Jahr später kam er ums Leben.

Darnley (67° 16'S und 69° 53'O) – Gegenüber dem Amery-Packeisfeld liegt dieses Kap in der Antarktis zwischen der australischen Forschungsstation Mawson und der chinesischen Station Zongshan.

Découverte (66° 49'S und 141° 24'O) – In der Nähe der ehemaligen Forschungsstation Port-Martin auf Adélie-Land in der Antarktis liegt dieses Kap. Auf dem Weg zur französischen Forschungsstation Dumont-d'Urville passiert man die Kaps Jules und Bienvenue. Weiter im Westen befinden sich die Gletscher Liotard und Barré, die die Namen der beiden ersten Leiter der Station in Port-Martin tragen. Von hier aus kann man die beiden Gletscher Astrolabe und Zélé beobachten, die die Namen der beiden Schiffe des französischen Seefahrers Jules Dumont d'Urville (1790-1842) tragen, der Adélie-Land am 20. Januar 1840 entdeckte. Er entdeckte auch die Gletscher Français und Pourqoui Pas, die nach den beiden Schiffen des französischen Seefahrers Jean Charcot (1867-1936) benannt wurden.

Denison (68° 53'N und 143° 30'O) – In der Nähe der Commonwealth Bay ragt das Kap in die Dumont-d'Urville-See hinaus. Mit Windgeschwindigkeiten, die 300 km/h erreichen können, ist dies die stürmischste Gegend der Welt. Der australische Seefahrer Douglas Mawson (1882-1958) überwinterte hier zwei Mal 1912 und 1914. Er benannte das Kap nach seinem Förderer Hugh Denison. Er hatte Hobart auf Tasmanien am 2. Dezember 1911 verlassen und im Januar 1912 am Kap Denison das Basislager der Australien Antarctic Expedition aufgeschlagen. Am 25. September kam es hier zur ersten Funkverbindung mit Australien über eine Relaisstation auf der Insel Mcquarie. Am 10. November 1912 brach Mawson mit seinem Hundeschlittengespann in Richtung magnetischer Südpol auf. Er wurde von den Forschern Xavier Mertz und Ninis begleitet. Ninis kam am 14. Dezember bei einem Sturz in eine Gletscherspalte ums Leben. Am 7. Januar 1913 starb Xavier Mertz nicht weit von der Station Murphy entfernt. Trotz großer Schwierigkeiten und einem Sturz in eine Gletscherspalte erreichte Mawson schließlich am 29. Januar 1913 ein Nahrungsmitteldepot. Dort musste er wegen starker Stürme eine Woche lang ausharren, bevor er am 7. Februar 1913 sein Camp wieder erreicht. Erst im Februar 1914 kehrte er in seine Heimat zurück. 1960 lag der magnetische Südpol genau auf der Höhe des Kaps. Das australische Paar Don und Margie McIntyre verbrachte hier zwischen Januar 1995 und Januar 1996 ein Jahr lang in einer gerade neun Quadratmeter messenden Hütte.

Dejnew (66° 5'N und 169° 40'W) – Das Kap liegt an der Beringstraße und ist der östlichste Punkt Russlands. Aus 900 Metern Höhe blickt man auf die Beringstraße und die Diomeden-Inseln. Es trägt den Namen des russischen Seefahrers Semjon Dejnew (1608-1672), der als Erster die Beringstraße von Norden aus durchquerte. Dem dänischen Seefahrer Vitus Bering (1681-1741) gelang dies am Sonntag, 15. August 1728.

Desire (52° 45'S und 74° 46'W) – Im chilenischen Teil von Patagonien liegt dieses Kap in der Magellan-Straße. Es verdankt seinen Namen dem portugiesischen Seefahrer Fernão de Magellan (1489-1521), der es am Mittwoch 28. November 1520 so taufte.

Disappointment (46° 15'N und 124° 05'W) – Im Südwesten des amerikanischen Bundesstaates

Washington liegt dieses Kap im Norden der Mündung des Flusses Columbia. Am 21. November rettete der französische Seefahrer Olivier de Kerauson (geb. 1944) seinen Landsmann Gérard d'Abouville (geb. 1945), der in stürmischer See mit seinem Kanu gekentert war. Er hatte den Pazifik zwischen dem japanischen Hafen Shoshi und der amerikanischen Westküste überquert. Er war in Shoshi am 11. Juli 1991 aufgebrochen und erreichte nach 10.000 Kilometern den kleinen Hafen Ilwaco, sechs Kilometer von diesem Kap entfernt.

Discovery (82° 55'N und 77° 40'W) – Das Kap im Norden der Insel Ellesmere im autonomen Gebiet Nunavut im Norden Kanadas trägt den Namen des Schiffes „Discovery", das häufig bei der Suche nach der Nordwestpassage eingesetzt wurde. Sie wurde 1602 von George Weymouth Kommandiert. Ihm folgten 1610 bis 1611 Henry Hudson (1550-1611), William Gibbons 1614, Robert Bylot (gest. 1616), 1615 und 1616 William Baffin (1584-1622), 1719 bis 1722 James Knight (1680-1722), unter dessen Kommando das Schiff 1722 in der Hudson Bay Schiffbruch erlitt und alle Mann mit in die Tiefe riss.

Dolphin (51° 14'S und 58° 58'W) – Im Nordwesten der Ostinsel der Falklands bildet das Kap die nördlichste Spitze der Inselgruppe.

Drygalski (65° 33'S und 92° 40'O) – An der Victoria-Küste in der Antarktis liegt diese Landzunge. Sie trägt den Namen des russischen Wissenschaftlers Eric Drygalski (1865-1949), der mehrere Expeditionen nach Grönland und in die Antarktis unternahm.

Dungeness (50° 55'N und 0° 59'O) – Zwischen Hastings und Folkestone liegt diese Landzunge in Großbritannien gegenüber der französischen Küste. Ein Touristenzug verbindet sie mit dem Hafen Folkestone.

Egerton (82° 49'N und 82° 10'W) – Im Norden der Insel Ellesmere ragt dieses Kap in das Nordpolarmeer. Es trägt den Namen von Sir Thomas Egerton, Baron Ellesmere (1540-1617), der die Expeditionen seines Landsmanns John Davis (1550-1605) förderte. Davis durchquerte bei seiner Suche nach der Nordwestpassage dreimal zwischen 1585 und 1587 die Meerenge, die seinen Namen trägt. Er entdeckte am 14. August 1592 die Falkland-Inseln im Südatlantik.

Eiler Rasmussen (82° 32' 58"N und 19° 57' 11"W) – Das Kap im Norden Grönlands ist die nördlichste Spitze der Peary-Küste. Es wurde nach dem Vater des dänischen Forschers Knud Rasmussen (1879-1933) benannt, der diese Regionen im Hundeschlitten erforschte.

Elisabeth (54° 30'N und 142° 42'O) – Das ins Ochotskische Meer ragende Kap ist die nördlichste Spitze der russischen Insel Sachalin. Es trägt den Namen der russischen Zarin Elisabeth (1709-1762).

Entrecasteaux (34° 45'S und 116°O) – Diese Landzunge im Südwesten Australiens trägt wie der nordwestliche gelegene Nationalpark den Namen des französischen Seefahrers Antoine d'Entrecasteaux (1737-1793), der diesen Punkt 1792 passierte. Der Archipel südlich der Stadt Esperance trägt den Namen seines ersten Schiffes „La Recherche". Die Bucht Esperance wurde nach seinem zweiten Schiff benannt.

Esterel (43° 02'N und 6° 10'O) – Im Süden der französischen Halbinsel Giens und gegenüber den Insel Porquerolles liegt dieses Kap an der Mittelmeerküste.

Europa (36° 10'N und 5° 21'W) – Die Landzunge an der Meerenge von Gibraltar ist der südlichste Punkt der Halbinsel Gibraltar. In der britischen Kronkolonie leben 30.000 Menschen, die sich sechs Quadratkilometer teilen, was eine Bevölkerungsdichte von 5000 Bewohnern je

Quadratkilometer ergibt. Der berühmte Felsen wurde am 6. August 1704 durch den britischen Admiral George Rooke (1650-1709) erobert und 1713 durch den Vertrag von Utrecht bestätigt. Von hier aus lässt sich der Zugang zum Mittelmeer hervorragend kontrollieren.

Evans (77° 30'S und 169° 20'O) – Auf der antarktischen Insel Ross liegt dieses Kap in der Nähe der Forschungsstation McMurdo. Es wurde vom britischen Polarforscher Robert Falcon Scott (1868-1912) nach dem Kapitän seines Schiffes „Terra Nova", Edgar Evans, genannt Teddy, benannt. Das Schiff hatte Großbritannien am 1. Juni 1910 verlassen und erreichte über Zwischenstationen in Südafrika, Melbourne und Neuseeland schließlich die Antarktis. Von dort brachen Scott und seine Mannschaft in Richtung Südpol auf. Auf dem Rückweg kamen Scott und seine vier Begleiter ums Leben, nachdem sie feststellen mussten, dass der Norweger Amundsen ihnen zuvorgekommen war. Weil sich das Packeis wieder schloss, musste die „Terra Nova" die Anker lichten und ließ einige Männer zurück, die auf Scott warten sollten. Sie kehrte am 18. Januar 1913 zurück, um die Männer wieder aufzunehmen, die vom Tode Scotts und seinen Begleitern berichteten. Die „Terra Nova" blieb nur zwei Tage und nahm am 20. Januar 1913 Kurs auf Neuseeland, wo sie am 10. Februar 1913 eintraf.

Farewell (59° 45'N und 43° 30'W) – Dieses Kap ist der südlichste Punkt Grönlands.

Farewell (40° 30'S und 172° 42'O) – Das Kap auf der neuseeländischen Südinsel ist der südlichste Punkt Neuseelands. Es wurde am 17. Dezember 1642 vom holländischen Seefahrer Abel Tasman (1603-1659) entdeckt. Er hatte Batavia (Jakarta) am 14. August 1642 verlassen und das Kap über Mauritius und Tasmanien erreicht. Er kehrte am 15. Mai 1643 nach Batavia zurück, nachdem er mit dem Kap Van Diemen den nördlichsten Punkt der Nordinsel passiert hatte.

Felix (69° 51'N und 98°W) – Dieses Kap bildet den nördlichsten Punkt der Insel King William im autonomen Gebiet Nunavut im Norden Kanadas. Es trägt den Namen von Felix Booth, der im 19. Jahrhundert einige Arktisexpeditionen förderte. Der britischen Seefahrer John Ross (1777-1856) entdeckte Kap und Insel 1831. Um seine Entdeckung deutlich zu machen, errichtete er einen Steinkegel. 16 Jahre später erreichte Sir John Franklin (1786-1847) mit seinen beiden Schiffen „Erebus" und „Terror" die Insel und überwinterte einige Kilometer von dem Kap entfernt. Eine Gruppe von sechs Seeleuten und den beiden Offizieren Graham Goren und Charles des Vœux gingen an Land, um am 24. Mai 1847 in diesem Kegel eine Mitteilung zu hinterlassen, dass alles bestens laufe. Doch nur wenige Tage später starb Franklin am 11. Juni 1847 an Bord der „Erebus", und die gesamte Mannschaft kam später ums Leben.

Ferrat (43° 40'N und 7° 20'O) – Im Süden der französischen Stadt St.-Jean-Cap-Ferrat liegt dieses Kap an der Mittelmeerküste. Vermutlich wurde die Stadt nach ihm benannt.

Ferret (44° 49'S und 1° 15'W) – An der Mündung der Lagune von Arcachon in den Atlantik liegt dieses Kap. In Richtung Süden hat man einen hervorragenden Blick auf einen Teil der Côte d'Argent, das Vogelschutzgebiet der Banc d'Anguin und die 115 Meter hohe Düne von Pilat.

Finisterre (42° 53'N und 9° 16'W) – Im Nordwesten Spaniens liegt dieses Kap, das seinen Namen deshalb trägt, weil man vor der Epoche der Entdeckungen glaubte, das hier die Welt ihr Ende hatte.

Fitzroy (75° 35'N und 80°W) – Im autonomen Gebiet Nunavut im Norden Kanadas liegt dieses Kap im Nordosten der Insel Devon. Es trägt den Namen des britischen Seefahrers Robert Fitzroy (1805-1865), der die Welt in seinem Schiff „Beagle" umrundete.

Fligeli (81° 51'N und 59° 15'O) – Auf der Insel Prinz Rudolph, der nördlichsten von Franz-Joseph-Land, liegt dieses Kap. Es ist das dem Nordpol am nächsten liegende russischen Kap. Es wurde am 12. April 1874 vom österreichischen Forscher Julius von Payer (1841-1915) entdeckt. Payer hatte Bremerhaven am 13. Juni 1872 an Bord der „Tegetthoff" mit 23 Männern, darunter Karl Weyprecht (1838-1881), verlassen. Nach dem Verlust ihres Schiffes am 20. Mai 1874 schlugen sie sich mit zwei Hilfsbooten Richtung Süden durch und wurden gerade rechtzeitig vom russischen Walfänger „Nicolas" gerettet.

Flamanville (49° 31'N und 1° 52'W) – Im Westen der Halbinsel Cotentin liegt dieses Kap gegenüber den Kanalinseln. Es ist nach dem gleichnamigen Dorf benannt, das wegen seines Schlosses aus dem 17. Jahrhundert bekannt ist.

Flora (79° 40'N und 50°O) – Auf der Insel Nordbruck, die zu Franz-Joseph-land gehört, befindet sich dieses Kap. Auf ihm befindet sich ein Denkmal zur Erinnerung an Querini, Ollier und Stokken, die zur Expedition des italienischen Grafen Luigi di Abruzze (1873-1933) gehörten. Die berühmte „Fram", kommandiert vom norwegischen Seefahrer Otto Sverdrup (1854-1930), verließ am 24. Juni den Hafen Oslo mit dem Expeditionsleiter Fridtjof Nansen (1861-1930) und erreichte am 9. Oktober 1893 das Packeis. Nun begann das langsame Treiben Richtung Westen. Nachdem sie die „Fram" am 14. März 1895 verlassen hatten, erreichte das Schiff am 8. April 1895 86° 14'N und 95°O. Am 17. Juni 1896 trafen Nansen und sein Begleiter Frederick Johansen (geb. 1867) auf die britische Forschungsstation Elmwood, die von Frederic Jackson (1869-1938) geleitet wurde. Finanzier war der Verleger Alfred Harmsworth (1865-1922) der „London Evening News". Bereits der österreichische Polarforscher Karl Weyprecht (1838-1881), der die Insel am 30. August 1873 zusammen mit seinem Landsmann Julius von Payer (1841-1915) entdeckt hatte, schlug die Einrichtung von Forschungsstationen am Rande des Nordpolarmeeres vor. Nachdem sie sich erholt hatten, kehrten Nansen und Johansen an Bord der „Windward" am 9. September 1896 nach Oslo zurück.

Forward (53° 54'S und 71°W) – In der Magellan-Straße liegt dieses Kap, das den südlichsten Punkt des amerikanischen Kontinents markiert.

Frederik VII. – Im Nordosten der Insel Ellesmere gegenüber der Robeson-Meerenge und Grönlands ragt dieses Kap in das Nordpolarmeer. Es trägt den Namen des dänischen Königs Frederik VII. (1808-1863). Grönland wurde 1721 dänische Kolonie und erhielt seine interne Autonomie im Jahr 1979.

Freycinet (42° 18'S und 148° 17'O) – Das Kap liegt im Osten der Insel Tasmanien und trägt den Namen des französischen Seefahrers Claude de Freycinet (1779-1842), der die Region mit seinen beiden Schiffen „Uranie" und „La Coquille" während seiner Weltumsegelung zwischen dem 17. September 1817 und 13. Dezember 1820 erforschte.

Fréhel (48° 41'N und 2° 19'W) – Am Ärmelkanal liegt dieses Kap an der französischen Côte d'Armor. Von hier aus hat man einen hervorragenden Blick auf die Côte d'Emeraude. Beim Start der Segelregatta „Route du Rhum" zwischen St.-Malo und Pointe-à-Pitre ist dieser Punkt bei den Zuschauern besonders beliebt.

Gâvres (47° 41'N und 3° 23'W) – Auf einer Halbinsel vor dem Hafen Lorient liegt diese Landzunge, die den Namen der nahe gelegenen Stadt trägt. An diesem Punkt versammeln sich die Zuschauer bei der Katamaran-Regatta „Transat en Double AG2R", die alle zwei Jahre zwischen Lorient und St. Barth stattfindet.

Govena (59° 50'N und 166° 01'O) – An der Beringstraße liegt dieses Kap, das den südlichsten Punkt Sibiriens bildet.

Gracias a Dios **(15°N und 83° 10'W)** – In der Karibik liegt dieses Kap, das den östlichsten Punkt von Honduras bildet. Es wurde am 12. Dezember 1502 von Kolumbus (1451-1506) bei seiner vierten Entdeckungsfahrt nach einem starken Sturm getauft.

Grave **(45° 34'N und 1° 08'W)** – Die Landzunge liegt an der Mündung der Gironde an der französischen Atlantikküste. Von hier aus hat man einen hervorragenden Blick nach Royan im Norden und den Leuchtturm von Cordouan im Westen.

Gris Gris **(21° 31'S und 57° 31'O)** – Das Kap bildet den südlichsten Punkt der Insel Mauritius im Indischen Ozean.

Gris-Nez **(50° 52'N und 1° 35'O)** – Im Pas de Calais an der Küste des Ärmelkanals liegt dieses Kap, von dem aus man bei klaren Wetter die Kreidefelsen von Dover sehen kann. Von hier aus hat man einen hervorragenden Blick über die Côte d'Opale. Elf Kilometer entfernt liegt das Gegenstück Blanc-Nez.

Grouin **(48° 43'N und 1° 50'W)** – Vier Kilometer nördlich von Cancale liegt dieses Kap in der Bucht von Mont-Saint-Michel.

Guardafui **(11° 50'N und 51° 16'O)** – In Somalia am Golf von Aden und der Arabischen See liegt dieses Kap. Das sieben Kilometer weiter östlich gelegene Kap Ras Hafun ist der östlichste Punkt Afrikas.

Gute Hoffnung **(34° 20'S und 18° 25'O)** – Zwischen dem Indischen Ozean und dem Atlantik liegt dieses Kap an der Südspitze Südafrikas. Nach einem kurzen Aufenthalt am 8. Dezember 1487 in Walfisbay (Namibia) passierte der portugiesische Seefahrer Bartholemo Diaz (1450-1500) das Kap als erster Europäer im Januar 1488. Er nannte es „Kap der Stürme". Zehn Jahre später verließ sein Landsmann Vasco da Gama

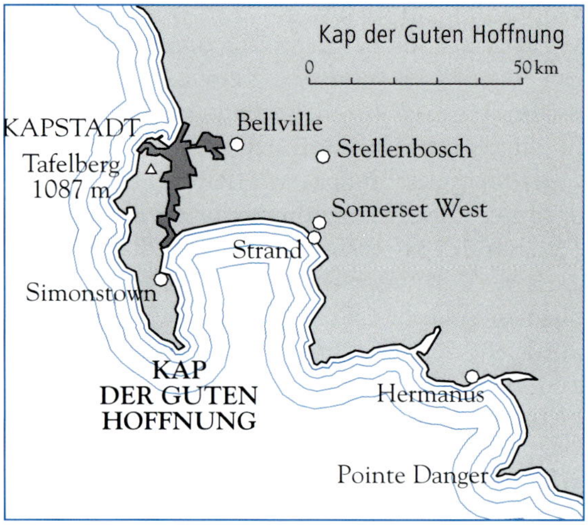

(1460-1525) am 8. Juli 1497 Lissabon und passierte das Kap mit seinen vier Schiffen „St. Raphael" (100 Tonnen), „St. Gabriel" (100 Tonnen), „Berrio" (50 Tonnen) und Roteiro (200 Tonnen) auf seinem Weg nach Indien. Am 18. Mai 1498 erreichte er Kalkutta. Am Sonntag, 24. Mai 1500 versenkte ein Orkan fünf der 13 Schiffe von Cabral, darunter auch das von Diaz kommandierte Schiff. Das „Kap der Stürme" wurde später auf Wunsch des portugiesischen Königs Jao II. (1455-1495) in Kap der Guten Hoffnung umbenannt.

Hague **(49° 43'N und 1° 56'W)** – Auf der französischen Halbinsel Cotentin liegt dieses Kap am Ärmelkanal. In der Nähe befindet sich die Wiederaufbereitungsanlage von La Hague.

Haut-Blanc **(50° 24'N und 1° 34'O)** – Im Südwesten des französischen Badeortes Berck-sur-Mer an der Kanalküste liegt dieses Kap, das durch intensive Baumaßnahmen vor der Erosion geschützt ist.

Hearne **(68° 10'N und 114° 45'W)** – Am Coronation-Golf im hohen Norden Kanadas liegt dieses Kap, das den Namen des kanadischen Forschers Samuel Hearne trägt, der es nach einer langen Expedition mit Hundeschlitten 1770 erreichte. Er hatte Kap Churchill an der Hudson Bay im Juli 1767 verlassen.

Hecla (82° 54'N und 65°W) – Im Norden der Insel Ellesmere liegt dieses Kap. Es trägt den Namen des Schiffes „Hecla" (375 Tonnen), das 1813 und von 1819 bis 1820 vom Seefahrer und Forscher William Edward Parry (1790-1855), danach von 1821 bis 1823 von George Lyon und dann wieder (1825) von Parry kommandiert wurde. Das Kap war der Startpunkt für mehrere seiner Polarexpeditionen, in deren Verlauf er 1902 84° 17'N und 1906 87° 06'N erreichte.

Hensen (70° 31'N und 102° 40'W) – Im Osten der Insel Victoria im autonomen Gebiet Nunavut im Norden Kanadas liegt dieses Kap, das den Namen des Seefahrers und Polarforschers Godfred Hensen, Kapitän der „Gjoa", trägt. Das Schiff durchquerte zwischen 1903 und 1906 unter der Leitung von Roald Amundsen die Nordwestpassage.

Herbaudière (47° 01'N und 2° 18'W) – Die Landzunge liegt im Nordwesten der französischen Insel Noirmoutier. Nach dem Kap sind ein Sardinen- und ein Yachthafen benannt.

Hève (49° 29'N und 0° 06'O) – Im Norden der Seinemündung und westlich der französischen Hafenstadt Le Havre liegt diese Landzunge.

Hoorn (55° 59'S und 67° 15'W) – An der Drake-Passage im südlichen Chile liegt dieses legendäre Kap, das den südlichsten Punkt des amerikanischen Kontinents bildet. Am 31. Januar 1616 gab ihm der holländische Seefahrer Willem de Schouten (1559-1625) den Namen seines Schiffes „Hoorn", das später in der Nähe von Puerto Deseado in Patagonien einem Brand zum Opfer fiel. Er wurde von seinem Landsmann Jacob Le Maire (1585-1617) mit der „Concorde" begleitet. „Das war dieses Stück Land im Süden der Magellan-Straße, das mit einem steilen Winkel endet und das wir Kap Hoorn nannten." Sie hatten einen schnelleren Weg um Südamerika gefunden als die Fahrt durch die Magellan-Straße. Der britische Seefahrer James Cook (1728-1779) umrundete das Kap am Mittwoch, 25. Januar 1769. Kap und gleichnamige Insel bilden den chilenischen Nationalpark Kap Hoorn, zu dem auch die Inseln Deception, Barnevelt, Herschel, Hermite, Wollaston, Evout und Grevy gehören. 1980 umrundete der französische Abenteurer Frédéric Beauchêne (geb. 1955) das Kap auf einem Surfbrett. Nördlich von Kap Hoorn liegt bei 55° 42'S und 68° 05'W das so genannte Falsche Kap Hoorn.

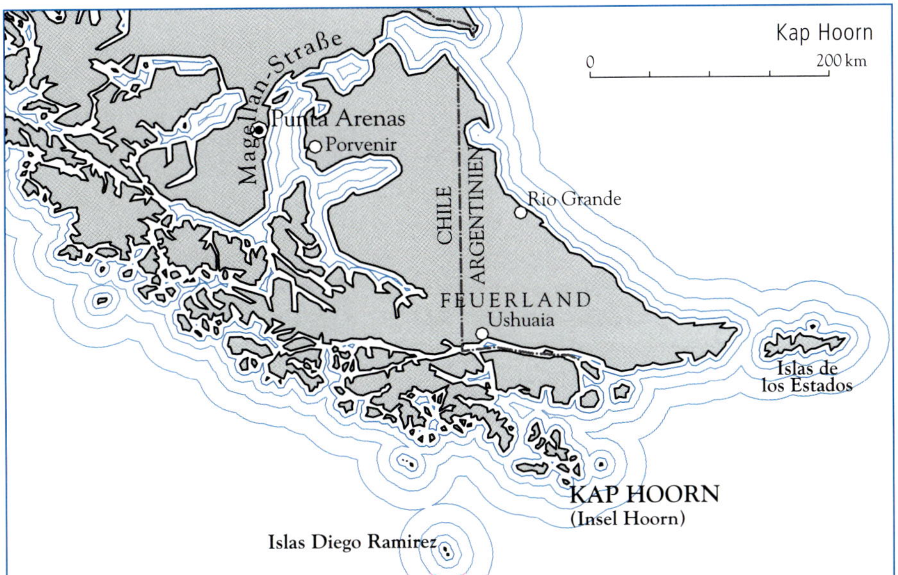

Hopes Advance (61° 05'N und 69° 35'W) – An der östlichen Öffnung der Hudson Bay in der

Nähe des Dorfes Quarqtaq liegt dieses Kap. Es bekam seinen Namen 1742 vom britischen Seefahrer und Forscher Middleton.

Hourdel (50° 13'N und 1° 34'O) – Im französischen Departement Somme liegt diese Landzunge in der Bucht der Somme. Von hier aus hat man einen guten Blick auf das Vogelschutzgebiet Marquenterre im Norden und den Hafen von Crotoy im Osten.

Howe (37° 20'S und 149° 59'O) – Im Südwesten des australischen Bundesstaates Neusüdwales an der Tasman-See liegt dieses Kap, das den Namen des britischen Seefahrers und Ministers der Marine, Richard Howe (1726-1799), trägt. Es wurde am Freitag, 20. April 1770 von seinem Landsmann James Cook (1728-1779) umrundet. Einen Tag zuvor hatte Hicks, einer seiner Offiziere, Australien gesichtet.

Hubbard (81° 21'N und 94°W) – Am Nordpolarmeer Ozean im Norden der Insel Ellesmere liegt das Kap, das den Namen des amerikanischen Generals Thomas Hubbard trägt, der als Präsident des Peary Arctic Club die Schirmherrschaft über die Polarexpeditionen von Robert Edwin Peary (1856-1920) übernahm.

Inglefield (78° 33'N und 72° 20'W) – Im Nordwesten Grönlands liegt dieses Kap. Es trägt den Namen des britischen Seefahrers und Forschers Edward Inglefield (1820-1894), der vor allem die Smith-Meerenge zwischen 1852 und 1853 mit seinem Schiff „Isabel" erforschte.

Inscription (25° 29'S und 113°O) – Am Indischen Ozean im westlichen Australien liegt dieses Kap. Am 25. Oktober 1616 betrat der Holländer Dirk Hartog als erster Europäer den Kontinent und nannte ihn „Neuholland".

Jackson (80° 04'N und 67° 05'W) – Auf Grönland im Norden des Kane-Beckens liegt dieses Kap, das nach dem britischen Forscher Frederic Jackson (1860-1938) benannt wurde, der vor allem die Inseln von Franz-Joseph-Land erforschte. Er empfing in seinem Lager bei Kap Flora am 17. Juni 1896 die norwegischen Forscher Fridtjof Nansen (1861-1930) und Frederik Johansen (geb. 1867), die bei ihrer Polarexpedition 86° 16'N erreichten. Die beiden verließen das Lager am 7. August 1896 mit der „Windward" und trafen am 12. August im Hafen Vardo in der Nähe des Nordkaps ein.

Jobourg (49° 40'N und 1° 57'W) – Das zerklüftete Kap liegt im Westen der französischen Halbinsel Cotentin sechs Kilometer südlich vom Kap Hague.

Joseph Henry (82° 50'N und 63° 30'W) – Im Norden der Insel Ellesmere ragt dieses Kap in das Nordpolarmeer. Es ist zweifellos nach dem amerikanischen Physiker Joseph Henry (1797-1878) benannt, dessen Forschungen Heinrich Hertz (1857-1894) die Entdeckung der nach ihm benannten Wellen ermöglichten. Joseph Henry verfolgte die Verlegung des ersten transatlantischen Kabels durch Cyrus Field (1819-1892), der dafür das zu seiner Zeit größte Schiff der Welt, die „Great Eastern", einsetzte. Das Kabel führte von Irland nach Neufundland und wurde am 26. Juli 1866 in Betrieb genommen. Die erste Mitteilung lautete „All right".

J. P. Koch (82° 20'N und 27° 50'W) – Im Norden Grönlands ragt dieses Kap in das Nordpolarmeer. Es trägt den Namen des dänischen Forschers J. P. Koch, der es 1907 während der von Mylius Erichsen (1872-1907) geleiteten Expedition erreichte. J. P. Koch war der Onkel des Forschers Lauge Koch (1892-1964).

Juby (27° 59'N und 12° 54'W) – In der Nähe von Tarfaya an der Südküste Marokkos liegt dieses Kap, das zum ersten Mal 1434 vom portugiesischen Seefahrer Gil de Eanes passiert wurde. In der Antike vermutete man hier das Ende der Welt. In den Pioniertagen der Fliegerei befand sich hier eine Landebahn für die Postflugzeuge Richtung Südamerika. Der französische Flieger und Autor Antoine de Saint-Exépury (1900-1944) hielt sich hier 18 Monate lang auf und begann seinen ersten Roman „Südkurier".

Kellet (72°N und 125° 30'W) – in der Nähe des Inuit-Dorfes Sachs Harbour, dem am nördlichsten gelegenen auf der Insel Banks, ragt das Kap in die Beaufort-See. Es trägt den Namen des britischen Seefahrers Henry Kellet (1806-1871), der zwischen 1848 und 1850 sowie von 1852 bis 1854 an der Suche nach dem verschollenen Sir John Franklin (1786-1847) teilnahm.

King's Point (69° 20'N und 138° 25'W) – Das auch Kay Point genannte Kap liegt in der Beaufort-See, 70 Kilometer vor der Insel Herschel im Nordwesten des Mackenzie-Deltas. Zwischen dem 9. September 1905 und dem 10. Juli 1906 überwinterte der norwegische Seefahrer und Forscher Roald Amundsen (1872-1928) hier zum dritten Mal während seiner Durchquerung der Nordwestpassage mit seinem Schiff „Gjoa".

Knivskjellodden (71° 11' 08"N und 25° 40'O) – Auf der norwegischen Insel Mageroya ragt dieses Kap in die Norwegische See. Es liegt vier Kilometer westlich vom Nordkap, dem nördlichsten Punkt Europas. Tatsächlich ist es dem Nordpol 1,4 Kilometer näher als das bekanntere Nordkap. Es trennt den Atlantik und die Norwegische See von der Barentssee.

Knud Rasmussen (82° 05'N und 30'W) – Im Norden Grönlands liegt dieses Kap im Südosten der Rasmussen-Küste. Es trägt den Namen des dänischen Seefahrers Knud Rasmussen (1879-1933), der die arktischen Regionen von seinem Lager in Thule aus erforschte.

Krusenstern (66° 24'N und 163° 50'W) – In der Kotzebue-Bucht in Alaska liegt diesen Kap nicht weit von der Beringstraße entfernt. Die Region ist heute ein amerikanisches National Monument, um die wilde Fauna und Flora zu schützen. Es trägt den Namen des russischen Seefahrers Adam von Krusenstern (1770-1846), dem zwischen 1803 und 1806 als erstem Russen eine Weltumsegelung gelang.

Leeuwin (34° 24'S und 115° 09'O) – Im Südwesten des australischen Bundesstaates Westaustralien liegt dieses Kap, das zusammen mit Kap Hoorn und dem Kap der Guten Hoffnung zu den drei mythischen Kaps der Erde gehört, die von Seefahrern bei ihren Weltumrundungen passiert werden.

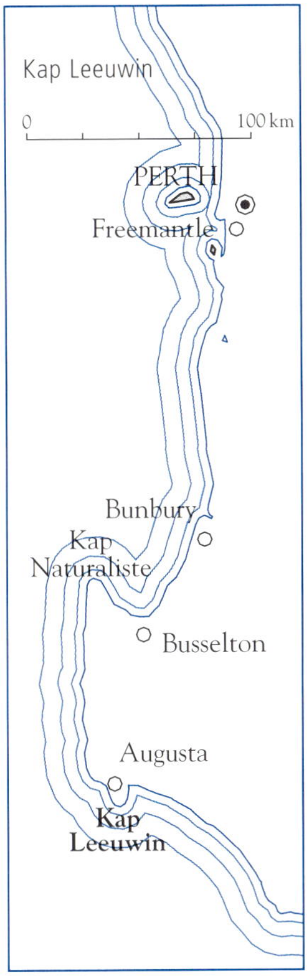

Leucate (42° 55'N und 3° 03'O) – Im französischen Departement Aude liegt dieses Kap an der Mittelmeerküste. Es trägt den Namen der in der Nähe liegenden Hafenstadt.

Lévêque (16° 25'S und 122° 55'O) – An der Dampier-Küste ragt dieses Kap in die Timorsee. Es gehört zu den am nördlichsten gelegenen Kaps Australiens.

Lévy (49° 42'N und 1° 28'W) – Im Norden der französischen Halbinsel Cotentin, zehn Kilometer von Cherbourg entfernt, liegt dieses Kap am Ärmelkanal.

Lizard (49° 57'N und 5° 12'W) – Westlich von Plymouth ragt dieses Kap in den Ärmelkanal und bildet die südlichste Spitze Großbritanniens. An seiner Spitze befindet sich ein Leuchtturm. Zwischen diesem Turm und dem französischen Leuchtturm von Créac'h besteht eine fiktive Linie, die ungefähr dem 5. Längengrad folgt und als Ziellinie für Atlantiküberquerungen und entsprechende Rekorde zählt. Von hier aus startet auch die Trophée Jules Verne.

Londonderry (13° 45'S und 126° 56'O) – Das in die Timorsee ragende Kap ist der nördlichste Punkt des australischen Bundesstaates Westaustralien. Es trägt den gleichen Namen wie die Stadt und Grafschaft in Nordirland.

Lopatka (50° 50'N und 156° 36'O) – In die Kurilen-Meerenge ragt dieses Kap und bildet den nördlichsten Punkt der Halbinsel Kamtschatka.

Louis Napoléon (79° 40'N und 72° 20'W) – Im Osten der Insel Ellesmere liegt dieses Kap, das den Namen von Louis Napoléon (1778-1846) trägt, der von 1806 bis 1810 König der Niederlande war.

Lyon (69° 50'N und 121° 45'O) – Am Amundsen-Golf im hohen Norden Kanadas liegt dieses Kap. Es trägt den Namen des britischen Seefahrers George Lyon, der zwischen 1824 und 1825 die Durchquerung der Nordwestpassage versuchte. 1924 wurde es mit Hundeschlitten vom dänischen Forscher Knud Rasmussen (1879-1933) erreicht.

Makarow (81° 16'N und 95° 40'O) – In der Nähe des Arktischen Kaps liegt dieses Kap, das die nördlichste Spitze Sibiriens bildet. Es trägt den Namen des russischen Reeders Joseph Makarow, der von 1899 an mit den ersten Eisbrechern experimentierte.

McClintock (77° 33'N und 116° 25'W) – Im Nordosten der Insel Prince Patrick liegt dieses Kap, das den Namen des britischen Seefahrers Francis Leopold McClintock (1819-1907) trägt, der es zu Fuß 1853 während der Suche nach dem verschollenen Sir John Franklin (1786-1847) erreichte. Am 18. Juli 1853 kehrte er zu seinem Schiff „Intrepid", das in der Nähe der Insel Dealy lag, zurück.

Malheureux (19° 59'N und 57° 36'O) – Vom nördlichsten Kap der Insel Mauritius hat man einen hervorragenden Blick auf die Inseln Coin de Mire, Plâte, Gabriel, Ronde und Serpents. Am 2. Dezember 1810 landeten hier 20.000 Briten, um die damals noch Île de France heißende Insel zu erobern.

Maria van Diemen (34° 22'N und 172° 38'O) – Im äußersten Nordwesten der neuseeländischen Nordinsel liegt dieses Kap, das den Namen der Gattin von Anthony van Diemen trägt, der von 1636 bis 1645 als Gouverneur von Batavia amtierte.

Marroqui o de Tarifa (36°N und 5° 36'W) – Das an der Meerenge von Gibraltar gelegene Kap ist die südliche Spitze Europas.

Martin (43° 45'S und 7° 30'O) – Südöstlich der französischen Stadt Roquebrune-Cap-Martin liegt dieses Kap an der Mittelmeerküste. Von hier aus hat man einen hervorragenden Blick auf die Corniche zwischen St.-Jean-Cap-Ferrat und Monaco sowie nach Menton und Italien.

Mecham (75° 45'N und 121° 05'W) – Das Kap liegt im Südwesten der Insel Prince Patrick an der McClure-Meerenge. Es trägt den Namen des Forschers Mecham, der zwischen 1852 und 1854 an der vom britischen Seefahrer Francis Leopold McClintock (1819-1907) geleiteten Expedition teilnahm. McClintock entdeckte die Insel während der Suche nach dem verschollenen Sir John Franklin (1786-1847).

Melville (62° 02'S und 57° 20'W) – Im Osten der Insel King George liegt dieses Kap, das den Namen des amerikanischen Seefahrer George

Wallace Melville (1841-1912) trägt, der eines der Rettungsboote der „Jeannette“ kommandierte, das am 26. September 1881 ein Dorf am Ufer der Lena erreichte. Er rettete so neun der 32 Mitgliedern der von George de Long (1844-1881) geleiteten Expedition das Leben.

Morris Jesup (83° 38'N und 33° 22' 56"W) – Auf Grönland liegt dieses Kap am Rande des Nordpolarmeeres. Es ist das nördlichste der Erde. Etwas weiter nördlich bei 83° 40'N und 30° 40'W liegt die kleine Insel Aodaq, die einen Durchmesser von 40 Metern hat und nur 703 Kilometer vom Nordpol entfernt ist. Der amerikanische Polarforscher Robert Edwin Peary (1856-1920), der es zum ersten Mal am 16. Mai 1900 erreichte, benannte es nach seinem Förderer, dem amerikanischen Bankier Morris Jesup (1830-1908), der als Vorsitzender des Peary Atlantic Club amtierte. Das Kap wurde ein zweites Mal vom dänischen Forscher Lauge Koch (1892-1964) am 13. Mai 1921 erreicht.

Morton (81° 13'N und 62° 50'W) – Im Nordosten Grönlands an der Kennedy-Passage ragt dieses Kap in das Nordpolarmeer. Es trägt den Namen des Polarforschers Morton, der diese Region mit einem Inuit 1854 erforschte. Er gehörte zu der vom amerikanischen Seefahrer und Forscher Elisha Kent Kane (1820-1857) geleiteten Expedition, die von Henry Grinnell gefördert wurde.

Murchison (72°N und 94° 30'W) – An der Küste der kanadischen Insel Somerset liegt das Kap im Norden der Halbinsel Boothia, die nach dem Kaufmann Felix Booth benannt wurde, der die Expeditionen des britischen Seefahrers John Ross (1777-1856) finanzierte und ihm 1829 die „Victory“ schenkte. Das Kap ist die nördlichste Spitze des amerikanischen Kontinents.

Nansen (72° 02'N und 104° 45'W) – Im Osten der kanadischen Insel Victoria liegt das Kap. Es wurde am 26. Mai 1905 von Godfred Hansen und Peter Ristvedt, Mitglieder der von Roald Amundsen (1875-1928) geleiteten Expedition, nach dem norwegischen Polarforscher Fridtjof Nansen (1861-1930) benannt.

Nao (38° 43'N und 0° 14'O) – An der spanischen Mittelmeerküste liegt dieses Kap gegenüber den Balearischen Inseln acht Kilometer vom Kap San Antonio mit seinem Leuchtturm entfernt.

Navarino (62° 17'N und 179° 13'O) – Das Kap im südöstlichen Sibirien liegt an der Beringstraße gegenüber der Insel St. Mathias. Es erinnert mit seinem Namen an die Seeschlacht von Navarino im Jahr 1827.

Nelson (38° 30'N und 141° 30'O) – Im australischen Staat Victoria liegt dieses Kap 15 Kilometer vom Hafen Portland entfernt an der Bass-Meerenge. Es trägt den Namen des britischen Admirals Horatio Nelson (1758-1805), der an den Belagerungen der französischen Hafenstädte Toulon und Bastia beteiligt war und bei der Belagerung von Calvi ein Auge verlor. Er siegte bei den Seeschlachten von Kap St. Vincent, Abukir, Neapel und Kopenhagen. Er verlor sein Leben am 21. Oktober 1805 bei der Seeschlacht von Trafalgar.

Nordkap (71° 10' 21"N und 25° 40'O) – Das Kap auf der norwegischen Insel Mageroya bildet die nördlichste Spitze Europas und ragt 307 Meter über den Meeresspiegel. Allerdings liegt das vier Kilometer weiter westlich gelegene Kap Knivskjellodden (71° 11' 08"N) dem Nordpol um 1,4 Kilometer näher. Fridtjof Nansen (1861-1930) und Frederik Johansen (geb. 1867) hatten bei ihrem Angriff auf den Pol 86° 13'N erreicht, bevor sie im Kajak und zu Fuß die Insel Frederik Jackson erreichten, wo sie überwinterten. Danach wurden sie vom Versorgungsschiff „Windward“ am 7. August 1896 zu einer britischen Forschungsstation gebracht, die von Frederic Jackson (1860-1938) geleitet wurde. Am

MYTHISCHE KAPS

12. August 1896 erreichten sie schließlich den Hafen von Vardö, wo sie von Baden Powell (1857-1941), dem Gründer der internationalen Pfadfinderbewegung, auf seiner Yacht empfangen wurden. Mit ihnen an Bord fuhr er weiter nach Hammerfest, wo Nansen ein Telegramm von Otto Sverdrup (1854-1930), dem Kommandanten der „Fram", vorfand: „Die Fram ist in gutem Zustand. Stop. Alles in Ordnung an Bord. Stop. Erreichen bald Tromsö. Stop. Willkommen in der Heimat. Stop." Nansen, Johansen und Baden Powell trafen am 26. August 1896 in Tromsö ein. Die „Fram" folgte ihnen am 1. September 1896. Am 9. September 1896 zogen Nasen, Johansen und Sverdrup drei Jahre nach ihrer Abreise triumphierend in Oslo ein. Die „Fram" hatte am 29. September 1893 in Vardö Station gemacht und war am 29. September ins Packeis geraten. Nansen und Johansen verließen das Schiff am 14. März 1895 und erreichten die nördliche Breite von 86° 14'N am 7. April 1895. Am 24. Juli 1895 begannen sie ihr Lager auf Franz-Joseph-Land. „Fram" bedeutet auf norwegisch „nach vorne". Das Kap war der Ausgangspunkt der Expedition „Arktika" des französischen Forschers und Abenteurers Gilles Elkaim (geb. 1960), der von hier aus mit ökologischen Fortbewegungsmitteln wie Skiern, Hundeschlitten und Kajak am 30. Mai 2000 in Richtung Sibirien aufbrach. Am 4. August 2002 begann der Forscher Mike Horn (geb. 1866) seine Weltumrundung entlang des Nördlichen Polarkreises.

Nord (34° 23'S und 173° 04'O) – An der Korallensee liegt das nördlichste Kap Neuseelands.

Nordenskjöld (72° 20'S und 170° 30'O) – Im Westen des Ross-Meers an der Victoriaküste liegt dieses Kap in der Antarktis. Es trägt den Namen des russischen Seefahrers und Forschers Adolf Nordenskjöld (1832-1901), dem mit der „Vega" zwischen 1878 und 1879 als Erstem die Durchquerung der Nordostpassage gelang.

Nordostrundingen (82°N und 12° 30'W) – Das auch Nordost genannte Kap liegt an der grönländischen Küste und bildet die östlichste Spitze der Insel.

Nordwest (48°S und 114° 10'O) – Im Nordwesten von Westaustralien liegt dieses Kap am Indischen Ozean.

Norwegia (71° 28'S und 12° 25'W) – Am äußersten Ende von Queen-Maud-Land liegt dieses Kap in der Antarktis. Es wurde vom norwegischen Reeder Lars Christensen (1884-1965) benannt, der es zusammen mit dem Kommandanten des Schiffs „Norwegia", Hjalmes Riiser-Larsen, zwischen 1930 und 1931 entdeckte. Er gab ihm den Namen des Schiffes und seines Heimatlandes.

Nouvelle France (62° 29'N und 73° 40'W) – Im äußersten Norden Québecs auf der Halbinsel Ungava liegt dieses Kap im Süden der Hudson-Meerenge.

Oliutorski (59° 58'N und 170° 25'O) – Das Kap liegt im südlichen Sibirien an der Beringsee.

Osernoi (57° 45'N und 163° 15'O) – An der Beringsee liegt das Kap an der Ostküste der Halbinsel Kamtschatka.

Palms (4° 25'N und 7° 50'W) – Das Kap im afrikanischen Staat Liberia ragt in den Atlantik heraus und bildet die südlichste Spitze Westafrikas.

Parinas (4° 45'S und 81° 22'W) – Das am Atlantik in Peru gelegene Kap ist die westlichste Spitze Südamerikas.

Parry (75° 30'N und 70° 30'W) – An der Smith-Meerenge, 80 Kilometer vom amerikanischen Luftwaffenstützpunkt Thule entfernt, liegt dieses Kap auf Grönland. Es trägt den Namen des britischen Forschers William Edward Parry

(1790-1855), der am 27. Juli 1827 die damalige Rekordmarke von 82° 45'N erreichte.

Parry (70° 10'N und 124° 41'W) – Im hohen Norden Kanadas am Amundsen-Golf liegt dieses Kap. Hier befindet sich eine Wetter- und eine wichtige Radarstation, deren Gebäude durch geschützte Gänge miteinander verbunden sind. In diesen Breiten können die Temperaturen im Winter minus 50 Grad und weniger erreichen. Wenn die Spucke gefriert, bevor sie den Boden erreicht, ist die gefährliche Schwelle nicht weit. In den sibirischen Gulag-Lagern mussten die Gefangenen auch bei diesen Bedingungen arbeiten.

Peel (69° 05'N und 107° 20'W) – Im Süden der Insel Victoria im hohen Norden Kanadas an der Dease-Meerenge liegt dieses Kap, das nach Robert Peel (1788-1850) benannt ist. Peel amtierte von 1834 bis 1835 und von 1841 bis 1846 als britischer Premierminister. Er genehmigte die von Sir John Franklin (1786-1847) geleitete Expedition in Richtung Nordwestpassage mit den Schiffen „Erebus“ und „Terror“.

Pembroke (51° 41'S und 57° 44'W) – Das Kap liegt auf der Insel East nicht weit von Port Stanley entfernt und bildet den östlichsten Punkt der Falkland-Inseln. Es trägt den Namen von Thomas Pembroke (1656-1732), der von 1690 bis 1692 als First Lord der Admiralität amtierte.

Penas (43° 39'N und 5° 51'W) – An der spanischen Nordküste liegt dieses Kap an der Biskaya 20 Kilometer nordwestlich der Stadt Gijon.

Penmarch (47° 48'N und 4° 24'W) – Im südwestlichen Finistère liegt dieses Kap an der Biskaya.

Pertusato (41° 22'S und 9° 11'O) – Das Sardinien gegenüber liegende Kap bildet die südlichste Spitze Korsikas.

Petit Minou (48° 20'N und 4° 37'W) – Im Finistère liegt diese Landzunge gegenüber der Hafeneinfahrt von Brest.

Pilar (52° 44'S und 74° 44'W) – Im Nordwesten der Magellan-Straße liegt dieses Kap in unmittelbarer Nähe von Kap Desire. Für die Seefahrer bedeutet es den Eingang in den Pazifik. Der portugiesische Seefahrer Fernão de Magellan (1480-1521) durchfuhr sie am 28. November 1520 und erreichte eine Wasserfläche, die er wegen ihrer Ruhe „Stiller Ozean“ nannte.

Portland (54° 31'N und 2° 27'W) – Im Süden der britischen Insel Portland liegt dieses Kap. Ein Deich verbindet es mit dem Hafen von Weymouth.

Prince Alfred (74° 30'N und 124° 50'W) – Im Nordwesten der Insel Banks im autonomen Gebiet Nunavut liegt dieses Kap im hohen Norden Kanadas. Es trägt den Namen von Prinz Alfred (1844-1900), dem zweiten Sohn der britischen Königin Victoria.

Prince of Wales (65° 35'N und 168° 05'W) – An der Beringsee liegt dieses Kap in Alaska an der internationalen Datumsgrenze. Es bildet die westlichste Spitze Nordamerikas. Es wurde 1732 vom russischen Seefahrer Michail Gwosdew entdeckt und am Samstag, 8. August 1778 vom britischen Seefahrer James Cook (1728-1779) ein weiteres Mal gesichtet. Er benannte es nach dem Prinzen von Wales (1841-1910), dem ältesten Sohn der Königin Victoria, der als Edward VII. Großbritannien zwischen 1901 und 1910 regierte.

Providence (46° 01'S und 166° 28'O) – Im Südosten der Insel Jade in Neuseeland liegt dieses Kap, das seinen Namen von Seefahrern bekam, die sich freuten, die schwierige Überfahrt vom Kap der Guten Hoffnung bis Neuseeland überstanden zu haben.

Ray (47° 37'N und 59° 19'W) – 15 Kilometer nordwestlich der Stadt Channel Port auf der kanadischen Insel Neufundland liegt dieses Kap an der Cabot-Meerenge.

Raz (48° 02'N und 4° 45'W) – Im westlichen Finistère liegt dieses Kap gegenüber der französischen Insel Sein.

Richard Collinson (72° 50'N und 102° 45'W) – Im Westen der Insel Prince of Wales liegt das Kap, das nach dem britischen Seefahrer Richard Collinson benannt wurde, der zwischen 1850 und 1855 mit seinem Schiff „Enterprise" nach dem verschollenen Sir John Franklin (1786-1847) suchte.

Richardson (82° 35'N und 63°W) – Auf der Insel Ellesmere nördlich der Basis Alert liegt dieses Kap im autonomen Gebiet Nunavut im hohen Norden Kanadas. Es trägt den Namen des schottischen Polarforschers John Richardson (1787-1865), der an den von Sir John Franklin (1786-1847) geleiteten Expeditionen teilnahm. Später organisierte er zusammen mit seinem Landsmann John Rae (1813-1893) zwischen 1848 und 1851 eine Suchexpedition nach Franklin.

Ricketts (74° 38'N und 91° 20'W) – Auf der Insel Devon im autonomen Gebiet Nunavut im hohen Norden Kanadas liegt dieses Kap an der Lancaster-Meerenge. Hier trafen sich die an der Suche nach dem verschollenen Sir John Franklin (1786-1847) beteiligten Schiffe. Hätten Franklins Seeleute, wie es damals üblich war, einen Steinkegel mit einer Botschaft errichtet, hätte man sie vielleicht retten können.

Roc (48° 50'N und 1° 37'W) – Im Westen der französischen Halbinsel Cotentin liegt diese Landzunge. Der hier errichtete Leuchtturm trägt den Namen des Hafens Grandville, der in der Nachbarschaft liegt. Der Turm hat eine Reichweite von 23 Seemeilen, sodass man sein Signal noch auf den Chausey-Inseln wahrnehmen kann.

Roca (34° 46'N und 9° 30'W) – Das Kap an der portugiesischen Küste bildet die westlichste Spitze Europas.

Royds (88° 23'S und 166° 10'O) – In der Antarktis an der westlichen Spitze der Ross-Insel liegt dieses Kap, das seinen Namen 1902 vom britischen Polarforscher Robert Falcon Scott (1868-1912) bekam, der damit Charles Royds, Meteorologe auf der „Discovery", ehren wollte. Das Schiff wurde von seinem Landsmann Ernest Shackleton (1874-1922) kommandiert, der im Februar 1902 in der Nähe des Kaps ein Winterlager errichtete. Einige Jahre später ankerte Shackleton wieder in der Nähe des Kaps und erreichte am 9. Januar 1909 mit Jameson Adams, Eric Marshall und Franck Wild 88° 23'S.

Sabine (78° 43'N und 74° 10'W) – Im Osten der Insel Pim, die nordöstlich von Ellesmere liegt, befindet sich das Kap, das den Namen des britischen Forschers Edward Sabine (1788-1883) trägt, der zusammen mit John Ross (1777-1856) im Jahr 1818 nach der Nordwestpassage suchte. Ein Jahr später nahm er an einer Expedition mit seinem Landsmann William Edward Parry (1790-1855) teil, bei der die Melville-Meerenge bei 110°W erreicht wurde. Sabine unternahm zahlreiche Versuche auf dem Gebiet des Magnetismus, unter anderem auf einigen Inseln vor Grönland. Er wurde später Präsident der Royal Society. Zwischen 1883 und 1884 errichtete der amerikanische Polarforscher Adolph Washington Greely (144-1935) hier „Camp Clay", wo einige Expeditionsteilnehmer, darunter James Lockwood und der französische Mediziner Octave Pava, an Unterernährung und Skorbut starben, nachdem ihr Schiff „Proteus" am 23. Juli 1883 in der Nähe des Kaps Schiffbruch erlitten hatte. Lockwood hatte am 13. Mai 1882 die damalige Rekordmarke 83° 24'N erreicht. Nur sieben Überlebende, darunter Greely, wurden am

23. Juni 1884 von der „Thetis" gerettet. Der norwegische Seefahrer Otto Sverdrup (1854-1930) verbrachte in der Nähe des Kaps zwischen 1898 und 1899 die erste seiner vier Überwinterungen während seiner Arktisexpedition (25. Juni 1989 bis 18. Juli 1902) mit der „Fram".

Sablon (43° 23'N und 4° 34'O) – Im Südwesten der Carmargue an der französischen Mittelmeerküste liegt die Landzunge, deren Name vielleicht durch die Kombination von Sable blond (heller, blonder Sand) entstanden ist.

Sagres (37° 01'N und 8° 59'W) – Das Kap in Portugal liegt in der Nähe der Stadt Sagres, wo Heinrich der Seefahrer (1394-1460) im Jahr 1437 eine maritime Akademie gründete, in der Astronomen, Kartografen, Seeleute und Konstrukteure gemeinsam die großen Expeditionen vorbereiteten.

Sainte-Marie (25° 34'S und 45° 10'O) – Das Kap am Indischen Ozean ist der südlichste Punkt Madagaskars.

Saint-Gildas (47° 08'N und 2° 15'W) – Im Süden der Loire-Mündung in den Atlantik liegt die Landzunge, die nach dem Mönch St. Gildas (493-570) benannt ist, der im sechsten Jahrhundert das Benediktiner-Kloster auf der Halbinsel Rhuys im Golf von Morbihan gründete. Am 14. Juni 1931 erlitt hier das von der Insel Noirmoutier kommende Schiff „Saint Philibert" Schiffbruch, bei dem mehr als 400 Menschen ertranken.

Saint-Mathieu (48° 28'N und 4° 46'W) – Die Landzunge liegt an der französischen Finistère-Küste. Auf ihr befinden sich die beeindruckenden Ruinen einer Abteikirche aus dem 13. Jahrhundert. Die Landzunge wurde nach Matthäus, einem der Jünger Jesu benannt, der eines der vier Evangelien des Neuen Testamentes niederschrieb.

Salou (41° 0§'N und 1° 10'O) – In der Nähe der spanischen Stadt Taragona liegt dieses Kap am Mittelmeer. Es wurde nach dem bekannten Badeort Salou benannt.

San Antonio (36° 20'S und 56° 45'W) – Das am Atlantik gelegene Kap bildet die südlichste Spitze Argentiniens.

San Augustin (43° 34'N und 6° 44'W) – An der spanischen Nordküste liegt das Kap, das nach dem heiligen Augustin (354-430) benannt worden ist.

San Diego (54° 45'S und 65° 08'W) – An der Ostküste Feuerlands liegt dieses Kap am Südatlantik.

San Lucas (22° 50'N und 121° 01'W) – Das Kap bildet den südlichsten Punkt der spanischen Halbinsel Baja California.

Santa Maria (13° 53'S und 12° 20'O) – An der angolanischen Küste liegt dieses Kap, das zum ersten Mal von dem portugiesischen Seefahrer Diogo Cao 1483 gesichtet wurde.

Scoresby (72°N und 94°W) – Im Norden der Halbinsel Boothia liegt das Kap, das die nördlichste Spitze Amerikas bildet. Der britische Seefahrer William Scoresby Junior (1789-1857) entdeckte 1822 den Fjord und das Kap mit seinem Schiff „Baffin". Er nannte es nach seinem Vater William Scoresby senior (1760-1829), der 1820 und 1823 zwei Bücher über die arktische Regionen veröffentlichte, nachdem er 1806 81° 30'N und 19°O im Nordosten Grönlands erreicht hatte.

Sheridan (82° 27'N und 61° 21'W) – Das Kap im Nordosten der Insel Ellesmere liegt einige Kilometer von der nördlichsten Wetterstation der Welt („Alert") entfernt. Es trägt den Namen des britischen Polarforschers R. B. B. Sheridan (1751-1816). Hier befindet sich das Grabmal für den dänischen Übersetzer Petersen, der 1875 und 1876 an der Expedition des schottischen Forschers George Nares (1831-1915) teilnahm. 1905 bis 1906 sowie 1908 bis 1909 überwinterte hier der amerikanische Polarforscher Robert Edwin Peary (1856-1920) mit seinem Schiff „Theodore Roosevelt“. Er kam am 21. April 1906 bis 87° 06’N und erreichte am 6. April 1909 schließlich als Erster den Nordpol. Die „Theodore Roosevelt“ wurde von Robert Bartlett kommandiert.

Shiretoko (44° 24’N und 145° 20’O) – Das Kap liegt im Nordosten der japanischen Insel Hokkaido gegenüber den Kurilen-Inseln.

Sicié (43° 03’N und 5° 52’O) – In der Nähe der französischen Hafenstadt Toulon liegt dieses Kap.

Spencer (35° 20’S und 136° 56’O) – Im südlichen Australien liegt dieses Kap gegenüber der Känguru-Insel. Es trägt den Namen des britischen Seefahrers George John Spencer (1758-1834), der 1794 als First Lord der Admiralität amtierte.

Süd (47° 17’S und 167° 29’O) – Das auch Südwest genannte Kap liegt auf der Insel Stewart am Verbindungspunkt zwischen dem Indischen Ozean und dem Pazifik. Es bildet den südlichsten Punkt Neuseelands.

Südost (43° 38’S und 146° 48’O) – Das Kap auf der Insel Tasmanien ist der südlichste Punkt Australiens.

Südwest (43° 32’S und 145° 59’O) – Das Kap auf der Insel Tasmanien ist der zweitsüdlichste Punkt Australiens.

Tarifa (36°N und 5° 36’W) – Die Landzunge im südlichen Spanien liegt an der Straße von Gibraltar und bildet den südlichsten Punkt des kontinentalen Europa. Es wurde nach der benachbarten Stadt benannt.

Tegetthoff (79° 55’N und 58°W) – Im Süden der Insel Hall, der nördlichsten von Franz-Joseph-Land, liegt das Kapp, das den Namen des Schiffs „Tegetthoff“ trägt, mit dem die österreichischen Seefahrer und Forscher Julius von Payer (1841-1915) und Karl Weyprecht (1838-1881), zwei Jahre lang die Region um Franz-Joseph-Land erforschten. Die „Tegetthoff“ wurde am 20. Mai 1874 von ihrer Mannschaft im Packeis aufgegeben, bevor sie versank.

Torres (43° 34’N und 5° 42’W) – Das Kap in der Biskaya trägt den Namen des spanischen Seefahrers Luis de Torres (gest. 1615), der 1606 die nach ihm benannte Meerenge zwischen Australien und Neuguinea entdeckte.

Toulinguet (48° 17’N und 4° 38’W) – An der Küsten des Finistère liegt das Kap, das zum Naturschutzgebiet der Region Armorique gehört.

Touquet (50° 32’N und 1° 35’O) – Im Norden des französischen Badeortes Le Touquet an der Küste des Ärmelkanals liegt diese Landzunge. Im Norden wird sie bei Ebbe durch die Sandbank Pilori verlängert.

Trafalgar (36° 12’N und 6° 02’W) – An der spanischen Mittelmeerküste nordwestlich der Straße von Gibraltar und 45 Kilometer südöstlich der Hafenstadt Cádiz liegt dieses Kap. Am 21. Oktober 1805 schlug der britische Admiral Horatio Nelson (1758-1805) vor diesem Kap die französische Flotte, die von Admiral Pierre Charles de Villeneuve (1763-1806) kommandiert wurde. Die Briten verloren zwar keines ihrer Schiffe, mussten aber den Tod von 400 Seeleuten, darunter auch Admiral Nelson, beklagen. Er wurde am 9. Januar 1806 in der Londoner St.-Paul-Kathedrale beigesetzt. Die Franzosen und Spanier verloren in der Schlacht 18 der 33 eingesetzten Schiffe und 3360 Seeleute. Mehr als 7000 Mann gerieten in Gefangenschaft. Villeneuve wurde ebenfalls gefangen genommen. Nach seiner Freilassung beging er Selbstmord.

Tschegalski (70° 08'N und 170° 20'O) – Das Kap am Rande des Nordpolarmeers ist der nördlichste Punkt der russischen Tschutschken-Halbinsel.

Tscheljuskin (77° 44'N und 103° 55'O) – Das Kap bildet den nördlichsten Punkt Russlands und Asiens. Es trägt den Namen des russischen Forschers Semen Tscheljuskin, der es im Hundeschlitten am 17. oder 20. Mai 1742 überquert hat. Ihm folgte der schwedische Seefahrer Adolf Erik Nordenskjöld (1832-1901), der innerhalb eines Jahres (21. Juli 1878 bis 20. Juli 1879) die Nordostpassage durchquerte. Am 10. September 1893 überquerten die norwegischen Seefahrer Otto Sverdrup (1854-1930) und Fridtjof Nansen (1861-1930) das Kap.

Tyson (81° 20'N und 61° 20'W) – Im Hall-Becken im äußersten Nordwesten Grönlands liegt dieses Kap. Es wurde nach dem amerikanischen Leutnant George Tyson benannt, der nach dem Tod von Charles Francis Hall (1821-1871) am 8. November 1871 das Kommando der Expedition übernahm. Nach dem Verlust seines Schiffes „Polaris" und einer zweiten Überwinterung an der Nordwestküste Grönlands lebten 20 Besatzungsmitglieder sowie einige Inuit sechs Monate (27. Oktober 1872 bis 30. April 1873) auf einem treibenden Eisberg. Unbeschadet erreichten sie Labrador, wo sie von der „Tigress" an Bord genommen wurden.

Union (82° 16'N und 61° 10'W) – Im äußersten Nordosten der Insel Ellesmere befindet sich das Kap, das am 29. August 1871 vom amerikanischen Polarforscher Charles Francis Hall (1821-1871) erreicht wurde. Das Kap verdankt seinen Namen vermutlich der Tatsache, dass sich sein Entdecker an die Vereinigung der amerikanischen Staaten in jenen Jahren nach dem Sezessionskrieg erinnerte. Die nördlichste Küste Amerikas nannte er nach dem damals regierenden Präsidenten Ulysses Grant (1822-1885).

Van Diemen (11° 10'S und 130° 25'O) – Das Kap im Norden der australischen Insel Melville trägt wie der Golf den Namen des holländischen Gouverneurs von Batavia (Jakarta) Anthony van Diemen, der das Amt von 1636 bis 1645 bekleidete. Es wurde von seinem Neffen Abel Tasman (1603-1659) am 4. Januar 1643 entdeckt. Auch die von Tasman entdeckte Insel Tasmanien trug ursprünglich den Namen Van Diemen und bekam erst 1856 seinen aktuellen Namen.

Verde (14° 43'N und 17° 33'W) – Das westlichste Kap Afrikas an der Küste des Senegal wurde 1445 vom portugiesischen Seefahrer Diniz Diaz entdeckt. Es verdankt seinen Namen der üppigen Vegetation, die seine Entdecker erblickten.

Vesey Hamilton (74° 20'N und 118° 07'W) – Im Norden der Insel Banks im hohen Norden Kanadas liegt das Kap, das den Namen von Vesey Hamilton trägt, der an der Expedition von Francis Leopold McClintock (1819-1907) teilnahm, die in der Nähe der Insel Daily überwinterte. McClintock befand sich auf der Suche nach dem verschollenen Sir John Franklin (1786-1847).

Victory (69° 37' 42"N und 98° 41'W) – Das Kap im Nordwesten der Insel King William im autonomen Gebiet Nunavut im Norden Kanadas erinnert mit seinem Namen an das Schiff „Victory" des britischen Seefahrers John Ross (1777-1856), der das Kap, die gleichnamige Insel und dank seines Neffen James Clark Ross (1800-1862) am 28. Mai 1831 den magnetischen Nordpol bei 70° 05'N und 96° 46'W) entdeckte. Das Schiff war von seinem Förderer Felix Booth finanziert worden und musste 1832 nach zwei Überwinterungen im Packeis aufgegeben werden. Die Überlebenden wurden am 15. August 1833 von der „Isabella" an Bord genommen und nach Großbritannien gebracht. Eine Gruppe der von Francis McClintock geleiteten Expedition (1819-1907) entdeckte hier in einem Steinkegel Spuren der Expedition von Sir John Franklin (1786-1847).

Wrangel (52° 40'N und 173°O) – Im Westen der Insel Attu liegt dieses Kap an der Meerenge, die die Beringsee mit dem Nordpazifik verbindet. Es bildet die westlichste Spitze der Aleuten-Inseln vor Alaska. Es trägt den Namen des russischen Seefahrers Ferdinand Petrovich von Wrangel (1796-1870), der zwischen 1820 und 1824 vergeblich nach einem Stück Land in der Tschuktschen-See suchte. Nachdem es vom amerikanischen Seefahrer George de Long (1844-1881) entdeckt worden war, benannte er es zu Ehren Wrangels.

Wrath (58° 40'N und 5°W) – Das Kap liegt im Nordwesten Schottlands an der Atlantikküste und wird nur vom drei Minuten weiter nördlich gelegenen Kap Dunnet übertroffen.

York (75° 55'N und 66° 30'W) – Im Nordwesten Grönlands, 80 Kilometer von der amerikanischen Luftwaffenbasis Thule entfernt, liegt dieses Kap an der Melville-Bucht. Es trägt den Namen der britischen Stadt York, die zu Zeiten der Wikinger eine dänische Niederlassung war. Der dänische Seefahrer Peter Pedersen, Kommandant der „Sokongen" des Polarforschers Knud Rasmussen (1879-1933) trug den Beinamen „Captain York". Von 1819 an diente das Kap als Station der Walfänger. Einige von ihnen überwinterten hier sogar. Der amerikanische Polarforscher Robert Edwin Peary (1856-1920) unterbrach hier am 1. August 1908 seine Polarexpedition. Knud Rasmussen, Sohn eines Pfarrers und einer Inuit-Frau, gründete 1910 die Basis Thule, von der aus er mehrere Expeditionen unternahm.

York (10° 42'S und 142° 32'O) – Das Kap im australischen Queensland liegt an der Torres-Straße und bildet den nördlichsten Punkt Australiens. Es wurde am 20. August 1770 vom britischen Seefahrer James Cook (1728-1779) mit der „Endeavour" passiert. Das Kap wurde nach dem Grafen von York (1763-1827, Bruder des britischen Königs Georg IV. (1762-1830), benannt. Der Graf war der zweite Sohn des britischen Herrschers. Einer der wenigen Grafen York, die auf den britischen Thron kamen, war Georg VI. (1895-1952), der Elisabeth Bowes-Lyon (1900-2002) heiratete, die als vom Volk geliebte Queen Mum in die Geschichte einging. Georg VI. wurde 1936 gekrönt, nachdem sein Bruder Edward VIII. (1894-1972) wenige Monate nach seiner Krönung auf den Thron verzichtete, um eine geschiedene bürgerliche Amerikanerin zu heiraten.

Die Pole

An den geografischen Polen laufen alle Längengrade zusammen. Sie sind die Extreme der Erde. Doch daneben gibt es noch andere Pole. Sie sind die Ziele, Markierungen und kartografischen Fixpunkte der Entdecker. Auf den folgenden Seiten wird die spannende Geschichte ihrer Entdeckung nachgezeichnet.

Nordpol

Geografischer Nordpol: In der Mitte des Atlantiks bei 90°N liegt der Nordpol unter einer acht Meter messenden Packeisdecke. An diesem Punkt kommen alle Längengrade zusammen. Der Ozean hat hier eine Tiefe von 4022 Metern. Schon immer haben die nördlichen Breiten wagemutige Zeitgenossen herausgefordert. Die Geschichte der Erforschung dieser Region begann bereits mit den Wikingern.

864: Dem Wikinger Gradar gelingt die Umfahrung Islands. Dabei erreicht er 66° 33'N.

1498: Der italienische Seefahrer Giovanni Cabot (1450-1498) dringt in die Davis-Meerenge ein und überquert den Nördlichen Polarkreis bei 66° 33'N.

14. August 1553: Der britische Seefahrer Hugh Willoughby (1510-1554) erreicht mit seinem Schiff „Bona Esperanza" an der Südwestküste von Nowaja Semlja 72°N.

1588: Der britische Seefahrer John Davis (1550-1605) erreicht in der nach ihm benannten Meerenge mit seinen Schiffen „Sunshine" und „Moonshine" im Westen Grönlands 72° 41'N.

17. Juni 1596: Bei der Entdeckung von Spitzbergen erreicht der holländische Seefahrer Willem Barents (1550-1597) mit der „Mercure" 76° 34'N, bevor er Kurs auf Nowaja Semlja nimmt, wo er mit seiner Mannschaft die erste Überwinterung in der Arktis wagt.

1607: Der britische Seefahrer Henry Hudson (1550-1611) kommt bei seiner Umsegelung Spitzbergens mit der „Hopewell" auf 80° 27'N. Dieser Rekord wird erst 166 Jahre später von Constantine John Phipps (1744-1792) übertroffen.

1616: Die britischen Polarforscher Robert Bylot (gest. 1616) und William Baffin (1584-1622) erreichen mit der „Discovery" in der Baffin Bay zwischen Grönland und der Insel Ellesmere 77° 45'N (78° 10'N nach anderen Quellen).

1773: Constantine John Phipps (1744-1792) erreicht nördlich von Spitzbergen mit seinen Schiffen „Racehorse" und „Carcass" zusammen mit dem erst 15 Jahre alten Horatio Nelson (1758-1805) 80° 48'N. Nelson wurde später Admiral, der in der Seeschlacht von Trafalgar ums Leben kam.

1806: William Scoresby (1760-1829) erreicht mit der „Resolution" 81° 30'N bei 19°O im Nordosten Grönlands. Er wurde von seinem Sohn William Scoresby Junior (1789-1857) begleitet, der 1816 die Scoresby-Meerenge entdeckte und später die Küsten im Osten Grönlands erforschte.

26. Juli 1827: Der britische Seefahrer und Forscher William Edward Parry (1790-1855) erreicht 82° 45'N im Norden Spitzbergens, indem er sich in einem mit Schlittschuhen ausgerüsteten Kanu von Rentieren ziehen lässt.

1854: Der Amerikaner Elisha Kent Kane (1820-1857) erreicht das Becken, das seinen Namen trägt, und entdeckt den Humboldt-Gletscher auf Grönland bei 80° 10'N. Isaac Hayes (1832-1881) kommt bis Kap Constitution an der Westküste Grönlands bei 80° 33'N. Ihr Schiff „Advance" muss am 20. Mai 1855 aufgegeben werden, und die Mannschaft erreicht nach 84 Tagen Navigation inmitten von Eisbergen Upernavik.

Juli 1861: Isaac Hayes (1832-1881) kommt nach einem Fußmarsch entlang der Grinnell-Küste bis 81° 55'N bei 63°W. Sein Schiff „United States" ankert bei Port Foulke in der Robeson-Meerenge.

29. August 1871: Der amerikanische Forscher Charles Francis Hall (1821-1871) erreicht mit der „Polaris" das seinen Namen tragende Becken im Norden der Robeson-Meerenge im Westen Grönlands bei 82° 16'N. Am 8. November 1871 kommt er ums Leben. Nach der Aufgabe der „Polaris" treiben 20 Überlebende ein halbes Jahr lang auf einem Eisberg bis an die Küste von Labrador.

Juli 1875: Der schottische Seefahrer George Nares (1831-1915) erreicht mit der „Alert" bei Kap Sheridan 82° 30'N.

Oktober 1875: Pelham Aldrich, Teilnehmer an der Nares-Expedition, erreicht an der äußersten Nordspitze der Insel Ellesmere mit einer sieben Mann starken Mannschaft bei Kap Columbia 83° 06'N. Später kommen sie an der Nordküste der Insel noch auf 85°W.

12. Mai 1876: Albert Markham (1841-1918), Stellvertreter von Expeditionsleiter George Nares (1831-1915), kommt mit einer 16 Mann starken Mannschaft auf dem Packeis nördlich von Ellesmere auf 83° 20'N.
1882-1883: Erstes Internationales Poljahr.
13. Mai 1882: Der amerikanische Forscher Lockwood, Teilnehmer an der von Adolph Washington Greely (1844-1935) geleiteten Expedition, erreicht auf der Insel, die heute seinen Namen trägt, 83° 24'N und übertrifft die bisher gültige Rekordmarke um 7,5 Kilometer. Nach dem Verlust ihres Schiffes „Proteus" am 23. Juli 1883 in der Smith-Meerenge müssen die Männer bei Kap Sabine überwintern. Nur sieben Mann von 25, darunter Greely, überleben die Tortur. Sie werden von der „Thetis" am 23. Juni gerettet.
8. April 1895: Die norwegischen Forscher Fridtjof Nansen (1861-1930) und Frederik Johansen (1867-1923) kommen mit der von Otto Sverdrup kommandierten (1854-1930) „Fram" auf 86° 13'N, indem sie sich im Packeis treiben lassen. Die „Fram" erreicht am 15. November im Packeis treibend 85° 55'N und trifft danach wohlbehalten wieder in Norwegen ein.
25. April 1900: Der italienische Forscher Umberto Cagni (1853-1932) kommt bei der vom Grafen von Abruzzen (1873-1933) geleiteten Expedition von Franz-Joseph-Land aus auf 86° 34'N.
21. April 1902: Der amerikanische Forscher Robert Edwin Peary (1856-1920) erreicht im Norden der Insel Ellesmere 84° 17'N, nachdem er die Küste Grönlands entlang gefahren war.
21. April 1906: Robert Edwin Peary (1856-1920) kommt von Kap Columbia auf Ellesmere aus bis 87° 96'N.
21. April 1906: Der Forscher Frederik Cook (1865-1940) behauptet, als Erster den Nordpol bei 90°N mit Hundeschlitten und in Begleitung von zwei Inuits erreicht zu haben. Dieser Anspruch ist bis heute umstritten.
6. April 1909: Angeblich erreicht der amerikanische Polarforscher Robert Edwin Peary (1856-1920) zusammen mit fünf Begleitern, seinem Landsmann Matthew Heanson (1865-1955) und den vier Inuits Egingwah, Ootah, Ooqueah und Seegloo, den Pol. Ihr nach dem amerikanischen Präsidenten benanntes und von Robert Bartlett kommandiertes Schiff „Theodore Roosevelt" lag in Kap Sheridan vor Anker. Die Polarforscher verließen das Schiff am 15. Februar 1909. Peary ging eine Woche später von Bord. Die Versorgungsteams der Peary-Expedition kehrten an bestimmten, von Peary festgelegten Punkten wieder auf die „Roosevelt" zurück. Der Mediziner George Goodsell (geb. 1873) und Donald Mac Millan (1874-1970) machten zusammen mit ihren Inuit-Begleitern am 15. März bei 84°N kehrt. George Borup (geb. 1885) kam zusammen mit drei Inuits am 21. März bis 85° 35'N. Der Mediziner Ross Marvin (1875-1909) kehrte mit drei Inuits am 26. März bei 86° 38'N zum Schiff zurück. Der Kommandant Robert Bartlett schließlich erreichte mit drei Inuits am 31. März 1909 87° 47'N, bevor er zum Schiff zurückkehrte. Mit seinen fünf Begleitern marschierte Peary weiter zum Pol, den er angeblich am 6. April 1909 erreichte. Dieser Anspruch ist allerdings umstritten. Doch sie haben mindestens 87° 47'N erreicht, was Kommandant Bartlett bestätigte. Robert Edwin Peary schrieb nach seinem Marsch in einem Brief an seine Frau: „Wenn man auf dem arktischen Eis unterwegs ist, muss man alle Gefahren akzeptieren. Es geschieht oft, dass man zwischen dem Risiko, zu ertrinken oder, wenn man wartet, zu verhungern, wählen muss. Man muss sein Schicksal in die Hand nehmen, in dem man die kürzeste und am wenigsten gefährliche Gefahr wählt."
22. Mai 1925: Der norwegische Forscher Roald Amundsen (1872-1928) wassert mit zwei Wasserflugzeugen vom Typ Dornier Wal (N 24 und N 25) in einem Gewässer im Packeis bei 87° 44'N und 10° 37'W, 140 Kilometer vom Nordpol entfernt. 24 Tage lang kämpft er zusammen mit seinen Begleitern Hjalamer Riiser-Larsen, Lincoln Ellsworth (1880-1951), dem Mechaniker Feucht, Leif Dietrichsen und Oscar Omdal, um eine Piste zu errichten, die den Start eines der Flugzeuge (N 25) ermöglicht, um Spitzbergen lebend zu erreichen. Sie hatten Tromsö an Bord der Schiffe

„Hobby" und „Fram" verlassen und waren in der King's Bay in Spitzbergen am 21. Mai 1925 um 17.10 Uhr gestartet. Am 18. Juni 1925 kehrten sie schließlich an Bord der „Suöliv" zurück, nachdem sie am 15. Juni um 19 Uhr bei einer katastrophalen Wasserung ihr Flugzeug vor Svalbard verloren hatten. Ihre Rückkehr nach Oslo am 5. Juli 1925 war triumphal.

9. Mai 1926, 9.03 Uhr GMT: Der amerikanische Pilot Richard Byrd (1888-1957) überfliegt zusammen mit Floyd Bennett (1890-1928) mit dem Fokker-Doppeldecker „Josephine Ford" den Nordpol. Sie waren in der King's Bay in der Nähe von Ny-Alesund auf Spitzbergen um 0.30 Uhr GMT gestartet und kehrten um 16 Uhr nach 15.30 Stunden Flug wieder zurück.

12. Mai 1926, 01.25 Uhr: Die Forscher Roald Amundsen (1872-1928), Lincoln Ellsworth (1880-1951), Umberto Nobile (1885-1978), Hjalmer Riiser-Larsen, Oscar Wisting (gest. 1936) und Emil Hörgen überqueren mit einer sechs Mann starken Mannschaft um 11.25 Uhr im 106 Meter langen Zeppelin „Norge" den Nordpol und werfen dabei die Fahnen ihrer Länder ab. Sie hatten Spitzbergen am 11. Mai 1926 um 8.55 Uhr verlassen und erblickten Alaska bei Kap Barrow am 13. Mai um 7.25 Uhr. Sie verließen ihr Gefährt in Teller, 100 Kilometer nordöstlich von Nome, am 14. Mai um acht Uhr, nachdem sie 5500 Kilometer in 71 Stunden und fünf Minuten zurückgelegt hatten. Lincoln Ellsworth feierte seinen 46. Geburtstag am 12. Mai beim Flug über den Pol.

15. April 1928: Dem australischen Piloten Hubert Wilkins (1888-1958) gelingt zusammen mit dem Amerikaner Carl Eielson (gest. 1929) der erste Flug über die Arktis samt Nordpol in einer Lockheed Vega. Sie waren in Kap Barrow in Alaska gestartet und erreichten Green Harbour auf Spitzbergen nach einem 4000 Kilometer langen Flug über die Insel Daumann, wo sie ihr Flugzeug fünf Stunden lang reparieren mussten.

24. Mai 1928, 2.30 Uhr: Der Zeppelin „Italia", gefüllt mit 19.000 Kubikmeter Wasserstoff und kommandiert von Umberto Nobile (1885-1978), erreicht den Nordpol von Spitzbergen kommend 20 Minuten nach Mitternacht. Dort wirft die Mannschaft die italienische Fahne und ein von Papst Pius XI. (1857-1939) geweihtes Kreuz ab. Die „Italia" war auf Spitzbergen am 23. Mai um vier Uhr gestartet. Am 25. Mai stürzt sie auf das Packeis in der Nähe der Insel Foyn (80° 37'N und 26° 50'O) bei ihrer Rückkehr nach Spitzbergen ab. Sechs Männer verschwanden mit dem Zeppelin. Neun konnten sich auf das Packeis retten. Ein Notruf wurde in der Sowjetunion abgefangen und an die betroffenen Botschaften weitergegeben. 1500 Männer, 22 Flugzeuge, 18 Schiffe und 1500 Männer aus sieben Nationen waren an der Suchaktion beteiligt. Darunter auch Roald Amundsen (1872-1928), der zusammen mit Leif Dietrichsen und den Franzosen René Guilibaud, Albert Cavelier, Emile Valette und Gilbert Brazy beim Absturz ihrer Latham 47 ums Leben kamen. Sie hatten Tromsö um 16 Uhr in Richtung Ny-Alesund verlassen. Die Latham trug den Namen des Piloten Hubert Latham (1883-1912), der um 1910 die ersten Höhenrekorde aufstellte.

1932-1933: Zweites Internationales Poljahr.

21. Mai 1937: Der russische Forscher Iwan Papanin (1894-1986) wird zusammen mit seinen drei Mitstreitern Tschirchow, Krenkel und Fjodorow 32 Kilometer vor dem Nordpol abgesetzt (89° 43'N). Neun Monate lang treiben sie im Packeis bis zum 19. Februar 1938 zwischen Grönland und Island und legen dabei 1300 Kilometer zurück.

23. April 1948: Eine russische Expedition wird exakt am Nordpol abgesetzt. Sie besteht aus Pawel Gordjenko, Michail Ostrekin, Pawel Senko und Michail Somow.

3. Mai 1952: Der amerikanische Pilot Paddock Crany (1911-1987) überfliegt mit einer Dakota den Pol.

1. Juli 1957 bis 31. Dezember 1958: Internationales Geophysikalisches Jahr.

3. August 1958, 4.15 Uhr, GMT: Das amerikanische Unterseeboot „Nautilus" (SSN 471), kommandiert von William Anderson (geb. 1921), taucht unter dem Nordpol hindurch. Das U-Boot hatte Pearl Harbor am 23. Juli verlassen und erreichte Portland am 12. August 1958, nachdem es die Beringstraße, Spitzbergen, Jan Mayen und Island in einem 96 Tage langen Tauchgang passiert hatte. Es war am 30. September 1954 vom Stapel gelaufen. Drei U-Boote trugen bereits den Namen „Nautilus“: das erste, vom Amerikaner Robert Fulton (1765-1815) konstruierte Boot, das am 24. Juli 1800 acht Meter tief tauchte. 1931 wurde die zweite „Nautilus“ getauft und machte einen arktischen Tauchgang bis 82°N mit dem australischen Polarforscher Hubert Wilkins (1888-1958) an Bord. 1870 veröffentlichte Jules Verne (1828-1905) seinen Roman „20.000 Meilen unter dem Meer“, in dem Kapitän Nemo bereits eine „Nautilus“ kommandierte.

12. August 1958, 1.47 Uhr GMT: Das amerikanische U-Boot „Skate“ (SSN 578), kommandiert von Jim Calvet, durchbricht 45 Kilometer vom Pol entfernt das Packeis bei 89° 36'N.

17. März 1959: Das amerikanische U-Boot „Skate“ (SSN 578) durchbricht das Packeis exakt am Nordpol, um dort die Asche des australischen Polarforschers Hubert Wilkins (1888-1958) zu hinterlassen.

19. April 1968: Der Amerikaner Ralph Plaistel erreicht nach 42 Tagen zusammen mit drei Kollegen den Nordpol mit Motorschlitten. Sie wurden dabei aus der Luft unterstützt.

5. April 1969: Einer vom britischen Forscher Wally Herbert (geb. 1934) geleiteten Expedition gelingt die Überquerung der Arktis über den Nordpol. Herbert wurde begleitet von Ken Hedges (geb. 1934), Allan Gill (geb. 1930) und Roy Koerner (geb. 1932). Sie hatten Kap Barrow in Alaska am 21. Februar 1968 verlassen und erreichten nach 464 Tagen und 4700 Kilometern die Insel Tavel am 29. Mai 1969.

5. April 1971: Das kanadische Paar Fran und Weddy Phipps erreichen im Flugzeug den Pol. Fran Phipps ist die erste Frau, die ihren Fuß auf den Pol setzt.

19. Mai 1971: Der Italiener Guido Monzino erreicht mit seinem Hundeschlitten den Pol.

17. August 1977: Der sowjetische Eisbrecher „Arktika“ erreicht unter dem Kommando von Juri Hutschew nach 3852 Seemeilen, davon 1300 durch das Eis, den Pol.

29. April 1978: Der Japaner Naomi Uemara (1941-1984) erreicht als Solist den Pol zusammen mit seinen 14 Schlittenhunden. Er hatte Kap Edward auf der Insel Ellesmere am 7. März verlassen und 725 Kilometer in 56 Tagen mit Luftunterstützung zurückgelegt. 1974 hatte er bereits die Arktis als Solist über 9000 Kilomter zwischen Grönland und Alaska bezwungen. Er kam bei einer Besteigung des Mount McKinley in Alaska ums Leben.

31. Mai 1979: Der Russe Dimiti Schparo (geb. 1942) erreicht auf Skiern den Pol zusammen mit Vadim Davidow, Juri Khmelevsky, Wladimir Ledenew, Anatoli Melnikow, Wladimir Rachmanow und Wassili Schiskared. In 77 Tagen legten sie 1500 Kilometer zurück. Sie waren auf der russischen Insel Henriette im Nordosten des Sibirischen Archipels gestartet.

1985: Der neuseeländische Forscher und Bergsteiger Edmund Hillary (geb. 1919) und der amerikanische Astronaut Neil Armstrong erreichen den Pol in einem Flugzeug. Neil Armstrong war der erste Mensch, der seinen Fuß auf den Mond gesetzt hatte, Hillary hatte am 29. Mai 1953 als Erster zusammen mit Tensing Norgay (1914-1985) den Mount Everest bestiegen.

1. Mai 1986: Der Amerikaner Will Steger (geb. 1944) erreicht zusammen mit seiner Mannschaft und Ann Bencraft den Pol mit Hundeschlitten ohne Unterstützung von außen. Am 9. April 1986 waren sie Jean-Louis Etienne, der allein mit Skiern unterwegs war, begegnet.

11. Mai 1986, zwei Uhr: Der Forscher Jean-Louis Etienne erreicht als Solist mit Unterstützung aus der Luft den Nordpol. Er hatte die Insel Ellesmere am 7. März 1986 verlassen. „Beim Abenteuer erfindet man das Leben. Es ist wichtig, seine Träume zu verwirklichen. 70 Prozent spielen sich im Kopf, 30 Prozent in den Beinen ab. Als ich den Nordpol am 11. Mai erreicht hatte, ging ein Schauer durch meinen Körper. Nun wusste sich, dass mein Abenteuer abgeschlossen war. Ich bin am Pol. Es ist zu Ende. Es gibt keine Explosion vor Freude in meinem Inneren, weil ich am Ende angekommen bin. Es existiert nicht. Der Pol ist ein abstrakter Punkt, symbolisch auf ewig da und zugleich abwesend. Das ist seltsam nahe am Rande der Frustration."

1987: Das amerikanische U-Boot „Billfish" durchbricht das Eis am Pol.

Montag, 4. Mai 1987, 14.44 Uhr GMT: Der französische Pilot Hubert de Chevigny (geb. 1949) landet mit seiner ULM „Avid Flyer" auf den Pol. Elf Minuten später folgt Nicolas Hulot (geb. 1955) mit seiner ULM „Mistral". Sie hatten Resolute Bay in Kanada am 20. April verlassen.

Mai 1988: Eine von Dimitri Schparo (geb. 1942) und Richard Weber geleitete russisch-kanadische Expedition durchquert in 91 Tagen das Nordpolarmeer vom Arktischen Kap bis Kap Columbia.

14. Mai 1989: Der Forscher Robert Swan (geb. 1956) erreicht an der Spitze einer acht Mann starken Expedition den Nordpol auf Skiern ohne Unterstützung von außen. Er hatte den Südpol bereits am 11. Januar 1986 erreicht. Einer seiner Mitstreiter, der deutsche Abenteurer Arved Fuchs, sollte im gleichen Jahr zusammen mit dem Bergsteiger Reinhold Messner (geb. 1944) den Südpol am 31. Dezember erreichen.

4. August 1941: Der sowjetische Eisbrecher „Sowjetski Sojus" erreicht zum ersten Mal mit Touristen an Bord den Nordpol.

4. Mai 1992: Vier kanadische und norwegische Forscher erreichen mit Hundeschlitten den Pol von der Insel Ward Hunt aus.

18. April 1994: Die belgischen Forscher Alain Hubert und Didier Goetghebuer erreichen den Pol, nachdem sie Kap Columbia am 6. März verlassen hatten

22. April 1994: Der norwegische Forscher Borge Ousland (geb. 1962) erreicht den Pol als Solist und ohne Unterstützung von außen. Er hatte das Arktische Kap auf Sewernaja Semlja am 2. März verlassen und in 52 Tagen 970 Kilometer auf dem Packeis zurückgelegt.

17. Mai 1994: Acht russische Forscher erreichen unter der Leitung von Wladimir Tschukow den Pol. Sie hatten das Arktische Kap am 15. März verlassen.

22. August 1994: Drei Eisbrecher treffen sich am Nordpol: „Louis St. Laurent" aus Kanada, „Polar Sea" aus den USA und „Jamal" aus Russland.

1995: Der russische Eisbrecher „Sowjetski Sojus" erreicht mit ausländischen Touristen an Bord den Nordpol.

12. Mai 1995: Der Kanadier Richard Weber und der Russe Michail Malakow erreichen den Nordpol. Sie hatten die Insel Ward am 14. Februar verlassen und kehrten am 15. Juni ohne Unterstützung von außen wieder zurück.

23. Mai 1995: Die Polen Marek Kaminski und Wojtek Moskal erreichen auf Skiern und ohne Unterstützung von außen den Pol. Sie hatten Kap Columbia am 14. März verlassen. Marek Kaminski erreichte ein knappes Jahr später auch den Südpol.

1996: Seit 1996 können entsprechend wohlhabende Touristen per Flugzeug die russische Basis Barneo erreichen, die bei 89°N und 104°O liegt, aber auf dem Treibeis ständig ihre Position verändert. Die Touristen können zwischen einer Tour um die Basis oder Richtung Pol wählen, was ungefähr 220 Kilometer hin und zurück sind. Um hierhin zu kommen, muss man sich in eine Antonow 2, Antonow 26 oder Antonow 74 begeben. Die Maschinen starten vom sibirischen Flughafen Katanga und erreichen nach einer Zwischenlandung auf der Insel Srednij die Basis. Seit 2002 kann man auch direkt mit einer Antonow 74 von Spitzbergen aus fliegen, was wesentlich angenehmer ist. Von der Basis aus werden die Touristen mit einem Helikopter vom Typ MI8 zum Nordpol gebracht. Die Basis ist allerdings nur zwischen Mitte März und Mitte April einsatzbereit. (Weitere Informationen bei www.polarcircle.com)

23. April 1996: Vier französische militärische Forscher unter der Leitung von Thierry Bolo erreichen den Pol auf Skiern und ohne Unterstützung von außen. Sie hatten das Arktische Kap am 28. Februar verlassen.

2. Mai 1997: Der japanische Forscher Hyoichi Kohno erreicht den Nordpol als Solist, nachdem er, je nach Quelle, von Kap Columbia oder der Insel Ward Hunt aus aufgebrochen war.

3. Mai 1997: Der Japaner Mitsuro Ohba erreicht als Solist den Pol auf Skiern. Er hatte das Arktische Kap am 25. Februar verlassen. Er setzte seine Route bis zur Insel Ward Hunt fort, die er am 24. Juni nach 120 Tagen erreichte.

6. Mai 1997: Die Französin Christine Janin (geb. 1957) und der Russe Sergej Ogorodnikow erreichen auf Skiern den Pol, nachdem sie das Arktische Kap am 3. März verlassen hatten. Sie wurden am Pol von krebskranken Kindern empfangen, die von der Aktion „Jedem seinen Everest" dorthin gebracht worden waren.

21. April 1998: 72 Fallschirmspringer springen aus einer Iljuschin 76 aus 4000 Metern Höhe über dem Pol ab.

8. Mai 1998: Eine Expedition von vier russischen und einem slowakischen Forscher durchquert das Nordpolarmeer zwischen dem 23. Februar und dem 20. Juni und erreicht dabei den Nordpol. Sie waren am Arktischen Kap aufgebrochen.

13. April 2000: Die kanadischen Forscher Paul Landry und Paul Crowlew erreichen mit Hundeschlitten und ohne Unterstützung von außen den Pol. Sie hatten die Insel Ward Hunt am 1. März verlassen.

28. April 2000: Die französischen Forscher Arnaud Tortel (geb. 1970) und Rudolphe André (geb. 1972) überqueren zwischen dem 27. Februar und 6. Juni das Nordpolarmeer und erreichen dabei am 28. April den Nordpol. Insgesamt legen sie 1600 Kilometer zurück. 200 Kilometer vor der Insel Ward Hunt müssen sie ihre Expedition abbrechen.

29. April: Zwei norwegische Polarforscher überqueren zwischen dem 15. Februar und 3. Juni das Nordpolarmeer zwischen dem Arktischen Kap und Kap Discovery auf Skiern. Den Nordpol erreichen sie am 29. April.

26. März 2001: Der japanische Forscher Hyoichi Kohno verlässt den Nordpol als Solist auf Skiern und ohne Unterstützung von außen in Richtung Ward Hunt. Es ist die erste Etappe einer auf sechs Jahre angelegten Reise Richtung Japan. Er ertrinkt am 21. Mai 2001 bei 85°N rund 120 Kilometer vor der Insel Ward Hunt.

23. April 2001: Der norwegische Polarforscher Borge Ousland (geb. 1962) überquert als Solist auf Skiern und ohne Unterstützung von außen das Nordpolarmeer. Er hatte das Arktische Kap am 2. März 2001 verlassen und passierte den Nordpol am 23. April, ohne anzuhalten. Borge Ousland benötigte für die 1800 Kilometer 82 Tage. Dieser Rekord wird lange Bestand haben. Seine Devise: „Die Einsamkeit ist essenziell. Nach den ersten zwei oder drei Wochen ist das Schwierigste überstanden. Danach muss man nur weitermachen."

24. April 2001: Der französische Pilot Hubert de Chevigny (geb. 1949) und seine beiden Begleiter Gérard d'Abouville (geb. 1945) und Bernard Laferrière landen in der Nähe des Nordpols. Bei ihrem Flug benutzen sie die „Private Explorer", die von Chevigny konstruiert wurde. Sie waren in Resolute Bay am 23. April 2001 gestartet und benutzten als Navigation lediglich die Sonne, eine Uhr, einen Sonnenkompass, einen Abdriftmesser und einen Sextanten. Bei ihrer Landung hatten sie den Pol lediglich um rund 30 Kilometer verfehlt. Nachdem sie neuen Treibstoff in der russischen Basis Barneo aufgenommen hatten, starteten sie in Richtung Kanada, mussten aber wegen meteorologischer Schwierigkeiten auf dem Packeis landen, das sie wegen eines technischen Defektes (Dynamo) nicht mehr verlassen konnten. Eine Twin Otter nahm sie auf. Nach seiner Rückkehr nach Paris besprach sich Chevigny mit seinen Sponsoren, kehrte zu seiner Maschine zurück, reparierte sie und startete Ende Mai wieder.

5. Mai 2001: Der Kanadier Paul Landry und drei britische Forscher, darunter zwei Frauen, erreichen in Hundeschlitten den Pol, nachdem sie die Insel Ward Hunt am 11. März verlassen hatten.

13. April 2002: Der französische Polarforscher Jean-Louis Etienne (geb. 1946) beginnt am Pol mit seiner „Mission Packeis". Um die klimatischen Veränderungen zu erforschen, lässt er sich innerhalb von drei Monaten über 600 Kilometer in seiner „Polar Observer" in Richtung Grönland treiben. Die Kapsel mit einem Durchmesser von 3,50 und einer Höhe von 3,70 Metern ist schwarz lackiert, um die Sonneneinstrahlung zu nutzen. Er wird am 4. Juli 2002 bei 86° 37'N und 10° 23'O vom russischen Eisbrecher „Jamal" aufgenommen, der in der Lage ist, zwei Meter dickes Eis zu durchbrechen.

1. Mai 2002: Die australischen Polarforscher Eric Philips und John Muir erreichen den Pol, nachdem sie das Arktische Kap am 5. März verlassen hatten.

2. Juni 2002, 5.50 Uhr GMT: Die Briten Caroline Hamilton und Ann Daniles erreichen den Pol, nachdem sie die Insel Ward Hunt am 12. März 2002 zusammen mit Pom Oliver verlassen hatten, die am 29. April aufgeben musste. Die drei hatten bereits den Südpol am 24. Juni 2000 erreicht.

Das Abenteuer Nordpol ist noch nicht beendet. Jedes Jahr wagen sich Abenteurer an die Überquerung des Nordpolarmeers und versuchen, mit allen Mitteln den Nordpol möglichst schnell und mit einem Minimum an Unterstützung von außen zu erreichen. Dabei sticht vor allem Mike Horn (geb. 1966) heraus, der zwischen 2000 und 2001 die Erde am Äquator innerhalb von 17 Monaten umrundete. Danach wagte er sich an die Umrundung des Nordpolarmeers entlang des Polarkreises. Sein erster Versuch im Jahr 2002 war nicht von Erfolg gekrönt. Er musste am 11. April bei 84° 38'N und 88° 33' 39"O mit mehreren erforenen Fingern, von denen zwei amputiert werden mussten, aufgeben. Am 4. August 2002 machte er sich vom Nordkap wieder auf seine ökologische Expedition, die ihn entlang des Polarkreises über Spitzbergen, Grönland, Kanada und Alaska, die Beringstraße und Sibirien führen wird. Dabei verzichtet er auf motorisierte Gefährte und setzt allein auf Kajak, Segelboot oder seine eigenen Füße. „Für dieses Vorhaben benötigt man Willenskraft, Glück und Leidenschaft. Ich ziehe ein spannendes Leben mit Risiko einem leichten und langen vor."

Magnetischer Nordpol Der magnetische Nordpol verschiebt sich mit einer Geschwindigkeit von 40 Kilometern pro Jahr. Er kann im Jahr 2050 bei der russischen Insel Sewernaja Semlja liegen.

- Position 1831: 70° 05'N und 96° 46'W; bestätigt von James Clark Ross (1800-1862)
- Position 1904: 70° 30'N und 96° 30'W; geschätzt von Roald Amundsen (1872-1928)
- Position 1948: 73° 54'N und 100° 45'W
- Position 1962: 75° 01' und 100° 20'W
- Position 1973: 75° 56'N und 100° 45'W
- Position 1984: 77°N und 102° 20'W
- Position 1996: 78° 30'N und 104° 10'W
- Position 2001: 79°N und 105° 05'W
- Position 2002: 80° 20'N und 110° W; geschätzt von „Poly Arctique"

Die wichtigsten Expeditionen:

1819: Der britische Seefahrer und Forscher William Edward Parry (1790-1855) passiert den magnetischen Nordpol.

28. Mai 1831: Der magnetische Nordpol wird von den britischen Seefahrern James Clark Ross (1800-1862) und William Edward Parry (1790-1855) während einer von John Ross (1777-1856) geleiteten Expedition lokalisiert.

4. April 1976: Der Franzose Pierre Magnan (geb. 1942) erreicht in einem Segler den magnetischen Nordpol. Er war von Resolute Bay aus aufgebrochen.

August 1982: Der französische Pilot Hubert de Chevigny (geb. 1949) überfliegt in einer ULM den magnetischen Nordpol.

24. April 1983: Der Seefahrer Janusz Kurbiel erreicht mit seinem Segelschiff „Vagabon d'Eux" den magnetischen Nordpol. Der Radiomoderator Nicolas Hulot (geb. 1955) springt über dem magnetischen Nordpol ab. (77° 57'N und 102° 37' 83"W)

23. August 1988: Bei dem Versuch, den Nordpol auf dem Surfbrett zu erreichen, muss Stéphane Peyron 150 Kilometer vor seinem Ziel aufgeben.

8. Mai 1992: Die französischen Forscher Philipe Roy und Claude Wachtel erreichen den Pol, nachdem sie Resolute Bay am 4. April 1992 verlassen hatten.

1992: Das neuseeländische Paar Hellen (geb. 1938) und Bill Thayer (geb. 1927) erreicht zu Fuß den Pol.

19. April 1995: Die Franzosen Corinne Pelozuelo, Franck Chambolle und Bruno Lamert erreichen ohne Unterstützung von außen den magnetischen Nordpol nach 600 Kilometern auf Skiern.
7. Mai 1887: Der Brite Giles Kershan (geb. 1974) erreicht den Pol auf Skiern.
1999: Das Paar Lycia und Arnaud Tortel (geb. 1970) erreicht den Pol und dreht den Film „Les Amoureux du pôle".

Geomagnetischer Nordpol: Der Erddurchmesser, der die geomagnetischen Nord- und Südpole vereinigt, beschreibt einen Winkel von 11° 30' mit der Erdachse. Im Norden liegt er in Inglefield-Land im Nordwesten Grönlands, 250 Kilometer von der amerikanischen Luftwaffenbasis Thule entfernt. Er verschiebt sich pro Jahr einige Kilometer in Richtung Nordwesten.
- Position 1850: 78° 42'N und 68° 54'W
- Position 1892: 78° 42'N und 68° 54'W; geschätzt von Robert Edwin Peary.
- Position am 29. Mai 1951: 78° 29'N und 68° 54'W; geschätzt von jean Malaurie.
- Position 1985: 78° 58'N und 70° 54'W

Der am weitesten von einer Landmasse entfernte Punkt im Nordpolarmeer liegt bei 84° 03'N und 174° 51'W. Diesen Punkt erreichte der australische Pilot Hubert Wilkins (1888-1958) am 15. April 1928. Ihm folgte am 8. April 1941 der russische Pilot Tscherewichnij.

Südpol

Der geografische Südpol liegt bei 90°S auf einer Höhe von 2880 Metern. Die Geschichte seiner Eroberung beginnt bereits im 15. Jahrhundert, doch erst im 20. Jahrhundert standen nach einem an Tragik nicht armen Wettrennen zum ersten Mal Menschen an diesem Punkt.
Januar 1488: Der portugiesische Seefahrer Bartholomeo Diaz (1450-1499) umrundet zum ersten Mal das „Kap der Stürme", das später in Kap der Guten Hoffnung umbenannt wurde, bei 34° 20'S und 18° 25'O.
Oktober 1578: Der britische Seefahrer Francis Drake (1540-1596) umrundet, ohne es zu sichten, Kap Hoorn bei 57°S mit der „Pelican" bei seiner Weltumsegelung (15. November 1577 bis 26. September 1580).
1. März 1684: Der britische Seefahrer William Dampier (1652-1715) erreicht 60° 30'S im Süden von Kap Hoorn bei seiner Weltumsegelung (1683 bis 1691) mit der „Revenge".
17. Januar 1773: Der britische Seefahrer James Cook (1728-1779) erreicht mit der „Resolution" den Südlichen Polarkreis bei 66° 33'S und 39°O. Er kommt sogar bis 67° 15'S bei 39° 35'O. Er wird von seinem Landsmann Tobias Furneaux mit der „Adventure" begleitet.
30. Januar 1774: James Cook (1728-1779) erreicht 71° 15'S bei 106° 54'W.
1815: Der argentinische Admiral Guillermo Brown entdeckt mit Eis bedeckte Inseln bei 65°S in der Nähe der Antarktischen Halbinsel.
22. Januar 1820: Der russische Seefahrer Fabian von Bellingshausen (1778-1842) sichtet als Erster die Küste der Antarktis bei 69° 21'S und 2° 14'W mit seinem Schiff „Mirny".
30. Januar 1820: Der britische Seefahrer Edward Bransfield (1795-1852) sichtet als Erster die Antarktische Halbinsel bei 69° 25'S mit seinem Schiff „Williams", das von William Smith (1764-1840) gesteuert wird.
17. November 1820: Der amerikanische Seefahrer Nathaniel Palmer (1799-1877) sichtet die Antarktische Halbinsel von seinem Schiff „Hero" aus.
7. Februar 1821: Der amerikanische Seefahrer John Davis geht von Bord der „Huron" und setzt als Erster seinen Fuß auf eine Insel in der Nähe der Antarktis.
20. Januar 1823: Der schottische Seefahrer James Wedell (1787-1834) erreicht 74° 15'S und 34° 17'O mit seinen Schiffen „Jeanne" und „Beaufort".
16. Februar 1832: Der britische Seefahrer John Biscoe (1794-1843) entdeckt die Insel Adelaide bei 67° 30'S in der Nähe der Antarktischen Halbinsel mit seinen Schiffen „Tula" und „Lively".
Januar 1840: Der amerikanische Seefahrer Charles

Eilkes (1798-1877) entdeckt einen Teil der antarktischen Küste mit seinem Schiff „Vincennes". Diese Küste wurde später nach ihm benannt.

20. Januar 1840: Der französische Seefahrer Jules Sébastian Dumont d'Urville geht vor der Adélie-Küste vor Anker. Die Küste wurde nach seiner Frau benannt.

28. Januar 1841: Der britische Seefahrer James Clark Ross (1800-1862) erreicht 78°S und 166°O und entdeckt mit seinen Schiffen „Erebus" und „Terror" die Ross-Insel.

28. Februar 1842: James Clark Ross (1800-1862) erreicht 78° 10'S.

21. März 1868: Im Roman „20.000 Meilen unter dem Meer" von Jules Verne erreicht Kapitän Nemo mit seinem U-Boot „Nautilus" den Südpol.

24. Januar 1895: Der norwegische Walfänger Henry Bull (1844-1930) betritt als Erster bei Kap Adare den antarktischen Kontinent.

1898: Dem belgischen Seefahrer Adrien de Gerlache (1866-1934) gelingt als Erstem eine Überwinterung im Packeis der Antarktis an Bord der „Belga".

23. Februar 1900: Der norwegische Forscher Borchgrevink (1864-1934) erreicht gemeinsam mit den britischen Forschern Hugh Evans und William Colbeck im Hundeschlitten 78° 50'S. Sie hatten bei Kap Adare an Bord der „Southern Cross" überwintert.

1901: Jahr der Antarktis.

30. Dezember 1902: Der britische Forscher Robert Falcon Scott (1868-1912) erreicht gemeinsam mit Edward Wilson (1873-1912) und Ernest Shackleton (1874-1922) 82° 17'S. Ihr Schiff „Discovery" ankert in der Nähe von Hut Point auf der Insel Ross. Scott wurde von Clements Markham (1830-1916) an die Spitze der Expedition berufen. Markham amtierte von 1863 bis 1888 als Generalsekretär und von 1893 bis 1905 als Präsident der Royal Geographical Society. Die „Discovery" hatte London am 6. August 1901 verlassen und kehrte drei Jahre später am 10. September 1904 nach Großbritannien zurück.

9. Januar 1909: Der irische Polarforscher Ernest Shackleton (1874-1922) erreicht zusammen mit Jameson Adams, Eric Marshall und Frank Wild 88° 23'S, ganze 179 Kilometer vom Südpol entfernt. Die Expedition wurde von William Beardmore (1856-1936) gefördert. Aus Dank benannte Shackleton einen Gletscher, den er entdeckte, nach ihm.

14. Dezember 1911: Der norwegische Polarforscher Roald Amundsen (1872-1928) erreicht mit seinen vier Begleitern Olav Bjaaland (1873-1961), Helmut Hanssen, Svere Hassel (gest. 1928) und Oscar Wistling (gest. 1936) den Südpol. Sie wurden von Axel Heiberg gefördert und benannten aus Dank einen Gletscher nach ihm. Sie kehrten am 25. Januar 1912 zu ihrer Basis Framheim auf dem Ross-Eisschelf in der Nähe der Insel Roosevelt zurück. Am 7. März erreichten sie Hobart auf Tasmanien, wo sie wie Helden empfangen wurden.

18. Januar 1912: Der britische Polarforscher Robert Falcon Scott (1868-1912) erreicht mit seinen Begleitern Henry Bowers (1868-1912), Edgar Evans (1875-1912), Lawrence Oates (1880-1912) und Edward Wilson (1872-1912) den Nordpol und muss dort feststellen, dass ihm Amundsen zuvorgekommen ist. Sie finden dort das Zelt der Norweger „Poleheim". Scott und seine Gefährten kommen beim Rückmarsch zu ihrem Schiff „Terra Nova", das sie am 1. November 1911 verlassen hatten, ums Leben.

29. November 1929, 13.14 Uhr GMT: Der Pilot Richard Byrd (1888-1957) überfliegt mit drei Besatzungsmitgliedern den Pol mit der dreimotorigen „Floyd Bennet". Sie waren um 3.29 Uhr von der Piste neben der Basis „Little America" gestartet. Sie kehrten um 22.10 Uhr GMT nach einem 18-stündigen Flug zurück. Das Flugzeug trug den Namen des Piloten, der Richard Byrds Flugzeug beim Flug über den Nordpol am 9. Mai 1926 gesteuert hatte. Floyd Bennet kam 1928 im Alter von 38 Jahren ums Leben.

20. Februar 1935: Eine Mannschaft von sechs Männern und einer Frau überfliegt den Südpol.

1. November 1956: Die erste Landung eines Flugzeugs am Südpol. Die von Gus Shinn und dem Kopiloten Hawkes gesteuerte Dakota „Que sera sera" mit dem Leiter der Operation „Deep Freeze", Admiral George Dufek, an Bord, bleibt 49 Minuten am Pol.

Januar 1957: Die Forschungsstation Amundsen-Scott wird am Pol (90°S) in 2850 Meter Höhe errichtet.

1. Juli 1957 bis 31. Dezember 1958: Internationales Geophysikalisches Jahr, an dem sich 67 Staaten beteiligen.

3. Januar 1958: Eine erste Gruppe von Forschern, die vom neuseeländischen Bergsteiger Edmund Hillary (geb. 1919) geleitet wird, legt Nahrungsmitteldepots an und erreicht den Südpol. Sie hatten die Station Scott am 24. November 1957 mit Schlittenfahrzeugen verlassen.

20. Januar 1958: Eine zweite Gruppe, die am 24. November 1957 die Station Shackleton mit Hundeschlitten verlassen hat und vom britischen Forscher Vivian Fuchs (geb. 1908) geleitet wird, trifft am Pol ein. Die beiden Gruppen setzen ihre Tour zur Basis Scott auf der Insel Ross fort, wo sie am 2. März 1958 gegen 14 Uhr nach 3473 Kilometern eintreffen.

1. Dezember 1959: Unterzeichnung des Antarktis-Vertrags (Vertrag von Washington) durch zwölf Länder, in dem festgelegt wird, dass die Antarktis ausschließlich friedlich und wissenschaftlich genutzt wird. Er tritt am 23. Juni 1961 in Kraft. 13 weitere Staaten unterzeichnen den Vertrag.

12. Februar 1961: Der amerikanische Forscher Albert Paddock Crany (1911-1987) erreicht von der Basis McMurdoch aus den Pol im Motorschlitten.

23. Juni 1961: Der Vertrag über die friedliche Nutzung der Antarktis tritt in Kraft.

11. November 1969: Ein Flugzeug landet am Pol, und die ersten Frauen betreten den Südpol: vier Amerikanerinnen, eine Australierin und eine Neuseeländerin.

1978: Emilio Marcos Palma, das erste Baby der Antarktis, kommt in der argentinischen Station auf die Welt.

16. Dezember 1980: Die von Vivian Fuchs (geb. 1908) und Ranulph Fiennes (geb. 1945) geleitete Expedition „Transglobe" trifft zusammen mit Oliver Shepard und Charles Burton am Pol ein. Sie hatten ihre Überquerung des Kontinents am 11. Januar 1981 begonnen und nach 66 Tagen, in denen sie 4185 Kilometer in Kettenfahrzeugen zurückgelegt hatten, beendet. Die Überquerung der Antarktis war Teil einer Welttour zwischen den beiden Polen, die von Oliver Shepard und Charles Burton entlang des Nullmeridians durchgeführt wurde. Sie hatten Greenwich am 2. September 1979 verlassen und kehrten nach 56.300 Kilometern am 22. August 1982 zurück.

11. Januar 1986: Der Forscher Robert Swan (geb. 1956) erreicht zusammen mit Roger Mear und Gareth Wood den Pol. Am 14. Mai 1999 erreicht Swan der Nordpol.

11. Dezember 1989: Sechs Polarforscher erreichen den Pol, nachdem sie am 27. Juli 1989 von der Antarktischen Halbinsel aufgebrochen waren. Die sechs Mann – der Franzose Jean-Louis Etienne (geb. 1946), der Japaner Keizo Funatsu (geb. 1956), der Chinese Qin Dabo (geb. 1946), der Brite Geoff Sommers (geb. 1950), der Russe Victor Bojarski (geb. 1949) und der Amerikaner Will Steger (geb. 1944) setzten ihre Fahrt zu den beiden russischen Stationen Wostok (18. Januar 1990) und Mirny (3. März 1990) fort. Innerhalb von 218 Tagen legten sie 6500 Kilometer zurück.

31. Dezember 1989: Nachdem sie am 14. November von der Ronne-Platte gestartet waren, erreichen die beiden Bergsteiger Arved Fuchs und Reinhold Messner (geb. 1944) den Südpol. Sie setzten ihre Expedition bis zur Station McMurdo fort, wo sie am 13. Februar 1990 nach 92 Tagen eintrafen.

6. Januar 1993: Der Norweger Erling Kagge erreicht den Südpol, nachdem er am 18. November 1992 die Station Patriot Hills in der Nähe der Insel Berkner verlassen hatte. Er legte allein ohne Unterstützung von außen innerhalb von 49 Tagen mehr als 1300 Kilometer zurück.

16. Januar 1993: Die britischen Forscher Ranulph Fiennes (geb. 1945) und Mike Stroud durchqueren den Kontinent innerhalb von 97 Tagen. Dabei legen sie 2173 Kilometer zurück und

erreichen den Pol am 16. Januar 1993. Sie waren von der Insel Berkner aus gestartet.
24. Dezember 1994: Die norwegische Forscherin Liv Andersen erreicht als erste Frau allein den Pol, nachdem sie 1200 Kilometer in 50 Tagen zurückgelegt hat. Sie war an der Hercules-Meerenge gestartet.
29. Dezember 1994: Die norwegischen Forscher Lars Ebbesen, Odd Harald Hauge und Cato Zahl erreichen den Pol zu Fuß.
19. Dezember 1996: Nachdem er am 15. November 1996 die Insel Berkner verlassen hatte, erreicht der Norweger Borge Ousland (geb. 1962) den Südpol, wo er von Sir Edmund Hillary (geb. 1919) nach 1400 Kilometern empfangen wird. Er setzte seine Überquerung fort und traf am 17. Januar 1997 nach 64 Tagen und 2845 Kilometern in der Station McMurdo ein. Borge Ousland war bereits am 22. April 1994 am Nordpol.
Januar 1997: Die Französin Laurence de la Ferrière (geb. 1957) erreicht nach einem 57-tägigen Alleingang auf Skiern nach 1400 Kilometern den Pol.
3. Januar 1998: Nachdem sie die ehemaligen Stationen König Boudouin (70°S und 24°O) verlassen hatten, erreichten die Belgier Alain Hubert und Dixie Dansercoer den Pol. Sie setzten ihre Expedition bis zur amerikanischen Station McMurdo fort, wo sie am 10. Februar 1998 nach 3924 Kilometern und 99 Tagen eintrafen.
Anfang 1999: Fünf französische Soldaten, die von Thierry Bolo geleitet werden, erreichen den Südpol. Vier von ihnen hatten den Nordpol bereits am 23. April 1996 erreicht.
23. November 1999: Anfang November 1999 gelingt der Französin Laurence de la Ferrière (geb. 1957) die zweite Antarktisexpedition. Sie traf mit einem Flugzeug vom chilenischen Ort Punta Arenas aus am 4. November in der Station Patriot Hills ein. Ein weiteres Flugzeug setzte sie am 22. November am Südpol ab. Einen Tag später machte sie sich mit einem 150 Kilogramm wiegenden Schlitten, Skiern und drei Segeln (zehn bis 24 Quadratmeter) auf den Weg und traf am 6. Februar 2000 nach 55 Tagen und 2875 Kilometern und einem Aufenthalt in der französisch-italienischen Station Concordia in der französischen Basis Dumont-d'Urville ein.
24. Januar 2000: Die fünf britischen Polarforscherinnen Ann Daniels, Caroline Hamilton, Zoe Hudson, Pom Oliver und Rosie Stancer erreichen den Pol, nachdem sie bereits am 27. Mai 1997 den Nordpol in einer Staffel erreicht hatten.

Kältepol: Am 21. Juli 1983 wurde eine Temperatur von minus 89,3 Grad in der Nähe der russischen Station Wostok registriert. Das ist die niedrigste jemals registrierte Temperatur.

Magnetischer Südpol: Der magnetische Südpol wandert mit einer Geschwindigkeit von 14 Kilometern pro Tag in Richtung Norden.

1839-1840: Forschungen des britischen Seefahrers James Clark Ross (1800-1862).
• Position am 16. Januar 1909: 72° 25'S und 155° 16'O; ermittelt von Edgeworth David, Douglas Mawson (1882-1952) und Alistair Mc Kay.
• Position 1912: 70° 10'S und 150° 45'O; ermittelt vom Forscher Webb.
• Position 1932: 69°S und 149'O
• Position 1952: 68° 07'S und 148°O; ermittelt in Adélie-Land von Franzosen.
• Position im Januar 1958: 67° 40'S und 144°O; geschätzt in der Nähe der alten französischen Station Charcout 320 Kilometer von der Küste entfernt und in einer Höhe von 2400 Metern.
• Position 1976: 66° 50'S und 138° 50'O; nicht weit von der französischen Station Dumont-d'Urville.
• Position im Juni 1992: 64° 42'S und 138° 42'O
• Position im Juni 1995: 64° 42'S und 138° 36'O

Der am weitesten vom Südpolarmeer entfernte Punkt liegt je nach Karte in einer Höhe von 3720 Metern bei 82°S und 55°N oder 84°S und 65°O. Dort herrscht eine Durchschnittstemperatur von minus 58 Grad.

Geomagnetischer Pol: Im Süden liegt dieser Punkt bei 78° 30'S bei 111°O. Er befindet sich in der Nähe der russischen Station Wostok, die heute den Namen Sojus trägt. Im Winter herrschen hier mit minus 89,3 Grad die niedrigsten Temperaturen der Welt.

Antarktischer Kontinent: Umgeben vom Südatlantik, dem Indischen Ozean und dem Südpazifik könnte man die Antarktis auch als größte Insel der Welt einordnen. Sie hat eine Oberfläche von 14 Millionen Quadratkilometern und ist fast doppelt so groß wie Australien. Der am 18. Dezember 1966 zum ersten Mal bezwungene Mount Vinson ist mit 5140 Metern der höchste Punkt. Jedes Jahr gibt die Antarktis 2000 Kubikkilometer Eis frei. Die Antarktis allein repräsentiert 70 Prozent der Süßwasserreserven des Planeten. 1947 organisierte Admiral Richard Byrd (1877-1957), der 1926 den Nord- und 1929 den Südpol aus der Luft eroberte, die Operation „High Jump“. Sechs Flugzeuge und mehrere Hubschrauber sowie 13 Schiffe (darunter ein Flugzeugträger), Eisbrecher und sogar ein U-Boot wurden eingesetzt, um Zehntausende Fotos der Antarktis aufzunehmen. Diese Aufgabe wird heute von Satelliten übernommen. Die Adélie-Küste wurde vom französischen Seefahrer Julien Sébastien Dumont d'Urville (1790-1842) bei seinem Landgang am 20. Januar 1840 nach seiner Frau benannt. Die Coats-Küste wurde im Januar 1903 vom schottischen Seefahrer William Bruce (1867-1921) nach seinen Förderern Andrew und James Coats benannt, nachdem er mit der „Scotia“ 74°S erreicht hatte. Die Edith-Ronne-Küste wurde 1948 vom amerikanischen Polarforscher und Seefahrer Finn Ronne nach seiner Frau Edith benannt. Die Edward-VII.-Küste wurde vom britischen Polarforscher Robert Falcon Scott (1868-1912), nachdem er die Küste am 30. Januar 1901 sichtete, nach dem britischen König Edward VII. (1841-1910) benannt. Ellsworth-Land wurde vom amerikanischen Polarforscher Lincoln Ellsworth (1880-1951) nach seinem Vater James W. Ellsworth, der zahlreiche Polarexpeditionen förderte, benannt. Lincoln entdeckte die Region beim ersten Flug über die Antarktis zwischen der Insel Dundee (Start am 23. November 1935) und der Station Little America, die am 15. Dezember nach mehreren Zwischenlandungen erreicht wurde. Enderby-Land trägt den Namen der Londoner Reeder Charles und Samuel Enderby, die zwischen 1820 und 1939 Polarexpeditionen finanzierten, darunter auch die des britischen Seefahrers John Biscoe (1794-1843), der dieses Gebiet am 24. Februar 1831 entdeckte. George-V.-Land wurde vom australischen Forscher Douglas Mawson (1882-1958) nach dem britischen König Georg V. (1865-1936) benannt. Mawson hatte das Gebiet im Dezember 1912 entdeckt. Graham-Land trägt den Namen von James Graham (1792-1861), der zwischen 1830 und 1834 und von 1852 bis 1855 als First Lord der Admiralität amtierte. Wilhelm-II.-Land wurde vom deutschen Seefahrer Erich Drygalsky (1865-1949), der es vom Schiff „Gauss“ aus sichtete, nach dem deutschen Kaiser Wilhelm II. (1859-1941) benannt. Haakon-VII.-Land wurde vom norwegischen Reeder Lars Christensen (1884-1965) nach dem norwegischen König Haakon VII. (1872-1957) benannt. Christensen entdeckte das Gebiet zusammen mit dem Kommandanten Hjalmes Riiser Larsen zwischen 1930 und 1931. Roald Amundsen benannte am 14. Dezember 1911, nachdem er den Pol erreicht hatte, ein Plateau nach Haakon VII. Louis-Philippe-Land wurde vom französischen Seefahrer Jules Sébastien Dumont d'Urville (1790-1872) nach dem französischen König Louis Philippe I. (1773-1850) benannt, als er das Gebiet im März 1838 sichtete. Mac-Robertseon-Land wurde vom australischen Polarforscher Douglas Mawson (1882-158), der das Gebiet im Rahmen der internationalen „Banzare“-Expedition (England, Australien, Neuseeland) zwischen 1929 und 1931 entdeckte, nach seinem Landsmann MacPherson Robertson (1860-1045) benannt. Robertson amtierte 1931 als Präsident der Royal Geographical Society und hatte die Expedition finanziert. Mary-Bird-Land wurde vom amerikanischen Seefahrer und Piloten Richard Byrd (1888-1957) nach seiner Frau Marie benannt. Oates-Land trägt den Namen des Forschers Lawrence Oates, der den Südpol am 17. Januar 1912 mit Robert Falcon

Scott erreichte. Auf dem Rückmarsch verirrte sich Oates, von Skorbut geschwächt, bewusst am 15. März im Schneesturm, um seinen Kameraden nicht zur Last zu fallen. Palmer-Land wurde 1956 auf Vorschlag des amerikanischen Forschers Paul Siple (1908-1968) nach dem amerikanischen Polarforscher Nathaniel Palmer (1799-1877) benannt, der die Antarktische Halbinsel am 17. November 1820 von seinem Schiff „Hero" aus gesichtet hatte. Princess-Elizabeth-Land wurde vom australischen Polarforscher Douglas Mawson (1882-1958) nach Prinzessin Elisabeth (geb. 1926), britische Königin seit 1952, benannt. Er hatte das Gebiet im Rahmen der internationalen „Banzare"-Expedition (britisch, australisch und neuseeländisch) zwischen 1929 und 1931 entdeckt. Eine Küste trägt auch den Namen Banzare. Auch Queen-Elizabeth-Land wurde von Mawson während dieser Expedition entdeckt. Mawson fand auch den Namen für Queen-Mary-Land, das den Namen der britischen Königin Mary (1867-1953) trägt, der Gattin des britischen Königs Georg V. Mawson hatte das Gebiet zwischen 1912 und 1914 entdeckt. Queen-Maud-Land trägt den Namen von Königin Maud (1869-1938), Gattin von Haakon VII. (1872-1957), König von Norwegen von 1905 und 1957. Victoria-Land wurde 1841 vom britischen Seefahrer James Clark Ross entdeckt, der ihm den Namen der britischen Königin Victoria (1819-1901) gab. Wilkes-Land verdankt seinen Namen dem australischen Forscher Douglas Mawson (1882-1958), der es 1912 sichtete und nach dem amerikanischen Seefahrer Charles Wilkes (1798-1877) benannte. Wilkes leitete 1838 eine amerikanische Antarktisexpedition und entdeckte das Gebiet 1840. Die Expedition wurde vom amerikanischen Reeder Edmund Fanning (1769-1841) finanziert. Wilkins-Land trägt den Namen des amerikanischen Forschers Hubert Wilkins (1888-1958), der die Antarktische Halbinsel in einem Wasserflugzeug überflogen hat. Zahlreiche Berge in der Antarktis tragen die Namen großer Seefahrer, Forscher, Wissenschaftler und Politiker, die Expeditionen in dieser Region gefördert haben. Einige Beispiele, die entlang des Weges von Robert Falcon Scott (1868-1912) zwischen der Insel Ross und dem Beardmore-Gletschers lagen: Mount Cook, Mount MacClintock, Mount Nares, Mount Scott, Mount Darwin, Mount Churchill, Mount Markham, Mount Discovery, Mount Nimrod. Auf dem Kontinent wurden zahlreiche Forschungsstationen eingerichtet. Jedes Jahr überwintern 1500 Menschen auf diesem Kontinent, und im Sommer forschen Wissenschaftler und versuchen, dem Kontinent seine Geheimnisse zu entlocken. Inzwischen ist der Kontinent auch ein touristisches Ziel geworden. Der deutsche Aktionskünstler HA Schult beabsichtigt, in der Antarktis die Welttournee seiner Müllmänner, die bereits auf der Chinesischen Mauer standen, zu beenden.

Die wichtigsten Stationen arbeiten das ganze Jahr über. Amundsen-Scott ist eine amerikanische Station, die sich seit 1957 am Südpol befindet und die Namen des norwegischen Polarforschers Roald Amundsen (1871-1928) und seines britischen Kollegen Robert Falcon Scott (1868-1912) trägt. Casey ist eine australische Basis (66° 17'S und 110° 32'O), die den Namen des australischen Generalgouverneurs Richard Casey trägt, der dieses Amt 1969 innehatte. Davis ist ebenfalls eine australische Station (68° 35'S und 77° 58'W), die den Namen des britischen Seefahrers John Davis (1550-1605) trägt, der vor allem die Küste Grönlands 1585 und die Falkland-Inseln am 14. August 1592 entdeckte. Dome C oder Concorde (75° 06'S und 123° 23'O) ist eine französisch-italienische Station, die aus sechs Modulen besteht, die 1996 errichtet wurden. Sie liegt 1200 Kilometer von der Station Dumont-d'Urville entfernt. Die Temperaturen liegen hier im Sommer bei minus 25 bis minus 50 Grad und im Winter bei minus 50 bis minus 80 Grad. Die Station in einer Höhe von 3225 Metern soll von 2003 an das ganze Jahr arbeiten. In ihr haben im Sommer 30 und im Winter 15 Wissenschaftler Platz. Der 3200 Meter messende Eispanzer ermöglicht Bohrungen in große Tiefen im Rahmen des Epica-Programms (European Programme for Ice Coring in Antarctica). Wegen der Reinheit der Atmosphäre eignet sich der Standort auch gut für astronomische Beobachtungen. Dumont-d'Urville (66° 40'S und 140° 01'O) ist eine französische Station, die 1956 eingeweiht wurde. Sie trägt den Namen des französischen Seefahrers Jules Sébastien Dumont d'Urville (1790-1842). Faraday ist eine britische Station, die 1947 eingeweiht wurde und den Namen des britischen Physikers Michael Faraday (1791-1867) trägt. Filchner (77° 09'S und 50° 384'W) ist eine deutsche Forschungsstation, die den Namen des Seefahrers und Forschers Wilhelm Filchner (1877-1957) trägt, der 1912 das nach ihm benannte Packeisfeld entdeckte. Halley (75° 35'S und 26° 46'W) ist eine britische Station, die 1956 eingeweiht wurde und den Namen des britischen Astronomen Edmund Halley (1656-1742) trägt, der 1705 die Umlaufbahn des nach ihm benannten Kometen berechnete, der alle 76 Jahre von der Erde aus beobachtet werden kann. Die amerikanische Forschungsstation McMurdo (77° 51'S und 166° 40'O) wurde nach dem amerikanischen Seefahrer Archibald McMurdo, Kommandant der „Terror“ bei der von James Clark Ross (1800-1862) geleiteten Expedition, benannt. Ross entdeckte vor allem die nach ihm benannte Insel mit ihren Vulkanen. Mawson ist eine australische Station (67° 36'S und 62° 52'W), die den Namen des australischen Polarforschers Douglas Mawson (1882-1958) trägt. Die russische Basis Mirny (66° 33'S und 93° 01'O) wurde 1956 eingeweiht. Die Station trägt den Namen des Schiffes „Mirny“, die vom Seefahrer Fabian von Bellingshausen (1778-1852) kommandiert wurde. Die russische Weltraumstation trug den gleichen Namen. Molodesnaja (67° 40'S und 45° 51'O) ist die russische Hauptstation und wurde am 14. Januar 1963 eingeweiht. Neumayer ist eine deutsche Forschungsstation (70° 37'S und 08° 22'W). Sie wurde 1981 in Betrieb genommen und trägt den Namen des Initiators des ersten Internationalen Jahres der Polforschung 1882-1883, Georg von Neumayer. Nowolasarewskaja (70° 46'S und 11° 50'O) ist eine 1968 eingeweihte Station. Sie trägt den Namen von Michael Lasarew (1878-1948). Sanae (70° 19'S und 2° 22'W) ist eine südafrikanische Station. Die niederländische Station Scott (77° 51'S und 166° 46'O) wurde 1957 eingeweiht und trägt den Namen des britischen Polarforschers Robert Falcon Scott, der den Südpol am 17. Januar 1912 erreichte. Wostok, heute Sojus (78° 28'S und 196° 48'O), ist eine russische Station, die 1956 eingeweiht wurde. Auch die russischen Raumkapseln trugen den Namen Wostok. Mit dem Namenswechsel der Raumkapseln bekam die Antarktisstation eine neue Bezeichnung. Seit dem internationalen Antarktisvertrag sind alle Gebietsansprüche aufgehoben, sodass sich die internationalen wissenschaftlichen Expeditionen frei bewegen können.

Wichtige Längen- und Breitengrade

Eine Minute eines Breitengrades entspricht einer Seemeile oder 1852 Metern. Sie ist in 60 Sekunden (30,87 Meter) unterteilt. Ein Knoten entspricht der Geschwindigkeit von einer Seemeile in der Stunde, also 52 Zentimeter pro Sekunde. Der Abstand zwischen den Breitengraden misst 111,3 Kilometer. Der Durchmesser der Erde von Pol zu Pol misst 12.713 Kilometern. Am Äquator hat die Erde einen Durchmesser von 12.756 Kilometern.

Der Südliche Polarkreis (66° 33'S) hat einen Umfang von 15.996 Kilometern. Er wurde zum ersten Mal bei 39°O am Sonntag, 17. Januar vom britischen Seefahrer James Cook (1728-1779) mit der „Resolution“ überquert. Er wurde dabei von Tobias Furneaux mit der „Adventure“ begleitet. Am 21. Dezember geht die Sonne in dieser Region nicht unter.

Der Nördliche Polarkreis (66° 33'N) hat einen Umfang von 15.996 Kilometern. Er wurde im Jahr 861 vom Wikinger Svarfarson zum ersten Mal überquert. Am 21. Juni geht die Sonne in dieser Region nicht unter.

Der Äquator (0°N oder 0°S) hat einen Umfang von 40.076 Kilometern. Er wurde zum ersten Mal im Jahr 1471 von portugiesischen Seefahrern überquert. Sein Umfang wurde bereits 2000 Jahre zuvor vom griechischen Mathematiker Erathostenus (280-190 v. Chr.) berechnet. Er hatte die Erde bereits in „Meridiane" und „Parallelen" aufgeteilt. Die Lichtgeschwindigkeit liegt bei 299.792,458 km/s. Theoretisch rast ein derartiger Lichtimpuls in einem Glasfaserkabel 7,3-mal in der Sekunde um die Welt. Der Umfang unterscheidet sich vom Nullmeridian von Greenwich um 67 Kilometer, was wiederum beweist, dass die Erde keine perfekte Kugelform hat, sondern vielmehr an den Polen abgeflacht ist.

Die Internationale Datumsgrenze folgt ungefähr dem 180. Längengrad, der im Pazifik verläuft, dabei allerdings einige Abweichungen in der Beringsee und den Aleuten, Fidschi und den Chatham-Inseln aufweist. Die Grenze wurde 1884 beim Kongress von Washington festgelegt.

Der Nullmeridian von Greenwich liegt bei 0°W oder 0°O und hat einen Umfang von 40.009 Kilometern. Von hier aus werden zudem die verschiedenen Zeitzonen der Erde definiert. Der Hügel von Greenwich liegt in einem Londoner Park (51° 28' 38"N und 0°W). Hier befindet sich ein interessantes Museum und ein in die Erde eingelassener Kupferdraht, der den Nullmeridian andeutet.

Der Meridian von Paris liegt bei 2° 20' 16"O. Er hatte bis zum Washingtoner Kongress im Jahr 1884 Gültigkeit. Frankreich ließ sich bis zum 10. März 1911 Zeit, um den Londoner Nullmeridian anzuerkennen.

Der Wendekreis des Krebses liegt in der nördlichen Hemisphäre bei 23° 27'N und hat einen Umfang von 36.785 Kilometern. In dieser Breite erreicht die Sonne nur einmal im Jahr ihren Zenit. Er wurde zum ersten Mal 1435 von portugiesischen Seefahrern überquert.

Der Wendekreis des Steinbocks liegt in der südlichen Hemisphäre bei 23° 27'S und hat einen Umfang von 36.785 Kilometern. In dieser Region erreicht die Sonne einmal im Jahr ihren Zenit. Er wurde zum ersten Mal 1485 vom portugiesischen Seefahrer Diego de Cao überquert.

Fotos:

Agentur HOA-Qui:

Titel: C: Vaisse.

Mittelmeerinseln: Seite 2 (oben): Alfred Wolff, Bruno Perrousse (unten); Seite 3: P de Wilde (oben), P. Frilet (mitte), Bruno Perrousse (unten); Seite 4: G. Guittard (unten), Wojtek Buss (oben und unten); Seite 5: Wojteck Buss; Seite 6: Daniel Casimir (oben), Zefa (unten); Seite 7: J.-J. Cagnart (oben), P. Royer (unten), C. Boisiveux.

Atlantikinseln: Seite 1: C. Sappa (oben), C. Boisiveux (unten); Seite 2: C. Vaisse (oben), Jouan (mitte), A. Tovy (unten); Seite 4: M. Renaudeau (oben), P. Plisson (mitte), Ducandas (unten); Seite 5: S. Grandadam (oben), M. Renaudeau (mitte), M.-H. Carcanague (unten); Seite 6: Olivier Jardon (oben), G. Rigoulet (unten links und rechts), P. Plisson (oben); Seite 7: P. Plisson.

Pazifikinseln: Seite 1: Jean-Paul Ferrero; Seite 2: Yves Gellie (oben), Philippe Bourseiller (unten), Seite 3: Zefa (oben), F. Martinon (unten), Seite 6: E. Valentin (oben), Michel Denis Huot (unten); Seite 7: Le Monde (oben), A. Evrard (unten); Seite 8: P. Lissac.

Die Inseln des Indischen Ozeans: Seite 2 und 3: Philippe Bouseiller; Seite 4: C. Pavard; Seite 5: C. Vaisse (oben und unten), Erik Sampers (mitte); Seite 6: E. Valentin (oben), T. Laird (mitte), D. Noirot; Seite 8: Charles Lénars (oben und mitte), M. Troncy (unten).

Die Inseln im Norden und Süden: Seite 1: Erik Sampers; Seite 2: C. Boisiveux; Seite 6: E. Baccega (oben), Francis Latreille (unten); Seote 8: CNES.

Die Inseln am Rande der Pole: Seite 1: Serena; Seite 2: Philippe Bourseiller (oben), Frantisek Zvardon (mitte), J.-D. Joubert (unten); Seite 3: F. Gohier (oben), Galen Rowell (unten).

Christian Nau

Mittelmeerinseln: Seite 1, Seite 7 (unten), Seite 8 (oben): C. Valentin, Seite 7.

Atlantikinseln: Seite 3 (oben, mitte, unten), Seite 8 (unten).

Pazifikinseln: Seite 4 (oben und unten), Seite 5 (oben und unten).

Die Inseln des Indischen Ozeans: Seite 1 (rechts und links), Seite 7 (oben und unten).

Die Inseln im Norden und Süden: Seite 4(oben und unten), Seite 5 (unten), Yves Benoît (unten); Seite 7: (oben, mitte, unten).

Die Inseln am Rande der Pole: Seite 4 (oben und unten), Seite 6 (oben und unten), Seite 7, Seite 8.

Bernd Hoffmann

Die Inseln Nord-und Ostsee